北京大学企业与公司法研究中心文库

经济法论丛
Series of Economic Law

新类型公司诉讼疑难问题研究

Studies on the Litigation Difficult Issues of New Style Corporate

主　编　甘培忠　刘兰芳
执行主编　雷　驰

北京大学出版社
PEKING UNIVERSITY PRESS

图书在版编目(CIP)数据

新类型公司诉讼疑难问题研究/甘培忠,刘兰芳主编. —北京:北京大学出版社,2009.6
(经济法论丛)
ISBN 978-7-301-15339-0

Ⅰ.新… Ⅱ.①甘… ②刘… Ⅲ.公司法-研究-中国
Ⅳ.D922.291.914

中国版本图书馆 CIP 数据核字(2009)第 095078 号

书　　　名:新类型公司诉讼疑难问题研究
著作责任者:甘培忠　刘兰芳　主编　雷驰　执行主编
责 任 编 辑:李燕芬
封 面 设 计:独角兽工作室
标 准 书 号:ISBN 978-7-301-15339-0/D·2325
出 版 发 行:北京大学出版社
地　　　址:北京市海淀区成府路 205 号　100871
网　　　址:http://www.pup.cn
电　　　话:邮购部 62752015　发行部 62750672　编辑部 62752027
　　　　　　出版部 62754962
电 子 邮 箱:law@pup.pku.edu.cn
印　刷　者:北京汇林印务有限公司
经　销　者:新华书店
　　　　　　650 毫米×980 毫米　16 开本　32.75 印张　537 千字
　　　　　　2009 年 6 月第 1 版　2009 年 6 月第 1 次印刷
定　　　价:58.00 元

未经许可,不得以任何方式复制或抄袭本书之部分或全部内容。
版权所有,侵权必究
举报电话:010-62752024　电子邮箱:fd@pup.pku.edu.cn

序　　言

　　《新类型公司诉讼疑难问题研究》是由北京大学法学院教授甘培忠和北京市高级人民法院民二庭庭长刘兰芳联合牵头，组织北京市法院部分资深法官和北京大学法学院部分师生共同完成的北京市"十一五"社科规划项目的成果结晶。我们两位受邀参加该项目的结项审定，在第一时间获知了该项目成功完成的讯息并浏览了成果全貌，也很高兴应本书主编的约请作序。

　　2005年，我国立法机关对公司法进行了大规模修订。新公司法突出了公司治理和股东权益保护等核心制度，赋予股东广泛的诉权以维护公司利益和股东利益。基于这种制度再造，公司诉讼案件从2006年起在我国各级法院的收案量有了大幅增长，且新类型案件不断涌现。这种状况对法院的审判工作形成了较大的压力。在此背景下，北京大学法学院部分师生和北京市法院的部分法官向北京市社科办联合申报了"北京市实施新公司法中新类型案件疑难问题研究"项目，为应对这种挑战开展专项研究。项目选题得当，具有重要的理论意义和实践意义；研究阵容强势，充分体现了法学理论与审判实务紧密结合的特点。

　　该项目以我国公司法关于股东、公司的实体权利和诉讼权利的规定，以及北京市各级法院在2006年以来受理的新类型案件的实际情况为标准，确立了十七种新类型案件并分别设定为子课题展开研究。子课题的设计安排比较恰当地体现了目前法院受理公司诉讼案件的现实状况。研究所涉公司自治与司法介入的关系，公司章程在公司诉讼中的地位，控制股东、公司、债权人之间的利益博弈在诉讼中的演化、发展，股东知情权、利益分配请求权案件中的司法态度，公司人格否认在司法程序中的适用标准，股东瑕疵出资情形下的权利配置安排，公司法与外商投资企业法的交叉适用等，问题突出，导向明确。该项目的研究，既吸收了国内外公司法学界在相关问题上的基本理论，又密切联系了我国公司组建和运行的现实以及社会、经济和文化环境,提出了一些切实可行的有价值的创见,解决了新公司法在司法实施中的一些疑难问题。

在该项目研究中,研究团队成员能够集中、大量地直接查阅北京市近年来五百多件公司诉讼的案件,因此透视问题的焦点定位比较准确,分析针对性强,发挥了"田园调查"和掌控一手材料的优势。这种由大学师生和审判机关法官结合进行法律实践问题和学术问题的研究,促进了法官对新公司法的学习热情和深度理解,为提升北京市各级法院审理公司诉讼案件的专业水准形成了极有价值的助力;同时,也为促进学者开展研究和教学汇入了新的知识资源。两年多来,参与该项目的教师和法官已经在教学和审判实务中补充和吸收了来自这个项目研究中的有益的学术判断。此外,这种联合研究,也大大加深了公司法学知识群体对审判实践活动的认知,补充了知识体系的欠缺,丰富了学术研究的视野,拓展了学习的路径。

我们相信,本书出版后,将会有更多的法官和学者从中受益,北京市法院系统处理公司诉讼案件的水平也会步上新的台阶。我们更是期望法学院校和司法机关的合作研究能够持续、广泛地进行,新的密切联系实际的学术成果不断产生,从而惠及我国的法学学术事业和法制建设。

北京市高级人民法院副院长　朱　江

北京大学法学院研究员　蒋大兴

2009年6月3日

前　言

　　2005年《公司法》修订被认为是我国公司法制和公司法学研究进程中的里程碑事件。这部公司法确立了公司自治和股东权利保护两大基本理念,规定了司法解散公司、股东派生诉讼以及公司人格否认等制度,既总结了多年来公司实务界与理论界的研究成果,又吸收借鉴了国外公司法制先进的理念和制度。从理论研究的角度来说,2005年公司法的修订既是企业变革的阶段性成果,也是公司法律制度发展的新起点。

　　2005年修订的《公司法》在公司设立、运营和解散清算等方面添附了许多新的法律规范元素。鉴于公司法强烈的实践性,我国各级法院承受了巨大的法律适用压力:由新《公司法》所规定的和尚未规定的各种新类型案件滚滚涌来,公司法专业知识储备不足的法官们囿于审限和公司法规定仍显原则的制约,一时不得不"手忙脚乱",对新公司法的学习和研究自然成为了法官们最为迫切的职业充电需要。这是一个特殊的时期,即新公司法施行后的一定时期也许至少三年内,困惑、慌乱甚至激烈的意见冲突或者手足无措将会持续在学界和司法部门散发、弥漫,同样情节的案件会发生完全对立的判决结果,法官们能做什么、做多少或者根本就不能介入,司法的标准变得非常模糊。我们把这一时期称之为法律适用的阵痛期。在这种背景下,北京大学法学院讲授公司法学的若干教师和北京市高级人民法院民二庭的法官们基于传统的良好合作关系,联合向北京市哲学社会科学规划办公室提出了项目申请,获准启动了《北京市实施新公司法中新类型案件疑难问题研究》的"十一五"规划项目。本项目于2006年年底如期启动,原定于2008年6月结项,为追求各子课题研究报告的优秀质量,项目负责人对部分子课题的研究报告提议进行了重大修改,因此延期半年才得完成。

　　本书是北京市哲学社会科学"十一五"规划项目的研究成果。项目申请人是北京大学法学院教授甘培忠和北京市高级人民法院民二庭法官刘兰芳,项目参加人包括北京大学法学院的部分教师、博士研究生和硕士研究生,最高人民法院、北京市高级人民法院、北京市第一中级人民法院、北京市第二中级人民法院和北京市海淀区法院的法官。在项目设立和进行中,我们对关涉项目开展的如下重大事项作出了妥当的安排,从而保证了项目的最终成功。这些重大事项包括:

1. 项目的各个子课题是由项目申请人结合 2005 年修订公司法的重大制度创新和北京市法院受理案件的具体情形经过数次磋商拟定的,以期准确厘定和拿捏"新类型"案件。

2. 在每一个子课题的承担上,把法官和高校教师、学生做混合编队,以便形成源于学术的学者思考和源于问题应对的法官思维两种思想资源的交流互补优势,获得最佳讨论环境和认识结论。

3. 在北京市法院系统对公司诉讼案件进行年度总结时,吸收课题组全体成员加入,对重点案例筛选后,进行深度跟踪调查,对一审、二审的处理方案做精细研究;在此基础上,编辑、印刷(仅供课题组研究使用)了三百多个案例,案例集中收入案件的范围包括了北京市各级法院从 2004 年到 2007 年的公司诉讼案件,从而保证研究依赖的基础资料充分、可靠;

4. 经过项目申请人的努力,本项目在北京市哲学社会科学规划办提供 5 万元研究经费的基础上,获得了美国众达律师事务所陈仰圣律师惠助的 5 万元和北京中伦金通律师事务所刘凤良律师惠助的 3 万元资金,有力地支持了项目的顺利开展。

本项目的这种合作研究,兼采理论和实务之长,对新公司法实施的阵痛期里发生的各种新类型案件进行集中的学术和司法视野的会诊分析,本身就是一件意义重大的社会行动。其可以推进我们对新公司法制度安排的适当性进行检讨,提出细化法律规范包括实体规范和程序规范在内的司法行动准则,形成对最高法院、北京高院制定公司诉讼审判解释的实例分析意见支持;发现个案判决中对公司法新制度规范曲解适用以及法官们普遍存在的保守主义态度可能对原告权利保护不足的问题,试图在整体上提升法官对公司诉讼案件采取更激进一点的审判意识,更注重公司各利益相关者冲突对抗中处在弱势一方的现实利益及正当预期利益的保护;促进理论与实践、学术与司法的结合和互动,拓展学术繁荣的空间,扩展法律人才培养的途径。此外,这次合作,大大促进了北京大学法学院与北京高院民二庭之间的联系。

对司法介入公司自治尺度和路径的关注是贯穿本书的主线;如何将抽

象的"公司自治"原则转化为具体可感、可操作的经验层面的规范,是本书关注的核心,这也是公司法学研究实现从理论到实践、从揣摩到科学的关键之所在。几百余件公司诉讼案件判决书提供了这一研究转变的依托,我们可以具体考查在司法解散、公司盈余分配、公司决议无效撤销以及董事信义义务案件中,法官们持解散与不予解散、分配利润与不分配利润等相反立场的理由和见解,通过反思其合理性,找出有多张面孔的司法权力背后不变之"宗":那就是法官们是如何通过司法介入推动良好公司治理的形成。

在本项目中,我们一共列举了十七种新类型案件(部分案件虽然在1993年《公司法》适用的司法活动中已经存在,但新公司法调整了权利产生或保护的规则,因此具有了适用新法的明确的不同的内涵,故也列为新类型案件),据此列出了十七个子课题。按照每一种新类型案件所依据的权利法定依据或者法律规范事项在公司法中出现的前后次序,引为适当的逻辑结构将各个子课题研究报告排列为本书的各章。

本书撰写分工情况如下:

第一章　刘兰芳　雷　驰:司法介入公司自治的确定性研究

第二章　甘培忠　容　红　王冠宇:公司自治中的冲突关系及公司章程对外效力的司法评价研究

第三章　李艳红　王　曦:公司控制股东滥用股东权利损害公司或其他股东利益案件裁判研究

第四章　金剑锋　张翠萍:公司股东滥用公司法人独立地位和股东有限责任损害债权人利益案件裁判研究

第五章　赵红英　丰　琴:关联交易诉讼问题研究

第六章　赵　军　宋　毅:公司股东会、董事会决议效力案件疑难问题研究

第七章　刘梅玲　王莉萍　魏云飞:股东知情权案件受理及裁判标准研究

第八章　杨小勇　李　晖　李　硕:股东的资产收益权与盈余分配请求权案件研究

第九章　彭　冰　张惠芳　肖　毅:有限责任公司股权转让纠纷处理问题研究

第十章　赵　彬　郑艳丽:有限责任公司瑕疵股权转让纠纷的司法裁判研究

第十一章　王亚东　贺轶民:股(权)份回购请求权案件研究
第十二章　楼建波　闫　辉　赵　杨:公司法中董事、监事、高管人员信义义务的法律适用研究
第十三章　刘春梅　周　伟:我国股东派生诉讼制度的实证问题研究
第十四章　靳学军　曹明明:公司司法解散诉讼问题研究
第十五章　张双根　范士卿　吉　平　赵万宝:公司被吊销营业执照后的债务清偿司法裁判问题研究
第十六章　刘　燕　肖皞明　彭　鹏:专业机构在公司纠纷案件中的民事责任承担问题研究
第十七章　容　红　郭秀华:公司法与外商投资企业法律在司法程序中的交叉适用问题研究

　　还需要向读者交代明白的两件事情是:其一,本项目中对有限责任公司关注较多而淡忘了股份有限公司,这个问题我们在未来会再行安排专题进行研究;其二,每一个子课题中引用的案例绝大部分都是北京市各级人民法院审理和判决的真实案件,我们不愿对案件中的当事人进行任何的道德评价,即使援引真实姓名或者名称的地方,也会对当事人的地位和诉讼权利保持尊重。如果有关的引述给任何一位读者带来不快,本书主编和执行主编在此表达歉意。

　　由于我们水平与视野有限,错误与不妥之处在所难免,诚挚地恳请学术界和实务界同仁批评斧正。

主　编　甘培忠　刘兰芳
执行主编　雷　驰
2009 年 2 月于北京大学

目录

第一章	司法介入公司自治的确定性研究	/ 1
第二章	公司自治中的冲突关系及公司章程对外效力的司法评价研究	/ 22
第三章	公司控制股东滥用股东权利损害公司或其他股东利益案件裁判研究	/ 45
第四章	公司股东滥用公司法人独立地位和股东有限责任损害债权人利益案件裁判研究	/ 69
第五章	关联交易诉讼问题研究	/ 104
第六章	公司股东会、董事会决议效力案件疑难问题研究	/ 131
第七章	股东知情权案件受理及裁判标准研究	/ 151
第八章	股东的资产收益权与盈余分配请求权案件研究	/ 174
第九章	有限责任公司股权转让纠纷处理问题研究	/ 204
第十章	有限责任公司瑕疵股权转让纠纷的司法裁判研究	/ 231

第十一章	股(权)份回购请求权案件研究	/274
第十二章	公司法中董事、监事、高管人员信义义务的法律适用研究	
	——以北京市法院系统2005—2007年间的相关案例为样本的实证研究	/306
第十三章	我国股东派生诉讼制度的实证问题研究	
	——以北京市法院系统的审判实践为依据	/354
第十四章	公司司法解散诉讼问题研究	/393
第十五章	公司被吊销营业执照后的债务清偿司法裁判问题研究	/416
第十六章	专业机构在公司纠纷案件中的民事责任承担问题研究	
	——以注册会计师责任为重点	/442
第十七章	公司法与外商投资企业法律在司法程序中的交叉适用问题研究	
	——《公司法》第218条的理解和适用	/473

后　记　　　　　　　　　　　　　　　　　　　　　　　／511

第一章　司法介入公司自治的确定性研究

> 当我决定一个案件时,我到底做了什么?我用了什么样的信息资源来作为指导?我允许这些信息在多大比重上对结果起了作用?它们又应当在多大比重上发挥作用?
>
> ——卡多佐:《司法过程的性质》①

一、2006 年北京市法院系统审理公司诉讼案件的主要特点

2006 年北京市法院系统终审的公司诉讼案件共计 600 件左右②,本章立基于随机抽取的 352 件案件。案件类型包括股权转让纠纷、股权确认纠纷、股东出资纠纷、公司盈余分配纠纷、股东知情权纠纷、股东会或者股东大会和董事会决议效力纠纷、损害公司权益纠纷、股东滥用公司法人独立地位和股东有限责任纠纷、公司清算纠纷、公司解散纠纷、公司增减资纠纷以及董事会、股东会召集请求权纠纷等。自总体观之,呈现出如下特点。

第一,从主体来看,2006 年北京市法院系统审理的公司案件基本上都是有限责任公司纠纷案件,另外包括

---

① 〔美〕本杰明·卡多佐:《司法过程的性质》,苏力译,商务印书馆 1998 年版,第 1—2 页。
② 北京市高级人民法院民二庭课题组:《关于新〈公司法〉适用中若干问题的调查研究》。

少数股份合作制企业案件,基本没有涉及股份有限公司的诉讼。在2005年《公司法》修订以前,股份有限公司的设立,必须经过国务院授权的部门或者省级人民政府批准且注册资本的最低限额为人民币一千万元,股份有限公司设立后也主要朝向公开上市方向发展,因而股份有限公司在数量上少于有限责任公司。同时,由于股份有限公司股权相对分散、有监管部门监管且股份可以自由转让,普通的公司纠纷不会进入民事诉讼程序,实践中进入司法诉讼程序的主要涉及因虚假陈述等导致的证券民事赔偿案件。相比之下,有限责任公司由于股权转让受到诸多限制、新修订的公司法规定灵活和增强纠纷可诉性等原因,进入民事诉讼程序的案件较多。我国公司法法典体系中,有限责任公司与股份有限公司是作为两种并列的公司组织形式存在的,但是司法实践面对的主要是有限责任公司,这就存在一个公司法典体系在设计上以何种标准来划分公司类型,以何种类型之公司为标准的规范对象而将其他类型公司作为例外予以构建。理论学说长期以来认为有限责任公司与股份有限公司的区别在于前者的人合性特征较为浓厚,而后者主要是资合性组织。其实股份有限公司中的非上市公司也和有限责任公司一样具有人合性特征。人合性、资合性的划分未能概括出有限责任公司和股份有限公司的区别,未能有效指明二者不同的规制方向,因而也不能有效指导司法实践。2005年日本对《公司法典》做了大规模的修改,主要的特征之一就是对《公司法典》体系进行重组,取消了有限责任公司,对股份有限公司和有限责任公司作一体化规定,而且引入"公开公司"与"非公开公司"的概念①,并以非公开公司为基础、将上市公司等作为例外构建日本《公司法典》体系。② 我国《公司法》变革方向必须立足于我国的公司商业实践、监管实践与司法实践,在此基础上借鉴外国法制发展成果,面对众多的封闭公司纠纷,下一步立法是否应当作出相应的调整,值得关注。

第二,从纠纷类型来看,352件案件中,股权转让纠纷110件,占31.25%;损害公司权益纠纷48件,占13.64%;股东知情权纠纷40件,占11.36%;股东会或者股东大会和董事会决议效力纠纷36件,占10.23%;股权确认纠纷33件,占9.38%;出资纠纷21件,占5.97%;公司解散纠纷16

---

① 《日本公司法典》第2条之五对"公开公司"做如下定义:指对转让取得其发行的全部或部分股份,没有在章程中规定需要股份公司同意的股份公司。
② 参见江头宪治郎:"新公司法制定的意义",载王保树主编:《最新日本公司法》,于敏、杨东译,法律出版社2006年版,第10页。

件,占 4.55%;公司盈余分配纠纷 12 件,占 3.41%(具体详见附录一)。在 352 件案件中,判决书中直接列明为"股东代表诉讼"或"股东派生诉讼"的共 16 件("股东代表诉讼"15 件,"股东派生诉讼"1 件)①,占 4.55%。

第三,从案件复杂性程度来看,一个案件往往涉及多个法律关系。从主体上来说,公司诉讼案件涉及的主体包括:公司;设立时的股东、受让股权的股东、增资扩股吸收的新股东、实际出资的股东、名义股东;董事、监事、经理等高级管理人员;公司债权人;股东债权人等。从案件纠纷的跨度来说,公司是一个持续经营主体,经营过程中多方主体难免会产生矛盾,待到进入诉讼程序、矛盾总爆发以后,诉讼时点的纠纷往往回溯至以往年度乃至出资时的矛盾。另外,一个案件包含多种类型的纠纷,如原告主张查阅公司账簿、分配利润,而被告否定原告股东资格等。

第四,从结案方式来看,352 件审结案件中,以判决方式结案的为 249 件,占全部审结案件的 70.74%;以裁定方式结案的为 103 件,占全部审结案件的 29.26%。公司诉讼案件涉及多方当事人,利益冲突较为严重,以调解方式结案的案件数量少。

从上述特点可以看出,公司诉讼案件主要集中在有限责任公司的股东权益纠纷上。2005 年新修订公司法的一个主导理念就是以立法的形式肯认股东权的内容、确定具有可操作性和可诉性的股权体系。但是,通过比照 2005 年北京市法院系统审结的公司案件,2006 年新公司法实施并没有带来公司诉讼案件的激增,这在很大程度上体现了 2005 年公司法的修改是对长期以来我国公司司法实践经验的总结,虽在立法上突破较多,导致当前公司法条文解释的工作任务繁重,但是公司司法实践呈现较为平稳的发展态势。

二、何谓"疑难案件"及其成因

司法裁判的过程是法官对法律文本进行解释并从中发现适用于待裁判案件的裁判规范的过程。法律文本与裁判规范是有区别的,更确切地说,从

---

① 除上述 16 件案件外,其余案件,尤其是董事、经理损害公司权益纠纷,有许多属于派生诉讼,但是法院没有将其认定为派生诉讼或代表诉讼。这与有限责任公司在封闭性环境下,直接诉讼和代表诉讼界线模糊有关。见 Arthur R. Pinto, Douglas M. Branson, *Understanding Corporate Law*, 2nd edition, LexisNexis, 2004, pp. 431—432。

法律文本到裁判规范是有一段或近或远的距离的。法律文本是法典或制定法本身,它只是一种记号或语言资料,法官需要通过语法解释、体系解释、历史解释和目的解释等方法创造出适用于个案的裁判规范或法律规范。基于这二者的差别,格雷断然声称"在司法判决以前没有什么法律",因为他并不认为决定司法判决的实体法或程序法的一般规范是"法律",而认为它们只是"法律的渊源"。① 法律文本和裁判规范的关系表现在如下两个方面:一方面法律文本约束法官形成裁判规范,法官作出个案裁判不是恣意的,这是宪政国家关于司法权受制于立法权的必然要求;另一方面,法典和制定法的存在并不使法官显得多余,法官的工作并非简单、机械地按照三段论的推理方法适用法律,诚如霍姆斯所说,"一般命题解决不了具体案件",单从文义解释来看,法官需要从多数文字上可能的意义中,择其一种作为裁判规范,此外还存在种种"法律内的法的续造"和"超越法律的法的续造"②,解释几乎可以没有中断地过渡到开放的法的续造之阶段。③

疑难案件往往是法律文本距离裁判规范较远的案件。上述352件案件中,有许多案件是直接适用法律进行判决,如股权转让纠纷案件包括大量受让股东不支付股权对价或者出让股东不配合进行股权变更登记的情形,此时法官根据合同法和公司法的相关规定可以直接作出支持判决,此类案件法律文本与裁判规范距离较近,属于较为简单的案件。但是,另一些案件则不然,概括起来包括如下三类:

第一,如何选取适用于特定案件的法律条文。如哈特所言,等着我们的不会是这种特定事实状态,它界限分明、并打着正待适用的一般规则的实例的标志;规则本身也不会自动奋起去认领它自己的实例。④ 这其中的核心是如何识别某类行为的法律性质,从而选取相应的法律规则以确定行为的法律后果。如(2006)二中民终字第12614号判决,推翻了一审法院(2006)朝民初字第00365号判决,一、二审法院对于同一份协议的性质产生了不同的认识,一审法院认为协议不属于公司决议,亦不属于股东会决议,只是公司对其高级管理人员张文杰在任期间给予的奖励;而二审法院认为奖励的来

---

① 〔美〕凯尔森:《法与国家的一般理论》,沈宗灵译,中国大百科全书出版社1996年版,第172页。
② 〔德〕卡尔·拉伦茨:《法学方法论》,陈爱娥译,商务印书馆2003年版,第246页。
③ 同上书,第247页。
④ 〔英〕哈特:《法律的概念》,张文显等译,中国大百科全书出版社1996年版,第126页。

源是公司的利润,对高级管理人员的奖励实际上是对公司利润的一种处置,是公司利润分配的一种方式,因此协议应认定为兼具利润分配决议和对员工进行奖励双重性质。这种对于同一行为的性质认识的差异,会直接导致两级法院适用不同的法律,对同一行为的法律效力做不同的认定。

第二,法律自身的不完备、漏洞。由于自然语言的局限以及对未来预见能力的局限,这是任何一个制定法无法避免的困境。一个法律部门或法律制度中的核心概念,往往存在着坚硬、明确的"概念核"与含糊的、需要解释的"概念晕"。[①] 这一点对于移植了许多英美判例法制度的公司法来说,"概念晕"的范围较宽泛。因为成文法系国家要制定成文法律的前提必须是对要规范的行为能够充分地类型化,再赋予其行为的法律效果。可是,英美法中的某些制度如揭开公司面纱、董事信义义务等制度,都是由法院通过个案来认定的,虽然有一些判断的标准,但是这些标准只有在特定情形之下组合运用才能导致一定的法律效果,也就是说对于行为需要有"量"的判断或者说"程度"上的判断,对于揭开公司面纱制度而言这种量化和标准的组合通过立法规定的难度更大一些。

第三,对裁判结果的社会效果的考量。法院的基本职能究竟是落实和形成规则(普遍性的解决问题),还是解决纠纷(具体的解决问题)?或者在两者不可偏废的情况下以何为重,并将向哪个方向发展?[②] 这个问题可能伴随着司法审判的始终。民事诉讼的当事人关注的是公正不公正的道德问题以及司法能不能保障或实现自己切身利益的功利问题,一旦法律推理以及相应的判决与当事人的公正感觉或利益要求之间相距过于悬殊,就可能出现法律秩序的正统性危机。采取实用主义导向的法官,会在制度和其他环境制约条件下,比较几种可能的解决问题的办法,力求一种在特定时空中后果相对合理的解决方案。但是,应当在多大程度上允许这种超实证法的考量,使之不至于损害法律的权威性和审判的统一性,是裁判考量社会效果不可回避的制约。

[①] 〔德〕阿图尔·考夫曼、温弗里德·哈斯默尔主编:《当代法哲学和法律理论导论》,郑永流译,法律出版社2002年版,第274页。

[②] 苏力:《送法下乡——中国基层司法制度研究》,中国政法大学出版社2000年版,第176页。

三、司法介入公司自治的不确定性与公司法疑难案件

上述疑难问题在几乎所有的部门法裁判领域普遍存在,是司法裁判中面临的共同困境,新公司法实施以来公司诉讼中许多疑难案件也是上述原因所致。对于公司法这样一个特殊领域,本书将新公司法实施中疑难问题形成的特殊原因归结于司法介入公司自治边界的模糊性、不确定性,因为相比于合同法、物权法等其他商事法律,虽然也存在司法介入私人意思自治的确定性问题,但是纠纷发生在独立的民事主体之间,而不是一个独立的民事主体内部;相比于行政法和行政诉讼法等公法,公法领域的司法审查侧重于司法介入行政权力行使的确定性问题。

所谓司法介入公司自治边界的模糊,体现为面对特定类型的公司纠纷和原告诉求,法院是否应当介入、介入的程度如何、介入的方式如何,在裁判中存在着不确定性。此种归结,既有立法和理论上的原因,也是对352件研究样本所体现出来的司法实践经验的归纳。

新公司法强化了公司自治,特别针对有限责任公司规定了许多任意性规范,但是在强化股权保护与公司债权人等外部利益相关者方面,新公司法也增添了许多强制性规范。据学者统计,"可以"、"由公司章程规定"、"依照公司章程的规定"、"全体股东约定……的除外"等任意性字眼在《公司法》中总共出现119处,而旧《公司法》中此类字眼仅出现75处;与此同时,"法院"一词在旧《公司法》中出现9处,而在新《公司法》中出现了23次。① 单从法律条文本身,即可看出新《公司法》中蕴含着公司自治权和司法干预权双向扩张的趋势。

公司自治是私人意思自治在公司中的延伸。基于对个人自由权利的保障,应遵循"有疑义时为自由"的原则,其主要理由是个人是自己事务的最佳判断者及照顾者,选择的自由有助于促进社会进步及经济发展。政府为更高的价值或公益而为强制或干预时,应有正当理由。② 个人得根据自己的判断组建公司,基于公司章程,经公司机关之决议自由决定公司各项事务。自

---

① 参见罗培新:"填补公司合同'缝隙'——司法介入公司运作的一个分析框架",载《北京大学学报(哲学社会科学版)》2007年第1期。

② 王泽鉴:《民法总则》,中国政法大学出版社2001年版,第15页。

现代意义上的公司诞生以来,公司法发展的趋势就是:公司可以做它们愿意做的任何事情,按照自己的意愿来安排自身的事务,行使一切可以行使的权力,只要公司法以外的特定规则不宣布这些行为非法。一言以蔽之,公司法朝着公司管理自由化的方向发展。[①] 这种自由化发展的标志性事件包括公司设立从许可主义到准则主义、公司可以持有其他公司的股票以及商业判断规则的引入等。

但是,我们也应当看到公司自治不同于个人意思自治的一面。公司一旦形成,在正常运营过程中,股东只能通过参与到公司机关即股东(大)会中行使股权的方式,才能将自己的意志上升为公司意志,从而实现自身利益。公司决策是一个集体决策的过程。而在公司这种组织体中,遵循的基本决策原则是资本多数决,因而存在大股东欺压小股东的问题。对于股份有限公司来说,由于股份可以自由转让,如果是上市公司,小股东可以选择用脚投票的方式脱离公司;而对于有限责任公司,由于股权转让受到限制,小股东可能存在受到欺压而又无法脱离公司的情形,所以公司诉讼多由于有限责任公司纠纷所致。在这种情况下,自治的公司及内部特定主体可能会有寻求司法帮助的需求。

从上述分析中可以看出,司法介入公司自治并不仅仅是一个外在的国家干预的结果,更首先是公司自治的内生需求。公司自治产生于一定的环境中:合理的立法为公司自治提供法律框架;适度且有效的司法为公司自治提供程序保障和实质导向;积极有效的政府监管从外部监督公司自治。我们应当树立这样一种观念,司法正确地选择介入公司自治或不介入公司自治,都是在促进公司自治的实现,维护各方当事人权利,促进公司效率与公平的提升。

造成司法介入公司自治的不确定性的原因是多方面的,理解与解决这些方面的问题,有助于公司法实施中疑难问题的解决。这些原因主要包括如下几个方面:

第一,《公司法》中许多条文的法律属性难以确定,这包含两种难题:一个难题是面对一个偏离某项法律条文字面意思的行为,法院是采取不干预的态度、承认其法律效力还是应当否认其法律效力;另一个难题是《公司法》的某个法律条文是只约束公司及其内部主体,还是也对第三人产生拘束力。

---

① Lawrence M. Friedman, *A History of American Law*, 2nd edition, Simon & Schuster Inc. 1985, p. 512.

第一个难题的实质是《公司法》的具体某项条款是强制性规范还是任意性规范,是否允许公司参与人予以变更或排除适用。艾森伯格将公司法规则分为赋权型规则、补充型或任意型规则和强制型规则三种基本类型①,本次公司法修订的突出表现就是大量补充型规则的采用,如《公司法》第35条、第42条和第43条等,允许公司参与者通过章程或决议的方式作出不同于相关法律条文的规定。自一般法理言之,强制性规范,是不可以通过约定予以排除的规范,主要包括如下三类:第一,规定司法自治以及私法自治行使要件的规范;第二,保障交易稳定,保护第三人之信赖的规范;第三,为避免产生严重的不公平后果或为满足社会要求而对私法自治予以限制的规范。② 具体到公司法领域,如果说补充型规则具有明显的语词外观,因而比较容易判断以外,其他包括不带有"可以"、"必须"和"不得"语词的条款,甚至包括那些带有"应当"的条款,是否属于强制性规范,公司参与者的排除或变更适用是否具有法律效力,在实践中分歧争议较大。比如,《公司法》第38条和第47条规定了有限责任公司股东会和董事会的职权,实践中有些公司将股东会和董事会的职权授予给某个或某几个自然人行使,其性质和法律效力应当如何确定?第二个难题主要是一些规范公司对外法律行为的条款是否设置了与公司交易的对方的注意义务,争论集中体现在《公司法》第16条上:公司为交易方提供担保,交易方是否有义务查看公司章程,确定该项担保经过了公司董事会或股东会议的批准,以及是否超出了章程规定的限额。有学者说此规范属于管理型规范,只对公司内部发生法律效力,也有学者指出交易方应当负有上述审慎义务并以此促进公司治理的规范化。司法实践中对此也莫衷一是。

第二,《公司法》中新规定的一些法律制度缺乏可操作性、可控制性的适用规则,缺少案例支撑带来法律规定过于原则、笼统,需要法官去弥合法条和现实的距离。此次公司法修改借鉴了英美法的制度结论,可是司法实践只能以惯常的大陆法系思维方式、运用现有的制度资源去支撑,对接工作的任务比较艰巨。当然,这也再次生动地体现了法典和制定法的存在并不使法官显得多余,法官的工作也并非草率和机械。会有需要填补的空白,也会有需要澄清的疑问和含混,还会有需要淡化——如果不是回避的话——的

---

① 〔美〕M. V. 艾森伯格:《公司法的结构》,张开平译,载王保树主编:《商事法论集》(第3卷),法律出版社1999年版,第391页。

② 〔德〕卡尔·拉伦茨:《德国民法通论》,王晓晔等译,法律出版社2003年版,第42页。

难点和错误。在人们的谈论中,似乎解释不过是寻找和发现立法者心目中的含义,而不论这种含义是多么含混不清和深藏不露,却还是被当做一种真实并可以确定的已有之物。没有哪个成文法体系能一直摆脱对这一过程的需求。①《公司法》第 20 条规定的揭开公司面纱制度、第 183 条规定的司法解散制度,在实践适用中造成的疑难就属于此列。

第三,公司法中价值冲突的协调与平衡难以把握,价值判断问题始终在某种程度上困扰着司法过程。《公司法》第 1 条规定公司立法的目的旨在保护公司、股东和债权人的合法权益,第 5 条更是鲜明地提出公司应当承担"社会责任"。在股东内部,有大股东和小股东之分,纠缠着资本民主与保护小股东利益的冲突;在股东和债权人之间,公司运行的效率与安全之间的矛盾始终存在;在股东、公司与管理者之间,信义义务的范围和程度应当如何界定是一个需要结合具体情境加以分析的问题。同样都是需要保护的利益,在个案中的衡平保护往往难以把握。

第四,理论和实务界对于股权的内涵及其保护方式理解不透彻,这一点是造成公司诉讼许多疑难案件以及司法介入尺度难以把握的症结所在。从上文关于 352 件案例样本的诉讼类型分布介绍看,涉及股权纠纷的案件占到绝大多数。股权不同于债权,它的实现不完全依赖他人的给付;股权也不同于支配权,股东不能单独形成某种法律关系,其实现得通过与其他股东一起共同影响形成公司意志方为可能,即使是对股权的处分,在特定类型的公司和特定情形下也会受到限制。理论观点普遍认为股权兼有自益权和共益权的内容,股东自益权泛指股东从公司获取财产利益而享有的一系列权利,股东共益权泛指股东参与公司决策、经营管理、控制监督而享有的一系列权利。但是,应当看到,共益权往往是实现自益权的手段,自益权的实现往往有赖于公司行为、而非股东个人的直接支配行为,所以此种理论划分的意义对于实践的指导意义甚微。具体来说,《公司法》第 4 条规定公司股东依法享有资产收益、参与重大决策和选择管理者等权利,仔细考察不难发现就"资产收益"而言,无论是分取盈余还是剩余财产分配,一般来说只是一种期待权,即转化为既得权需要经过公司决议的形式[②];就"参与重大决策"而言,实质是股东大会出席权、表决权;而"选择管理者",分属股东会议和董事会的权限范围,而非单个股东的权限。以上应为对于股权及其行使方式的

---

① 〔美〕本杰明·卡多佐:《司法过程的性质》,苏力译,商务印书馆 2000 年版,第 5 页。
② 刘俊海:《股份有限公司股东权的保护》,法律出版社 2003 年版,第 195—196 页。

一般认识,但是在某些具体情形中,公司以多数决方式做出不违法、但是显著违背股东出资时合理预期的行为,《公司法》第75条和第143条给予了异议股东或小股东适当的退出权利,第183条更是准予提起诉讼解散公司。但是这些例外情形在司法实践中存在扩大适用的趋势,尤其是某些法院往往在没有股东会决议的情况下,根据《公司法》第35条径行判决支持原告股东分配利润的请求并直接决定分配数额,这既涉及对第35条法律属性的理解,又涉及对于股权内容与保护方式的理解,在司法实践中认识不一,理论上也有争议。

第五,司法实践对公司人格的把握不全面,司法在维护公司人格与保障股东、第三人权益方面有时进退失据。股权和公司人格产生于股东出资设立公司的过程,公司一经成立,股东获得股权与有限责任保护,公司获得独立的法律人格。在公司法里,存在着组织形式的强制性规定,这一方面是出于对与公司有业务关系的另一方当事人利益的保护,他们必须知道,在这个已达成的交易中,究竟谁对他们承担责任,是作为"法人"的联合体本身,还是其成员,或者是那些出面进行业务的个人;另一方面,也是为了公司成员的利益,如一些少数股东和那些不直接参与企业管理者的利益,为此必须规定企业的组织形式、必要的机关和其权限。① 实践中,哪些行为得通过公司机关决议方式才能做出,而哪些权益专属于股东个人,公司不得处分,界线往往不明。举例来说,如果公司章程规定,"股东之间可以相互转让其全部或部分出资,但须经董事会批准"②,股东以《合作协议》方式约定"自即日起六年内各方不得撤回出资,非经股东会同意不得向公司的其他股东转让部分或全部股权"③,这些规定是否合法有效?另外,法定代表人之行为是否一定属于公司行为,公司的交易相对方之信赖利益应当获得何等程度之保护。比如法定代表人在担保协议上签字盖章,是否就一定认为是公司行为,交易相对方是否就无需承担其他注意义务等,这些问题往往造成司法裁判中的困惑。

在探讨如何解决上述五个方面的问题之前,不妨先对相关典型案例进行实证考察,在获取疑难案件的细节与全貌的基础上,探索困境的走出之道。

---

① 〔德〕卡尔·拉伦茨:《德国民法通论》,王晓晔等译,法律出版社2003年版,第185页。
② 见(2006)宣民初字第4374号判决书。
③ 见(2006)朝民初字第28977号判决书。

四、实证研究:司法介入公司自治不确定性与新公司法实施中的疑难问题

关于公司自治与司法介入的关系,法官有自己的理解:

"企业作为法律赋予人格的实体法人,应当依靠企业内部的治理机制维持其正常的运转,维护企业利益,并保护股东权益不受侵害。司法干预是公司、股东无法通过企业的治理机制保证企业正常经营及股东合法权益时的一种救济手段。"①

但是如前所述,对于股东都享有哪些"合法权益",即股权的内容是什么,以及应当通过何种手段加以保护救济,在司法实践中是存在争议和不确定性的。

为了展现公司法实施中司法介入公司自治的不确定性,不妨考察352件案例中一些至少看似矛盾的判决,这样的判决在公司盈余分配请求权纠纷领域表现得比较突出。对于公司盈余分配,《公司法》第38条和第100条规定"审议批准公司的利润分配方案"属于股东会或股东大会的职权,但司法实践中也有法院支持原告股东的请求、直接判决分配利润,而作为被告的公司对此表示出较大的抵触。从(2006)二中民终字第16770号判决,可以看出被告公司对一审法院判决分配利润的认识,一审被告公司上诉,称:

"利润分配和弥补亏损是企业生产经营的事情,也是与企业发展息息相关的,因此是立法者赋予股东大会的职权。也就是由股东大会提出法定公积金、任意公积金的提取后,决定如何分配利润。这是企业经营的事情,法院不应该干预。法院的审判权是有限的权利,不能无限扩张。否则,支持了一方的诉讼权利,就会损害另一方的合法权利,达不到审判的目的,也是不公平的。尤其是对涉及公司权益的案件。"

对此,二审法院通过维持一审法院(2006)丰民初字第10712号判决作出了如下回应:

---

① 见(2006)石民初字第2914号判决书。

审议批准公司的利润分配方案和弥补亏损方案系股东会的职权之一,(被告)公司未能及时召开股东会对公司的利润分配方案进行审议并向(原告)股东分配红利,导致(原告)诉至法院,法院可以依照相关法律规定及公司的盈利情况对股东要求分取红利的诉讼请求进行裁决。因此(被告)公司的上述答辩意见,本院不予采信。

据此,一审法院依照原《中华人民共和国公司法》第33条,根据会计师事务所出具的专项财务审计报告判决被告公司向原告股东支付股利。二审法院支持了一审法院判决,认为,

"公司股东依法享有资产受益权并按照实缴的出资比例分取红利。"

由于公司盈余分配涉及公司财务制度,(2006)通民初字第05702号判决在肯认了

"股东依法享有资产收益权"、"原告作为被告的股东,有权分配被告的经营利润"后鉴于"被告未能提供完整的会计记账凭证,无法审计其经营利润情况,为规范公司治理,保护中小股东利益,本院参照相关行业利润水平酌情确定被告所订立合同的经营利润率为30%,从而确定被告已到期合同金额的30%为税后利润,提取20%的法定公积金、10%的任意公积金后,剩余利润的30%应分配给原告。"(作者注:原告持有被告公司资本金的30%,且已经投资到位)依据《中华人民共和国公司法》第四条、第三十五条、第一百六十七条之规定,判决向原告股东分配利润。

但是,对于原告股东关于公司分配盈余的诉请,(2006)朝民初字第25055号判决给出了不一样的说法:

公司的利润分配方案必须经过股东会审议批准,即召开股东会审批利润分配方案属股东分配利润的前置程序。现(原告股东)在股东会未审议批准分配利润方案前,依据董事会制订的利润分配方案要求进行利润分配,缺乏法律依据。故对(原告股东)的诉讼请求,本院不予支持。

接下来考察一下涉及公司内部事务的诉讼案件。

案件一 (2006)二中民终字第09119号判决法院以"公司财务专用章

的使用和保管属于公司内部管理事项,不属于法院受理范围",维持一审认定,驳回原告股东要求被告执行董事(同时也是股东)返还公司财务专用章等诉讼请求。

案件二 (2006)朝民初字第 25054 号判决中,原告股东诉请法院确认被告公司的任命副总经理的决议无效。法院认为,本案中

"公司章程规定经理有权提请聘任公司的副经理,而董事会章程中的议事规则却规定副总经理的任免须经全体股东同意后提交董事会通过方可任用。该董事会章程对副经理的任免作出的规定与公司章程的规定不一致,与公司法的规定也不一致,其效力如何,尚须确定";"(原告股东)认为(被告)公司任命副总经理的决定违背了董事会章程关于任免副经理'须经全体股东同意后提交董事会通过'的规定,(被告)公司则以董事会通过《2006—2008 年度责任人目标责任书》授权公司经理以自主用人权进行抗辩";"双方争议的焦点集中在董事会章程中关于任免副经理的规定上";"因此,在对该董事会章程的效力作出认定之前,对(被告)公司任命常务副总经理的决议是否有效不宜作出认定。综上,依照《中华人民共和国民事诉讼法》第一百四十条第(三)项和《中华人民共和国公司法》第十一条、第三十八条、第四十七条之规定,裁定驳回(原告股东)的起诉。"

五、司法介入公司自治确定性的寻求

学术界已经用了很大的力量,试图要找出真正支配法官判决的原因,并勾勒出一幅法官判决形成过程的真实景象。这是件很困难的工作,因为没有人能看透对方的心思。① 但是,我们直觉的观感以及一些实证的研究表明,对法院而言,"正式的法律"就是形成判决的"公式"。正式法律虽不是唯一的因素,但却是极端重要的因素。甚至是在判例国家的美国,有研究显示上诉法院的法官们并不觉得自己是决策形成者或立法者,他们对裁判的过程抱持着保守的态度。② 法官本身的偏见,则扮演比较次要的角色,因为法律本身就蕴含着相当具有弹性与改变空间的标准。同时不可否认的是,

---

① 〔美〕劳伦斯·傅利曼:《二十世纪美国法律史》,杨佳陵译,商周出版社 2004 年版,第 124 页。
② 同上书,第 129 页。

社会变迁带动着法律学说、法律意识理念的改变。法官们生活在社会里,而他们的思考方式会有意无意地随着社会、随着发生在他们身边的世界趋势而改变,有时只是难于察觉。对于司法确定性的寻求可能要从法律本身开始。

人类历史上的法典化运动在很大程度上都是改善法的确定性的努力。法律规范既是法官决定案件的依据,也是对法官的约束。由于法律原则被表述在法典中,最终提出了一个卢曼所称的"法的实证化"现象的重要条件:法律制度从永恒的"自然之法",向原则上可变的立法法之结构性转换。① 随着立法制度的个别化,将可能松动立法者受由他支配的法的约束,并把这种对法的改变,不是理解成违法或不服从,而是理解为对变化的要求所做的法律制度的功能性回应,也即对于法典或制定法的发展也可以囊括到法律本身的框架中来。

如前所述,法院认为司法干预是公司、股东无法通过企业的治理机制保证企业正常经营以及股东合法权益时的一种救济手段,也即法院干预是第二位的,干预的往往是比较成熟、裁判结果不会导致一方或者多方当事人无法接受的后果的案件纠纷。司法干预在规则之治的框架内,是要力图化解纠纷,而不是制造更多更大的纠纷。如霍姆斯所言,有时让损害停在原处可能比对损害进行补偿要好。另外,判决还具有示范效应,如培根所说,"有许多时候,引出司法判决的某些东西也许是你的和我的,而由此生发的理由和后果却可能影响到全部财产"。今天的判决将决定明天的对错。② 就公司纠纷而言,司法具有认识上和制度上的局限性,认识上的局限主要是法官不适宜代替公司及其管理人员作出商业判断,制度上的局限表现在各方当事人举证能力的强弱、司法救济手段的有限性等方面。审慎是司法的品格。

从技术层面观之,法官们创造出许多躲避诉讼各方当事人所提问题的设置,包括问题不切实际或问题不成熟,或提出了一个无法司法的问题,或提出问题的当事人没有诉权,或提出的诉讼时间晚了,或诉讼人尚未穷尽其他救济途径等。这些设置使得法官得以避免同艰难的、敏感的问题纠缠不清。③

---

① 〔德〕阿图尔·考夫曼、温弗里德·哈斯默尔主编:《当代法哲学和法律理论导论》,郑永流译,法律出版社 2002 年版,第 278 页。
② 〔美〕本杰明·卡多佐:《司法过程的性质》,苏力译,商务印书馆 1998 年版,第 9 页。
③ 〔美〕理查德·A.波斯纳:《超越法律》,苏力译,中国政法大学出版社 2001 年版,第 144 页。

(一) 公司法本身对于司法介入的积极引导:穷尽公司内部救济

此次公司法修改强化了公司自治,集中体现为为公司自治创造良好的条件,设置各种制度避免公司僵局的出现,或者在僵局出现情况下恢复公司自我治理的能力。如《公司法》第41条和第102条,规定了股东会会议的有权召集人,司法实践中往往会存在原告诉至法院要求公司召开股东会的情形,法院即使做出支持判决,后续监督无法进行,这种情况下《公司法》对股东会会议的召集程序予以明确,可以避免法院陷入不必要的公司内部纠纷中。

司法介入的目的旨在恢复公司自我的治理机制,因此对于司法救济设置了一些穷尽公司内部救济的措施,主要体现在《公司法》第34条规定了有限责任公司股东查阅公司会计账簿需先向公司提出书面请求,第152条规定了股东追究董事、监事和高级管理人员违反法律法规、公司章程给公司造成损失的赔偿责任的前置程序,第183条规定股东请求法院解散公司时须满足公司僵局"通过其他途径不能解决"的条件。公司纠纷不同于一般民事纠纷之处在于,公司处于一个持续运营状态中,股东、董事等高级管理人员处于一种关系性契约中,关系契约的价值判断有超出单纯的经济合理性的深层内容,相互性和团结本身具有较高价值。[①] 一个公司纠纷通常只是连绵不断的公司运营中的一个短暂事件。这些程序性的安排既可以节省有限的诉讼资源,又可以显示出一种信号:公司纠纷的各方当事人应当积极主动地通过公司内部途径解决纠纷,避免给公司造成不必要的讼累,避免影响长期的相互合作关系。

上述三类案件具有一些各自的特点:查阅公司会计账簿不同于查阅公司章程、股东会或董事会会议决议以及财务报告之处在于,前者可能会消耗公司额外的人力和物力,而且由于股东可以投资多家企业,会计账簿中包含的公司商业秘密或商业资讯可能被不当利用;在股东代表诉讼的情形下,董事等高级管理人员可以自由运用商业判断管理公司,法院并不适格于评价董事等行为的过失、过错;司法解散公司影响较大,不仅包括公司、股东等,还包括普通雇员。这些情形下,公司内部各方主体是公司内部信息的最佳知悉人,他们自主协商才是最适宜的纠纷解决人,司法介入在某种意义上是一种威吓,促进各方当事人的协商解决纠纷。

[①] 〔美〕Ian. R. 麦克尼尔:《新社会契约论》,雷喜宁、潘勤译,中国政法大学出版社2004年版。

当然,有一些纠纷或者救济请求,法院会根据不同情况选择介入与否、介入范围和程度等,而这些在司法实践中往往体现为对于法律属性模糊不清的公司法条文作出不同的解读和解释。

(二)公司法的解释论:股权保护与公司权力的顺畅运行

法官解释法律的过程就是一个推导相关当事人权利义务的过程。德沃金主张,追求法律统合性的法官们在法律议论当中所进行的解释,具有"连环小说"(chain novel)似的结构:虽然是许多作者你写一章我写一节的系列作品,但角色、情节能连贯成为整体,仿佛作者是一个人。为了小说前后能够衔接得自然,每一部分的担当者必须对过去的写作内容进行阅读和解释。参加连锁小说续写工作的人不妨根据情境和理解加以发挥,其中也可以掺入自己的偏好,但他却没有完全的自由。换言之,作者不得不受到文本的约束,但这种约束不妨碍在整合型的前提下进行合乎作者主观价值判断的创作。① 选择的目标是得出关于权利的正确解答,选择的根据是与既存的法律体系的整合性。德沃金相信在法律文本欠缺或者不明确的场合,其背后仍然存在着具有整合性的法律秩序,司法判断只要与既存的文本整合即可。

但是,法官约束从属于法官对解释的控制。不存在什么解释规则的元规则:规定法官根据具体情况运用具体方法的指令。法官在方法上可自由选择解释规则。因为不同的解释规则,通常会产生有关"正确的"规范理解的不同结果。② 这一点对于许多条文法律属性不明晰的公司法解释来说,尤其适用。

从上述实证考察中,我们看到法院面对同一法律条文的约束,对公司盈余分配请求权有不同认识。但是,不同认识之间有一点是相同的,那就是合乎逻辑。合乎逻辑是合理性的最低标准,也是进行公司法律解释和法律推理的最低要求。当然,不同解释的存在说明还有逻辑以外的因素存在于法律解释中。富勒认为司法活动是一个"舆论法庭"(forum of public opinion),舆论法庭的出现并不一定导致"法律帝国"被"选择的共和国"所取代的结局,但无论是法官还是市民都肯定因此获得更大的选择余地:(1)法律可以左右司法判断但不能完全决定之(非决定论);(2)法律议论不仅仅是演绎性的推论还要根据命题进行合情合理的讨论(超三段论);(3)法律议论除

---

① 〔美〕德沃金:《法律帝国》,李冠宜译,时英出版社2002年版,第237—246页。
② 〔德〕阿图尔·考夫曼、温弗里德·哈斯默尔主编:《当代法哲学和法律理论导论》,郑永流译,法律出版社2002年版,第283—284页。

了符合法律之外还要符合正义(非实证主义);(4)在法律议论中正当程序和理由论证具有重要意义(过程指向);(5)承认制度与实践之间存在着互动关系(相互主观的思维模式)。① 在"舆论的法庭"上,我们不难发现法官与法律文本之间的互动关系在这里变成了主观与主观之间的互动关系,不妨称之为交涉学的立场,即在考虑司法判断的正当性时,重点被放在促进审判参加者们的交涉方面以及交涉结果对未来或潜在的审判参加者影响上。

公司法解释的目标无疑是要推导出公司参与主体以及公司本身的权利和义务,在此推导过程中,法院遵循法律条文自身的内在逻辑,同时加入法官对于公平、正义以及判决对公司治理正面引导等多方面的考虑。假使就同一规定,法院于同类案件忽焉如此,忽焉如彼解释,则其将抵触正义的要求——相同的事件应做相同的处理——和法的安定性的解释。因此,需要寻求一种合理的公司法解释范式,指导公司诉讼的实践。

解释始终都与该等法秩序的整体及其基础的评价准则密切相关②,这也是德沃金意义上的完美无缺的整合性法律秩序。从根本上来说,公司法关注股东、公司和公司债权人的利益。③ 对于公司债权人的利益保障,如同其他关注第三人利益的法律,公司法规定了如注册资本、增资、减资程序、揭开公司面纱等一系列强制性制度,司法中只需要寻此规定并加以细化、量化即可解决。公司法解释有争议、有难点之处往往出现于对股东和公司利益的保护上。尤其是当前公司诉讼中主要涉及的是有限责任公司这类闭合性公司,公司法解释论的核心是对于闭合性公司股权保护与公司利益维护的认识与理解,这两点如上文所述,也是导致当前司法介入公司自治不确定性的症结。

首先,不妨结合实证考察中对公司盈余分配请求权纠纷案件的分歧性判决来探讨股权保护的问题。法律的解释属于一种文字解释,而文字的解释始于字义。考察那些法院支持原告股东分配利润诉请的案件,不难发现法院依据的是原《公司法》第33条和新《公司法》第35条,股东按照出资或实缴的出资比例分取红利。本条文从字面来说旨在规定分红方式,并不能推导出只要公司有盈余、股东就能按出资比例分取红利。另外,《公司法》第

---

① 季卫东:"法律解释的真谛",载《法治秩序的建构》,中国政法大学出版社1999年版,第104—105页。
② 〔德〕卡尔·拉伦茨:《法学方法论》,陈爱娥译,商务印书馆2003年版,第195页。
③ 尽管有所谓广义的"利益相关者",但是具体到日常公司诉讼,主要涉及的还是这三类主体。

75条规定公司连续5年不向股东分配利润,而公司该5年连续盈利,并且符合本法规定的分配利润条件的,对股东会该项决议投反对票的股东可以请求公司按照合理的价格收购其股权。从本条来看,似乎公司可以连续4年不向股东分配利润,而且即使超过4年,股东也只能请求公司回购股权而不能请求公司直接分配利润。综上,从《公司法》的文本来看,文义解释倾向于否定在没有股东会决议的情况下法院直接判决公司分配利润。但是从目的论解释来看,公司法维护股东的利益,尤其是要满足股东投资公司最基本的目的和合理的预期,这其中主要是指获取投资回报即公司分配利润。而且一般认为在有限责任公司中,股东不仅对公司负有义务,股东相互之间也负有义务。① 大股东不能利用资本优势压制小股东。在 In re Judicial Dissolution of Kemp & Beatley, Inc. 一案中,纽约州上诉法院认为,该商事公司法中的"压制"即指"严重破坏小股东把资本投入某个企业时所具有的'合理预期'的行为"②。实际上,公司法上的所谓"合理预期"原则类同于合同法上的显失公平原则或善意履行原则,公司法上的此项原则授予法院更多的权力,法院不但可以从公司的有关书面协议中,而且可以从公司的全部历史性因素中探求股东的合理预期。"这一历史必须包括由公司创办人之间的关系所形成的合理预期;随着时间推移而改变的合理预期;以及参与人在执行公司业务所从事的交易过程中所形成的合理预期。"③在这种思想观点的指导之下,不难理解为何对于公司盈余分配案件法院会如此深入地介入公司自治。

其次,考察法院对于公司利益的维护。公司是社会经济的核心经济组织,在很大程度上公司的效率决定了社会的效率。司法介入公司纠纷,其目的旨在通过解决纠纷,减少公司运行中的摩擦和效率损失,保障公司的良好运行。公司利益不是各个股东利益的简单加总,从法律视角而言,核心的公司利益是公司权力在公司法和公司章程框架下的顺畅运行。所以在公司权力运行可以继续的情形下,法院一般采取听其自行解决、而不积极干预的态度;即使干预,首先也会考虑公司权力运行能否恢复或者帮其恢复。这一点

---

① Arthur R. Pinto, Douglas M. Branson, *Understanding Corporate Law*, 2nd edition, LexisNexis, 2004, p. 431.
② 64 N. Y. 2d 72, 473 N. E. 2d, at 1179, 484 N. Y. S. 2d, at 805(1984),转引自汤欣:"论公司法的性格——强行法抑或任意法",载《中国法学》2001年第1期。
③ 自 M. V. 艾森伯格:"公司法的结构",张开平译,载王保树主编:《商事法论集》(第3卷),法律出版社1999年版,第399—400页。

在《最高人民法院关于适用〈中华人民共和国公司法〉若干问题的规定（二）》对《公司法》第183条的司法解释中体现得十分明显,规定只有在纠纷和僵局无法通过股东会或者股东大会解决时,法院才会受理,而且法院审理解散公司诉讼案件,应当注重调解。司法解散公司诉讼中一旦股东们同意召开股东会,法院也会接受。①

（三）统一司法解释：走出个案争议

司法解释是司法机关在将法律规范适用于具体案件或事项时,对有关法律规范所作的解释。它所回应的是我国立法机关供应立法产品严重不足,司法在传统上又未形成判例制度,无法以个案审判的方式传送权威司法解释从而弥补立法产品的匮乏,而同案同判的司法公正又必须尽可能实现,必须尽可能避免各地司法的不统一。②司法解释很大程度上是对审判实践经验的总结,以成文的方式加以固化,对法院适用法律具有约束力,保证着法治的统一性。

从目前已经颁布的两个公司法的司法解释文件来看,即《最高人民法院关于适用〈中华人民共和国公司法〉若干问题的解释（一）》和《最高人民法院关于适用〈中华人民共和国公司法〉若干问题的解释（二）》,如果说前者主要解决新旧公司法适用过程中的衔接问题,不能很好地展现公司法司法解释特征的话；后者则充分体现了公司法的司法解释大量吸收了司法审判工作的经验、避免抽象空洞的话语、针对个案作出解释规定的特点。针对公司清算、解散案件,既包括关于各方主体诉讼地位等程序性规定,又包括对案件事实、法律适用的解释。《最高人民法院关于适用〈中华人民共和国公司法〉若干问题的解释（二）》第1条通过正面囊括性列举和反面排除性列举的方式对《公司法》第183条关于何谓"公司经营管理发生严重困难"的案件事实类型化描述；该解释第5条规定了法院审理解散公司诉讼案件"应当注重调解",这就是对《公司法》第183条"通过其他途径不能解决"在司法适用过程中的尺度把握。这就将重视公司内部权力运行、以司法手段恢复此种运行的司法介入公司自治的精神加以了具体贯彻。通过司法解释这种具有法律效力的手段,实现公司诉讼审判的普遍正义。

---

① 如（2006）石民初字第02488号判决。
② 沈岿："司法解释的"民主化"和最高法院的政治功能",载《中国社会科学》2008年第1期,第104页。

结论

2005年《公司法》的修订贯彻了公司自治的精神,任意性规范(包括各种缺省性规范)数量显著增加;与此同时,公司法在鼓励投资的理念下强化了对于股权的保护,逐步建立起完善的股权的保护体系,公司法的可诉性也大大加强。在这一背景下就呈现出公司自治和司法干预同向扩张的趋势。司法的功能旨在通过规则之治推动公司形成合理的治理机制,通过纠纷解决化解公司运行中的效率损失,从而保护包括公司、股东和债权人在内的各方当事人的利益。为了实现这一目标,司法必须把握介入公司自治的尺度,尽可能减少介入的不确定性,保护各方当事人的合理预期。

从北京地区法院系统2006年审结的352件案件来看,股权纠纷占到大多数,司法介入公司自治最大的不确定性来源于对股权内涵及其保护方式的理解。而结合所审理的案件主要是有限责任公司纠纷,在封闭性公司中股权保护的特殊性也凸显出来。《公司法》本身通过各种程序的设计以及诸如股东会召集权等程序性权利的赋予,构筑出公司治理中的股权保护机制,使得股权保护可以在公司权力运行框架中实现。司法介入公司自治,不可回避地要考虑作为一个具有自我运营能力、自我纠纷解决能力的公司治理结构,毕竟法官至多只是公司法的专家,而不是公司专家,应当通过恢复或者矫正出现问题的公司治理框架,来解决个案中的股权保护问题。只有在这种权力运行框架失效(如出现僵局)或者显然无法保护某一公司参与人的合法权益与合理预期时,才能径行给予救济。

当然,这只是众多对于司法确定性寻求中的一种尝试。可以明确的是,法律的适用不仅可以在积极意义上实现,而且也可以在消极意义上实现;不仅可以由适用法律机关的命令和执行制裁所实现,而且可以由这一机关拒绝命令或执行制裁来实现。[①] 进、退之间的司法介入既体现对公司自治的尊重,又体现对失衡利益关系的调整,确定性的寻求还需结合具体案件纠纷类型加以研究。

[①] 〔美〕凯尔森:《法与国家的一般理论》,沈宗灵译,中国大百科全书出版社1996年版,第171页。

第一章 司法介入公司自治的确定性研究

附录一 北京市法院系统 2006 年公司纠纷案件统计

（单位：件）

审理法院	股权转让纠纷	股权确认纠纷	出资纠纷	股东知情权纠纷	公司盈余分配纠纷	公司会议决议效力纠纷	损害公司权益纠纷	股东滥用公司独立地位和股东有限责任纠纷	公司解散纠纷	公司清算纠纷	公司增减资纠纷	其他股东权纠纷	不明	总计
市高院	5	1	1				4							11
一中院	7	1		4	1	3	1+1		1	2				19
二中院	28	10	4	7	4	10	14	1	1	1		5	2	86
东城	6	2+1	1	1		2	12							23
西城	2			1		1								2
宣武	3	2	1	4	1	4					3	1		18
崇文														3
朝阳	22	3	3+1	3	1	8	2							43
海淀	10	9	3	6	2	3+1	7		5	10	1+1			53
丰台	9	2	4	2	1+1	1	3		1	1		1		24
石景山	3	1					1							11
顺义	1	1	3	2		1	2		1	1+1		1		10
怀柔	1							1						6
密云	4	1	1		1	1	1						1	5
总计	110	33	21	40	12	36	48	1	13	16	6	9	7	352

审理法院	股权转让纠纷	股权确认纠纷	出资纠纷	股东知情权纠纷	公司盈余分配纠纷	公司会议决议效力纠纷	损害公司权益纠纷	股东滥用公司独立地位和股东有限责任纠纷	公司解散纠纷	公司清算纠纷	公司增减资纠纷	其他股东权纠纷	不明	总计
昌平	3			4					1	1	1			8
大兴	1		1	3	2	1	1						2	9
通州	3		1	2						1				11
延庆	1													1
门头沟		1												2
平谷														3
房山	1			1		1						1	1	4

附注1：审判实践中往往存在一个案件处理几种法律关系，如在"股权纠纷"的案由下，可能存在股东知情权和股东盈余分配两种纠纷。本统计的案件数量以一个案件号一个案件计，故多个案由以其主要者取其主要纠纷以归体标注，同时处理的纠纷不计入案件总数。

附注2："不明"的成因主要是由于法院作出关于管辖异议的裁定书，案由是"股东权纠纷"，无法根据该裁定书细化纠纷类型。

第二章　公司自治中的冲突关系及公司章程对外效力的司法评价研究

公司自治是私法自治原则在公司制度中的具体表现,1993年颁布的《公司法》基于我国社会商事传统和商业文明相对不足的历史背景,其立法体现了过多的强制性规范,并保持了官本位体制对商业社会的主导作用。在2005年新《公司法》的修订过程中,"公司组织的自治要求被充分意识并由此产生股东们对公司法某些强制性规则的排异性反映,要求公司法在一定程度上体现股东的意思自治,以便对公司中的特殊性问题作出自己的安排"①。新《公司法》极大限度展现了公司自治的商事品格,彰显着股东自治与公司自治的立法精神,使得任意性规范的适用范围更加拓宽,公司章程制定的个性化设计更加明显。同时,为了有效界定公司自治的行为的合理边界,又拓展了司法介入公司运作的空间,"在法官和仲裁员在个案中面对两种同样重要的价值冲突甚至几近于迷失航线的时候,只能相信私法自治的北斗星"②。

作为"北京市实施新公司法中新类型案件疑难问题研究"课题的子课题之一,我们梳理了北京市2006—2007年部分法院审结的公司诉讼纠纷方面的典型案件,并以相关判决文书为基础,作为公司法学理探讨和司法评价的依据。通过整理,我们把公司司法实践中涉及公司自治冲突的案例归结为以下类型:股东出资及股东资

---

① 甘培忠:《企业与公司法学》,北京大学出版社2007年版,第256页。
② 刘俊海:《新公司法的制度创新:立法的争点与解释难点》,法律出版社2006年版,第63页。

格纠纷、股东会董事会决议效力认定、股东知情权纠纷、股权转让纠纷、股东代表诉讼、公司侵权诉讼、公司清算诉讼等。为讨论便利,我们将筛选出比较具有代表性的典型案件,围绕公司自治中各主体的冲突关系,从公司外部和内部两个不同的视角,进行公司法学理的初步铺陈,并对司法实践中若干典型案例进行勾勒和评析。

一、公司自治中的冲突关系

(一)公司自治的内涵与实质

众所周知,自由企业制度和私法自治原则得以成为市场经济体系下的一般原则,是因为公司作为重要的市场经济主体,只有在其充分享有自由决策时,才能充分发挥市场资源配置优化、实现市场主体优胜劣汰的竞争机制。公司作为私法自治的主体,其自由主要体现为公司自治。从更广泛的意义来说,公司自治不仅仅是公司机关的自治,也包括公司股东的自主决策。其理由在于,公司作为一种法律拟制体,其在自治运行中存在着区别于普通自然人的特殊性——公司总是与运作或操控公司的具体自然人密不可分的,在公司的实际运行中,公司自治不可避免地与股东、董事、监事、高级管理人员等个人意思自治紧密相连。

由此看来,公司自治的内涵可以从狭义和广义两个方面进行考察:其一,狭义公司自治是指公司作为私法自治的主体,具有拟制的法人资格并能够以自己的名义对外独立实施法律行为,且以公司的全部财产为限承担相应的法律责任。公司作为拟制组织体,独立对外进行意思表示和进行法律行为,必须借助民法层面上的自然人代表行为或委托代理行为等制度来实现。其二,广义公司自治具有团体意义上的人合性,公司是自然人基于共同意思自治形成的集合体。从外部视角来看,公司作为统一且独立的法人,以自己的人格享有自由;从内部视角来看,公司的自治通过股东的意思自治来实现,股东的意思自治表现为公司股东对公司事务管理、董事经理选任享有最终的决策权。

公司自治应以股东自治为基础,同时,公司自治又不单纯等同于股东的自治。广义的公司自治既要充分保障股东自治的自由,又要体现一定司法介入的空间。换言之,公司自治必须置于法律一定程度的干预之下,既要体现股东的本位性和终极决策性,又在一定程度上体现公司股东团体的共同利益。公司自治既不是纯粹意义上的股东自治,也不能等同游离于股东利益之外任意而为的公司法人自治。因此,股东自治与法律干预二者不可或缺,股东自治是基础,法律干预应以保障实质意义上的股东自治为终极目的。

(二)公司自治中的冲突关系

在公司自治的过程中,基于公司股东实现公司利润最大化的共同目标以及公司股东人合性及资合性因素的客观约束,公司股东之间维系着积极合作的倾向。但是,根植于利益的对抗,股东之间的冲突也是必然的;股东之间的合作与冲突相互伴生,犹如一枚硬币的正反两面。在下面的讨论中,我们将从公司外部和内部两个不同的视角,对公司自治过程中的冲突关系进行剖析。

1. 公司外部的冲突关系

公司的外部冲突关系,是指作为独立法人的公司在开展经营活动的过程中,与公司外部交易相对方及各相关人之间发生各种业务联系。从一般意义上看,涉及公司外部的冲突关系主要体现为公司与公司债权人、股权受让人、股权质权人、股东债权人的利益冲突。

其一,公司与公司债权人纠纷。公司的债权人可以分为业务债权人(Trade Creditors)、机构贷款人(Institutional Lenders)、公司债券持有人等等。通常来说,当一个公司经营业务健康发展、持续盈利的时候,公司各债权人与公司之间的冲突并不明显。但在某些情况下,公司与债权人的利益冲突非常突出:(1)公司向股东低价转让财产。股东因此轻松获利,而债权人可能因公司的财务状况恶化其潜在利益受到影响。(2)公司过分分红。股东提前收回投资而债权人的受偿几率则受到一定程度的侵蚀,公司违约风险上升,并且公司如果清算则会明显削弱清算财产的价值。(3)举借新债。由于新资金的融入,股东因此不必亲自向公司追加投资,公司却可能因此抓住潜在的商业机会大举盈利。一方面,债权人并不能因公司的高利润而获得更多的回报;另一方面,新资金的融入会提高公司的资产负债率,增加公司的财务负担从而使公司偿债能力下降及违约偿债风险增加。(4)进行高风险投资。伴随着高风险的投资,股东可以利用债权人的资金进行高风险行业投资,在可能得到超额投资收益的同时却暴露给债权人更大的偿债风险。

在我们梳理北京市2006—2007年部分法院审结的公司诉讼纠纷方面

的案件中,我们发现公司作为债务人与公司债权人之间的诉讼纠纷更倾向于民法意义上的合同债务纠纷,如:赤峰长城地毯有限责任公司诉钟某、宁城县天龙印刷有限责任公司、李某借款合同一案(2007 海民初字第 11557 号),对于此类借款诉讼纠纷的解决,法院更倾向于援引《合同法》作为判决公司对外债务纠纷的依据,因此,我们没有将其列为公司法诉讼课题的典型疑难案件。

其二,股东股权转让纠纷。股东权是指股东基于对公司的投资而享有的利益分配权、公司重大事务决策参与权和公司经营管理者的选择权。从法理上讲,股东权可以分为自益权与共益权、普通股股东权和优先股股东权、控股权与非控股权等。在公司经营过程中,由于公司股权变动的经常性和复杂性,新《公司法》特设专章对有限公司的股权转让予以补充和完善,增强了有限责任公司与股份有限公司股权转让的可操作性,也对司法工作提供了更清晰、易于参考的司法依据。

实务中,股权的转让可以分为三种不同的情形:股东间股权转让、公司回购股东股权、股东向股东以外的人转让股权。其中,我们将股东间股权转让与公司回购股东股权归类于公司内部的股权流动,这是因为在一般情形下,其股权变动并不直接涉及公司以外的第三方利益,因此我们将其表述为股东内部股权转让。为讨论便利,我们在此一并作出简要分析。

情形一 股东间股权转让。根据《公司法》第 72 条规定:有限责任公司的股东之间可以相互转让其全部或者部分股权。股东向股东以外的人转让股权,应当经其他股东过半数同意。股东应就其股权转让事项书面通知其他股东征求同意,其他股东自接到书面通知之日起满 30 日未答复的,视为同意转让。其他股东半数以上不同意转让的,不同意的股东应当购买该转让的股权;不购买的,视为同意转让。经股东同意转让的股权,在同等条件下,其他股东有优先购买权。两个以上股东主张行使优先购买权的,协商确定各自的购买比例;协商不成的,按照转让时各自的出资比例行使优先购买权。公司章程对股权转让另有规定的,从其规定。由此可见,股东间股权转让无需取得其他股东的同意,其法理基础在于此种股权流动形式并未影响有限公司人合与资合的双重属性。当然,有限公司股权的内部转让,在特殊情况下可能导致一人公司形式上的变动。在我们梳理的北京法院案例中,股东间股权转让纠纷案例占据了相当数量的比例,并与股东资格纠纷、股东会董事会决议效力认定、股东知情权纠纷相交织,我们将在此后的公司内部冲突关系部分予以讨论。

情形二 公司回购股权。公司回购股权是指有限公司在某些法定的条件下,按照合理的价格收购公司股东股权的行为,其立法价值在于保护特定股东尤其是中小股东的利益。《公司法》第75条规定,有下列情形之一的,对股东会该项决议投反对票的股东可以请求公司按照合理的价格收购其股权:(1)公司连续5年不向股东分配利润,而公司该5年连续盈利,并且符合本法规定的分配利润条件的;(2)公司合并、分立、转让主要财产的;(3)公司章程规定的营业期限届满或者章程规定的其他解散事由出现,股东会会议通过决议修改章程使公司存续的。自股东会会议决议通过之日起60日内,股东与公司不能达成股权收购协议的,股东可以自股东会会议决议通过之日起90日内向人民法院提起诉讼。在我们梳理的北京市2006—2007年部分法院审结的公司诉讼纠纷的案件中,尚未发现股东因股权回购而直接提起诉讼的案件,我们推测可能有两方面原因:一是由于有限公司的人合性特征,公司股东更倾向于通过协商等方式予以解决;二是新《公司法》实施的时间并不长,公司诉讼实践需要更多的适应时间。

情形三 公司股权的对外转让。公司股权的对外转让是指股东将其所持有的股份向公司股东以外的人转让股权。有限责任公司股权的对外转让因涉及公司的人合性保护使转让程序相对复杂。在司法实践中,法院必须充分考虑在有限公司股权的对外转让中如何协调公司内部的信赖关系即"人合性",并在充分保证其他股东优先购买权的同时,积极适当地促成股份的自由转让。当然,公司法关于优先认购权的规定仅适用于有限责任公司,《公司法》第35条、第72条分别对此作了规定。《公司法》对股份有限公司没有作出此种强制性规定。

案例(隐名股东股权对外转让):2005年8月,李某与张某共同设立北京腾达公司,腾达公司在设立登记时,张某借用其亲戚姚某的身份作为腾达公司的登记股东,并由姚某担任公司执行董事及法定代表人。2005年12月,张某因与他人存在债权债务纠纷,遂提出将姚某在腾达公司50%的股权转让给刘某以抵偿对刘某的债务。刘某同意后与姚某签订了出资转让协议书,约定自2005年12月14日起,姚某将在腾达公司的50万元货币出资转让给刘某。12月14日,腾达公司作出了股东大会会议决议,同意姚某将在腾达公司的出资转让给刘某,并确定刘某为公司股东。刘某和李某在上述文件上签字后,张某将文件带走找姚某签字。而后,腾达公司根据张某提交的签有姚某名字的上述文件到工商机关办理了变更登记。然而,姚某却于2006年3月在北京市第一中级人民法院对腾达公司、李某和刘某提起诉讼,主张腾达公司出资转让协议书和股东大会会议决议中姚某的签名不是其本人所签,要求确认决议无效。刘某、李某和腾达公司对上述文件中的姚某签名进行了仔细比对后,发现该签名的确不是姚某或张某的笔迹。综上,刘某认为,由于资产转让协议书中姚某的签名并非姚某或张某所签,且二人均不认可腾达公司依据该协议作出的股东会决议的法律效力。因此《资产转让协议》约定的内容不是姚某的真实意思表示,故请求人民法院依法确认该协议无效,以便刘某能够严格依法行使权利和保证对张某的债权得以实现。

法院审理查明,刘某提交的2005年12月14日的出资转让协议书中载明,姚某将腾达公司50万元货币出资转让给刘某,自2005年12月14日股权正式转让之日起,姚某对已转让的出资额不再享有股东的权利和承担股东义务,刘某以其出资额在企业内享有股东的权利和承担股东的义务。该协议书上姚某的签字系他人伪造。

法院审理认为:合同系当事人发生民事权利义务关系的合意,其作为民事法律行为,应具备民事法律行为的成立要件,反映当事人的真实意思。当事人对合同内容协商一致,合同才能成立。因此,双方的合意是合同成立的必要前提,也是判断合同是否成立的首要标准。本案中,双方对股权转让协议中姚某签字系伪造,该协议并非姚某真实意思表示均无异议,据此,该协议不能反映双方的真实意思,协议没有成立。法院以此判决原告姚某与被告刘某之间的出资转让协议不成立,并驳回被告刘某的诉讼请求。

简评:本案案情虽不复杂,但却是北京法院案件中很具代表性的典型案例,涉及隐名股东和伪造股东签名对外转让的效力问题。隐名股东是指出资人虽然实际向公司认缴或缴纳了出资,但出于某种原因,不愿意将自己的姓名或者名称记载于公司的股东名册、公司章程及其他工商登记材料,而以其他人的姓名或者名称代替的现象。目前,国内主流学者认为,隐名股东与显明股东之间如确有证据证明出资是隐名股东所为,且公司和公司的其他股东完全了解此事实情形,应当在相关股权争议中支持隐名股东恢复权利,但在以显明股东名义转让股权的纠纷中,隐名股东盗用显明股东的签字当属无效,法院判决并无不当。隐名股东如要恢复其权利,应当首先就其股东地位提起诉讼,以确认其合法投资者的身份。

隐名股东的客观存在,在司法实践中必须处理三类法律关系:其一,隐名股东与显名股东的关系;其二,隐名股东、显名股东与公司其他股东的关系;其三,隐名股东、显名股东对公司之外第三人的法律关系。对于隐名股东与显名股东而言,我们认为隐名股东与显名股东之间是合同关系,隐名股东可以通过两者之间的合同主张相互的权利和义务;对于隐名股东、显名股东与公司其他股东而言,由于"实际股东亲自参加公司的经营管理,公司的其他股东也知晓该事情。如果公司成立有效,应按照实质主义规则,确认实际股东具有股东资格[①]";对于隐名股东、显名股东对公司之外的第三人关系,应当根据商法外观主义原则[②],保护善意第三人的利益。显名股东将其公司名下的股份转让、质押,或者显名股东的债权人要求执行显名股东在公司的股权,应当受到公司法的有效保护;相反,隐名股东虽然是出资人,但因其身份的隐晦,其转让、质押行为应归于无效,其债权人也不能要求执行其相关股权。

2. 公司内部的冲突关系

公司内部冲突关系主要涉及公司股东之间、公司股东与董事、经理等高级管理人员之间的利益冲突。

其一,公司股东之间的利益冲突

在现实的市场经济运行中,同一公司的不同股东之间总是存在不同程度的利益冲突。在势均力敌的股东之间,其利益冲突一般较容易通过互相制衡的股权结构获得平衡。而在多数股东尤其是控股股东与少数股东之间,则呈现出结构化的、普遍的利益冲突。由于"资本多数决"原则的法理基础,在公司的运营中,多数股东处于相对的优势,少数股东则往往出于一种相对的劣势地位。为解决公司的股权流动性的僵局,新《公司法》特别增加的对公司中小股东股权转让的程序规定。少数股东可以对公司产生必要的持续的影响,并在股东之间关系恶化时取得较好的地位以对其离开公司作出有利的安排。

[①] 转引自张能宝:"实际股东与名义股东——股东地位认定及法律责任分析",载《人民法院报》2006年11月15日。

[②] 商法外观主义,是指以交易当事人行为的外观为准来认定商事交易行为的效果。德国、法国的学者称之为"外观法理",英美法中称为"禁反言"(Estoppel)。外观表示与真实意思可能不一致,依据外观主义,交易行为完成后,出于对交易安全保护的目的,原则上不得撤销,即当行为主体主张其真实意思与意思表示不一致时,以显示在外的意思表示为准,意思表示一经成立即发生效力。

案例(股东派生诉讼):2003 年 1 月,长城公司、长峰公司与张某、董某等 9 名自然人股东签署了航天公司章程,约定长城公司、长峰公司与 9 名自然人股东共同出资设立航天公司,公司注册资本为 160 万元,其中长城公司出资 86.65 万元,长峰公司出资 65 万元,9 名自然人股东共出资 8.35 万元。股东会由全体股东组成,是公司的权力机构,有权审议批准公司的利润分配方案和弥补亏损的方案。公司设董事会,成员为 5 人,长城公司委派 3 名董事、长峰公司委派 2 名董事。董事会负责制订公司的利润分配方案和弥补亏损方案。公司利润分配按照公司法及有关法律法规规定由股东会议决议进行分配。

同年 1 月 15 日,长城公司作出关于航天公司董事、监事人选的通知,载明根据航天公司组建方案,委派张某(航天公司总经理)为航天公司董事长、盛某、董某(航天公司财务部经理)为公司董事。1 月 24 日,长城公司与长峰公司及自然人股东代表董某共同签署一份航天公司股东发起人股东会决议,决议如下:公司前 3 年为过渡期,经各股东方一致同意,委托张某以承包形式经营 3 年;公司前 3 年股东长峰公司不干预经营;公司前 3 年采用总经理承包形式,公司股东会及董事会前 3 年确定的经营目标为资本保值增值。前 3 年资本增值固定回报率分别为,第一年 3%,第二年 6%,第三年 8% 的收益。因股东长峰公司未参与航天公司资产评估、审计及前 3 年经营管理模式,经长峰公司提议,其他股东一致同意,公司经营管理者未完成股东会及董事会确定的年度经营指标,各股东一致同意免去其职务,重新招聘经营管理者;经营连续亏损,经过调整仍不能根本扭转的情况下,且亏损达到股本金 15% 时,各股东方一致同意公司终止经营,进行清算;公司会计由长峰公司出任,服从公司总经理领导。4 月 15 日,航天公司领取了企业法人营业执照。

2006 年 9 月 13 日,长城公司作出关于航天公司原总经理、法定代表人张某离任审计报告,该审计报告确认张某在任职期间未完成股改协议中的承包指标,由于企业连年亏损,公司未按有关协议支付给各股东收益。2007 年 1 月 8 日,航天公司召开股东会,长峰公司将其持有的全部股份分别转让给孙某和柴某。1 月 10 日,航天公司开具了两张转账支票,票面金额共计 110500 元,转账支票存根填写的用途为投资回报。长峰公司收取了上述款项,并给航天公司开具了收据。此后,航天公司以长峰公司在没有任何合同约定或法律依据的情况下,擅自从其处领走人民币 110500 元为由,将长峰公司诉至人民法院,要求其返还上述款项。长峰公司辩称,2003年1月24日,航天公司全体股东形成股东发起人股东会决议,决定其不参与航天公司经营,由长城公司承包经营,并确保航天公司前3年的投资回报,但航天公司连续3年不让长峰公司参加经营,也不让长峰公司委任会计,严重侵害了长峰公司的股东权利,故长峰公司要求航天公司在2007年1月10日依股东会决议向其支付3年的回报110500元,上述款项属于航天公司自愿向长峰公司履行义务。

初审法院认为,有限责任公司股东以其出资额为限对公司承担责任,并享有所有者的资产权益,参与重大决策和选择管理者等权利。长峰公司作为航天公司股东之一,以其出资额为限对公司承担责任,并享有权利。航天公司股东发起人股东会决议,确定了公司前3年的经营目标和资本增值固定回报率,但只是公司股东发起人对公司经营确定的一个长远的目标,不代表公司的实际经营情况,公司股东只有在公司盈利资产增值的情况下,才可分取红利。现长峰公司以股东会决议确定经营目标的资本回报率从航天公司账户提取资金作为其投资回报,无事实及法律依据,判决长峰公司返还航天公司110500元。

长峰公司不服一审判决并提起上诉。2007年9月20日,北京市第一中级人民法院作出民事判决,认为除当事人陈述外,在没有其他证据佐证的情况下,从法律对于公司财务的规定来看,应当认定110500元的转账支票是航天公司出具的,原审法院认定长峰公司派人从航天公司开具两张转账支票,从航天公司账户内支取110500元,认定事实不清,应予纠正。110500元是长峰公司从航天公司领取的其作为股东的红利,根据我国法律规定,在公司盈利资产增值的情况下,公司股东可以分取红利。现长峰公司抗辩认为以股东会决议经营目标的资本回报率从航天公司领取资金作为其投资回报,无事实及法律依据,但需要指出的是,航天公司在已经出具转账支票给付长峰公司的情况下,航天公司主张长峰公司返还该笔款项,应当就长峰公司领取该笔款项没有法律依据承担举证责任,即应当就公司没有盈利,不能分派红利进行举证。现航天公司仅提交其自行制作的资产负债表,对此长峰公司不予认可,现有证据无法确定航天公司是否盈利,故航天公司应当承担举证不能的法律后果。原审将举证责任分配给长峰公司,适用法律不当,应予纠正。最终判决,撤销初审民事判决,驳回航天公司的诉讼请求。诉讼中,长城公司等四原告称,目前航天公司没有取得盈利,不具备分红条件,且长峰公司从公司取得红利未履行法定程序,亦违反公司章程的约定,故长峰公司领取红利没有依据,其应当向航天公司返还红利。同时,四原告提出此前诉讼的生效判决并未对公司是否具备分红条件予以认定,故与本案起诉的事实并不相同。为此,四原告向本院提交了航天公司2003年至2006年的审计报告,并申请对公司财务状况进行审计,以确定航天公司没有盈利不具备分红条件。长峰公司对上述审计报告真实性不予认可,称在此前诉讼中,航天公司正是因不能提供上述审计报告而败诉,并申请本院对审计报告进行鉴定。同时,长峰公司称110500元是其依据发起人股东会决议应当取得的投资回报,也是航天公司自愿支付的,其取得该笔款项未违反公司章程的规定。此外,柴某作为新加入的公司股东与本案无利害关系,诉讼主体不适格。

终审法院认为,长城公司等四原告作航天公司的股东,其诉讼请求系要求公司另一股东长峰公司将取得的红利返还给公司,故本案纠纷是股东代表诉讼。依据我国《公司法》第20条的规定,公司股东应当遵守法律、行政法规和公司章程,依法行使股东权利,不得滥用股东权利损害公司或其他股东的利益,公司股东滥用股东权利给公司或其他股东造成损失的,应当依法承担赔偿责任。据此,公司股东如认为公司其他股东损害公司或其股东权益的,可以对侵权股东提起侵权赔偿之诉。虽我国《公司法》第152条就公司董事、高级管理人员及公司以外第三人侵犯公司合法权益的股东代表诉讼,设定了股东代表公司提起诉讼的前置程序,但并未限制股东代表公司直接对损害公司权益的股东提起诉讼。而此前法院审理的纠纷,系公司即航天公司直接起诉侵权股东即长峰公司,要求其返还公司财产。据此,虽两案诉讼请求均为要求长峰公司将红利返还给航天公司,但两案法律关系、诉讼主体、当事人行使诉权的住所均不相同,故长峰公司主张长城公司等四原告重复诉讼,缺乏事实及法律依据,不予支持。关于柴某的诉讼主体资格问题,虽柴某系新加入公司的股东,不是公司发起人股东,但法律并对股东代表诉讼中股东资格的取得时间进行限制,故长峰公司对柴某诉讼主体资格提出的异议,也不予支持。

对于长城公司等四原告提出的诉讼请求,依据航天公司章程的规定,股东红利的分配应当由股东会进行分配,故航天公司向股东发放红利应当依据公司股东会决议,即航天公司应当依据股东会确定的红利分配方案执行股东红利的发放。在航天公司要求其股东长峰公司返还从公司领取的红利的诉讼中,依据该案终审判决所认定的事实及裁判结果,是航天公司向长峰公司出具的用于支付投资回报款的转账支票,航天公司亦不能证明公司没有盈利,不能分派红利,长峰公司取得涉案款项有合法依据,其无须向航天公司返还上述款项,即长峰公司取得涉案款项并未损害公司权益。在此情况下,长城公司等四股东再行代表公司以航天公司没有盈利,不具备分红条件,且分红未经法定程序为由,要求长峰公司将取得的红利返还给航天公司,缺乏事实及法律依据,故法院对其诉讼请求不予支持。如长城公司等四原告认为其主张的上述事实导致其自身股东权益受损,就其损失可通过其他合法途径行使救济权利。

简评: 本案冲突的焦点在于长峰公司分红问题以及紧密相关的股东代表诉讼问题。股东代表诉讼,或称为股东派生诉讼,是指公司的董事会、监事、高管人员或者他人的行为损害了公司的利益,而公司怠于通过诉讼方式追究其责任以恢复公司的利益时,由公司的股东基于公司的利益连接,径行代表公司对侵权方或违约方发动的诉讼。[①] 我国 2005 年修订的《公司法》第 152 条规定,有限责任公司的股东、股份有限公司连续 180 日以上单独或者合计持有公司 1% 以上股份的股东,可以书面请求监事会或者不设监事会的有限责任公司的监事向人民法院提起诉讼;监事有本法第 150 条规定的情形的,前述股东可以书面请求董事会或者不设董事会的有限责任公司的执行董事向人民法院提起诉讼。监事会、不设监事会的有限责任公司的监事,或者董事会、执行董事收到前款规定的股东书面请求后拒绝提起诉讼,或者自收到请求之日起 30 日内未提起诉讼,或者情况紧急、不立即提起诉讼将会使公司利益受到难以弥补的损害的,前款规定的股东有权为了公司的利益以自己的名义直接向人民法院提起诉讼。他人侵犯公司合法权益,给公司造成损失的,本条第 1 款规定的股东可以依照前两款的规定向人民法院提起诉讼。

依此规定,我们看出作为原告的股东的法律地位比较特殊,其公司代表人资格的地位不是自然产生的,一般情况下必须通过履行必要的前置程序。股东直接诉讼适用于公司及其内部人员侵犯股东利益的情况,即诉讼的被告只能是公司、控股股东及公司实际控制人、董事、经理、监事和公司其他高级管理人员;而股东代表诉讼适用的范围比较广泛,凡是公司依法享有的诉

---

① 甘培忠:《企业与公司法学》,北京大学出版社 2007 年版,第 413 页。

权,只要公司机关不能或怠于行使,股东均可以代表诉讼形式提起。①

关于公司代表诉讼,由本案争议终审法院主张,"虽我国《公司法》第152条就公司董事、高级管理人员及公司以外第三人侵犯公司合法权益的股东代表诉讼,设定了股东代表公司提起诉讼的前置程序,但并未限制股东代表公司直接对损害公司权益的股东提起诉讼"。这里涉及对《公司法》第152条规定"他人"的理解:其一,"他人"是指公司以外的第三人,不包括公司股东在内;其二,"他人"应当做扩大化解释,包括公司股东在内的第三人。笔者同意终审法院的意见,根据第152条规定,股东代表诉讼的被告应当是"董事、监事、高级管理人员"和"包括公司股东在内的他人"。但是,在肯定长城公司等四原告具有诉讼资格以公司代表诉讼提起诉讼的同时,在审理中应当明确"情况紧急、不立即提起诉讼将会使公司利益受到难以弥补的损害的"前置程序除外理由。

本案的核心问题是长峰公司谋求的利益回报只应当向承担承包经营的长城公司追索,而不应当向没有盈利的航天公司索取,航天公司在经营亏损的情况下其股东会并未作出分红的决议,长峰公司从航天公司获得利益回报在法律上没有依据,该二审法院的判决当属错判。

其二,股东知情权诉讼

股东知情权是指公司股东了解公司信息的权利,是对一组股东权利集合、抽象之后所做的理论概括。公司法上的股东知情权是一个权利体系,其分别由财务会计报告查阅权、账簿查阅权和检查人选任请求权等权利所组成。按照公司类型不同,股东知情权可分为有限责任公司股东知情权和股份有限公司股东知情权。根据我国新《公司法》第34条和第98条的规定:有限责任公司股东知情权的内容包括查阅、复制公司章程、股东会会议记录、董事会会议记录、监事会会议记录和财务会计报告;查阅公司会计账簿。股份有限公司股东知情权的内容包括查阅公司章程、股东名册、公司债券存根、股东大会会议记录、董事会会议记录、监事会会议记录、财务会计报告。

在我们梳理的股东知情权有关的案件中,以有限责任公司为被告的案件占据了主要部分。原告的股东中,除了个别案例以公司为原告外,其他诉讼大部分以自然人为原告。在司法实务中,在确认公司股东地位后,我们发现法院对股东查阅、复制公司章程、股东会会议记录、董事会会议记录、监事

---

① 周友苏:《公司法学理与判例研究》,法律出版社2008年版,第243页。

会会议记录和财务会计报告等股东知情权一般能够给予有效的支持,但是,对于公司账簿的查阅法官的裁量则偏于审慎。

案例(股东知情权诉讼):原告中铁公司诉称:作为天利公司的股东,合法持有天利公司34%的股权,对天利公司依法享有监督检查权及管理参与权。但自持股以来,中铁公司始终被排除在对公司的管理和监督之外,无法行使股东权利。故诉至法院,请求判令天利公司向中铁公司提供2004年以来的股东大会会议记录、董事会会议决议、监事会会议决议、财务会计报告、会计账簿,供中铁公司查阅。被告天利公司辩称:中铁公司并非天利公司实际股东,无权以股东的名义提起诉讼,无权查阅相关文件。中铁公司以股东名义起诉属主体错误。中铁公司要求查阅公司账簿的程序违反公司法规定,股东可以要求查阅公司账簿,但是应该提出书面的申请,中铁公司未向天利公司提出书面的查阅申请就向法院直接提起诉讼,违反了法定程序。中铁公司起诉书中所述与事实不符,自2004至2006年,中铁公司参与了公司的管理行使股东权益,了解公司的经营状况,相关的董事会决议、股东会决议都有中铁公司的参与。根据2006年4月28日中铁公司的承诺函及其他相关的支票可以看出,中铁公司接受了公司另外一个股东苏某分批分期付款第一期的100万元,股份转让协议尚在履行过程中,至中铁公司起诉之日,相关的股权仍在履行中,中铁公司放弃了相关的股东权益。综上,中铁公司不是天利公司的实际股东,违反了公司法的规定,其起诉内容与事实不符,请求法院驳回其起诉。

法院经审理查明,2004年8月,天利公司股东名册载明,中铁公司持股1530万股。2006年4月26日,天利公司临时股东大会作出关于修改公司章程的决议,将原公司章程修改为:公司股本总额4500万股,股权划分以股东名册为准。中铁公司持股1530万股,占股本总额的34%。同日,天利公司章程修正案载明,就天利公司修改公司章程事宜,作出修正案如下:公司股本总额4500万股,股权划分以股东名册为准。中铁公司持股1530万股,占股本总额的34%。2006年4月28日,中铁公司出具承诺函,载明只要在2006年7月1日前收到苏某或其他代苏某还款600万元,即无条件将公司持有的天利公司34%股份转让给苏某指定的单位名下。天利公司未提交证据证明以上股份转让的条件已经成就。诉讼中,中铁公司称,要求查阅公司账簿系为了解公司的真实经营状况,了解投资回报情况,决定是否继续投资,且也可以了解分红的情况。

法院审理认为,根据天利公司章程、股东名册及工商部门备案公示的信息,中铁公司持股 1530 万股,占股本总额的 34%,系天利公司股东。虽之后中铁公司承诺将以上股份转让与苏某指定的单位,但承诺函中为转让的实现设定了条件,而诉讼中,天利公司并未证明转让条件成就,也不能证明中铁公司的股份转让实际发生,故中铁公司作为天利公司的股东身份并未发生改变,其依法享有股东的知情权,有权查阅公司的股东大会会议记录、董事会决议、监事会决议、财务会计报告。中铁公司相应诉请,本院予以支持。

简评:本案的焦点在于股东身份的确认及其会计账簿的查阅权。新《公司法》第 34 条有效回应了公司股东尤其是中小股东知情权的呼声,明确授予了股东公司会计账簿的查阅权。但是,《公司法》第 34 条同时规定,"股东要求查阅公司会计账簿的,应当向公司提出书面请求,说明目的"。在司法实践中法院一般认为,如果公司事无巨细,股东都要知情或干预,不仅增加了公司的负担,而且会干扰公司的正常运作,因此对股东请求查阅公司财务账簿的请求的支持持保守态度。我们认为,依照公司所有权与经营权分离的原则,股东作为公司财产的终极所有人应当享有对公司经营的知情权,在我国公司治理尚不完善、中小股东处于事实弱势的特定背景下,"虚假财务报告成了大股东对中小股东隐瞒公司经营绩效和财务状况的秘密武器,而对股东最有意义而且不容易被造假的会计账簿和原始凭证则无法查阅"[①]就会丧失股东平等和控制权公正,法院对待否决股东查阅公司会计账簿权时应当慎之又慎。中铁公司查阅账簿系为了解公司的真实经营状况、投资回报情况、分红情况,以便决定是否继续投资,其目的显属正当,当然应该予以支持。

其三,股东与董事、经理等高级管理人员之间的利益冲突

大陆法系公司机关一般采取双层制结构,即公司机关包括股东会、董事会和监事会,而英美法系公司机关没有独立的监事会,被称为单层制。但英美公司实践中,大公司的董事会成员均分为经营董事和非经营董事(executive directors and non-executive directors),其中非经营董事的主要功能之一就是履行监督职能。一般来说,外部董事的立场不与股东相吻合,主要表现为,外部董事通常比投资者所希望的更为谨慎。对于公司的投资者而言,在遇到高回报的项目时,即使风险可能客观存在,投资者追求高额投资回报的

[①] 刘俊海:《新公司法的制度创新:立法的争点与解释难点》,法律出版社 2006 年版,第 202 页。

动机会激发投资者风险投资的冲动。外部董事则相对保守,其原因在于其报酬通常与公司的利润无关,在风险项目成功时并不能得到直接的增值利益,在项目失败时却可能名誉受损或承担法律责任。

公司是一种现代化的企业组织形式,兼得资本聚集和专业化管理的益处,也面对着股东与经理之间的因委托代理关系而产生的利益冲突。一方面,股东把公司看成是一种投资工具,以投入公司的资本为限承担风险,并期望选任的经理层能够为实现股东利益最大化而勤勉工作。另一方面,经理把公司作为领取报酬实现自我价值的场所,以自身利益的最大化为目的。股东允许经理的自利性行为的存在,并承担由二者利益冲突所导致的成本,即"代理成本"。

股东与经理之间的冲突导致的代理成本,主要有以下方面:其一,经理的懈怠。雇员在决定他的努力程度时总是试图平衡收入与闲暇的此消彼长的关系,当收入和闲暇带来的边际收益相等时,雇员的最优努力水平就得以确定。詹森和麦克林(Jensen Meckling)认为,所有和控制的分离导致了公司治理必须应对的"代理"问题。公司股东和经理的关系,如同代理人和被代理人的关系。代理人与被代理人的利益最大化是背道而驰的——代理人追求现金报酬和非现金利益的最大化。对于一个拥有公司95%股份的经理来说,动用一美元公司的资金,其边际效益相当于95美分个人资金,他就可能把公司的钱用于个人消费。① 经理对于公司的资源有相当的控制权,这为经理的"在职消费"提供了可能。在职消费把公司的生产性资源转化为非生产性资源。由此,经理在公司中所占的股权比例越小,他把公司资产用于个人消费的愿望越强,为股东创造财富的积极性越低,偷懒的动机就越大,而公司的价值损失也就越大。其二,经理的短期行为。经理的短期行为是由于经理自身身份和任期限制的影响,其经营行为与股东要求不一致。股东更关注于公司长远发展和未来较长时间内的现金流量。而经理更关注其任期内的现金流量和经营业绩。因此,经理更关心投资回报的速度而不是数量。这样,经理追求短期利润最大化和立竿见影的投资项目,而忽视了公司核心竞争力的培育和公司的长期发展。其三,经理的低风险偏好。经理的薪水、报酬、自我价值、声誉与他们所管理公司的发展状况息息相关。当经

---

① Michael C. Jensen and William H. Meckling, Theory of the Firm: Managerial Behavior, Agency Costs, and Ownership Structure, *3 Journal of Financial Economics 305* (Amsterdam: Elsevier Science Pub., 1976).

理在公司的固定薪水很高时,经理相对其他股东来说,偏爱低风险。高风险的项目可能带来的财务危机或破产风险,会极大地损害经理的声誉与目前地位。因此,经理常常通过投资决策和财务政策来尽量避开风险或降低风险。经理倾向于采用保守型战略往往使公司错过极佳的增长机会,不利于公司价值长期增长。其四,经理多样化投资偏好。如前所述,公司股东必须借助管理层来实现多元化战略所带来的规模经营收益,但是由于企业组织结构的层级制形式,经理与股东之间的利益冲突可能使得作为公司实际决策者的经理所采取的多样化投资行为不一定符合股东的利益。多样化投资是代理问题的重要体现形式,通过多样化投资,经理能够获得额外的私人收益,利于提高股东对其显性报酬的支付,并增加了经理寻租的机会。

在北京法院公司法实践中,公司股东与公司董事、经理及高级管理人员的冲突主要体现在董事侵权责任诉讼中,其主要形式体现为董事同业竞争。

案例(公司董事侵权): 甲公司成立于2004年7月22日,注册资本100万元,由焦某及何某各出资50万元设立。公司经营范围:设计、制作、代理、发布国内及外商来华广告。2005年4月6日,付某通过受让股权的方式成为甲公司的股东,公司股权结构变更为:付某持股51万元,焦某持股49万元。2007年1月25日,焦某投资100万元,独资设立乙公司,公司经营范围为:设计、制作、代理、发布广告等,焦某任法定代表人,执行董事。2007年5月28日,乙公司与某啤酒公司签订《媒体广告发布合同》,约定啤酒公司委托乙公司在代理发布电视媒体广告,广告发布合同总金额为164万元,包括广告发布、税金等所有相关费用,以上款项啤酒公司应于2007年6月8日前汇至乙公司。2007年7月18日,啤酒公司通过电汇方式向乙公司支付164万元。

法院认为,根据我国《公司法》第148条规定,董事、监事、高级管理人员应当遵守法律、行政法规和公司章程,对公司负有忠实义务和勤勉义务。第149条第5项规定:董事、高级管理人员不得未经股东会或者股东大会同意,利用职务便利为自己或者他人谋取属于公司的商业机会,自营或者为他人经营与所任职公司同类的业务;董事、高级管理人员违反前款规定所得的收入应当归公司所有。本案中焦某作为甲公司的执行董事,独资设立乙公司,与甲公司经营同样的广告代理业务,属于违反竞业禁止义务的行为,其个人收入应当归甲公司所有。

简评: 竞业禁止,又称为竞业限制,主要针对公司董事、经理等高级管理人员为执行其职能而尽到的忠实义务（duty of loyalty）和勤勉义务（duty of care），不得置个人利益与公司利益相冲突的位置上。公司董事、高级管理人员未经股东会或者股东大会同意，不得自营或者为他人经营与所任职公司同类的业务，不得实施与其所任职公司具有竞争性的营业，或担任与其所任职公司具有竞争性的经济组织的负责人或股东的义务。从公司法学理来看，董事忠实义务与英美法重点受托人义务（duty of trustee）紧密相连。[1] 本案中，焦某作为甲公司的执行董事，其设立的乙公司与甲公司经营类似的广告代理业务，明显违反竞业禁止义务的行为，其个人收入应当归甲公司所有。

二、公司自治与公司章程的对外效力

（一）公司自治与公司章程

公司自治的主要依据是法律与公司章程，公司章程的自治性质，也体现着实现公司自治的重要机制。公司章程作为公司自治的重要载体，对内是公司的行为准则，对外则有一定的公示作用。从公司章程的内容来看，公司章程规定了公司性质、宗旨、经营范围、组织机构、权利义务分配，体现公司股东的合意性。公司章程作为一种自治机制的有形载体，反映了公司个性特征，并以此确立着公司自身的治理结构。在法律规定模糊的边缘地带，公司章程为公司内部运作机制的完善、组织结构的有序运行提供了制度支持。从公司章程效力来看，章程由发起人制定，是发起人的一致意思表示，其效力及于公司本身、投资者、经营者，并在一定条件下及于相关利益第三人。

（二）公司章程的性质

在传统英美公司法中，关于公司章程对外法律效力，基于公司章程公开性的特点，判断与公司进行交易的第三人是否善意，通常采用"推断通知理论"（doctrine of constructive notice）。推断通知理论认为，当公司合法成立并登记注册后，出于谨慎的考虑，社会潜在交易者可以并且应当通过合法途径知悉作为交易相对方的公司章程的登记内容，并以此审慎作出是否与该公司进行交易的商业判断。如果公司债权人怠于或疏于了解合同交易相对方

---

[1] Paul L. Davies, *Gower And Davies' Principles of Modern Corporate Law*, 7th edition, London Sweet & Maxwell, p. 380.

的有关公开登记等信息,则公司债权人应当承担与公司交易债务履行不能的不利法律后果。由此看来,根据此种推断通知制度,公司成立并登记注册后,即被认为对所有潜在债权人和社会公众进行了必要的告知义务。

在我们梳理的力所能及范围内的北京市公司法相关案例中,因公司章程对外效力而产生的诉讼纠纷仍然少见。为讨论便利,我们可以假设这样一种情形:甲公司的法定代表人乙超越公司章程就公司对外投资或担保总额所规定的限额,而为交易相对第三人丙投资或提供担保。在此情形下,甲公司能否主张该对外投资或担保存在与本公司章程相违背的瑕疵而归于无效?反而言之,第三人丙能否以不知公司章程就甲公司的投资或对外担保所作的限制性规定而主张此担保有效?根据推断通知理论的一般司法精神,如果第三人出于某种疏忽或者客观条件的妨碍无从查阅交易相对方的公司章程的相关内容,而此后又因某种事由而导致交易合同无效或者被撤销,那么,由此产生的所有损失皆须由第三人自己承担。此类实践情形,显然于第三人不公,也有违商业社会对公平价值之追求。如此,在我国新《公司法》构建的现行制度框架内,公司章程的对外效力究竟如何界定应进一步探讨。

对于公司章程的本质,德国学者拉伦茨认为,"公司章程是在法律规定的范围内对其成员有约束力的内部规范,它仅对加入社团从而自愿服从这些规则的人有效"①。通常说来,公司章程是指公司依法制定的,其主要内容关乎公司名称、住所、经营范围、经营管理制度等重大事项的基本文件,是指公司必备的规定公司组织及活动的基本规则的书面文件,也是以书面形式固化的股东共同一致的意思表示。一般认为,公司章程是公司组织和经营活动的基本准则和公司的宪章。

在英美法系的国家,公司章程的记载事项可以分为强制记载事项和任意记载事项;而在大陆法系国家,公司章程记载事项可分为必要记载事项和任意记载事项。必要记载事项可分为绝对必要记载事项和相对必要记载事项。绝对必要记载事项的缺失可能导致章程的无效,相对必要记载事项则可以采取补救的措施。在我国新《公司法》中,公司章程的记载事项分为应当记载事项和任意记载事项。

对于公司的章程性质,目前学界主流观点主要集中为三种:即契约说、

---

① 〔德〕拉伦茨:《德国民法通论》,王晓晔译,法律出版社2003年版,第201页。

宪章说和自治法说。第一,契约说。契约说为英美法学者推崇,其理论基础来源于民法合同理论,比如科斯曾指出,本质上公司是一系列合同的联结,"当企业存在时,合约不会被取消,但却大大减少了。某一种生产要素(或它的所有者)不必与企业内部同他合作的一些生产要素签订一系列的合约"①。以此推论,作为公司参与者制定的公司内部权利义务关系章程自然也是一种契约,应当遵循契约自由和意思自治的原则。第二,自治法说。以日本为代表的一部分大陆法系国家所推崇,该学说把公司章程看做是公司内部的自治规章,是公司各方参与者对公司经营和管理的自主性规定。据此,公司章程不仅对公司章程的制定者具有约束力,而且能够约束公司机关和公司继受股东。第三,宪章说。宪章说是对契约说和自治法说的修正,宪章说认为现行公司法存在着大量公司章程的强制性规范,并以此作为批驳了公司章程的合意结果。认为公司章程更多地包含了国家公权力的干预,以此明显区别于普通契约。

如前所述,公司章程是由公司股东一致或多数同意,直接约束公司、股东、经营管理层,并规定公司组织及运作规范、权利义务分配的基本规则的自治规范,同时,章程也是成立公司必备的法律文件。作为公司领域的重要制度,公司章程理所应当贯穿公司的设立、运作以及解散的全过程。从本质而言,公司章程效力的核心在于公司章程的制定中到底赋予股东会何种界限的自由选择权,亦即公司法对于任意与强行之间的平衡。对于公司法的赋权型规则或任意型规则而言,公司章程具有极大的自治空间,而对于公司法中的强制型规则而言,公司章程则须强制适用。公司章程的制定通常涵盖内部性规范和涉他性规范。二者区别的意义在于前者仅仅涉及公司内部性事务,后者则在规范公司事务的同时间接影响到公司外部利益相关者。对于前者,法律强调尽可能尊重当事人意思自治,由当事人对自身的权利义务做出合理安排,除非存在公司股东不能控制的显示公平的情形;而对于后者,由于规范的调整涉及社会公益或第三者的利益,强制性的国家干预则显得十分必要。

公司章程任意性的合理性,在于公司作为市场经济的主体,契约自由等私法自治精神理应在公司章程中予以反映。国家公权力对公司章程的强制性干预其意义在于:其一,维护社会公正和公众利益;其二,通过公司基本制

---

① 〔英〕罗纳德·H.科斯:《企业的性质》(1937),姚海鑫、邢源源译,商务印书馆2008年版,第25页。

度的法定化,促进社会商事行为的合理预期,有利于提升社会经济的整体运作效率。作为强制性规范和任意性规范的共同体,公司章程的主导因素应当是国家公权力的强制而非任意性,当然,这并不意味我们主张公司法中应当存在更多的国家强制规范,而减少意思自治的空间。

(三) 公司章程与公司法的关系

公司法的产生和发展贯穿于国家公权力对社会经济干预的全过程,公司章程则明显地体现了强制性和任意性的有机结合。公司章程具有自治性和规范性、契约性和法定性相统一的双重属性,是公司设立者之间的组织性契约。从公司治理和社会实践来看,封闭公司(closely held corporation)中的公司法规范偏向于任意性,而公众公司(public held corporation)中的公司法规范则更多地倾向于强制性。公司法中的强制性规范由国家公权力保证实施,而公司章程则更多地体现为公司股东的意思自治和民法上的契约自由精神。在现代社会中,国家公权力对市场经济主体的干预是现代社会生活的一种常态,政府的介入完善了公司控制权正当形式的标准。[①] 在国家强制和意思自治之间,二者之间并非是完全的对立,而是需要选择平衡。

述及公司章程的对外效力问题,必然与公司法的规定相互交织。而公司章程的对外效力,其核心就在于公司章程在制定过程中到底享有多大的契约自由选择权。这就回到本章探讨的逻辑起点,公司法到底是任意法还是强行法。当我们强调公司作为具有独立人格的主体享有意思自治和行为自由,即公司自治时,公司的私法性或者任意性就比较突出;当公司法要求公司行为必须因社会利益而受到干预和限制,即公司他治时,公司法的公法性或者强制性获得张扬。[②]

关于公司法的性质,理论界的争论主要在于公司法的两种品质:强行说或任意说。强行说以国家强制为基本理念,强调社会公正和公共利益,认为公司法从本质上讲是强行法而非任意法。其核心观点认为现实的市场环境远非经济学上假设的完美市场,公司法领域内必然要存在国家强制力量的不同程度上的干预;任意法说以私法上的意思自治为基本逻辑起点,强调公司参与者对公司事务的自我决策,认为股东、管理层、债权人等都是合同缔结主体,公司是一系列以合同为联结的集合体。有部分学者提出综合说,认为有必要依据公司的类型和公司法规范类型对公司法的性质予以区别。对

---

① 甘培忠:《公司控制权的正当行使》,法律出版社 2006 年版,第 11 页。
② 参见朱慈蕴:"公司章程两分法论",载《当代法学》2006 年 5 期,第 9 页。

于封闭性公司,公司更多地体现为人合性,股东容易通过合意制定公司多数规则,此时公司法应主要体现为任意法;而对于公众性公司,由于委托代理关系在股东与管理层之间的存在,市场与相关的激励机制不能够从根本上克服代理成本(agency cost)问题,因此此时的公司法则应以强行法为主导内容。

我们认为,公司法的强制性和任意性规范水乳交融,而国家强制性色彩的公权力是其主导因素;作为公司法规制下的公司子系统,公司章程是契约性和法定性、自治性和他治性的结合体,随着社会经济的发展和管控的逐步松弛,当事人意思自治契约自由原则在公司章程中处于上升趋势。公司章程与公司规章制度有机结合,共同构成公司治理中的自治规范体系。

(四)公司章程的对外效力

公司章程是公司组织及活动的根本规则,其记载事项必须公之于众,以确保与公司为交易行为的第三人可以查阅相关内容,从而对即将进行的交易行为进行理性的判断。为适应市场经济条件下交易效率的需求,我国公司法立法和司法实践中都曾采纳传统英美法中的推断通知制度。

(1)根据推断通知理论,公司章程一经公布即具有对世效力,其所记载的事项即得对抗第三人。公司以外的第三人在与公司进行交易时自然应负审慎审查公司章程以获取交易信息的义务,公司交易相对人没有去审查公司章程的相关内容,也会被推定为其已知悉公司章程所载事项。

公司章程一经登记注册,即具有对外公示的效力。这一法律假设在罗马法中亦可以找到相应的法理依据。根据罗马法"不知法律不免责"(ignorantia juris non excusat)的一般法理,即任何人不得以其自身不知法律而提出为自己行为的合理性抗辩。这也意味着法律经公布并生效,就理所当然地对任何人产生效力。即任何人无论其是否在实际意义上知悉了法律所规定的内容,都将被一视同仁地推定为其已确定无误地知悉了法律所规定的内容,这也是"不知法律不免责"这一罗马法格言的精神要义。因此,从某种意义上说,公司章程的公示性效力与作为法律意义上的公司法的公开性发生了等同。而公司章程在公司登记注册时已经予以备案,但就其性质而言,仍然是公司内部的自治规则,所以,受其约束的主体如果延伸至公司以外的第三人,缺乏合同效力及于第三人的法律根据。

从实践的操作层面,这种理论对第三人的交易审查义务未免苛刻,甚至完全剥夺了第三人证明自己善意的权利,因此在这种理论下,第三人根本无法证明自己是善意的。在推定通知理论的约束下,任何与公司进行交易的第三人必须通过各种途径来获取公司的交易条件及相关信息,由此,任何交易相对方必然会付出相对高昂的交易成本。

鉴于存在的有违交易公平的司法判断情形,随着公司法司法实践,公司章程的推定通知理论其适用范围及效力逐步得到了修正,亦即原则上公司章程的规定对公司以外的第三人不具有对外效力。根据我国新《公司法》第11条规定,设立公司必须依法制定公司章程,公司章程对公司、股东、董事、监事、高级管理人员具有约束力,公司章程只对公司内部人发生效力,而对于公司的外部人,如债权人或其他任何第三人不发生法律拘束力。换言之,公司章程不能对抗善意第三人,即不知道、不应知道公司章程内容的人。这一规定从某种程度上说明了契合的公司章程对外效力的内部性特征。

(2) 公司章程对外效力的探讨

如上探讨,原则上公司章程的规定对公司以外的第三人不具有对外效力,公司章程对外效力是否存在正当的法理支持? 笔者认为,衡量公司章程是否具有对外效力,既不能完全采用推断通知理论默认公司交易第三方完全知悉公司内部规则,也不能完全认为公司章程仅仅对公司内部人发生法律效力;而应当根据公司章程在制定时,是否属于《公司法》特殊明示的领域,以公司相对交易方是否尽到审慎核实义务为标准衡量公司章程的对外效力。

根据我国新《公司法》第16条规定,公司向其他企业投资或者为他人提供担保,依照公司章程的规定,由董事会或者股东会、股东大会决议;公司章程对投资或者担保的总额及单项投资或者担保的数额有限额规定的,不得超过规定的限额。公司为公司股东或者实际控制人提供担保的,必须经股东会或者股东大会决议。前款规定的股东或者受前款规定的实际控制人支配的股东,不得参加前款规定事项的表决。该项表决由出席会议的其他股东所持表决权的过半数通过。

回到本章题述问题所假设的情形中,第三人丙显然应从公司法的明文规定中提出如下审慎的质疑和合理可行的探究:作为交易对象的甲公司,其公司章程是否存在公司就投资及对外担保事项作出的特殊的、限制性的条款? 换言之,交易第三人在公司法明确允许公司章程对就某一事项作出特别规定的情形下,公司章程的规定应当适用推定通知理论。所以,就题述假设问题的情形下,甲公司的法定代表人乙所为的投资及对外担保行为应认定为无效。此时，第三人丙不得以没有审查公司章程的相关内容为由而进行抗辩。

综上，现代公司法已实现了由推断通知理论到实际通知理论的过渡。公司章程作为公司股东根据公司法的规定通过规范程序制定的公司自治规则，是公司组织的宪法性文件，其对外效力不能以简单的有无标准判断。在通常情况下，为保证市场交易的安全和效率，应采取推断通知理论为判断标准，除非公司章程与公司立法相违背，公司章程应以其自治性、公开宣示性为常态。但是，当善意交易相对方主张章程对外效力异议时，则应根据公司法是否明示注意为据而判断。对于公司法未特殊明示之领域，虽然公司章程在公司登记注册时已经予以备案，但就其性质而言，仍然是公司内部的自治规则，所以受其约束的公司内部主体如果延伸至公司以外的第三人，缺乏合同效力及于第三人的法律根据，因此，过分强调第三人的审慎交易审查义务未免苛刻。而对于公司法有特殊明示之领域，则应提示公司相对交易方以审慎尽职的探究核实义务，交易第三方不得以没有审查公司章程的相关内容为由进行抗辩而规避审慎失察所带来的交易损失。

第三章 公司控制股东滥用股东权利损害公司或其他股东利益案件裁判研究

一、公司控制股东概念的界定

古典企业中,经营规模小内部层级结构简单,资本的所有与控制相结合,企业资本的所有者就是企业的管理者。随着经济的进步和社会的发展,公司企业的规模不断扩大,以所有权和控制权分离为特征的现代企业应运而生。在现代企业中,资本所有者不再是企业的管理者,管理公司的职业经理人成了公司的控制者,由此展开了关于公司控制权的争夺,这充分体现在所有权结构为分散型的英美国家的公司中。然而不可否认的是,现代企业中仍然存在着握有公司控制权的大股东。在除英美以外的世界其他国家和地区,集中型的所有权结构并不少见。在这种集中型的结构中,通常存在着一个持有公司较大份额股份的大股东,对公司进行着有效的控制,与公司控制分离的仅仅是其他的中小股东。在中国,由于上市公司大多为国有企业改制而来,大股东作为公司控制者的现象更为典型和普遍。《公司法》修改之前,因控股股东滥权引发的股东权益纠纷就大量存在,例如:

1999年3月17日,李某和杨某作为发起人,设立润深有限责任公司。李某出资15万元,并合法地拥有了润深公司25%的股份。杨某出资45万元,拥有了该公司

75%的股份,成为控制股东。2001年11月16日,润深公司在未通知李某出席的情况下即召开了第一届第三次股东会,并形成了同意股东李某退出股东会、同意李某将其在公司中的货币出资15万元转让给宋某、同意免去李某监事的职务等股东会决议,决议中李某的签名系他人仿冒。李某认为杨某的行为侵害了其股东权益,故向人民法院起诉,请求法院判令润深公司赔偿因该股东会决议侵害其股东权而造成的损失15万元。①

  现实中,界定控制股东的概念有一定难度,因为控制的程度很难把握。在现代公司尤其是上市公司中,由于股权的分散,大股东对公司经营的控制往往不需要持有公司绝对多数的股份,其实持股比例较低,也仍然可以通过兼任董事等方式控制董事会从而控制整个公司,如果仅设定一个客观的持股比例数量标准,未免过于僵化甚至有刻舟求剑的嫌疑。成为控制股东,除需要持股多数或者相对多数以外,还必须在实际上可以对公司行使控制权。究竟怎样才算"控制",需要从实质层面考察,"控制"的核心有三点:一是要有支配公司的意思;二是对公司主要的经营活动实施控制,通常表现为对公司的重大经营决策施加影响以贯彻控制股东的经营战略;三是这种控制是永久和强力的,即有计划而持续,并非偶然而暂时的。② 控制股东对公司的控制主要通过以下几个步骤的操作来实现:利用持股比例的优势控制股东大会的决策;通过股东大会控制意思机关的选举,直接进入董事会兼任或者在董事会中安排自己的亲信;通过控制董事会参与公司日常经营,影响经营决策。可见,控制股东的实际控制主要是通过控制意思机关即股东会或股东大会来实现的。此外,这种拥有控制权的大股东可以是个人,也可以是另一个公司或其他机构,这还涉及母子公司、关联企业的相关概念,将由其他专题中详解,在此不多赘述。

  综上所述,控制股东概念的界定,不能只看客观的持股比例,更重要的是界定控制的实质标准。由此,控制股东的概念应当是:持有被控制公司发行在外的股份的过半数,或者虽然其持股低于被控制公司股份总数的半数但能够通过选举或任命的方式安排公司董事的半数以上从而能够对公司的经营方针和财务政策等重大事项施加决定性影响,以及其他能够依据章程

---

① 根据北京市第一中级人民法院2003年第04858号判决整理,该案中,法院经审理认为润深公司不是实际实施侵权行为的主体,故不是适格的被告,李某向润深公司主张赔偿并无事实及法律依据,裁定驳回了李某的起诉。

② 施天涛:《关联企业法律问题研究》,法律出版社1998年版,第174页。

的安排或者股东会的决议而对公司发生控制性影响的股东。①

二、控制股东控制权存在及滥用的基础

(一) 控制股东存在的正面效应

不可否认的是,股权的集中起到了一定的正面作用,按照西方经济理论中"法律的经济分析学派"的观点,公司的经营权较多地集中于小部分人手中,尽量减少少数股东对经营的参与,可以降低股东的监管费用,在绝大多数情况下是更有效率的。控制股东的出现,是市场主体发展的客观需要,具体来说有以下两方面的积极影响:

首先,控股股东的存在有助于克服股东冷漠主义的负面影响。股东分散的情况下存在着股东冷漠主义的普遍现象,作为中小股东的投资者,关心的只是短期投资回报的多少,不关心公司的长远发展,对于公司的经营事务采取消极态度,不愿意介入公司的决策,如果对公司管理存在不满,往往采取用脚投票的方式选择卖出持有的公司股票。股东冷漠主义带来的最突出问题就是对公司管理层监督的弱化,导致管理层在经营中忽视股东的根本利益。随着越来越多的股东放弃对公司控制权的行使,公司最终有可能成为管理层追求个人利益的工具。在存在控制股东的条件下,控制股东通过对董事会的控制影响经营决策,降低了对公司管理层的监管成本,有助于公司经营绩效的改善。

其次,控股股东的存在有利于提高公司的整体竞争力。如前所述,一般的中小股东并不关心公司的整体利益和长远发展,他们关注的焦点是投资风险的大小,追求的是个人投资收益的最大化。而一个企业要在竞争激烈的市场中脱颖而出必须依赖于核心竞争能力的塑造,这种竞争力的形成需要长期的培育和大量资金及人力资源的投入。控股股东在公司中投入的资源比其他股东更多,个人财富的增长和公司的未来发展关系更为紧密,必然愿意付出更多的精力管理公司。尽管控股股东这样做的目的是出于对长期、稳定投资回报的追求,但无疑有助于提高公司竞争力,促进公司的长远发展从而带动宏观经济的进步。

---

① 甘培忠:《公司控制权的正当行使》,法律出版社 2006 年版,第 144—145 页。

总之,在控制权相对集中模式下,大股东由于持有较多的股份,对于公司利益拥有大部分的索取权,从而能够更为有效地监督管理者,以确保管理者在行动时以股东财富最大化为主要目标。因而从公司治理的角度来讲,控股股东的监督能够有效地降低管理者的代理成本,提高公司业绩,并最终使少数股东也能从中获益。但是,控制股东的利益未必和其他投资者的利益或者与公司的利益相一致。这种利益冲突是控制权滥用的根源,也是控制股东存在负面效应的根源。

(二)控制权滥用的基础——控制权私人收益的存在和资本多数决的天然缺陷

利益冲突的存在,使得控制股东可能以牺牲其他投资者利益为代价,竭力获取自身利益,这种利益被称为控制权私人收益。控制权私人收益是相对于公司管理层和控股大股东而言的,是指他们能够利用手中的控制权来为自己谋得私利,因此控制权私人收益被定义为公司中只能由内部人享有而中小股东不能分享的利益。[1] 控制权私人收益的具体表现有很多,例如利用自我交易、内幕交易和滥用公司机会等形式所获得的收益,管理者的过高报酬以及在职消费等等。很多学者认为,控制股东的存在会导致公司内部治理系统的失灵,当大股东股权比例超过某一点,能够充分控制公司决策时,大股东可能更倾向利用企业获取外部少数股东所不能分享的私人利益。[2] 一旦大股东处绝对地位,他们可以获取内部控制利益,从而剥削中小股东。[3] 股权集中模式下大股东对于控制权私人收益的追求一方面会造成对投资者的直接侵害,另一方面则可能会影响潜在投资者的投资信心,从宏观上来讲,分散的股权结构可能更有利于公开股权市场的良性运转。

除了以上讨论的利益冲突给控制股东滥权行为带来动力之外,资本多数决原则的天然缺陷则使得控制股东的滥权行为成为可能。资本多数决是公司制企业的法律原则和表决机制,一股一权是资本多数决的具体体现。根据资本多数决的要求,各个股东享有与其持股数量相等的表决权数,股东具有的表决力与其所持股份成正比,股东持股比例越多表决力相应就越大,

---

[1] 参见张烨:"控制权私人收益与公司治理的研究综述——基于投资者保护的视角",载《中南财经政法大学学报》2008年第2期。

[2] 参见朱武祥:"股权结构与公司治理——对一股独大与股权多元化观点的评析",载《证券市场导报》2002年第1期。

[3] 习龙生:《控制股东的义务和责任研究》,法律出版社2006年版,第26—27页。

股东大会的决议实质上是持股占多数的股东的意思的体现,该决议一旦作出,则被推定为公司的意思,对所有股东产生拘束力。① 多数决的结果往往是相对多数的意志上升为集体意志,少数股东的利益在这个看似正义的程序过程中被淹没和忽视了。甚至可以说,公司制企业产生伊始,就把大股东控制公司的权力配置原则深深地烙印在公司宫殿的门楣上,它不仅仅是一种宣誓,而且是无意动摇的基石,这就是资本多数决。② 资本多数决本是公司法维护股东平等所选择的公平手段,但其天然缺陷一旦被利用就可能成为控制股东滥权欺压中小股东的工具。这一原则一旦被滥用,就会使股东的平等变为形式上的、表面上的平等,和对实质平等的追求背道而驰。③

我国司法实践中,有很多股东权利纠纷都是直接针对股东会决议、董事会决议提起的,例如:

案例一 王某、尤某、钱某系中地公司股东。2005年4月3日,中地公司未按照公司法及公司章程的规定履行召开股东会须提前15天通知、由董事长召集等必备程序的情况下,召开了第二届第四次股东会临时会议。王某、钱某未接到书面通知,未能出席此次股东会。此次股东临时会议对公司董事、监事改选,非法免去王某、尤某的董事职务。同日,经上述股东会临时会议选举出的董事会又召开了董事会会议。该会议作出免去王朝阳的董事长法定代表人职务、选举董某为公司董事长及法定代表人的决议。王某、尤某、钱某提起诉讼,要求人民法院确认以上两项决议无效。该案经过二审,法院最终作出判决撤销了中地公司违反法律规定作出并侵害了其股东实体权益的股东会决议和董事会决议。④

案例二 万佳精典公司与新华书店总店、阳光文华公司同为求索求知公司的股东。新华书店总店、阳光文华公司在未通知万佳精典公司参加的情况下,于2006年11月7日、11月21日召开两次股东会,于2006年11月21日召开董事会,三次会议均以纪要的形式做出了会议决议。万佳精典公司遂以三次会议召开的程序违反了公司法及公司章程为由,起诉要求撤销求索求知公司于2006年11月7日、11月21日作出的股东会、董事会决议。

---

① 赵志钢:《公司治理法律问题研究》,中国检察出版社2005年版,第85—86页。
② 甘培忠:《公司控制权的正当行使》,法律出版社2006年版,第146页。
③ 参见李东方:"公司法修改中的中小股东保护",载《月旦民商法研究——最新两岸公司法与证券法评析》,清华大学出版社2006年版,第3页。
④ 根据(2005)一中民终字第10100号判决整理。

该案经过二审,法院最终支持了原告的诉讼请求。①

尽管存在着一定缺陷,资本多数决作为股东会会议表决机制目前仍然是公司制企业的一种必然和最优选择,在没有更好替代机制可供选择的前提下,各国公司法经过长期的实践和经验累计,逐步形成了对中小股东予以特殊保护的法律制度和规则体系:赋予小股东一定的特殊权利作为与大股东抗衡的手段,或是对大股东的表决权直接作出限制,或是在一定条件下采用累积投票制。这一系列的规则和制度安排,弥补了资本多数决机制的缺陷,平衡了控制股东和中小股东之间的利益关系。

三、对控制股东的控制——从中小股东保护的角度出发

（一）控制控制股东的必要性

公司治理的模式选择是以股权结构为出发点的。在股份高度分散的情况下,即使是最大的股东,持有的股份也仅仅相当于股份总量的很小一部分,因此不大可能对经理层进行有效的监督,因此公司治理的问题就转化为委托代理问题,即位于公司内部实际掌管公司运营的经理人与拥有公司所有权但置身其外的股东之间的利益冲突。

在股权集中的公司中,基本组织架构没有实质性的区别,经营战略决策仍然由董事会作出,决策的执行和日常经营管理仍然由经理人负责,只不过控股股东可以凭借股权优势带来的强大实际控制权左右董事经理人选及其行为。控制权私人收益的存在和使得控制股东出于本能利益驱使追逐其自身收益最大化,而控制权的私人收益不可能凭空产生,要依靠对中小股东利益的剥夺。在西方国家中,控制股东对少数股东的压迫或侵害通常有以下几种手段:(1)用公司的资金为多数股东提供优惠贷款,或高价租用其财产;(2)任意罢免或无理阻挠少数股东担任高级管理职务;(3)恶意增强公司资本,迫使少数股东因无力认购新股而使其持股比例进一步降低;(4)操纵公司股票价格,迫使少数股东低价出售其所持股票;(5)在董事或管理人员非法经营、违反职责损害公司利益时,无理拒绝以公司名义对他们进行追究;(6)违反法律或章程规定,为少数股东参加股东大会附加不合理的条

---

① 根据(2007)一中民终字第11590号判决整理。

件;(7)无理拒绝向少数股东提供或隐瞒有关公司经营状况、资产状况以及其他必要的信息和资料;(8)利用"恶意兼并"或"短期合并"等手段,将少数股东排挤出去,然后再恢复公司原状;(9)利用"内部信息"为自己牟取私利。① 由此,在股权集中并且存在控股股东的公司中,利益冲突就主要存在于控股股东与中小股东之间,公司治理的核心问题就转变为如何防止控股股东对中小股东权益的剥夺②,从而保护中小股东的利益。

保护少数股东的权利也是现代公司法发展的主要趋势之一,无论股权集中与否,法人持股比例的普遍提高使得保护持股较少的小股东的合法权益显得较以前更为迫切。所谓保护少数股东的权利,其本质就是防止大股东滥用权利侵害少数股东的利益。为此,各国公司法为了彰显其进步性和人文关怀,纷纷对少数股东权利作出规定。③ 在中国上市公司国有股"一股独大"的特殊环境下,控制股东滥权已经成为严重的社会经济问题,中小股东实际地位更加脆弱。④ 通过法律上的制度安排制约控制股东的行为、加强对中小股东的保护就显得更为重要和迫切了。

(二)新公司法对限制控制股东滥权的制度设计

由于传统上对于权力资源使用监督的缺位,我国 1993 年的《公司法》在股东权的制衡方面几乎没有作出安排,自然而然地放纵了大股东集权甚至大股东暴政。无论是上市公司,还是其他没有上市的股份公司、有限责任公司中大股东控制公司的行为少受监督,掠夺公司、侵害公司和其他股东利益的情况比比皆是,股东多数决原则在许多公司完全被滥用,小股东利益受到侵害时,法律提供的救济手段捉襟见肘,法院因为法律规定的笼统而不受理股东诉讼或者裁判驳回诉讼的情形很常见。正是因为控制股东滥权没有节制,上市公司变成了控制股东满足私人利益的工具,而中小公司成了小股东的投资"囹圄",权利受到侵害时没有相应退出机制作为后路,严重伤害了社会公众的投资热情和整个资本市场的良性运转。⑤ 2005 年《公司法》吸取了以往的教训,以分权制衡为着眼点,完善公司组织机构运行规则和治理规则,立法目标和价值取向重在建立现代公司运营、治理制度,健全对股东尤

---

① 罗培新:"论股东平等及对少数股股东之保护",载《宁夏大学学报》2000 年第 1 期。
② 洪修文:《法律、投资者保护与金融发展》,武汉大学出版社 2007 年版,第 175 页。
③ 参见王保树:"现代股份公司法发展中的几个趋势性问题",载《中国法学》1992 年第 6 期。
④ 赵万一:《公司治理法律问题研究》,法律出版社 2004 年版,第 177 页。
⑤ 该部分内容参考甘培忠:《企业与公司法学》,北京大学出版社 2006 年版,第 240—241 页。

其是中小股东利益保护机制,完善股东权保护制度,其立法目标和价值取向重在强化股东投资的信心和热情,提高我国投资者权益的保护水平。[①] 在总则中就突出规定了对控制股东控制权的制约,并作为公司运行的一项根本性原则予以确立。

现行《公司法》第 20 条第 1 款规定:公司股东应当遵守法律、行政法规和公司章程,依法行使股东权利,不得滥用股东权利损害公司或者其他股东的利益;不得滥用公司法人独立地位和股东有限责任损害公司债权人的利益。第 2 款规定:公司股东滥用股东权利给公司或者其他股东造成损失的,应当依法承担赔偿责任。该条规定的适用范围相当广泛,甚至有学者认为该条可以作为整个《公司法》的兜底条款,在法官眼中,这是一个可能经常被当事人援引的法律条款。[②] 滥用权利并非控制股东人的专利,少数股东亦完全可能利用持有的股权对公司和大股东施行"骚扰"战术,同样可能构成股东权的滥用。当事人只要权利受到侵害,就有可能援引此条规定提起保护公司利益和自身利益的诉讼,而可能被滥用的股东权本身又是一项相当庞杂的综合性权利,这就大大增加了法官判案的难度。新《公司法》颁布以来总体运行非常顺利,到目前为止,实践中还几乎没有直接依据第 20 条作出的法院判决。

除总则以外,《公司法》还在各个章节中全面规定了保护中小股东利益诉求的一系列制度安排,将于下文展开论述。

四、有限责任公司控制股东滥权行为分析

(一)有限责任公司作为封闭公司的治理特征

有限责任公司,亦称为有限公司,是指由 50 个以下的股东所组成,而股东以其出资额为限对公司负责,公司以其全部资产对其债务承担责任的企业法人。[③] 与股份公司相比,有限公司虽然在规模上较小,但它们在各国的经济中仍占有很重要的地位,在数量上多于上市公司,中小企业一般都采用这种组织形式。

---

① 龙翼飞、何尧德:"我国公司法最新修订评析",载《法学杂志》2006 年第 2 期。
② 参见刘建功:"《公司法》第 20 条的适用空间",载《法律适用》2008 年第 1 期。
③ 甘培忠:《企业与公司法学》北京大学出版社 2006 年版,第 264 页。

现代各国公司法几乎都承认了有限公司的特殊性,在公司法的规定和法律适用上对其给予特别对待,这些特殊性无疑又是基于有限公司在治理结构、股权结构和实际运作等方面的特征而产生的。有限责任公司作为封闭公司,在治理上有以下几个方面的特征:首先,在管理上类似于合伙,通常被称为合伙型公司,相对于股份公司的资合性来说,具有明显的人合性,股东之间相互信赖、紧密结合。股东直接参与公司日常管理,组织机构比较简单,管理程序不如公众公司那样规范,绝大多数的公司事务都以非正式的方式来解决①;其次,由于股东人数较少,不存在一个股份交易的公开市场,出资不能公开交易,股东向股东以外的第三人转让股份的权利受到限制。由于有限公司的股东之间存在有类似于合伙人的非正式私人关系,因此股东退出公司或者股东以外的人加入公司就不能像股份公司那样自由。这种资本的闭锁性可以确保股东的稳定,避免股东不了解或不信任的人加入公司,体现了其所具有的人合性特征。但由于转让的限制和灵活退出机制的缺乏,给那些因对其他股东丧失信任或受到控制股东压制的少数股东退出公司造成了困难,股东不能像在股份公司中一样通过证券市场转让股票而退出。有限公司的小股东即使受到控制股东欺压也只能忍气吞声,所谓"进得来,出不去"的局面就是这样产生的。

我国法学界的许多专家学者在探讨控制股东滥权问题时,针对的往往只是股份公司特别是上市公司的小股东利益保护问题。但实际上,有限责任公司由于自身闭锁和人合的特征,成为控制股东滥权的行为高发地带。事实上,我国许多有限责任公司中的小股东所受控制股东折磨的痛苦程度远甚于上市公司中的小股东所经受的一切。②

(二)有限责任公司控制股东滥权行为的法律规制

过去立法和学界对有限责任公司大股东压制现象的长期忽视,致使我国有限公司小股东在权利遭受侵害时往往陷于求救无门的尴尬境地。而2005年新《公司法》在充分意识到这一问题的基础上,设计了一系列的规则,填补了有限责任公司小股东权益维护的空白。在总则中,除第20条的规定之外,第16条规定了公司为公司股东或实际控制人提供担保时,必须经过股东大会决议,受益的股东或者受实际控制人支配的股东不得参与表

---

① 施天涛:《公司法论》,法律出版社2006年版,第284页。
② 参见甘培忠:"有限责任公司小股东利益保护的法学思考——从诉讼视角考察",载《法商研究》2002年第6期。

决。第 22 条规定了股东对公司董事会决议,股东会决议的无效之诉和撤销之诉。第 34 条规定了股东查阅、复制公司章程、股东会会议记录、董事会会议决议、监事会会议决议、财务会计报告以及会计账簿的权利。除了以上这些可同时适用于股份公司股东的保护措施之外,还特别根据有限责任公司的特点,给予了特别的立法关注,具体来说主要有以下两点:

首先,规定了有限责任公司股权的外部转让的条件和程序。现行《公司法》第 72 条规定:有限责任公司的股东之间可以相互转让其全部或者部分股权。股东向股东以外的人转让股权,应当经其他股东过半数同意。股东应就其股权转让事项书面通知其他股东征求同意,其他股东自接到书面通知之日起满 30 日未答复的,视为同意转让。其他股东半数以上不同意转让的,不同意的股东应当购买该转让的股权;不购买的,视为同意转让。经股东同意转让的股权,在同等条件下,其他股东有优先购买权。两个以上股东主张行使优先购买权的,协商确定各自的购买比例;协商不成的,按照转让时各自的出资比例行使优先购买权。公司章程对股权转让另有规定的,从其规定。该条的规定充分肯定了有限责任公司股权外部转让的可能,只是这种转让要遵循特定的条件和程序:第一,外部转让行为需要经过其他股东过半数同意。股东向非股东转让股权,应当事先与受让方进行接洽并谈定转让股权事宜,转让的股权是全部还是部分、转让的价格条件、受让方的身份资料等,并且以书面通知的形式让其他股东知晓;第二,在征询其他股东意见的程序方面,规定应当采用书面形式,出于提高效率的考虑答复时间为 30 日,规定期间内不予答复即视为同意转让。如果在规定期间内,股权转让的动议遭半数以上的股东否决,则不同意的股东应当购买拟转让的股权,这是一种法定的强制义务,被称为不同意股东强制收购制度;第三,在同等条件下,其他股东可以行使优先购买权。多个股东同时主张优先购买权的,通过协商或按照出资比例购买。从这个角度说,其他股东优先购买权的放弃才能最终成就股权外部转让的实现。此外,章程可以就相关事项另做安排,体现了私法自治的精神。

其次,赋予异议股东股份回购请求权。公司股权回购是指公司股东在公司的决定、行为严重损害或者可能严重损害其利益的情况下,请求公司购回其持有的股权的行为。由于我国之前一直实行严格的法定资本制,立法上对于公司回购股权一直采谨慎态度,直到 2005 年《公司法》的修订,公司股权回购制度才在 75 条中被正式确立。根据法律的规定,有下列情形之一的,对股东会相关决议投反对票的股东可以请求公司按照合理价格收购其股权;公司连续5年不向股东分配利润,并且符合法律规定的分配利润条件的;公司合并、分立、转让主要财产的;公司章程规定的营业期限届满或者章程规定的其他解散事由出现,股东会会议通过决议修改章程使公司继续存在的。① 自股东会会议决议通过之日起60日内,股东与公司不能达成股权收购协议的,股东可以自股东会会议决议通过之日起90日内向人民法院提起诉讼。

再次,规定了司法解散公司制度。当公司在股东之间形成较大的分歧意见,从而导致公司管理层运作困境,学理上被称为"公司僵局"。一旦出现僵局,公司继续存续会使股东利益遭受更大损失,通过别的法律救济方式又不能弥补股东冲突或者无法获取解决路径。这时,法律为保护处于弱势地位的股东的权益,准许持有10%以上股份的股东向法院提出请求解散公司。2005年《公司法》第183条规定了司法解散公司的制度,该制度和异议股东股份回购请求权制度的性质一样,都是赋予少数股东在一定情况下可以选择退出公司的权利,也可以适用于股份有限公司。但应当明确的是,公司以永久存续为目的而设立,公司进入正常运行状态之后,与整个宏观经济体系和社会利益紧密相连,公司的解散或多或少带来负面效应,因此法院在作出司法解散判决时,应当慎重。②

司法实践证明,新《公司法》为维护有限责任公司股东利益的一系列制度设计已经发挥了作用,2005年之后北京各法院受理的股东利益纠纷诉讼中大部分都是有限责任公司的股东提起的,下面是其中一个案例:

2007年,李某、曾某共同出资成立了世纪汉唐公司,曾某任公司的执行董事并主持公司的日常经营管理工作。2007年7月16日,曾某代表世纪汉唐公司与中国残疾人奥林匹克运动管理中心(以下简称残奥管理中心)签订了《"心系中国残奥挑战吉尼斯——'无手车王'超越之旅活动"合作协议》(以下简称超越之旅合作协议),协议签订后,该项目由曾某具体负责实施,并与客户签订协议。2007年9月25日,曾某突然不来公司上班,也未对其工作进行安排和交接。2007年9月25日至10月24日期间,李某及公司员工沈某等人多次联系曾某,曾某都不予理睬。曾某的离职致使世纪汉唐公

---

① 参见施天涛:"新公司发是非评说:二、八分功过",载《月旦民商法研究——最新两岸公司法与证券法评析》,清华大学出版社2006年版,第3页。

② 参见甘培忠:"公司司法解散:《公司法》中说不出的痛",载《中国律师》2002年第9期。

司无法正常经营。李某为了减少公司的损失,通过与残奥管理中心协调,于2007年10月14日,代表世纪汉唐公司与残奥管理中心签订解除合同协议书,赔偿残奥管理中心违约金5万元。李某作为世纪汉唐公司的股东同时也是监事,认为曾某的不当行为侵害了世纪汉唐公司及股东的合法权益,故请求人民法院判令曾某赔偿世纪汉唐公司损失5万元,并承担诉讼费用。一审法院即北京市朝阳区人民法院经审理认为:由于曾某突然离职,没有对工作进行任何交接,且曾某也没有举证证明其对世纪汉唐公司尽到了法定的勤勉义务。所以,李某要求曾某向世纪汉唐公司赔偿遭受的损失5万元,事实清楚,于法有据,法院予以支持。曾某不服一审法院判决提起上诉。二审法院即北京市二中院经审理认为一审法院判决认定事实清楚,处理正确,判决驳回上诉,维持原判。①

五、上市公司控制股东滥权行为分析

(一) 中国上市公司股权结构特点和治理方式

前文已经论述过,按照英美公司法的委托代理理论,股份公司由于所有权和控制权分离,代理人存在道德风险。因此,股东要对代理人进行监督和激励,防止诱发其道德风险而损害股东利益。而在我国,上市公司股权结构是高度集中而不是过于分散,公司由大股东控制,小股东事实上远离公司。在大股东控制下,高层管理人员主要由大股东派驻,所以作为代理人的公司经理和高管实际上只能按控制股东的利益行事。② 由于资本多数决原则的存在,控制股东还可以利用其股权优势作出损害其他股东利益的决策。股东与经营者之间的委托代理问题转化为对控制股东滥权行为的控制问题。在股权结构集中的国家,大股东侵害小股东利益已成为公司治理的核心问题和突出矛盾。

股权集中并不是中国上市公司特有的现象,在欧洲大陆和亚洲的其他国家,股权集中的现象也十分常见。但相比之下,中国上市公司的股权结构更为特殊,主要表现在以下几个方面:

---

① 根据2008二中民终字第08623号判决整理。
② 参见唐宗明、奚俊芳、蒋位:"大股东侵害小股东的原因及影响因素分析",载《上海交通大学学报》2003年第4期。

首先,股权结构不合理,国有股"一股独大"现象突出。我国的股份公司不是古典企业制度发展的结果,是作为一种经济制度由其他国家直接移植过来,并且被政府赋予了改革国有企业的任务。① 中国大中型企业的一个特点就是国有制和国有控股企业占的比例相当高,一部分国有企业改制上市后仍处于一股独大的状况。② 有关统计数据表明,我国一千余家上市公司中,第一大股东持股份额占公司总股本超过50%的占上市公司总数的2/3。在国有股"一股独大"的情况下,治理结构完全被政府和集团公司控制,缺乏意志自由。③ 再加上国有资产管理制度的不健全,又进一步造成了内部人控制的局面。由此引发了一系列的问题,如上市公司和控股股东在人员、资产、财务、经营机构等方面长期分不开,控股股东利用其优势地位操纵上市公司的决策,干预上市公司日常生产经营活动,排斥中小股东参与公司治理,随意抽调上市公司资金,通过与上市公司的关联交易向自己输送利益,严重损害公司利益,妨碍公司治理机制的有效运转等,使广大中小股东利益受到损害。④

其次,政府控制上市公司使得控制股东和中小股东的利益冲突更为明显。政府作为执法者更应守法,如此来说,似乎政府直接控制企业应当更有利于法律秩序的遵守,大股东剥夺行为应当被减弱。但事实并非如此,在政府作为控制股东的情况下,对于公司的剥夺并没有弱化。这是因为政府作为投资者,和广大私营投资者的利益取向必然不同,政府的职能是在维护公共利益、维护社会秩序、健全和发展社会保障与社会福利的基础上保障和促进经济的整体发展⑤,追求的是多元化的利益目标。而中小股东作为私营投资者只关心个体利益的最大化,这种私人利益和公共利益必然存在着矛盾。此外,我国的国有股东可以进一步分为中央政府和地方政府,其中地方政府作为控股股东或者实际控制人控制着更多的上市公司。中央政府和地方政府对资本市场的责任不同,由于资本市场上的投资者分布在全国各地,资本市场是一个全国性的市场,而地方政府并不需要对整体市场负责,因此,往

---

① 苏赟:《控股股东类型、股权集中度与上市公司经营分析》,中山大学出版社2005年版,第66页。
② 参见周小川:"进一步改进上市公司治理结构",载《求是》2002年第16期。
③ 汤欣:《控股股东法律规制比较研究》,法律出版社2006年版,第9页。
④ 周友苏:《上市公司法律规制论》,商务印书馆2006年版,第123页。
⑤ 姜明安主编:《行政法与行政诉讼法》,北京大学出版社、高等教育出版社2005年版,第124—126页。

往处于地方保护主义的考量,通过剥夺上市公司以促进地方经济的发展。①

最后,"股权分置"加剧了控制股东和其他中小股东的利益冲突。在我国,政府为了保护国有产权利益和政府控制权,上市公司的股份被强行分为社会公众股和国有股两大类,即流通股和非流通股。股权分置造成了事实上的同股不同权,流通股是通过中签购买一级市场溢价发行股票和二级市场股票交易而获得,成本远远高于发起人大股东取得国有股的成本。而控制股东拥有的多为非流通股,在享有扩张带来的私利的同时却只需承担比流通股股东小得多的成本,利益冲突就更加明显。股权分置是中国资本市场的特有现象,在中国资本市场发展初期起到了一定的积极作用,然而随着市场经济的发展,股权分置已然成为资本市场和上市公司健康成长的桎梏。②

总之,中国上市公司治理状况不容乐观,问题突出表现为地方政府作为控制股东滥用控制权,对公司进行剥夺,损害其他中小股东和公司的利益。由于认识到了股权分置已经阻碍到了经济的发展、不再适合国情,2005年,中国证监会发布了《关于上市公司股权分置改革试点有关问题的通知》,股权分置改革由此展开,虽然改革的成效还有待进一步的考察,但这一问题已经开始在制度层面得到了解决。目前,亟须解决的问题还有两个方面:一是在股权多数决的情况下,防止大股东剥夺中小股东,特别是遏制作为地方政府的过度剥夺倾向;二是解决国有资产管理问题,防止因为国有资产管理的多重目标和内部人控制而损害中小股东。从这个角度来说,中国上市公司治理不仅仅是一个法律问题,更是一个宪政问题,宪政改革才是治本之策。下文的相关探讨仅从法律的层面展开。

(二) 实践中我国上市公司控制股东滥用控制权的方式

控制股东的收益除了来源于上市公司价值的提高之外,就是来自于利用控制权对其他中小股东进行盘剥。在德国、法国等发达的大陆法系国家,由于保护中小股东的规范相对来说比较完善,控制股东滥权问题表现得并不突出。但在我国,经济体制转轨和随之而来的公司化改革、国企私有化,再加上法律对于保护中小股东权利意识的缺乏,给控制股东滥权制造了机会。

---

① 彭冰:《中国证券法学》,高等教育出版社2007年版,第302—303页。
② 参见廖理、沈红波、郦金梁:"股权分置改革与上市公司治理的实证研究",载《中国工业经济》2008年第5期。

目前我国上市公司控股股东滥权行为主要有三种表现方式:

第一,利用关联交易规避法律,谋求一己之利。这里主要是指控制股东与公司之间所进行的利益向控制股东倾斜的购买、销售、租赁、代理等交易行为。关联交易是多元化投资主体组成的集团公司内部经常发生的交易行为,在我国股份公司中普遍地存在,已然成为套取上市公司资金的主要手段。关联交易本身是一种中性交易行为,并不必然损害中小投资者的合法权益。但是由于关联交易的定价具有较大的随意性,往往取决于交易主体双方之间的自由博弈,而控制股东基于强大的控制权,能够单独影响甚至决定交易价格。因此当面临巨大的利益诱惑时,控制股东往往通过关联交易的方式操纵被控股的公司,将从属公司的利润或资产转移到控制公司。[1]

第二,侵占或挪用公司财产。上市公司股权融资会给控制股东带来巨大的隐性收益,这种收益的取得方式就是通过往来款项挂账等手段大量挪用上市公司募集的资金,将上市公司作为自己的"提款机"[2]。控制股东利用控制权违规占用上市公司资金的事件频频发生,其占用范围和侵占数额触目惊心,不仅造成了宏观层面的市场信用缺失和指数重挫,而且微观层面上严重削弱了上市公司的盈利能力和资产质量。

第三,欺诈行为。欺诈行为是指控制股东通过具有主观故意的违法行为谋取私利。实践中,控制股东欺诈行为的表现形式多种多样,包括虚假出资;虚假信息披露,操纵公司经营业绩,误导投资者;操纵利润分配,实现了盈利有能力分红却无视中小投资者的合法权益,不采取现金分配行动;利用内幕信息与庄家联手操纵股市获取暴利等。[3]

(三) 控制股东的信义义务

前文已经论述过,现代股份公司的重要特征是企业所有权和控制权的分离,股东一般不能直接参与公司的具体经营管理活动,董事会的经营权限日益膨胀。这就需要一种制度设计来规制经营者的滥权行为,信义义务理论由此产生。按照英美法系的通说,信义义务,或称诚信义务、信托义务(fiduciary duty),源于信托法中受托人对委托人应当承担的责任,在公司中通常指公司的高级管理人员即董事和经理对公司承担的诚信义务。信义义

---

[1] 沈富强:《股东股权法律实务——股权运作与保护》,立信会计出版社2006年版,第284页。
[2] 参见徐浩萍:"控制股东利润操纵的动机及其监管研究",载《财经研究》2005年第2期。
[3] 汤欣:《控股股东法律规制比较研究》,法律出版社2006年版,第2—8页。

务又包括两个方面,即勤勉义务(duty of care)和忠实义务(duty of loyalty)。二者强调的重点不同,勤勉义务要求董事必须具备一定的专业技能和任职资格,在履行职责时应当小心谨慎,可以运用专业知识对于经营中遇到的风险作出判断并作出适当的经营决策;忠实义务则包括两个方面:一为主观性义务,即诚实善良义务,要求董事应当在强行性法律规范与公序良俗允许的范围和程度之内忠诚于公司利益,始终以最大限度地增进公司利益作为衡量自己执行董事职务的标准,全心全力地为公司利益服务。二为客观性义务,即行为公正义务,要求董事在个人私利与公司利益发生冲突时,必须牺牲个人私利,不得利用其优势地位为自己或与自己有利害关系的第三人谋求常规交易中难以获得的收益。①

传统公司法理念认为,股东系公司的出资者,依法享有自益权和共益权,股份公司的股东还享有完全自由地转让股份的权利,而其处分自身股份的行为,完全出于自愿,并无特别义务加以约束,因此传统公司法理论的诚信义务不涉及股东。但随着中小股东的权利被控制股东的行为损害的案件不断发生,法律也开始将诚信义务的承担者扩展到控制股东。时至今日,大陆法系和英美法系都不同程度地在公司法上确立了控制股东对中小股东所负的信义义务。②

在实践中,大量股份公司的董事会,从选任、日常运作到重大决策,其实都是受到控制股东的制约甚至完全操纵。监事会、经理层等公司机关和人员也全都听命于控制股东的调遣。所以,许多股份公司的控制股东扮演着公司业务执行和经营者的角色,享有远远超出一般股东权的特殊权利,甚至包括董事的部分权利。对控制股东的种种行为加以特别的义务约束,实属必要。③

从理论层面来说,权责相一致的自然正义原则是控制股东作为公司的投资者应当对其他中小股东的承担信义义务的基础。权利与责任是相关联的概念,有权利必有责任,无责任必无权利。即当某一主体对其他主体享有权力时,应当要求权力的享有者对该主体承担一定的责任,以便对权力所有者进行一定的控制,防止其滥用权力,保护弱势者的合法权益,维护社会公正。由于控制股东对公司的实际控制地位,控制股东对中小股东实际上具

---

① 刘俊海:《股份有限公司股东权的保护》,法律出版社2004年版,第424—466页。
② 参见朱慈蕴:"资本多数决原则与控制股东的诚信义务",载《法学研究》2004年第4期。
③ 参见王保树、杨继:"论股份公司控制股东的义务与责任",载《法学》2002年第2期。

有类似于"权力"的绝对"权利",控制股东的单方面行为将直接影响中小股东的合法权益。因此,要求控制股东对中小股东承担一定的义务,可以使中小股东的利益得到保障。①

控制股东的信义义务源于对其控制权的行使,控制股东在行使权利时应以诚信原则为基本要求,不得滥用控制权以损害中小股东的合法权益来获得自身的私利,也应当有两个方面注意义务和忠实义务。但是,控股股东的身份毕竟不同于董事和经理人,信义义务具体的内容有所区别,具体来说,控股股东应当在以下范畴内承担信义义务:

第一,出资时的信义义务。公司资本作为现代公司的信用基础,是公司独立开展经营,承担责任的前提和基础,代表着公司承担财产责任的能力和实际范围,直接关系到公司的履约能力、偿债能力、赔偿能力及最终承担民事责任的能力。控股股东应当在公司成立时足额、按时、按要求缴纳公司章程中规定的各自所认缴的出资额。在公司依法成立后,控股股东不得利用自己的控制地位,通过种种方式抽回出资。

第二,行使表决权时的信义义务。根据《上市公司章程指引》的规定,控制股东行使表决权时不能损害公司利益和其他股东利益。也就是说,在控制股东控制下形成的股东大会决议,应当以公司利益和全体股东利益为标准进行适法性衡量。②

第三,控制股东进行股份转让时的信义义务。股份的自由转让是上市公司的主要特征,转让所持有的股份是控制股东固有的权利。但是控制股东在转让股份时也附带转移了其对公司的控制权,从而获得了超过股票实际价值的控制权溢价。控制权溢价的存在可能使掠夺者进入公司,因此应当对公司的控股股东为了获得高溢价而进行的股份出让行为进行规制。③

除此之外,在公司运营中,控制股东的信义义务还有很多具体的体现,包括未经法定程序不得进行自我交易的诚信义务、不得利用公司机会谋取私利的诚信义务、不得进行内幕交易的诚信义务等。应当注意的是,控制股东的身份具有双重性:作为管理者的股东和作为股东的管理者。④ 控制股东在承担义务时应当注意职位角色的区分。

---

① 参见朱慈蕴:"论控制股东的诚信义务",载《政治与法律》2002 年第 2 期。
② 曹富国:《少数股东保护与公司治理》,社会科学文献出版社 2006 年版,第 277 页。
③ 殷召良:《公司控制权法律问题研究》,法律出版社 2001 年版,第 202—203 页。
④ 曹富国:《少数股东保护与公司治理》,社会科学文献出版社 2006 年版,第 277 页。

（四）上市公司控制股东滥权行为的法律规制

如何控制公司控制股东的滥权行为是建立健全中小股东保护制度所应解决的问题。保护中小股东利益是保护弱势群体的现代法治的价值取向，也是提高中小股东自力救济能力的必然要求。我国2005年修订《公司法》的一个重要目标是完善公司的股东权规定，特别是给中小股东的利益保护设计出切实可行的制度。①

从法律层面对控制股东的权力进行制约所采取的措施归纳起来不外乎两个方面：加强中小股东的权利和抑制大股东的控制权膨胀。

在加强中小股东权利方面，除了上文在有限责任公司部分已经提到过的异议回购和司法解散公司之外，还有以下制度安排：

第一，扩大中小股东的知情权和质询权的范畴。知情权即股东知悉公司有关事项的权利。股东投资于公司，自然有权利获知公司的有关事项，尤其是与股东切身利益密切相关的经营信息及财务信息。知情权实现的途径包括股东自己对公司有关信息的获取和公司主动向股东提供公司信息两个方面。1993年《公司法》虽然赋予了股东一定的知情权，但比较粗略，也没有相应的程序保障，在知情权实现遭遇困难的情况下，中小股东的分红权实现更是步履维艰。实践中，有些公司在大股东的操纵下，长期不向股东分红，也不允许小股东查阅公司财务状况，有的公司为了向小股东隐瞒公司的实际收入，甚至制作虚假财务报告欺骗广大中小股东。针对这种状况，我国新《公司法》扩大了小股东知情权的内容，并规定了相应的程序保障，新《公司法》第34条规定：有限责任公司股东有权查阅、复制公司章程、股东会会议记录、董事会会议决议、监事会会议决议和财务会计报告。股东可以要求查阅公司会计账簿，并应当自股东提出书面请求之日起15日内以书面答复股东，公司拒绝提供查阅的，股东可以请求人民法院支持。股东的质询权是指出席股东大会的股东为行使股东权，就会议事项有关问题请求董事会或监事会做出说明的权利。股东行使质询权，可以使股东在进行表决之前获得有关某一议决事项的充分、有效的信息，免于在不明真相的情况下盲目表决。质询权是股东表达真实意思的基础，通过质询权的行使能使中小股东与控股股东之间的信息不对称状态得到化解，能在一定程度上防止控股股东滥用股份多数决。② 新《公司法》第98条是关于知情权和质询权的双重

---

① 甘培忠：《企业与公司法学》，北京大学出版社2006年版，第261页。
② 周友苏：《上市公司法律规制论》，商务印书馆2006年版，第133页。

规定:股份有限公司的股东有权查阅公司章程、股东名册、公司债券存根、股东大会会议记录、董事会会议决议、监事会会议决议、财务会计报告,对公司的经营提出建议或质询。

2005年以来北京法院审理的有关上市公司股东权益纠纷的案件,基本都是有关中小股东知情权的,只是中小股东这一权利要受到法律的保护还需要一定的条件,下面这个案例中,小股东的查账要求就没有被法院支持:

李某系北京石大赛普科技股份有限公司股东。2006年8月10日,李某向石大公司提出书面申请,该申请载明,作为公司股东之一,李某对公司经营状况有知情权,对公司财务状况有监督权,要求查阅自公司成立以来的账簿,以确保股东权益不受侵害。该案经过二审,北京市一中院最终判决驳回了李某的诉讼请求。法院认为,根据《公司法》规定,股东可以要求查阅公司财务账簿,但应当说明目的。股东该项权利的行使需有正当的目的和理由。该案中,李某虽向石大公司提交了书面申请,但该申请内容并未表明李某要求查阅公司账簿的具体目的和理由,故此,无法判断其目的正当与否。在此情况下,不能确认李某要求查阅石大公司的财务账簿理由正当,故其相应诉讼请求,法院不予支持。①

第二,股东的股东大会召集权和提案权。股东大会一般由董事会召集和组织,但如果有股东认为有必要召集股东大会时,他可以请求董事会召集股东大会;如果董事会怠于或拒绝召开股东大会,则股东可自行召集股东大会,这是为各国《公司法》所普遍采取的保护少数股东权益的措施之一。股东大会召集权是少数股东而非单个股东可以行使的权利,各国一般都规定了可以请求召集股东大会所必要的持股比例。股东提出召集股东大会的请求之后,如果董事会在法定期限内不召开股东大会,则在期限届满后上述股东可自行召集股东大会或经法院许可自行召集股东大会。我国新《公司法》第101条规定:单独或者合计持有公司10%以上股份的股东请求临时召开股东大会时,应当在2个月内召开临时股东大会。《公司法》第102条第2款规定:董事会不能履行或者不履行召集股东大会会议职责的,监事会应当及时召集和主持;监事会不召集和主持的,连续90日以上单独或者合计持有公司10%以上股份的股东可以自行召集和主持。此外,符合一定资质条件的股东,可以就股东大会的表决事项提出自己的议案,并寻求股东大会的

---

① 根据2007一中民终字第07846号判决整理。

合法程序表决,这就是股东的提案权。新《公司法》第 103 条第 2 款规定:单独或者合计持有公司 3% 以上股份的股东,可以在股东大会召开 10 日前提出临时提案并书面提交董事会;董事会应当在收到提案后 2 日内通知其他股东,并将该临时提案提交股东大会审议。临时提案的内容应当属于股东大会职权范围,并有明确议题和具体决议事项。

第三,引入选举公司代理人的累计投票制。所谓累积投票制,是指股东所持有的每一股份都拥有与股东大会拟选举的董事或者监视数量相同的投票权,股东即可以把全部投票权集中于选举一人,也可以分散选举数人最后以得票多少决定当选的董事或者监视。这样,可有效地保障少数股东将代表其利益和意志的代理人选入董事会和监事会,在一定程度上平衡了大小股东之间的利益关系,对实现股东平等起到最切实有力的保障作用。这种投票制度赋予了中小股东与大股东博弈胜出的机会,改变了一股一票制度下大股东的绝对话语权。一股一票、同股同权的原则只实现了股份形式上的平等,而没有触及大小股东因持股数量不同而引发的地位不平等问题。只有赋予股东累积投票权,增强小股东的表决权力,才能真正实现股东地位平等,实现实质公平。① 新《公司法》第 106 条第一次明确规定了累计投票制:"股东大会选举董事、监事,可以依照公司章程的规定或者股东大会的决议,实行累积投票制。本法所称累积投票制,是指股东大会选举董事或者监事时,每一股份拥有与应选董事或者监事人数相同的表决权,股东拥有的表决权可以集中使用。"累计投票制除了在一定程度上平衡控制股东和中小股东的利益之外,同时也促进了中小股东参与公司经营管理的积极性。

在限制大股东滥权方面,除了上文论述过的关于信义义务的承担之外,在公司法上还有以下制度安排:

第一,建立起股东表决权排除制度,限制控制股东对于特定事项的表决权。所谓股东表决权排除制度,是指当某一股东与股东大会讨论的决议事项有特别的利害关系时,该股东不得就该事项行使表决权的制度。这一制度有利于防止多数股东滥用表决权与公司进行关联交易损害公司利益,从而为少数股东的权益提供保护。新《公司法》第 16 条规定:公司为公司股东或实际控制人提供担保的,必须经股东会或股东大会决议。前款规定的股东或受前款规定的实际控制人支配的股东,不得参加前款规定事项的表决。

---

① 梁上上:《论股东表决权——公司控制权争夺为中心展开》,法律出版社 2005 年版,第 84—95 页。

该项表决由出席会议的其他股东所持表决权的过半数通过。同时为了避免有的公司规避该条规定,将上述表决事项在章程中规定由董事会表决,而董事会中多数董事都是控股股东所挑出来的,这样能间接达到自己的目的的行为发生,《公司法》第125条规定:上市公司董事与董事会会议决议事项所涉及的企业有关联关系的,不得对该项决议行使表决权,也不得代理其他董事行使表决权。该董事会会议由过半数的无关联关系董事出席即可举行,董事会会议所作决议须经无关联关系董事过半数通过。出席董事会的无关联关系董事人数不足3人的,应将该事项提交上市公司股东大会审议。

第二,对于上市公司某些重大决议的作出规定了程序上的特殊限制。为了避免实践中一些上市公司股东利用其控股地位以公司名义实施处置公司重大资产和为他人提供担保的情况,新《公司法》第104条规定:股东大会做出修改公司章程、增加或者减少注册资本的决议,以及公司合并、分立、解散或者变更公司形式的决议,必须经出席会议的股东所持表决权的 2/3 以上通过。第122条规定:上市公司在一年内购买、出售重大资产或者担保金额超过公司资产总额30%的,应当由股东大会作出决议,并经出席会议的股东所持表决权的 2/3 以上通过。

第三,独立董事制度的建立。独立董事指的是不在上市公司担任董事之外的其他职务,并与公司、内部人及大股东之间不存在可能妨碍其独立作出客观判断的利害关系的董事。[①] 从世界范围看,独立董事制度主要盛行于英美这些并不设有监事会的国家,监督用意非常明显。我国公司治理结构模式采用的是大陆法系的双元制,股东会之下的董事会与监事会并列,董事会负责经营决策,监事会专门负责监督董事、经理的行为。监事会的存在使得很多人认为独立董事制度引入我国纯属多余,只要在原有的制度框架内进一步完善监事会的监督职能即可。之所以会有这种观点,是因为忽视了监事会和独立董事在职权和功能上的差异。监事会的职能对董事和经理业务行为的合法性监督,但是,面对控制股东滥用控制权侵害公司利益和广大中小股东利益的行为,监事会却束手无策。这是因为在一股独大的集中型股权结构中,大股东当然合法地控制了监事人选,监事会首先在主观上不可能去监督和控制大股东;从公司立法看,监事会不拥有监控大股东的任何职权;再者,监事也不具备对业务行为妥当性监督所要求的监督者在公司战略

[①] 参见刘俊海:"我国《公司法》移植独立董事制度的思考",载《政法论坛》2003 年第 3 期。

决策方面的专业才能和丰富经验,而这一领域正是独立董事的能力优势所在。① 在独立董事和监事会并存的情况下,如何将独立董事的监督职能"无缝接入"现行的治理框架内,从而既发挥独立董事的监督效用,又避免监督问题上的功能冲突和无人负责的尴尬,应是制度设计时必须仔细考量的问题。② 如果不顾国情的差异一味盲目移植,肯定会适得其反。独立董事在我国是一种新生事物,这一制度作用的发挥还需要立法的进一步完善和运行中的经验累积。中国证监会应当在公司法确认独立董事制度的基础上,根据立法者的授权进一步完善独立董事的任免机制、资格保障机制、责任追究机制、利益激励机制、作用发挥机制和法定人数比例,使这一制度能够成为控制大股东滥权行为的有力工具。③

六、北京地区法院审理有关公司控制股东滥用控制权诉讼案件的状况总结及未来司法实践展望

在现代公司法中,普遍承认股东有权提起两种诉讼,即直接诉讼和派生诉讼。直接诉讼又称个别诉讼,是指股东基于其股份所有人的身份就专属于其个人的诉因而对公司或者可能的其他人提起诉讼,简单地说就是股东因个人性权利受到损害而提起的诉讼;派生诉讼则是指当公司的正当权益受到他人侵害,特别是受到有控制权的股东、董事和管理人员的侵蚀,公司拒绝或怠于行使诉讼手段来维护自己的利益时,法律允许股东以自己的名义为公司的利益对侵害人提起诉讼,追究其法律责任,简单地说就是股东为公司利益所提起的诉讼。④ 股东诉讼提起权的享有具有重大意义:一方面,诉讼提起权是中小股东其他权利得以维持的基础,没有诉讼提起权,股东所享有的其他权利可能会落空;另一方面,诉讼权利的享有也是保护中小股东权利的强有力的手段,有助于维持公司法上的利益平衡。

2005 年修订的《公司法》出于保护中小股东利益的考量,全面规定了直

---

① 参见李建伟:"论我国上市公司监事会制度的完善——兼及独立董事与监事会的关系",载《法学》2004 年第 2 期。
② 参见罗培新、毛玲玲:"论独立董事制度",载《证券市场导报》2001 年第 2 期。
③ 刘俊海:《新公司法的制度创新——立法争点与解释难点》,法律出版社 2006 年版,第 420 页。
④ 张民安:《公司法上的利益平衡》,北京大学出版社 2003 年版,第 205—206 页。

接诉讼和派生诉讼,大大强化了公司法的可诉性。早在公司法修订之前,控制股东无视公司的独立人格,违规违法操作,肆意损害中小投资者乃至公司合法权益的案件不断发生,郑百文案件、猴王事件、亿安科技等一个个上市公司从证券市场上争相竞买的绩优股到纷纷破产退市的事件不断上演。旧《公司法》虽然没有规定派生诉讼,但是并不意味着股东没有这种权利,法院对于股东为了维护公司利益而提起的诉讼,应当受理,而实际上小股东为维护自身权益提起的诉讼也不在少数,案由五花八门,主要有股权转让侵权纠纷,知情权遭到侵害引起的纠纷,关联交易引发的纠纷,对公司利润分配方案不满引发的纠纷等等。① 但审理结果往往是小股东的请求没有得到法院的支持。

可见,在我国司法实践中,此类案件数量虽然不少,但是真正属于大股东滥用控制权妨碍小股东或者公司权益的案件却凤毛麟角。新《公司法》施行以来,就北京地区各法院受理并作出生效判决的案件来看,还未发现有权利受到侵害的中小股东直接以第20条为依据提起诉讼,而请求又获法院支持的典型案例。本文中提到的几个案例,主要分为三种情况:一是针对违法的股东会、董事会决议,要求法院予以撤销;二是认为实际掌管公司日常运营的董事经理,同时也是大股东,违法挪用了公司的资金,遂提起派生诉讼,以公司的名义要求追偿;第三种一般发生在上市公司中,即上市公司的中小股东由于知情权受到侵害而提起的诉讼,如要求查阅公司的账簿等等。

今后的司法实践中,应当赋予法官处理此类案件的充分的自由裁量权。尤其是在涉及有限责任公司的案件中,其封闭的特殊性使得严格依照公司法所规定的条文来解决股东之间的争议可能会导致不公正的后果,更好的方式是由法院更多地依靠以往判例,根据具体案件的情形来决定所应给予的救济措施。例如美国 MBCA(示范公司法)的有限责任公司专章对法院的自由裁量权做了明确规定:法院在给予最合适的救济途径方面享有广泛的自由裁量权,在一个案件中起作用的措施在另一个案件中可能并不合适,不可能提出一个详细的标准,因为这样会不当地限制法院的自由裁量权。很明显,赋予法院灵活性的原因就在于及时应对有限公司中所存在问题的多样性。

鉴于各国的司法经验,我国在对待公司中的控制股东滥用股东权利问

---

① 马其家主编:《公司法案例选评》,对外经济贸易大学出版社2006年版,第99—149页。

题时也应当充分尊重法院在提供救济措施方面的自由裁量权,允许法院根据个案的具体情形来决定应给予的救济措施。立法上可以只作出原则性的规定,具体的救济措施由法院来决定。但是,这样做可能会使得判断股东行为是否恰当的标准因缺乏确定性而陷入含混,从而导致法院以专断的方式行使自由裁量权,使得控制股东和中小股东权利都面临危险。这一问题的解决,需要司法人员素质的提高和法官选拔机制的完善,更需要长期的审判经验积累。

第四章 公司股东滥用公司法人独立地位和股东有限责任损害债权人利益案件裁判研究

公司法人制度以如何合理地在股东和债权人之间分配市场经济条件下的投资利益和风险为标准,实现公司股东和债权人之间的利益平衡,建立一种基本的社会秩序。公司法人制度是股东为降低投资风险、谋求经济利益的工具。公司的股东因其出资而取得股东权利,既包括从公司获取经济收益的自益权,也包括参与公司管理的共益权,甚至当股东持股达到一定比例时,可以控制公司。如果严格遵守公司法人制度的各项法律规定,公司股东可以充分利用公司独立人格和股东有限责任,实现自己的利益目标。法律原则上维护公司独立人格,阻止公司债权人直接追索公司股东的财产。

法律创设公司独立人格制度和股东有限责任原则时,既考虑其经济上的价值目标,又遵循公平正义的社会伦理价值目标,确立了公司股东与公司债权人之间的利益平衡体系。然而公司法人制度在具体的运作过程中,由于人们对经济价值目标的追求而忽略了社会伦理价值的实现,加之法律制度本身存在的漏洞,导致公司股东滥用公司人格和股东有限责任,欺诈债权人、规避法律义务、逃避合同义务的情况普遍存在。公司的独立人格在很多情况下,成为逃避法律责任的工具或者障碍,暴露了公司法人制度的漏洞。

美国法院通过判例创设了揭开公司面纱,又称为公司人格否认。公司人格否认,是指为阻止公司独立人格的滥用、保护公司债权人利益和社会公共利益,就具体法律关系中的特定事实,否认公司与其背后的股东各自独立的人格和股东的有限责任,责令公司的股东对公司债权人或者公共利益直接负责,以实现公平正义目标而设置的一种法律措施。①随着公司制度的发展,揭开公司面纱理论为许多国家的公司立法和司法实践借鉴,并在实践中有所创新。德国发展了"责任直索"理论,日本发展了透视理论等。公司人格否认制度成为当今公司法律制度的重要组成部分。

我国的公司实践中,控制股东滥用公司的独立人格和股东的有限责任,损害债权人利益和社会公共利益的情况普遍存在。为了完善我国的公司法人制度,解决上述公司实践中存在的问题。我国2005年修订的《公司法》确立了公司人格否认制度。

一、公司人格否认概述

(一) 公司人格独立制度

公司的独立人格和股东的有限责任是现代公司法人制度的核心和基石。从经济的角度讲,创设公司法人制度的主要目的在于鼓励投资、发展经济。公司人格独立和股东有限责任,以低廉的成本解决有限资源的配置,有效地组织社会投资,促进社会经济的发展。公司的股东因其出资而取得股东权利,既包括从公司获取经济收益的自益权,也包括参与公司管理的共益权,甚至当股东持股达到一定比例时,可以控制公司。股东利用公司形式的目的在于公司可以其独立人格进行经营,而股东可以直接或者间接地控制公司,通过公司管理层进行运营,以获得股息、红利的收益,实现股东利益的最大化;同时,又可以利用公司独立人格把股东的责任仅限于自己的出资以内,以避免经营风险并使自己的损失最小化。"有限责任并不是一种消除企业失败风险的手段,它只是将风险从个人投资者转移到了公司自愿或者非自愿债权人身上——是他们承担了公司违约的风险。"②

公司法人制度以市场经济条件下投资利益和风险如何合理地在股东和

---

① 朱慈蕴:《公司法人格否认法理研究》,法律出版社1998年版,第75页。
② 〔美〕理查德·波斯纳:《法律的经济分析》,蒋兆康译,中国大百科全书出版社1997年版,第516页。

债权人之间分配为标准,强调公司人格独立是以股东放弃其出资的直接控制权,并将其经营权让渡给公司的经营者,以此取得债权人对其只承担有限责任的容忍,实现着公司股东和债权人之间利益平衡体系,建立起一种基本的社会秩序。出资人利用公司形式从事经营,实际上是利用股东有限责任原则的屏障,将股东与公司的债权人分离,公司的股东不必为公司的债务或者不法行为承担责任。虽然公司对外独立承担责任的财产是由股东投入的,但是股东仅以其出资额为限对公司负责,并不对公司的债权人直接负责。公司将其运营所获收益以股息和其他法定形式在股东中分配,公司最终解散清算时,依法清偿后的剩余财产在股东中予以分配。所以,公司的独立人格是公司以自己名义对外开展业务活动,用其独立财产承担责任,切断公司股东与公司债权人之间联系,避免股东受到债权人的直接追索。公司法人制度既能使股东在生意兴隆时坐享其成,又能使股东在经营失败时逃之夭夭。

公司法人制度的设计既有经济价值目标,也有公平正义的价值目标。但是,在公司实践中,股东在追求其经济价值目标的同时,无视公平正义的价值目标,滥用公司独立人格和股东有限责任,危及交易安全,损害债权人利益和社会公共利益,公司的独立人格成为逃避法律责任的工具或者障碍,法律漏洞逐渐暴露出来。现代市场经济,交易安全与社会秩序成为法律关注的重要目标。如果既允许股东直接控制其投入公司的财产,滥用控制权,侵害债权人利益和社会公共利益,又继续允许该股东承担有限责任,将破坏公司法人制度具有的公平正义的价值目标。因此,有的学者提出有限责任制度已经不能适应现代市场经济发展的要求,主张废除有限责任,重塑公司类型。我们认为,有限责任制度在历史上曾经发挥过以及现在仍然还在发挥着的巨大作用,主张废除有限责任制度的意见是不现实的,目前还没有一种责任形式能够取代有限责任的地位与作用。为了维护公司法人制度,有限责任制度的法律漏洞可以通过公司人格否认原则予以弥补和完善。

我国公司法律制度是在 1993 年颁布《公司法》后,公司法人制度在市场经济中的主体地位基本确立,标志着公司法人制度作为我国现代企业制度的基本模式。我国的公司法律制度确立了有限责任公司和股份有限公司是企业法人。有限责任公司,股东以其出资额为限对公司承担责任,公司以其全部资产对公司的债务承担责任。股份有限公司,其全部资本分为等额股份,股东以其所持股份为限对公司承担责任,公司以其全部资产对公司的债务承担责任。上述法律规定确立了公司法人制度,即公司的独立人格与股东的有限责任。由此确立起公司股东与公司债权人以及其他利害关系人之间的利益平衡体系。在严格遵守公司法人制度的各项法律规定的前提下,公司股东可以充分利用公司独立人格和股东有限责任,实现自己的利益目标。法律原则上维护公司独立人格,阻止公司债权人直索公司股东的责任。

(二)公司人格否认制度

公司人格否认制度是在法院判例基础上形成的一种公司法理论,产生于20世纪上半叶美国的司法实践,逐渐发展成为英美法系和大陆法系许多国家和地区所共同认可的公司法人制度的补充原则。公司独立人格否认(Disregard of the Corporate Entity or personality),英美法系国家形象地称为"刺破公司面纱"(Piercing the Corporation's Veil),或者称为"揭开公司面纱"(lifting the veil of the corporation),或者称为"无视公司实体"(disregarding the corporate entity)。按照英美法系的法人团体理论,法人对其债务独立承担民事责任,债权人不能穿越法人"面纱"追索法人背后的出资人的责任。揭开公司面纱,是指在承认公司法人存在的前提下,法院在具体的法律关系中,对控制股东滥用公司人格从事各种不当行为,致使公司债权人或者社会公共利益遭受损害的,无视公司的独立人格,排除股东的有限责任,而判令控制股东对公司债权人或者公共利益直接承担责任的一种司法规则。

大陆法系国家揭开公司面纱的理论被称为公司人格否认,公司人格否认实质上是"直索责任",法院以严格责任代替有限责任而判令公司成员对其滥用公司人格的行为直接承担责任。通过剥离徒有人格之名而无人格之实的公司人格,使公司背后的控制股东承担的责任由有限责任变为无限责任。公司人格否认实际上是对已丧失独立人格特征的法人状态的一种揭示和确认。由此可见,英美法上的揭开公司面纱与大陆法上的严格责任具有异曲同工、殊途同归的作用。

公司法人制度是一把双刃剑:一方面,公司股东的责任范围得到限制,从而使其利益得到了保护;另一方面债权人的利益可能得到损害,危及社会公平与正义。传统的公司法以保护股东利益为核心,虽然公司法规定公司财产独立于股东而存在,股东不得随意抽回或者支配公司财产,但是公司法中关于股东选择管理者的权利、重大决策的权利、请求分配股利的权利、股份自由转让的权利等,都使股东尤其是大股东拥有了对公司的实际控制的能力。在法律约束不足时,股东很有可能滥用对公司的控制权,从而出现滥用公司的独立人格和股东有限责任的情形。公司法人制度中隐藏着一种"道德风险因素",即公司股东将投资风险和经营风险过度地转移给公司的债权人。当公司股东在法律约束不足时,其"道德风险"迅速膨胀,以致出现出资不足、抽逃资金、欺诈债权人、规避法律义务或者逃避契约义务等滥用公司独立人格的行为。①公司虽然取得形式上的主体资格,但是实际上是用来欺骗交易相对人的法人外壳,完全违背了设立法人的目的。公司法人制度本身没有设置必要的预防和规制措施,以至股东直接支配公司财产,滥用对公司的控制权,侵害债权人和社会公众利益时,而没有救济渠道。

公司股东滥用公司独立人格致使公司不能清偿其债务的情况下,法院面临是由债权人承担债权不能实现的损失,还是由股东承担公司债务的选择。如果继续坚持公司的独立人格和股东的有限责任原则,有悖于法人制度的目的。如果将公司独立人格和股东有限责任绝对化,强调股东在任何情况下对公司债务都不负责任,势必助长控制股东借助公司人格从事各种不法行为,不利于对公司债权人的保护,不利于社会经济秩序的稳定,而公司法人制度也无法真正发挥作用。因此,我国的公司法律制度应当确立公司人格否认制度。

(三)公司人格否认是对公司人格独立的完善

公司人格否认与公司人格独立的法理基础相同,公司人格否认的实质是对公司法人制度宗旨的根本维护。公司人格否认规则绝对不是对股东人格与公司人格分离原则的否认,相反,是对公司人格本质的严格遵守,维护公司独立人格。公司人格否认制度与公司人格独立制度从正反两个方面确保公司法人制度的独立性,确保公司独立人格和股东有限责任制度。

法律自公布之日起,即逐渐与时代脱节。法律是稳定的,社会是前进的,法律因无法预见将来的一切而必然存在滞后性。"然社会事物,变化万端,法律之观点,自难概括无遗。"②因此,公司法人制度存在某些漏洞是无法避免的。立法机关和司法部门对实现公平正义作为追求的价值目标,法律制度即是在这种不断地追求中完善,但却永远不能达到其终极目标。因为社会实践不断发展,新的问题不断涌现,从而对法律制度不断提出新的要求。

---

① 朱慈蕴:《公司法人格否认法理研究》,法律出版社 1998 年版,第 75 页。
② 王泽鉴:《民法学说与判例研究》(2),中国政法大学 1998 年版,第 4 页。

公司人格否认首先承认公司人格独立，保证投资人在对公司承担有限责任的基础上大胆进行投资，促进经济发展。但是，法律又必须保证投资人不得在享受有限责任特权的同时滥用公司人格，从事不当经营，牟取不当利益，损害公司债权人的利益。所以要将公司人格否认作为对公司法人制度的必要补充，由此形成法人制度中保护股东和债权人的利益衡平的功能互补。公司法人制度存在法律漏洞，无法对公司股东形成一种有效的约束机制，使本应平衡的股东和债权人之间的利益体系向股东一方倾斜，当公司股东滥用公司独立人格于各种不法目的时，违背了公司法人制度的目的，造成公司债权人利益和社会公共利益的损失，法院将举起公司法人资格否认的重锤，砸开公司的外壳，让公司背后的控制股东直接对公司债务负责。

公司法人制度要求股东必须履行真实出资的义务，从而换取对公司只承担出资额以内的有限责任特权。公司债权人则要容忍股东只负有限责任而析出的投资风险，当股东在享受有限责任特权的同时，不能如实履行出资义务，或者直接支配公司而将其变成自己获利的工具，使公司债权人的利益或者社会公众利益受损，这就需要以公司人格否认规则补充和完善公司法人制度。法律将公司独立人格和股东有限责任作为一般原则，以确保股东不对公司债务承担责任，但也决不容忍股东为谋求非法或者不当利益而滥用公司独立人格和股东有限责任，如果公司股东滥用公司独立人格和股东有限责任，损害公司债权人或者社会公共利益来牟取自己私利。法律将无视公司的独立人格，否认股东的有限责任，将公司与其背后的股东视为一体，让公司背后的股东直接对公司债权人承担责任。

公司独立人格否认针对公司股东滥用公司独立人格和股东有限责任行为的事后规制手段，使运用公司形式从事经营的投资者，能够通过判例规则和法律规定预设自己的行为后果，有利于公司股东的自律行为。只有这样才符合公司独立人格和股东有限责任的立法目的，公司人格否认作为公司法人制度的例外，防止公司法人制度滥用。公司人格否认作为判例法上的一项原则，制约滥用股东有限责任的权利。公司人格否认与股东有限责任共同形成相互倚靠的功能互补的两极，而任何一极的倒塌，都会动摇公司法人制度的根基。所以，公司人格否认是对公司人格独立本质的严格遵守，以维护公司人格独立为使命。

二、公司人格否认的法理分析

(一) 公司人格否认的法理基础

各国法院在处理具体案件中,适用法人人格否认的法理根据,主要是诚实信用原则、禁止权利滥用原则、公序良俗原则和公平正义的法律原则。孟德斯鸠在其《论法的精神》一书中指出,"一切有权力的人都容易滥用权力,这是万古不易的一条经验。要防止滥用权力,就必须以权力约束权力。"同样,在公司实践中,股东滥用公司独立人格和股东有限责任制度的情况不可避免,应当用权力来制约权力。公司人格否认,即在承认公司人格的前提下,对特定法律关系中的公司独立人格和股东有限责任予以否认,直接追索公司背后控制股东的责任,让公司背后的股东直接对公司债务承担责任,以规制滥用公司独立人格和股东有限责任的行为。

1. 公平正义原则

公司独立人格否认源于英美法系的判例,并作为衡平法上的一项司法原则而存在。衡平法(equity)产生于15世纪的英国,是与英国的普通法相对称的一种法律。衡平是公平的同义语,即在成文法之外起作用的公平。衡平法是在法院判例基础上形成的,当适用普通法无法完全救济受损害的当事人利益时,法官根据公平原则来处理特殊问题,以弥补普通法过分僵化的不足。公司独立人格否认是衡平法原则的运用,是通过法院判例确立的,体现了公平正义的法律原则。

公平正义是法律的最高价值目标,公司人格否认是对实践中被扭曲的公平正义的矫正。有限责任是公司法人制度的基础,其实际上是一种在股东与债权人之间分配风险的机制。有限责任虽然可以分散和减小股东的投资风险,但是并不具有化解或者消除投资风险的功能。有限责任制度将股东的投资风险分配给与其交易的债权人。从制度设计上,这种有利于股东的风险分配机制对债权人来说是不公平的,但是由于其能够通过减小投资者风险而鼓励社会公众的投资,扩大公司规模,促进社会财富的增长,从而促进社会发展。如果公司股东滥用公司独立人格,必然使公司债权人面临更为严重的风险,进而危及到市场经济的交易安全和交易秩序。因此,公司独立人格否认是公平正义的法律价值在公司法领域内的具体体现。

2. 诚实信用和禁止权利滥用原则

民商法属于私法,其条文多为任意性规范。但是民商法规定的诚实信用原则、禁止权利滥用原则、公平正义原则和公序良俗原则属于强制制性规范,当事人必须严格遵守。诚实信用,是市场经济活动中形成的道德规则,要求人们在市场经济活动中讲究信用、恪守诺言、诚实不欺,在不损害他人利益和社会公共利益的前提下追求自己的利益。[①] 权利滥用禁止原则的要旨就是要求民事活动的当事人在行使权利和履行义务的过程中,实现个人利益与社会利益的平衡。[②] 可见,权利不得滥用原则为诚实信用原则所涵盖,属于诚实信用原则当然应有之意。

滥用公司独立人格的行为违反了上述基本原则,因此,可以作为否认公司独立人格的法律依据。法院在解决纠纷、处理案件时,当某一行为在具体法律条文中没有直接规定时,法院可以直接适用上述基本原则处理案件,也可以作为法院适用公司人格否认的法律根据。因此,控制股东滥用公司人格,违反诚实信用原则和禁止权利滥用原则,应当承担滥用权利的法律责任。

3. 公司的社会责任

公司法人制度的设立,是为了鼓励众多投资者踊跃投资,其要求股东在遵守股东财产与公司财产分离的前提下,将投资风险合理地转移给公司的债权人,由此确立了公司股东与公司债权人两极利益相对平衡的体系。随着市场经济的发展和公司制度的完善,致使许多利益群体都与公司密切相关,公司在社会各阶层中都拥有数以万计的股东和雇员,许多方面类似于政府所负的责任,公司在现代社会中应当承担一定的社会责任。公司不仅对经济发展产生巨大影响,对资源配置、环境保护、充分就业、市场繁荣和国家税收等发挥着难以估量的积极作用,而且还可以影响乃至左右一个国家的政治结构和社会稳定。因此,不能坚持公司是为股东获取利益的工具的传统公司理念。公司除了以维护股东利益为主要目标并对股东负责外,还应维护与公司发生各种关系的其他相关主体的利益,承担社会责任。公司是股东利益、高管人员利益、职工利益、公司债权人利益和社会公共利益等各种利益的集合体。如果股东滥用公司人格和有限责任,将自己的投资风险外化转嫁,就不仅仅影响公司的合同债权人或者侵权债权人,而且影响整个

---

① 朱慈蕴:《公司法人格否认法理研究》,法律出版社 2000 年版。
② 张民安:《公司法上的利益平衡》,北京大学出版社 2004 年版。

社会。也就是说,公司应当负有相应的社会责任。既然公司负有社会责任,公司独立人格否认的结果就是对损害社会利益行为的一种追究。滥用公司独立人格实际上是违反了公司的社会责任,在这种情况下,公司法人制度和有限责任制度不能作为逃避社会责任的屏障,行为人最终应当承担应有的法律责任。

(二) 公司人格否认的法律特征

1. 公司人格否认是一项司法原则

公司法人制度的法律设计,充分考虑到公司股东和公司债权人的利益平衡问题,并于事先规定公司必须具有独立财产,要求股东必须履行出资义务,通过正当程序行使自己的权利。在此前提下,法律保障股东依法享有有限责任的特权以及利用公司法人制度实现自己正当的利益目标。而公司人格否认并非立法预设,而是一种事后的司法救济,是针对公司股东滥用公司独立人格和股东有限责任的事后规制手段。法院运用公权力,对失衡的公司利益关系进行事后的强制调整。通过追究公司人格滥用者的法律责任,对因公司人格滥用而无法在公司法人制度框架内获得合法权益的受害者给予法律救济,使运用公司形式从事经营的投资者通过判例规则预设自己的行为后果。

2. 公司具有独立人格为前提

公司人格否认的对象只能是具有合法有效人格的公司,因为只有这样的公司,股东才能享有有限责任制度的优惠,其人格才有被滥用的可能,才有适用公司人格否认制度的必要。从逻辑上看,也只有承认罩在公司头上的"面纱",即公司独立人格的存在,才谈得上是否应该将该面纱揭开的问题。公司人格否认原则不是对公司法人制度的否认,而是在承认公司人格独立的前提下,当公司因被他人控制或者操纵而不再具有实质上的独立性,并且被用以规避法律或者逃避契约义务时,可以无视公司人格的独立,要求不当控制和操纵公司的股东或者其他当事人直接对公司的债务或者行为承担责任,即在特定的情况下,公司丧失其法律人格的特性。因此,公司人格否认不是对公司人格的彻底剥夺和消灭。

3. 公司人格否认适用于特定案件

公司人格否认不是对公司法人制度的否定,而是对公司法人制度的补充和完善。公司人格否认不同于法人被解散或者被撤销,法人被解散或者被撤销是法人资格的绝对消灭,而公司独立人格否认则是在消除滥用法人行为后又恢复其法人功能，公司独立人格依然为法律所承认。否认公司人格是对公司在某一特定情况下已经丧失独立人格特性的一种确认和揭示，是典型的个案否定，不是对公司独立人格全面的、彻底的、永久的否定。英国法学家高尔（Gower）指出：在否认公司人格的案件中，法律或者绕开公司的独立人格而找到其股东或者董事本人，或者忽略由一组关联公司构成的经济实体的每个成员的独立人格。[1] 因此，公司人格否认的效力范围，局限于特定法律关系和特定事件中。大陆学者认为，公司人格否认法理是"基于法人制度的目的，在存在一定要件的情形下，仅就成为问题的该具体法律关系，并且仅就该特定当事人之间的法律关系，其法人格的效力被当做不存在来处理"[2]。

两大法系对公司人格否认基本达成共识，公司人格否认规则只适用于特定的案件、特定的法律关系和特定的当事人。公司人格否认只是解决特定的法律关系中的个案，是一种司法救济手段，而不是普遍原则。公司人格否认原则在承认公司具有独立人格的前提下，在特定法律关系中个别、相对、暂时地否认，而不是全面、彻底、永久地否认公司法人资格。公司人格否认规则的效力不涉及公司的其他法律关系，不影响公司作为一个独立实体合法的继续存在。

三、各国公司人格否认的理论和实践比较

公司人格否认原则首先在法院判例中得以运用，并以判例法的形式存在，经过长期实践和反复采用，逐渐形成了一些原则。各国理论界对公司人格否认法理进行研究，形成了一些学说，由此而影响公司人格否认规则在司法实践中的具体运用。

（一）英美法系关于揭开公司面纱的理论和实践

1. 美国的揭开公司面纱理论和实践

美国19世纪末公司法人制度逐渐走向成熟，公司规模迅速扩大，公司制度在美国经济中具有举足轻重的地位。随着公司制度的发展，滥用公司

---

[1] Paul Davies, *Gower's Principles of Modern Company Law* [M]. Sweet & Maxwell, 1999.
[2] Pmmpl. Blumberg, *The Law of Corporate Groups Substantive Law*, Little Brown & Company, (1937), p. 132.

独立人格和股东有限责任的情形也不断出现。为了解决这一问题，美国法院通过判例创设了揭开公司面纱的司法原则。美国法院首开揭开公司面纱先河的判例是1905年美国诉密尔沃基冷藏运输公司(U. S. v. Milwaukee Refrigerator Transit Co)一案。美国法官桑伯恩(Sanborn)认为："就一般规则而言，公司应该被看做法人而具有独立的人格，除非有足够的相反的理由出现；然而公司的法人特性如被作为损害公共利益、使非法行为合法化、保护欺诈或者为犯罪抗辩的工具，那么，法律上则应将公司视为无权利能力的数人组合体。"[1]由此可见，如果法人的设立是为了不法目的，法院自然有权否认公司独立人格的存在，从此揭开公司面纱作为控制股东承担公司债务的责任的依据。美国法院适用揭开公司面纱时的主要形成四种学说。

（1）代理说(Agency Doctrine)。代理说认为，公司的设立、存续和经营完全是依附于控制股东的指令，公司只是以控制股东的代理人身份存在，而实质上丧失了其独立性的一种"外壳公司"，其背后的控制股东才是"未披露身份的本人"。这种代理关系未必依授权代理而生，只要控制已达相当程度，并使被控制公司的经营达到控制股东经营的目的，即可推定为事实代理。[2] 因此，否定代理人的公司人格，使其背后的控制股东承担责任。代理说属于与揭开公司面纱法理处于同一层面的原则，代理说并不涉及公司人格否认，如果在特定情形下"代理关系"成立，则不必运用揭开公司面纱理论。"代理说"本身不但没有否定公司的独立法律人格，反而加强了独立人格的理念。

（2）企业整体说(Enterprise Entity Doctrine)。企业整体说，也称为单一企业论，或者同一体说(the identity doctrine)。哥伦比亚大学伯乐(Berle)教授于1947年提出，该说认为股东如果设立若干公司以经营同一事业，或者各公司之间存在着经营业务和利益一致性时，这些公司实质上为同一企业的不同部门。这些公司以各自独立的形式存在，只是为了使企业整体逃避可能发生的契约责任或者侵权责任，从而导致自愿债权人或者非自愿债权人无法获得补偿，危害正义和公平的实现。此时，法院即可以无视各个公司主体的独立性，而将他们视为同一个法律主体来追究企业整体的责任。单

---

[1] Sanborn J. in United States V. Milwaukee Refrigerator Transit Co. ,142 F. 2d 247,255(C. C. E. D. Wis. 1905.

[2] 赖英照：《公司法论文集》，台湾地区证券市场发展基金会编印，1988年5月增订再版，第124页。

一企业论是对公司人格独立原则的彻底否定，与公司人格否认规则相对应，在学理上以"企业原则"（enterprise law/enterprise principles）为代表，立法上则以欧盟公司法的实践为典型。

（3）工具说（Instrumentality Doctrine）。20 世纪 30 年代，美国学者鲍威尔教授（F. J. Powell）提出了"工具论"的理论，该说认为公司成为控制股东的"工具"或者"另一个自我（Alter Ego Doctrine）"时，公司的面纱将被揭开，由控制股东对公司债务直接承担责任。两个关联公司在所有和利益方面一致，以至于失去相互独立性，或者一个公司完全为另一公司的利益而存在，则该公司的存在被认为是另一公司的另一个自我。当从属公司本身沦为控制公司的工具时，控制公司应对实质上丧失独立人格的从属公司的债务负责。工具说的主要标准是过度控制（Excessive Control），不仅是多数或者全部股份的控制，而且是全面的支配，以致使公司完全丧失其独立的意志和自身的存在，即可认定一公司已沦为另一公司的工具，失去了其独立存在的价值而应否认该公司的人格。①

鲍威尔教授认为，揭开子公司面纱应当符合的三个条件：（1）控制。这种"控制"不仅仅是多数或者全部股权控制，而是"完全的支配"；不仅是财务上的控制，而且是与交易政策和业务实践联系在一起的控制，从而特定子公司在交易的当时没有任何"自身的独立心态、意愿或者存在"。（2）这种控制必须是被告用来从事欺诈或者不法行为，违反法律义务，或者用来从事与原告合法利益相冲突的不诚实或者不公平的行为。（3）上述控制和对法律义务的违反与原告诉称的损害之间存在因果关系。符合上述三个条件的子公司就是母公司的"工具"。②

（4）另一自我说（Alter Ego Doctrine）。另一自我学说是由美国布拉姆伯格教授提出，该说认为两个关联公司在所有和利益方面如此一致，以至于失去相互独立性，或者一公司（子公司）完全为另一公司（母公司）的利益而存在，则该公司的存在被认为是另一公司的另一个自我。如果承认其为各自独立的实体，则将支持诈欺并导致不公平的结果，因而要刺破公司面纱。③

---

① Phillip I. Blumberg, *The Law of Corporate Groups*, (Substantive Law), Little Brown and Company, 1987, pp. 112—118.

② F. J. Powell Frederick J Powell, *Parent and Subsidiary Corporations: Liability of a parent corporation for the obligations of its subsidiary*, Callaghan (1931), pp. 4—6.

③ Phillip I. Blumberg: *The Law of Corporate Groups*, (Substantive Law), Little, Brown and Company, 1987, p. 118.

另一自我说与工具说基本一致,没有什么本质的区别。

上述理论在某种程度上为解决关联公司中的债务问题提供了法理依据,司法实践中,法院在处理具体案件时,根据案件的具体情况认定控制公司的责任。美国将维护和实现公平、正义作为适用法人人格否认的法理依据,而不局限于任何固有的理由和固定的适用范围,并把该规则的适用看做是一种司法规制或者事后救济,而不是一种立法规制或者事先预设。

美国法院在审理适用揭开公司面纱案件时采取两个条件,即形式要件和实质要件:形式要件,主要审查设立上是否有瑕疵;实质要件,主要审查公司是否有正常的资本金,是否有偿债能力,是否有经营自主权。两个要件的前置条件是公司给他人造成了损害。否则,不准进入司法程序。美国法院在审理适用揭开公司面纱案件时遵循两个标准,即独立和公平:独立,主要用来测试公司是否被股东当做一种可以不断改变的"自我"而无视其独立性;公平,则主要测试公司的资本是否充足,因为公司在缺乏充足资本的状况下从事经营极易导致风险发生。公司不具备独立和公平的标准,就有可能被揭开公司的面纱。美国为了防止欺诈和实现衡平,揭开公司面纱的规则被广泛地适用于契约、侵权、破产、税收等领域,而不识别不同领域中法律政策或者客体的差别,主要针对一人公司、家族公司、母子公司、关联公司或者集团公司等情形。

2. 英国的揭开公司面纱理论和实践

英国同样是判例法国家,但在公司制度中有制定法传统,而且在司法实践中,英国运用公司人格否认制度相对美国更为谨慎。同时,由于公司人格独立的"实体法则"在英国比较根深蒂固,虽然英国法律界一直认为,"立法机关可以锻造一柄能砸开公司外壳的重锤,甚至无须借助于此锤,法院时刻准备好砸开公司外壳的尝试"。① 但比起美国和其他大陆法系国家,公司人格否认原则在英国实行得较晚,且理论探讨及重视程度也远不如其他国家。英国虽然是普通法系国家,但在适用公司人格否认原则的实践中,却采用了制定法的模式,以免滥用司法审判权,危及法人制度。为避免滥用司法审判权可能对公司法人独立人格的不当侵害,在适用法人人格否认制度中,英国以成文法的形式作出了较为明确的规定。②

---

① L. C. B Gowerl, *Principles of Modern Company Law* [M] Sweet & Maxwell, 5thed, p. 1081.
② Sanborn, J, in the United States VM ilwaukee Refrigerator Transit Co, 142F. 2D247, 255 (C. C. E. D. Wis. 1905).

根据1948年英国公司法的规定,在下列情况下可以适用公司人格否认制度:(1)股东故意混淆公司财产和其个人财产;(2)公司的高级职员非以公司名义从事活动,或者以公司财产进行用于个人目的的活动的;(3)公司股东人数降至法定限制以下公司继续经营满6个月的;(4)贸易部在依法调查公司状况时提出申请的。1985年公司法和1986年破产法规定,当公司解散、清算时,如发现该公司实施了有意诈欺其债权人的业务活动,或者虽无诈欺之意图,但实施了非法的行为,法院可因利害关系人的请求,判令有关股东承担对公司资产进行资助的责任,以补偿公司的债权。

适用揭开公司面纱规则的司法实践中,英国的特色之处在于以成文法的形式作出规定,以免滥用司法审判权。但除在成文法规定的具体场合外,英国的判例通常在下列情形中也将揭开公司面纱,并未阻止法官的自由裁量权:(1)公司资敌。任何以注册公司的名义在敌对国家所进行的活动,均不视为公司的行为;任何敌对国家的人代表公司进行的活动也不能视为公司的活动。(2)公司作为非法目的的工具。公司被用于非法目的,公司的行为就被视为以实现该非法目的而组成该公司的人的活动,公司的面纱就要被揭开。(3)公司成立的目的在于伪装或者逃避法律责任,那么法院就会追究公司的真正目的而不是一般目的。①

(二)大陆法系关于公司人格否认的理论和实践

1. 德国的直索理论和实践

德国将公司人格否认称为直索责任,即在特定场合下法人在法律上的独立性被排除,或者假设其独立人格不存在,法律可以允许债权人忽视作为债务人的公司的独立人格,直索公司背后的股东,由其承担责任。德国公司人格否认制度是在判例中逐渐发展起来的,而这些判例又是根据《德国民法典》第226条关于禁止权利滥用的规定而作出的。1937年11月16日最高法院的一项判决,明确了资本过少的公司中股东以贷款方式向公司投资,在公司破产时将以滥用有限责任原则为由,否定该股东对公司破产债权的行使。

随着公司人格否认制度的完善,公司法对此做出了明确的规定。德国《股份公司法》第117条规定,利用自己对公司的影响力致使公司受到损害的任何人,包括股东在内,都要对公司、公司股东或者公司债权人负损害赔偿

---

① 李宗锷:《香港合约法与公司法》,商务印书馆(香港)有限公司1997年版,第124—125页。

责任。根据德国有关康采恩的法律规定,母公司在一定条件下要对子公司的债务负责。德国法院认为,违反分离原则本身并不足以导致公司法人资格否认的发生,他们还要求股东的行为要同时违反了善良风俗和诚实信用原则而滥用法人的性质时,法律才有必要否认公司人格,直索公司背后的支配股东的财产责任。即使是对有限责任公司中的个人股东,也不要求对公司的债权人承担个人责任;只有在特殊情况下,公司成员才承担这种个人责任,这对有限责任公司中的一人公司也是适用的。由此可见,独自持有有限责任公司的全部股份,并不成为个人责任的理由。

德国适用公司人格否认理论的范围比美国狭窄,而且非常慎重。德国法院认为,"资合公司的法人性质只有在其使用和整个法律制度的目的不违背的情况下才是值得维护和尊重的。"但是只要能依据相关法律处理问题,则法院很少揭开公司面纱。德国学术界形成滥用说、法规适用说和分离说。

(1) 滥用说。德国法学家赛里克(Serick)、霍夫曼(Hofman)等认为,凡有意滥用公司法人的法律性质,从而背离了法人制度的目的以规避法律、违反契约或者侵害第三人利益时,应当否认公司的法人人格。赛里克1955年在《诸法人的法形式与实体》的文章中指出,法人的形式因其背后的自然人不仅客观上而且主观上被滥用,如规避法律、回避契约或者诈欺第三方等,该法人形式将被否定。滥用说又分为主观滥用说和客观滥用说。主观滥用说认为,当法人的形式被有意滥用于不正当的目的时,则不为法律所保护。所以,主观滥用说强调股东要有主观上的滥用故意,这是适用公司人格否认规则的前提;客观滥用说认为,不以股东主观上滥用意图的存在为前提,而是把违反法人制度的目的的滥用行为的客观发生作为适用公司人格否认规则的前提。

(2) 法规适用说。德国法学家穆勒·弗列恩菲尔斯(Muller Freienfels)、莫顿(Mertens)等认为,公司的独立人格和股东的有限责任制度是人为创立的法律制度,公司只有规范地适用公司法人制度的法律规定,才可被尊重。当公司未履行公司法的规定时,即为公司人格滥用,可以通过适用公司法的规定,来制裁滥用公司人格的行为。德国1965年的《股份公司法》对关系企业作了规定,使原来需要通过法人人格否认原则解决的康采恩问题可以依据该法处理。1980年重新公布的《有限公司法》中,包括以前必须通过公司人格否认原则来处理的规定。通过适用公司法之外的合同法等相关法律,也可以达到适用公司人格否认的效果。因此,法规适用说中不存在原则和例外的构成要件。①

（3）分离说。德国法学家威廉（Wilhelm）等认为,从维护公司财产所有权和财产经营权的分离原则出发,当公司股东不是公司董事时,应负有不对公司的经营管理构成重大影响的谨慎义务。否则,即违反分离原则,该股东应对公司的经营后果承担法律责任。②

2. 日本的透视理论和实践

日本的公司人格否认被称为"透视理论",其学说主要涉及的是公司人格否认的适用范围。公司人格否认原则的适用范围包括：(1) 公司法人人格形骸化；(2) 为规避法律而滥用公司法人人格；(3) 当事人不具备法律上的资格而以事实上的另一人存在；(4) 股东自己的业务和财产,与公司的业务和财产混同。至于人格滥用的要件,主要强调法人人格的滥用者对公司具有实质的支配力。③

日本的公司人格否认制度在学理上的研究主要受德国学说的影响,强调主观滥用论的标准,此后,又接受了美国揭开公司面纱的一些理论,将否认公司人格的适用扩展到股东自己的业务及财产与公司的业务和财产事实上的混同场合。但是,其公司人格否认法理适用规则的确立是以1969年2月27日,日本最高裁判所第一小法庭判决为依据。其适用情形和要件一般分为两大类：一种情况是法人格只不过是纯粹形骸化的场合；一种是为回避法律的适用而滥用法人格的场合。

（三）国外理论的比较与借鉴

通过对具有代表性国家的公司人格否认理论和实践的比较,我们认为,公司人格否认制度是一种司法规则,作为一项从法院判例发展而来的规则,公司人格否认在英美法系和大陆法系很少用成文法对其作出明确规定。我国《公司法》在总则中确立了公司人格否认制度、在"一人有限责任公司的特别规定"一节中规定公司人格否认适用于一人公司的具体规则。但是,我国公司人格否认制度尚无统一的理论体系。

确立公司人格否认制度的各国法院在司法实践中形成了一定的共通的规则,其中的一个基本原则是遵循在特定的法律关系中,个别适用公司人格否认制度。法官适用这一制度的依据是针对欺诈债权人、恶意规避法律义

---

① 〔日〕井上和彦：《法人格否认的法理》,日本千仓书房1984年版,第42—44页。
② 参见范建、赵敏："论公司法中的严格责任制度",载《中国法学》1995年第4期。
③ 参见松田二郎："株式会社的自主独立性与康采恩的关系",载《法曹时报》第2卷第2号。

务、公司资本显著不足等滥用公司独立人格行为,通过衡平方法实现矫正的正义。

各国对公司人格否认制度的适用范围有所不同,但都坚持公司人格否认制度是法人独立人格制度的补充规则,各国法院在适用标准上均有严格限制,遵循审慎适用原则,并不轻易否定公司人格。相比而言,英美法系国家适用范围较广,而大陆法系国家适用范围较窄。适用范围均由本国司法实践决定,并无统一标准。法院在考虑否定公司人格与否时,综合多种因素以支持否定公司人格的必要性。甚至即便证据充分,法庭往往源于维护公司人格的稳定性,而放弃适用公司人格否认制度。公司人格独立性的拟制始终是原则,而非例外。

公司人格否认制度不得为股东的利益而主张,即只能针对股东的责任而提出,为公司债权人等善意第三人的利益而主张。法院通常要求主张请求的原告应当提供充分的事实以证明否定公司人格的必要性。

综上所述,公司人格否认制度作为一项衡平性制度,在适用上具有补充性和模糊性,所以必须慎重适用。凡是可以依据合同法的规定或者侵权法的规定就可以解决的问题,不能适用公司人格否认制度。公司人格否认制度,以维护法人人格独立和股东有限责任这两项最基本的现代商法原则为目的。

(四) 我国否认公司人格的理论和实践

公司人格否认作为维护公司法人制度的生存发展、体现公平正义的原则,我国公司法对此未作规定之前,在司法实践中,最高人民法院通过司法解释和具体案件,指导规范这一原则的正确适用。

1. 关于涉及公司人格的司法解释

最高人民法院在1987年8月29日给陕西省高级人民法院的批复《关于行政单位或者企业单位开办的企业倒闭后债务由谁承担的批复》中指出,行政单位开办的企业、公司停办后,应由直接批准开办企业的业务主管部门或者开办公司的呈报单位负责清偿。企业单位开办的分支企业倒闭后,如果该分支企业实际具备独立法人资格,所负的债务应由分支企业自己清偿;不具备独立法人资格的,应由开办该分支企业的企业负连带责任。

国务院在1990年12月12日公布了《关于清理整顿公司中被撤并公司债权债务清理问题的通知》(以下简称《通知》)针对被撤销公司的债权债务的清理事项作出专门规定。1991年3月16日,最高人民法院《关于在经济审判中适用国务院国发(1990)68号文件有关问题的通知》规定:"公司虽经工商行政管理机关登记注册,但实际上没有自有资金或者实有资金与注册资金不符的,由直接开办公司的主管部门或者申报单位、投资单位在注册资金的范围内,对公司债务承担清偿责任。对注册资金提供担保的,在担保范围承担连带责任。"上述规定坚持了有限责任原则,即投资者"在收取资金和实物的限度内"、"在注册资金范围内"对公司债务承担清偿责任;坚持了资本不变和资本维护原则,即"各级机关和单位已向公司投入的资金一律不得抽回。"同时,上述规定突破了有限责任原则,即出资人不对公司债权人直接负责和仅以出资额为限对公司负责的原则,规定最终由公司的出资人或者与组建公司的其他责任人直接承担公司的债务;要求出资人在受益范围内或者在侵吞公司财产的范围内承担清偿公司债务的责任。

最高人民法院 1994 年 3 月 30 日公布了《关于企业开办的企业被撤销或者歇业后民事责任承担问题的批复》(以下简称《批复》)规定了企业设立的全资子企业被撤销或者歇业后的民事责任,规定了出资人的责任,突破了有限责任原则,即出资人不对债权人直接负责和仅以出资额为限承担责任的原则,在一定程度上弥补了我国公司立法的不足,但是仍未超出有限责任的规定。因为,出资人(股东)仅对未交足的资金承担责任,而不是对企业债务承担责任。《批复》只是解决了公司实践中暴露出来的公司原始资本不足甚至虚假出资的问题,资本不足根据不同标准具有不同含义。资本不足可以采用三个标准:一是公司法所规定的法定最低资本额;二是在公司登记机关实际登记的注册资本;三是由公司经营规模决定的应当具备的资本实力。《批复》只是规范第一种、第二种情形的资本不足的设立瑕疵问题,即第一种情形的资本不足,根据《批复》第 3 条的规定,确认公司设立无效;第二种情形的资本不足,根据《批复》第 2 条的规定,承认设立瑕疵的公司人格。《批复》对第三种情形的资本不足未作规定。实质上第三种情况的资本不足,属于公司人格否认原则的适用范围。

最高人民法院 1998 年 6 月发布的《关于人民法院执行工作若干问题的规定(试行)》规定,"被执行人无财产清偿债务,如果其开办单位对其开办时投入的注册资金不实或者抽逃注册资金,可以裁定变更或者追加其开办单位为被执行人,在注册资金不实或者抽逃注册资金的范围内对申请执行人承担责任。""被执行人被撤销、注销或者歇业后,上级主管部门或者开办单位无偿接收被执行人的财产,致使被执行人无遗留财产清偿债务或者遗留财产不足清偿债务的,可以裁定由上级主管部门或者开办单位在所接受的财产范围内承担责任。"上述规定涉及执行程序中直接适用公司人格否认的法理。

最高人民法院在2001年2月6日公布了《关于审理军队、武警部队、政法机关移交、撤销企业和与党政机关脱钩企业相关纠纷案件若干问题的规定》(以下简称《脱钩的规定》)在1994年《批复》的基础上,针对1994年《批复》施行后出现的出资瑕疵股东重复"补足差额"情况,将差额责任变为无限连带责任,《规定》第10条对此予以纠正。如果有瑕疵的公司股东,履行了投资差额补足的义务后,股东的投资视为全部到位。根据公司的法人独立人格和有限责任制度,以后的经营风险责任只能由公司承担,而不能再追索公司的股东或者投资人。

最高人民法院在2003年1月3日公布了《关于审理与企业改制相关的民事纠纷案件若干问题的规定》(以下简称《改制的规定》)第35条规定:"以收购方式实现对企业控股的,被控股企业的债务,仍由其自行承担。但因控股企业抽逃资金、逃避债务,致被控股企业无力偿还债务的,被控股企业的债务则由控股企业承担。"上述规定体现了公司人格否认的法理,虽然适用范围有限,但是对于规制我国经济生活中大量存在的滥用公司人格的情况具有重要的意义。

最高人民法院的上述司法解释虽然规定了出资人应对企业债务负直接清偿责任,不同程度地涉及公司独立人格否认的法理,对实践中存在的滥用公司人格行为起到一定的规范作用,但是,这些规定并不能等同于公司人格否认制度。在适用范围上,上述《通知》、《规定》、《批复》的适用范围相对较窄,主要为注册资金不实、公司被撤销、歇业时的清偿债务等,而不是规定凡因公司人格被滥用而致使他人受到损害时,受害人均可向法院申请否认公司的人格,直追公司面纱后面的股东的法律责任。

2. 我国公司人格否认制度的确立

我国2005年修订的《公司法》明确规定了公司人格否认制度,弥补了公司立法的空白。《公司法》第20条规定,公司股东应当遵守法律法规和公司章程,依法行使股东权利,不得滥用公司法人独立地位和股东有限责任损害公司债权人的利益。公司股东滥用公司法人独立地位和股东有限责任,逃避债务,严重损害公司债权人利益时,该股东即丧失依法享有的仅以其对公司的出资为限对公司承担有限责任的权利,而应对公司的全部债务承担连带责任。上述规定以基本原则的形式确立了公司人格否认制度,明确规定了公司股东在特定条件下的个人责任。

我国《公司法》第64条对一人公司的人格否认制度作了明确规定,一人有限责任公司的股东不能证明公司财产独立于股东自己的财产的,应当对公司债务承担连带责任。该条创设了我国对一人公司实行公司人格否认推定和举证责任倒置的制度,是我国公司人格否认制度的一项重要内容。一人公司为单个股东所有,如其财产不能独立于股东,则其法人的独立地位不能保证。这一规定,为防范一人股东滥用一人公司制度的风险,保证交易安全,保障公司债权人的利益,维护社会经济秩序,提供了必要的制度安排。

我国《公司法》虽然确立了公司人格否认制度,但是,公司法的规定仍然存在一些缺漏与不足,主要表现在以下几个方面:其一,立法规定过于原则,在司法适用的完整性与可操作性方面存在欠缺之处。其二,《公司法》只规定了股东对因其滥用行为导致的债权人利益的损害承担连带责任,但是对其滥用行为造成的社会公共利益的损害的赔偿问题并未涉及。其三,即使是对滥用行为造成的公司债权人利益损害的赔偿问题,《公司法》的规定也有值得商榷之处。因为按照《公司法》第20条的规定,公司股东的滥用行为只有"严重损害公司债权人的利益的",才应当对公司债务承担连带责任。那么,什么是"严重损害",损害的严重程度是否是法院在审判过程中必须考虑的股东滥用公司人格的判断标准之一,这些问题将会给法院的司法实践带来很大的障碍。

四、我国适用公司人格否认的规则

(一)坚持慎重适用原则

公司人格否认制度应当慎重适用。公司人格否认是相对于公司人格独立提出的一个法律概念,从制度的产生背景、运作规律和功能发挥等角度,公司人格否认制度的本质属于一种衡平性制度。作为一种衡平性制度,公司人格否认制度在适用上具有补充性,即仅仅是公司人格独立的补充和完善。公司人格否认制度是公司人格独立和股东有限责任的价值体现,维护公司的独立人格和股东的有限责任作为一般原则;同时不能容忍股东滥用公司的独立人格和股东的有限责任,损害公司债权人的利益。因此,公司人格否认制度只能是对公司人格独立制度的必要补充。正是二者的功能互补,才使公司法人制度得以发展和完善,维护法律的公平与正义。正是因为公司人格否认的补充性,决定了对公司人格的否认仅仅是一种例外,只是在违反公平正义的情形出现时方可予以适用。

回顾公司人格否认制度产生和发展的历程不难看出,公司人格否认制度来源于英美法上的判例,它是根植于判例法环境下的一种产物,在具体适用上具有很大的模糊性,很难用成文法来加以表述,立法仅为法官指出了一个方向。对一个完全依赖成文法依据的大陆法系国家法官,在具体适用标准缺失的情形下,在面对公司人格否认时往往会束手无策。

我国目前对公司人格否认制度的认识程度,如果采用列举方式来规定可以适用公司人格否认制度的具体情形,难免挂一漏万,不仅无法穷尽,而且可能成为司法审判的桎梏。两相权衡,我国公司法只能对此作出原则性规定,从而为最高人民法院的司法解释预留解释空间和制度接口。我国公司法已为公司人格否认制度的适用提供了司法解释的根据,最高人民法院应根据法律规定,对公司人格否认制度作出严格的司法解释,明确准用情形与准用程序。

我国公司法出于现实需要不得不确立公司人格否认制度,但是,适用公司人格否认制度必须坚持慎重适用原则,防止滥用公司人格否认制度。所谓慎重适用,是指凡是依一般民法规定就可以解决的问题,即不能动辄适用公司人格否认制度,以维护法人人格独立和股东责任有限的现代公司法原则。适用公司人格否认制度是不得已而用之,并非常态。司法实践中,应当处理好公司人格否认与公司人格独立的关系,慎重适用公司人格否认制度,绝不能喧宾夺主、本末倒置,绝不允许滥用公司人格否认制度,动摇我国法人制度和有限责任这两大公司法的基石。

(二) 严格限制适用情形

公司人格否认制度的适用是对股东滥用有限责任的一种矫正,是对股东有限责任的一种补充。因此,人格否认制度只能在个案中,根据特定的事实才能适用,否则,就会影响公司人格独立和股东有限责任应有的功用。适用公司人格否认制度的情形较为复杂,理论界在对适用情形进行归纳时也是众说纷纭。司法实践中,适用公司人格否认的情形主要包括公司资本显著不足、过度控制、人格混同、公司人格形骸化等。

1. 公司资本显著不足

公司资本是公司得以成为具有权利能力和行为能力的民事主体的前

提,同时也是其独立承担民事责任的物质基础。一般来说,公司资本是指注册资本。注册资本是在公司章程中载明的,并在公司登记机关登记的,股东全额缴纳的公司资本。其表现了股东的出资信用,代表着股东对公司经营所要承担的责任。而且根据资本维持原则,公司在其存在过程中,必须经常保持与其注册资本额相当的财产。[①] 但是,当公司设立时,股东存在虚假出资、出资不足或者抽逃出资的情况,实收资本与注册资本并不相符,此时资本应当指实收资本,以这种出资方式设立的公司称为空壳公司。如果第三人知道自己是在与一个空壳公司交易,视为第三人自愿承担风险;如果空壳公司的股东就其资本大小向第三人做了错误陈述,以致该第三人误认为其资本充足,并因此与空壳公司达成交易。在这种情况下,如果第三人提起诉讼,法庭就要考虑砸开公司外壳追究股东的个人责任。

一般情况下,公司资本显著不足不能作为公司人格否认的唯一依据。只有在公司资本显著不足达到非常极端的地步,才考虑仅仅根据资本显著不足否认公司的独立人格。公司资本显著不足并不足以导致揭开公司面纱,法院在适用这一原则时,应当严格掌握。资本显著不足本身非常难以导致股东对公司债务承担个人责任,在否认公司独立人格时,还要考虑公司资本显著不足之外的其他因素,进行综合判断,以便审慎地适用揭开公司面纱原则,维护公司的独立人格和股东的有限责任。我国公司法对公司法定最低注册资本的要求进一步下调,其初衷就是鼓励投资,以充分利用公司形式和有限责任。如果单凭资本显著不足否认公司人格,动摇公司的基本制度,显得过于草率。因此,资本显著不足是适用公司人格否认时非常重要的情形之一,但是不宜作为唯一依据。

2. 公司人格混同

公司的人格混同,公司与股东不分或者合一,可能导致否认公司独立人格。各国的司法实践中,凡是采用法人人格否认制度的国家,都无一例外地将公司人格混同,作为公司人格否认的情形之一。人格混同,是指股东与公司之间资产不分、人事交叉、业务相同,与其交易的第三人无法分清是与股东还是公司进行交易。当出现人格混同的情形时,由于股东已经实质违反了股东财产与公司财产相分离的原则,不再受到有限责任的保护,应当否认公司的独立人格,追究股东相应的个人责任。人格混同具体包括财产混同、

---

① 参见雷兴虎:"公司资本制度研究",载吴汉东主编:《私法研究》(第1卷),中国政法大学出版社2002年版。

业务混同和人事混同等情形。

（1）财产混同。公司财产与股东财产混同，致使公司缺乏独立的财产，也就缺乏了作为独立人格存在的基础。财产混同主要表现为公司的营业场所与股东的营业场所或者居所完全同一；公司与股东的资本或者其他财产混合；公司账簿与股东账簿合一，账目不清；股东将公司的盈利当做自己的财产随意调用，或者转为股东个人财产，或者转为另一公司的财产；公司财产被用于个人支出而未做记录，或者没有保持完整的公司财产记录，或者没有明确的账簿记载等，都将导致财产混同。财产混同违反分离原则，导致股东侵吞、挪用、隐匿或者转移公司财产，影响公司对外承担清偿债务的物质基础。

（2）业务混同，是指公司与股东两者从事同一业务活动，有时以自己名义实施交易行为，有时又以公司名义实施交易行为，以至于与之进行交易的第三人无法分清是与公司还是与股东进行交易活动。其目的就在于逃避公司债务或者个人债务，或者规避法律义务。公司与股东从事相同的业务表现为：具体交易行为受同一控制股东或者同一董事会组织经营；公司集团内部的交易活动，其交易行为、交易方式、交易价格等都以母公司或者公司集团的整体利益为准，资金也因此在公司之间随意流动等。公司业务的混同，将导致公司的独立的生产经营无法开展，其独立的意志不能付诸实践，从而容易沦为股东或者其他公司的工具。

（3）人事混同，是指公司与股东的组织机构、管理人员互相交叉，所谓"一套人马、多块牌子"。主要表现为：董事会相互兼任，高管人员统一调配，公司与股东两个不同实体的董事或者经理完全一致，甚至雇员都完全一致等。公司与股东尽管形式上独立，但是实质上互为一体，难分彼此，公司因此失去独立的意思机构而失去独立性。

公司人格混同虽然是否认公司的独立人格适用较多的一个标准，但是在适用过程中往往还要考虑其他标准，通过综合的分析判断，才能否认公司的独立人格。

3. 过度控制

过度控制，是指股东通过对公司的控制而实施不正当影响，使公司丧失了独立意志和利益，成为为股东牟取利益的工具。控制股东将自己的意思强加于公司之上，将公司视为实现自己目标的工具，其独立意思完全被股东个人的意思所取代，致使公司丧失了自我意志和自我决策能力。过度控制的具体情形表现为:控制股东对公司或者控制公司对从属公司的经营和销售活动进行连续、持久、广泛地支配;控制公司对从属公司的控制是为了控制公司的利益而损害从属公司的利益;控制公司对从属公司的控制造成了从属公司债权人的损害。

公司股东对公司的过度控制往往出现在母子公司之间,母子公司之间存在的控制关系使得其极易出现控制权的滥用,从而侵害债权人的利益。因此为了有效地扼制母公司对子公司的过度控制,保护中小股东、债权人和社会的公共利益,应当在公司出现"过度控制"的情况时揭开公司面纱,以维护社会经济秩序和交易公平。

人民法院在认定股东构成对公司的过度控制进而适用公司人格否认的标准或者构成要件是:滥用公司控制权的主体是对公司有实质控制权的股东;控制股东存在滥用公司控制权的行为;控制股东的滥用行为影响了公司的偿付能力,侵害债权人的利益。在满足了以上要件时,人民法院就会作出支持揭开公司面纱的判决。

应当注意的是,股东滥用控制权往往表现为对公司事务的过度干预,从而引起股东与公司的人格混同,而股东与公司能够产生人格混同,也是以股东对公司有控制权为客观前提,因此,滥用控制权与人格混同常常共同成为否认公司独立人格的理由。

4. 公司名存实亡

公司名存实亡,即公司人格形骸化,实质上是指公司与股东完全混同,使公司成为股东的另一个自我,或者成为其代理机构和工具,以至于形成股东即公司、公司即股东的情况。公司人格形骸化具体表现为脱壳经营,即公司在其经营陷入困境、形成巨额债务后,原公司的人、财、物与原亏损公司脱钩后,另行组成公司进行独立经营,逃避原亏损公司的巨额债务。空壳公司即公司人格形骸化的表现形式具有多样性,其与公司股东过度控制、人格混同等情形都有交叉重合之处。但是,股东过度控制或者公司人格混同并非构成公司人格形骸化,而只有上述表现达到十分严重的程度,以至于公司的法人地位名存实亡、公司机构形同虚设时,才能认定公司人格形骸化。

空壳公司,即公司实际上没有意思机关,或者并无实际运作,股东仅利用其法律上的独立地位来实现其自身利益,达到利用公司逃避自身责任的目的。例如,同一出资登记数个公司,当子公司举债时,其财产移转至母公司中,通过"金蝉脱壳"的方式转移公司财产,使得子公司成为"空壳公司"、

"皮包公司",对抗公司的债权人。形骸化的典型表现是"空壳公司",即股东或者实际控制人成立一个实际上没有意思机关或者并无实际运作的空壳公司,利用公司的独立人格和股东的有限责任来实现自身的非法利益,这种情形对公司债权人利益构成严重威胁。因此,当股东行为造成公司人格形骸化并导致公司债权人利益受损时,应当否认公司人格,直接追究股东的责任,保护债权人的利益。

(三)严格把握适用要件

公司人格否认作为公司法人制度的相反原则,如果不恰当地适用,就会导致整个公司法人制度处于极不稳定状态,从而违背创立公司人格否认法理的初衷。为了正确发挥公司人格否认法理的积极作用,实现公平、正义的法律理念,适用公司人格否认必须严格把握适用要件。一般来讲,公司人格否认法理的适用要件包括主体要件、行为要件和结果要件。

1. 主体要件

主体要件包括权利主体和责任主体。

(1)权利主体,是指因公司人格被滥用受到损害并有权提起公司人格之诉的当事人。因股东滥用公司人格而受到损害的,可能包括公司、公司的其他股东、公司的债权人或者社会公众,但是并非上述所有主体都有权提起公司人格否认之诉,只有公司的债权人以及代表国家利益或者社会公共利益的政府部门才有权作为权利主体提起公司人格否认之诉。公司和公司的中小股东因为控制股东的滥用行为而受到损害的,只能根据公司法的有关规定提起相关诉讼,而不能提起公司人格否认之诉。

(2)责任主体,是实施了滥用公司人格和股东有限责任行为的控制股东。责任主体应当是该公司的控制股东。控制股东并不一定必须持有公司的多数股份,而是对公司的实际控制为标准。控制股东必须是积极股东,积极股东是指实际参与公司经营管理,并能对公司的主要决策活动施加影响的股东,只有积极股东才有滥用公司人格的可能。而消极股东是指没有参与公司经营管理权利的,或者有权参与公司经营管理但不能或者不愿参与公司经营管理的股东,公司人格被滥用与消极股东无关。

在否认公司人格的场合,确定公司人格的滥用者,还需要对名义股东与实际股东做出认定。有的学者认为,名义股东背后的事实上的股东才能够因滥用公司人格而承担责任,因此应当分清名义股东与实际股东。我们认为,根据公司人格否认的法理,由实际股东承担责任无疑是正确的。但是,实践中如果对实际股东与名义股东难以区分,或者由名义股东承担责任更有利于债权人行使诉权、实现债权的,名义股东仍然应当承担责任。

2. 行为要件

行为要件,是指控制股东实施了滥用公司人人格的行为。单纯的控制股东并不是一定要对公司承担直接的个人责任。虽然是控制股东,但是如果没有实际参与滥用公司人格的活动,其有限责任仍然应当受到法律的保护。因此,控制股东具体实施了过度利用有限责任、妨碍公平正义的行为,是适用公司人格否认法理的客观要件。

对于那些属于滥用行为,我国公司法未作规定。滥用行为复杂多样,难以穷尽列举,只能作概括性的规定。我们认为,公司人格否认在具体适用上应当予以细化,即在忠实于立法意旨的基础上,将诸多的滥用行为归纳成若干个主要类型加以列举,以尽量满足法律适用统一性的要求。司法实践中,所能归纳列举的几种滥用行为,其内涵和外延存在交叉重叠,在具体的案件中,最终能否在否认公司人格,需要对各种因素进行综合考虑,仅有单一的行为或者因素,一般很难构成否认公司人格的充足理由。如果只有单个行为,而没有多个行为的聚合,或者行为所展现出来的深度、广度、跨度明显不足,纵然在其他要件方面已经得到满足,也不宜断然否认公司人格。因此,在行为要件的衡量标准上,一定要注重把握行为的多重性、显著性、严重性和持续性。

3. 结果要件

结果要件,是指滥用公司人格的行为对债权人利益或者社会公共利益造成了严重损害,否则,不能适用公司人格否认制度。

首先,股东滥用行为在客观上必须损害了债权人利益或者社会公共利益,如果公司股东的滥用行为,并没有造成债权人的损害,没有影响到平衡的利益体系,则不能适用公司人格否认制度。债权人利益,是指其债权不能得到清偿所遭受的损失,这是结果要件中的基础因素。公司不能清偿的债务应当是一个完全能够予以确定的数额,属于直接损失。能够引起公司人格否认的财产损失,不仅不能将间接损失纳入其中,而且其损失范围还应当小于直接损失。

其次,股东滥用行为必须对债权人利益造成了严重损害。严重损害,是结果要件中的关键因素,其衡量标准是公司的偿债能力,即是否构成严重的资不抵债。如果这种损害能够通过公司自有资产获得债务的清偿,债权人就不能主张公司人格否认。鉴于在判定严重资不抵债方面缺乏确定的标准,我们认为可以按行业划分,从财务的定量分析角度确定各个行业严重资不抵债的比例,并以此作为一个判断的重要参考依据。

最后,适用公司人格否认,应当要求股东滥用公司人格的行为与债权人利益损害的结果之间具有直接因果关系,因果关系的存在是追究滥用公司人格行为法律责任的基础。

需要注意的是:对于公司人格否认,不应以股东主观故意为要件,这是因为如果以主观滥用意思为要件,将增加原告举证的难度,必将使公司人格否认制度的适用大打折扣。事实上只要存在法定情形,或者特定股东完全控制了公司,使公司的事业成为股东个人事业,或者客观上存在逃避债务的行为等,据此就应否认公司的独立人格和股东的有限责任,由控制股东直接对公司的债务承担责任。

(四) 程序中的制度设计

1. 举证责任分配

民商事诉讼的举证规则是"谁主张、谁举证",提起公司人格否认之诉的公司债权人应当举证证明公司存在资本显著不足、人格混同、过度控制等事实,否则,公司债权人将承担举证不能的不利后果。公司人格否认之诉案件中,公司债权人作为侵权案件的受害人往往处于弱势地位,债权人难以举证。如果坚持"谁主张、谁举证"的举证规则,无异于剥夺了作为受害人的公司债权人获得救济的权利,有违公平正义的价值目标。

德国法院采取先由原告承担初步举证责任,一旦符合初步举证的要求后,进一步将举证责任转移给被告,即由被告证明其行为是善意、公平和合法的。德国法院在审理母子公司的案件时,要求母公司举证证明其控制行为并未给子公司造成损失,否则法院即推定母公司的控制行为给子公司造成损失,应当承担相应责任。

在关联公司的情形下,确定控制公司与从属公司存在关联关系的举证责任,是否认从属公司人格,解决关联公司债务的一个难题。因为,在复杂的关联公司业务往来中,要求债权人证明公司是否对从属公司施加了不利影响,难度很高,收集证据的成本也很大。为此,应当简化和减轻债权人的举证责任。德国联邦法院确立了推定的关联企业学说,即在一个企业集团里,母公司以其股东身份对其子公司日常事务行使经常且广泛的控制力,此时控制公司对子公司负有诚信义务,如果法院认为母公司长久而强有力地介入其子公司的经营,则规定母公司未尽忠实义务和注意义务,应当直接对子公司的债权人承担赔偿责任,除非母公司能够举证抗辩。这一学说首先赋予子公司的债权人对母公司直接的诉权,子公司的债权人享有可以直接向母公司追索的权利;其次这一学说将举证责任转移给母公司,解决了确定是否存在关联关系的举证责任问题。我国在公司人格否认之诉中,可以采取举证责任倒置的原则,确立由被告承担举证责任的制度。

2. 股东与公司连带责任的界定

我国理论界和实务界对公司人格否认引起的连带责任性质,存在不同的学说,主要是无限连带责任说、无限责任说和补充责任说。

无限连带责任说认为,股东对公司债务承担无限连带责任。因为这样理解符合《公司法》第20条第3款的文义解释。本条明确使用了"连带责任"的提法,对公司人格予以否认,股东承担责任自然不限于其出资,因此应当认定为"无限责任"。

无限责任说认为,我国公司法规定的连带责任是错误的,因为在公司人格否认的场合,是股东独自承担无限责任,公司不应当被连带进来。因为是股东滥用公司的独立人格和股东的有限责任,应当由股东承担无限责任。

补充责任说认为,各国均在特定条件下追究股东对公司债权人的债务责任,这种责任并非是连带责任,而是有所限制,即仅要求股东在对公司造成损失的限度内承担补充责任。因为在有些情形下,股东滥用公司人格的行为对公司实施控制造成的损害或者不利可能不大,却要求其对由于公司本身经营不善而产生的巨额债务承担连带责任,不符合公平原则。因此,应当认定为补充责任,且限于由于股东不当行为给公司造成的损害范围之内。

我们认为,从解释论角度,由于公司法明确规定了连带责任,因此"无限连带责任说"符合《公司法》的本意和第20条第3款的文义。

在"无限连带责任说"内部,尚有"共同连带说"与"补充连带说"之别。共同连带说认为,公司与股东的责任没有先后次序之分,债权人可以直接起诉股东;补充连带说则认为,股东仅就公司无法清偿的部分承担补充连带责任。补充连带说内部又形成两种观点,一是认为此时股东享有先诉抗辩权。根据《公司法》的规定,适用公司人格否认制度必须以股东行为"严重侵害债权人利益"为前提。在公司尚有清偿能力时,债权人完全可以通过起诉公司来实现债权,所以即使股东有滥用公司人格的行为,但未达到"严重侵害债权人利益",不符合该条的适用条件。公司人格否认之诉须以债权人起诉公司无法获得清偿为前提，股东此时的地位类似于一般保证人的地位。二是认为股东不享有先诉抗辩权，但在执行时，应先执行公司的财产，股东承担的责任以公司无法清偿的数额为限。

我们认为，共同连带说更具有合理性，补充连带说在实践中会给债权人带来不必要的麻烦，甚至导致公司人格否认制度被架空。

其一，补充连带说违背了效率原则。如果赋予股东先诉抗辩权，意味着债权人在提起公司人格否认之诉以前设置了一道前置程序，即必须先起诉公司，只有对公司不能清偿的部分在可以起诉股东主张连带责任，这样显然大大增加了债权人起诉的成本。

其二，补充连带说混淆了法院受理案件的标准与证明标准这两个截然不同的概念。补充补充连带说的一个重要理由在于《公司法》规定的公司人格否认要件之一，在于"严重侵害债权人利益"。提起公司人格否认之诉必须以公司不能清偿为前提。上述主张先诉抗辩权的学说混淆了法院受理案件的标准与证明标准这两个不同的概念。根据诉讼法的法理，在某类案件的起诉是否需要前置程序的问题上，如果需要前置程序，如复议、行政处罚、诉讼、执行不能等，必须有法律明文规定，否则即按照民事诉讼法的一般规定来处理。公司法中所谓"严重侵害"债权人利益是诉讼中证明标准的问题，即如果原告无法证明其权益受到侵害的严重性，需要承担败诉风险。这显然是审判程序中的问题，而非为此类诉讼设置前置程序。而且，所谓"严重侵害债权人利益"，也不一定是以公司不能清偿为前提，如在公司与股东人格混同的情形下，即使公司有清偿能力，仍然可以揭开公司的面纱。

综上，《公司法》第20条第3款规定的"连带责任"系为无限连带责任中的共同连带，法院不应为债权人起诉设置前置程序，在执行程序也不应有先后执行之分。

3. 执行程序中的适用

司法实践中，经常发生在执行程序中直接追加股东为被执行人，追究股东的连带责任。对此做法如何评价，是更效率，值得提倡，还是侵害了股东的诉权，应予禁止，存有不同意见。

我们认为，不应允许在执行程序中适用公司人格否认制度。因为在民事诉讼中，应当平衡原告、被告双方的利益。在执行程序中直接追加股东为被执行人并强制执行，意味着股东未经审判程序便沦为被执行人，这无疑侵害了股东的诉权，显然有失公正。

进入执行程序后,债权人发现股东出资不足或有抽逃出资、转移资产等行为时,究竟应当依据最高人民法院《关于人民法院执行工作若干问题的规定》第80条的规定,申请追加该股东为被执行人,还是依据我国《公司法》第20条的规定,主张揭开公司面纱?

我们认为,《规定》第80条的原理在于出资不足或者抽逃出资、转移资产的股东对公司违反出资义务或者构成侵权,从而产生的债务并无履行期限的限制,属于到期债务。公司债权人对股东主张在此债务范围内承担清偿责任,是基于代位权制度原理,代公司之位向股东主张债权。而我国《公司法》第20条的原理在于股东出资不足的状态或者抽逃出资、转移资产的行为严重侵害了公司债权人的利益,从而有必要揭开公司面纱,追究股东与公司连带责任。因此,是两个不同的制度,各自的依据与功能、适用的法律效果、对债权人的救济并不相同。最高人民法院的司法解释规定股东仍然承担有限责任,而公司法的规定股东承担无限责任。因此,在执行程序中,不能适用公司人格否认制度。

4. 破产案件中的适用

破产案件中适用公司人格否认制度主要有两个问题需要探讨:一是对债权人的此项诉讼请求是合并在破产程序中审理还是另案审理;二是公司人格否认与股东债权的衡平居次规则如何协调。

公司进入破产程序,债权人无法获得完全清偿。如果债权人发现股东有滥用公司人格的行为,对股东提起公司人格否认之诉,以谋得更高比例的债权清偿,人民法院应予支持。但有必要对相关制度加以明确,以实现各方主体之间的利益平衡。债权人对于已经进入破产程序的公司的股东提起公司人格否认之诉的,应当另案起诉,法院应当另案审理。

破产程序中的衡平居次规则,又称为"深石原则"("Deep Rock" Doctrine),是控制公司对从属公司的债权,在从属公司支付不能或者破产受理时不能与其他债权人共同参加分配,或者分配的顺序应次于其他债权人。如果控制公司和从属公司同时发生支付不能或者破产受理时,由控制公司和从属公司合并组成破产财团,按照比例清偿控制公司和从属公司的债权人的债权。

我国法律对衡平居次原则未作规定。但是,我们仍然可以通过法律解释的方法为其在司法实践中创造适用的空间。因为法官既然可以对公司人格进行否认,让股东承担连带责任,自然也可以将通过股东的债权实现顺位后置,从而实现不揭开公司面纱也能有效保护债权人利益的效果。

(五)公司人格否认的发展

传统的公司人格否认的责任指向是股东。但是,随着社会经济生活的发展,公司人格否认的司法实践,出现了某些扩张适用情形。公司人格否认不仅在股东直接对公司债权人负责的意义上适用,某些情形下,公司人格否认扩张为公司也要对股东的个人债务承担责任。责任指向从股东指向公司,具有代表性的就是公司人格否认的反向适用和关联公司之间的人格否认。

1. 反向刺破能否适用于我国的法律实践

公司人格否认的反向适用,也称为反向揭开公司面纱。传统的公司人格否认仅指通过"揭开公司面纱"而追究公司面纱背后的股东个人的连带责任,而"反向揭开公司面纱"是指在"揭开公司面纱"之后,由公司替股东承担责任。

我国《公司法》第20条规定了公司人格否认制度,但是没有明确规定能否反向适用该制度。根据我国公司法的规定,股东在任何情况下都不得以任何方式滥用公司法人独立地位和股东有限责任去损害公司债权人的利益,否则都应承担相应的责任。因此,对于股东通过向公司输送利益逃避个人债务或者控制股东在关联公司之间非法输送利益逃避债务的情形,属于典型的股东滥用法人独立地位和股东有限责任的情形,完全可以适用对上述情形扩张适用"揭开公司面纱",维护债权人的合法权益。

理论界对于"反向揭开公司面纱"持谨慎态度,正如有的学指出,"反向揭开公司面纱"需要考虑和权衡的各方面利益更为复杂,从某种程度上来说,是对传统公司法理念的彻底颠覆。[1] 因此,将"公司法人格否认"法理扩大解释到"反向揭开"场合时,应当规定更为严格的限制条件。

我们认为,公司的面纱一旦刺破,责任的承担就是相互的,利益的享有也是相互的。从这一意义上讲,"反向揭开公司面纱"是"揭开公司面纱"的应有之义。我国的公司实践中,存在大量的一人公司、母子公司、集团公司,存在个别股东向公司转移财产,或者母公司向子公司转移财产,利用公司的独立人格逃避股东的债务,损害了股东的债权人的合法权益,破坏了市场经济秩序。对于这种现象,传统的公司人格否认制度无力作出回应,债权人依

---

[1] 施天涛:《公司法论》,法律出版社2006年版,第42页。

据撤销权之诉、代位权之诉、股权强制执行等,都无法直接达到维护其合法权益的目的,且在举证责任、期间限制等方面存在不便之处。因此,"反向揭开公司面纱"有其独立存在的价值,应当通过对《公司法》第 20 条的合理解释,将其引入我国的法律体系,为经济生活中存在的上述问题提供更为有效的解决方式。

2. 公司法人格否认在关联公司中的适用

随着世界经济一体化进程的加快,企业作为市场主体呈现出集团化趋势。投资者为了谋求利益最大化、风险最小化,选择向多家公司投资,或者同时设立多家公司,在多家公司之间就形成了"兄弟姐妹"关系。这样一来,大股东通过滥用控制权,从某一公司转移资产、挪用资金,使之流向其他姐妹公司,最终达到逃避债务、中饱私囊的目的。在此情形下,仅仅追究大股东的责任是不够的,必须直接"揭开关联公司的面纱",追究接受资产的关联公司的责任。这种关联公司之间的揭开面纱不同于传统的公司人格否认,属于扩张适用情形。

美国学者的研究中,"揭开关联公司的面纱"被称为"三角刺破"(triangular piercing)。[1] 通过一个控制股东作为中介,当一家被控制的公司被置于为其他具有关联性的企业的债务负责的时候,就是一种典型的"三角刺破"。在"三角刺破"中,责任以三角的路线流动,首先从被控制的公司流向控制股东,接着从该控制股东又流向其他受制于该股东的具有关联性的企业。其实,这样一种"三角刺破"的提法只不过是一种形象的说法而已,表明责任的承担不是直线流动的,而是通过一定的媒介发生了转向,最终由同一股东控制下的其他公司承担了责任。实质上,被揭开公司面纱的关联公司所承担的责任只不过是控制股东责任在作为其关联公司上延伸而已。正如国内有的学者指出的,"否认姐妹公司各自的独立人格,将各个姐妹公司视为一体,对其中特定公司的债权人之请求承担连带责任,不过就是将滥用姐妹公司人格之股东的责任延伸到完全由他们控制的姐妹公司上,由此来制止股东滥用若干姐妹公司实现逃避债务或损害公共政策目标的违法行为,救济利益受损的债权人"。[2]

---

[1] Matthew D. Caudill: Piercing the Corporate Veil of a New York Not-for-Profit Corporation, *8 Fordham J. Corp. & Fin. L.* 449(2003)。

[2] 参见朱慈蕴:"公司法人格否认:从纸面之法条跃入适用之实践",载《清华法学》2007 年第 2 期。

再进一步分析,"揭开关联公司面纱"实质上是"揭开公司面纱"和"反向揭开公司面纱"的结合,责任首先由公司流向控制股东,这是典型的"揭开公司面纱",然后责任又从该控制股东流向其他受其控制的公司,这又是典型的"反向揭开公司面纱",最终在受制于同一控制股东的多个公司之间实现责任的共担。"揭开面纱"和"反向揭开面纱"具有正当性,只要符合"揭开公司面纱"的要件,法院应该支持关联公司场合下的"揭开公司面纱"。

3. 经典案例

熊猫公司诉天创公司、长恒公司、腾创公司、汉信公司、马志平借款合同纠纷案[①]是借款合同纠纷引发的反向揭开公司面纱诉讼。法院支持了反向揭开公司面纱,也支持了揭开姐妹公司之间的面纱,适用了公司人格否认的法理。

案情简介　2003年11月7日,熊猫公司与天创公司签订一份借款协议约定,由于天创公司在经营中出现暂时的资金缺口,为了保证正常经营,确保熊猫手机的销售,熊猫公司借给天创公司4810万元,定于2003年12月31日前全额归还。借款利息按同期贷款利息计算,由熊猫公司在后期产品价格中体现。天创公司借款后,到2005年一直未能偿还,熊猫公司提起诉讼,主张由于天创公司、长恒公司、腾创公司、汉信公司均为马志平和其妻邹建萍控制,并且天创公司与长恒公司、腾创公司、汉信公司在资金使用、经营管理、人事管理等方面彼此不分。因此,天创公司与长恒公司、腾创公司、马志平、邹建萍应以其全部资产对天创公司欠熊猫公司的债务共同承担无限连带责任。

法院审理查明:天创公司成立于1999年4月27日,注册资本为5000万元,其中马志平出资4500万元,邹建萍出资500万元,法定代表人为马志平。2001年11月,天创公司增资至11000万元,其中马志平增资5400万元,邹建萍增资600万元,上述增资款均系国讯公司支付。国讯公司是马志平与邹建萍于1999年1月共同出资设立,注册资本为100万元,其中马志平出资60万元,邹建萍出资40万元。2001年国讯公司进行了增资,实际支付增资款的是天创公司。2002年5月,国讯公司再次增资,实际支付增资款的又是天创公司。

长恒公司成立于1993年11月8日,注册资本为500万元,其中马志平

---

① 南京市中级人民法院(2005)宁民二初字第43号民事判决。

出资225万元。2001年11月,长恒公司注册资本增至16000万元,增资款6000万元均系国讯公司代为缴纳。2004年8月,马志平将其持有的长恒公司出资转让给曹小竹。但曹小竹未实际支付出资转让价款。成立于2003年9月,注册资本为3000万元,其中,股东马志平出资2850万元,股东邹建萍出资150万元。但是实际支付该3000万元出资款的却是长恒公司。

天创公司与长恒公司、腾创公司、汉信公司之间存在大量资金往来,互相调拨、占用资金频繁,数额巨大。

法院审理认为:马志平利用天创公司的法人人格,与熊猫公司从事手机销售业务,却将天创公司应付给熊猫公司的货款、借款资金转至马志平所实际控制的腾创公司、长恒公司、汉信公司等,结果造成天创公司无资产可供清偿其所欠熊猫公司的债务。若让天创公司依法人制度享有有限责任利益与民法的公平原则相违背,且不利于维护交易相对方的合法权益。因此,马志平作为天创公司的股东,滥用了天创公司独立法人地位和股东有限责任,逃避债务,严重损害了公司债权人熊猫公司的利益,依法应当对公司债务承担连带责任。马志平实际经营管理天创公司与长恒公司、腾创公司、汉信公司等,统一调动使用天创公司与长恒公司、腾创公司、汉信公司等的资金。天创公司、长恒公司、腾创公司、汉信公司表面上虽为分别设立的独立法人,但各公司均为马志平实际控制,在经营决策、资金使用、财产利益等方面均由马志平掌控,天创公司的大量资金进入了长恒公司、腾创公司等,导致在天创公司名下已无财产可供清偿其所欠熊猫公司的债务,损害了债权人的合法权益,依法应当认定天创公司与长恒公司、腾创公司、汉信公司人格混同。

(六)我国适用公司人格否认制度的具体规则设计

我国的公司实践中,普遍存在控制股东利用公司法人制度,规避法律义务或者逃避契约义务,欺诈债权人,公司资本不实而空壳运转,设立数个公司用来转移财产、逃避债务等现象。我国2005年修订的《公司法》虽然确立了公司人格否认制度,但是,对滥用公司人格仅作了原则性规定,对适用公司人格否认的构成要件和具体情形未作规定。为了正确适用和防止滥用公司人格否认制度,最高法院调查研究司法实践中存在的滥用公司独立人格和股东有限责任的问题,提出相应的司法对策,通过判例对各地法院办理相关案件进行具体指导,并对公司实践中存在的问题,初步设计论证控制股东直接对公司债务承担责任的司法解释,设计论证适用公司人格否认的具体规则,具体规范公司人格否认制度的适用要件,严格限制适用公司人格否认的情形,防止公司人格否认制度的滥用。

我们初步设计的主要规则是:坚持公司的独立人格和股东的有限责任原则;确立公司人格否认的构成要件;规范公司人格否认的适用范围。同时规定:控制股东过度控制的民事责任;控制股东的债权公平居次规则;法院判决的既判力和执行力的效力范围;一人公司的民事责任;关联公司的民事责任;公司人格否认的责任分配、公司人格否认的程序规则等。其中,公司人格否认的构成要件包括前提要件、主体要件、行为要件、主观要件、因果要件和责任要件;公司人格否认的适用范围或者适用情形包括滥用公司人格从事不法行为、滥用公司人格欺诈债权人、滥用公司人格规避法律义务、滥用公司人格逃避契约义务、公司资本严重不足、公司人格混同、公司人格形骸化和公司恶意破产等。只有符合上述要件和情形,才能揭开公司面纱,否认公司人格。

结语

公司人格否认制度是公司法人制度的完善和发展,公司人格否认制度有效地防范了控制股东利用公司法人的合法形式和有限责任的特权逃避承担法定义务或者约定义务,维护了债权人的利益,使法律从形式上的公平合理走向了实质上的公平合理,法律对公平正义的追求要求对其进行矫正,使公司法人制度更加完善。因此法律创设了公司人格否认制度,这一制度的确立,使得在市场经济条件下失衡的股东、公司、债权人之间的利益关系再次趋于平衡,重新维护了交易的安全。本章对我国司法实践中的一些重要问题进行了探讨,首先明确了公司人格否认的慎重适用原则,其次讨论了公司人格否认的适用范围,最后探讨了司法实践中的程序设计等问题,并对公司人格否认的具体规则提出建议,以期对公司人格否认的司法实践有所裨益。

第五章 关联交易诉讼问题研究

引言

由于关联交易对提高经济效率、节约成本等方面所做的贡献,在现代经济生活中,关联交易比比皆是。但是,关联交易可谓是一柄双刃剑,在带来利益的同时也引发了一系列的问题,其中最突出的问题就是关联交易的不公平后果。因此,有必要对关联交易进行规制,以避免其导致的种种弊端,与此同时,要尽可能地发挥其积极作用。

对关联交易的规制,可以从公司法、证券法、反垄断法、税法、会计法、刑法等多个法律层面着手。从公司法层面看,在 2005 年之前,我国《公司法》关于关联交易的规定一直是空白。2005 年修订的《公司法》对关联交易进行了规定,使得法院在审判活动中也有了明确的公司法依据,不用再依据民法和合同法。但是,公司法的规定很抽象,如何将其应用于司法实践,仍需要进一步探索。

本章的主体分为三个部分。首先,从公司法的规定、理论学说和司法实践三个方面对关联交易的界定展开讨论,并简要论述了对关联交易进行规制的理论基础。第二部分将主要从北京市法院 2005 年至 2007 年所判决的关联交易案件出发,结合相关的学说理论,对司法实践中法院审判关联交易案件时所考虑的主要因素进行总结和归纳,并对美国的相关司法实践和学说理论进行介绍。第三部分则主要总结了我国与外国在关联交易的司法审查方面存在的差异,并对其中的原因进行了探讨。

一、关联交易概述

（一）关联交易的界定

根据学术界通说，关联交易是指发生在具有关联关系的主体之间的交易。对于这种存在关联关系的主体，有各种不同的称谓，如关联人、关联者、关联企业、关联公司等。我们认为，无论采取何种称谓，所指向的实质均是相同的，因此，本章对此不做过多讨论，并一律采用"关联方"的表述。既然关联交易是发生在关联方之间的交易，那么对关联交易的界定就离不开对关联方和对交易的界定。而界定关联方的实质又是对关联关系的界定，因此，下文将集中讨论对关联关系和交易的界定。

1. 对关联关系的界定

（1）《公司法》的规定

我国《公司法》第217条对关联关系及相关概念进行了列举式加概括式的规定。根据《公司法》第217条的规定，关联关系，是指公司控股股东、实际控制人、董事、监事、高级管理人员与其直接或者间接控制的企业之间的关系，以及可能导致公司利益转移的其他关系。控股股东，是指其出资额占有限责任公司资本总额50%以上或者其持有的股份占股份有限公司股本总额50%以上的股东；出资额或者持有股份的比例虽然不足50%，但依其出资额或者持有的股份所享有的表决权已足以对股东会、股东大会的决议产生重大影响的股东。实际控制人，是指虽不是公司的股东，但通过投资关系、协议或者其他安排，能够实际支配公司行为的人。高级管理人员，是指公司的经理、副经理、财务负责人，上市公司董事会秘书和公司章程规定的其他人员。在上述条文中，对高级管理人员的认定相对而言比较容易，关键是在司法实践中如何认定控股股东和实际控制人。

根据《公司法》第217条的规定，我国公司法对控股股东的认定采取的是股份和表决权的双重标准，对于股份的认定较为简单，从数量上判断即可，而且对所有的公司均一视同仁；而如何认定股东所享有的表决权足以对股东会、股东大会的决议产生重大影响则必须具体情况具体分析。根据公司法的规定，不同表决事项的表决比例可区分为经出席会议的半数以上、过半数或者2/3以上的股东通过，此外公司章程还有可能根据公司具体情况作出个性化的规定。不同的公司股权结构各不相同,因而能够对股东(大)会决议产生重大影响的表决比例也就不尽相同。

在这里,首先需要注意的是公司法仅规定对股东会或者股东大会产生重大影响的股东为控股股东,而不包括对董事会的影响。其次,根据公司法的规定,这种影响仅仅是一种可能的状态,即"足以"产生重大影响,并不要求实际上已经产生了重大影响。但是,公司法仅仅抽象地规定了控股股东对股东(大)会产生了"重大影响",到底何谓"重大影响"呢?对于实际控制人的认定也存在着类似的问题,何谓"能够支配公司行为的人"?

我国《企业会计准则——关联方关系及其交易的披露》对控制的定义为"有权决定一个企业的财务和经营政策,并能据以从该企业的经营活动中获取利益",对"重大影响"的定义为"对一个企业的财务或经营政策有参与决策的权力,但并不决定这些政策"。可见,控制的对象是企业的经营决策,控制的目的是为了获取利益。但是,这种定义仍然很抽象,难以据此在具体的诉讼实践中进行判别和认定。

(2)相关的理论学说

目前,大多数学者认为,对公司的控制途径有四种,即股权持有、表决权控制、契约和其他方式。其中,通过契约而形成控制关系发生于关联企业之间,是指某一企业通过契约(即公司合同)而明示在经营、决策等方面受另一企业的控制,而其他方式则主要是指人事连锁、行政划归、国有资产授权经营等方式。较为常见的同时也是理论界关注较多的控制的形成途径是股份持有和表决权控制。股权控制可以通过收购、投资、企业分立等方式实现,而表决权控制则可以通过表决权协议(包括表决权信托和表决权代理)、发行累积表决权股或无表决权股等方式实现。在我国,最为常见的是股权持有的控制方式。

总的来说,控制可以分为量的控制和质的控制。量的控制即表现为拥有股份额或出资额的多数,拥有多数的表决权。在对控制的界定上,采取量的标准简单易行,更易于操作,然而,现代企业中股权分散化的趋势使得控制的标准有日益下降的趋势,并且各个企业的股权分散度并不相同,实施控制所需要的股权比例也不尽相同,即使是在同一企业,不同情形下实施控制的股权比例和表决权比例也有差别,因此,简单地依赖量化的标准已经不能满足实践的需要。质的标准恰好能弥补这一不足,然而其自身也有不足,即质的标准完全是个案判断,完全依赖于法官的自由裁量,不利于交易的可预见性,同时也加大了司法资源的耗费。目前,世界各国对控制的界定大多采取的是量的标准和质的标准相结合的方式,即先在法律上规定,达到一定的股权比例或表决权比例即构成控制,同时,又通过一个兜底式条款进行质的规定,赋予法官自由裁量权。

当然,对控制的界定强调的是一种可能性,并不要求客观上必须实施控制或重大影响,只要其在交易中具备了控制或施加重大影响的能力,则应视为关联方。

(3) 司法实践中对关联关系的认定

下面以三个案件为例,说明司法实践中法院对"控制"是如何认定的。

【案例一】 在北京帆飞公司诉卡尔洛·马蒂尼与雷奥纳多·马蒂尼一案中,原告北京帆飞公司称被告卡尔洛·马蒂尼1998年8月私自以原告的名义与其本人在香港的公司Addfund有限公司签订管理咨询和培训服务合同,之后并未依合同为北京帆飞公司提供任何服务,因而从公司非法获取124200美元,原告请求法院判令被告返还124200美元。法院在判决书中指出:"经查,卡尔洛·马蒂尼在与Addfund有限公司签订和履行《服务合同》过程中,仅持有Addfund有限公司10%的股份,不能由此认定卡尔洛·马蒂尼对于Addfund有限公司享有实际控制权"。

在这个案件中,法院认为,由于被告的持股份额只有10%,因此不能认定被告对公司享有实际控制权,可见,法院采取的是简单的股份标准。但是,根据公司法的规定,即使出资额或者持有股份的比例虽然不足50%,但依其出资额或者持有的股份所享有的表决权已足以对股东会、股东大会的决议产生重大影响的股东,也能够认定为控股股东。因此,即使被告的持股份额只有10%,也不能仅凭这一点就认定被告对公司不享有实际控制权。如果原告能够证明被告所持股权足以对股东会决议形成重大影响,则被告将被认定为控股股东。当然,从法院的判决书中,我们没有发现原告在相关方面的举证,法院的这种认定方式大概也能够被原告所默认,毕竟,如何判断"足以对股东(大)会决议产生重大影响",不仅是摆在法院面前的一道难题,更是而且首先就是原告所必须要越过的难关。

【案例二】 在协铭公司诉蔡虹与英正明公司一案中,法院在判决书中指出:"虽蔡虹不是英正明公司的法定代表人,但根据其所持股份比例(50%),其亦属于该公司控股股东,对该公司经营享有决策权","结合本案事实,蔡虹作为持有华天网公司51%股份的控股股东并出任公司董事长,其代表华天网公司与其持有50%股份的英正明公司签订了产品研发协议",

"由于蔡虹的双重身份,其出资设立的两个公司之间所订立的上述协议明显属于关联交易行为"。

在这个案件当中,由于被告在两个公司中分别拥有51%和50%的股份,因此,法院比较容易将其认定为控股股东。结合案例一和案例二,是否能够得出结论,即在司法实践中,法院仅仅采用股权比例作为认定是否是控股股东的唯一标准呢?采用这一标准固然简便易行,然而却不利于对公司利益和中小股东利益的维护。在案例一中,原告虽然提出被告是控股股东的主张,但是并没有进行进一步的举证,这也说明在股权比例不足50%的情况下举证的困难。笔者认为,随着诉讼实践的日益丰富,法院应当逐步探索出一套具有可操作性的认定控股股东和实际控制人的标准,并出台相关的司法解释。

【案例三】 在北京光环新网公司诉长城宽带网络公司一案中,原告称被告利用其控股股东身份,将其对下属区域公司的运营政策强加在长城光环公司头上,强迫长城光环公司与其进行关联交易,导致长城宽带公司从长城光环公司取走了2004年和2005年的收入分成款280万元,掏空了长城光环公司,直接损害了光环新网公司的利益。法院在判决书中指出,由于长城光环公司设立时由长城宽带公司的杨宇航出任董事长,长城宽带公司作为长城光环公司的股东与该公司之间的业务往来属于关联交易行为。

与上述两个案例的不同之处在于,在这个案件中,被告不是自然人,而是公司;同时,法院对关联关系的认定也不仅仅是从股份比例,而是因为公司(是指被告作为股东的公司,在具体案情中,则是指长城光环公司)的董事长是由被告所委派的。法院的判决书中没有直接指明被告到底是控股股东还是实际控制人,根据公司法的规定,实际控制人不具有股东身份,而控股股东对公司的控制又只能通过股权控制和表决权控制两种方式,而法院认定被告与公司之间的业务往来属于关联交易的原因又不属于这两种方式中的任何一种。因此,法院的司法实践与公司法的规定之间出现了一种紧张关系。①

仔细分析公司法的条文,会发现在关联关系的认定上存在一定的漏洞,即如果一个股东对公司的控制既不是股权控制方式又不是表决权控制方

---

① 当然,在本案中,被告拥有51%的股份,单从被告所拥有的股份比例即可认定其为控股股东。但是假设一股东所拥有的股份比例不足50%,假设为10%,同时也无法对公司股东(大)会产生重大影响,但是却能对董事长或者对董事会中的决议产生重大影响,并因此而对公司实施了实际的控制,那么根据现行公司法的规定,在认定其到底是控股股东还是实际控制人上就会存在盲点。因此,笔者认为对控股股东的认定除了股权标准和股东(大)会表决权标准外,还应包括董事会表决权标准。

式,那么在关联交易中,这个股东到底是控股股东还是实际控制人呢?很显然,他必然对公司实施了某种控制,但是仅仅由于法律条文的表述问题,使得很难将其归类。司法并不是对法律的机械执行,在立法存在漏洞的情况下,司法就应发挥弥补法律漏洞的作用。法院在判决书中并没有直接指明被告是控股股东或者是实际控制人,只是直接认定被告与公司之间存在关联交易,既巧妙又深刻地领会了公司法条文的精髓。

2. 对"交易"的界定

关联交易,本质上是一种交易行为。根据美国法院在 Hoffman Machinery vs. Ebenstein 案中的观点,交易(transaction)是指能够引起一定法律后果的任何处理事务的行为,包括出售、租赁、借入、借出、担保等活动,是比合同(contract)更宽泛的一个术语。[①] 从行为的后果看,关联交易产生了权益的移转,而这也正是关联交易的核心。我国《公司法》第217条第4款规定:"关联关系,是指公司控股股东、实际控制人、董事、监事、高级管理人员与其直接或者间接控制的企业之间的关系,以及可能导致公司利益转移的其他关系。"从公司法对关联关系的界定也可以看出,关联交易的主要目的即在于权益的移转。

另外,交易并不一定要有对价。经济的现代发展赋予了交易新的内涵,是否有对价并不直接影响权益移转行为的本质和客观性,亦即更加强调"易"而不再强调"交"[②]。《企业会计准则——关联方关系及其交易的披露》第8条也规定:"关联方交易是指在关联方之间发生转移资源或义务的事项,而不论是否收取价款。"

(二)关联交易的表现形式与分类

1. 关联交易的主要表现形式

我国2006年新出台的《企业会计准则第36号——关联方披露》在第3章"关联方交易"第8条中,对关联交易列举了十一种形式:(1)购买或销售商品;(2)购买或销售商品以外的其他资产;(3)提供或接受劳务;(4)担保;(5)提供资金(贷款或股权投资);(6)租赁;(7)代理;(8)研究与开发项目的转移;(9)许可协议;(10)代表企业或由企业代表另一方进行债务结算;(11)关键管理人员薪酬。

有学者按交易内容,将关联交易划分为业务往来中的关联交易和资产

---

① 孙爱林:《关联交易的法律规制》,法律出版社2006年版,第78页。
② 同上书,第79页。

重组中的关联交易等,并分别进行分析研究。① 也有人将关联交易归纳为发生在四大可供交易的资源间的六种形式:资金与货物间、资金与信息间、资金与关系间、货物与信息间、货物与关系间、信息与关系间。② 以上分类虽然存在一定的可取之处,但都不是从公司法角度做出的划分。

美国学者从公司董事自我交易的角度,按董事是否直接作为交易一方而区分为直接自我权益和间接自我权益的关联交易。前者包括:(1) 财产买卖,包括公司股票;(2) 从公司或向公司借款;(3) 为运营董事(如作为董事的外部律师、审计师或投资银行)提供服务等。后者包括:(1) 公司与董事的近亲属的交易;(2) 公司与董事在其中有显著财政利益的一个实体的交易;(3) 公司与连锁董事的交易以及母、子公司之间的交易等。③

施天涛教授根据关联方与公司的不同关系,将关联交易分为公司管理层与公司之间的关联交易和公司的控制集团与公司之间的关联交易两大类。其中,公司管理层与公司之间的关联关系又可分为:(1) 基本的自我交易;(2) 共同董事;(3) 管理者报酬;(4) 公司机会;(5) 同业竞争。而公司控制集团与公司之间的关联交易,类似于公司管理层与公司之间的关联交易,大体上可以分为直接交易和间接交易两大类。④

笔者认为,对关联交易表现形式的归类可以分为两个层次,首先从主体层次,可以划分为董事与公司之间的关联交易和控股股东与公司之间的关联交易,而这两种分类又都包含直接交易和间接交易两种类型。所谓直接交易是指关联方直接作为关联交易的相对方,而间接交易则是通过关联方所控制的人或实体与公司进行交易。其次,从行为层次,关联交易主要包括买卖、借贷、合同等类型。

2. 关联交易的分类

在学理上,按照不同的标准,关联交易可以区分为重大的关联交易与非重大的关联交易、持续的关联交易与非持续的关联交易、实际的关联交易与虚构的关联交易、公平的关联交易与不公平的关联交易等不同的类型。由于前几种分类都与本章的主题无关,故本章只探讨最后一种分类,即公平的

---

① 柳经纬、黄伟、鄢青:《上市公司关联交易的法律问题研究》,厦门大学出版社2001年版,第33页。
② 管强主编:《关联交易内幕》,中华工商联和出版社2003年版,第3—5页。
③ 孙爱林:《关联交易的法律规制》,法律出版社2006年版,第89页。
④ 参见施天涛:"我国公司法上关联交易的皈依及其法律规制———个利益冲突交易法则的中国版本",载《中国法学》2007年第6期。

关联交易与不公平的关联交易。

关联交易并非一定会导致不公平,所谓非公允的关联交易,主要是指一项关联交易的结果不当地损害了相关权益人特别是非关联方的利益。这种区分的意义在于:法律对关联交易并非完全否定,规制的重点是非公允的关联交易。我国新《公司法》第21条规定:"公司的控股股东、实际控制人、董事、监事、高级管理人员不得利用其关联关系损害公司利益。"可见,我国《公司法》禁止的也只是非公允的关联交易。

法院在司法实践中也持同样的观点。在北京协铭公司诉彩虹与英正明公司一案中,法官即在判决书中写道:

> "并非所有关联交易行为均损害公司利益,判断关联交易行为是否损害了公司利益,应当结合交易程序、关联人订立合同的主观意志及合同的内容、形式等各因素予以综合评判"。

二、对关联交易规制的理论基础

(一) 利益冲突

关联交易本质上是一种利益冲突交易。① "利益冲突"(conflicts of interests)是英美衡平法上的一个重要概念。根据英国学者彭宁顿(Pennington)的观点,"当一个人作为另一个人的代表行事时,如果在他接受委托时,或在事后他担任了第三人的代表或与之有重大的个人利益,而这种利益的存在可能产生这样一种实质性的危险,即他可能不为他所代表的人的最大利益服务,在这种情况下,他就处在一种利益冲突的位置"②。从本质上看,利益冲突就是委托人利益与受托人利益之间的冲突。在委托代理关系中,一方面,委托人必须信任受托人,将自己的事务交由受托人处理,但另一方面,受托人有可能滥用这种信任,违背委托人的意志,为了自己或第三人的利益而损害委托人的利益,由此就导致了利益冲突。本质上,利益冲突只是一种潜在的风险,一种冲突的可能性,其本身并不能等同于实际的损害,但是这种

---

① 参见施天涛、杜晶:"我国公司法上关联交易的皈依及其法律规制——一个利益冲突交易法则的中国版本",载《中国法学》2007年第6期。
② 柳经纬、黄伟、鄢青:《上市公司关联交易的法律问题研究》,厦门大学出版社2001年版,第12页。

风险的存在使得法律和司法的介入具有了必要性和正当性。

在讨论关联交易问题时,英美法学者也多从董事义务、利益冲突的角度着手,甚至将关联交易等同于利益冲突交易。克拉克把利益冲突归结为四种类型,即(1)基本的自我交易;(2)经理报酬;(3)占有公司或股东的财产;(4)具有混合动机的公司行为。① 其中基本的自我交易即关联交易的典型,基本的自我交易又包括四种情况:(1)公司同其董事或高级职员之间的交易;(2)公司同其董事或高级职员在其中有直接或间接重大财政利益的经营实体之间的交易;(3)母公司同其部分拥有的公司之间的交易;(4)公司同与之有共同或"连锁"董事或高级职员的另一公司之间的交易。② 这种分类很具有代表性,契合了英美公司法实践,当然也带有英美判例法的风格,不太注重体系化,而更多地强调实用性。

在关联交易中,基本上存在两类利益冲突,一类是董事高管与公司之间的利益冲突,这是公司法上经典的委托代理问题;另一类是控股股东与公司之间的利益冲突,这种冲突根源于现代公司治理的资本多数决原则。从更广义的委托代理角度来讲,还存在一类利益冲突,即债权人与公司股东之间的冲突。债权人向公司提供资金或者其他条件、服务,目的是从这种债权债务关系中获取利益,因此,债权人与股东之间的关系本质上也是一种委托代理关系,即债权人向公司投入财物或提供其他条件,由股东代为管理,所产生的收益归于债权人。在这里,债权人相当于管理人,股东则相当于受托人。无论是那种类型的利益冲突,从本质上看,都根源于现代公司治理中的两权分离,即所有权与控制权相分离。

(二)公平与效率

在对关联交易的司法审查中,存在着公平与效率的紧张关系。关联交易中利益冲突的存在使得控股股东或者董事高管有滥用权力,侵害公司和其他董事利益的倾向,因而,关联交易极有可能是不公平的,对于公司和其他股东来说是一种风险。但是,另一方面,关联交易又确实能够节约交易成本,提高经济效率。如何权衡公平和效率成为关联交易诉讼中的一大难题。一方面,法院的根本任务和主要职责就是维护公平,但另一方面,对公平的维护也不能过分地以牺牲效率为代价。在具体案件中,如何很好地取得二者之间的平衡,也是司法的艺术。

---

① 〔美〕罗伯特·C.克拉克:《公司法则》,胡平等译,工商出版社1999年版,第115页。
② 同上书,第130页。

三、关联交易案件实证分析

（一）关联交易案件情况总述

作为《北京市实施新公司法中新类型案件疑难问题研究》项目的子课题，笔者搜集了我国新《公司法》颁行以来北京市法院审理公司法案件系统的整理和归类，但是截至本书定稿之日，根据笔者所掌握的资料，涉及关联交易的案件总共只有13起，下文将这13起案件的基本情况整理成表格形式。

序号	案卷号	诉讼类型	公司类别	案件事实	判决结果	判决理由	备注
1	（2004）海民初字第10870号	股东派生诉讼	有限公司	原告与被告蔡虹共同成立A公司，其后蔡虹又与他人共同成立被告英正明公司，原告及A公司对此不知情。被告利用职务之便，使A公司与英正明公司签订协议并投入了资金，英正明公司未履行合同给公司造成了巨大的经济损失。原告要求召开股东会议催促英正明公司履行合同并追究其违约责任，但由于被告的原因而无法形成决议	支持原告的诉讼请求	被告蔡虹未如实披露其双重身份，涉案协议的订立违反法定程序，不能体现A公司的真实意思表示，违反了公平、诚实信用原则，明显损害了A公司及其股东的权益，应予撤销，故被告英正明公司应返还涉案款项，而被告蔡虹负有过错，应承担连带责任	
2	（2005）二中民初字第16126号	公司直接诉讼	有限公司	原告称被告卡尔洛·马蒂尼私自以原告与其本人在香港的公司Addfund有限公司签订服务合同，之后并未依合同为原告提供任何服务，因而从公司非法获取124200美元	驳回原告诉讼请求	法院认为被告卡尔洛·马蒂尼仅持有Addfund有限公司10%的股份，不能由此认定卡尔洛·马蒂尼对于Addfund有限公司享有实际控制权，同时，原告无法证明卡尔洛·马蒂尼通过《服务合同》获取相关利益，对原告的该项诉讼请求，法院不予支持；	

（续表）

序号	案卷号	诉讼类型	公司类别	案件事实	判决结果	判决理由	备注
3	（2004）一中民初字第7131号	股东派生诉讼	有限公司	在公司清算阶段，原告发现三被告在任职期间相互串通以编造虚假的工资表、虚假的租赁合同等方式侵占公司财产，损害了公司利益。原告请求清算委员会起诉遭到拒绝，故原告提起股东派生诉讼，以维护公司利益和自身利益	驳回起诉	公司正处于清算阶段，原告的诉讼主张应当在清算过程中予以核实。在清算过程尚未完成的情况下，原告提起股东代表诉讼，没有法律依据	
4	（2006）高民终字第466号	股东派生诉讼	有限公司	在公司清算阶段，原告发现三被告在任职期间相互串通以编造虚假的工资表、虚假的租赁合同等方式侵占公司财产，损害了公司利益。原告请求清算委员会起诉遭到拒绝，故原告提起股东派生诉讼，以维护公司利益和自身利益。原审法院裁定驳回起诉	驳回上诉，维持原裁定	公司正处于清算阶段，原告的诉讼主张应当在清算过程中予以核实。在清算过程尚未完成的情况下，原告提起股东代表诉讼，没有法律依据	案件3的上诉
5	（2006）东民初字第3236号	公司直接诉讼	有限公司	原告称被告任职期间，虚报公司装修工程造价，并将虚报的款项据为己有，损害了原告利益	驳回原告的诉讼请求	证据不足	
6	（2006）二中民初字第03768号	股东派生诉讼	有限公司	原告称三被告明知公司可以以较低的价格从A公司购买产品，却利用其身份，互相串通，从B公司以较高的价格购买产品，损害了公司利益	驳回起诉	原告提起的股东代表诉讼应当履行相应的前置程序，而原告未履行，故其起诉不当。	

(续表)

序号	案卷号	诉讼类型	公司类别	案件事实	判决结果	判决理由	备注
7	(2005)东民初字第4049号	股东派生诉讼	有限公司	原告与被告大地帝公司等四人约定整体买断A公司的全部资产权益,而被告大地帝公司进行的却是承债式收购,并私下与A公司签订声明书,同意A公司酌情处理其固定资产以偿债,以此为条件免除大地帝公司对A公司的债务。因此,公司的实物出资已被被告抽逃	确认被告擅自处分公司财产的行为侵害了公司利益,并驳回原告的其他诉讼请求。	原告称系公司全体股东购买A公司的主张,因证据不足而不予认定;被告在处分公司财产前,已将其他资产注入了公司,故其行为并未对公司财产造成损失,因而对原告要求确认被告抽逃公司注册资金并予以返还的诉讼请求不予支持	
8	(2006)二中民终字第12208号	股东派生诉讼	有限公司	原告与被告大地帝公司等四人约定整体买断A公司的全部资产权益,而被告大地帝公司进行的却是承债式收购,并私下与A公司签订声明书,同意A公司酌情处理其固定资产以偿债,以此为条件免除大地帝公司对A公司的债务。因此,公司的实物出资已被被告抽逃	驳回上诉,维持原判	被上诉人的行为并未对公司造成实际的损失	案件7的上诉
9	(2006)丰民初字第05144号	股东直接诉讼	股份制(合作)企业	原告称被告私自将一批货物低价销售给其妻的客户,损害了公司利益和其自身利益	驳回原告的诉讼请求	法院认为被告作为公司的经理和法定代表人,有权组织公司的日常经营活动,其行为未违反法律、法规和公司章程的规定,原告的诉讼请求证据不足,故不予以支持	

（续表）

序号	案卷号	诉讼类型	公司类别	案件事实	判决结果	判决理由	备注
10	（2007）海民初字第10916号	股东直接诉讼	有限公司	原告与被告共同成立A公司，分别出资49%和51%，公司法定代表人、财务总监和董事长均由被告派人担任。原告称被告滥用其控股股东身份，强迫A公司与其进行关联交易，同时强占公司的十几处机房，无偿占有公司的网络资源，并拖欠公司120万余元至今未还，损害了原告作为公司另一股东的利益	驳回原告的诉讼请求	1.法院认为被告与A公司之间虽然存在关联交易，但依据生效判决所确认的事实，被告与A公司之间存在事实上的合伙关系，被告按照正常的商业标准向A公司支付了费用，且交易中也体现了原告的意志，故并未损害原告的利益；2.机房和网络资源属于被告独立拥有的资产，被告享有独立的支配权；3.原告称被告长期拖欠公司款项，证据不足，不予支持	
11	（2007）海民初字第27119号	股东派生诉讼	有限公司	原告与被告均是A公司的股东。原告称被告在公司连续数年亏损且未经法定程序的情况下，擅自从A公司领走红利110500元，违反了公司法的有关规定，侵犯了四原告的股东权益，给四原告等股东造成了巨大经济损失	驳回原告的诉讼请求	根据已生效的法院判决所认定的事实，被告取得的涉案款是投资回报款，且不能证明A公司没有盈利，不能分配红利，故被告取得涉案款合法有据，无需返还	
12	（2007）朝民初字第21203号	公司直接诉讼	有限公司	原告称被告在任职期间利用职务之便，以为公司办理事务为由从公司取走8万元，且在未召开股东大会，也无财务凭证的情况下，向他人支付公司财产，损害了公司利益，故起诉到法院要求判决被告返还公司财产102800元	驳回诉讼请求	法院认定被上诉人支取的费用具有合理性，因而并未侵占原告的财产	

（续表）

序号	案卷号	诉讼类型	公司类别	案件事实	判决结果	判决理由	备注
13	（2008）二中民终字第04108号	公司直接诉讼	有限公司	原告称被告在任职期间利用职务之便，以为公司办理事务为由从公司取走8万元，且在未召开股东大会，也无财务凭证的情况下，向他人支付公司财产，损害了公司利益，故起诉到法院要求判决被告返还公司财产102800元。一审法院驳回了原告的诉讼请求	驳回上诉，维持原判	法院认定被上诉人支取的费用具有合理性，且股东会决议中并无公司资金的动用必须经股东开会通过的内容	案件12的上诉

从上述表格中，我们可以总结出关联交易诉讼案件的如下特点：

1. 从公司类型来看，涉案公司基本上都是有限责任公司，只有1起案件中涉案公司是股份合作制企业。有限责任公司和股份有限公司是现代公司制企业的两大典型形态，有限公司体现了资合性和人合性相结合的特点，股份公司则完全属于资合性企业。无论是有限公司还是股份合作制企业，都具有相当高的人合性和封闭性的特点，股东人数较少。在现实的经济生活当中，发生在股份公司尤其是上市公司中的关联交易，相对于发生在有限公司中的关联交易，无论从规模、数量还是影响上来看，都有过之而无不及，那么，同在关联交易案件中，为何没有出现股份公司的身影呢？笔者揣测，首先，这与股份公司所具有的公众性不无关联。由于股份公司人数较多，股权相对而言更为分散一些，由于中小股东的持股量相对较少，而参与公司治理和对董事、高管进行监督需要投入大量的时间、精力和金钱，因而中小股东缺乏关注公司治理的热情，出现了现代公司治理中的"股东冷漠主义"。同时，即使大股东控制了公司，利用关联交易损害了公司利益，股份公司的股东尚有退路，可以"用脚投票"，将股票在二级市场抛售。另外，关联交易诉讼中的举证问题也极有可能成为阻却股东提起针对股份公司的关联交易诉讼的重要原因。如何通过诉讼途径制约关联交易对股份公司利益的损害，保障股份公司的股东权益，是一个值得深入探讨的问题，但是，这不属于本章所要讨论的范围。

2. 从原告的类型来看，既有股东，也有公司。其中，股东作为原告的案件占大多数,有9起,而公司直接诉讼的只有4起。

3. 从被告的类型来看,既有公司,也有自然人;从被告的特点来看,基本上所有的被告兼具有股东与高管人员的双重身份,这从侧面反映出我国公司治理结构中的一大鲜明特点:即大股东和高管人员常常是合二为一的。大股东既拥有公司的多数股份,同时也拥有选任公司高级管理人员的权力,因此,无论是在股东大会,还是在董事会,大股东都享有优势话语权,其对公司的控制也更为全面和深入。

4. 从诉讼所要维护的利益来看,除了两起案件直接以维护股东自身利益为诉由外,其余的案件均以维护公司利益为诉由。一般来说,关联交易所损害的最直接的就是公司利益,对股东利益的损害则是间接的。但是,鉴于涉案公司均为封闭公司,人合性很强,因此对公司利益的损害从根本上来说就是对其他股东利益的损害,因此,也可以提起股东直接诉讼。

5. 从诉讼结果来看,13个案件中,只有1起案件胜诉,其余12起案件全部以败诉告终,其中还有3起案件根本未进入实体审理,即在审查起诉阶段被驳回。为什么绝大部分关联交易案件都会败诉呢?法院对关联交易采取的是什么样的态度呢?在审查关联交易案件时所考量的是哪些方面的因素呢?胜诉案件胜诉的关键是什么呢?这些,都是下文所要分析和回答的内容。

(二)关联交易案件中法院所考虑的主要因素

法院在审理关联交易案件中,主要考察了五个方面的因素,现分别论述如下:

1. 实际损失

我国《公司法》第21条规定:"公司的控股股东、实际控制人、董事、监事、高级管理人员不得利用其关联关系损害公司利益。"因此,对损失的认定在关联交易诉讼中具有重要作用,公司的损失既是提起诉讼的起因,也是界定赔偿范围的依据。公司法没有对损失的具体范围作出界定,损害是仅指直接损失还是包括间接损失?是仅指实际损失还是包括信赖利益损失(既得利益损失,即在正常情况下未来必然能够得到的利益)?从实证的角度来看,法院更倾向于认定为实际损失。

【案例四】 在北京协明公司诉蔡虹与英正明公司一案中,原告称被告蔡虹利用其职务之便,使得华天网公司与其控股的英正明公司签订了标的额为80万元的产品研发协议书,并于协议签订后支付了20万元的研发费用。后英正明公司未履行协议,在蔡虹的控制下,华天网公司既未督促英正明公司继续履行合同,也未收回已经支付的 20 万元预付款,已经给华天网公司造成了 20 万元的直接损失。因此,原告请求法院判令被告英正明返还已付的 20 万元研发费用和利息,被告蔡虹承担连带责任。法院在判决书中指出:"现蔡虹及英正明公司虽称协议前期已实际履行,并取得了相关部门的检测,并以此用于证明协议的订立在实际履行中并未给华天网公司的利益造成损害,但该协议的部分履行并不能代表华天网公司全体股东对协议内容的认可,也不能代表华天网公司的利益不会受到损害,且该协议事实上已终止履行,故蔡虹及英正明公司提出的上述抗辩理由本院不予采信"。

在这一案件中,法官在判决书中提到"该协议的部分履行……不能代表华天网公司的利益不会受到损害",从这一提法中似乎可以看出,法官对损失的认定至少是包括信赖利益损失的。但是,法官同时又指出"且该协议事实上已终止履行",因此,法官所参考的主要还是实际损失。

【案例五】 在赵申秋诉乔汝与北京市大地帝公司一案中,原告称被告乔汝于 1999 年 3 月 21 日以大地帝公司的名义私下与湖南毛公酒厂厂长徐田辉出具共同的声明书,内容为大地帝公司同意徐田辉酌情处理原湖南毛公酒厂的库存酒产品及设备、房屋土地等固定资产,用以偿还原湖南毛公酒厂所欠的国税、银行等部门和个人一切的债务,今后,大地帝公司不再承担原湖南毛公酒厂所欠的任何债务。至此,毛公酒公司成立时的 500 万元实物出资实际早已被大地帝公司私下抽逃,大地帝公司及乔汝的行为已经严重侵犯了毛公酒公司的公司利益。原审法院认为:"大地帝公司及乔汝虽有侵权行为,但大地帝公司及乔汝在实施侵权行为前,已将大地帝公司买断的无形资产(评估价值为 4903 万元)注入了毛公酒公司,故大地帝公司及乔汝的侵权行为并未给毛公酒公司造成损失"。二审法院也对被告侵害公司利益这一事实予以认定,但是,二审法院将案件焦点转移至收购湖南毛公酒厂究竟是大地帝公司自己的行为还是大地帝公司代表全体股东的行为这一问题上,最终,该案以败诉而告终。

在这一案件中,一审法院和二审法院都对被告侵害公司利益的事实作出了认定,但是,法院认为被告在实施侵权行为之前已经将其他资产注入公司,因而并未对公司造成损失,法院认定被告的行为并未损害公司利益的原因就在于公司的总价值没有减少。在该案中,被告所转移的公司资产是实物资产,而被告注入公司的是无形资产(商标权)。且不论该无形资产的价值的评估是否合理,实物资产的价值相对来说比较稳定,而无形资产的价值相对而言则波动性更强,以无形资产替换实物资产,法院认为公司的总价值没有贬值,可见至少是没有考虑间接损失的。

2. 交易的对价

【案例六】 在北京光环新网公司诉长城宽带网络公司一案中,原告称被告利用其控股股东身份,将其对下属区域公司的运营政策强加在长城光环公司头上,强迫长城光环公司与其进行关联交易,导致长城宽带公司从长城光环公司取走了 2004 年和 2005 年的收入分成款 280 万元,掏空了长城光环公司,直接损害了光环新网公司的利益。法院在判决书中指出:"虽然长城宽带公司作为长城光环公司的股东与该公司之间的业务往来属于关联交易行为,但长城光环公司向长城宽带公司交付了 2001 年、2002 年网络初装费和月租费的全部收入,长城宽带公司按其向各区域公司所发通知的标准返还了长城光环公司部分费用。在长城光环公司于 2004 年 11 月 11 日给长城宽带公司的报告中亦载明,公司自开始运营以来,收入核算方式一直按照长宽总部(即长城宽带公司)制定的原运营政策执行,即按月租费 25%、初装费 40% 的比例计提收入。"

相对于其他关联交易案件,这个案件比较特殊,因其是股东直接诉讼,即股东认为关联交易损害了自身利益而提起的诉讼。一般而言,关联交易都是为维护公司利益而提起的股东派生诉讼,因其对股东利益的损害是间接的,提起股东派生诉讼也更有利于原告举证。但是,在本章所搜集到的案例中,大部分都是有限公司,股东人数比较少,绝大部分都公司都只有两个股东,损害了公司利益的关联交易进而必然对其他股东的利益造成损害,从这个角度来看,直接提起股东诉讼也未尝不可。

这个案件中最大的特别之处就是法官深入交易实质,并采用"正常商业标准"来判断关联交易。法官认定被告按照"正常的商业标准"向公司支付了对价,即"长城光环公司向长城宽带公司交付了 2001 年、2002 年网络初装费和月租费的全部收入,长城宽带公司按其向各区域公司所发通知的标准返还了长城光环公司部分费用","公司自开始运营以来,收入核算方式一直按照长宽总部(即长城宽带公司)制定的原运营政策执行,即按月租费 25%、初装费 40% 的比例计提收入"。通过支付费用、按规定比例提取等字眼,可以看出法官已经深入到了交易实质中,对交易的对价进行了判断。

3. 主观因素

【案例七】 在北京光环新网公司诉长城宽带网络公司一案中,原告称被告利用其控股股东身份,将其对下属区域公司的运营政策强加在长城光环公司头上,强迫长城光环公司与其进行关联交易。法院在判决书中写道:"结合上述事实,本案中,无证据证明长城宽带公司与长城光环公司之间的合作及双方对于网络初装费和月租费的收取及分配比例,系长城宽带公司利用控股股东身份强加给长城光环公司,相反在上述交易行为中也体现出了光环新网公司一方股东的意志。据此,光环新网公司主张长城宽带公司滥用控股股东权利将其对下属区域公司的运营政策强加在长城光环公司头上,强迫长城光环公司与其进行关联交易,证据不足,本院不予支持。长城宽带公司依据其与长城光环公司之间达成的合意,向长城光环公司收取合作分成款项的行为并未损害另一股东光环新网公司的权益。"

在这个案件中,法官从主观方面进行了考察,认为"在上述交易行为中也体现出了光环新网公司一方股东的意志","长城宽带公司依据其与长城光环公司之间达成的合意,向长城光环公司收取合作分成款项的行为并未损害另一股东光环新网公司的权益",因此,法官认定被告在涉案关联交易中是没有恶意的,因而对原告所称的"被告利用控股股东地位强迫公司与其进行关联交易"主张不予认定。但是,这是否意味着主观因素是法官在审判关联交易案件中必然会考虑到的一个因素呢?如果在该案中,原告没有主张被告强迫公司与其进行关联交易,则法官是否会考察被告的主观恶性呢?

【案例八】 在北京协铭公司诉蔡虹与英正明公司一案中,法院在判决书中写道:"并非所有关联交易行为均损害公司利益,判断关联交易行为是否损害了公司利益,应当结合交易程序、关联人订立合同的主观意志及合同的内容、形式等各因素予以综合评判","本案中,蔡虹作为交易关联人在协议签订前应如实向华天网公司披露其作为英正明公司股东的身份"。而被告蔡虹没有履行披露义务,因此,法官认定其主观上存在过错,并因此使得交易显失公平。

这个案件是在2004年作出判决的,当时新公司法尚未颁行,因此,法院对关联交易的审判没有明确的公司法上的依据,只能求助于民法和合同法,因而在该案中,法官综合考虑了合同的程序、内容、形式和当事人的主观意志等各方面的因素。但是,从判决书中可以看出,法官的判决理由实际上可以归结为两点:(1) 被告蔡虹没有履行披露义务,因而存在主观过错,该合同也不可能体现公司的真实意思表示;(2) 合同所导致的后果是显失公平。基于这两个原因,法官才认定被告因其关联交易损害了公司利益,应承担赔偿责任。

值得注意的是,在这个案件中法官提到被告作为关联方,应当主动披露其身份,负有披露义务,原告须对原告或公司明知其身份的事实进行举证,这种提法很值得肯定。其他案件中都没有提到关联方的披露义务,有可能是原告和公司对关联人的关联关系已经明知,也可能是因为原告方忽略了这一点。无论怎样,在该案中,未履行披露义务在原告的胜诉中起到了十分关键的作用。该案是唯一一起胜诉的关联交易案件,笔者揣测,主要有两个方面的原因:第一,被告未履行披露义务,因而法官很容易认定其主观恶性;第二,被告的行为已经给公司造成了20万元的实际损失。

4. 程序问题

【案例九】 在张桂芝诉白维平一案中,原告张桂芝称被告白维平作为三维兴商贸中心的经理和法定代表人,利用职务之便,私自将一批货物低价销给其妻张京美的客户王宝刚。该批货物按近期正常销售价为35836元,白维平以16104元的价格低价销售,差价为19732元。因此,张桂芝要求白维平赔偿损失10866元。法院在判决书中写道:"本院认为:根据三维兴中心章程第13条第7项的规定,白维平作为企业的经理、法定代表人,有权组织企业的日常经营活动。三维兴中心向王宝刚出售摩托车配件,属于企业正常的经营活动。白维平代表三维兴中心做出的上述行为,属于其职权范围,未违反我国法律、行政法规、公司章程的规定,并无不当。张桂芝认为白维平的行为侵害其股东权益,证据不足,本院不予支持。"

对原告的理由进行归纳,可以表述为:(1) 所售货物的相对方是被告妻子的客户,存在着关联关系;(2) 程序不合法,即未经原告同意,私自销售货物;(3) 价格不合理,比正常市价低19732元。可以说原告的这三点理由是层层推进的。首先,被告与交易的相对方有关联关系,因而存在利益冲突,存在滥用权力、损害原告利益的可能性;其次,被告的行为在程序上不合法;再次,即使不考虑程序问题,从交易实质来看,交易的对价明显不合理。

再来看看法官是如何驳回原告的诉讼请求的。对法官的裁判理由可以总结为两点:(1) 涉案企业出售货物的行为属于正常的商业经营活动;(2) 被告有权组织企业日常的经营活动,因而有权代表三维兴中心做出上述交易行为。对法官的判决理由进行仔细的推敲,可以发现法官驳回原告诉讼请求的根本理由只有一点,即被告享有正当的经营权。由于被告享有正当的经营权,有权代表企业对外进行交易活动,因而被告的行为不存在程序违法问题。法官在判决书中对该案中的关联关系只字未提,而原告已经在诉讼中指出交易的相对方是被告妻子的客户,而且原告也多次提到被告"不惜以公司的利益为代价,而让其妻获利",损害了原告的利益。既然存在关联关系,也就存在利益冲突,从而也就存在导致交易结果不公平的可能性,从这个意义上说,该项交易并不能等同于一般的不存在关联关系的交易活动,也不能称其为"正常的商业经营活动"。但是,关联关系仅仅代表一种风险,判断该项交易是否属于正常的商业活动还须从程序和实体方面进行考量。很显然法官认为程序方面是没有瑕疵的,那么实体方面呢?

原告称被告是以不合理的低价出售货物的,而被告则进行了反驳:"张桂芝(即原告)所述公司卖给王宝刚货物一事,该批货物进价为12583元,卖出价为16104元,差价3521元,加价27.98%。目前这批货物按进价卖都很困难,如果实在卖不出去,就只好卖废铁了,价格会更低。因此我认为我卖出的价格并不低。"可见,原告和被告各执一词,而法官对此不置一词,从判决书中也看不出法官对涉案货物的价格进行了任何的调查。因此,根据正常的逻辑推理,只能判断法院认定涉案交易属于正常的商业活动的理由是程序上的合法性,即法官认为,只要该项交易程序合法,法官即认定其为正常、合理的商业活动,而不会更进一步审查该项交易的实质。

这种做法固然体现了法院的保守性和自我克制,然而,这种做法在中国当下的公司治理实践中是否合理还值得进一步探讨。

5. 交易的实质公平性

【案例十】 在北京中圣公司诉宋玉春一案中,原告称被告宋春玉作为公司董事长,利用掌管公司财产及账目的便利,在未经其他股东同意,也没有财务凭证的情况下,以为公司办理事务为由从公司支走了8万元,因而要求被告返还。一审法院认为"宋玉春为设立中圣公司委托他人作出可行性分析报告,宋玉春虽然没有提供票据,但根据相关规定,设立中圣公司必须提供可行性分析报告,而作出可行性分析报告必然产生费用,宋玉春为此以中圣公司的名义支付的8万元,并无明显不当",因而驳回了原告的诉讼请求。中圣公司不服,提出上诉,并指出"依据公司召开的董事会形成的决议……公司股金为共同财产,个人无权动用,如有特殊需要,必须事先经股东开会通过。宋玉春支付的三笔费用没有得到股东会事先批准或者事后确认,宋玉春的上述行为无效……一审法院认为宋玉春支付了8万元的可行性报告费用是推断的事实",因此,请求二审法院撤销原判并改判。二审法院驳回了中圣公司的上诉请求,并在判决书中写道:"虽然宋玉春没有提供作出可行性报告花费费用的原始票据,但制作可行性报告必然产生费用,宋玉春据此主张花费了8万元费用并无明显不当。因取得国际船舶代理经营资格登记证是中圣公司领取营业执照的前提条件,……故宋玉春关于在公司成立之前已代公司垫付了8万元费用的主张具有合理性,据此,中圣公司以2003年8月18日股东会决议中的内容即公司股金动用必须经股东开会通过而抗辩宋玉春支付8万元费用的行为无效的上诉主张依据不足,本院不予采信,其要求宋玉春返还8万元款项的上诉请求依据不足,本院不予支持。"

这个案件中的关联交易属于英美法学者所谓的董事自我交易。被告作为公司的法定代表人和经理,拥有掌管公司财产和账目的权力,在这种情形下,原告从公司支取财产,实质上是与公司之间的交易,属于直接关联交易。原告的诉讼理由主要是被告的行为存在程序上的瑕疵,即未经股东会事先批准或事后确认。而一审法院的判决理由则将焦点集中在被告支出费用的合理性,即"设立中圣公司必须提供可行性分析报告,而作出可行性分析报告必然产生费用,宋玉春为此以中圣公司的名义支付的8万元,并无明显不当",从而驳回了原告的诉讼请求。在一审法院的判决书中,也找不到法院对程序问题进行过调查的内容,可见,一审法院认为,只要实体具有正当性,则无论程序上是否存在瑕疵,交易即具有正当性和公平性。很明显,原告不认同一审法院的这种"重实体、轻程序"的做法,提起了上诉。二审法院对这个问题作出了回应,将案件的焦点转移至时间问题上。二审法院认定宋春玉是在公司成立前为公司垫付了8万元,因此,对中圣公司提出的股东会决议规定动用公司股金必须经过股东会批准的诉讼主张不予支持。二审法院的这个理由在逻辑上并不严密,即使被告是在公司成立前为公司垫付了8万元,但作为公司的股东,被告也必须遵守股东大会决议的规定,可见,被告在公司成立前为公司垫付了8万元这一理由并不足以使被告的行为在程序上得到正当性。从这个层面上讲,与一审法院相同,二审法院也倾向于"重实体而轻程序"。

6. 小结

通过上文的分析可以看出,北京市法院在审理关联交易时主要是从交易是否对公司造成了实际损失、交易的对价是否合理、关联方的主观因素、交易的程序和实质公平合理性这几个方面进行考察。然而,在一个具体的案例中,法院不会对这几个方面一一进行考察,而是会针对原告的诉讼请求和主张,有针对性地考察相关方面,这也可谓是"不告不理",并且对这几个方面的考察并没有一定的优先顺序,而是结合具体的案情而定。

同时,值得注意的是,除了一起胜诉的案件外,其他所有的案件都以败诉而告终,从一定意义上说,法院总体上都倾向于驳回原告的诉讼请求。以案例九和案例十为例,在案例九中,法官因为程序上的合法性,因而对交易的实质不做考察,从而驳回了原告的诉讼请求;而在案例十中,被告的行为在程序上存在瑕疵,但法官认为该交易在实质上是合理的,因而也驳回了原告的诉讼请求。可以看出,法院在关联交易案件的审判实践中,并没有一个十分清晰的逻辑,这两个案例的共同之处就是法官以不同的理由驳回了原告的诉讼请求,从而间接地支持了被告的主张。

四、他山之石:美国的做法

相对于其他国家而言,美国的商业诉讼非常发达,诉讼机制的发展也日益完善,我国学者在引进借鉴时,也大多围绕着美国法上的做法展开讨论。下文对美国法上对关联交易诉讼的相关内容的介绍将从历史考察、学说理论和司法实践三个角度展开。

(一)美国对关联交易规制的历史

根据克拉克的总结,美国对关联交易的规制经历了四个阶段[①]:

第一阶段:绝对禁止关联交易;

第二阶段:准许进行公平且经无利害关系的大多数董事批准的关联交易;

第三阶段:准许进行法院认为公平的关联交易;

第四阶段:在某些州,准许进行公平的或经适当告知的大多数股东批准的关联交易,并免除其对合同条款的公平性进行司法调查。

美国早期立法对关联交易采取了绝对禁止的态度,可以视为法律对公

---

① 〔美〕罗伯特·C.克拉克著:《公司法则》,胡平等译,工商出版社1999年版,第130—131页。

平的一种绝对追求。但随着19世纪末经济的迅速发展和公司组织形式的普遍化,绝对无效规则已成为公司发展业务的障碍①,因而逐渐被抛弃。有关这一时期美国判例的实证分析表明,这一时期封闭公司自我交易案件的比例要比公众公司大得多。对于众多的封闭公司而言,由于其规模、资金和业务渠道有限,因而公司董事以适当的利率对公司贷款或带来业务显然有利于公司业务的发展。而对于公众公司而言,设立子公司或关联企业从而形成企业集团是这一时期迅速扩张公司规模的有力杠杆,因此,企业集团内部的关联交易也就日渐增多。② 法律的发展变化必须要顺应社会经济生活的发展变化,而美国法也一向强调法律的实用性,正如克拉克所指出的,关于自我交易规则的"部分或所有的这种转变都源于法院对开放性规定是否对社会或经济有益的观念变化"③美国对关联交易的规制由完全禁止到逐步放松,正是出于对效率的尊重。

(二) 相关的学说理论

从总体上看,法院对于关联交易的审查,包括对程序的审查和对实质的审查。程序审查一般是指法院只审查关联方进行的交易是否依据法律、法规所规定的程序实施,实质审查则一般还涉及对交易的经济实质进行审查,即在实质上判断交易是否公平。

对于关联交易司法审查的标准问题,主要有三种不同的观点④:

1. 程序审查说。认为法院的司法审查只应停留在程序审查,主要理由是:(1)商事活动具有外观性、技术性,为维护交易安全,保障董事积极决策,应只对关联交易进行程序审查;(2)从法官的知识体系角度看,法官不是商业方面的专家;(3)法院具有尊重商业判断规则的传统,法院若介入实质审查,必定要牺牲商事交易的可预见性和确定性,由此造成诉讼成堆,大量案件久拖不决,既影响交易安全,也增加了诉讼成本。

2. 实质审查说。认为法院应当介入实质审查,主要理由是,法院对关联交易的公正性享有最终的司法审查权。法院只有介入实质审查,才有利于保护公司和小股东的利益,实现真正公平、实质正义。

3. 折中说。主张以程序审查为主,实质审查为辅。其主要理由是:司

---

① 李建伟著:《关联交易的法律规制》,法律出版社2007年版,第121页。
② 同上书,第121—122页。
③ 〔美〕罗伯特·C.克拉克著:《公司法则》,胡平等译,工商出版社1999年版,第134页。
④ 孙爱林:《关联交易的法律规制》,法律出版社2006年版,第166页。

法审查的标准,受到社会经济环境以及立法意图、关联交易的性质、司法力量、司法传统等一系列因素的影响,因此司法审查应当具体问题具体分析,在实践中进行不断的调整。

上述三种观点,前两种观点都有失片面,相比较而言,第三种观点更具有合理性,符合司法审查的理想状况,然而该观点十分模糊,操作性较弱。

（三）美国法院的司法实践

根据美国特拉华州的法律,对关联交易的审查分为两个层次,首先,如果交易决定是由知情且无利害关系的董事或股东作出或批准,则该项交易只按照相对宽松的"商业判断规则"进行审查;否则,该交易就按照严格的"完全公平标准"进行审查①,这便是关联交易司法审查的双轨制。

商业判断规则(business judgement rule),是由美国法院在处理针对董事的诉讼中发展起来的用以免除董事因经营判断失误承担责任的一项法律制度。根据该规则,当董事们基于合理的信息对公司的商业事务作出决策,该决策的执行最终失败并给公司造成损失,且在事后的司法审查中发现的确存在决策的瑕疵,但只要董事们决策时能够满足一定的条件,就不必承担个人责任。② 商业判断规则是一项保护董事、高管合法利益的一项规则。一般认为,董事、高管人员主张商业判断规则的保护,应当具备以下条件:(1) 董事、高管人员的行为限于对公司事务作出判断的场合;(2) 董事、高管人员遵守了对公司的忠实义务,其行为的目的和动机只是为了公司的利益;(3) 依当时的情形,董事获取的信息在作出商业判断时被认为是充分的和准确的;(4) 董事有足够的理由认为其当时的判断符合公司的最大利益;(5) 董事在作出判断时不存在重大过失。③ 由此可见,商业判断规则仅适用于对董事注意义务的判断,而不适用于对忠诚义务的判断,如果董事违反了其忠诚义务,则必须适用更加严格的"完全公平标准"来进行司法审查。

可见,双轨制将对关联交易的司法审查分为两个层次,首先通过程序审进行过滤,如果符合法定的程序,则适用商业判断规则,仅审查董事是否履行了相应的注意义务;如果存在程序瑕疵,才进行全面的实质审查,适用严

---

① 〔美〕史迪夫·柯利:"美国证券法对关联交易的规定",载《证券立法国际研讨会论文集》,法律出版社1997年版,第198页。转引自孙爱林:《关联交易的法律规制》,法律出版社2006年版,第169页。
② 甘培忠:《企业与公司法学》(第4版),北京大学出版社2006年版,第407—408页。
③ 同上书,第409页。

格的"完全公平标准"。在这里,程序审成为一道"过滤网",将相当一部分关联交易挡在法院实质审查的门外,一方面体现了法院对公司自治的尊重,维护了法律的可预见性和确定性,有利于促进经济效率的提高,另一方面也有利于提高司法效率。

在双轨制中,程序审查和实质审查并不是截然分开和彼此对立的,也不是所谓的"程序审查为主,实质审查为辅",而是有层次的、阶梯式的。这种关联交易司法审查的标准,更为合理,也更具有可操作性,对中国具有极大的借鉴意义。

五、进一步的思考:导致差异的原因

(一)我国和美国关联交易审判实践之比较

从上文的分析可以看出,中美两国对关联交易的审判实践存在着很大的差异。美国拥有发达的商业诉讼实践,在判例法的基础上逐步发展出一套比较完善的适用于关联交易案件的司法审查标准。其对关联交易的司法审查是梯度式的,即首先进行程序审查,如果程序合法,则法院就不再进行审查;如果程序不合法,则法院会进行实质审查,而实质审查又主要是从交易价格和交易过程的公平合理性两个方面展开。

相比较而言,我国法院对于关联交易的审判实践尚处于发展阶段。法院在审判中主要从交易是否对公司造成了实际损失、交易的对价、关联方的主观因素、交易的程序以及交易的实质合理性等几个方面进行考察。但是,法官在诉讼中并不是对这几个案件都一一进行考察,而是结合具体的案情进行有针对性的选择。法院在审判实践中也没有一个比较清晰的逻辑,在不同的案件中,有的案件重实体轻程序,有的案件又重程序。即便如此,法院的判决结果却有着高度的一致性,即驳回原告的诉讼请求。

此外,我们认为,对关联方主观因素的考察实属不必要。因为,要界定主观因素实在是一件很困难的事情,无论是原告和被告都很难进行举证,同时也容易导致法官滥用自由裁量权。笔者建议将关联方是否履行披露义务纳入司法审查的范围,并且由关联方自身承担举证责任,这样做更具有可操作性,同时也更具有客观性。

(二)推测:可能的原因

对于我国和美国在关联交易司法审判实践中的巨大差异,我们揣测,可

能有以下两个方面的原因:

1. 从法律的规定来看,商法是美国最发达的法律部门之一,而且美国的立法体制也决定了其法律规定必然经过了普通民众的参与和反复大量的论证,因而操作性强,体系较为严密和科学,具有很强的适用性。而且,美国的公司法也处在动态的发展过程中,随着经济和社会实践的发展而不断修订和完善,日渐丰富,更契合了实践的发展,因而法官在判案时便有了相对具体和明确的断案依据。相比之下,我国公司法虽然在2005年进行了大幅度的修订,但是,其中很多条文的规定均是原则性的,至于如何适用,尚需法院在司法实践中进一步探索,而目前也没有相关的司法解释,因而导致了法院在诉讼中适用依据的空缺。

2. 从公司诉讼的实践来看,美国有着丰富的公司诉讼的实践,经过长期的发展,逐步积累了丰富的经验。美国法院在商业判断规则的运用、关联交易案件中举证责任的分配、证据的认定方面,都有大量的案例,并逐步修正和完善。而检视我国在关联交易方面的诉讼实践,我国法院在关联交易诉讼方面的经验不足,因此,在诉讼中显得更为保守,法院在绝大多数案件中都驳回了原告的诉讼请求,而判决原告败诉。这既体现了法院在介入经济活动时的谨慎,但从另一个方面来看,也反映了我国法院在面对复杂的经济现实时的整体能力不足。

3. 从相关的配套制度上来看,美国对关联交易的司法审查有一整套相对完善的机制,从关联交易的披露机制,到关联交易的股东大会和董事会批准机制,到司法审查中的双轨制,到对关联交易进行实质审查的具体标准等方面,都有相关规定。有了这些相关配套机制的保障,加上美国在公司治理理论和实践方面的丰富经验,美国法院对关联交易的司法审查标准能够得到很好的实施和应用。反观我国,相关的配套机制还很不完善。在关联交易的披露机制、股东大会和董事会批准机制上,相关的法律规定都比较抽象,司法实践中也没有统一的标准。而我国的公司治理也还有很大的发展空间,这些都对法院的审判活动带来了很大的局限。

当然,除了这两个方面的原因外,其他的相关因素,如当事人的法律水平、举证能力等等,也会对法院的审判实践产生影响,但笔者认为,上述三个因素是对诉讼实践产生影响的主要原因。

六、结语

新《公司法》颁行后,北京市法院在关联交易诉讼方面进行了积极的探索,并取得了一定的进步。在认定控股股东方面,法院主要考虑的是持股比例,其次是对董事会的人事控制。关联交易案件基本上都发生在有限责任公司这种具有封闭性的公司,在具体审理中,法院主要从是否对公司造成实际损失、交易的对价、主观因素、交易的程序和交易的实质合理性等方面进行考量。虽然审判的实践并不统一,但法院都倾向于不对关联交易作出否定性的认定,即大部分关联交易案件都是以败诉而终结。这一方面体现了法院的保守和克制,另一方面也反映了我国法院在商业审判方面的能力整体不足。这种状况,主要与我国的相关法律规定还不够完善、可操作性不强、法院在公司法诉讼实践方面的经验不足以及相关的配套机制不完善有关,因此,进一步提高我国法院在关联交易司法审查方面的水平,更好地落实公司法的规定,维护公司利益和中小股东利益,将是一个任重道远的过程。

第六章 公司股东会、董事会决议效力案件疑难问题研究

股东会(股东大会)是股份有限公司、有限责任公司的权力机构,是股东行使权利、表达意志的主要场所与组织。股东会根据"资本多数决"原则对公司的内外重大事项进行决议,体现和表达公司的整体意志。董事会是股份有限公司、有限责任公司股东会的执行机构,董事会根据"人数多数决"的原则作出决议,是公司各项事务的直接经营和管理者。股东会、董事会的法律性质与地位,决定了股东会、董事会的决议对公司的股东、董事以及公司之外的第三人均有重大的意义,决定和影响着股东、董事以及公司之外第三人之间法律关系的产生、变更与消灭,因此,公司的股东会、董事会决议应合法、公正,如果股东会、董事会决议内容或程序存在瑕疵,其效力就会受到影响。本章拟以公司法审判实务中有关存在法律瑕疵的股东会、董事会决议效力案件为研究对象,通过对办案过程中遇到的各种疑难问题进行分析、总结,以其对今后该类案件的审判提供一些可供参考的经验。

一、涉及瑕疵股东会、董事会决议效力案件的特点及成因。

(一) 基本情况与特点

1. 在公司法诉讼的各类案由中,涉及瑕疵股东会、

董事会决议效力案件所占比例比较小,在公司法案件总体收案数量持续攀升的情况下,涉及瑕疵股东会、董事会决议效力案件的收案数量却没有变化,其所占比例在持续下降。以北京市二中院为例,2004年,涉及公司法案件收案为105件,其中有关确认股东会、董事会决议效力案件为5件,占全部收案的4.7%;2005年,涉及公司法案件收案为130件,其中有关确认股东会、董事会决议效力案件为4件,占全部收案的3%;2006年,涉及公司法案件收案为138件,其中有关确认股东会、董事会决议效力案件为6件,占全部收案的4.3%;2007年,涉及公司法案件收案为163件,其中有关确认股东会、董事会决议效力案件为4件,占全部收案的2.4%。从上述统计中可以看出,有关确认股东会、董事会决议效力案件在整体公司法收案中所占比例不超过5%,且逐年下降。①

2. 从涉及瑕疵股东会、董事会决议效力案件的收案结构来看,有关决议内容违法的案件数量比较多,有关决议程序违法的案件数量比较少。以二中院为例,2005年,涉及股东会、董事会决议效力案件为4件,其中,决议内容违法的案件为3件,占全部收案的75%;2006年,涉及股东会、董事会决议效力案件为6件,其中,决议内容违法的案件为5件,占全部收案的84%;2007年,涉及股东会、董事会决议效力案件为4件,其中,决议内容违法的案件为4件,占全部收案的100%。只有2004年例外,该年涉及股东会、董事会决议效力案件为5件,其中,决议内容违法的案件为1件,占全部收案的20%。②

3. 从诉讼请求的内容来讲,确认瑕疵股东会、董事会决议效力的诉讼请求常与其他诉讼请求一并出现,存在"一诉多求"的现象。从二中院近几年的收案来看,涉及瑕疵股东会、董事决议效力的诉讼不是单独出现,它一般都是与决议所涉及的其他法律关系效力的确认连在一起。如某公司股东会作出决议,决定将某股东的股权转让给公司股东之外的第三人,某股东因股东会决议违法侵犯其权利为由诉至法院,请求确认该股东会决议无效,同时请求确认决议所涉及的股权转让行为无效。

4. 现行民事案由中,有关瑕疵股东会、董事决议效力案件的案由确定的不准确,与我国新《公司法》规定不吻合。这主要表现在以下几个方面:一是新《公司法》规定了确认股东会、董事会决议无效或撤销股东会、董事会决

---

① 北京市第二中级人民法院民四庭:《案件统计分析表2005—2007》。
② 同上。

议两类诉权,而现行案由没有相应的规定,只规定了股东会决议侵害股东权、股东会召集程序、股东会表决程序三个案由,二者之间缺乏对应性;二是现行民事案由只规定了股东会决议侵害股东权的案由,对于董事会决议侵害股东、董事权益的案由没有规定;三是由于现行案由规定的不准确,导致许多涉及股东会、董事会决议效力案件却被归入到其他股东权纠纷的案由中,给司法统计造成障碍。

(二)成因分析

上述特点的形成主要基于以下几方面的原因:

1. 我国原《公司法》对瑕疵股东会、董事会决议的法律规定比较笼统,没有明确赋予股东请求确认瑕疵股东会、董事会决议无效或撤销的诉权。我国原《公司法》对瑕疵股东会决议和董事会决议规定比较少,仅在原《公司法》第111条作了规定,该条内容为:"股东大会、董事会的决议违反法律、行政法规,侵犯股东合法权益的,股东有权向人民法院提起要求停止该违法行为和侵害行为的诉讼"。原《公司法》关于瑕疵股东会决议和董事会决议规定有两个缺陷:一是,第111条虽确定了股东大会、董事会决议违反法律、行政法规规定侵犯股东利益的属于违法侵权行为,对该侵权行为小股东有权提起诉讼,要求停止该侵权行为,但是,侵权诉讼提出后对违法决议应如何处理,被侵权股东应通过何种救济方式来保护其合法权益,原公司没有做明确的规定;二是,第111条规定在原《公司法》第三章"股份有限责任公司的设立和组织结构"中,而原《公司法》第二章"有限责任公司的设立和组织结构"中却没有类似的规定,即股东针对股东会决议提起侵权诉讼只适用于股份有限公司,有限责任公司则不适用,有限责任公司股东对于股东会决议侵犯其权利的行为不能提起诉讼。由于原公司的规定比较笼统,适用的范围也比较小,因此,在2006年新《公司法》出台之前,人民法院对于股东针对存在法律瑕疵的股东会决议和董事会决议提起的民事诉讼,其立案和裁判的态度也不统一:有的不予立案,有的予以驳回,有的则判决确认此类决议无效或撤销此类决议。正因法律规定不明确、法院裁判不统一,这从客观上制约了股东该类诉权的行使,导致在新公司法出台前涉及该类案由的诉讼比较少,小股东的权利亦得不到充分的保护。

我国新《公司法》出台后,对原《公司法》第111条做了重大的修改,新《公司法》第22条中明确规定:"公司股东会或者股东大会、董事会的决议内容违反法律、行政法规的无效。股东会或者股东大会、董事会的会议召集程序、表决方式违反法律、行政法规或者公司章程,或者决议内容违反公司章程的,股东可以自决议作出之日起六十日内,请求人民法院撤销。"第22条规定是《公司法》修订后新增加的制度设计,它为人民法院大胆受理和正确裁判有瑕疵的股东会和董事会决议的无效确认之诉与撤销之诉提供了清晰的裁判规则。① 我国新《公司法》的重大进步主要体现在以下三个方面:一是,第22条对股东会决议和董事会决议瑕疵明确进行了区分,明确将其划分为决议内容违法和决议程序违法两类瑕疵,对于决议内容违法和决议程序违法的标准,我国新旧公司法都有明确的规定,因此,司法实践中人民法院对这两类瑕疵比较容易判断;二是,在明确区分两类瑕疵的基础上,新《公司法》针对两类不同瑕疵分别规定了不同的救济措施,明确赋予股东对瑕疵股东会、董事会决议的无效确认诉权和撤销权,即对于决议内容违法的,股东有权请求人民法院确认该股东会决议无效;对于决议程序违法的,股东有权请求人民法院撤销该决议。诉权与救济方式的具体化,是新《公司法》的又一大进步;三是,诉权适用范围的扩大:新《公司法》第22条是从原《公司法》第111条修订而来,所不同的是,后者规定在《公司法》的第三章"股份有限责任公司的设立和组织结构"中,而新《公司法》将这一问题规定在总则部分,这一体例的重大变化,标志着新《公司法》不仅赋予股份有限公司股东对于股东会决议的效力享有请求人民法院进行司法裁决的权利,而且赋予有限责任公司股东对于同类情况的诉权。股东救济方式的具体化和诉权行使范围的扩大,有利于股东诉权的行使,因此,新公司法出台后,今后请求确认股东会、董事会决议无效或撤销的诉讼将会呈现上升趋。

2. 我国公司在实践中运作不规范,特别是股东会、董事会等公司权力机构在公司治理中发挥作用不充分,"资本多数决"原则没有真正实现,因此,围绕股东会、董事会决议发生的纠纷相对比较少。我国《公司法》是在1993年颁布的,在《公司法》颁布之前,我国的市场主体主要是与计划经济相适应的不同所有制形式的企业,不存在真正意义上的公司实践。1993年公司法颁布后,我国原有多种所有制形式的企业都进行了公司法改造,但有关公司的实践时间比较短,大部分公司在实践中运作不规范,成熟的公司治理组织和结构没有建立起来。这体现在以下几个方面:一,现实中的有限责任公司规模都比较小,很多有限责任公司虽有股东会,但不存在董事会,只

---

① 参见刘俊海:"股东会、董事会决议程序问题",载《人民法院报》2006年7月2日。

设立执行董事,因此,涉及董事会决议效力纠纷比较少;二,有限责任公司具有"人合"、"资合"的双重特性,但在我国,有限责任公司中"人合"特点体现突出,"资合"的特点被弱化,因此,许多有限责任公司虽设立股东会、董事会等公司治理组织,但公司的治理权大都掌握在高管人员(如法定代表人)手中,公司的重大事项都由高管人员决定,股东会、董事会只具有形式意义,在实际中不发挥作用;三,许多有限责任公司股东会的职权、人员组成与董事会的职权、人员组成基本是一致的,因此,实践中由于职能与人员的重叠,只有股东会在运作,董事会只有形式意义不发挥实际作用;四是,在我国,公司的形态多表现为有限责任公司,股份有限公司发展不成熟,因此,发生纠纷多为有限责任公司,股份有限公司基本没有。正是因为存在上述几方面的原因,导致股东会、董事会等公司权力机构在公司治理中发挥作用不充分,围绕股东会、董事会决议发生的纠纷相对比较少。

3. 股东会、董事会决议内容往往涉及其他法律关系的效力,因此,围绕股东会、董事会决议效力纠纷往往伴随公司内部、外部其他法律关系的认定。根据公司法的有关规定,凡需要股东会、董事会决议的事项都属于公司内部管理和对外经营中的重大事项,因此,决议作出后在履行过程中,往往会导致产生、变更或消灭其他法律关系。在这种条件下,若该决议本身被撤销,必然影响到的其他法律关系的效力。例如,某公司股东会通过决议,决定为其他公司提供担保,如果该决议被人民法院撤销,公司对外担保行为因而失去了法律基础,那么该担保行为的效力及法律后果如何?再如,公司通过股东会决议,决定同意某股东将其股权转让给公司股东外的第三人,如果该决议无效或撤销,股权转让行为的效力如何认定?因此,在股东会、董事会决议效力诉讼中,往往存在"一诉多求",要求确认股东会决议效力的诉讼请求往往与确认股东会决议涉及的其他法律关系效力的诉讼请求一并提出。

二、审判实践中存在的疑难问题

涉及瑕疵股东会、董事会决议效力案件数量比较少,因此,与其他公司类案件的研究相比,该类案件的研究因案件素材少、实践经验不足而受到一定的限制,但是,由于公司法案件整体具有类型新、法律关系复杂的特点,因此在有限的案件审理过程中,还是有许多疑难问题值得法官从公司法的基本理论去认真思考与研究的。

(一)程序问题

1. 公司法定代表人作为原告要求确认股东会、董事会决议效力时诉讼主体应如何确定

关于涉及股东会、董事会决议效力诉讼的主体应如何确定,无论在原公司法还是修订后的公司法对此均无规定,在实践中也曾存在多种做法:一是以对股东会、董事会决议持异议的股东或董事作为原告,以股东会、董事会的全体股东或董事为被告;二是以对股东会、董事会决议持异议的股东或董事作为原告,以作出股东会、董事会决议的公司为被告①;三是以对股东会、董事会决议持异议的股东或董事作为原告,以股东会、董事会的全体股东或董事为被告,把作出股东会、董事会决议的公司作为第三人。2004年北京市高级法院出台的《关于审理公司纠纷若干问题的指导意见》对此问题进行了规定,《指导意见》认为股东会是公司的权力机构,代表公司行使法定的公司章程所规定的职权;董事会对股东会负责,是公司的执行机构,股东会议、董事会议的召开及决议均属于公司法人行为,此类诉讼应当以公司为被告,根据无效的股东会、董事会决议取得财产权利的当事人可以列为共同被告或第三人。此后北京法院对此问题的认识趋于统一。

在审判实践中遇到的疑难问题是当公司法定代表人作为原告要求确认股东会、董事会决议效力时诉讼主体应如何确定。

如杨某诉李某、王某确认股东会决议效力案。杨某、李某、王某等是燕京公司的股东,杨某同时也是该公司的法定代表人。在公司经营过程中,杨某与公司的其他股东发生争议并产生矛盾,后公司召开股东会并作出决议对杨某在公司的经营权利作出了限制,杨某参加了该股东会并投反对票,但公司还是以2/3的多数通过了该决议,后杨某将公司诉至法院要求确认该股东会决议无效。

如前所述,确认股东会决议效力应以公司为被告,这是目前法院形成的统一做法,然而,在公司法定代表人作为原告提起确认股东会决议效力诉讼时,该原则的适用遇到一些障碍,这表现在以下方面:

首先,公司的法定代表人作为原告提诉讼,原告作为被告的法定代表人

---

① 刘平:"有限责任公司股东会决议瑕疵的法律救济",载《法制日报》2006年4月12日。

可否代表被告参加诉讼。如本案,杨某是燕京公司的法定代表人,根据最高人民法院的规定,提起要求确认燕京公司董事会决议无效的诉讼,应以燕京公司为被告,如果燕京公司参加诉讼,在诉讼中杨某作为燕京公司法定代表人可否代表燕京公司出庭应诉?根据《民事诉讼法》的规定,公司的法定代表人是代表公司进行诉讼的唯一合法的法定的代表,因此,在实际诉讼当中,我们在当事人身份的审查中,都要求公司提供法定代表人身份证明,在判决文书中都标明公司的法定代表人。如果原告杨某可以代表被告燕京公司应诉的话,这必然形成在纠纷的处理中杨某既代表原告又代表被告的悖论,形成原告"自己与自己打官司"的局面。相反,股东会作为公司法人意志的决策者,股东多数人的意志反而在诉讼中很难得到体现,这与公司的基本原则相违背。

其次,如果法定代表人不予认可被告的委托代理人,委托代理人是否有合法资格。在本案中,杨某以燕京公司为被告提起诉讼后,燕京公司委托一名律师参加了诉讼,在庭审中杨某提出,自己作为燕京公司的法定代表人,没有委托该律师参加诉讼,不认可委托代理人身份的合法性。在公司法定代表人作为原告提起确认股东会决议效力诉讼时,如以公司为被告,由于法定代表人身份的双重性,容易导致案件审理中存在许多障碍,无论从程序还是实体都很难处理。因此,笔者认为,在这种特殊情况下,可以作出决议的股东会的全体股东或董事会的全体董事为被告或共同被告确定诉讼主体,这主要基于以下认识:(1)股东会的全体股东与董事会的全体董事是公司股东会、董事会全部权利义务的直接承受主体,股东会、董事会作出决议过程中,股东或董事是会议的参与者和决议的直接决策者,因此,在法定代表人身份容易导致原、被告诉讼主体混同这种特殊情况下,如以全体股东或董事为被告或共同被告有利于查清案件事实;(2)股东会、董事会作出决议后,决议内容的履行都必须依靠全体股东和董事配合来具体实现,从解决问题的角度出发,直接以全体股东或董事为被告或共同被告,更有利于裁判结果的执行;(3)有限责任公司具有较强的人合性且股东人数较少,以全体股东或董事为被告在审判实践中有较强的操作性,当然,以全体股东或董事为被告仅限于有限责任公司,股份有限公司因股东人数较多不应适用;(4)在涉及股东会、董事会决议效力诉讼中一般应以公司为被告,这是基本原则,以全体股东、董事为被告是在特殊情况下的一种例外,该例外并不代表破除以公司为被告这一诉讼主体的基本原则。基于以上认识,对杨某之案,法院建议原告杨某撤销了对燕京公司的起诉。之后，杨某以作出股东会决议的燕京公司的四个股东为被告，重新提起了确认股东会决议的效力的诉讼，法院据此作出了裁判。①

2. 当事人是否享有要求确认股东会、董事会决议有效的诉权。我国新公司法修订后明确赋予当事人确认决议无效和撤销决议两种诉权，那么，当事人是否可以向法院提起诉讼要求确认股东会或董事会决议有效？当事人是否享有确认股东会决议有效的诉权在新旧公司法中都没有规定，在审判实践中也是一个常遇到的程序问题。对此，实践中各法院的做法不统一，有的法院对该类诉讼立案受理并进行裁判，确认股东会或董事会决议有效，其理由如下：一是从《民事诉讼法》第108条关于立案审理的标准来看，该类诉讼有明确的原被告和具体的诉讼请求，符合第108条的规定；二是从公司法审判来看，增加、扩大公司案件可诉性也是公司法审判的一种价值取向，当事人选择这样的诉讼，法院就应当受理并裁判。也有的法院对该类诉讼不予受理，即使受理了最终也裁定驳回原告的起诉。我们赞同第二种做法，理由如下：一是确认股东会决议有效系确认之诉，司法确认作为司法裁判的一种具体方式，本身是因当事人之间对诉讼标的或某一法律关系的存在、成立有纠纷或争议而引起的，因此，当事人之间的纠纷、争议是产生诉讼与裁判的原因，司法裁判是对争议、纠纷的解决，如果当事人对某一法律关系无争议即无须进行司法确认②；二是一项法律关系在成立后就是有效，在未经司法裁判宣布无效之前，其效力是法定的，无需进行确认；三是如果当事人对一项有效的股东会决议质疑，法律已赋予其确认股东会决议无效的诉权，有法定的救济渠道，无须通过确认有效的诉讼来实现；四是从公司法原理上，公司自治是一项基本原则，在公司自治的范畴内尽量减少司法的干预与介入。因此，如果当事人对某一股东会决议无争议，司法不应轻易介入。正是基于以上理解，我们认为法院对确认股东会决议有效的诉讼应当裁定不予受理或已经受理的应裁定驳回起诉。

3. 一诉多求是否可合并审理？

如前所述，根据公司法的有关规定，凡需要股东会、董事会决议的事项

---

① 在欧洲，目前已经较多地存在公司内部机构之间的诉讼。在英国，20世纪曾经发生公司股东会否决董事会决议后，董事会向法院提起对股东会的诉讼，法院判决撤销股东会决议的案件，理由是公司经营事务是由董事会决定的，股东会无权干涉。

② 北京市高级人民法院："审理民商事案件若干问题解答之五"（内部资料），2007年4月。

都属于公司内部管理和对外经营中的重大事项,因此,股东会、董事会决议往往决定其他法律关系的产生、变更或消灭。特别是某些特定情况下,如公司股东对外转让股权、公司对股东个人提供担保等,公司法明确规定,股东会决议的作出是其他法律关系存在的前置程序,二者具有相互关联、互为条件的特点。在这种条件下,当事人若对股东会决议产生争议,必须会对相关联的法律关系产生争议,因此,在股东会、董事会决议效力诉讼中,往往存在"一诉多求"现象,要求确认股东会决议效力的诉讼请求往往与确认其他法律关系效力的诉讼请求一并提出。那么,对于一个诉中的多个诉讼请求法院是否可以合并审理,这是该类诉讼在程序方面存在的一个突出问题。

例如,某房地产公司股东权转让案。马某是一家房地产公司的股东,在公司经营过程中,公司未经马某同意,将马某持有公司30%的股份转让给了公司之第三人李某,该公司对股权转让作出股东会决议,马某没有参加该次股东会,股东会决议上马某的签名是他人伪造的,后公司依据股东会决议及转股协议在工商办理了变更登记,将马某的股权变更到李某名下。马某了解到该情况后,将房地产公司、李某诉至法院,要求:(1) 确认股东会决议无效;(2) 确认李某所签订的股权转让合同无效,属于侵权行为;(3) 李某赔偿侵权造成的损失。

对一诉多求能否合并审理在实践中存在多种认识与做法,第一种意见认为可以合并审理,理由:一是虽然诉讼请求是多个,但产生的纠纷本质上是一件事,因此,应对该纠纷一次性处理,分开处理不利于纠纷的解决;二是从案由上看,虽然诉讼多个但案由只有一个即确认为股东会决议效力纠纷,案由是由多个诉讼请求中的一个主要的诉讼请求决定的,其他诉讼请求则为辅助的、附从的。另一种意见认为,一诉求不应合并审理,理由:一是诉权性质与种类不同,确认股东会决议效力、确认股权转让合同效力属于确认之诉,而赔偿损失属于侵权之诉,二者诉权性质种类完全不同,且同为确认之诉,确认股东会决议属于确认一个法律行为,而确认股权转让合同效力属于确认合同的效力,二者性质也不相同;二是诉讼主体不同,确认股东会决议效力异议股东为原告,公司为被告,而确认股权转让合同效力诉讼主体为转让合同的双方当事人;三是案由不同,确认股东会决议效力诉讼属于一个纯公司的诉讼,效力的判断依据的是公司法的内容,而确认股权转让合同效力之诉,本质是一个合同纠纷、一个债权纠纷,效力判断的依据是合同法及当事人在合同中的约定,它不是一个单纯的公司法诉讼,而赔偿损失则是侵权诉讼,三者间案由不相同。基于以上认识,对于该类纠纷应当根据具体诉讼请求的性质与种类,分列几个案件进行审理与裁判,这样更有利于不同法律关系的确定与审理。当然在具体实践操作中,因几个案件具有相互的关联性,可将因一事引发的多个案件同时起诉、同时审理、同时裁判,这样更有利于纠纷一揽子解决。笔者赞同第二种做法,该做法更符合审判实际。

(二) 实体问题

1. 瑕疵股东、董事与虚拟股东、董事参加的股东会、董事会决议效力问题

瑕疵股东、董事与虚拟股东、董事参加的股东会、董事会决议效力问题是司法实务中遇到的首要问题,它因参加股东会、董事会的主体存在瑕疵,从而影响股东会、董事会决议效力的认定。

(1) 瑕疵股东召集的股东会效力问题

股东在公司成立时出资不实、虚假出资或抽逃出资是公司法诉讼中比较常见的现象,对于出资有瑕疵的股东,我们称之为"瑕疵股东"。[①] 由于"瑕疵股东"没有履行公司法和公司章程规定的出资义务,因此,由"瑕疵股东"召集或参加的股东会作出的决议,其效力往往容易引起纠纷与争议。这类诉讼最大的特点是,股东会决议效力的纠纷往往与"瑕疵股东"股东资格的确认连在一起。

如王某诉某汽车维修公司股东会决议无效案。某汽车公司由王某、孙某及某汽车队共同出资设立,王某、孙某以现金出资,分别享有公司15%、35%的股权,某汽车队以房屋出资,占公司50%的股份。公司注册成立时,汽车队向工商局出具了其对出资实物房屋享有所有权的证明,工商局以此批准该公司的设立。公司成立后,在办理出资房屋产权过户时,发现该房屋的产权并不是汽车队所有,而是其上级开办单位的房屋,因此,导致该出资房屋在事实上无法过户到汽车维修公司。2005年,王某、孙某及某汽车队召开了公司的股东会并作出决议,决定对公司进行清算。后王某不同意执行该决议,故诉至法院,认为汽车队在公司成立过程中虚假出资,因此,不具有合法的股东地位,由其召集和参加的股东会不合法,同时,汽车队的出资只占公司资本50%的股权,不符合公司法关于2/3表决权的规定,故该股东会作出的关于公司清算的股东会决议无效。

---

① 赵旭东:《新公司法实务精答》,人民法院出版社2005年版,第105页。

"瑕疵股东"召集或参加的股东会决议的效力认定,其核心是解决"瑕疵股东"股东资格及股东权利问题,"瑕疵股东"股东资格、权利问题解决了,"瑕疵股东"召集或参加的股东会决议的效力问题就迎刃而解。

首先,必须明确瑕疵出资者是否具有合格的股东资格。关于缴纳出资与股东资格取得之间的关系,我国法律没有明确规定,从理论上讲,我国公司法实行的是法定资本制,只有出资到位,登记机关才办理公司成立登记,所以,瑕疵出资者未按公司章程要求出资,公司不会设立成功,出资者不会取得股东资格。但实际生活中很多公司出资未到位也取得了工商登记,瑕疵出资者在工商局已登记为股东,工商登记对外具有公示的效力,为保障公司与第三人交易的安全,一般不应否定其股东资格。从我国公司法的制度设计看,股东出资瑕疵只会导致相应的补足出资的民事责任和处以罚款等行政责任,并不必然丧失其股东资格。① 股东资格与股东签署章程和公司设立协议都有关系,股东欠缺投资,不能逃避公司债权人的追索,公司也具有独立的请求权要求股东履行出资义务。

其次,在肯定瑕疵出资者合法股东资格后,其在多大范围内享有股东权利? 如分红权、表决权。关于分红权,我国新《公司法》第 35 条规定,股东按实缴的出资比例分红。对于该规定,在实践中存在不同的认识,一种观点认为,"实缴出资"是指实际缴纳的出资,公司法维持了权利与义务统一的原则,股东没有实际缴纳出资,不享受相应的股东权利;另一种观点认为,"实缴出资"是指应缴出资,因此,股东应按股权比例分红,出资不实不应影响分红的权利,这基于以下认识:一是公司法既认可股东的资格,其权利应是完整的,出资有瑕疵可通过其他责任方式解决;二是从审判实务操作看,如过度强调股东权利的限制,容易使公司在运作中产生纠纷,人合性是有限公司的重要特性,如果股东之间陷于纠纷就不利于公司的整体经营;三是从审判实际操作看,可采取在分红时强制补足出资的方式限制瑕疵股东的分红权,即在分红时,对瑕疵股东在其分红范围内公司可先将分红款用于补足出资,在补足出资之后如有剩余再分配给股东。我们认为应当准确理解实缴出资的公司法规定。《公司法》第 35 条规定"股东按照实缴的出资比例分取红利",其体现的法律关于公司分配的政策是权利义务相一致的原则,其第 28 条规定"股东应当按期足额缴纳公司章程中规定的各自所认缴的出资额",

---

① 赵旭东:《新公司法实务精答》,人民法院出版社 2005 年版。

股东没有履行缴资义务,其分配权就相应受到限制是公平的。如果章程没有对此作出另外的安排,或者按期足额缴纳出资的股东并不反对向未出资的股东进行分配,其分配可以进行。法院受理关于这种情形下的案件,说明其他股东反对公司向未出资股东的分配,支持分配就是没有依据的错判。至于通过分配强制入资,完全是另一层法律关系。

关于表决权,我国新《公司法》第 104 条规定,股东出席股东会会议,所持每一份股份有一表决权。从此条规定看,表决权的行使未受"必须实际缴纳出资"的限制。实务中也存在两种看法,一种观点认为,从公平正义的角度讲,表决权的行使应与实际出资的具体数额相对应,只有完全出资才享有全部份额的表决权,此时,股东的表决权是附条件的。另一观点认为,表决权不应受到限制,这基于以下考虑:股东的股利应有两种,一是财产权即分红权和剩余财产分配权,这种权利的行使只涉及股东个人的利益,属于自益权;另一种权利为身份权即表决权,这种权利的行使其后果会影响和涉及公司其他股东的利益,属于公益权。对于自益权因不涉及其他股东利益,因此,可对其权利的行使进行限制,但公益权一般不应受限制,如果对公益权进行限制,会使公司的经营行为处于不确定的状态,如股东发生争议对瑕疵股东表决权进行限制,那么,公司在经营中已经发生所有瑕疵股东参与作出的股东会决议,其效力都会被推翻,这使经营多年公司行为处于不稳定状态。我们赞同后一种观点。当然,如果公司章程对未出资股东的表决权有限制性规定的,可尊重其规定。

具体到本案例,汽车队没有履行实际出资义务,但仍享有股东资格,其表决权不应受限制,此次股东会应为有效。

(2) 虚拟股东、董事参加的股东会、董事会决议效力问题

所谓虚拟股东,是指以现实中根本不存在的人作为公司股东。之所以存在虚拟股东,其目的是多种多样的,但大多都是为规避法律[①],如在公司法修订前,设立有限责任公司需有两个以上股东,一些人既想一个人经营公司,又想获得有限责任公司只承担有限责任的好处,于是虚拟股东的情形产生。虚拟股东与瑕疵出资股东不同,虚拟股东在客观上履行了出资义务,出资不存在瑕疵。

虚拟股东由于实际出资者与工商登记公示的内容不一致,因此,极容易

---

① 参见宋毅:"虚拟股东的司法思考",载《法制日报》2007 年 10 月 22 日。

产生纠纷。那么,由虚拟股东参加的股东会、董事会其决议效力如何认定?

如中复电讯公司要求确认董事会决议无效案。中复电讯公司是由邰某、卢某、王某及李某共同出资成立的公司,其中邰某与卢某是真实股东,系夫妻关系,二人各自享有公司49.5%的股权,为防止外人介入公司,在设立公司时,二人虚拟了两个现实中不存在的人王某、李某作为公司股东,王某、李某的身份证是由多个人的身份证拼凑而成,其中,邰某、卢某与王某是公司董事,李某是监事。公司设立后,邰某与卢某对外一致称,王某与李某是真实存在的,其中王某是卢某的母亲、李某是邰某的外祖母。后,邰某与卢某离婚,双方发生纠纷,为争夺中复电讯的控制权,卢某与其母亲王某召开了董事会,决定罢免邰某的董事长职务,选举卢某为公司董事长。故邰某诉至法院,认为王某是虚拟股东、董事,在现实中根本不存在,要求确认由卢某的母亲王某参加的董事会作出的决议无效。

虚拟股东是否具有合格的股东资格,在公司法审判实务中比较少见,我国法律也没有相应的规定,因此,在司法实践中引起很大争议。一部分人认为,虚拟股东的股东地位不应一概否定,理由如下:一是虚拟股东在工商登记中是现实不存在的人,但在公司活动中,虚拟股东的股利义务在现实中是有实际指向的,如本案真实股东邰某、卢某在发生纠纷前,二人一致认可,王某是卢某的母亲,李某是邰某的外祖母;二是虚拟股东客观上履行了出资义务,它与出资瑕疵股东不同;三是在公司股东一致认可虚拟股东的实际权利义务承担者时,可根据实际情况变更工商登记,而不应简单以工商登记否定实际股东的存在。另一部分人认为,虚拟股东不具有合法的股东地位,其理由如下:一是根据《公司登记管理条例》,我国实行的是股东实名制,使用虚拟股东向工商提交虚假材料骗取工商登记显然属于违法行为,这必须加以禁止与惩罚;二是工商登记对外具有公示效力,公司外的第三人是依据工商登记来判断公司股东情况的,因此,在没有其他证据的情况下,工商登记应作为确定股东资格的重要依据;三是如果允许虚拟股东的存在,因当事人的安排与工商登记的内容不一致,必然使公司的真实股权结构具有隐蔽性和不确定性,如本案王某是否具有股东地位,邰某与卢某是根据自己利益需要来说,在未发生纠纷前,双方对外陈述是一致的,都确认虚拟股东的地位,一旦双方有纠纷,一方则推翻以前的说法。因此,为了稳定公司的股权结构,保护公司外第三人与公司交易的安全,虚拟股东应否定。我们赞同第二种说法,判决由虚拟股东、董事参加的董事会作出的决议无效。

2. 因股东会、董事会的职能与职权范围产生的决议效力问题

如果说瑕疵股东、董事与虚拟股东、董事是因参加股东会、董事会的主体存在瑕疵，从而影响了股东会、董事会决议的效力，那么，股东会、董事会职权范围的界定则是因决议内容存在瑕疵，从而影响股东会、董事会决议的效力。

我国公司法对公司的股东会、董事会的性质与职能作了具体的规定，从我国公司法的规定来看，股东会是公司的权力机构，董事会属于股东会的执行机构，二者的性质与职能范围是明确的。但是，由于公司法对股东会、董事会职能范围采用具体列举的方式，已经列举的范围必然有一定的局限性，不可能概括反映公司实践的各个方面，因此，在司法实务中如何具体界定和区分二者的职能，特别是如何确定董事会职能范围，是确认董事会决议效力诉讼的一个难点问题。

如马百祥诉李元良、王三胜确认董事会决议效力案。某股份合作制公司由一家集体企业改制而成，公司有二十多名股东，其中马百祥、李元良、王三胜等五人是公司的董事，马百祥是董事长，同时也是公司的法定代表人。在公司经营过程中，马百祥与公司的其他四位董事发生争议，2005年7月14日，公司召开董事会并作出决议，决定将公司的公章交由副董事长李元良保管，马百祥虽参加了此次董事会，但对决议投反对票。为此，马百祥将李元良、王三胜等诉至法院，认为根据法律的规定，法定代表人是公章的管理者，董事会对公章管理无权作出决议，该决议违反了法律的强制性规定，故要求确认2005年7月14日董事会决议无效。

董事会有无权力就印章归谁管理进行决议，是本案的焦点，其认定涉及董事会职权范围的界定问题。由于公司法对该问题没有明确的规定，因此，在司法裁判过程中引发争议。一种意见认为，"法人代表就是掌印者"，其理由如下：首先，根据我国《民法通则》、《合同法》等有关法律规定，公司的法定代表人，对外代表公司行使权利，而公司的印章是公司对外意思表示的载体，因此，印章应由法定代表人来掌管；其次，根据民法、行政法及刑法的相关规定，由于法定代表人对外代表公司，所以当公司出现行政责任、特别是出现刑事责任时，在处罚公司的同时，法定代表人也承担相应的行政、刑事责任，权利、义务应是对等的，法定代表人既要承担特殊的义务就应享有特殊的权利，因此，公司的印章就应由法定代表人及其指定的人员来管理，公司的董事会无权对印章管理作决议，该董事会决议违反法律的强制性规定

而无效,这种观点在审判实践中比较普及。另一种意见认为,"法定代表人就是掌印者"没有法律依据,董事会有权对印章管理作出决议,理由:首先,我国现有法律中并没有"公司的印章应归法定代表人管理"的明确规定,法定代表人对外代表公司不等同于公司的印章就应归法定代表人掌握;其次,公司董事会是公司的机关,公司公章归谁保管如果在公司章程中没有规定或者股东会没有作出决议的话,公司董事会完全有权限单独作出特别安排。再次,法定代表人的意志不可以违反公司董事会的决定。并且,为防止法定代表人等特殊人员未经股东会、董事会许可而滥用权利,公司法专门对公司高管人员的义务进行了界定,并设定了许多制度对高管人员权力进行限制,目的在于维护股东会的地位。股东会作为公司的权力机构,董事会作为股东会的执行机构,体现了"多数决"这一公司法的基本原则。因此,股东会、董事会有权对公司的任何事项作出决议,包括印章管理。

我们认为,第二种观点更符合公司法的基本精神和公司自治原则,印章管理应属于股东会、董事会职权的范围,股东会、董事会有权对公司的印章管理作出决议。那么,印章管理究竟是属于股东会的职权范围还是属于董事会的职权范围?笔者认为,股东会是公司的权力机构,当然有权对公司的任何事项作出决议,但是它侧重于公司的重大事项。董事会职权范围小于股东会,但也有其一定的职权。印章管理本质是一种公司内部事务管理制度,根据公司法规定,董事会有权对公司的基本管理制度作出决议,因此,董事会应有权对印章管理作决议。

当然,本案的特殊之处在于董事之间的印章之争,其实质是公司内部管理者在相互之间发生矛盾时对公司"掌控权"的争夺,这种争夺可能影响公司今后的生存与发展。在这种特殊情况下,印章管理可视为公司经营中的重大事项,必要时可由争议一方提交股东会即公司的最高权力机构作出决议,可能比董事会作出决议更有利于公司利益的保护。

3. 可撤销或无效股东会、董事会决议的例外与补救

如果前两方面是因参加决议的主体与决议内容存在瑕疵从而影响决议的效力,那么,可撤销或无效股东会、董事会决议的例外与补救,则是在司法实践中,法官根据决议瑕疵的轻重程度,通过自由裁量权的适当运用,来影响和改变决议的效力。

股东会、董事会的召开必须遵守法定通知、表决程序,这是公司法的强制性规定,因此,原则上违反法定程序的股东会、董事会决议应当无效。对

于这一点,在审判实践中法官是比较容易做到的,在司法实务中,法官审理该类案件面临真正的困难是,股东会、董事会决议存在程序瑕疵,法官是否一律要确认无效而撤销决议呢?笔者认为,绝对的认定只要程序存在瑕疵,股东会、董事会决议就将无效不符合客观实际的需要,这种认识基于以下几方面的考虑:首先,并非所有存在程序瑕疵的股东会决议都有害于未参加会议的股东、董事的利益,有时该决议甚至是有利于该股东、董事的利益;其次,从经济角度分析,在不损害公司股东利益的情况下,仅因为一些轻微瑕疵而否认整个股东会决议的效力,可能造成公司和股东内部资源的损耗与浪费,不符合效率原则;第三,股东会决议一旦作出并实施,决议往往会牵涉到公司之外第三人的利益,此时绝对地认定决议无效,可能损害善意第三人的利益。可见,存在程序瑕疵的股东会决议有效与否或者是否可撤销,涉及股东、公司以及第三人多方的利益,需要全面衡量各方利益综合、审慎地认定,不应简单否定其效力。

从西方法律发达国家的立法实践来看,为求得股东个人利益与公司、社会利益之间的平衡,大多采取了"原则无效、例外有效"的规定。即违反法定程序规定,存在程序瑕疵时,所召开的股东会无效,该次会议所作出的决议也无效,但是在符合法定条件的情况下,例外地承认股东会召开的合法性,承认相关决议的有效。例如,英国公司法规定,如果股东会召开没有按照法定期限通知股东,在年度股东会会议中,经全部有表决权股东同意,或在其他会议中,经特定比例有表决权股东同意,股东会决议仍然有效。再如,《意大利民法典》第 2366 条规定,公司未在法定期限内通知股东召开股东会,但是代表全部股份的股东、全体董事和监事都出席了股东会的情况下,股东会视为依法召开。

从我国的立法实践来看,我国公司立法没有绝对地认定存在瑕疵的股东会决议无效。我国新《公司法》的特点是,通过赋予当事人对瑕疵决议撤销权的方式来解决程序瑕疵的效力问题,即违反程序规定召开的股东会所作出的决议是可撤销决议,股东可以自决议作出之日起 60 日内,请求人民法院撤销,如果没有在法定期限内提出撤销,则决议将确定有效。我国公司法通过规定撤销权来解决程序瑕疵的决议效力问题具有一定的科学性,但是,该规定没有区分瑕疵是否轻微,是否可以弥补,一律允许撤销,没有例外与补救,此种做法有失偏颇,也不符合公司实际运作的需要。①

---

① 参见吴宁:"股东实际参加股东会可以弥补股东会召集程序的瑕疵",载《北京市高级人民法院网法学研究》。

比照外国公司法有关瑕疵决议的补救与例外的司法实践，我们认为，我国立法应当区分瑕疵的不同，分别决定是否可以因此撤销决议，具体讲：对于程度已严重影响决议实质内容的瑕疵，或程度虽不严重、但在实践中已无法弥补可能因此影响决议实质内容的瑕疵，当事人在60日内起诉要求撤销的，应依法予以撤销；对于程度显著轻微、根本不影响决议实质内容的瑕疵，以及程度虽不轻微、但事后已经弥补或可以弥补的瑕疵，从维护决议效力的稳定性出发，不管是否在决议作出之日起60日内起诉，均不应予以撤销。那么，对于程序瑕疵是否轻微的认定标准如何把握？笔者认为，这实质上属于一个司法实践操作层面的问题，应当交由法官根据实际情况来自由裁量。当然需强调的是，在特殊情况下，承认存在瑕疵的股东会决议的效力，并不意味着承认瑕疵行为本身的合法性，为维护法律规定的权威性，对于实施瑕疵行为的公司，可以考虑给予行政处罚，对于相关的股东、董事，可以考虑承担一定的民事赔偿责任，以惩戒违法行为。

如，某撤销股东会决议案。1998年2月，某电梯厂与某投资发展有限公司、某经济技术开发公司和自然人黄某共同出资500万元，设立某电梯有限责任公司。出资额分别为：黄某投资255万元，计51%股权；投资发展有限公司投资100万元，计20%股权；经济技术开发公司投资100万元，计20%股权；电梯厂投资45万元，计9%股权。黄某为公司法定代表人。该公司章程规定对股东向股东以外的人转让出资作出决议，有代表2/3以上表决权的股东同意。2001年4月28日，电梯有限公司向工商管理机关递交了"公司变更登记申请书"，申请变更公司股东黄某为武某，同时变更法定代表人为武某，电梯厂企业负责人在该变更申请书上签名并加盖了公章。2001年6月21日，除电梯厂之外的其他三位股东召开股东会并形成决议，决定将黄某拥有的51%的股权转让给公司外股东武某，并由武某担任公司公司法定代表人。2001年8月27日经工商管理机关批准，公司办理了股东变更手续，领取了新的企业法人营业执照，法定代表人由武某担任。后电梯厂诉至法院，认为公司召开股东会议时违反了公司法和公司章程关于股东会议应通知全体股东的规定，故要求撤销公司于2001年6月21日形成的股东会决议，确认黄某向案外人武某转让股权无效。本案属于股东会议通知瑕疵的一个典型案例，按现行公司法规定符合法定撤销情形，但本案应慎重行使撤销权。理由如下：一，电梯厂已经在公司的"公司变更登记申请书"上签章，表明其对股权转让给公司外部特定人的情况知情并同意，是其真实意思表示,其对后果也能够预见,此后召开的股东会的决议内容与该公司变更登记申请书的内容完全一致,并没有违背电梯厂的真实意思表示。二,电梯厂在诉讼过程中既不主张优先购买权,也不愿意出资购买该转让的股份,根据公司法的规定,可视为同意转让。三,即使重新召开股东会,按我国公司法和公司章程规定的股东会议表决方式,本案除电梯厂外的其他股东占有91%股权,仍能以绝对多数通过有关股权外部转让的股东会决议,是否撤销该股东会决议,对电梯厂而言,后果并无不同,通知瑕疵虽剥夺了电梯厂参加股东会的权利,但未造成损害股东利益的后果。同时,公司现在已经履行了变更的法定登记程序,在此情况下,仅以股东会决议形式要件存在瑕疵而撤销该决议,则显得过于僵化,对电梯厂而言也未必是最好的救济方式。当然,不一概否定瑕疵通知而形成的股东会决议的效力,并不意味着承认此种行为的合法性,通知瑕疵肯定是违法的,但本案可通过由受益股东武某或公司对电梯厂做一定的经济补偿来对被侵害人电梯厂进行救济,这样处理可能更有利于解决此类纠纷,从而达到更好的社会效果。

4. 股东会、董事会决议无效或撤销对其他法律关系的影响

人民法院判决瑕疵股东会、董事会决议无效或撤销后,如何确定判决对无效和撤销决议所涉及的其他法律关系的溯及力,是审理该类案件的又一个难点问题。根据《公司法》的有关规定,凡需要股东会、董事会决议的事项都属于公司内部管理和对外经营中的重大事项,因此,决议事项作出后在履行过程中,往往会导致产生、变更或消灭其他法律关系。[①] 如果决议被法院判决无效或撤销,该判决对其他法律关系有无溯及力?具体讲,对于无效决议而言,被人民法院确认无效后,自始即不具有法律效力,如判决有溯及力,则因履行该无效决议而被消灭的原有法律关系是否应予以全部恢复?对于可撤销决议而言,被人民法院撤销后,同样是自始即不具有法律效力,如判决有溯及力,对被撤销之前(即决议仍然有效时)所产生的其他法律关系是否全部要予以否定?

举例说明,如,徐某与薛某为某房地产公司的股东,该公司注册资金为100万元,徐某出资20万元享有公司20%的股权,薛某出资80万元拥有公司80%的股权。2004年,薛某在徐某不知情的情况下,召开了公司的股东会,决定将徐某拥有的20%的股权转让给薛某之妹,薛某假冒徐某名义在股

[①] 参见陈宗林:"公司决议效力的维护与小股东利益的保护",载《人民法院报》,2006年8月29日。

东会决议上签字。决议作出后,薛某之妹受让该股权并到工商局办理了变更登记。后薛某之妹又将该股权转让给某商贸公司,商贸公司受让股权后,对公司进行了增资,将公司注册资金增加到2000万元。事后,徐某发现自己的股权被非法转让,故诉至法院,要求确认2004年股东会决议无效。

分析:对于2004年股东会决议,因薛某系假冒徐某名义在股东会决议上签字,将徐某的合法股权进行了非法转让,该股东会决议应当无效,这一点比较容易认定。但法院判决股东会决议无效后,面临两个难点问题:一是,判决无效后原有法律关系如何恢复?即徐某拥有公司20%的股权如何恢复,徐某拥有的20%是基于原注册资金100万而产生的,现公司注册资金已增资2000万,徐某是否拥有2000万元的20%的股权;二是,判决无效后,因履行无效决议而产生的新的法律关系是否全部否定,即薛某之妹受让该股权的行为、商贸公司受让薛某之妹股权的行为以及商贸公司的增资2000万的行为的法律效力如何认定?

显然,对如何判决瑕疵决议的溯及效力是一个需要慎重对待的问题,不能简单作出判断。我们认为,实践中至少应当考虑下列几个因素:(1)决议的履行情况(尚未履行、部分履行、全部履行);(2)决议内容所涉及的法律关系的性质(如担保、投资、借款、股权转让等);(3)决议内容所涉及的法律关系的产生是否以决议作为法定的条件;(4)决议内容所涉及的法律关系的相对人对该法律关系建立所持的主观状态(善意或恶意);(5)所涉及的法律关系的变化对该法律关系相对人或其他第三人的影响程度及社会效果。实践中应综合这些因素进行判断。

根据上述原则,我们认为,本案中股东会决议涉及的法律关系性质为股权转让,即徐某将股权转让给薛某之妹。从股权转让行为与股东会决议的关系来看,我国2003年《公司法》明确规定,股东向公司外的第三人转让股权必须经股东会决议,所以,股东会决议是该股权转让的前提,薛某之妹在受让徐某股权时,审查、了解股东会决议的真实性是其因尽的义务。而本案中薛某与其妹的特殊亲属关系可以推定,受让人薛某之妹对于薛某在股东会决议中假冒徐某签字的行为是明知的,因此,薛某之妹受让徐某的股权存在主观上的恶意,该转让行为应认定无效。因薛某之妹受让徐某的股权的行为无效,因此,薛某之妹再将股权转让给商贸公司的行为以及商贸公司的增资行为也应认定无效。商贸公司如因此造成损失,应由存在过错的薛某和薛某之妹来承担。

相反,假如薛某之妹在受让徐某股权时主观上是善意的,那么就产生股东会决议违法侵犯股东权利中善意第三人的保护问题,对此,我国公司法没有明确的规定,涉及股权侵权行为中的善意第三人的保护是否可以比照适用物权侵权行为中的善意第三人保护制度,是一个值得思考的问题。

结语

由于目前审判实践中,涉及瑕疵股东会、董事会决议效力的案件比较少,法官从事该类案件的审判经验不成熟,受上述条件的限制,本章对瑕疵股东会、董事会决议效力的研究还停留在一个初步的阶段,许多探讨还只是提出问题,如何系统地认识与解决审判实务中存在的问题,还有待于公司法实践的深入。令人欣慰的是,新《公司法》的修订赋予了小股东对瑕疵股东会、董事会决议的无效确认权和撤销权,这为小股东权利的保护提供了法律依据,随着小股东维权意识的提高及股东会、董事会等权力机构在公司治理中地位与作用的发挥,该类诉讼今后会日益增多。成熟的实践决定成熟的理论,相信今后对该类问题的研究会随着实践的发展而不断深入。

第七章 股东知情权案件受理及裁判标准研究

一、股东知情权之诉的实务分析

近年来,我国股东知情权纠纷不断增多,无论是有限责任公司还是股份有限公司均有发生。在有限责任公司中,通常表现为参与经营管理的股东或执行事务的股东侵犯非参与经营管理股东的知情权,并使其收益权被全部或部分剥夺。在股份有限公司中,通常表现为操控董事会的大股东对小股东知情权的侵犯,小股东常常被架空。与股东知情权纠纷一起增多的是股东知情权诉讼案件的增多和类型多样化,本章将结合北京市法院系统最近几年关于股东知情权纠纷的审判从实务层面认识股东知情权之诉。

(一)北京市2005—2007年度股东知情权案件总评

通过对北京市基层法院以及中级人民法院2005—2007年审理的与股东知情权有关的44个案件的调研,发现股东知情权之诉在实践中表现出非常明显的特点,下面将从不同方面予以阐述。作为原告的股东,除了3个案例中是公司之外,其他原告都是自然人;股东拥有被起诉公司的股份比例分布范围比较广泛,很多股东持有公司股份比例达到50%,甚至是公司的法定代表人。从原告的身份以及持股比例可以看出股东知情权之诉不但是保护中小股东合法权利的有力工具,也是大股东实现自己权利的必不可少的手段。

股东知情权之诉的被告在理论上应该是具有法人资格的公司,但实践中被告的类型却是多样化的。在这四十余个案例中,有3个案例的被告是自然人,有1个被告是股份有限责任公司,有1个被告是公司的工会,还有5个被告是股份合作制企业,而以有限责任公司为被告的案件多达33个。股东知情权的义务主体是公司,自然人由于身份的错位,是不可能成为股东知情权之诉的被告的,因此这类案件一般以裁定驳回起诉结案。在以股份合作制企业为被告的诉讼中,虽然也存在着股东和企业章程,但是由于公司法仅仅规定了股份有限公司和有限责任公司两种形式,其他企业如果没有采取公司的形式,则不被认为是公司,不受公司法规制,所以股份合作制企业是不应该成为公司法上的股东知情权之诉的被告的。但是股份合作制企业毕竟是我国企业改革的产物,数量非常巨大,股东与企业的关系非常密切,如果不保护其知情权,很有可能侵害股东的合法权利,因此在我国的司法实践中,法官根据公司法的精神,特别是根据股份合作制企业的章程,有条件地许可了股东的知情权。这种类股东知情权的存在,体现了司法实践的生命力。与仅出一例的股份有限公司做被告的状况相对应的是有限责任公司在此类诉讼中成为被告的绝对主体,达三十余个。这种数量的差异可以从股份公司与有限责任公司的差异中获得解释。有限责任公司的股东之所以偏好通过诉讼的途径实现其知情权,是因为股东与有限公司的关系比较密切,股东有很强的参与公司治理、关注公司的经营以及财务状况的动力,同时法律又规定了股东获得相关信息的权利。有限责任公司的人合性使得公司具有一定封闭性,在没有法律的强制性要求下,不会主动披露信息,股东只有通过诉讼借助法院的公权力获得公司的相关信息,实现其知情权;股份有限公司的股东人数比较多,具有公众性特征,法律强制性地规定了其信息披露义务,股东可以较为方便地获取与公司有关的信息,股票转让的自由使得股份公司的股东可以通过用脚投票的方式表达自己的意见,而不必要采取诉讼这种成本比较高的行权方式。

绝大多数股东知情权案件的审理采取的是独任审判制,仅一个审判员就可以审理,审理程序也比较简单;从结案方式看,法院通过判决的形式结案的有34例,通过调解结案的有4例,通过裁定结案的有6例。法官审理案件一般依据公司法、民事诉讼法等法律以及公司(企业)章程等约定性文件。通过对这些案件的分析可以看出股东知情权之诉表现出以下特点:一方面此类诉讼程序比较简单,原被告都是相对确定的,一个法官就可以胜任这种审判,诉讼费用比较少,大多数是50元;另一方面,股东知情权之诉也存在着一些疑难,比如原被告资格的确认、甚至是否属于股东知情权之诉的范畴这类问题都是需要仔细考虑的,具体法律的适用也存在着不确定性。法院审判实践中对不具备被告资格的案件实行调解、对股份有限公司做被告的案件适用《公司法》第34条的规定、对同样的案情作出不同的判决等情形都说明了只有深入研究股东知情权诉讼各个方面的问题,才能更好地推动审判实践的发展。

(二)股东知情权案件中的焦点问题

1. 股东原告身份的确定。在股东知情权之诉中原告的认定上,争议较多的是原告是否是特定公司的股东。因为某一主体是否为特定公司的股东决定了其是否拥有知情权,进而影响到其是否有起诉权。诉讼实践中对原告股东身份的争议集中在以下三个方面:名义股东是否拥有知情权;隐名股东是否拥有知情权;退出公司的原股东是否可以起诉公司。

名义股东问题的产生与旧公司法的规定有关,我国旧《公司法》第20条规定,有限责任公司由2个以上50个以下股东共同出资设立。有限公司的设立人为了规避法律的强制性要求,在设立公司的过程中,邀请其他人名义上共同设立公司,但是被邀请的主体虽然名义上拥有一定比例的股份,但是对公司实际上并没有出资,所有的资本都是实际设立人交纳的。这类拥有股份却没有履行出资义务并且一般不参加公司管理的股东被称之为名义股东。由于名义股东名义上享有权利,实际上对公司并不承担责任,因此这类股东对公司的设立股东来说是存在一定风险的,故设立人一般会选择自己的亲戚或者朋友做名义股东,一般情况下也不会产生纠纷。从权利与义务一致性出发,名义股东由于没有履行任何义务,对公司也不承担任何责任,只不过转让了一次姓名使用权而已,所以不应该享有真实股东所拥有的权利。但是名义股东的存在本身就是为了规避法律,是设立人企图利用公司的这一形式更好地实现自己的利益,这种行为是法律不鼓励的行为。公司法作为规范公司的组织和行为的法律,其更为关注的是公司的稳定性和形式要件的完备,而不过分探求当事人的内心真意,即使是名义股东,只要其符合公司法的条件,就是公司的股东,就拥有知情权。我国《公司法》第33条规定,有限责任公司应当置备股东名册,记载于股东名册的股东,可以依股东名册主张行使股东权利。这是判断某一主体是否为特定公司股东的唯一标准，只要名义股东被记载于股东名册，其就可以依股东名册主张包括股东知情权在内的各种权利。北京市大兴区法院审理的陈闽建诉北京海天建业公司案（2005 大民初第 6450 号）及北京市二中院在昭明普瑞公司上诉名义股东张锐兵（2005 二中民终字第 92027 号）等案件中的判决说明了法院对名义股东所享有的知情权是支持的。法律对名义股东的承认虽然有可能损害到实际股东的应有权利，但是权利义务在本质上是一致的，实际股东如果有证据证明名义股东没有履行出资义务，则可以依据公司法和公司章程要求名义股东履行实际出资义务，从而防止名义股东滥用股东知情权侵害公司的合法权利。

由于有限责任公司这一公司形态的封闭性和人合性，这为隐名股东的存在提供了条件。在某些公司中，除了在工商登记机关登记的股东之外，还存在着根据股东之间的协议等约定拥有某一公司一定比例的股份但并不登记在册的股东，也就是隐名股东。隐名股东在我国公司法上并没有明确规定，但在实践中是存在的。隐名股东的产生原因多种多样，有可能是因为公司法对股东人数有所限制，导致国有企业在改制为有限责任公司后部分职工成为享有权利但是没有登记在册的隐名股东；有可能是因为实际出资人出于隐蔽自己财富的目的而以他人的名义成立公司；也有可能是因为法律对公务员等特定主体从事经营活动有所限制，为了规避法律的强制性规定而成为隐名股东。从公司法治的层面出发，虽然隐名股东有可能实际上履行了出资义务，但是由于其并没有被登记在股东名册上，隐名股东并不是法律意义上的股东，不能行使股东知情权等各种权利，因此隐名股东不能成为股东知情权之诉的原告。隐名股东要主张自己的权利，就需要通过一定的程序使自己的权利显性化，使自己成为法律承认的股东。法律对隐名股东权利的限制有助于防范各种潜在风险。如果法律承认隐名股东的地位，则有可能会破坏现有公司法秩序的稳定，破坏公司法治的协调与统一，加大公司的风险；法律如果承认隐名股东的权利，也有可能导致公务员等行使公权力的主体突破法律的限制，投资于某一公司，形成公法领域的权力与私法领域的公司经营的结合，这势必会破坏平等竞争的市场秩序，也会影响到公务员行使权力时的公正性。因此，在没有充分的证据证明其为符合公司法要求的股东的情形下，对隐名股东的知情权主张是不宜承认的，隐名股东也不具备股东知情权之诉原告的资格，对于其提起的诉讼，可以以原告不适格为由裁定驳回起诉。

因转让股权而退出公司的原股东是否享有知情权,需要根据不同的情形具体分析。原为公司的股东,而在起诉中丧失股东身份的案件在股东知情权之诉中占有一定比例。此种比例虽然不大,但在相当程度上反映出公司控制股东欺压小股东所造成的治理结构紊乱现象。而我国公司法并未对行使公司知情权的股东是否在起诉时必须具有公司股东的资格问题作出明确规定,实践中对这个问题也存在不少争议。对这个问题可以从股东知情权的时间性方面作出解答。股东知情权的内容无论是公司的财务会计报告还是股东会会议记录、董事会会议决议、监事会会议决议等文件材料都是公司有关主体在一定的时间内根据公司法的要求或者公司章程的规定作出的,是对公司某一特定时期经营以及财务状况的反映;同样,公司的股东也不是恒定不变的,随着公司股份的转让会有新的股东产生旧的股东离去,但是公司只要存续,则无论在哪个时间段都会有一定数量的股东,股东以其出资额为限对公司承担责任,相应地也享有一定的权利。股东与公司在时间上的共存特点使得股东有必要了解公司以前的信息和自己作为股东时候的信息,以便做出符合自己利益的行动。股东对公司享有自己成为股东之前以及自己作为股东之时这一时间段内的知情权,对在退出公司后这一时点之后公司的经营和财务状况不享有知情权。因此,即使退出公司不再成为股东,也享有对自己作为公司股东之时以及之前的公司的信息的知情权。当然,出于解决纠纷的方便以及维护法律的权威,股东退出公司的时间应该根据制备于公司的股东名册的记载为准。对退出公司的原股东知情权的赋予,有助于原股东通过司法途径维护自己的合法权利,防范公司管理层或者控股股东通过隐瞒利益,进而排挤中小股东等形式攫取其他股东本应享有的利益。也就是说,对退出公司的股东知情权之诉原告地位的承认与尊重,实际上是对现有公司的管理层提出警示,如果他们试图通过上述方式剥夺其他股东的合法权益,则有可能遭到股东的起诉,从而制约公司管理层或者实际控制人的恣意行为,实现对公司全体股东利益的一体保护。

2. 知情权的实现程度。公司股东在什么范围内享有知情权是各国公司立法所关注的一个重要问题。我国修订后的《公司法》虽然将股东知情权的范围界定为公司章程、股东会会议记录、董事会会议决议、监事会会议决议、财务会计报告和会计账簿。但该法对知情权范围的规定仍不够充分,特别是对会计账簿的规定在实践中仍嫌不足,主要表现在:一是会计账簿与会计凭证的分界不清;二是对会计账簿的查阅权是否包含会计凭证并不明确;

三是对会计凭证的查阅未作规定。由于信息的不对称和对公司做假账的怀疑,提起诉讼的股东一般希望公司可以提供原始的会计账簿、会计凭证等材料,以充分了解公司的情况。在海淀区法院审理的付晓明诉光大富润公司(2007海民初字第6312号)案件中,法院以公司法为审判依据,有条件地支持股东对会计凭证的查阅权;在张红喜等诉白家疃机电销售中心一案(2006海民初字第27091号)中,海淀区法院以原告的审计公司财务的诉讼请求超出股东知情权范围为理由,驳回了原告的起诉。实际上,会计凭证、会计账簿、财务会计报告之间存在着密切的联系。会计账簿包括总账、明细账、日记账和其他辅助性账簿,其登记必须以经过审核的会计凭证为依据;财务会计报告则是根据经过审核的会计账簿记录和有关资料编制的,包括会计报表、会计报表附注和财务情况说明书。会计凭证是比较原始的会计材料,有着其他会计材料难以代替的作用,如果作为证据,则有更强的说服力。当前我国公司财务会计制度颇不完善,做假账、隐瞒公司真实信息的现象比比皆是,财务诚信极度缺乏,只有赋予股东一定范围内对原始财务资料查阅的权利,才能更好地监督管理层,健全公司的财务会计制度,维护股东自身的合法权利;同时由于知情权纠纷的私法属性,如果公司同意股东查阅会计凭证,法院当然可以根据当事人达成的协议判决准许股东查阅会计凭证。

3. 举证责任的分配。股东知情权之诉中,举证责任的分配也是原被告双方争论的焦点,举证责任意味着举证方如果不能用证据证明自己主张或者反驳对方的请求,则有可能导致败诉。举证责任虽然有法律的规定,但是在审判实践中并没有统一的标准,基于相同的事由和案情,由于受审法院的不同,举证责任的分配也大不一样,一个案例中股东的知情权得到法院判决的支持,另一个案例中原告败诉。在诉讼中,谁主张谁举证是基本原则,但在侵权之诉中对方当事人也负有举证责任。在股东知情权之诉中,举证责任的分配根据不同情形在股东与公司之间有不同的分配。在查阅、复制除公司章程、记录和决议等材料的知情权之诉中,原告只要证明自己是特定公司的股东及自己主张行使知情权被公司拒绝即可,作为被告的公司如果要反驳股东的请求,则需要证明自己已经根据公司法的要求为股东行使权利创造了条件,或者证明原告非公司的股东;由于有限责任公司有义务向股东送交公司财务会计报告,因此在此类诉讼中,只要原告股东认为其未收到会计报告,即可提起知情权之诉,而无需加以证明,至于公司,如果其认为已向股东送交会计报告,则应承担举证责任;在查阅会计账簿的诉讼中,股东需要向法院证明自己已经书面向公司请求查阅账簿,作为被告的公司,应当对其拒绝的理由承担举证责任,即通过举证责任倒置,由公司举出"非正当目的"的证据来否决股东的权利主张。

4. 诉讼目的的正当性。诉讼目的合法性问题仅仅存在于股东请求查阅公司会计账簿这一特定诉讼中,因为《公司法》对股东其他知情权规定的是"股东有权"这一用语,也就是说只要是公司的股东,就有权利查阅、复制公司的有关材料,而不追究股东的主观目的。由于财务账簿查阅权对公司和其他股东利益的重要性,为预防个别股东滥用此权,干扰公司的经营秩序,危害公司和其他股东的利益,各国立法无不对股东的此项权利加以限制,我国公司法亦不例外。法律规定股东可以要求查阅公司会计账簿,但是股东要求查询公司会计账簿的,应当向公司提出书面请求,说明目的。公司有合理根据认为股东查阅会计账簿有不正当目的,可能损害公司合法权益的,可以拒绝提供查阅,并应当自股东提出书面请求之日起 15 日内书面答复股东并说明理由。这是新《公司法》第 34 条为股东行使会计账簿查阅权规定了正当目的性限制原则,但立法并未对"不正当目的"作出界定,这导致实践中对股东行使会计账簿查阅权之目的的正当性难以把握,往往在认识不一的情况下作出相互矛盾的裁判,影响法律适用的统一性和稳定性。

现行公司法对股东知情权行使的限制,体现为"不正当目的"原则,在公司法未作具体规定的情况下,有必要对"不正当目的"加以界定,以利于该原则的正确适用。虽然股东没有证明自己目的正当性的义务,但是如果股东能够证明自己查阅会计账簿具有正当目的,则会大大增强自己请求被法院支持的可能性,如果股东能够通过证据证明自己查阅会计账簿是为了调查公司的财务状况,调查股利分配政策的妥当性,调查公司管理层经营活动中的不法、不妥行为,调查董事的失职行为,消除在阅读公司财务会计报告中产生的疑点等,均属股东查阅会计账簿的正当目的,应受到法律的保护和法院判决的支持。如果股东查阅会计账簿是出于为公司的竞争对手刺探公司秘密,为了获得非与投资相关的个人利益,比如把公司信息出售给宣传广告,为了查询与商业秘密相关联的公司财产、金融和盈利状况的结算和估价方法的详细资料,在以上情形下则可以认定为是非正当目的。

二、新公司法视野下股东知情权解读

(一) 新公司法对股东知情权的扩展

股东知情权作为股东的一项基本权利，无论旧公司法还是2006年新《公司法》都有明确规定。1993年《公司法》第32条规定"股东有权查阅股东会会议记录和公司财务会计报告"，第110条规定"股东有权查阅公司章程、股东大会会议记录和财务会计报告，对公司的经营提出建议或者质询"；2006年新《公司法》第34条规定"股东有权查阅、复制公司章程、股东会会议记录、董事会会议决议、监事会会议决议和财务会计报告。股东可以要求查阅公司会计账簿。股东要求查阅公司会计账簿的，应当向公司提出书面请求，说明目的。公司有合理根据认为股东查阅会计账簿有不正当目的，可能损害公司合法利益的，可以拒绝提供查阅，并应当自股东提出书面请求之日起15日内书面答复股东并说明理由。公司拒绝提供查阅的，股东可以请求人民法院要求公司提供查阅。"，第98条规定"股东有权查阅公司章程、股东名册、公司债券存根、股东大会会议记录、董事会会议决议、监事会会议决议、财务会计报告，对公司的经营提出建议或者质询"。通过具体的条文可以看出新公司法从以下三个方面充实了股东知情权的内容：

第一，股东知情权的范围进一步充实。旧公司法对股东知情权的内容规定得极为简略，仅仅规定股东可以查阅公司的股东会议记录和财务会计报告，另外股份有限公司还可以查阅公司章程。作为公司基本性文件的公司章程是需要制备于公司供公众查阅的，不需要具有股东的身份就可以获得。在公司的所有权与控制权日益分离的今天，与公司管理层对公司的持续性经营相比较，公司的股东参与公司治理的主要途径就是参加股东(大)会。法律对召开股东大会的次数与程序都有明确的规定，除了重大事项需要临时召开股东大会外，股东大会召开次数一般每年一次，股东大会的表决也常常流于形式。这样的股东大会形成的会议记录对股东了解公司的具体经营情况，其价值是非常有限的。旧公司法还规定股东可以查阅公司的财务会计报告，这对股东具有重要意义，是了解公司发展或者盈利情况的重要文件，但是如果没有其他材料做补充，单纯依靠公司财务会计报告，很难对公司的经营状况作出真实的评判，难以维护股东的合法权利。

我国新《公司法》针对旧公司法保护股东知情权不力的状况,大大扩充了股东知情权的范围,股东可以获得公司法保护的知情权不仅仅局限于股东会议记录和财务会计报告。公司章程、董事会会议记录、监事会会议记录、股东名册等都纳入股东知情权的范围,这一较为广泛的规定,使得股东有机会全面地了解公司的运营状况;并且股东可以通过查阅各种会议记录了解公司的董事、监事等管理层的重大行为,为股东参与公司治理、监督管理层、防止管理层侵害股东甚至公司的利益提供比较可靠的资料。公司法对股东知情权的具体规定是股东在知情权方面可以获得法律保护的最低标准,股东知情权范围的扩展表明了法律对股东作为投资人角色的肯定与重视,使得股东在主张自己的权利时有法可依。

第二,股东知情权的种类更为具体明确。新公司法不但扩展了股东知情权的范围,也充实了股东知情权的种类。我国旧《公司法》仅规定了股东对公司的相关材料的查阅权和股份有限公司股东对公司的建议权和咨询权,但是没有规定股东的复制权。查阅权也就是查看阅览公司会议记录与财务会计报告等各种材料的权利,股东只能到公司规定的地方去查阅,而不能带走,由于个人记忆能力的有限性和公司业务的专业性,个人即使查阅了公司的相关材料,也不可能像复印机一样记在脑中,作为主张自己权利的依据。由于查阅权的不可复制性,如果股东与公司就此发生纠纷,股东要求查阅,公司坚持股东已经查阅公司的相关材料,很难获取必要的支持证据,不利于纠纷的解决。正是基于这些考量,新公司法明确规定有限责任公司的股东对公司的相关材料不仅有查阅权,而且有复制权。股东复制权的享有使得股东不但可以详尽地了解公司的运营情况,也可以复制这些材料,作为主张自己权利的证据,或者聘请专业人士对这些材料进行分析,从而更好地行使自己的股东权。

第三,公司会计账簿查阅权的特殊规定。相对于1993年《公司法》的一般性规定,新《公司法》规定了有限责任公司的股东对公司会计账簿的有限查阅权。公司的会计账簿作为公司生产运营的一种记载方式,是对公司情况的真实反映,从中可以了解到公司的资产收益,了解到公司的盈利和亏损,甚至包含了公司的很多商业秘密,对公司具有重要意义;同样,真实、准确、完整的会计账簿也是股东了解公司状况的重要材料,对股东权的实现也有重要意义。查阅公司会计账簿权可以说是双刃剑,用之得当,可以促进股东知情权的实现,推动股东关心公司的长远发展;用之不当,则有可能泄露公司的商业秘密,侵害公司的利益。新《公司法》正是在保护公司与股东合法权益这一宗旨的指引下,赋予了有限责任公司股东有限度的会计账簿查阅权。股东可以查阅公司的会计账簿,但是需要书面申请;公司一般情况下应该同意股东查阅,只有在公司有合理根据认为股东查阅会计账簿有可能侵害其合法利益时,才能拒绝股东的请求。同时为了保证股东此项权利的实现,还明确规定了公司如果在15日内没有书面答复,或者拒绝股东查阅时,股东可以请求法院要求公司提供查阅,进一步强化了股东的知情权。

(二) 股东知情权的界定

世界各国的公司法的立法中并没有"股东知情权"这个名词,我国的《公司法》也没有出现股东知情权这个称谓。所谓的股东知情权,不过是学者以及实务中对股东所享有的一系列特定权利集合、抽象之后的理论概括。不同的学者基于不同的研究视角,对股东知情权作出了不同的界定,有的学者认为股东知情权是指股东享有的对公司经营管理等重要情况或者信息真实了解和掌握的权利,有的学者认为知情权是指股东知悉公司相关真实信息的权利。股东知情权并不仅仅局限于法律的规定,而是有着更为广泛的范围。公司法对股东知情权的规定只是为股东实现知情权提供了一个最低的保证,股东知情权可以由于其他法律、公司章程的规定甚至股东大会的决议等而不断丰富。基于这种认识,结合我国立法实践以及学者的研究可以看出,股东知情权即法律、公司规章等赋予股东通过查阅公司的财务报告资料、账簿等有关公司经营、决策、管理的相关资料以及询问与上述有关的问题,实现了解公司的运营状况和公司高级管理人员的业务活动的权利。股东的知情权包括:查阅权、复制权、建议权、质询权。这四项权利虽然指向的具体内容不同,但都是为了股东能获取更多的信息,是全面保护股东权利的重要一环。

股东知情权作为股东拥有的一项基本权利,是股东得以行使参与公司决策、选择管理者、资产收益等权利的基础;没有对公司信息的充分掌握和了解,股东所享有的其他权利是很难实现的。正是因为股东知情权的重要作用,对其性质一直难有定论,学术界有不同的观点。我国学界一般是以股东权行使的目的为据将股东权分为自益权和共益权,认为股东为自身的利益可单独主张的权利为股东自益权,股东为自身利益兼为公司利益而行使的权利为共益权。建立在"目的论"理论基点上,部分学者认为股东的知情权具有共益权的属性:其一,董事经营权的日益膨胀不仅危及股东的利益,也势必会危及公司的利益。因而股东通过行使知情权的方式参与经营管理并不仅仅为了个人的利益,也是为了公司的利益,这集中体现了个人利益和公司利益的结合。其二,股东行使知情权是以参与公司的经营管理和对公司机关的监督纠正为目的,而不是以从公司直接获得个人的经济利益为目的,这符合共益权的一般特征。

其实,股东知情权兼具自益权和共益权的特点,并且在不同的公司形式中侧重不同。有限责任公司由于其股东人数的有限性,股东的利益与公司的利益非常密切,股东行使知情权往往是为实现自己利润分配权等其他权利做准备,而不是出于维护公司的整体利益,因此很难说是共益权的范畴,更体现为自益权,其权利的实现也需要自己努力争取;股份有限公司由于人数众多,特别是上市公司,股东行使知情权更多的是为了了解公司经营状况,监督管理层,因此股份公司中,股东知情权更具有共益权的特点,公司法对股份公司信息披露的强制性要求也体现了其共益性。认识股东知情权的性质,其意义在于法律对不同性质的权利予以不同层面的保护。由于股东行使自益权行为与行使共益权行为在目的与效果上的明显区别,对两种行为进行法律调整的尺度应当随之不同:股东行使自益权的行为,享有充分的权利与自由,对股东行使自益权行为的法律调整重点应在于,保护股东行使自益权行为的权利与自由;对股东行使共益权行为的法律调整,不应享有如股东行使自益权行为同等的权利与自由,而应受到目的性限制,行使共益权行为时应以公司利益为目的或兼顾公司利益与自己利益的因素。这也是新公司法赋予有限责任公司股东有条件的会计账簿查阅权的根据之一。

(三) 股东知情权的存在价值

1. 股东知情权是经济民主的必然要求。作为本源意义上的知情权,有着非常丰富的内涵,是指公民对各种信息知悉了解的权利。这种权利发源于政治生活领域,极大地促进了政治民主的前进,随着权利意识的明晰,知情权又深入到社会生活的其他方面特别是经济领域,成为市场经济主体的一项重要权利。市场经济的发展也是专业化程度的提高和信息商品化的过程。由于专业化的发展,各类经济主体获取有效信息的能力受到局限,特别是随着信息的商品化,获取各种信息都需要一定成本。市场经济的发展使得信息不对称日益突出,市场不同主体之间的地位不均衡,特别是部分处于弱势地位的市场主体不得不承受信息不对称带来的种种不利。这种获取信息方面不平等的状况的存在是与市场经济的自由、平等的本性不一致的,是与市场经济追求经济民主的本质不相符的。在这种背景下,通过法律的规定实现弱势市场主体的知情权,成为一种趋势。在消费者保护领域,商品的出售者和服务的提供者都必须保证消费者有效获取真实信息,这使得消费者能突破自己能力的局限,更好地享受市场经济带来的便利。同样,在公司领域也存在着信息不对称现象,特别是对股份公司的中小股东而言,他们购买公司的股票往往是为了投机获利,并不谋求公司的控制管理权。与公司有关的信息就成为他们买卖股票的重要依据,信息的真实、及时、充分与否对他们的利益影响甚大。中小股东与购买商品的消费者在本质上无异,法律赋予其知情权,有助于股东及时有效地获取必需的信息,有助于股东根据自身需要采取不同的决策,这也是经济民主的必然要求和应有之意。

2. 知情权是股东行使其他权利的基础。股东作为公司法上的主要主体,被赋予了广泛的权利;《公司法》第 4 条规定了股东享有资产收益权、参与重大决策权、选择管理者权;公司法的其他条文也规定了股东以及股东的集合股东会所享有的各种权利,这些权利的组合形成了一套比较全面的股东权利体系。无论是股东所享有的财产性权利或者非财产性权利,其充分有效的行使都离不开对公司经营以及财务状况的了解。股东知情权的行使虽然不可能为股东带来直接的利益,但却是股东获得利益的重要保障。如果不了解公司的经营信息,股东就难以充分行使参与公司重大决策的权利,也难以根据公司的实际选出合适的管理人;如果不了解公司的财务信息和盈利状况,股东行使股利分配以及出卖股份等其他财产性权利就没有充分的依据。可以说,股东知情权是股东所享有的基础性权利,这也是公司法通过专门的条款规定此项权利的理由所在。

3. 股东知情权对公司治理的积极意义。公司治理作为现代企业制度的核心,有丰富的内涵,比如 OECD(1999)[①]就认为,公司治理是企业被引导和控制的制度,在企业的不同参与者、董事会、经理和其他利害关系者之间具体规范权利和义务的分布,作出有关企业事务决策的有关规定和程序等。也有的学者认为公司治理是一种合同关系。公司被看做是一组合同的联合体[②],这些合同治理着公司发生的交易,使得交易成本低于由市场组织这些交易时发生的交易成本。公司治理的安排以公司法和公司章程为依据,在

---

① 刘雪梅:"我国商业银行公司治理问题研究",载《金融管理与研究》2007 年第 2 期。
② "公司治理概念":中国公司治理网,http://www.cg.org.cn/theory/zlfz.asp,访问日期 2008 年 3 月 23 日。

本质上就是这种关系合同,它以简约的方式,规范公司各利害相关者的关系,约束他们之间的交易,来实现公司交易成本的比较优势。无论对公司治理的表述如何,公司治理的核心是基于两权分离的现实,即由公司法塑造的、以分权制衡理念为核心的公司管理和控制的制度及模式。公司治理意味着不同公司主体之间通过行使各自的权利,发挥各自的作用,制约其他主体的恣意行为,从而实现公司利益最大化。股东作为公司的出资人,是公司的主要主体,甚至可以说公司的运行是为了实现所有股东利益的最大化。现代公司中股东作为出资人虽然通过股权拥有公司的所有权,但是公司的实际经营管理权却被董事、经理等管理层拥有,这种两权分离的现实虽然有助于公司管理的专业化,但也使股东对公司的控制减弱,股东对公司的了解往往借助于公司发布的信息。在这种背景下,股东知情权就有着非常重要的意义,不但是股东了解自己所投资的公司的经营状况的必要手段,也是股东监督管理层的重要方式。无论是股东的查阅权还是建议权、质询权,都会对管理层产生一定的制约作用,使其在日常经营管理中出于股东的利益作出决策,从而一定程度上解决内部人控制问题。只要存在两权分离,无论是中小股东,还是大股东,都需要通过知情权的行使,掌握公司的各种信息,为其参与公司治理提供支撑。

(四) 股东知情权的实现途径

权利只有实现,才能够转化为真实的权利,否则只是沉睡的条文。股东知情权也一样,其实现有赖于法律的规定,有赖于公司各主体的积极行为。作为股东拥有的一项基本权利,不同国家的公司法等法律都直接或者间接地规定了股东知情权的实现方式,结合我国公司法,同时借鉴其他国家的立法例,可以看出股东知情权的实现有以下三种主要途径:

1. 公司主动披露相关信息。无论是有限责任公司还是股份有限公司,都有信息披露义务,这成为股东知悉公司信息的最为便捷的途径,公司主动依照法律和章程规定向股东呈递或公开公司的经营信息。公司履行该种信息递送的义务直接来源于法律和章程的规定,无须股东事先请求,这是一种非依请求而由公司单方完成的法定(约定)义务。公司在履行该义务时必须遵循诚实信用原则,所提供的信息必须真实、完整、全面、准确。我国《公司法》第166条规定,"有限责任公司应当依照公司章程规定的期限将财务会计报告送交各股东。股份有限公司的财务会计报告应当在召开股东大会年会的20日前置备于本公司,供股东查阅;公开发行股票的股份有限公司必须公告其财务会计报告"。法律通过规定公司对股东的信息披露义务间接地实现了股东的知情权。有限责任公司需要把财务会计报告交送各股东,意味着公司不但需要提供财务会计报告,并且需要通过一定形式交送给股东,股东不需要做出任何行为就可以获得公司的财务信息;股份有限公司由于股东人数众多,股份持有多寡悬殊,财务会计报告一一送交各个股东不但没有必要也会造成资源的浪费,故公司法要求股份有限公司把公司财务会计报告置备于公司,供股东查阅。当然对上市公司而言,股东的不确定性使得上市公司需要通过公告的形式满足现有股东以及潜在股东对公司信息的了解。

公司主动披露信息还包括在关联企业的关系中提供其与关联企业之间的联合报告。比如根据德国股份公司法,为了保护从属公司及其少数股东的利益,从属公司董事会负有编制联合报告的义务,以说明从属企业与其他关联企业之间的交易或其他关系,是从属公司股东得以了解实际情况。我国台湾地区新公司法借鉴德国法例,亦规定了关联报告制度。该法第369条之十二规定,公开发行股票的从属公司应于每营业年度终了,制作其与控制公司之关系报告书,载明相互之间法律行为,资金来往及损益情形。我国香港联合交易所的上市规则指引也要求所有的上市公司必须向股东提交与上市公司有关的关联交易。这些有效的做法对完善我国公司的信息披露制度不无借鉴意义。

2. 股东主动向公司行使知情权。我国《公司法》第34条和第98条即是对股东知情权的赋予。通过法条的解读可以看出,除了有限责任公司股东对会计账簿的有限查阅权之外,股东所享有的其他查阅与复制权是一种无附加条件的权利。也就是说,只要是公司的股东,都可以根据这两条规定查阅与复制公司的相关材料。与我国公司法规定的简略相比较,其他国家对股东积极行使知情权的规定比较全面。美国《示范公司法修订本》的第十六章第一分章《记录》中就股东的检查权作了以下规定:(1) 股东有权在正常营业时间内检查和复制公司的永久性记录,但事前要书面通知并表达他的真实和正当的意思;(2) 股东的代理人或受托人和他所代表的该股东有同样的检查和复制权利。

3. 司法的途径。当公司不主动向股东提供财务会计报告等材料或者股东向公司请求查阅、复制相关材料不能得到满足时,股东可以通过诉讼途径实现知情权,这是股东实现知情权的又一途径。虽然我国公司法仅仅规定了有限责任公司拒绝股东查阅财务会计账簿时候股东可以向法院提起诉讼,但是根据有权利必有救济的法律精神,股东知情权的其他内容也是可以根据民事诉讼法等程序法获得公法的救济。与其他实现途径相比较,诉讼途径具有权威性、强制性等优势。但是通过诉讼这一方式解决纠纷,成本比较大、有诉讼时效限制;诉讼的对抗性会造成股东与公司之间关系的紧张,对公司的形象也会产生不良影响。但是在其他方式难以实现目的的情况下,提起股东知情权之诉就成为股东最后的选择。

三、股东知情权之诉的学理辨析

（一）股东知情权之诉概述

股东知情权之诉,是指根据公司法的规定以及公司章程的约定,在公司怠于履行告知义务时,股东以自己的名义向法院起诉公司,要求公司履行一定义务的请求。股东知情权之诉是侵权之诉,正是因为公司怠于向股东送交公司财务会计报告、公司不协助股东实现对公司有关信息的查阅、复制权,侵害了股东对公司真实情况的知悉权等合法权利,才导致股东提起诉讼。

根据当事人请求的目的和内容的不同,可以把诉的种类分为确认之诉、给付之诉和变更之诉三种。给付之诉是指原告向法院提出的判决被告履行一定义务的请求。股东知情权之诉正是股东通过法院要求公司履行一定义务,故为比较明显的给付之诉。股东知情权之诉作为给付之诉的特点在于要求法院判决公司履行一定的信息披露告知义务。虽然在某些诉讼中,首先存在确认原告股东身份是否存在这类先决事项,但是仍然不影响股东知情权作为给付之诉的定位。对股东知情权之诉进一步分类的话,可以看出其属于行为给付之诉,而不是物品给付之诉。正是由于给付内容是行为,需要当事人的积极行为才能实现股东诉讼的目的,这就使股东知情权之诉存在判决容易执行难的问题,这是法院在作出此类判决时需要考虑的问题。

股东知情权之诉作为解决股东知情权纠纷的一种途径,体现了股东与公司之间的一种紧张状态,体现了公权力对私权利的介入和规制。股东知情权纠纷的主体股东和公司都是平等的私法主体,他们之间存在着密切的关系,股东作为公司的出资人,通过股权的拥有而拥有对公司的所有权,公司在某种情况下可以说是实现股东利益的工具。股东和公司是一种紧密的依存关系,股东的利益和公司的利益在本质上是一致的。因此当股东采取诉讼的方式解决自己和公司的纠纷时,说明两者之间的纠纷已经不能通过其他缓和的途径解决,需要外力的介入。法院参与到股东知情权纠纷中,使得原来的股东与公司两个主体之间的博弈转换为法院与股东、公司三方主体的互动。在我国职权主义诉讼模式下,当股东把纠纷提交法院解决时,股东知情权纠纷就纳入法院判决的范围,成为公权力的一次操练。股东、公司与法院三方主体的博弈使得股东知情权之诉表现出多种类型,判决结果也可能大不相同。

(二)股东知情权之诉法律关系分析

所谓民事诉讼法律关系,是指受民事诉讼法调整的,发生于民事诉讼过程中,存在于民事诉讼参加者之间的诉讼权利和诉讼义务关系。根据这个定义可以看出,在股东知情权之诉法律关系实际上就是法院与股东、公司之间的诉讼权利与诉讼义务关系。下文正是从法律关系的主体、内容、客体三个方面对股东知情权之诉展开分析。

1. 股东与公司:股东知情权之诉的主体。除了法院这一任何诉讼中都必须存在并且发挥重要作用的主体之外,股东与公司是股东知情权之诉的主要主体,分别担当了原告与被告的角色。在股东知情权之诉中,原告的身份是唯一的,就是必须是股东,并且是特定公司的股东,如果不具备股东的身份,则没有权利向法院提出此类诉讼。股东作为原告,对股东知情权之诉有重要影响,他对诉讼程序的发生产生着重要影响,没有股东的起诉,就没有股东知情权之诉的发生;同时股东对股东知情权之诉的结束以及诉讼的审判结果具有重大影响,股东申请撤诉以及在诉讼过程中全部或者部分放弃自己的诉讼请求,法院的判决将大为不同。

与股东原告身份相对应的是股东拥有股份的公司在此类诉讼中的被告资格。公司作为股东知情权之诉的被告,是被法院通知应诉的与股东利益相对的另一方当事人。对于公司来说,其参加诉讼是被动的,不是自己主动要求的。但是作为被告,公司对股东知情权之诉还是有重要影响的。公司的应诉与否,公司对股东请求的承认与拒绝,都会对法院的判决产生重要影响。同时,公司作为法人,其行使诉讼权利或者履行诉讼义务都必须通过具体的自然人来实现,公司意志与代表公司的自然人意志的差异有可能导致公司的意志难以顺利地表示,从而影响法院的有效判决,进而影响法院判决的执行。

股东与公司在股东知情权之诉中的原告与被告地位是恒定的,这是由股东知情权之诉的诉因决定的。正是因为股东觉得公司没有履行相应义务,侵害了自己的知情权,所以才提起诉讼,不可能是公司觉得股东没有积极行使知情权,故向法院起诉股东,要求股东享受知情权。原告与被告的不可互换简化了法院对主体的审查,这也是诉讼实践中对此类案件一般采取独任制审判的原因之一。

2. 股东知情权之诉的内容:诉讼权利和诉讼义务。由于不同主体在诉讼中的角色不同,因此其所享有的诉讼权利与承担的诉讼义务也有所不同。法院是以案件审判者的角色参加诉讼的,所以它所享有的权利和承担的义务与审判权的行使和审判职责的履行有密切关系,比如,依法律的规定,人民法院享有对法庭的指挥权、对案件的裁判权、对特定事项的处分权等,与此相对应,人民法院要承担保证诉讼有序的义务、有保障当事人依法行使权利的义务、对案件依法作出裁判的义务等。股东作为原告,公司作为被告,分别享有一系列诉讼权利义务。股东与公司所拥有的权利义务虽然有所不同,但这种权利义务的配置具有对等性,比如原告有起诉权,被告有应诉权。正是这种对等性,使诉讼主体之间具有一定对抗性。

3. 股东知情权之诉法律关系的客体。所谓股东知情权的客体是指不同主体之间的诉讼权利和诉讼义务所指向的对象。由于不同主体之间的关系不同,股东知情权之诉所指向的客体也就有所差异,是多样化的。根据这种理论可以看出在人民法院与原被告之间形成的法律关系中,所指向的客体是案件事实和股东知情权的请求;在原被告之间形成的法律关系中,其客体是股东知情权是否得以实现的案件事实和诉讼秩序。当然在股东知情权之诉中还存在其他法律关系,比如法院与其他诉讼参与人之间的关系等。这些不同的客体虽然有所差异,但是存在着密切的联系。由于人民法院与原被告之间的法律关系在股东知情权之诉形成的法律关系体系中处于主导地位,因此这种法律关系所指向的对象也是最重要的客体,对其他客体产生着重要影响。

四、股东知情权之诉中审判权的行使

随着我国民事诉讼法的修订和完善,当事人在诉讼中享有更多的处分权，但是我国的民事诉讼模式仍然表现出明显的职权主义特色。职权主义强调法官在诉讼中的主动性，更注意法官职能的发挥，法官对寻求案件事实真相负有责任，诉讼以法官对案件的调查为主线而展开。从诉讼结构上讲，职权主义诉讼结构以法官的行为为核心，诉讼依法官的主动行为而展开。在职权主义诉讼模式下，法院审判权对其他权利的行使起着引导和制约作用，审判权行使的正确与否会直接影响到当事人权利的实现与义务的承担。下面将结合北京市的审判实际探讨股东知情权之诉中法官审判权的行使。

（一）审判权行使的依据

法院作为我国唯一法定的审判机关，宪法和诉讼法赋予其广泛的审判权，包括受理起诉权、调查证据权、诉讼指挥权、特定事项处分权、民事裁判权等一系列权力。宪法和民事诉讼法、法院组织法等法律是法院审判权的来源，是其行使审判权最重要的依据。但是由于民事审判权启动的被动性和对当事人作用的中立性，如果没有原告的起诉，法院是不能自行启动股东知情权的诉讼程序的。法院审判权的行使还需要有实体法的支持。我国公司法对股东知情权的规定是股东提起知情权之诉的法律依据，也是法院在审理案件中必须遵守的，公司法对股东知情权范围的规定，对会计账簿查阅权的特殊规定对法院的判决有一定的约束力。除了法律的明确规定之外，公司章程也是法院行使审判权时需要考虑的因素。公司章程作为公司的"基本法"，对公司、股东都具有约束力，因此法院在审理股东知情权诉讼案件中可以根据公司章程确定股东与公司的权利义务。

股东知情权的纠纷，虽然在诉讼中是以股东与公司为当事人的，但常常是由于对公司拥有控制权的大股东滥用股东权利，不积极创造条件满足中小股东的知情权要求而产生。股东知情权纠纷在一定程度上反映了大股东与中小股东在公司控制权上的争夺以及对公司利益分配上的紧张关系。既然是股东之间的纠纷，那么股东之间可以通过协议变更或者扩充知情权的范围。根据法无禁止即自由的私法原则，如果股东之间的协议没有侵犯公司或者社会公共利益，完全可以得到法律的认可与尊重。因此，如果股东之间就知情权达成协议，也应该成为法院作出判决时的参考因素。

（二）法官自由裁量权的界限

1. 自由裁量权存在的必要性。自由裁量权，是指法官在审理民事案件的过程中，针对案件具体情况，在法律规定的一定幅度内，运用法律良知和自身经验进行的法律适用、事实认定和案件裁判的一种权利。在股东知情权之诉中,法律对股东知情权规定比较简单,而实际生活中发生的案例则是非常具体和多样化的,每一案件都有不同的关注对象,并不是简单地把法律规定套进案例中即可,需要法官运用自己对法律的理解和良知,在一定理念的指引下,把抽象的法律应用到具体案件中去。公司法仅规定了股东可以享有知情权,但是没有明确特殊情形下股东身份如何认定;公司法对股东知情权范围的规定是限制了股东的请求权还是仅提供了股东知情权的最低标准,如果股东提出了超越法律规定范围但是不违背法律的知情权请求,法院是应该支持这种做法还是禁止;当事人自行达成的与法律规定不一致的妥协,法院是否许可这种做法;在被告不是典型的公司的情形下,股东提起知情权之诉,公司法的规定是否可以作为判案的参照。这些问题法律都没有作出明确的规定,单纯的赞成或者否决并不能实际上解决问题,只有法官深入分析案件的具体情况,在遵守法律规定的前提下均衡不同主体之间不平衡的权利义务关系,才能实现法院对公平正义的维护,才能真正解决原被告之间的纠纷,维护公司利益,维护社会公共秩序。我国公司法在修订中较多地借鉴了美国公司法的做法,在美国判例法的传统下法官享有较大的自由裁量权,法官常通过对具体案例的审判归纳出一般规则,这些被创造出来的法律会随着公司治理实践的发展而不断变化,使得公司法能够不断地修订,以便适应不断变化着的市场经济。我国是成文法国家,公司法制定后修改比较困难,为了适应我国改革开放,特别是各类公司发展的实际,只有赋予法官一定程度的自由裁量权,才能在保持形式稳定性的同时实现公司法的更新。

2. 行使自由裁量权的考量因素:制约与均衡。当然,法官自由裁量权的行使并不是毫无限制的自由,而是在法律规定的框架范围内的自由,自由必须是法律规定符合法律要求的自由,如果超越了法律的限度,则不再存在自由。在股东知情权诉讼审判中,法官自由裁量权的行使应该考虑到以下因素:

首先,遵循先例。由于不同的法官经历不同、对问题的看法也不一样,对同类案件会有不同的判决。比如在关于会计账簿的查阅权上,不同的法官根据相同的法律得出了不同的结论,作出了大相径庭的判决。如果经常发生此类情况,对法律的稳定性、对法院的公正性、对当事人的合理预期都会产生不良影响。因此,法官在行使自由裁量权的过程中应该有遵循先例的精神,通过查阅不同法院对类似案件的判决为自己审理案件提供支持。

法官对上级法院以及其他法院的类似判决,都应当有所了解,尽量不作出与公认的法律原则不一致的判决。

其次,不同主体之间要实现权利制衡。公司法正是通过对股东、管理层等不同主体之间权利义务的配置,实现不同主体之间的制衡,从而推定公司治理的完善,实现公司的最大利益。法官自由裁判权的行使,应该保护股东的合法诉讼权利,鼓励其正当行使权利的积极性,但又能制约大股东滥用权利,防止股东通过诉讼途径侵害公司的合法权利。公司作为现代社会的基本主体,早已有了自己独立的品格和利益诉求,公司除了实现股东的利益这一首要目标外,还要维护债权人的利益、员工的利益甚至承担一定的社会责任。法官自由裁量权的行使还要考虑到在两权分离的情况下,股东权是制约管理层的控制权的重要因素,要通过法院的判决支持股东的合法诉求,以便制约管理层的恣意,督促董事经理等管理层为了公司利益尽勤勉忠诚义务,根据法律的要求积极履行披露义务,防止管理层把公司作为自己的私有财产任意侵犯。

再次,诉讼的正当行使与司法成本的节约。法官自由裁量权的行使还要考虑到法院的判决可能产生的榜样效应,法院应该通过对知情权纠纷的判决鼓励股东利用法律维护自己的合法权利,从而推动公司法治的进步;同时,法官自由裁量权的行使也要考虑到司法成本问题,虽然表面上看,案件的受理费一般情况下仅50元左右,但是审判权的启动以及不断进行是需要一定的司法成本的,过于活跃的诉讼对公司和法院来说都是一种负担,也不利于股东权的真正实现,因为股东的利益最终还是需要通过公司来实现的。因此,从节约司法成本以及维护公司和谐的角度看,股东与公司之间的知情权纠纷应该首要采取协商的方式解决,把司法救济作为最后一种解决方式。

最后,尊重各方主体特别是中小股东的正当权利。北京市各级法院审理的知情权案件,绝大多数的原告都是自然人股东。股东作为权利主体,虽然享有广泛的权利,但这并不意味着股东有能力行使这些权利。公司的财务会计报告是受过专业训练的会计师根据各种规则制作出来的。这些会计报告不但包含着专业术语,还有大量的数据分析,绝大多数股东很难理解这些报告,更不用说通过财务会计报告全面掌握公司的运营盈利状况,发现公司存在的问题。因此,股东知情权必然地包含着股东有权聘请会计师事务所等中介机构代其查阅公司的相关文件报告。在高治国诉智趣公司(2007海民初字第20383号)等案件中,原告已经采取了聘请会计师等中介组织来维护自己的正当权益。法官在行使自由裁量权的时候,应遵循"法无规定即自由"的原则,支持股东通过中介机构行使其知情权。

五、股东知情权案件评析

(一)周世谊诉博研公司案:股东身份的确认

原告周世谊在 2003 年 7 月至 2006 年 9 月之间是被告博研新洲数码科技有限公司(以下简称"博研公司")的股东,并担任公司的法定代表人,2006 年 9 月 7 日,博研公司召开股东大会,周世谊的股权被转让给其他人,周世谊由于没有及时获得转让款,同时由于没有进行工商变更,仍为公司的法定代表人,要求法院判令博研公司向其公开自公司成立时起至 2006 年 9 月 15 日前的会计账簿、对外签订的经营合同、公司开户银行的对账单。法院经过审理认为:股东资格可因股权转让而丧失。本案中,依据《出资转让协议书》的约定,周世谊已将其在博研公司的出资转让给薄占滨,对此事实,周世谊与博研公司均予以认可,故周世谊已丧失了其在博研公司的股东资格,是否办理工商变更登记,不影响本案股权转让的法律效力。依据我国公司法及博研公司章程规定,股东知情权的权利主体应为公司股东。周世谊丧失股东资格后,即无权再向公司主张行使股东知情权。周世谊所述股权转让金的计算问题,不属其得以行使股东知情权的合法事由。故周世谊作为本案原告,主体不适格,其起诉依法应予驳回,故裁定驳回起诉

通过对案件的研读可以看出本案的焦点问题是没有变更登记的股权转让协议是否发生股东变更的效力,丧失股东身份的原股东是否可以提起股东知情权之诉。我国《公司法》第 33 条规定:公司应当置备股东名册,记载股东姓名、出资额、出资编号等信息。记载于股东名册的股东可以依股东名册主张股东权利。公司应当将股东的姓名或者名称及其出资额向公司登记机关登记;登记事项发生变更的,应当办理变更登记。未经登记或者变更登记的,不得对抗第三人。从法律的这一规定可以看出,股东名册是判断是否为公司股东的依据,公司登记机关的登记是变更股东的必要手续。博研公司虽然通过股东大会同意周世谊的股权转让,但是股权转让并没有完成,公司的法定代表人在公司登记机关仍旧是周世谊。即使把股东变更事项记载

于股东名册,如果没有向公司登记机关登记,不得对抗第三人,何况从本案的事实中并没有看出公司股东名册的变更,更没有对抗第三人的效力。因此,第三人如果与博研公司发生纠纷,肯定会把周世谊作为公司的法定代表人对待,要求其履行一定义务。根据权利义务的对等性,原告在形式上仍具备公司股东的身份。

其实,即使周世谊不再具有博研公司股东身份,作为公司原来的股东,周世谊仍然有权对自己作为公司股东期间的公司信息的知情权。因为这些信息与其作为公司股东时应获得的利益密切相关。股东身份与法定代表人身份是不一样的,其知情权是基于不同的法律关系,不能因为其为公司的法定代表人而否认其作为股东应该享有的知情权。公司法规定了公司向股东递送公司财务会计报告的义务,规定了股东有权了解公司的一些文件材料,公司如果没有及时履行这些义务,仍需要履行。故本案中原告是拥有股东身份的,是合格的原告,其与博研公司的知情权纠纷应该得到法院的判决支持。当然,周世谊的诉讼请求有一部分是超出法律与公司章程的规定的,是不会得到判决支持的。

(二)高治国诉智趣公司案:查阅会计账簿权的程序性要求

原告高治国是被告北京智趣科技有限公司(以下简称智趣公司)的股东,因多次要求查阅公司会计账簿,均遭到拒绝,故向人民法院起诉,请求法院判令智趣公司保证其可以查阅公司会计账簿,并要求智趣公司承担其复制文件的费用。法院经审理以后,认为查阅会计账簿权的行使是有程序性要求的,也就是股东必须提出书面请求,并说明目的,原告虽然提出书面请求,但是没有说明其目的,故不符合起诉条件,所以驳回起诉。本案涉及的是会计账簿的查阅权的程序性要求问题。

相对于旧公司法的粗率规定,新《公司法》第34条以大篇幅规定了有限责任公司的股东对会计账簿的查阅权,并且规定了不同主体之间的权利义务、规定了股东提起诉讼的条件和程序。查阅公司的会计账簿是股东的基本权利,其行使权利的条件是以书面方式向公司提出请求,并说明目的。只要股东做到这两点,公司就有义务让股东查阅。公司如果认为股东查阅会计账簿有不正当目的,可以拒绝股东的查阅,但是法律对其拒绝股东的请求作出了严格的规定:公司必须确认股东查阅会计账簿有不正当目的;公司必须说明股东的查阅有可能损害公司的合法利益;公司必须书面答复股东并说明理由;公司应在股东提出书面请求之日起15日内作出答复。如果公司没有做到以上任何一点,那么股东可以请求人民法院要求公司提供查阅。股东向公司提出书面请求是提起诉讼的前置条件;如果股东提出了书面查阅,而公司拒绝查阅,则股东有权利向人民法院起诉,人民法院也应受理。在本案中,原告第一次书面请求查阅时没有向公司说明查阅目的,在公司回函要求其说明查阅目的以便决定是否提供查阅时,原告没有进一步向公司提出附带查阅目的的书面请求,就直接向人民法院起诉,不符合公司法的程序性要求。本案的审理正是基于股东请求查阅会计账簿没有说明目的而驳回起诉的。

(三)胡振亭诉翔鲲公司工会案:被告的适格性

本案(2007 海民初字第 6171 号)的原告胡振亭是北京翔鲲水务建设有限公司(以下简称翔鲲公司)的职工,在 2002 年翔鲲公司的改制中,原告胡振亭通过翔鲲公司工会持有翔鲲公司的股份。原告以对翔鲲公司的经营状况和财务状况不知情为理由,起诉翔鲲公司工会,要求其提供 2002 至 2006 年的财务会计报告。在原告提起诉讼后,本案的被告到庭应诉并答辩;最后法院以被告没有履行提供会计报告的义务为由,要求被告提供公司成立以来的财务会计报告。

本案是一个典型的改制案例,在北京市法院审理的股东知情权纠纷案例中,很多被告是改制以后的企业,这反映了这类企业在公司治理方面,特别是在信息披露方面做得还不是很好,以至企业与股东之间的纠纷较多。本案的案情并不复杂,其特殊之处在于被告的特殊。根据公司法的规定,公司法虽然没有明确规定知情权的义务主体,但是从公司法对账簿查阅权的义务主体的规定可以看出,股东知情权的义务主体是公司,而不是公司的机构或者公司的其他股东。因此在股东知情权之诉中,被告是确定的,被告只能是公司,而不是其他主体。在本案中,原告因知情权没有实现而向法院提起诉讼是合法的,但是其起诉对象是不适格的,翔鲲公司工会作为职工持股的代表,其身份是职工股东的代言人,而不是公司的代表,因此要求其履行相关义务是不合适的,原告应该起诉的对象是翔鲲公司。本案的有趣之处在于,当原告起诉翔鲲公司工会后,其并没有意识到自己非合适被告,不但应诉还作出答辩。法院在原告起诉后,并没有意识到被告的不适格性,在被告答辩后作出了要求被告限期履行义务的判决。虽然这种"将错就错"的判决较好地维护了股东的合法权利,被告没有提出异议,诉讼法对此也没有明确的规定,但是从维护法律的严肃出发,法院应该向原告指出起诉对象为翔鲲公司,而不是工会,在原告不改变被告的情况下驳回其起诉。

第八章　股东的资产收益权与盈余分配请求权案件研究

我国新《公司法》自 2006 年实施以来,据现有资料统计,北京市各区、各级法院中审理终结的有关公司中利润分配和资产受益分配的案例在 2006 年和 2007 年两年间共计 16 件。[①]

投资人向公司投资成为公司股东,目的是为了取得收益回报。但现代公司中的资本多数决的规则必然产生股东意愿不可能一致得到满足的情况。股东的利润分配权是其股东权中财产权益的主要体现,也在新公司法中有明确的立法支持。因此,对进入诉讼的股东分配权和受益权的纠纷的考量殊有意义。进入诉讼,何种情况会获得法院的支持,法院支持的理由、权限,以及数额确定的标准和举证责任分配规制等方面都关系着股东的切身利益。本章通过对北京市已审结的案例考察分析入手,从实体和诉讼两个方面归纳和讨论几个集中的问题,以期对立法和司法中同类案例有所裨益。

股东之间由于利润分配产生的纠纷可以大致的分为两类:第一类是由于股东对公司经营的策略认识不同,出现有的股东主张不分配既有利润,而用于投资,扩大经营,而有的股东不支持投资而主张获得现实利益。这类纠纷源于对公司经营的商业判断不同,主张投资而不分配的股东不取决于其对公司投资的多少。但如果公司经

[①] 与利润分配和资产收益分配有关联或包含相关内容的案例总数更多,但不是诉讼争议核心的不列入本书研究范围。

营较好,有了可供股东分配的利润,对股东是否分配以及分配的数额比例等方案的制订由董事会完成,如果是股东人数较少的公司,则可能直接反应了大股东的意志。小股东的意志无法在资本多数决规则中抗衡大股东的意志。因此,这类纠纷中,前提是排除了大股东的恶意和董事会对其忠诚勤勉义务的违背。这类纠纷在每个具体案件中的争议焦点都会偏离了法官可以类型化判断的适法情形,而必然的会各不相同,丰富多彩,也必然会是法官所力不能及的判断范围,不宜也不能进入诉讼交由法官裁判。①

第二类纠纷是由于董事会对忠实勤勉义务的违背或在没有董事会时大股东利用其优势地位对小股东利益的侵害。事实上,董事会的人选和意见又由大股东控制,所以,这类纠纷可以统归于大股东对小股东的侵害。这类纠纷在上市公司中并不突出,虽然上市公司股东众多,持股比例悬殊,但又因其公开性,小股东可以随时转让股份,以转让对价分享公司经营成功的收益,并不依赖公司对其的分红。即使公司经营不佳,或大股东实际控制公司的高管人员有违背忠实诚信义务的行为时,小股东也可以用脚投票,出售股份而脱离公司。加之立法对上市公司的监管远远严格于其他公司,其信息披露义务也远重于其他公司,小股东的利益受损程度很大程度上可以自我控制,不必纠缠于处于优势的公司和大股东。② 而在股东人和性较强的有限责任公司或非上市的股份有限公司,尤其是股东人数较少的公司,如果出现大股东或高管人员侵害公司利益,或恶意转让资产,进行关联交易,长期不分配利润,小股东投资而无从获益,在公司内部寻求救济的途径几近于无。一旦出现这种情况,小股东的股份也很难转让他人,或难以得到相应的对价。能够启动诉讼程序的是这第二类诉讼。在这类纠纷中,小股东向法院起诉是其获取公权力外部支持的途径。法院亦能从案情中辨别其股东权是否遭受侵害,可以依法理逻辑的推理判断是否给予支持,是公权力对公司内部法律关系的调整和矫治。

从案例中分析总结以下一些问题:

---

① 在本书涉及的15个案例中没有被告的抗辩理由为公司经营策略,即没有将此类纠纷立案由法院处理。

② 在本书涉及的15个案例中没有被告为上市公司的,但这不表明上市公司的股东没有诉讼权利或没有诉讼需求。目前对法院是否以及如何干预公司的利润和资产分配立法尚不明确、不完善,如果立法明确,对上市公司的影响会更为重大。

一、对案件的类型化描述

表一

案件编号	案件号	原告特征	被告特征	案由	公司类型
1	(06)丰民初19042号	个人股东	个人股东	公司盈余分配权纠纷	有限公司
2	(06)通民初05702号	个人股东	公司	盈余分配权纠纷	有限公司
3	(06)顺民初1903号	职工股东	公司	股东权纠纷	有限责任公司
4	(06)宣民初9541号	职工股东	公司	其他股东权纠纷	有限公司
5	(05)宣民初04346号	未取得股东资格的职工	公司	其他股东权纠纷	有限责任公司
6	(06)宣民初3466号	职工股东	公司	其他股东权纠纷	股份合作制企业
7	(06)朝民初25055号	法人股东	公司	公司盈余分配权纠纷	有限责任公司
8	(06)石民初881号	个人股东	公司	股东权纠纷	有限公司
9	(05)密民初5028号	职工股东	公司	公司盈余分配权纠纷	有限公司
10	(06)二中民终16770号	个人股东	公司	股东权纠纷	有限公司
11	(06)二中民终07974号	个人股东	公司	股东权纠纷	有限责任公司
12	(06)二中民终14521号	个人股东（村民）	村民委员会、公司	盈余分配权纠纷	有限责任公司
13	(06)海民初965号	个人股东	公司	股东权纠纷	有限责任公司
14	(05)海民初2359号	个人股东	其他个人股东兼经理	公司盈余分配权纠纷	有限公司
15	(06)通民初7311号	个人股东	法定代表人	剩余财产分配纠纷	有限公司
16	(05)海民初11602号	个人股东	股东兼法定代表人	股东权纠纷	有限责任公司

表二

案件编号	基本法律关系结构	诉讼争点
1	两人出资，现公司有盈余未进行分配。	要求分配公司现有盈余。
2	原告作为公司股东，在公司有利润的情况下要求分配利润。	原告是否具有股东资格，被告是否有利润及是否利润分配。
3	原告曾经是公司股东，后将股份转让，在原告作为股东期间的分红，被告应否支付？	被告承认原告作为股东的当然进行了分红，但是具体分红数额无法提供，且不知道原告没有得到分红的原因。

(续表)

案件编号	基本法律关系结构	诉讼争点
4	原告是公司的职工股东,公司获得拆迁补偿款后对职工进行了平均分配。	拆迁补偿款的性质,分配标准,作出分配决定的主体,股东会决议违背公司章程的救济。
5	原告是被告公司的职工,被告改制时同意职工入股,原告称自己不知道被告决议以致未能取得股东资格,原告要求被告同意其入股并且对其进行分配。	原告是否知晓被告的决议,原告是否有权要求增资入股,原告是否有权要求获得分红。
6	原告是公司职工也是股东,应分得的利润未能获得。	2001年度的红利原告是否应当获得,2001年11月的红利原告是否应当获得。
7	被告公司董事会决议通过利润分配方案,但是原告股东未取得应得利润。	董事会的利润分配方案是否为最终有效决议。
8	原告转让被告公司股权后,仍然要求分配利润。	原告的股东资格是否还存在。
9	原告与另一股东对公司投资,原告与公司签订协议由公司支付原告分红款,但是公司仅支付了一半款项。	原告与另一股东协议的效力,分红款的性质,工资能否替代分红款。
10	公司成立两年一直有盈余却没有分配,且强行令原告将股权转让给公司,但是未做变更登记,原告仍然是股东。	原告的行为是股权转让还是退股,利润分配是否必须股东大会决议作出?
11	股东大会决议向原告分配红利,被告后作出要求原告赔偿公司及股东的决定,声称相互抵消后原告尚应支付赔偿金,故不同意支付分红。	原告是否应当得到分红,是否应当赔偿损失。
12	原告作为公司股东之一的村委会的成员,取得了股权证,但是在原告丧失成员资格时,按照股东资格规定办法不再享有股东资格,是否还可以继续领取盈余分配款?	原告是否具有股东资格,被告是否有利润及是否有利润分配。
13	原告是公司原始股东,后被被告司辞退,未取得后两年的分红。	原告被辞退后股东资格是否保留,被告是否应当支付分红。

(续表)

案件编号	基本法律关系结构	诉讼争点
14	原告与被告共同出资设立公司,被告独揽财务和经营权力,从不分配利润。	分配盈余的义务主体。
15	原被告共同出资设立公司,后公司被吊销执照,原告要求清算并分配剩余财产。	原告是否为公司股东。
16	被告送股给原告,公司出现应当清算的情形时被告不进行清算,且不对原告进行分配。	原告的股份是被告赠与的,无权要求分配。

表三

案件编号	是否作出股东会决议	原告身份瑕疵的审查方式	被告公司的经营情况	利润分配数额确定依据
1	不涉及	不涉及	正常经营	不涉及
2	未作出	不涉及	正常经营	参照相关行业利润水平酌情确定。
3	已作出	合并审理	正常经营	材料不完整
4	已作出	不涉及	正常经营	股东大会决议平均分配,原告认为应当按照出资比例分配,由于法院认为诉讼时效已过,故不涉及此事项。
5	不涉及	合并审理	改制后正常经营	不涉及
6	文书内容未涉及	合并审理	正常经营	被告公司委托的会计师事务所作出的审计报告确认数额。
7	未作出	不涉及	政策性亏损	董事会根据提取公积金公益金后的利润数额制订分配方案。
8	不涉及	合并审理	正常经营	不涉及
9	未明确	合并审理	正常经营	按照协议约定
10	未作出	合并审理	正常经营	按照公司委托的审计所审计结果盈利情况。
11	已作出	不涉及	正常经营	股东大会决议

(续表)

案件编号	是否作出股东会决议	原告身份瑕疵的审查方式	被告公司的经营情况	利润分配数额确定依据
12	不涉及	不予受理	正常经营	不涉及
13	未明确	另案已作出认定	正常经营	文书中只粗略提及根据财务报表。
14	未涉及	未涉及	正常经营	未涉及
15	不涉及	合并审理	公司被吊销营业执照	要求先进行清算
16	未涉及,但有协议可以认为是利润分配数额的确定	合并审理	被吊销营业执照	年度财务报告暨清算报告。

表四

案件编号	裁判结果	裁判依据或理由	备注
1	裁定驳回起诉	被告主体有误	
2	判决支持原告	股东依法享有资产收益权,有权分配公司的经营利润。	援引新法第4、35、167条,认为股东有权分配,在被告未能合理提供证据使得审计师无法发表意见时,法院依据行业平均利润进行计算。
3	资料不完整	无	原告在转让股权之前应当得到的分红,被告应该给付,被告承认进行过分红,举证责任倒置,但是分红的数额不能确定。
4	判决驳回原告请求	诉讼时效已过	
5	判决未支持原告分红的请求	增资入股没有法律依据,对于具备股东资格以前的分红,原告无权取得。	
6	判决支持2001年11月的红利请求,驳回其余请求	证据不足	
7	判决驳回原告请求	利润分配决议最终应由股东会通过,原告仅在董事会做出决定后就要求分配,不符合法律规定。	

(续表)

案件编号	裁判结果	裁判依据或理由	备注
8	裁驳	以股东身份起诉,主体不适格。	
9	判决支持原告	原告向被告出资,且与被告约定了分红事宜,符合法律规定,应当得到支持。	
10	判决支持原告分配利润的诉求	认为股东有权利要求分红法院应当支持但是没有法条依据。	本案的结果虽然支持原告要求分配利润的请求,但在法院说理过程中,认为股东依法享有分配权力,当公司部召开股东会不进行分配时,法院有权力干预。这是一种实践中的倾向,但是法官没有具体引用法条支持自己的观点。引用第33条。
11	判决被告支付分红	原告事实清楚证据充分,被告扣发没有理由。	
12	裁驳	根据北京市高院的指导意见,不受理该类诉讼。	
13	判决支持原告	原告作为股东理应享有按照出资比例分取公司红利的权利。被告未向原告分配股东红利的行为,侵犯了原告的财产权益。	
14	裁驳	分配盈余应当通过公司实现而不是某些股东的义务,诉讼主体不适格。	
15	判决公司进行清算	公司被吊销执照,应当清算,不履行清算义务违反公司法规定。	
16	判决公司分配利润	《股权转让协议》内容应当认为是公司对分红给股东的承诺,红利已经转变为负债。	

二、原告、被告的身份资格认定

（一）原告资格

原告的资格限定为公司股东。有以下几种情形值得注意①：

1. 股份转让后，起诉时不具有股东资格，但可以作为原告起诉对股份转让前的公司收益主张分配请求权。

2. 投资人有出资事实，但未登记在工商局的股东名册上，以出资事实优先，认定为公司股东，具有原告资格。

3. 股东与公司曾协议"回收股份"，但没有明确的受让方，也没有办理变更登记，认定为股份未变动，可以作为原告起诉。②

4. 公司发行新股，对所有股东负有通知义务。如股东请求增加出资，扩大股份，公司负有履行充分通知的举证义务，否则股东可以起诉请求出资和分配收益。

（二）被告资格

判断被告的资格主要的考察点在于是股东还是公司。

1. 原告主张公司分配收益的，被告应为公司而不是其他股东。③

2. 公司清算期间，股东是法定的清算义务人。公司股东在其他股东不履行清算义务时可以作为原告提起要求公司清算的诉讼，不履行清算义务的股东为被告。④

三、诉讼中的疑难问题

（一）举证责任

公司法实体规范中没有涉及对该类诉讼中当事人举证责任负担的分配

---

① 以下均总结于北京市 2006 和 2007 年判例。如判例中有相互矛盾的做法会在注释中说明。

② 但如股份已经转让他人，但尚未办理变更登记，如何认定？现有案例中没有典型对应的。按照案例中反映的法理推断，以事实优于登记，则股份的转让方自转让丧失股东资格，受让方取得股东资格。转让方对转让后的收益没有请求权，但其起诉主张转让前的收益分配亦没有障碍。

③ 这一司法思想在丰台区法院（2006）丰民初字第 19042 号民事裁定书中表现明显，该案中有限责任公司只有股东 2 人，出资相同，一股东起诉另一股东要求利润分配，被法院以"起诉主体有误"驳回起诉。

④ 公司的清算包含了公司剩余财产的分配和处分，也属于本书研究范围。这一司法思想见于通州区法院（2006）通民初字第 7311 号民事判决书。

问题,但在具体诉讼中考察举证责任的负担对当事人意义重大,不仅关系其程序上的利益,更直接关系其实体权利能否实现,是其实体权利实现的依托。目前新公司法颁布后不断有新类型的案件进入诉讼中,不仅需要补充实体性的立法规范,也急需程序上的立法调整。以利润分配案件为例,双方当事人的举证责任负担在各个细节方面都值得详加分析判断,但目前法院的判定还没有明确的法律依据,以下为从案例中总结归纳的举证责任和法院认定的负担规则,分别讨论。

1. 原告的股东资格

如双方对原告的股东资格有争议的话,由原告自行举证证明为主。从案例中可以看出,法院对证明的证据类型的认定还是采取了较为宽泛的态度。① 原告的举证责任的要点在于证明自己已经完成了对公司的出资,即使没有记录在工商登记名册的"隐名股东"也应当具有起诉资格,已经把股份转让的股东对未转让前的利润分配也可以提起诉讼主张分配。

2. 股东未接受分配或未接受充足分配

这是股东主张其收益分配权的基础,依据"谁主张,谁举证"的民事诉讼的基本举证规则,由原告举证。但事实上,在有关公司的信息、单据、资料等方面,毫无疑问,小股东较之公司会处于劣势,在小股东举证困难或者对公司资讯信息掌握不清出现争议时,应将举证责任转为公司承担。

对公司来说,其证据要对抗原告股东的主张,应证明的事实可分为三种:第一种为公司事实上没有盈利,没有可供分配的利润或资产。应提交的证据是足以证明公司真实经营状况的财务报告或相关文件。依据当事人不能自我证明的原则,这种情况下公司为自己提供的财务文件的证明力是有限的。但公司已发生的纳税记录由于经过税务机关的审核而应成为较为有力的证据。第二种为公司确有盈利或资产收益,但出于正当的商业目的认为暂时不对股东分配或转为投资或其他用途对公司更为有利。这种情况下公司要提交的证据应论证其将资产使用的合理性,证据的指向应证明的是公司的董事会或控制股东没有违背忠实勤勉义务,是出于有利于公司的商业目的而决策的。这种情况下,面对公司提交的投资可行性报告,法院是难以判断的。并且实践中被告公司与关联公司或商业组织,甚至个人虚构合同或夸大缩小交易金额也很容易,对这种证据的辨别,超出了法院的职能,

---

① 在石景山区(2006)石民初字第881号民事裁定书中体现明显,股权证、工商登记、收益证明或被告陈述等都可以证明其股东身份,但要求各证据应互相呼应、互不冲突。

不应使之成为诉讼的争议点。第三种为原告股东个人的原因而不应接受分配。如有案例中公司的对抗理由为原告股东对公司负有赔偿责任,并且数额上大于其应受分配的红利。①

3. 公司有可用于分配的利润

股东对公司利润和资产收益主张分配的纠纷可以按照公司有无作出收益分配的决议分为两类:第一类纠纷是公司已经作出了分配的决议,而没有执行,有股东起诉要求分配。股东的收益权已经在诉讼中转化为对公司的债权。这类纠纷中诉讼双方对公司有收益可分没有争议,不存在举证责任分担的问题。第二类纠纷中公司没有作出分配的决议,而股东主张分配。公司事实上拥有可供分配的利润是原告主张权利的必要条件。但这一条件交由原告举证显然对不掌握公司财务记录的小股东是极其不利的。但如果将这一举证责任规定由公司负担,那公司为自身出具的财务证明又有多大的证明力呢?"不能自我证明"也是基本的证据规则。可见,对于公司是否有可供分配的利润或资产,既不能由原告也不能由被告证明,而应由第三方专业的审计机构出具财务审计报告确定。也就是说,既要满足其公允性,又要保障效率,不能一再反复,拖而不决。在案例中,有公司委托会计师事务所审计,原告股东接受的,法院也认可其报告。有的案例中由法院委托会计师事务所进行审计。

综上,我们认为,如果公司自行委托第三方会计机构出具的财务证明,也属于自我证明的范畴,原则上不具有证据的作用。如果公司和原告股东协商同意后委托的会计机构出具的财务证明,应认可其证据效力。如果公司不配合诉讼的话,则应由法院委托会计机构对公司财务状况进行审计。这种情况下,就涉及法院如何选取确定会计机构的问题,如果将这一做法制度化,这将是法院的权利也是法院的义务,但选取的时限、程序、机构的资格、审计费用的负担、选取责任的承担等多方面目前都没有规范性的文件作为法院的依据,都需要立法确定。

4. 应分配的数额

公司有可供分配的收益,在法院支持原告主张,以判决方式强制公司分配的情况下,具体数额的确定由公司经营者的责任转为法院的责任。在公司内部确定数额,可根据公司具体情况,经营策略灵活确定,而一旦交由法

---

① 见(2006)怀民初字第01181号判决书。本案中股东对公司的赔偿责任和数额由股东会通过,股东对此有异议,法院认为公司因此而不支付对股东的红利属于"单方面扣发",判决支持了股东的要求支付红利的请求。

院确定数额,法官的又一难题是对证据的辨别和使用以公平合理地确定数额。对具体股东应分配的数额依何证据确定也应分情况探讨。

第一种情况,公司制定了分配方案,但股东对数额有异议的。①

这种情况原被告的争议针对的是公司分配决议,但其实质上焦点可能针对的是公司经营策略,也可能针对的是决议制定者的主观状态,即是否违背了忠实勤勉义务。

第二种情况,公司没有制订分配方案,股东主张分配的。对公司财务状况的确定和股东受益的数额都应交由会计机构提供的报告确定。对会计机构的选取和第一种情况应一致。

第三种情况,公司没有制订分配方案,股东主张分配,公司不予配合的。有的案例中,公司不与股东协商,即使法院委托了会计机构,公司也不配合出具有关单据,致使会计机构无法完成委托事务。这种情况下,不可能按照会计机构提供的报告确定,法院的职责又要求其为当事人衡量出公正的数额,在案例中法院"参照相关行业利润水平酌情确定被告所订立的合同的经营利润为30%,从而确定被告已到期合同金额一千五百五十七万六千一百五十二元(扣除未到给付期的合同质保金)的30%为税后利润"。② 可见,法院创造性地运用了考察行业平均利润水平和公司交易金额的方法推算出来应分配利润总额。这种方法不一定精确,但是不失公平的判决方法。而接下来必然要讨论的问题是法院创造性判案的规则依据,有必要对此填补立法的空白。

5. 公司清算过程中,股东对公司出具的或公司委托会计机构出具的资产数额有争议的,对资产价值的举证应由公司负担。③

公司应清算而不清算,会使股东的资产权益无法实现,也容易造成公司资产的不当消耗,很难避免控制股东滥用自己的优势地位转移资产。

(二) 数额的确定规则

从《公司法》第167条规定可以看出,我国的股利分配原则是"纯利润"标准,即"无盈利不分配"原则,只有在极特殊情况下才有例外。财政部1992年10月发布的《工业企业财务制度》第64条第2款规定:当年无利润时,不得分配股利,但在用盈余公积金弥补亏损后,经股东会特别决议,可以

---

① 这类争议在本组案例中没有出现。
② 通州区法院(2006)通民初字第05702号民事判决书。
③ 本组两个案例中针对清算资产的纠纷都为小股东起诉控制股东要求进行公司清算的,没有针对公司资产的具体数额。

按照不超过股票面值6%的比率用盈余公积金分配股利,在分配股利后,企业法定盈余公积金不得低于注册资金的25%。公司的盈利或净利润是在利润表中反映的,因此"纯利润"标准又称"损益表"标准。

世界上其他国家还有不同的利润确定标准,如英美法国家不强制提留盈余公积金,因此分配的来源是公司经营活动中创造的所有利润。美国实践中有"资产负债表标准"和"所有者剩余标准"(equity insolvency test)两种标准,所有的州都采用后者,在马萨诸塞州,该标准是唯一标准,而其他州则配合资产负债表标准使用。①

在该类诉讼中,对应分配给股东就具体数额分为几种情况确定。② 对于需要法院裁决确定的案例,法院主要采用会计审计方法和酌定方法。

通过会计审计确定分配数额的法院采用的是"所有者权益"的衡量的标准,将公司资产负债表中的"所有者权益"一项作为向股东分配的依据。这样的方法使法院的裁判深受会计准则技术性规定的制约和影响,很容易经不起公平、效率等法律价值的考察。比如,通常公司的资产负债情况会随着每天的经营活动处于动态变化中,而资产负债表的指定时间点的选取直接影响当事人的切身利益,这在目前还处于立法的空白状况。并且,公司数量繁多,行业、地域各异,经营状况和策略也千差万别,比如房地产公司在所投资的楼盘尚未出售之时,其所有者权益很可能是负数,但一旦出售,可能收益数额惊人,这带给法院的难题是如何确定时间点的呢?此外,按照这一方法,如果公司投资长期项目,在其项目尚未回报时,可能所有者权益多年是负数或没有增长,则股东没有利润可供分配。但如果在这一阶段的股东转让股份,只要受让人看好公司的投资项目,相信会在未来得到回报,是完全可能付出远高于原股价的价金的。反之,如果在项目开始盈利之后,股东就可以要求分配盈利了,这对于股东内部之间也显然有失公平。

三、法院的判决与理论探讨

(一) 资产收益权与盈余分配请求权性质辨析及其法律保护

股东权利,简称股权,是股东基于其股东身份和地位而享有从公司获取

---

① 施天涛:《公司法论》,法律出版社2005年版,第262页。
② 见前文"举证规则"中"数额的确定规则"。

经济利益并参与公司经营管理的权利。① 世界上大多数国家都对股东的权利在法律上给予肯定。关于股权的性质,学理上主要有社员权说、债权说、股东地位说、所有权说和共有权说等。《中华人民共和国公司法》(2005年修订)第4条规定:公司股东依法享有资产收益、参与重大决策和选择管理者等权利。全国人大法工委的公司法释义对本条规定做了详细阐释。资产收益权指股东按照其对公司的投资份额通过公司盈余分配从公司获得红利的权利。获取红利是股东投资的主要目的,只要股东按章程或股东协议的规定如期履行了出资义务,任何一个股东都有权向公司请求分配红利。② 从《公司法》第1条立法目的可以看出,保护股东的合法权益不受侵犯是制订公司法的重要立法宗旨。针对实践中存在的问题,公司法还特别强调了保护中小股东的权利。《公司法》第35条规定了股东分取红利的方式和规则:股东按照实缴的出资比例分取红利。第167条规定了公司利润的分配顺序:公司分配当年税后利润时,应当提取利润的10%列入公司法定公积金。法定公积金累计额为公司注册资本的50%以上的,可不再提取。法定公积金不足以弥补以前年度亏损的提取法定公积金之前应当先用当年利润补亏。提取后经股东(大)会决议还可从税后利润中提取任意公积金。所余税后利润,应按照《公司法》第35条的规定分配。违反顺序分配,股东应当将分得利润返还公司。

作为股权内容之一的资产收益权,是立法保护的一项股东权利。资产收益权的实现方式是董事会制定公司的利润分配方案和弥补亏损方案,由股东会审议批准该方案,即只有在股东会批准利润方案后才得进行分配。对于这项权利的性质,典型的有"抽象—具体说"③。该说认为资产收益权作为股东的一项权利,仅是一种抽象意义上的权利,是一种潜在的可期待的权利,只有当董事会制定了分配方案且股东(大)会通过后,这种权利才转化为一项具体的现实的既得权,其权利性质也从股权转化为债权。法律赋予股东资产收益权,并未规定公司一定要分配利润,司法实践中只是规定当这项权利受到侵犯时可以诉诸法律。我国最高法院关于民事诉讼的案由分类有一项是"公司盈余分配权纠纷",可见在司法领域,这项权利是一可诉的权利,股东以盈余分配请求权受到侵犯为由起诉,法院会作为普通民事案件

---

① 施天涛:《公司法论》,法律出版社2005年版,第293页。
② 安建主编:《中华人民共和国公司法释义》,法律出版社2005年版,第23页。
③ 邱海洋:《公司利润分配法律制度研究》,中国政法大学出版社2004年版,第44页。

受理。

　　司法实践中出现的问题主要有三种:一是股东会没有批准利润分配方案;一是董事会未提出利润分配方案;另一种是股东会作出分配决议但迟迟未进行分配,因此股东向法院提起诉讼要求法院判决公司对股东进行分配。对于第三种情形,理论界通说认为此时股东的资产收益权已经转化成股东对公司的一项债权,股东会通过决议时,就构成了对股东的一项分配承诺,公司有义务在一定期限内对股东进行分配。否则股东有权就自己的债权提起诉讼。但对于前两种情形,无论从财务理论角度还是从公权力对私权利的干涉角度,各国的理论和实务界有不同看法。大部分国家的立法只是赋予了股东盈余分配权,但是关于公司在进行利润分配时是否一定要对股东进行分配,并无明确规定。同中国法一样,《欧盟公司法指令》关于利润分配也只是进行了上限和顺序规定,即违规分配股东应返还。① 《日本公司法典》第 105 条规定股东有接受盈余分配的权利和接受剩余财产分配的权利,第 453 条规定股份有限公司可对其股东进行盈余分配。② 股东大会一旦通过盈余分配方案,各股东的红利支付请求随即成立,股权中的盈余分配请求权相应转化成债权性质的支付请求权。③ 但同样日本公司法也没有规定公司一定要对股东进行分配,而且没有规定如果不分配股东应采取何种手段寻求救济。一句著名的法谚说,有救济则有权利,无救济则无权利。我国公司法并未对股东的这项权力赋予直接的救济手段,仅在第 22 条规定公司股东会或者股东大会、董事会的决议内容违反法律、行政法规的无效。股东会或者股东大会、董事会的召集程序、表决方式违反法律、行政法规或者公司章程,或者决议内容违反公司章程的,股东可以自决议作出之日起 60 日内,请求人民法院撤销。但这项救济存在不合理之处,如果股东大会召集程序违法违规,很有可能起诉股东根本不知道公司召开了股东会,更不知道公司做出了某项决议,此时要求其自决议作出之日起 60 日内起诉,几乎是一个不可能完成的要求。

　　如果承认资产收益请求权是一项权利,则其对应的义务主体的义务究竟是否是一项强制性义务?公司的分配义务是无条件的义务还是在一定条

---

① 刘俊海译:《欧盟公司法指令全译》,法律出版社 2000 年版,第 201 页。
② 吴建斌、刘惠明、李涛合译,周剑龙、张凝审校:《日本公司法典》,中国法制出版社 2006 年版,第 155 页。
③ 吴建斌:《最新日本公司法》,中国人民大学出版社 2003 年版,第 89 页。

件下的义务？理解为无条件义务的后果是，股东有权要求公司分配，一旦股东请求分配，公司必须分配。但是这种理解禁不住推敲，公司是否对股东进行分配，有诸多考量因素，股东请求分配只是触发了启动分配程序的一个前提，最终是否分配还需要经营管理上的考虑。下文将详细阐述。而如果要进行分配，分配的比例是多少，公司法只有上限的规定，即以当年利润为根据进行分配，但在此范围内，究竟应当按照何种数额分配，也是财务上需要考量的。

（二）从国内外实践看司法对资产收益权的保护

关于股东资产收益权之法律保护的争议在实践中出现已久。检索国内外法律法规，尽管法律赋予了股东资产收益请求权，但很少有国家在立法中强制要求公司对股东进行分配。目前各国司法实践主要认为公司是否对股东进行分配构成一项商业判断，是公司自治范围内的事情，法院不应过度干预。对于公司不进行分配，股东起诉要求强制分配利润的请求，法院也极少支持股东的请求，通常的处理方式是法院要求公司召开股东会对分配事项作出决议或者要求董事会制订分配方案提交股东会审议。

法院很少会强制公司对股东分配利润，是因为法官意识到这是一个棘手的问题，公司要不要对股东进行分配，有其多方面的考量，而法院和法官在不具有专业知识的情况下，很难判断公司的分配方案是否合理，因此很难要求法院判决强制要求公司分配。这属于商业判断。作为司法审查的标准，商业判断规则是法院用来审查公司董事、经理和控股股东是否违反信任者职责的重要标准。商业判断有六个构成要素：商业判断、董事秉承善意、董事和所作决议无利益关联、董事具有独立性、知悉和为公司的最佳利益。这项原则在很多国家的实践中都得到了认可，但在其成文法中却难觅其踪，这项规则是通过判例固定和沿袭的。然而国外司法实践中也有例外：第一个例外是股东诉福特公司案，在本案中，法官虽然承认商业判断规则，但法官认为有例外可以阻却该规则的应用，即如果控股股东决议不分配利润具有欺诈目的，则不再适用商业判断规则；另一个典型例外是1981年史密斯诉大西洋不动产公司案。[①] 除沃夫逊外的三位股东起诉要求法院下令大西洋公司向股东分配利润，初审法院指示大西洋公司的董事尽快制订利润分配方案并在以后坚持执行，马萨诸塞州上诉法院判决维持原判，但对于利润

---

① Smith v. Atlantic Properties, Inc 12 Mass. App. 201, 422 N.E. 2d 798 (1981). 案情详见薄守省主编：《美国公司法判例译评》，对外经济贸易大学出版社2007年版，第331页。

分配方案,上诉法院认为应该更具体一些,并提出了修正。在判词中,法官承认大多数法院不愿介入公司内部管理事务,但是不拘泥于这一通常态度是必要的。无论是多数股东对少数股东,还是少数有特殊权利的股东,在特殊情况下,均对其余股东负有诚信义务。虽然本案具有一定特殊性,但案件的意义主要是肯定了司法权对公司内部事务的介入权力,以及在何种情况下应当抛开商业判断规则,赋予股东对其他股东以诚信义务。这是该案最主要的借鉴意义。

(三)从财务理论角度看公司自治的合理性

商业判断规则的合理性在于,分配政策是和投资政策、融资政策并列的企业三大政策之一。利润分配直接涉及各利益集团的切身利益,分配政策合理与否与企业内部的筹资和投资密切相关,直接影响企业的生存和发展。利润分配是根据企业所有权的归属及其各权益者占有的比例,对企业实现的利润进行划分,是一种运用财务手段确保利润的合理归属和正确分配的管理过程。[①] 企业能否向股东分配,分配多少,不但取决于当年是否有利润,还与企业的利润分配政策有关。在制定分配政策时,要遵循的原则主要有依法分配原则、利益兼顾原则、公平分配原则、分配与积累、积累与消费并重原则等。[②] 这些原则是经过多次演变最终确定的。如利益兼顾原则,早期财务理论认为企业是股东或业主的,因为其投入了大量的货币资产和其他资产,企业才能运作,因而只有股东才享有剩余财产的分配权。然而在现代企业中,企业已经不完全是靠货币资本就可以运作的了的,除了所有者投资外,企业可能负债经营,还需要经营者的管理资本和职工的劳动才能运作和发展,各方主体对企业都有相应投入,因此现代财务理论更注重平衡各方主体的利益冲突,做到兼顾。除在主体间平衡外,企业在制定分配政策时还应该兼顾短期利益与长远利益,不能因为追求一时的业绩而使企业在长远发展中处于被动和不利状态。当然,其中最主要的因素还是股东的剩余索取权。

企业对股东的分配主要是通过股利分配实现的,很多理论研究了股利分配和企业价值之间以及股利政策对企业融资成本的影响,股利理论也是制定股利政策的重要依据。股利理论主要有两种,股利无关论和股利相关

---

① 张阳华、章卫东、邱敬波编著:《现代企业财务》,复旦大学出版社2002年版,第314页。
② 张鸣、陈文浩主编:《财务管理》,高等教育出版社、上海社科院出版社2007年版,第233页。

论。股利无关论的代表是 MM 定理,也称 MM 股利无关论。[①] 该理论认为,在符合两个假设和一系列因素的条件下,公司价值和股利政策无关。假设一是投资和借贷决策已经作出并且不会因股利支付而改变;二是存在完全有效的资本市场,即投资者买卖股份没有成本、公司发行股份没有成本、没有税收、信息完全且充分、管理者和股东间不存在利益冲突、不存在财务压力和破产成本。米勒和莫迪格利尼两位经济学家通过一系列推理得出结论:股利政策和公司价值无关。因为投资者并不关心股利的分配且股利的支付率不影响股票价格或公司价值。无论采取何种股利政策,效果都是一样的。但在现实生活中,MM 定理假设的情况是不存在的,而股东也并非不关心企业的股利分配。于是股利相关论的代表人物提出了"在手之鸟"论[②],代理成本论和信息传播论等理论。根据这些理论可知,股利政策会对公司价值产生影响,因此管理者在制定股利政策时通常会考虑很多因素。企业面临管理者困境,支付高额股利,企业可能缺乏发展所需的资金,而股利过低又可能给股东传达管理者缺乏财务管理能力且企业运营遇到困境的信息,且低股利政策容易让股东更倾向于通过买卖获得资本利得来实现剩余索取权,导致投机氛围过重,不利于企业长远发展。

股利政策的影响因素很多,主要有四大因素,即法律因素、股东因素、公司因素和债务合同约束。法律因素主要是强行法上的一些要求,如公司法中的资本保全限制,企业管理角度的积累限制和作为分配上限的净利润限制。股东因素包括股东为了保持控制权和避税而要求限制股利支付,但为了稳定收益规避风险又会要求支付股利。从公司角度考虑,通常公司在发展过程中会要求盈余的稳定性,公司要保持一定的资产流动性,如果公司有好的投资机会就会需要大量现金,这几个因素有可能让公司偏好低股利支付政策,但一个举债能力强的公司会比举债能力弱的公司更倾向于高股利支付。此外,债权人也很关注公司的股利分配,由于债务是要还本付息的,债权人通常希望企业资产负债表上贷方的负债少些,所有者权益多一些,以保证自己的债权可以按时按量得到清偿,因此债权人可能在债务合同中对

---

① *Foundations of Finance—The Logic and Practice of Financial Management* (Fourth Edition) by Arthur J. Keown, John D. Martin, J. William Petty, David F. Scott, Jr. 清华大学出版社 2004 版,第 234 页。

② 刘贵生、何进日等编著:《企业收益分配财务》,高等教育出版社、上海社会科学院出版社 2000 年版,第 154 页。

公司的股利支付作出一定限制和约束。公司的经营方针和理念不同,市场环境不同,股东偏好不同,各公司采取的股利政策也各不相同。通过上述影响股利政策的理论和因素的探讨,可以得出结论,任何一家公司的管理者在制定股利政策时都有自己的考量,股利政策因其影响因素和实施效果复杂,其不确定性也颇多,只有身在企业内部,掌握企业运营状况和相关利益者需求的经营管理人员才更能判断何种股利政策更加合理,何时应该分配股利,分配数量标准是什么。因此将这些判断留给企业去做而不是由立法和司法进行规定和判断应该是一个更明智的选择。

四、典型案例列举与评析

在本组案例中选取了三个较为典型的案例,通过节选已生效的判决书说明案情进行分析。①

典型案例一

北京市第二中级人民法院
民事判决书

(2006)二中民终字第16770号

上诉人(原审被告)北京北木森华地板有限公司,住所地北京市丰台区大红门西路4号。

法定代表人鲍炳贵,经理。

委托代理人罗国平,男,1970年11月2日出生,北京北木森华地板有限公司法律顾问,住该公司宿舍。

被上诉人(原审原告)程兰英,女,1959年7月19日出生,汉族,无业,住北京市丰台区苗圃西里14楼731号。

委托代理人刘纯志,男,1958年5月23日出生,无业,住北京市崇文区东河漕胡同71号。

上诉人北京北木森华地板有限公司(以下简称森华公司)因与被上诉人程兰英一般股东权纠纷一案,不服北京市丰台区人民法院(2006)丰民初字

---

① 不影响说明案情的情况下对判决书进行了少量删节。

第10712号民事判决,向本院提起上诉。本院受理后,依法组成合议庭,本案现已审理终结。

程兰英一审诉称:森华公司于2002年8月6日经工商局核准成立。成立之初两年,公司每年都实现赢利,但并未给股东分红。2004年,公司开始月月"亏损",但程兰英认为按照公司当时的生产经营状况,出现亏损是不应该的。程兰英将这种情况反映给经理,但其无任何反应。后股东聘请北京建宏信会计师事务所对公司成立以来至2004年9月30日的账目进行了核查,会计师事务所作出的审计报告显示公司所有者权益增长了163%。正当程兰英想进一步了解事情真相时,森华公司却要求程兰英将股权转让给公司。森华公司接收股权后,并未返还程兰英的原始股金,也未对这几年的公司利润进行分红,只给了程兰英的经济补偿金在内的50136元。而程兰英的原始股金就57651.18元,况且在会计师事务所作出的报告中,公司所有者权益是增长的。现程兰英要求森华公司返还程兰英的股金7515.18元、返还公司六名股东退股后分摊给程兰英的股份8442.82元、给付自公司成立至2004年的红利36320.24元、自2005年2月1日至2006年4月30日按照中国人民银行同期个人存款利率计算的利息1197.26元并承担本案诉讼费用。

森华公司一审辩称并反诉:2004年12月,程兰英要求退股。森华公司召开股东会,同意程兰英退股。2005年,程兰英领取了50136元股金。该股东大会决议违反了公司法的相关规定,程兰英的股份并非转让,森华公司亦未收购。因此,程兰英要求森华公司返还股金共计15958元没有依据。关于程兰英要求分配红利36320.24元的请求,森华公司认为红利分配应由股东大会决定,在股东大会未作出决议之前,法院不应作出干涉。综上,森华公司不同意程兰英的诉讼请求。森华公司系原北京市木材厂机房配套分厂改制企业。程兰英与北京市木材厂解除劳动关系后,北京市木材厂给予其经济补偿金50136元折抵为股金参与企业改制。2002年8月,公司注册成立。2004年12月,程兰英要求退股,公司在不懂得有关法律的情况下,召开股东大会同意程兰英的股份转让。2005年2月2日,程兰英领取了50136元退股股金。但是,该股东大会决议违反了原《公司法》的规定,也不符合公司章程的规定。程兰英的股份并未转让,森华公司也没有收购其股金。因此,程兰英领取退股金没有法律依据,应予返还。森华公司要求程兰英返还已退股金款50136元并承担本案诉讼费用。

反诉被告程兰英辩称:森华公司提起反诉,在程序上不合适,应当另行起诉。森华公司的陈述与事实不符,程兰英的股份是转让,并非退股,因此请求法院驳回森华公司的诉讼请求。

一审法院经审理查明:2002年8月6日,森华公司成立,注册资本50万元。股东18人,程兰英系股东之一,出资额57651.18元,其中以净资产(补偿金)方式出资15230.08元、以货币方式出资42421.1元,出资比例占11.53%。森华公司章程第六章"股东转让出资的条件"第9条规定:股东之间可以相互转让其全部或部分出资。第10条规定:股东转让出资由股东会讨论通过。股东向股东以外的人转让其出资时,必须经全体股东过半数同意;不同意转让的股东应当购买该转让的出资,如果不购买该转让的出资,视为同意转让。第11条规定:股东依法转让其出资后,由公司将受让人的姓名、住所以及受让的出资额记载于股东名册。第26条规定:公司利润分配按照《公司法》及有关法律、行政法规、国务院财政主管部门的规定执行。2004年10月25日,森华公司召开股东大会,会议通过决议包括:会计师事务所进驻车间查账、审计。根据该股东会决议,森华公司委托北京建宏信会计师事务所有限责任公司(以下简称建宏信事务所)进行专项财务审计。同年11月2日,建宏信事务所出具(2004)京建会审字第177号审计报告。该审计报告中载明:建宏信事务所对森华公司以2004年9月30日为基准日的会计报表进行专项财务审计。所有者权益(或股东权益)增减变动及相关财务比率情况为:森华公司2002年初始投资额50万元,2002年9月—2004年9月因经营利润的增长使所有者权益增加812802.43元,股东权益保值增值率163%。资产负债率由调整前的66.27%降低到调整后的64.19%;产权比率由调整前的1.96降低到调整后的1.79。2004年9月30日差错调整前后财务状况中包括:未分配利润调整前173992.82元、调整数594204.89元、调整后768197.71元。森华公司成立至2004年,未向程兰英分配红利。此后,程兰英与森华公司发生矛盾。同年12月31日,森华公司召开股东大会,程兰英未参加会议。该股东大会决议载明:森华公司于2004年12月31日召开股东大会,经股东大会讨论生成决议,一致通过程兰英的股份转让:1. 以原始股份内部转让;2. 股份转让详见章程第六章第9—12条。该决议由参加会议的11名股东签名。此后,森华公司告知程兰英上述股东会决议,程兰英表示认可。2005年2月,程兰英从森华公司领取50136元。目前,森华公司未进行工商登记变更。该公司工商档案中记载的注册资金仍为50万元,股东18人,程兰英仍系股东之一。上述事实,有原告程兰英提供的公司章程1份、审计报告2页、股东大会决议1份、股东大会会议记录1份;被告森华公司提供的公司章程1份、审计报告1份以及双方当事人陈述在案佐证。

一审法院认为:公司成立并盈利后,应当按照股东的出资比例向股东分配红利。森华公司未能及时向程兰英分配红利,违反我国法律规定。程兰英要求森华公司按照其出资比例给付自公司成立至2004年的红利,本院予以准许。2004年11月2日,建宏信事务所出具的(2004)京建会审字第177号审计报告系由森华公司委托、经全体股东同意对森华公司截止2004年9月30日的会计报表进行的专项财务审计。程兰英要求按照该审计报告中的审计结果分取红利,并无不当。因此,程兰英要求森华公司给付红利36320.24元的诉讼请求,本院予以支持。森华公司认为红利分配应由股东大会决定,在股东大会未作出决议之前,法院不应作出干涉。审议批准公司的利润分配方案和弥补亏损方案系股东会的职权之一,森华公司未能及时召开股东会对公司的利润分配方案进行审议并向股东程兰英分配红利,导致程兰英诉至法院,法院可以依照相关法律规定及公司的盈利情况对股东要求分取红利的诉讼请求进行裁决。因此森华公司的上述答辩意见,本院不予采信。虽然程兰英未参加2004年12月31日森华公司召开的股东会,但是程兰英对该股东会通过的决议表示认可。从该股东会决议内容及会后森华公司返还程兰英股金50136元的事实来看,其实质系森华公司将程兰英的股份予以收购,公司收购后再转让给公司其他股东,且森华公司、程兰英对此已形成合意。上述合意内容并不违反我国法律、行政法规的规定,本院应予确认。程兰英的出资额为57651.18元,其要求森华公司给付余款7515.18元,并无不当,应予支持。森华公司以该股东大会决议违反原《公司法》规定且不符合公司章程为由,要求程兰英退还股金50136元,违反股东会决议,本院不予支持。程兰英认为森华公司提起反诉,在程序上不合适,应当另行起诉。《中华人民共和国民事诉讼法》第126条规定:"原告增加诉讼请求,被告提出反诉,第三人提出与本案有关的诉讼请求,可以合并审理。"因此,森华公司提出反诉,符合上述法律规定,本院可以合并进行审理。森华公司未能及时给付程兰英上述款项共计43835.42元,应当承担相应责任。程兰英要求森华公司给付上述款项的利息,本院应予支持,利息按照中国人民银行同期个人活期存款储蓄利率计算。程兰英提出森华公司有

6名股东退股,公司将上述股东的股份收购,上述股份应平均分配给现有股东,因此要求森华公司给付应当分配给其的股金8442.82元。森华公司对上述事实不予认可。程兰英未能提交相应证据予以证明,因此程兰英的此项诉讼请求,本院不予支持。综上所述,依照原《中华人民共和国公司法》第三十三条、《中华人民共和国民事诉讼法》第一百二十六条、《最高人民法院关于民事诉讼证据的若干规定》第二条第二款的规定,判决如下:一、北京北木森华地板有限公司于本判决生效后十日内给付程兰英七千五百一十五元一角八分。二、北京北木森华地板有限公司于本判决生效后十日内给付程兰英三万六千三百二十元二角四分。三、北京北木森华地板有限公司于本判决生效后十日内给付程兰英利息(利息自二〇〇五年二月一日至二〇〇六年四月三十日按照本金七千五百一十五元一角八分的中国人民银行同期个人活期存款储蓄利率计算)。四、北京北木森华地板有限公司于本判决生效后十日内给付程兰英利息(利息自二〇〇五年二月一日至二〇〇六年四月三十日按照本金三万六千三百二十元二角四分的中国人民银行同期个人活期存款储蓄利率计算)。五、驳回程兰英的其他诉讼请求。六、驳回北京北木森华地板有限公司的诉讼请求。

森华公司不服一审法院判决,向本院提出上诉。认为:

一、一审事实没有查清:1. 2003年1月22日,上诉人分配红利给被上诉人6000元,被上诉人系上诉人公司的财务人员,公司该次红利的经办均是其经手。上诉人领取了上述红利。对此,一审法院没有查清。2. 一审法院认为2004年12月31日森华公司召开的股东会和之后的公司返还被上诉人的股金50136元的事实其实质是对程兰英股份的收购,这种主观认定是错误的,也是不符合事实的。(1) 2004年12月31日的股东大会决议是对程兰英的股份转让所形成的决议,并没有讨论公司收购股份的事宜。(2)程兰英的退股实在程兰英的多次向公司提出退股要求并在其多次干涉公司正常的经营秩序时,公司被迫同意的,而不是根据上诉决议形成的。(3)公司并没有与程兰英讨论收购股份的事宜,在本案中上诉人也自始至终没有同意收购其股份。一审法院主观武断地认定双方形成了收购股份的合意是完全错误的。二、一审适用法律错误:1. 一审法院认为公司收购程兰英的股份,且双方形成了合意。并认为上述合意的内容并不违反我国法律、行政法规的规定,是完全错误的。(1)从民法原理看,资本不变原则是有限责任公司注册资本的一条原则。森华公司作为有限责任公司,其注册资本不能减少。(2) 从原《公司法》103 条的规定,利润分配方案和弥补亏损是由股东大会作出的。本条立法的背景是利润分配和弥补亏损是企业生产经营的事情,也是与企业发展息息相关的,因此立法者赋予股东大会的职权。也就是由股东大会提出法定公积金、任意公积金的提取后,决定如何分配利润。这是企业经营的事情,法院不应该干预。法院的审判权是有限的权利,不能无限扩张。否则,支持了一方的诉讼权利,就会损害另一方的合法权利,达不到审判的目的,也是不公平的。尤其是对涉及公司权益的案件。2. 一审法院对被上诉人的利润的分配为 36320.24 元的方案是错误的。(1) 36320.24 元的利润如何计算出来的,一审判决并不清晰。(2) 根据原《公司法》177 条规定当公司分配利润时,应该先提取法定公积金,经股东会决议还可以提取任意公积金。因此,虽然本案审计报告中未分配利润为 768197 元,但并非就可以对此进行分配。而应该按照法律规定提取法定公积金和任意公积金后才能进行利润分配。一审法院对此没有查清。综上,一审法院认定事实不清,适用法律错误,应该予以纠正。

程兰英二审辩称,一审法院所作出的判决是正确的,请求二审法院予以维持。

本院经审理查明,一审法院查明的事实均属实,本院予以确认。

本院认为,公司股东依法享有资产受益权并按照实缴的出资比例分取红利。本案程兰英作为森华公司的股东有权要求森华公司按照其出资比例给付自公司成立至 2004 年的红利。2004 年 11 月 2 日,建宏信事务所出具的(2004)京建会审字第 177 号审计报告系由森华公司委托、经全体股东同意对森华公司截止到 2004 年 9 月 30 日的会计报表进行的专项财务审计。程兰英要求按照该审计报告中的审计结果分取红利,并无不当。因此,程兰英要求森华公司给付红利 36320.24 元的诉讼请求,应予支持。森华公司一审的反诉请求于法无据,本院不予支持。原审法院认定事实清楚,适用法律正确,应予维持。综上,依据《中华人民共和国民事诉讼法》第一百五十三条第一款第(一)项之规定,判决如下:

驳回上诉,维持原判。

案例评析

该案例涉及的事实和法律关系较为复杂,包括股东收益分配和股权转让以及诉讼程序等问题,仅就股东的收益分配权评析如下:

1. 原告为公司前股东。即原告的股权已经转让,虽然工商登记尚未变更,但其股东收益权时限终止于股份转让之时。

原告在起诉时已经不具有股东资格,但法院仍然受理并支持了其要求公司分配盈利的请求。可见,在该案例中,法院对"合格的原告"标准掌握上注重保护股东利益,对公司前股东也按照股东权纠纷处理。而不是将其对待为公司和个人的债权债务关系。

获得公司红利是股东权益的重要部分,但公司并不一定将年度的利润全部用于向股东分配。也就是说,股东持股期间,不一定得到公司直接分配的股利。如果公司亏损,自然无利可分,即使盈利,也可以出于经营策略考虑而暂不分配。本案例中,股东要求对持股期间的盈利获得分配,得到了法院的支持。能否推论,股东在股份转让时应同时获得持股期间公司盈利的分配?那其他股东呢,能否也得到相应的分配呢?如果对其他股东也分配,首先是会产生公司正常经营的巨大影响,不利于公司经营发展。其次,因为有股东诉讼要求分配而向所有股东分配很可能会超出公司现金支付能力,如何处理?不分的话是否会在股东间造成不公平呢?就案例来看,判决书内容仅及于当事人,对其他股东没有约束力。但这反映了案件处理结果是值得检讨的。

股东的投资并不一定通过股份分红得到回报,如果股东因为公司经营良好而在转让股份时获得相应较高的转让价金,也满足了投资目的,法律关系清晰,避免了司法困境。如果股东要求公司收购股份被公司拒绝或价金过低,股东可以依据《公司法》第20条和第75条寻求司法保护,那样法院的裁判重点在于对基本事实的认定,对价金是否过低,有原被告双方举证,不会使法院陷入麻烦的境地。

2. 根据股东会决议,公司委托会计师事务所进入公司审计。

由于股东会决议也代表了原告股东的意志,并且原告也表示认可,法院承认了公司为委托人的审计报告的证据效力。

3. 不以股东会决议为分配前提,法院裁决分配红利。

判决书中"审议批准公司的利润分配方案和弥补亏损方案系股东会的职权之一,森华公司未能及时召开股东会对公司的利润分配方案进行审议并向股东程兰英分配红利,导致程兰英诉至法院,法院可以依照相关法律规定及公司的盈利情况对股东要求分取红利的诉讼请求进行裁决",表明了法院在此案例中的司法态度,即不认为股东会决议是公司对股东分配的基础,法院在公司"未能及时召开股东会"的时候应当裁决是否对股东分配。但从该表述字面上推断似乎法院并不否认股东会决议的效力。

但何为"及时召开股东会"呢？判决书中的这一表述隐含一个时间判断标准的问题，从《公司法》和现有司法解释等立法文件不能找到判断依据。交由法院判断吗？股东会的召开只要不违反《公司法》强制性的最低标准，应属于公司内部治理的范围，不宜交由法院判断或有强制性规定。判决书中还提到一审法院认为公司未能及时召开股东会，导致原告诉至法院。从叙述上看，公司和原告的起诉有因果联系，并似乎带有公司有过错之意。殊为值得注意。

目前理论界的主流观点认为公司的利润分配应以股东会决议为前置程序，如果公司拒不开会或不作出分配的决议，《公司法》第4条和第35条为小股东提供了救济机制，体现了尽可能地将公司内部事务交由公司这一商业组织内部处理，确立股东会在公司自治事务方面的权威，减少法院介入商业组织内部事务的过分干预行为。我们同意这样的看法。从实践效果讲，将股东会决议作为公司分配的基础，区分了不同的事实状态，可以凝聚公司本身的向心力，通过股东合议的途径解决盈利的趋向安排，股东坚持分配的再到法院诉讼，就可以集中焦点，使进入诉讼的案件确属是应当和必须的，是法院可以依法裁判的法律关系而非商业策略，诉讼毕竟是对当事人权利救济的最后途径。

典型案例二

通州区人民法院
民事判决书

(2006)通民初字第05702号

原告毛冬梅，女，1969年12月7日出生，汉族，北京海德斯尔科技发展有限公司股东，住北京市通州区潞河名苑3号楼451室。

委托代理人涂剑波，男，无业，住北京市通州区潞河名苑3号楼451室。

被告北京海德斯尔科技发展有限公司，住所地北京市通州区砖厂村。

法定代表人任琳，执行董事。

委托代理人史炳武，北京市浩天律师事务所律师。

委托代理人任俊，男，北京海德斯尔科技发展有限公司总经理。住北京市东三环华腾园13号楼403室。

原告毛冬梅(以下简称原告)与被告北京海德斯尔科技发展有限公司

（以下简称被告）公司盈余分配权纠纷一案，本院受理后，依法由代理审判员吴宏独任审判，公开开庭进行了审理，本案原告的委托代理人涂剑波、被告的委托代理人史炳武、任俊到庭参加诉讼。本案现已审理终结。

原告诉称：原告系被告股东。2005年10月，被告与北京凯亚房地产开发有限公司签订了7000余万元的中央空调安装合同并实际履行，但被告对原告隐瞒经营状况和利润收入，未向原告分配红利。为维护原告的合法权益，诉至法院要求被告给付原告红利100万元，并负担诉讼费。

被告辩称：原告不是被告的股东，原告没有实际投入资金，被告的实际持有人为任俊，故原告没有分红的资格。被告亦没有利润分配，被告没有签订过中央空调安装合同，从来没有发生过利润，故不同意原告的诉讼请求。

经审理查明：被告于2004年12月17日在工商行政管理机关注册登记成立，注册资金500万元，任琳出资350万元，占70%，原告出资150万元，占30%。2005年4月至2005年12月，被告与北京山水蓝维房地产开发有限公司、北京凯亚房地产开发有限公司等公司订立空调供货安装合同、智能系统安装合同等合同，合同订立后均得到履行，合同金额共计一千六百余万元。本案在审理过程中，原告增加诉讼请求，但其未补交诉讼费。原告申请对被告经营利润情况进行审计，本院委托北京长城立信会计师事务所有限公司进行审计，因被告未能提供完整审计资料，北京长城立信会计师事务所有限公司无法发表审计意见。

上述事实有工商档案材料、合同、发票、银行对账单等证据在案佐证。

本院认为：股东依法享有资产收益权。原告作为被告的股东，有权分配被告的经营利润。因被告未能提供完整的会计记账凭证，无法审计其经营利润情况，为规范公司治理，保护中小股东利益，本院参照相关行业利润水平酌情确定被告所订立的合同的经营利润率为30%，从而确定被告已到期合同金额一千五百五十七万六千一百五十二元（扣除未到给付期的合同质保金）的30%为税后利润，提取20%的法定公积金、10%的任意公积金后，剩余30%的利润应分配给原告。原告增加的诉讼请求，因其未补交诉讼费，本院对其增加部分不予审理。被告辩称的原告不具有股东资格、无权分配利润的意见，无事实及法律依据，本院不予支持。依据《中华人民共和国公司法》第四条、第三十五条、第一百六十七条之规定，判决如下：

被告北京海德斯尔科技发展有限公司给付原告毛冬梅利润分配款九十八万一千二百九十八元，自本判决生效之日起七日内执行。

案例评析

该案例的判决书篇幅不长,但涉及的法律关系较为综合,要点如下:

1. 被告对原告的股东身份有异议,法院一并查明

从程序上看,法院将对原告股东身份的查明和对公司盈利分配的处理在同一案例中一并处理。从民事诉讼法明确规定的起诉条件要求"合格的原告",如果被告对原告主体资格有异议,法院首先处理的是程序问题,即也可以对此另行裁定。从实体上看,法院对原告的股东资格的判断以是否对公司投入出资为标准。但从判决书中仅有"经审理查明:被告于2004年12月17日在工商行政管理机关注册登记成立,注册资金500万元,任琳出资350万元,占70%,原告出资150万元,占30%"的表述,没有显示原被告在此争议点的各自举证情况。从法律关系的发生顺序看,诉讼中被告提出对原告的股东资格有异议,法院完全可以根据股东名册和工商记载的情况径行裁断是另案审理还是直接认定,被告的主张如果没有事实依据,法院当然可以在同一案件中裁驳而不必安排另案审理,这样就会节省公权力资源,不给不诚实的当事人以可乘之机。

2. 法院委托审计

在该案例中,原告诉称"2005年10月,被告与北京凯亚房地产开发有限公司签订了7000余万元的中央空调安装合同并实际履行,但被告对原告隐瞒经营状况和利润收入,未向原告分配红利"。即被告有盈利,但对原告隐瞒经营状况而不分配红利。对原告的两点认识,应由原告举证证明。在案例中,法院出面委托了会计机构以审计确定被告的真实经营状况。对于这类诉讼中法院必须确定的事实,原告要举证支持自己的主张则信息手段有限,难免力不从心,被告则通常没有义务也没有动力自我证明,法院的这一做法避免了诉讼僵局,也不失公平。但接受委托的会计机构的资质、时限、费用承担、审计责任等诸多操作性问题还处于于法无据的状态,在该案例判决书中也没有显示。

3. 法院参照行业利润水平推算酌定应分配的数额

在该案例中应分配的数额的确定方法是值得注意的一点,法院采用的是酌定方式,推算出应向原告分配的数额。无论哪一方委托审计,都需要实际掌握财务资料的被告配合。法院的这一方式具有司法创造性,也避免了诉讼僵局,保护了非控制股东的利益。从诉讼技巧上看,法院替代性的推算方案使被告在信息上的优势被打破,如果要推翻和对抗推算结论,被告不得

不积极举证。

但需要讨论的是,法院参照行业利润水平酌定应分配利润的做法的使用条件、参照依据、扣除的公积金比例等问题也缺乏司法依据,缺乏使之制度化的立法。这一做法必然会超出通常的司法判断,进入应由经营者作出的商业判断的领域,例如,在案例中,法院扣除的公积金的比例为税后利润的30%,高于公司法规定的最低比例,也是一个酌定比例。而且,控制股东不提供资料阻挠审计的做法是否应属于《公司法》第20条规定的"滥用股东权利",应否将司法判断的焦点转为针对这一行为呢。

典型案例三

北京市朝阳区人民法院
民事判决书

(2006)朝民初字第25055号

原告北京红都集团公司,住所地北京市东城区东交民巷28号。
法定代表人顾明天,总经理。
委托代理人高冰,北京市中孚律师事务所律师。
委托代理人李霄鹏,北京市中孚律师事务所律师。
被告北京市华表工贸有限公司,住所地北京市朝阳区和平里14区。
法定代表人王超,总经理。
委托代理人马兰英,女,汉族,1961年6月28日出生,北京市华表工贸有限公司干部。

原告北京红都集团公司(以下简称红都公司)与被告北京市华表工贸有限公司(以下简称华表公司)公司盈余分配权纠纷一案,本院受理后,依法由代理审判员任颂适用简易程序独任审判,公开开庭进行了审理。原告红都公司的委托代理人高冰,被告华表公司的委托代理人马兰英到庭参加了诉讼。本案现已审理终结。

原告红都公司诉称:红都公司为华表公司的股东。2006年1月25日,华表公司董事会决议通过2005年利润分配方案。此后,红都公司多次要求分配利润,但至今没有拿到应得的利润。公司法规定了有限责任公司股东的资产收益权,而华表公司也对股东的上述权利进行了约定。华表公司的行为违反了法律规定及公司章程的约定,侵害了红都公司的资产收益权。故请求人民法院判令华表公司立即支付红都公司2005年度应得利润

78829.41元,并承担诉讼费用。

被告华表公司辩称:不同意红都公司的诉讼请求。董事会确实通过了2005年利润分配方案,但明确的是红都公司可分到利润78829.41元,不等于应分到利润。因为在华表公司成立后,有129.6万元用于职工买断,形成了政策性亏损。这部分资金作为公司的潜亏,要用当年的利润弥补以前年度亏损,直至将129.6万元亏损补齐。因此,按照公司法的有关规定,在弥补亏损前不能向股东分配利润。

经审理查明:华表公司(原名称为北京华表时装有限公司)系有限责任公司。股东为红都公司、北京启明星强生商贸有限责任公司(以下简称启明星公司)。华表公司的章程第7条规定股东的权利包括依照法律法规和公司章程的规定获取股利并转让出资额;第12条规定股东会的职权包括审议批准公司的利润分配方案和弥补亏损的方案;第19条规定董事会的职权包括制定公司的利润分配方案和弥补亏损方案。

2006年1月25日,华表公司召开董事会,并形成董事会决议。董事会决议包括华表公司2005年利润分配方案:提取法定盈余公积金、公益金后的可分配利润为307927.38元,启明星公司可分到利润229097.97元,红都公司可分到利润78829.41元。

在庭审中,双方当事人均认可股东会没有就利润分配作出过决议。

以上事实,有原告红都公司提交的董事会决议、2005年利润分配方案、华表公司章程,及庭审笔录在案佐证。

本院认为:华表公司为依法设立的有限责任公司,故华表公司与股东之间的关系,应当按照《中华人民共和国公司法》(以下简称《公司法》)和公司章程的规定进行规范。《公司法》第38条和华表公司章程第12条均规定股东会的职权包括审议批准公司的利润分配方案和弥补亏损的方案。由此可见,公司的利润分配方案必须经过股东会审议批准,即召开股东会审批利润分配方案属股东分配利润的前置程序。现红都公司在股东会未审议批准分配利润方案前,依据董事会制订的利润分配方案要求进行利润分配,缺乏法律依据。故对红都公司的诉讼请求,本院不予支持。综上所述,依据《中华人民共和国公司法》第三十八条的规定,本院判决如下:

驳回北京红都集团公司的诉讼请求。

案例评析

本案例有以下要点

1. 被告公司为有限责任公司,原告为法人股东。

2. 公司本年度有盈利。
3. 董事会已经作出盈利分配方案,确定了股东可分配数额。
4. 法院不支持原告的诉讼请求。

判决依据为按照《公司法》的规定和公司章程的约定,股东会的职权包括审议批准公司的利润分配方案和弥补亏损方案。因此,股东会的决议为利润分配的前置程序。

在本案例中,法院认为按照《公司法》的规定,股东会的决议为利润分配的前置程序,也就是说,股东会的决议是执行董事会利润分配决议的基础。在判决中,法院采纳了公司内部自治优先的思想,回避了公权力对公司治理的干扰。如果股东请求公司召开股东会议决分配事项,公司不召集股东会或者开会后反对通过分配决议,股东可以依照《公司法》第4条和第35条的规定提起诉讼,请求法院判决。

第九章 有限责任公司股权转让纠纷处理问题研究

一、有限公司股权转让概述

有限责任公司(以下简称:有限公司)具有较强的人合性质,我国《公司法》对其股权转让有特殊规定。《公司法》第72条规定:除非公司章程有特别规定,有限公司的其他股东对拟对外转让的股权享有同意权和优先购买权。在这种限制下的股权转让显然很难形成公开的交易市场,有限公司的股权转让因此只能通过私下协商达成交易。

股权转让协议和股权转让行为构成了两种不同的法律关系。前者以转让双方的意思表示达成一致构成合同成立的条件,并且在多数情况下,股权转让合同在成立的同时即生效。后者则需要经过注销和签发出资证明书、相应修改公司章程和股东名册中有关股东及其出资额的记载[1]、工商变更登记等程序,形成股权过户、股东身份转化的后果。

实践中,有限公司股权转让纠纷往往发生在股权转让协议的订立和履行过程中。从2007年北京市法院系统审理的多起有限公司股权转让纠纷案件来看,大体可以分为三大类纠纷。

---

[1] 参见我国《公司法》第74条。

第一类纠纷涉及股权转让协议是否成立的问题,主要是对转让双方意思表示是否达成一致存在争议。其中较为普遍的纠纷表现为公司大股东伪造小股东签名强行转让小股东的股权,也有一些是公司的隐名股东伪造名义股东签名转让了名义股东的股权。除此之外,也可能存在转让双方对于股权转让协议条款约定不清,从而在事后产生双方协议是否达成的争议。

第二类纠纷则涉及股权转让的程序问题。由于我国《公司法》第72条对其他股东同意权和优先购买权的规定,股权转让协议尽管成立,但如果转让股东没有征得其他股东同意,或者没有给予其他股东在同等条件下行使优先购买权机会的,则股权转让协议的效力以及股权转让的效力都可能存在争议。此外,对于一些特殊类型的股权,主要是国有股权,还存在法律强制规定的转让程序问题。例如,国有股权的转让必须经过资产评估程序,事后发现没有履行国有资产评估程序的,国有股权转让的效力就可能受到置疑。

第三类纠纷则是股权转让协议履行过程中出现的问题,其中最为普遍的问题当然是受让方没有及时足额支付股权转让款项。受让方不及时足额支付转让价款,可能只是一般性的欠款纠纷,在公司法上并无理论意义。但从实践来看,在一些案件中,受让方往往会提出一些拒绝及时支付足额价款的理由,有些在公司法上还值得研究,其中最为主要的理由就是:由于转让方对于公司财务状况的错误陈述,导致受让方给予了过高价格,受让方在发现真实情况后希望能够减免转让价款。此外,在一些股权转让交易中,转让方为了保证及时足额收到价款,往往会要求受让方提供其他担保,或者干脆就以转让的标的股权作为质押,以担保价款的支付。当受让方真的不能及时足额支付价款时,这些担保机制能否起到应有的功能,是个值得关注的问题。

本章将分别讨论上述三类纠纷,揭示和分析其中的问题。

二、有限公司股权转让协议的成立

(一) 类型化描述

1. 意思表示是否达成一致

双方存在股权转让的意向,并且受让方交付了部分款项。但由于双方未能就股权转让事宜达成书面的确认协议,故法院认定股权转让协议并未成立。

除上述因未达成股权转让的书面确认协议而致使认定双方意思表示未达成一致,股权转让协议不成立的情况之外,在一些股权转让纠纷案例中,由于双方在协议中就转让条件的约定存在缺陷而导致双方对转让协议是否成立存在争议。例如,原告认为股权转让协议中并未对转让价格作出约定,因此,合同并未达成。

合同系当事人发生民事权利义务关系的合意,其作为民事法律行为,应具备民事法律行为的成立要件,反映当事人的真实意思。当事人对合同内容协商一致,合同才能成立。因此,双方的合意是合同成立的必要前提,也是判断合同是否成立的首要标准。

2. 伪造转让方签名的行为

股权转让协议中转让方的签名系他人代签,但转让方在之后的股东(扩大)会议纪要上的签字及事后领取投资款的行为,系对股东变更事实的追认。

在涉及股权转让纠纷的多数案例中,都涉及被告伪造原告签名,将原告的股权出售。如能证明股权转让协议上的签名系他人代签,则"代签字"的行为属于无权代理行为。根据我国合同法及相关法律的有关规定,无权代理人以被代理人名义与他人订立合同,是一种效力待定的合同。该类合同尽管因代理人欠缺代理权而存在瑕疵,但如经过被代理人的追认,可以使无权代理行为从成立之时即对当事人发生效力。如无证据证明该行为取得真实股东的授权,则该类股权转让协议应认定为无效。

(二) 提炼疑难问题

1. 意思表示是否达成一致

意思表示是否达成一致将直接决定股权转让合同是否成立,在某案中由于各当事人对所涉公司章程中关于公司事务共同决策的条款有异议,故没有签署该章程,此后各当事人也并未就转让事宜达成书面协议,亦未办理工商变更登记手续,因此,股权转让合同并未成立。

有关意思表示是否达成一致的案例中,当事人之间意思表示是否达成一致的主要判断依据是当事人之间是否就转让事宜达成书面协议、办理变更登记手续等。

2. 伪造转让方签名

(1) 签名真伪的辨认

在诉讼案例中,有关签名真伪的认定基本存在两种情况:一种,是经真实股东的要求进行鉴定,确认非真实股东的签名;另一种是,被告在诉讼中承认该签名为"代签"的情况。

基于目前案例情况,关于签名真伪的问题没有出现较大分歧。较大分歧发生在有关真实股东是否对股权转让协议的"代签"行为进行了追认。

(2)追认行为的认定

在诉讼案例中,追认行为发生的方式主要有如下三种:真实股东签署的其他合同内容中涉及股权转让事宜、在股东会议纪要上签字、在公司章程修正案上签字。此种追认行为的真实性,即是否出于真实股东的真实意思表示是决定追认行为效力的关键,而真实股东的真实意思表示要根据上述三类文件的具体内容来认定。北京市法院系统的现实的判决结果,基本是依据上述三类文件的具体内容进行认定的。

(三)理论分析结论

本部分重点讨论股权转让的合同是否成立、是否生效的问题中,有关意思表示是否达成一致及"代签字"行为会对股权转让合同成立与否、生效与否产生怎样的影响。

1. 意思表示是否达成一致,是合同是否成立的决定性因素之一

依据《合同法》中就合同成立及生效的规定,我们可以得出意思表示达成一致是合同成立的必备要件。

合同的成立是指当事人就设立、变更、终止债权债务关系的意思表示已经达成一致。合同的成立应当具备以下要件:(1)订约主体应当是有权订立合同的当事人或者当事人委托的代理人;(2)订约双方就合同的实质性条款达成一致;(3)合同的成立经过要约和承诺阶段。

订约主体应当是有权订立合同的当事人或者当事人委托的代理人,反映在股权转让合同的订立过程中,转让方应当是拟转让股权的权利人或者其代理人。实践中,可能发生纠纷的情况主要有两种:一种是对转让人的股东身份发生质疑,其可能只是名义上的股东,未曾真实出资或者只是代为持股。不过,这涉及名义持股人和真正权益所有人之间的权属纠纷,在股权转让纠纷中法院很少对此作出直接处理。法院往往只依赖股东名册和工商登记来确认转让人的股东身份。鉴于工商登记的对外效力和股权转让纠纷中往往涉及公司股东之外的第三人,法院的这种认定应当是比较合理的。第二种经常发生纠纷的则主要涉及股权所有人是否真的作出了股权转让的意思表示,即是否真正地参与了股权转让的订约过程,主要是在股权转让协议

中的签字是否真实的问题。这一问题在目前的案例中发生得比较频繁,本部分将对这一问题专门进行讨论。

对于什么构成合同实质性条款,我国《合同法》并没有明确规定。《合同法》第 12 条只是列举了合同一般包括的条款,包括"当事人的名称或者姓名和住所、标的、数量、质量、价款或者报酬、履行期限、地点和方式、违约责任、解决争议的方法"。但显然,这些并非全部为合同的实质性条款,当事人也并不需要对所有这些条款都达成一致,才能订立合同。实质上,很多情况下,合同很可能缺少上述一般条款中的几类,使得合同的规定并不完全,需要事后给予补充和解释。

从我们收集到的北京市审理有限责任公司股权转让的案例来看,在一个案例中,股权转让合同中并未对股权转让的价款作出约定,一方当事人以此为理由,认为双方并未就合同的实质性条款达成一致,合同并未成立。尽管股权转让价款是合同中最重要的一个条款,并且往往是谈判的重点,也是影响双方当事人权益的重要因素,但实际上,恰如本案法院所认定的,价格并非合同成立不可或缺的条款,缺乏对价格的约定,可能并不影响双方当事人在合同实质性条款上达成一致,成立合同。我国《合同法》第 61 条规定:"合同生效后,当事人就质量、价款或者报酬、履行地点等内容没有约定或者约定不明确的,可以协议补充;不能达成补充协议的,按照合同有关条款或者交易习惯确定"。《合同法》第 62 条进一步规定了在质量、价款、履行地点、履行期限、履行方式、履行费用负担等方面不明确的,法院事后应当如何解释的问题。可见,在这些方面尽管合同都没有约定,或者约定的不明确,都不会影响到合同成立。双方当事人完全可以在合同生效后对这些问题协议补充,即使达不成协议的,法院也会按照《合同法》第 61 条和第 62 条规定的方法进行解释。因此,正像该案法院所判决的,股权转让协议中缺乏价格条款,并不影响合同双方当事人就合同的实质性条款达成一致,合同已经成立了。

我国《合同法》第 21 条规定:"承诺是受要约人同意要约的意思表示"。承诺与要约一样,属于意思表示而非民事法律行为,适用法律对意思表示的规定。意思表示,是表意人将欲成为法律行为的意思,表示于外部的行为。它由三要素构成:即效力意思、表示意思和表示行为。效力意思,是意思表示人欲使其表示内容引起法律上效力的内在意思要素。而表示行为,是用以表达行为人内在意思的方式。通过表示行为表示于外部的意思即为表示意思。也就是,由表示行为将内在的要表达的效力意思变为外在的表示意思。当表意人的表示行为真实地反映了其内心的效力意思时,称为意思表示真实。

因为,效力意思与表示意思之间需要经过表示行为这一过程。这就不可避免地产生应当一致(应然)与实际一致(实然)之间的差别。在千差万别的情况下,表示行为能将效力意思表达到什么程度,是受到当时各种主客观因素制约的。而意思表示一致,是指双方或多方的外在表示意思达成了合意。至于各方意思表示是否真实,则在所不问。

而如上文所述,合同的成立需要意思表示一致,而意思表示一致,是指双方或多方的外在表示意思达成了合意。外在表示意思达成了合意的表现形式为签订了股权转让协议(包含实质性条款)、进行了股东名册或工商变更登记等。

目前,法院判决的依据与上述的理论分析基本一致。

2. 伪造转让方签名,影响合同是否生效

(1) 合同生效要求合同当事人意思表示真实

合同的生效是指已经成立的合同在当事人之间产生的法律拘束力。合同的生效应当具备以下要件:① 合同当事人具有相应的民事行为能力;② 合同当事人意思表示真实;③ 双方的订约行为和合同的约定不违反法律和社会公共利益;④ 合同必须具备法律所要求的形式。

由此可见,合同的成立与合同的生效既有联系又有区别,具体体现在以下几方面:

① 合同的生效以合同的成立为前提条件,合同没有成立,自然不可能生效。因此,考察合同的生效,首先必须考察合同是否成立。

② 合同的成立侧重于合同当事人订约时的意思表示一致,只要具备要约与承诺,双方在实质性条款上意思表示一致,合同即告成立;而合同的生效则侧重于合同是否违背法律和行政法规的规定,如果违背法律的规定,即使合同成立,该合同也不能产生法律效力。

③ 合同的成立侧重考虑承诺与要约是否一致,只要承诺与要约一致,合同即成立。而合同是否生效则侧重考虑要约和承诺是否真正是当事人真实的意思表示,如果不是当事人的真实意思表示,而是受另一方威胁、蒙骗,即使从形式上要约与承诺一致,合同成立,但因当事人意思表示不真实,则该合同不能产生法律效力。在实践中,一般的合同都是从合同成立时开始

生效,但仍有一部分合同成立后却未正式产生法律效力。我国《合同法》第44条规定:"依法成立的合同,自成立时生效。法律、行政法规规定应当办理批准、登记等手续生效的,依照其规定。"

由于"代签字"情况下签字人是否拥有真实股东人即本人的授权,即"代签字"是否是本人真实意思表示,在合同签订之后的一段时间内,相对人不能确定。此时,由于合同当事人意思表示真实性不确定,使合同的效力也处于不确定的状态。

(2)"代签字"的行为属于无权代理行为

无权代理属于效力未定行为,又称为可追认的行为,可以通过当事人的追认而有效。《合同法》第48条第1款规定:"行为人没有代理权、超越代理权或者代理权终止后以被代理人名义订立合同,未经被代理人追认,对被代理人不发生法律效力,由行为人承担民事责任"。该条第2款规定:"相对人可以催告被代理人在一个月内予以追认。被代理人未作表示的,视为拒绝追认。合同被追认之前,善意相对人有撤销的权利。撤销应以通知对方的方式作出"。只有在权利人不予追认或者善意相对人申请撤销的情况下,无权代理行为才自始不发生法律效力。

在无权代理人签订的合同关系中,被代理人的最基本、最实质性的权利是对合同的追认权。被代理人有权对合同不予追认,使自己置身事外,避免合同效力及于自身。被代理人被冒名订约,是权利受到侵害的受害人,法律对此充分考量,赋予其对无权代理人签订的合同或追认或不予追认的权利,为其提供了足够的保护。

但在现实的案例中,纠纷多发的环节正是被代理人是否就相关合同内容进行了追认。为减少纠纷的发生,需就被代理人的追认行为、方式、期限进行更加明确的规定。规范那些权利受到充分保护的被代理人的追认行为,对于合理保护其他当事人利益、维护正常的交易秩序具有十分重要的意义。

A. 被代理人追认行为的认定

被代理人追认的行为分为明示追认与默示追认两种,在股权转让中被代理人的追认多体现为明示追认。

在股权转让中,明示追认的方式多体现为被代理人在签署的其他文件内容中涉及股权转让事宜,如在股东会会议纪要上签字、在公司章程修正案上签字等行为。收取相关的股权转让价款也是明示追认的一种方式。

所签署的文件自身的效力是否影响追认效力?

如果股东会会议纪要及公司章程修正案中已经涵盖了所争议的被代理人股权的转让事宜，在股东会会议纪要及公司章程修正案中签字，就是对该股权转让协议的追认。但如果所签署的股东会会议纪要及公司章程修正案的效力受到置疑，如股东会的召开、公司章程修正需履行的程序存在瑕疵，此时被代理人的签字行为是否应认定为对股权转让协议的追认？笔者认为，对追认行为的认定是在被代理人的真实意思表示无法直接获知情况下的一种推断，目的是为了明确被代理人的真实意思表示，那么在相关文件（包括非公司内部涉及可以明确股东身份的文件，如被代理人与任意第三人之间签订的其他协议）上的签字，只要能合理推断，被代理人签署该文件时，可以从文件内容中获知并已认同无权代理的股权转让行为，则其签字就可认定为追认行为。

在特定情形被代理人有义务以明示方式向相对人传达其追认或否认的意思表示。我国《民法通则》第 66 条规定，本人知道他人以本人名义实施民事行为而不作否认表示的，视为同意，即被代理人在已经知道无权代理行为时的沉默应被认定为对合同的默示追认。《合同法》第 48 条关于相对人撤销权和催告权的规定，表露了立法者对于本人的沉默可能使他人对其意思的理解产生歧义的担心。因此，在具体适用《民法通则》第 66 条规定的时候，应该注意在特定情形被代理人有义务以明示方式向相对人传达其追认或否认的意思表示。

相对人已经履约或开始履约，合同标的或部分标的已经为被代理人所占有时（合同中被代理人为买方），或被代理人之货物已经由无权代理行为人交付而为相对人占有时（合同中被代理人为卖方），对合同的否认必须以明示方式作出。被代理人对于无权代理行为是否明知，是判断其默示是否构成追认意思表示的关键。在当事人已经履约、对合同标的物的占有已经转移时，应可推定被代理人对无权代理行为的明知，此时的沉默，当属《民法通则》第 66 条规定的"视为同意"的追认，其欲否认合同当然须以明示方式通知相对人。

B. 被代理人在合理期间内对合同作出追认或否认的意思表示。相对人履行合同、交付标的物之后，或在无权代理行为人将被代理人所有的合同标的物向相对人交付之后，若被代理人保持沉默，持续多长时间可以被认定为"默示追认"？亦即，在保持沉默多长时间之后，被代理人即无权再以明示方式对合同效力予以否认？在相反情形下，合同尚未履行时，若被代理人欲追认合同,应在多长的期间内作出追认的意思表示方为有效?现行法律没有明文规定,在合同实务和司法审判中容易产生混淆。笔者认为合理期限的确定应注意以下几点:

首先,期限的起算点应为被代理人知悉无权代理行为的时间。如何推定被代理人知悉的时点?在合同已经履行或开始履行的情形中,由于股权转让协议的履行行为中存在需要股权所有人即被代理人协助的情况,所以履行期间可认定成被代理人知悉的时间。但是,如果该履行行为涉及欺诈,即股权转让行为未征询其他可能拥有优先购买权人的意见,公司在变更股东名册时未向被代理人索要原出资证明文件,办理工商变更登记手续时伪造被代理人的相关证明资料等,使得被代理人无从获知相关信息的情况除外。在合同尚未履行的情形下,被代理人知悉时间的确定则较为复杂,其主要决定于无权代理行为人向其告知的时间、相对人催告的时间、能够证实的被代理人从其他途径知悉无权代理行为的时间。若不能确定被代理人是否知悉或何时知悉,相对人若欲撤销合同当以明示方式通知被代理方,否则,发生纠纷时相对人应承担证明被代理人知悉及其知悉时间的举证责任。在具体的诉讼纠纷中,被代理人知悉时间的确定需依据谁主张谁举证的原则确认。

其次,须确定合理期限的长短,法律对此没有具体规定。笔者认为,在一般情况下,可参照我国《合同法》第48条的规定将这个期限确定为一个月。无权代理人签订的合同是一种效力待定的合同,对于合同的当事人而言,合同关系长期不稳定,无疑会影响其正常的经营和发展;而当今社会经济活动节奏迅捷、联系紧密,任何一个合同的不稳定、不确定都可能使一个或多个交易链条面临断裂的危险。因此,被代理人有义务及时对合同效力作出评价。《合同法》第48条规定了相对人的催告权,应理解为在不能确定被代理人是否或者何时知悉无权代理行为的情况下,相对人通过催告告知对方无权代理行为的存在,既确定了期限的起算点,也给对方的追认限定了期限的长度(一个月的规定是一种任意性而非强制性的规范,当事人可以根据合同的具体情况限定长于或短于一个月的期限,法律亦应认定其效力)。《合同法》作如此规定,是因为一个月的时间,对根据具体情况做出追认或否认合同的决定已足够长,而对防止因合同关系的不稳定对交易秩序产生负面影响而言,亦足够短。

因此,在一般情况下,可依此确定当事人以默示方式表示意思的合理期限:在合同已经履行或开始履行的情况下,若被代理人在一个月内保持沉默,未做否认的表示,即可认定其对合同已经追认,此后再对合同表示否认者无效;若合同没有履行,被代理人在知道无权代理行为之日起一个月内未做任何表示的,则可合理地认定其对合同未予追认,此后再对合同表示追认者相对人可不予接受。

三、有限公司股权转让的程序

(一)案件的类型化描述

1. 转让股权未经其他股东同意或者其他股东要求行使优先购买权

原告与被告签订股权转让协议,约定购买被告持有的某有限公司股权。被告在签订协议前向第三人(该有限公司的另一股东)发出了通知函,限期第三人行使优先权,逾期视为放弃。但第三人在期限前仅仅表示不放弃优先权,并未对是否购买、以何等方式购买作出明确表示。原告和被告认为第三人的优先购买权已经因此被排除,签订了股权转让协议,原告并且向被告支付了部分价款。但在股权过户前,第三人要求行使优先购买权,并提出仲裁。仲裁裁决支持了第三人优先购买权的主张。被告因此只能执行仲裁裁决,向第三人转让了股权,不再执行原告和被告之间的股权转让协议。原告提起诉讼,要求被告继续履行股权转让协议,并承担违约责任。

(北京新奥特公司诉华融公司股权转让合同纠纷案,最高人民法院〔2003〕民二终字第143号)

2. 国有股权转让未经评估程序

原告与被告签订了股权转让协议,以原账面价值作价,原告支付了部分价款,现要求确认股权转让协议合法有效。被告为一全民所有制企业,被告以股权转让协议中所盖公章与备案公章不一致,以及转让的股权应当经国有资产管理部门评估却没有履行评估程序为由,请求法院驳回原告诉讼请求。

(二)疑难问题提炼

1. 未经其他股东同意或者行使优先认购权,有限公司转让股权的效力如何?

2. 按照规定应当经过资产评估程序才可转让的国有股权,其转让效力如何？

（三）相关理论分析

1. 其他股东的同意权和优先购买权

我国《公司法》第72条明确规定了有限公司中股东对外转让股权的程序要求：

"股东向股东以外的人转让股权，应当经其他股东过半数同意。股东应就其股权转让事项书面通知其他股东征求同意，其他股东自接到书面通知之日起满三十日未答复的，视为同意转让。其他股东半数以上不同意转让的，不同意的股东应当购买该转让的股权；不购买的，视为同意转让。

经股东同意转让的股权，在同等条件下，其他股东有优先购买权。两个以上股东主张行使优先购买权的，协商确定各自的购买比例；协商不成的，按照转让时各自的出资比例行使优先购买权。

公司章程对股权转让另有规定的，从其规定"。

也就是说，除非公司章程中另有规定，一般而言，有限公司中的其他股东享有同意权和优先购买权这两个权利。固然，这是《公司法》为了保护有限公司的人合性而设置的缺省规则，但仔细分析，却可以发现这两个权利的设置相互重合，并且由于规则的不完善而存在诸多漏洞，为股东对外转让股权设置了巨大障碍。因而在司法上如何认真对待其他股东的同意权和优先购买权，成为法官必须仔细考虑的问题。

（1）权利重复设置

有限公司的人合性要求公司在引入外部股东时，应当经过其他股东的同意，这构成了我国《公司法》第72条所规定的其他股东同意权和优先购买权的基础。但问题在于：《公司法》对于有限公司人合性的强调，并非绝对禁止股东对外转让股权。《公司法》不过是设置了一个需要事先通知或者征求其他股东意见的缺省规则：这既可以从第72条第4款允许章程例外规定看出，也可以从其他股东不同意的必须购买，或者优先购买权也必须在同等条件下行使看出。不过，本文提出下列观点：

首先，所谓人合性在股权转让中的体现不过是其他股东在是否引入外部股东上有发言权。无论是同意权还是优先购买权，任何其中一个都足以达成此目的，完全没有必要同时设置两个相类似的权利。就同意权来说，股东对外转让股权应当书面通知其他股东征求同意，其他股东半数同意的，转让股东才能与外部人转让股权。如果其他半数以上不同意的,则不同意的股东应当购买该转让的股权,不购买的,视为同意转让。因此,其他股东在转让股东征求意见时,已经可以面临一个抉择:是自己购买,还是允许该股东对外转让?

就优先购买权来说,则是"经股东同意转让的股权,在同等条件下,其他股东有优先购买权",也即在其他股东过半数同意对外转让的情况下,如果转让股东与他人达成了转让协议,其他股东可以在同等条件下优先购买,其目的仍然是排除外来人的介入。一个合理的解释应当是:此时仍然可以行使优先购买权的不包括那些已经同意的股权,而只限于不超过半数的不同意股东。但两个因素的存在使得上述看起来较为合理的解释未能为中国司法实践所接受:(1)第72条第3款明确表述的是:"经股东同意转让的股权,在同等条件下,其他股东有优先购买权",该条款未对"其他股东"给予限制,从词义上很难解释出此处的"其他股东"只包括不同意转让的少数股东;(2)经股东同意转让,可以分为两种情况:一种是全体其他股东都同意对外转让,另一种是半数以上股东同意,少数(不足半数)股东不同意,但是第72条第3款上述的表述并未对此进行区分,一味规定"其他股东有优先购买权",这则意味着如果按照上述合理解释认为只有不同意股东才有优先购买权,则本条规定可能存在不能适用的情况。因此,上述的合理解释尽管得到少数学界的支持,却未能成为对优先购买权的通行解释。通行解释认为:在其他股东同意对外转让的情况下,如果转让股东与他人达成转让协议,则其他股东仍然可以在同等条件下行使优先购买权。

这一解释等于允许其他股东可以违背自己的意思表示:当股东已经同意转让股东对外转让股权时,其仍然还有一次机会通过行使优先购买权拒绝该股东对外转让股权。

其次,双重权利的设置导致可能产生无效率的转让后果。

股权转让中最为重要的是转让价格的确定,由于有限公司的股权转让不存在一个公开竞争的市场,因此发现合适的转让价格是比较耗费成本的事情。我国《公司法》第72条对其他股东双重权利的设置使得其他股东可以将发现价格的成本转移到公司之外的他人身上去,因为其他股东完全可以首先同意股权对外转让,然后等待转让股东与他人确定价格之后,再行使优先购买权。

如果仅仅是价格发现成本的转移还好,问题是分析可以发现,这种确定价格的方式并不是一个有效率的安排。有效率的价格确定来自于交易双方对股权价值信息的掌握，相比外来的第三方，公司的其他股东显然对股权的价值掌握更多信息，因此，也是更为合适的价格确定对象。但双重权利机制的存在，使得掌握更多股权信息的其他股东逃避了确定价格的成本。本来，如果其他股东只有同意权，那么双方可以直接就股权转让价格谈判。此时，双方股东都有谈判力量：拟转让股东可以说，如果你不同意我的价格，我就卖给别人了。在这种谈判条件下，由于双方都对公司情况比较了解（均为公司现有股东：内部人），因此，双方还是可能达成一个一致价格。

但在优先认购权重叠的情况下，拟转让股东在和其他股东第一次谈判价格时，就丧失了任何谈判力量，因为无论其此后和其他人达成任何股权转让条件，其他股东都有优先认购权。在此种谈判条件下，其他股东也不会花费更多精力在这个阶段谈判确定价格，因为谈判确定价格本身，就需要花费成本。其只需要等待拟转让股东和其他人谈判确定价格，然后其行使优先购买权即可。

在这种双重购买权的机制下有限公司的股权转让的价格不是由对公司情况和股权价值最有了解的人来谈判确定，而是由拟转让股东和不了解公司的外部人确定，这有悖于效率原则。

之所以说是由"拟转让股东和不了解公司的外部人确定"价格，是因为可能存在两种情况：第一种情况，公司情况比较好，股权存在升值空间，外部人不能了解。此时，由股东之间谈判确定的股权转让价格会高于外部人确定的价格——外部人由于存在信息不对称问题，必然存在风险折扣。因此，现有股东会等待在第二轮外部人确定了较低价格后，行使优先认购权，以获得较低价格。

第二种情况是公司情况比较差，股权可能贬值，外部人也不了解。此时，由股东之间谈判确定的价格可能低于外部人确定的价格。但这种情况是否可能出现，甚至是否需要鼓励其出现，都值得讨论，因为在这里较高股权价格的确立，是通过对外部人的蒙骗达到的，该价格确定方式并非有效，不应得到鼓励。但更重要的是：此时其他股东根本就不会行使优先认购权，因为他们对股权的估价低于外部人确立的价格。

（2）制度设计的缺陷

尽管我国 2005 年《公司法》的修改对其他股东同意权的行使作出了更为细致的规定，包括：通知方式、其他股东表示同意的期限为 30 日等。

但对于优先购买权的行使期限和行使程序则并未明确规定,使得实践中优先购买权运行起来存在种种困难,上述案例就说明了这一问题。被告拟转让股权,去征求其他股东的意见,其他股东却仅仅表示不放弃优先购买权,对于何时行使和如何行使,却迟迟不予表示,这严重拖延了被告的转让计划。

本书认为,这一期限应当仿照同意权设置为30天较为合适。

此外,同等条件如何确定,仍然是一个问题。上述案例中原告就认为,其与被告确定的股权转让价格只是一个初步价格,或者最低价格,在有人竞价时,其完全可以提出更高的价格。在本案中,被告在被仲裁裁决其他股东存在优先购买权时,立刻就按照其与原告确定的转让价格与其他股东签约转让了股权,并没有给原告竞价的机会。原告因此提出应当采取拍卖的方式,由原告和其他股东对转让价格竞价,价高者得之。

从经济效率角度考虑,这无疑是一个更为合理的机制,也更符合立法精神。因为对有限公司股权转让的限制,并非完全禁止外部人进入公司,而是要求其出价高于内部人(因为只有这时,内部人才不会行使优先购买权)。拍卖竞价机制保证价高者获得公司股权,正是这一立法思路的体现。

(3)对股权转让行为的影响

本案也揭示了:立法上两种权利的重复设置,尽管可能存在合理理由,但实践中当事人往往只按照一种权利来进行安排。例如本案中被告就只征求了其他股东是否行使优先购买权。在另外一些案例中,则转让股东只要求其他股东同意并书面表示放弃优先购买权。因此,尽管法律对权利重复设置,但对实践的影响并没有想象的那么大。

不过,如果股权转让方在对外转让股权时完全没有征求其他股东的同意权或者提示他们行使优先购买权,则对股权转让协议或者股权转让行为仍然可能产生足够大的影响。

首先,如果转让方与外部人订立股权转让合同,并未经过其他股东过半数同意或者征求其他股东在同等条件下行使优先购买权的,则股权转让合同的效力如何?本书认为,考虑到其他股东在同意权或者优先购买权上是否行使尚存在很多不定因素,股权转让合同此时认定为效力待定较为合适,而不应直接认定为合同无效。① 其他股东可以因此请求法院撤销股权转让合同。

其次，如果未经其他股东过半数同意或者征求其他股东在同等条件下行使优先购买权，股权转让已经实际发生，则其他股东可以申请法院撤销上述股权转让。

不过，上述的撤销权行使显然应当在合理期限内。本书认为规定为其他股东知悉股权转让合同成立或者股权转让行为发生之日起1年内，较为合适。

2. 国有股权转让的效力问题

有限公司中的国有股权转让是一个比较特殊的问题，这是因为对于国有股权的管理涉及《公司法》之外的另一套规则——国有资产管理规则。

庞大的国有资产是我国从传统的计划经济向市场经济转型的遗留，在我国仍然坚持公有制经济为主体的体制下得以持续存在。国有资产不仅仅存在于各种有形物，作为国有资产的运用，国家还投资于各种企业，形成了庞大的国有企业体系。尽管经过"抓大放小"、"国退民进"的改革，国家仍然控制了大量各类企业和公司。不过，由于多年来政企分开的改革，除了少数国有独资公司外，国有资产管理部门很少直接介入企业管理，多是通过行使股东权的方式对国有企业和公司的运营进行管理监督。国有资产管理部门在国有公司中持有的权利就是国有股权。

国有股权作为国有资产的一部分，当然应当遵守国有资产管理的规则。按照国务院发布的《企业国有资产监督管理暂行条例》(中华人民共和国国务院令[378号])第23条规定："国有资产监督管理机构决定其所出资企业的国有股权转让。其中，转让全部国有股权或者转让部分国有股权致使国家不再拥有控股地位的，报本级人民政府批准"。

实际除此之外，国务院、国有资产管理部门、财政部等对国有资产、国有股权的转让还有一些特别的程序要求，这些都构成了国有股权转让的必经程序。

换句话说，对于有限公司中的国有股权，其转让程序与一般股权不同，不但需要履行我国《公司法》第72条规定的征求其他股东同意权和优先购买权的限制，还必须遵守国有资产转让的程序。

---

① 潘福仁等：《股权转让协议效力司法疑难问题》，法律出版社2007年版，第57—58页。

按照国务院国有资产监督管理委员会和财政部发布的《企业国有产权转让暂行办法》(2003年)的规定,转让企业股权的程序包括几个方面[①]:

(1) 初步审批:转让方就本次股权转让的数额、交易方式等基本情况制定《转让方案》,申报国有产权主管部门进行审批。国有资产监督管理机构决定所出资企业的国有产权转让。其中,转让企业国有产权致使国家不再拥有控股地位的,应当报本级人民政府批准。

(2) 清产核资:由转让方组织进行清产核资(转让所出资企业国有产权导致转让方不再拥有控股地位的,由同级国有资产监督管理机构组织进行清产核资),根据清产核资结果编制资产负债表和资产移交清册。

(3) 审计评估:委托会计师事务所实施全面审计,在清产核资和审计的基础上,委托资产评估机构进行资产评估。(评估报告经核准或者备案后,作为确定企业国有股权转让价格的参考依据)

(4) 内部决策:转让股权所属企业召开股东会就股权转让事宜进行内部审议(如果采取协议转让方式,应取得国有资产主管部门同意的批复,转让方和受让方应当草签转让合同,并按照企业内部决策程序进行审议),形成同意股权转让的决议、其他股东放弃优先购买权的承诺。涉及职工合法权益的,应当听取职代会的意见,并形成职代会同意转让的决议。

(5) 申请挂牌:选择有资格的产权交易机构,申请上市交易,并提交转让方和被转让企业法人营业执照复印件、转让方和被转让企业国有产权登记证、被转让企业股东会决议、主管部门同意转让股权的批复、律师事务所的法律意见书、审计报告、资产评估报告以及交易所要求提交的其他书面材料。

(6) 签订协议:转让成交后,转让方和受让方签订股权转让合同,取得产权交易机构出具的产权交易凭证。

(7) 审批备案:转让方将股权转让的相关文字书面材料报国有产权主管部门备案登记。

(8) 产权登记:转让方和受让方凭产权交易机构出具的产权交易凭证以及相应的材料办理产权登记手续。

(9) 变更手续:交易完成,标的企业修改《公司章程》以及股东名册,到工商行政管理部门进行变更登记。

---

① 参见陈殿斌:"国有股权转让程序简介",载陈殿斌律师服务在线。

从上述程序中我们可以看到,在国有股权转让过程中,资产评估、政府批准都是不可缺少的必经程序,并且对于股权转让协议达成交易的交易场所和交易方式都有特别要求。这些因素的缺少都可能在事后引发对于股权转让合同的效力以及股权转让行为效力的质疑。

按照我国《合同法》第52条的规定,"恶意串通,损害国家、集体或者第三人利益"、"损害社会公共利益"和"违反法律、行政法规的强制性规定"的合同无效。国有股权作为中国全体公民的共同财产,显然符合社会公共利益的要求。在国有股权转让过程中,在法律、行政法规对股权转让行为都有明确程序要求的前提下,双方当事人仍然漠视此等程序要求,不经过资产评估、政府批准,或者不采取规定的交易方式在规定的交易场所进行股权转让,都可能构成恶意传统,损害国家利益,损害社会公共利益的行为,本书倾向于应当认定此时的股权转让合同无效,股权转让行为也无效。

尽管在关于国有股权转让的众多规定中,只有《企业国有资产监督管理暂行条例》(2003年)和《国有资产评估管理办法》(1991年)为行政法规,其中仅仅规定了资产评估和政府批准这两个程序性条件,对于交易方式和交易场所的要求规定在《企业国有产权转让管理暂行办法》(2003年)中,后者不过是一个部门规章。因此,很多人认为,依据违反法律、行政性法规的强制性规定、合同才应当无效的观点,仅仅违反交易方式或者交易场所要求的国有股权转让不应当无效。甚至有人进一步认为,即使缺乏资产评估,也不应当国有股权转让无效,因为只是程序瑕疵,可以事后补办。① 本书不同意这样的观点。因为国有股权的转让涉及国家利益和社会公共利益,鉴于很多现实条件,事后补办的资产评估、交易方式的模拟都无法对当时的交易条件作出令人满意的补正。对程序要求的放松,导致的将是国有资产大量流失。因此,本书认为法院在这方面应当严格要求,缺乏国有股权转让条件的,都应当认定无效。

(四)法官的裁决

对于上述两个问题,法官的裁决基本上都符合了本书的判断。

在第一个案例中,仲裁裁决支持了其他股东行使优先购买权的主张。在第二个案例中,法院认定缺乏资产评估的国有股权转让无效。

---

① 潘福仁等:《股权转让协议效力司法疑难问题》,法律出版社2007年版,第137页。

四、有限公司股权转让价款的支付

（一）案件的类型化描述

1. 转让方向受让方隐瞒公司财务状况

原告与被告签订股权转让协议，双方同意原告以一定价款受让被告的全部或部分股权。股权转让协议成立之后，原告发现公司财务状况较差，约定的股价相对于公司真实的财务状况过高，于是诉至法庭，要求以存在欺诈为由变更或撤销股权转让协议。或者，受让方因发现公司财务状况与缔约前转让方陈述不符而拒绝继续履行合同，转让方请求法院判决受让方继续履行并承担相应的违约责任，受让方以转让方存在欺诈作为抗辩理由。

2. 公积金转增资本后，股东的股权范围如何确定

原告为公司股东，公司的注册资本由两部分构成：一是包括原告在内的股东的原始出资，二是公司经营过程中由盈余公积金转增的资本金。原告与被告签订股权转让协议，约定原告将其出资（包括公司设立时的原始出资和公司运营过程中以盈余公积金转增的公司资本）转让给被告。在合同履行过程中，被告认为原告对于原始出资以外的公司资本并不享有权利，故不同意支付股款，或者仅同意以原告的实际出资作为对价受让原告的出资。原告请求法院判决被告按照合同履行股款支付义务，并承担相应的违约责任。

3. 有限公司股权质押未登记于股东名册

原告将其股权转让给被告，在股权转让合同中同时约定被告以标的股权提供质押担保，在被告无法按照合同约定支付股款时，原告有权实现其质权。合同履行过程中，被告依约成为公司股东，股东名册也相应变更，但其股权已设定质押的事实未记载于股东名册。被告到期不能支付股款，原告将其告上法庭，要求实现对标的股权的质权。这是以转让标的股权提供质押的案例。还有一种情况是第三人以其股权为受让方提供质押担保，同样未记载于出质人公司的股东名册，当受让方不能履行合同时，转让方要求实现对第三人股权的质权。

（二）疑难问题提炼

1. 转让方向受让方隐瞒目标公司的财务状况，其法律后果是什么？

2. 有限公司以公积金转增资本后，股东的股权范围如何甄别？

3. 有限公司股权质押合同应满足何种条件才能生效？

（三）相关理论分析

1. 隐瞒目标公司财务状况的法律后果

有限公司股权转让中最关键的是转让价格的确定。通常，股权价格的确定有以下几种方法：(1) 以股东实际出资额作为股权转让价格；(2) 以公司净资产、净利润等财务数据为标准来确定股权转让价格；(3) 以审计、评估的价格作为依据计算股权转让价格；(4) 将拍卖、变卖价作为转让价格。就股价确定机制最终依赖于双方当事人还是双方当事人以外的第三方而言，第二种方法与第一、三、四种方法截然不同。第一种方法，由于股东的每一笔出资（无论是公司设立，还是增加注册资本）都必须经过验资机构的验资，以股东实际出资额定价便可直接依据目标公司的验资报告。第三种方法依赖外部审计机构、资产评估机构出具的审计报告、资产评估报告，与验资报告一样，都是以中介信用为基础建立的定价机制，数据的产生独立于股权转让双方当事人。第四种方法则引入市场机制，股权价格直接来源于市场多方主体的参与，而不由股权转让双方当事人协商确定。因此，相对于其他三种方法而言，第二种方法，即以公司净资产数额为标准来确定股权转让价格，是唯一将定价权直接赋予合同双方当事人的定价机制。需要指出的是，这种机制得以正常运行暗含一个前提条件，即转让方与受让方对于目标公司的财务状况有同等程度的掌握，双方在信息对称的基础之上始得就合同价款进行平等协商。然而，信息不对称现象广泛存在于市场，股权转让交易同样不能避免这一市场失灵问题。转让方很可能比受让方掌握了目标公司更为丰富、全面的财务信息，尤其当受让方是目标公司股东以外的主体之时。这使得转让方利用自己的信息优势在股价谈判中获得溢价成为可能。

隐瞒目标公司财务状况是为了将股权以高于真实价值的价格出让，讨论此种行为在法律上可能造成的后果，大多数情况下是将其归结为一个问题：是否构成欺诈？

当事人的意思表示真实，是民事法律行为的重要条件之一。股权转让作为民事法律行为的一种，也以转让方和受让方就股权转让行为作出真实意思表示为合同有效的前提。引起行为人意思表示不真实可能有诸多原因，比如欺诈、胁迫、重大误解等，其中欺诈是最为典型的一种。我国《合同法》第54条第2款规定："一方以欺诈、胁迫的手段或者乘人之危，使对方在违背真实意思的情况下订立的合同,受损害方有权请求人民法院或者仲裁机构变更或者撤销。"股权转让合同履行过程中因股权价款出现争议的常见原因是,受让方主张转让方在合同缔结过程中对目标公司财务信息存在虚假陈述,受让方因此而对标的股权的价格作出了错误判断,作出了错误的意思表示,因此以转让方存在欺诈为由,请求法院改变股权价格或者撤销合同。在这类纠纷中,一旦认定当事方构成欺诈,其法律后果是比较明确的,即股权转让合同的可变更和可撤销。因此,如何认定欺诈,便成为此类股权转让纠纷中的关键法律问题。

最高人民法院《关于贯彻执行〈中华人民共和国民法通则〉若干问题的意见(试行)》第 68 条对欺诈的认定作出如下解释:"一方当事人故意告知对方虚假情况,或者故意隐瞒真实情况,诱使对方当事人作出错误意思表示的,可以认定为欺诈行为。"在一桩具体的股权转让纠纷中,转让人对目标公司的财务信息进行虚假披露是否构成欺诈,可以结合上述司法解释来判断。现将欺诈的构成要件做如下分解:

第一,存在欺诈故意。欺诈乃故意欺骗他人,使其陷于错误判断,并基于此错误判断而为意思表示的行为。因此股权转让方欺诈的故意由两个层面构成:一是使受让人在目标公司财务状况上陷于错误的故意;二是使受让人因此种错误就股权转让价款作出意思表示的故意。以上两方面须同时满足才能构成转让方的欺诈故意。还需要明确的是,欺诈故意只能是直接故意。故意分为直接故意和间接故意,同样是当事人明知自己的行为会发生损害结果,前者是希望该结果发生,而后者是放任该结果发生,两者主观心态略微存在不同。假设转让方在明知目标公司经营亏损的情况下向受让方虚报利润,诱使受让方作出同意股价的意思表示,因为受让方的意思表示是转让方所希望达到的,便可认为构成欺诈。如果转让方只是消极放任受让人同意某一高于实际股价的合同价格,不应认为构成欺诈。举个例子,目标公司在一季度出现了资产负债率大幅上升的情况,净资产额有明显下降,而受让方据以确定股权价格的是上一年度的财务报表,转让方知道但并不提醒受让方注意这一事实,就不能认为转让方存在欺诈故意。这一区分很重要,它确定了受让方谨慎合理的调查公司财务义务的边界。

第二,具有欺诈行为。欺诈行为是对民事行为有关的重要事实故意所作的虚假陈述,它通常表现为以下情形:其一,虚构事实。所谓虚构事实,就是捏造根本不存在的事物,将其说成客观事实,以此欺骗对方,即所谓的无中生有。比如转让人谎称目标公司即将投资某个项目,预计下一年度可以获得巨额回报,而实际上公司并无投资该项目的计划。如果转让人没有虚构事实,而受让人将客观上不存在的事物误认为客观真实,则属于误解,不构成欺诈。其二,歪曲事实。歪曲事实是故意改变客观事实,对其做虚假陈述,如转让方将目标公司年度业绩的亏损叙述为年度业绩盈利。其三,隐瞒事实。即明知事实真相,但为使他人陷于错误而有意隐瞒,使他人因受蒙蔽而作出有瑕疵的意思表示,如隐瞒目标公司即将到期的可能无法偿还的巨额债务等。

第三,受让方因欺诈陷入错误。即受让方陷于错误,与转让方实施的欺诈行为之间具有因果联系。如果受让方陷于错误由于其他原因而非转让方的欺骗行为,则不构成欺诈。比如受让方对目标公司的财务报表产生错误认识,将上一年度的财务报表误作为当年财务报表计算股权价格,是因为受让人自身原因所致,不能认为是转让方实施了欺诈行为。还需要指出的是,受让方陷于错误不仅包括受让方原本没有错误,因受到转让方的欺诈而陷于错误,而且包括受让方已有错误,因受到转让方的欺诈而陷于更深的错误。试举一例,受让方通过自己的打听,误以为目标公司在一家经营业绩良好的公司持有股份,转让方将计就计,对目标公司资产负债表做相应篡改,将目标公司这一并不存在的对外投资显示在目标公司账上,使受让人确信持股事实并据此形成了较高的股权价格预期。

第四,受让人因错误而为意思表示。民法理论上认为,错误与意思表示之间的因果关系可分为两种情况:一是无此错误,则根本不为意思表示;二是无此错误,则不以此条件为意思表示。[①] 两种情况都比较容易理解,受让人如果非因对目标公司财务状况的认识错误,可能不会作出同意购买股权的意思表示,也可能不会作出同意以某一价格购买股权的意思表示。如果受让方所为的意思表示与其因受欺诈产生的错误无关,则不构成欺诈。

以上构成要件可用来在审判实践中对具体案件中转让方隐瞒标的公司财务状况的行为进行分析,以判断其是否构成欺诈,以及能否产生股权转让合同可变更、可撤销的法律效果。

2. 有限公司股东的股权范围

在此类案例中,有相当一部分当事人签订的不是"股权转让协议",而是

---

① 魏振瀛:《民法》,北京大学出版社、高等教育出版社2000年版,第148页。

"出资转让协议"。这种协议往往约定,股东将一定数额的出资转让给受让方,受让方支付相应价款,获得目标公司的股东权利。"出资转让协议"的转让标的究竟是出资还是股权？这是法院在审理这类纠纷时首先应当解决的问题。

应当明确,出资是指有限公司股东或出资人在设立公司或公司增资时向公司以货币等形式缴付注册资本,是一种法律行为,而行为是不具有可转让性的。即使将出资作更为广义的理解,在缴付注册资本行为的意义之外,还用以指代股东为履行出资义务向公司交付的财产,也同样是不能转让的。因为公司设立完成后,出资财产即成为公司所有的财产,由公司享有独立的法人财产权;出资人则转变为股东,其对出资财产的所有权随之转化为股权。我国1993年《公司法》未能清晰地认识到这一点,其第35条规定:"股东之间可以相互转让其全部出资或者部分出资",与公司法确立的公司法人制度存在着逻辑上的矛盾。有鉴于此,2005年《公司法》对原第35条进行了修订,修改后的条文为"有限责任公司的股东之间可以相互转让其全部或者部分股权"。所以,前文提出的问题已经有了答案:法律上能够在股东之间或股东与第三人之间转让的,只能是股东所持有的股权,或者股权的客体。"出资转让协议"的法律实质是股权转让协议,合同转让的标的物不是股东的出资,而是股东因为履行了出资义务而享有的股权。

接下来的问题是如何确定作为标的股权的范围。同样是股东退出机制的法律规则,《公司法》却在有限公司和股份公司上采取了不同的立法语言。股份公司"股东持有的股份可以依法转让";而有限公司的股东可以转让的是"其全部或部分股权"。即,就转让标的而言,股份公司对应股份,而有限公司对应股权。股份与股权是完全不同的法律概念。股份对公司而言,是公司资本的成分以及基本构成单位,对股东而言,则是股东权利存在的基础,也是划分股东权利义务的基本构成单位。股份与物权法上的物类似,无论在语法上还是法律逻辑上,都可以作为基本单位而用一定的数量来表示。股权是股东基于股东身份而对公司享有的一切权利,具有整体属性。如果用整体与部分的关系来描述,股份可认为是转让标的之部分,而股权则是转让标的之整体。股权转让合同标的物的明确约定是合同成立的前提条件,股权不能以数量形式进行特定化,所以必须找到其他的方式对标的股权的范围进行描述。

有限公司的股东享有股权,必须以对公司出资为前提。但公司注册资本的形成却不仅来源于股东的直接出资(包括公司设立时股东出资,以及公司经营过程中向老股东配股或向新股东募股),还可能来自公司经营利润的转化。为扩大再生产的需要,企业通常不将年度盈利全部分配给股东,而是以公积金的形式保留一部分盈利在企业内。我国《公司法》第一百六十九条规定,"公司的公积金用于弥补公司的亏损、扩大公司生产经营或者转为增加公司资本"。在以公积金转增公司资本的情况下,由公积金转化而来的这部分公司资本是否也成为股权客体?答案当然是肯定的。这首先是因为资本具有追逐利润的本质,其最突出的特征在于动态增值性。公司各种参与人的利益分配格局是:债权人和劳动者的收入由合同规定,他们的收益是固定的,在边际上不受公司经营业绩的影响;而股东所得的是公司整体收入扣除债权人和劳动者的固定收入以及向国家缴纳的固定公共物品的租金税费后的剩余,是不确定的剩余收益。按照企业契约理论,公司的本质是合同,而合同是不完善的,对公司经营活动的具体决策不可能都事先作出明确规定,必须有人决定如何填补契约中存在的漏洞。从风险与收益相匹配的角度,股东理所当然的是填补这些漏洞、享有剩余索取权的群体。正因如此,法律上才将公司的剩余索取权分配给股东享有。同样的道理,在公司运营过程中,由公积金转增的资本也应由股东享有其利益。事实上,财务会计领域正是将转增资本作为股本处理的。我国《企业会计准则》将资本称为实收资本,企业从税后利润中提取的公积金在企业会计准则中被细分为法定公积金和盈余公积金,实收资本、法定公积金和盈余公积金共同组成了所有者权益,如果企业还有未分配利润,它也属于所有者权益。公积金转增公司资本,反映在会计报表上是公积金的借记和实收资本的贷记。

基于上述理由,法律实务中对股东所持股权通常采用出资比例的方式进行表述,如"A股东持有B公司40%的股权"。但是,从严格意义上讲,简单以股东的出资比例来确定股东的股权范围也失于轻率。作为一种已经被成文法确立的规则,以资合性为信用基础的股份公司在赋予和分配股东权利上遵循"一股一权,同股同权"的原则,而相对而言较具人合性特征的有限公司则不一定以出资比例享有股权。股权中最为重要的内容当属表决权和分红权,而按照公司法的规定,有限公司股东的这两项权利都可以由股东另行约定。我国《公司法》第43条规定:"股东会会议由股东按照出资比例行使表决权;但是,公司章程另有规定的除外。"第35条则规定:"股东按照实缴的出资比例分取红利;……但是,全体股东约定不按照出资比例分取红利或者不按照出资比例优先认缴出资的除外"。所以,对于某一特定公司而言,股东所拥有的股权是否一定能以比例描述还需结合该公司的章程来判断。

通常这一类纠纷,还与股权转让双方所采用的定价模式有关。实践中,有限公司股权的定价有多种方法,其中较为常见的一种是直接以股东的实际出资额来作为标的股权的对价。这种方法最为简便易行,因此在一些规模较小、公司的注册资本与净资产相差不大的有限公司中比较常见。如果出现了上文所描述的问题,即受让方对转让标的认识不清——以为转让标的是出资,而事实上并非出资,而是股权——的前提下,也许正是因为采用了这种定价模式,才使得受让方不能接受在向转让方支付其实际出资额的同时,还要支付转增资本所对应的股款。

在有一种情况下,受让方可能主张合同并未成立。即,出资转让协议仅约定了转让标的——转让方某一数额的出资,但并未约定以何种价格转让。转让方往往认为该出资额即是双方约定的股权价格,但受让方可能主张该出资额仅用以特定化转让标的,而非对股权价格的约定。笔者倾向于认同受让方的意见,即此种协议中的出资额仅用以描述股权标的,而不是股权价格。

3. 有限公司股权质押的合同生效条件

有限公司股权转让在转让双方之间形成债权债务关系。从承担金钱给付义务的角度区分,受让方为债务人,转让方为债权人,买卖双方可能会形成某种担保安排,用以担保受让方股款支付义务的履行。股权质押作为一种比较常见的担保方式,在有限公司股权交易中也可能被采用。引入质押无疑给股权转让行为增加了新的法律关系,原来仅有买卖双方,现在多了质押权人和出质人。这可能给股权转让纠纷带来新的问题。

首先,作为质押物的股权,能否是作为被担保的债务所对应的标的股权本身?依《担保法》的规定,股份、股票只有满足"依法可以转让"的条件才能被设定质押[1],出质人必须以合法拥有某项股权作为将其出质的前提条件。实践中,出质人可能是股权买卖双方之外的第三方,以其合法拥有的某一股权——可能是与转让标的隶属同一家公司的股权,也可能是其他公司

---

[1] 我国《担保法》第78条规定:"以有限责任公司的股份出质的,适用公司法股份转让的有关规定。"若严格按照《公司法》,"股份"概念是股份有限公司法域内的范畴,不适用于有限责任公司,但本书无意研究这个问题。笔者认为,可以将《担保法》的这一规定理解为以有限责任公司的股权出质。

的股权——为受让方提供担保,这在法律上并不存在问题。但是,也有出质人是股权受让方本人,而质押标的就是作为转让标的的股权的情况,可能引起我们对前述问题的思考。以一般的股权转让协议来考察,由于付款方式往往是分期付款,所以当事人往往约定合同签署后一段时间后受让方才能获得股东身份,行使股东权利,承担股东义务。因此,在股权转让合同签订之时,受让人对标的股权并无处分权,其包含于股权转让合同中的质押条款,是否存在法律上的瑕疵?有两种思路可以解答这个问题:第一种是从无权处分的角度去考虑。法律上对于无权处分的民事行为并不直接否定其效力,而是认为效力待定。如果事后获得了处分权人的追认,则合同自始有效。股权转让方同意受让方以标的股权提供担保,虽是受让方的无权处分,却可以认为已经得到了有权股东的认可。所以,质押条款应为有效。第二种是从合同附生效条件的角度来考虑。我国《合同法》规定,当事人对合同的效力可以约定附条件,此类合同自条件成就时生效。在股权转让合同中约定受让方以标的股权向转让方提供担保,应该说在很大程度上构成对合同生效条件实质上的约定,即以受让方获得标的股权为质押条款的生效条件。从这个角度来说,质押条款在股权转让合同签订时可以不同时生效,而是股权转让给买方之后,才满足这一生效条件。以上两种思路,得出的结论大致相同,以转让标的股权为该股权受让提供质押担保,不认为存在法律上的瑕疵。

质押的设定使得法律效果不仅直接涉及出质人和质押权人,而且还及于其他主体,比如出质人的一般债权人、质押物潜在的购买者,以及其他与质押物有利害关系的主体。出于民法上公示原则的要求,法律对质押权的设立要求了严格的形式要件。动产质押以质物的交付为生效条件,而权利是不能交付的,所以通常要求履行一定的登记程序。我国《担保法》第78条规定,以依法可以转让的股票出质的,出质人与质权人应当订立书面合同,并向证券登记机构办理出质登记,质押合同自登记之日起生效。以有限公司的股份出质的,质押合同自股份出质记载于股东名册之日起生效。有限公司股东名册作为一种公司内部文件,是用以记载股东及其出资额,即确认股东身份和每名股东的股权范围。股权质押在一定程度上构成对股权的限制,因此,登记于股东名册对股权质押而言是最为适宜的公示方法。

值得注意的是,担保法对股权质押采登记生效主义,而非登记对抗主义。即未在股东名册进行登记的股权质押合同对签订质押合同的双方当事人不产生法律效力,而不是对质押合同双方当事人以外的第三人不产生效力。那么,是否还存在某一条款或某种制度,可以保护质押股权转让中的善意第三人? 在股东身份和出资的问题上,公司法上同时存在两种效力不同的登记——股东名册登记和工商登记。① 其中,股东名册的记载被认为在股东内部产生股东身份之争时具有证明效力,登记于股东名册的人可以据此行使股东权利;而工商登记仅具有对抗效力,在股东与股东之外的第三人发生股权转让纠纷的场合可以起到保护善意第三人的作用。不过,这种区分效力层次的做法并未适用于股权质押登记,担保法和公司法均未对股权质押是否应当在公司登记机关进行登记作出规定。换句话说,股权质押仅需记载于股东名册,其登记或不登记,要么对所有人有效,要么对所有人无效,而不存在仅对质押合同双方当事人有效、对善意第三人无效的中间地带。因质押合同未登记而导致合同不生效的,合同双方当事人因此而造成的损失由双方按其各自的过错大小分别承担。

还有一个问题值得提出:已经出质的有限公司股权是否可以转让? 我国《担保法》第 78 条第 2 款规定:"股票出质后,不得转让,但经出质人与质权人协商同意的可以转让。"从《担保法》对出质股票只能在征求质权人同意的情况下才能转让的态度来看,质押股权的转让也应当事先征得质权人的同意。未征得质权人同意而将出质的股权转让,股权转让合同无效,由此给受让方造成的损失,由出质人按其过错大小承担缔约过失责任。

《担保法》第 78 第 3 款则规定:"以有限公司的股份出质的,适用公司法股份转让的有关规定。"我国《公司法》第 72 条规定"有限责任公司的股东之间可以相互转让其全部或者部分股权","股东向股东以外的人转让股权,应当经其他股东过半数同意","在同等条件下,其他股东有优先购买权",因此,在用有限责任公司的股份出质前,质押人应当经过其他股东过半数同意。在处置作为质物的股权时,在同等条件下,其他股东有优先购买权,当然,股权出让的价款,无论是出让给第三人还是公司其他股东,质押权人对此都有优先从中获偿的权利。

---

① 我国《公司法》第 33 条第 1、2 款规定:"有限责任公司应当置备股东名册,记载下列事项:(一)股东的姓名或者名称及住所;(二)股东的出资额;(三)出资证明书编号。记载于股东名册的股东,可以依股东名册主张行使股东权利。"第 33 条第 3 款规定:"公司应当将股东的姓名或者名称及其出资额向公司登记机关登记;登记事项发生变更的,应当办理变更登记。未经登记或者变更登记的,不得对抗第三人。"

（四）法官的裁决

对于上述三个问题，法官的裁决基本上都符合了本书的判断。

在第一个案例中，法官认为原告不能证明被告对目标公司财务状况作出了虚假陈述，判决不构成欺诈。①

在第二个案例中，法官以股东实际享受股东权益的份额来判断股东的股权范围，因其以实际出资额为份额享受股东权益，故该名股东对于章程中登记于其名下的其他出资不享有合法权利。②

在第三个案例中，法官判决未登记于股东名册的股权质押合同不产生法律效力。③

---

① 参见（2006）一中民终字第10431号案例。
② 参见（2006）二中民终字第15990号案例。
③ 参见（2006）一中民终字第10431号案例。

第十章　有限责任公司瑕疵股权转让纠纷的司法裁判研究

有限责任公司瑕疵股权转让是指在转让主体、转让客体、转让程序或转让效果上具有瑕疵的有限责任公司股权转让行为。在司法实践中,有限责任公司的股权转让大多以协议方式进行①,因此瑕疵股权转让合同的效力是有限责任公司瑕疵股权转让中的重要问题。在对北京市法院处理的 2006—2007 年有关案件进行查阅和分析之后,我们发现瑕疵股权转让纠纷数量比新公司法实施之前明显增多,而瑕疵股权转让合同的效力成为司法实践中争议的焦点。

同时,有限责任公司在股权转让时,一般会要求记载于公司章程、股东名册,并进行工商登记。但在实践中,经常会出现在上述文件中缺失相关转让的记载。而在审判实践中,有限公司的股权转让效力不仅受到股权转让合同的影响,还常常会受到上述文件记载的影响。亦即,公司章程、股东名册变更登记以及工商变更登记都可能成为股权转让出现瑕疵的因素。因此,本章也将分析这三种情形的出现对股权转让效力的影响。

值得注意的是,本章所称的瑕疵股权转让不仅仅指瑕疵出资情况下的股权转让,而是一种广义上的瑕疵股权转让,即除瑕疵出资外,还包括转让主体瑕疵、转让程序瑕疵和转让效果瑕疵等几种情形。

---

① 甘培忠:《企业与公司法学》(第 4 版),北京大学出版社 2006 年版,第 298 页。

一、有限责任公司股权转让效力的确定标准

(一) 公司法规范的性质

我国新《公司法》第三章作为新设章节,对有限责任公司的股权转让问题作出了规定。其中第 72 条规定了有限责任公司股权转让的条件和限制,即"有限责任公司的股东之间可以相互转让其全部或者部分股权"。"股东向股东以外的人转让股权,应当经其他股东过半数同意。股东应就其股权转让事项书面通知其他股东征求同意,其他股东自接到书面通知之日起满三十日未答复的,视为同意转让。其他股东半数以上不同意转让的,不同意的股东应当购买该转让的股权;不购买的,视为同意转让"。"经股东同意转让的股权,在同等条件下,其他股东有优先购买权。两个以上股东主张行使优先购买权的,协商确定各自的购买比例;协商不成的,按照转让时各自的出资比例行使优先购买权"。同时规定:"公司章程对股权转让另有规定的,从其规定。"

所谓公司法规范的性质问题,也就是公司法对有限责任公司股权转让的规定属于强制性规范、任意性规范还是程序性规范的问题。对此,理论界有不同观点。持强制性规范观点的学者认为,公司法的规定是股权转让合同的生效条件,不符合公司法规定的有限公司股权转让合同是无效的。[①] 持任意性规范观点的学者认为,股权转让合同原则上从成立时就生效。[②] 一些公司法学者主张公司法规范并不是强制性的,主张不应该再用这样的规范来管理公司事务。例如罗伯塔·罗曼诺认为:"那些被识别为'强制性的'规范实际上与普通的理解相去甚远。它们或者容易地——合法地——被规

[①] 参见邹海林:"股东向股东以外的人转让出资行为辨析",载《人民法院报》2003 年 6 月 20 日(理论专版)。殷少平:"股权转让合同的效力与履行",载《法制日报》2002 年 4 月 14 日。赵旭东:"股权转让与实际交付",载《人民法院报》2002 年 1 月 25 日。虞政平:"股权转让协议的效力审查",载《法律适用》2003 年 9 月,第 52 页。转引自孙瑞玺:"影响我国有限责任公司股权转让合同效力的因素及观点综述",载中外民商裁判网 www.cfcjbj.com.cn/list.asp? unid = 3911。

[②] 参见刘俊海:"有限责任公司股东权转让若干问题研究",载奚晓明:《中国民商审判》(第 1 卷),人民法院出版社 2003 年版,第 314 页。王欣新、赵芬萍:"有限公司的股权转让",载《人民法院报》2001 年 8 月 20 日。肖龙、孙小平、王忠:"从个案谈有限责任公司股权转让的若干问题",载《法律适用》2003 年 9 月,第 56 页。转引自孙瑞玺:"影响我国有限责任公司股权转让合同效力的因素及观点综述",载中外民商裁判网 www.cfcjbj.com.cn/list.asp? unid = 3911。

避,或者由于并没有急需去背离这些强制性规范,因而强制性规范施加的只是不受限制的约束"。① 持程序性规范观点的学者认为,股东向第三人转让出资,如未经公司法规定的转让程序,此等程序上的缺陷并不影响股东转让出资的实体权利,属于可撤销的行为。②

此外,新法关于"章程"的特别规定也是讨论公司法规范的性质时所不能忽略的问题。该规定旨在提升公司章程的法律地位,但是否意味着章程关于股权转让的规定优先于公司法规定呢? 我们认为,我国《公司法》的规定应当是有限责任公司股权转让所需符合条件之最低标准,章程可以在此基础上对有限责任公司股权转让作出进一步限制或禁止,从而实现股东的意思自治。也就是说,我国《公司法》对有限责任公司股权转让的规定应当属于强制性规范。因为,如果一方面法律对有限责任公司股权转让作出规定,另一方面又允许公司章程违反法律规定的下限,则该法律规定便失去了存在的意义。从国外立法来看,《韩国商法》向我们提供了立法参考。其第556条第1款规定:"社员,只有在有依585条(特别决议)规定的社员大会的决议时,方可以将其持有的持份的全部或者一部分转让给他人。但是,可以依章程规定更严格其转让的限制条件。"而第585条规定,前条决议"须经全体社员的过半数及持有全体社员之表决权的3/4以上者的同意。"③ 正如在美国一些学者主张对于现存的章程修改程序,在一定的重要问题和环境中,对公司章程主干部分排除公司法进行限制是更为合理的。④

北京市法院在实施新公司法的过程中发现,我国新《公司法》关于"章程"的特别规定虽然具有进步性,但不够明确,操作性不强。我们建议将其修改完善为"公司章程对股权转让条件另有规定的,从其规定,但不得违反本法规定的程序条件",否则容易造成司法实践中的混乱。

---

① Roberta Romano, "Answering the Wrong Question: The Tenuous Cases for Mandatory Corporate Laws", 89 *Colum L Rev.*, 1989, p.1599; Bernard Black made a similar argument, see also Bernard Black, "Is Corporate Law Trivial?: A Political and Economic Analysis", 84 *Nw1 U. L1 Rev.*, 1990, p.835.

② 参见王欣新、赵芬萍:"三论有限责任公司股权转让中的法律问题",载《人民法院报》2003年5月19日第4版。王亚明:"有限责任公司股权转让研究",载《大庆师范学院学报》2006年第1期。

③ 〔韩〕李哲松:《韩国商法》,吴日焕译,中国政法大学出版社1999年版,第150、157页。

④ Lucian Arye Bebchuk, Limiting Contractual Freedom in Corporate Law: The Desirable Constraints on Charter Amendments, *Harvard Law Review*, Vol. 1102, No. 18, 1989, pp. 1850—1860.

（二）股权转让效力的确定标准

北京市法院在审理案件过程中,遇到了很多问题,比如,股权转让的生效时间应界定为股权转让合同生效之时,还是公司将受让方载入股东名册之时,抑或公司登记机关办理股东变更登记之时?界定不明当然引发聚讼纷纭。

中国人民大学的刘俊海教授认为,股权转让合同的生效时间不同于合同项下股权变动的生效时间。其理论依据是物权行为独立于债权行为,股权变动行为亦卓然独立于股权转让合同。法律依据是我国新《公司法》第74条:"转让股权后,公司应注销原股东的出资证明书,向新股东签发出资证明书,并相应修改公司章程和股东名册中有关股东及其出资额的记载。"第33条第3款规定:"公司应将股东的姓名或名称及其出资额向公司登记机关登记;登记事项发生变更的,应办理变更登记。未经登记或变更登记的,不得对抗第三人。"此外,第74条中的"转让股权"当指股权转让合同生效。结合前述两条立法原意,兼顾买方的缔约目的与保护善意第三人的信赖利益,应对股权变动采取公司内部登记生效主义与公司外部登记对抗主义相结合的态度。① 即股权转让效力的确定标准是公司内部登记,而公司外部登记使股权转让产生对抗第三人的效力。也有学者认为,内部登记与工商登记(即外部登记)都是公示的方式,都是股权转让合同生效的要件,缺少其中任何一项登记,股权转让的行为均不发生法律效力。② 还有学者认为,有限责任公司股权转让行为生效的条件是其他股东对转让行为的批准及对优先购买权的放弃,而内部变更登记和外部变更登记均不能看成是股权转让生效的要件。③ 从国外立法例来看,各国规定也不尽相同。本章第三至第五节将对影响股权转让效力的各因素进行详细论述。

然而,无论股权转让效力的确定标准是什么,应当明确的是,尽管股权转让的效力与股权转让合同的效力两者紧密相连,但却是不同的概念。从逻辑上看,股权转让是缔结和履行股权转让合同的目的,缔结和履行股权转让合同是实现股权转让的手段。从效力范围来看,股权转让合同是转让人与受让人双方订立的,基于债权的相对性,仅对转让人和受让人产生拘束力

---

① 参见刘俊海:"论有限责任公司股权转让合同的效力",载《法学家》2007年第6期。
② 参见孙瑞玺:"影响我国有限责任公司股权转让合同效力的因素及观点综述",载中外民商裁判网 www.cfcjbj.com.cn/list.asp?unid=3911。
③ 甘培忠:《企业与公司法学》(第4版),北京大学出版社2006年版,第308—309页。

(即受让人可要求转让人转移股权,转让人可要求受让人交付股款),对公司、其他股东、第三人不产生效力,而股权转让的效力从过程上看是指在股权转让的过程中,对各参与主体(包括转让人、受让人、公司、其他股东、第三人等)产生的法律效力的集合。[①]

二、瑕疵股权转让合同的效力

(一) 转让主体瑕疵

1. 案件的主要内容和争议焦点

所谓出资主体瑕疵是指出资者借用他人名义而并非自己名义进行登记,但由其实际行使股东权利的情形,最具代表性的莫过于隐名股东。隐名股东又称借名股东,是指实际认购出资,但该部分出资被公司章程、股东名册或工商登记材料记载为他人的公司投资人,与隐名股东相对应的通常被称为显名股东。隐名股东出现主要也是为了规避国家法律的限制性规定,比如对特定主体身份的限制,但也不排除出资人有害怕"露富"的心理,不愿意公开自身的经济状况,而采取隐名投资的方式。

从北京市法院实施新公司法的司法实践中我们发现,这类案件诉讼的争议点往往集中在两类案件之中:其一是公司内部纠纷,主要牵涉到的是关于公司利润分配、隐名股东行使股东权利、隐名股东或显名股东出资瑕疵时对内承担责任等问题。其二是公司外部纠纷,主要是针对于确认公司的股东主体,隐名股东或显名股东向第三者转让股权,以及隐名股东或显名股东因出资瑕疵而对外承担责任等问题。原告集中在以下几类主体上:实际出资但其并未在工商部门进行登记股东身份的股东,其诉求多为确认享有股权或股东利益;公司的债权人,大多请求隐名股东和其他股东共同对公司债务承担责任;名义出资股东在未征得实际出资股东同意的情况下,向外转让其股份,而实际出资股东诉请确认该转让无效。

2. 关于隐名股东资格认定问题的理论学说

关于隐名股东资格的确认问题,是股东资格确认纠纷中的热门话题。在英美法系颇为成熟的信托制度下,股权信托是非常普遍的商业做法,因

[①] 赵军伟:"有限责任公司股权转让效力研究",载中国知网中国优秀硕士论文全文数据库,2007年。

此,围绕隐名股权的争执,完全可以通过信托制度得到很好的处理。如美国《示范公司法》有关"股东"的确认包括了两类:第一类为以自己名义持有股份并记载于股东名册者;第二类便是那些以股票代管人的名义在公司股东登记簿上登记的股票受益权所有人。换言之,美国公司立法将公司股东以股份登记簿明确区分出自己持有股份者以及以他人名义代持股份者,且认可两者的合法股东身份。此处以他人名义代持股份,对公司而言显然处于明知的状态,但不可否认的是,实际中尚存在公司并非明知而仅仅发生于当事人之间的隐名情形,并仅就两者之间于股份持有达成协议。

关于隐名股东是否具有股东资格,在理论和实务中主要存在以下两种观点:一为"实质说",即以实际出资的隐名者为法律股东;另一为"形式说",即以显名股东为法律股东并否认隐名股东的股东资格。①

(1) 实质说

实质说从探求与公司构建股东关系之真实意思出发,认为隐名股东制度设立是契约自由与私法自治原则的体现。该说认为我国公司法对隐名股东并没有禁止性规定,不禁止就意味着允许,因此隐名股东只要能证明自己的投资行为就应当认定其股东身份,这也符合公示和外观原则,可以保持以公司为中心的法律关系的相对稳定,保护公司权利人的合法权利。②

在对社会正义追求中,意思主义更偏重考虑实质正义,最适合倾向于个人主义的法律,这也与以个人主义为重心的现代民法观念相吻合。③ 而我国是实行民商合一之立法体例的国家,商法作为私法的重要组成部分,自然不能抛弃对于实质正义的探求,因此在股东资格认定的问题上,不能简单地因隐名股东的形式特征而否定其股东资格。同时隐名投资者订立合同,承诺将自己的财产交由其他股东支配,并获得因此带来的相关收益,这种合同与一般协调当事人权利义务的合同没有本质上的不同,只要双方达成合意,而且不存在恶意规避法律的情形,我们就应当肯定其法律效力。

(2) 形式说

形式说则完全从公司团体法之视角进行论证,主张隐名股东并非法律意义上的股东,是不具备股东资格的。理由是根据民法的意思真实主义要

---

① 〔韩〕李哲松:《韩国公司法》,吴日焕译,中国政法大学出版社 2000 年版,第 229 页。
② 参见侯继山:"隐名股东法律问题研究",www. findalawyer. cn/lawyers/article/print_article. php? articleID = 157。
③ 蒋大兴:《公司法的展开与评论——方法·判例·制度》,法律出版社 2001 年版,第 468 页。

求,无论出资行为的名义人是谁,事实上作出出资行为者应成为权利、义务的主体,即将实际出资人视为公司股东,不以外在表示行为作为判断股东资格的基础。①

主张该学说的学者认为:首先,隐名股东不具备股东的形式特征。法律规范意义上的股东应具备形式特征中的工商部门的登记、公司章程、股东名册的记载和实质特征中的签署公司章程、实际出资、取得出资证明与实际享有股东权利。其次,公司法上的行为是团体性行为,强调法和法律关系的稳定,而隐名股东的存在则有悖于交易秩序与安全。现代市场的交易纷繁复杂,越来越需要迅速快捷,因此要求交易当事人在交易之前,花费大量时间和精力去详细调查真实情况已不可能,只能根据公示档案来确定,因此保护交易的安全和秩序就显得尤为必要。所谓的隐名实则背离了现代民商法的基本价值取向。正如史尚宽先生所言:"……为保护交易之安全,不得不置重于已表达于外部的行为之客观的价值,以保护信此而为交易之人。故不问真意如何,应以已表示者为标准而决定其法律效力。"②

综上所述,这两大学说的分歧主要在于所持的理念不同,最终落脚点则在于立法对表示主义与真意主义的倾向不同。真意主义适合于民法等个人法的立法理念,而表示主义则与商法等团体法的立法观念相吻合,在适用于个案运用时,这两种观点要衡平运用,不可偏颇。在处理涉及公司内部纠纷时,以契约自由、私法自治的原则为重,尊重当事人自由的个人意志。在私法领域由法律地位平等的当事人通过自由协商决定他们之间的权利义务关系,国家原则上不做干预,只是在发生纠纷协商不能解决之时,才由司法机关出面进行裁决。而在处理涉及公司外部纠纷时,应遵循公示主义、外观主义原则,以保护善意第三人,维护交易安全及交易信用。

3. 案件中的疑难问题

在出资主体瑕疵的情况下,法律的空白地带造成了法院在处理相关案件中的困难。对北京市法院受理相关案件进行分析,我们发现实践中主要存在以下几个方面的问题:首先是理论界并未将隐名投资者与显名股东之间的法律关系界定清楚,两者之间究竟形成一种信托关系还是一种代理关系抑或是借款合同关系,几种关系在法律规定上的大相径庭,导致第三人在追究相关股东责任的时候难以找到准确的切入点。其次是隐名投资下如何

---

① 蒋大兴:《公司法的展开与评论——方法·判例·制度》,法律出版社2001年版,第462页。
② 史尚宽:《民法总论》,法律出版社2000年版,第377页。

认定相关股东的资格问题,出资者与名义股东相分离,出资者的根本出发点自然是为了获取利润,但是其究竟能否以股东的身份直接向公司主张权利,行使股东利润分配权、知情权、优先购买权等等,理论上也有很大争议。其三是隐名股东在与受让方签订合法有效的股权转让合同之后,在其实际上并未取得股东权的情况下,将其所持的股份转让给第三人,这一转让的性质界定问题。

4. 法官的判断与裁决

法官在裁判此类案件的时候,应当针对不同的纠纷类型来具体处理。在处理涉及公司内部纠纷的时候,应当更多地从民法意思自治原则的角度出发。此时隐名股东与显名股东就权利义务的分配所达成的契约与一般民法或普通法所规定的契约并没有本质区别,当这种权利义务的分配在不涉及第三人利益时应当适用一般的民法理论。显名股东和其他股东缔约的根本目的是为了融资经营,隐名股东缔约的根本目的则是为了投资获利,缔约双方意思表示一致。简言之,只要契约双方存在合意,就应认定隐名股东的股东资格并认可其享有一定的股东权利,这至少体现在隐名股东可以依据其与显名人之间的有效协议,向公司申请名义变更或诉请确认其股东资格。以假名持股协议来确认股东资格,显然不失为确认股东资格的特殊法律模式,应属合理合法。[①]

而在涉及公司外部纠纷时,则应当从商事公示主义及外观主义的角度出发来寻求解决。所谓商事公示主义,是指商事活动的交易当事人,对于涉及利害关系人利益的所有营业上的事实,须进行登记并负有公示告知义务的一种法律要求。[②] 即是说,为使得商事主体人格之设立、变更与终止以及一些重大的商事活动能够产生社会公信力,立法明确要求须采取公告和登记等方式予以公示。而为英美法系称为"禁反言"的外观主义,基于商事交易以效益为最高价值取向而在商法中得以推行,主要在于确保商事当事人之间的信用关系,以防各方权益和商事秩序遭受不测损害。鉴于此,为保护善意第三人,此时对隐名股东资格认定则应以形式特征为准,凡是已经工商登记事项,除有确凿的证据证明属于虚假陈述以外,均推定为真实事项并具法律上的公信力。隐名股东对确信登记真实而进行交易的第三人不得以具备股东实质特征予以对抗,以此维护交易安全与效率。据此,在与公司交易

---

① 虞政平:"股东资格的法律确认",载《法律适用》2003 年第 8 期。
② 赵万一:《商法基本问题研究》,法律出版社 2002 年版,第 71 页。

时善意第三人认定股东资格的凭证应主要为工商登记材料。因此,基于此理念,在处理公司外部纠纷时应确认显名投资人的股东身份。

5. 典型案例列举

北京市法院在实施新公司法的司法实践中,在判定主体是否具有股东资格的时候,一般采纳的是形式说和实质说两者相结合的观点,这也是与商事法律所具有的特性密不可分的。在北京市大兴区人民法院的一则关于股东知情权纠纷的案件中[①],被告声称原告并未合法占有和取得股东身份,其股东身份的法律合法要件不存在。但法院在查明原告股东身份的时候,首先是查实该公司在工商行政管理部门的登记资料,该资料显示被告海天建业公司在成立时登记为两个股东,系杨斌和陈闽建,因此原告陈闽建具有被告海天建业公司合法的股东身份,原告陈闽建系被告海天建业公司的股东。被告海天建业公司未提供原告陈闽建不是其股东的有效证据,故对被告海天建业公司辩称的陈闽建不是公司股东的意见,不予采纳。原告陈闽建作为公司的股东,依据被告海天建业公司的章程约定,有权查阅股东会会议记录,对于公司的经营状况、财务状况享有知情权。公司对瑕疵出资股东行使知情权提出异议,是一种民法上的抗辩。股东尚未出资或尚未完全出资的,可依法补足,给其他股东造成损害的还应承担相应的违约责任,但不能因此而剥夺其作为股东最基本的权利。也就是说,出资存在瑕疵的股东,在其未丧失公司股东身份之前,仍可按照公司法或者公司章程的规定行使相应的股东权,一般不能以股东出资存在瑕疵为由否定其应享有的知情权。

6. 立法展望

(1) 现行法律框架内的司法救济手段

我国关于隐名投资问题尚未制定正式的法律规范,隐名投资行为基本上仍处于法律真空状态。然而立法的滞后并没有实质性的阻碍司法机构对于隐名投资问题的处理,其在长期的司法实践中已经初步形成了一套解决隐名投资问题的方针策略。虽然我国《公司法》与《公司登记管理条例》没有关于隐名投资的规定,但是这两个法律规范却对何谓股东给予了明确界定。根据这两个法律规范的内容,公司股东必须在公司章程和股东名册之中予以记录,并且必须要记载于企业的工商登记材料之中。可见,我国法律

---

① 参见北京市大兴区人民法院(2005)大民初字第06450号民事判决书。

对于股东身份的确认采取的是公示公信原则,只有登记于上述文件材料之中的主体才能被认定为股东。而对于隐名投资者,即使被证明是实际出资人,也不能直接地被认定为股东。相反,只有完成工商登记材料以及股东名册、公司章程的变更手续之后,才能取得股东的名分。

但是在实践操作之中经常出现另外一个问题,即投资人已经实际出资,然而由于自身原因、其他股东原因或公司的原因,而没有及时到工商机构登记,也没有将实际出资的情况记录于公司章程和股东名册之中,在这种情况下能否认定其具有股东身份呢?我们认为,股东名称的工商登记以及公司章程和股东名册的记载,仅仅是股东身份的公示程序,并不是投资人认购出资行为合法有效的必备条件。只要投资人已经实际出资,即使没有履行登记程序,其原来的出资行为依然有效,该投资人有权要求公司补办股东登记手续,而不应将该投资人原来的投资视为与公司的债权债务关系。当然,在完成工商变更登记手续之前,仍不能称其为股东。①

上海法院在处理隐名投资过程中逐渐积累了一定的审判原则和方针,并在其公布的《关于审理涉及公司诉讼案件若干问题的处理意见》中有所反映,虽然该文件仅在上海范围内有法律效力,但也可以为别地法院处理类似纠纷提供宝贵的借鉴经验。以下摘录其部分相关规定:

> 关于股东权纠纷:当事人之间约定以一方名义出资(显名投资)、另一方实际出资(隐名投资)的,此约定对公司并不产生效力;实际出资人不得向公司主张行使股东权利,只能首先提起确权诉讼。有限责任公司半数以上其他股东明知实际出资人出资,并且公司一直认可其以实际股东的身份行使权利的,如无其他违背法律法规规定的情形,人民法院可以确认实际出资人对公司享有股权。

> 关于股权确认纠纷:双方约定一方实际出资,另一方以股东名义参加公司且约定实际出资人为股东或者承担投资风险的,如实际出资人主张名义出资人转交股份财产利益,人民法院应予支持;但违背法律强制性规定的除外。一方实际出资,另一方以股东名义参加公司,但双方未约定实际出资人为股东或者承担投资风险,且实际出资人亦未以股东身份参与公司管理或者未实际享受股东权利的,双方之间不应认定

---

① 潘福仁、史建三、邹碧华、石育斌:《股权转让协议效力司法疑难问题》,法律出版社2007年版,第47页。

为隐名投资关系,可按债权债务关系处理。在上述实际出资人与名义股东之间发生的纠纷中,可以列公司为第三人参加诉讼。债权人向工商登记文件中的公司名义股东主张其承担出资不实的赔偿责任的,人民法院应予支持。名义股东向公司债权人承担责任后,可按照约定向实际出资人追偿因此遭受的损失。在上述纠纷中,公司债权人将实际出资人与名义股东作为共同被告的,人民法院可以根据案情判决双方承担连带责任。名义股东有充分证据证明自己系被他人冒名为股东的,不予承担责任。

(2) 未来的法律建构

我国司法机关对于公司运作过程中的隐名投资问题非常关注,正在着手制定相关的司法解释。虽然目前尚未颁行相关的司法解释,但以下一些原则应当被未来的司法解释所吸收:

出资人与他人约定以该他人名义出资的,其约定不得对抗公司。但有限责任公司半数以上的其他股东明知实际出资人的出资,且公司已经认可以其以股东身份行使权利的,如无违反法律强制性规定的情节,人民法院可以认定实际出资人对公司享有股权。一方出资,另一方以股东名义参加公司,双方约定实际出资人为股东或者实际出资人承担投资风险,实际出资人主张名义出资人转交股息和其他股份财产利益的,如无违反法律强制性规定的情节,人民法院应予支持。一方出资,另一方以股东名义参加公司,双方未约定出资人为股东或者出资人承担投资风险,且出资人亦未以股东身份参与公司管理或者以股东名义向公司主张过权利的,出资人仅对以股东名义参加公司者享有债权;其起诉主张享有股权或者享有股东利益的,人民法院不予支持。

因公司股东有出资不足、抽逃出资等行为,公司债权人向名义出资人主张其承担赔偿责任的,人民法院应予支持。名义出资人向公司债权人承担责任后,可以向实际出资人追偿因此遭受的损失。公司债权人将名义出资人与实际出资人列为共同被告的,人民法院应予准许。

名义出资人未经实际出资人同意而将股权转让的,实际出资人可以请求名义出资人赔偿因股权被转让所造成的损失。实际出资人以其为实际权利人主张股权转让行为无效的,如不能证明受让人为非善意,人民法院应当驳回其诉讼请求。

(二) 转让客体瑕疵

1. 案件的主要内容和争议焦点

涉及转让客体瑕疵的案件主要表现为股东根本未出资、未足额出资、未适当出资和抽逃出资等违反公司法关于股东出资义务而实施转让行为的情形。出资瑕疵可分为一般的出资瑕疵和严重的出资瑕疵[①],基本类型可以归纳为虚假出资和抽逃出资两类。实践中案件多为公司的实际出资的其他股东或者公司的债权人针对瑕疵出资股东提起的。

虚假出资是指股东表面上出资而实际未出资,本质特征是股东未支付相应对价而取得公司股权,如我国《公司法》第 200 条所指的情形。对北京法院受理的案件进行分析统计,我们发现实践中虚假出资主要表现为:(1) 以无实际现金或高于实际现金的虚假银行进账单、对账单骗取验资报告,从而获得公司登记;(2) 以虚假的实物投资手续骗取验资报告,从而获得公司登记;(3) 以实物、工业产权、非专利技术、土地使用权出资,但并未办理财产权转移手续;(4) 作为出资的实物、工业产权、非专利技术、土地使用权的实际价额显著低于公司章程所定价额;(5) 股东设立公司时,为了应付验资,将款项短期转入公司账户后又立即转出,公司未实际使用该款项进行经营;(6) 未对投入的净资产进行审计,仅以投资者提供的少记负债高估资产的会计报表验资。[②]

抽逃出资是指股东在公司成立后将所缴出资暗中撤回,如《公司法》第 201 条所指的情形。对北京市法院受理的案件进行分析,可以看出司法实践中的典型表现形式为:(1) 控股股东利用其强势地位,强行将注册资金的货币出资的一部分或全部抽走;(2) 伪造虚假的基础交易关系,如公司与股东间的买卖关系,公司将股东注册资金的一部分划归股东个人所有;(3) 将注册资金的非货币部分,如建筑物、厂房、机器设备、工业产权、专有技术、场地使用权在验资完毕后,将其一部分或全部抽走;(4) 未提取法定公积金或者制作虚假财物会计报表虚增利润,在短期内以分配利润名义提走出资;(5) 抽走货币出资,以其他未经审计评估且实际价值明显低于其申报价值

[①] 一般的出资瑕疵是指股东未足额出资、不适当出资、虚假出资、抽逃出资等情况,尚不足以否定公司人格,其后果是股东承担民事责任;严重的出资瑕疵是指因虚假出资、抽逃出资等情况发生,导致公司人格否认适用,其后果是股东不仅承担民事责任,而且还要承担相应的行政责任和刑事责任。

[②] 江苏省高级人民法院民二庭:"关于股东瑕疵出资及其民事责任的认定",载《中国民商审判》总第 3 卷,法律出版社 2003 年版,第 62 页。

的非货币部分补账,以达到抽逃出资的目的;(6)通过对股东提供抵押担保而变相抽回出资等。①

2. 两大理论问题的探讨

(1) 出资瑕疵情形下相关责任承担主体的司法认定

出资瑕疵的股东将其股权转让给其他民商事主体后,瑕疵出资的相关民事责任应当由谁承担,这一问题往往是瑕疵股权转让中的焦点问题。目标公司的债权人要求该瑕疵股权的出让股东和受让人承担民事责任所引发的诉讼案件在审理中日益增多,故相关责任的承担问题着实有着研讨解决的必要。围绕瑕疵股权转让后责任主体的认定问题,当前法学理论界和实务界主要有四种观点:

A. 出让股东完全承担责任说

该种观点认为,瑕疵股权出让股东应完全承担瑕疵出资责任,出让股东是否对受让人构成欺诈在所不问。根据民法责任自负的原则,出让股东尽管在转让股权后不再是公司股东,但公司设立时的投资义务是法定义务,不因股权转让而免除,故只有瑕疵出资股东对公司及其债权人承担瑕疵出资的民事责任,而且是第一位的赔偿责任②,受让人不因其从出让股东受让股权的事实而对公司及其债权人承担补充清偿责任。③ 这种观点正是瑕疵转让合同绝对有效说的重要理论基础。④

B. 受让股东完全承担责任说

这种观点认为,瑕疵股权受让人应完全承担瑕疵出资责任,其受让该瑕疵股权时是否受欺诈在所不问。股权转让合同的标的物是股权,受让人受让股权后即替代出让股东成为目标公司的股东,故瑕疵出资的民事责任应由已成为公司股东的受让人来承担,与已丧失股东资格的出让股东无关。

---

① 参见席建林:"试论公司股东抽逃出资",载《中国民商审判》总第4卷,法律出版社2003年版,第215页。

② 参见段钧:"有限责任公司股权转让制度研究"(武汉大学法律硕士专业论文),载中国期刊网第35页。

③ 刘俊海:《新公司法的制度创新:立法争点与解释难点》,法律出版社2006年版,第117页。

④ 参见最高人民法院民二庭:"关于审理公司纠纷案件若干问题的规定(一)"(征求意见稿2),载奚晓明主编:《中国民商审判》(总第6集),法律出版社2004年版,第14页。该征求意见稿第26条第1款第2项规定,有限责任公司股东未足额出资或抽逃出资后转让股权,公司或者其他股东请求转让人将转让股权的价款用于补足或返还出资的,人民法院应予支持。转让股权价款不足以补足出资,转让人又未继续补足,公司或者其他股东或债权人依据本规定第9条、第10条的规定请求转让人补足出资或者在出资不足金额及利息的范围内对公司债务承担责任的,人民法院应予支持。

C. 出让股东和受让股东承担连带清偿责任说

该种观点认为,若受让人明知或者应知股权存在瑕疵仍予以受让,或者虽不知道瑕疵但在未支付对价的情况下受让股权的,则该瑕疵股权转让合同有效,出让股东和受让人应在出资瑕疵的范围内向相关利害关系人承担连带清偿责任。① 若受让人因出让股东欺诈而受让瑕疵股权的,受让人虽可就瑕疵股权转让合同提起撤销或者变更之诉,但受让人不能对抗不知情的公司债权人②,其仍须在出资瑕疵的范围内与公司及其股东一起向公司债权人承担连带清偿责任。受让人向公司债权人承担清偿责任后,有权向出让股东追偿,或者向法院提起合同撤销或者变更之诉。③

D. 根据受让股东善意与否确定瑕疵出资责任的承担主体

这种观点认为,若受让人明知或者应知股权存在瑕疵仍予以受让,则受让人应承担瑕疵出资责任,不能承担的部分,由出让股东承担补充赔偿责任。至于出让股东和受让人之间是否发生追偿,要视瑕疵股权转让合同对股价以及其他内容的约定而定。若受让人因受出让股东欺诈而受让瑕疵股权的,受让人可据此根据具体情况提出瑕疵股权转让合同撤销、变更或者无效之诉。在公司债权人追索债权的诉讼中,若债权人将所涉公司、瑕疵股权出让股东以及受让人列为共同被告,而受让人同时又提起瑕疵股权转让合同撤销之诉的,法院可做合并审理;如果债权人仅列所涉公司和瑕疵股权受让人为共同被告的,若受让人请求撤销该瑕疵股权转让合同,应另行起诉,并先于该债权债务纠纷案件审理。一旦该瑕疵股权转让合同被判令无效,瑕疵出资责任应完全由出让股东承担。④

上述四种观点立足不同的视角,对瑕疵股权转让后瑕疵出资责任承担主体的认定问题做了深入思考,其中有合理的成分,但是也各有一些欠缺。具体而言,出让股东完全承担责任说揭示了出让股东对出资瑕疵问题是有过错的,但其阐述的归责原则违反了当事人意思自治原则,对瑕疵股权受让

---

① 参见邱丹:"转让出资瑕疵股权相关民事责任谈析",载江必新主编:《民商审判指导与参考》(总第4卷),人民法院出版社2004年版,第95页。

② 刘俊海:"有限责任公司股东权转让若干问题研究",载奚晓明主编:《中国民商审判》(总第3集),法律出版社2003年版,第366页。

③ 王洪龙:"有限责任公司股权转让的若干法律问题研究"(吉林大学硕士学位论文),载中国期刊网,第42页。

④ 参见最高人民法院民二庭:"关于审理公司纠纷案件若干问题的规定(一)"(征求意见稿2),载奚晓明主编:《中国民商审判》(总第6集),法律出版社2004年版,第14页。

人的真意及行为缺乏必要的关注,并可能导致否认公司股东名册、章程以及工商登记材料的公示效力,不利于保护公司债权人的合法权益,故其处理方案不够全面。受让股东完全承担责任说虽然注意到受让股东也可能是瑕疵出资责任的承担主体,但其完全忽视出让股东的过错,并以转让前后作为标准来简单划分责任归属的做法,较为简单和片面,且对保护相关利害关系人的合法利益缺乏足够的考虑,故该处理方案仍不够合理。出让股东和受让股东承担连带清偿责任说体现出侧重保护善意第三人合法利益和维护商事交易安全的理念,但由于对受让人过于苛求,而使各方当事人之间的利益保护有失衡之嫌,最终容易造成处理结果的不公。相比较之下,根据受让股东善意与否确定瑕疵出资责任的承担主体的学说更具有合理因素:一方面其体现出瑕疵股权的出让股东应就其出资瑕疵问题承担责任的正确思路;另一方面其又强调尊重客观事实,主张在查明受让人真实意思的基础上,对受让人应否承担前述责任以及如何承担责任进行区别处理,体现出过错与责任相当、交易公平和安全并重的商事理念。

(2)瑕疵股权转让合同的效力认定

瑕疵股权转让合同效力的认定是妥善处理瑕疵股权转让纠纷的核心问题和逻辑前提,也是困扰商法理论和实践部门多年的疑难问题。一旦对瑕疵股权转让合同的效力作出明确认定,其所涉及的民事责任承担问题也就迎刃而解了。在理论界主要存在着以下几种学说:

A. 瑕疵股权转让合同绝对无效说

这种观点认为,股东是向公司履行足额出资义务后依法享有权利并承担义务的商事主体。股权或者股东权利则是公司股东基于其股东身份和地位而享有从公司获取经济利益并参与公司经营管理的权利。[①] 股权的原始取得,以对公司出资为必要条件。认股人也只有在完全履行缴纳股款的义务后,才能取得股东地位,才能取得股权。股东出资瑕疵,意味着实际上不具备股东资格,不享有股权。依据合同效力判定的一项重要原则"自始不能之合同无效",未完全履行出资义务,致使股权并没有如出资人的意愿产生,以并不存在的股权为标的签订的买卖合同自然无效,所签订的股权转让合同也就当然无效。在出资和股东资格之间建立对应关系,没有充分履行出资义务即不享有股东资格在我国公司法理论界属于主流观点,在司法实践

---

① 施天涛:《公司法论》,法律出版社2005年版,第293页。

中也具有广泛的影响。广东省高院审理的广东国投破产案中，对广信实业公司在江湾新城公司中的股权及股东资格的裁定，即持此观点。①

B. 瑕疵转让合同绝对有效说

这种观点认为，出资行为是否存在瑕疵与股东资格的认定没有必然联系，即使出让人在出资环节存在瑕疵，亦不足以否定出让人的股东资格和股东权利。只要该出资人已被载入公司股东名册、公司章程或工商登记材料之中，那么该出资人就具有股东资格，只不过仍须履行既定的出资义务，并就其瑕疵出资行为可能造成的损害后果承担民事责任。而股权转让实质是股东资格或股东身份的移转，因此，瑕疵出资股东仍有权与受让人签订股权转让合同，将其有瑕疵的股东资格或者股东身份转让出去。② 公司契约理论认为：公司是一系列契约的联结。③ 从公司的本质上论证了股东出资义务是约定义务，出资行为是契约行为。股东履行出资义务，向公司缴付出资，公司向股东配股，授予表彰股权的股票或出资证明，这表明出资关系是有偿、双务的契约关系。

这种观点的理论基础在于"商法是基于个人主义的私法本质，为那些精于识别自己的利益并且毫无顾忌地追求自身利益的极端自私和聪明的人而设计的"④股权转让是缔约双方缔约能力的较量，商事主体在追逐利益的本性驱使下所为的各项行为的审慎程度往往高于一般的民事主体；股权交易

---

① 该案的基本案情是：江湾新城工程原由南油总公司投资兴建，1987年4月广东国投以1513万美元的代价，接受南油中心工程的一切产权。同年12月，广东国投决定由其两个全资子公司广东省信托房产开发公司（下称广信房产）、广信实业有限公司（下称广信实业，在香港注册，现处于清盘中）合资成立江湾新城，注册资金为人民币1.8605亿元，广信房产应认缴人民币4590万元，占25%；广信实业应认缴人民币1.4015亿元，占75%。由江湾新城经营、管理江湾大酒店。为兴建江湾新城，广东国投10年间先后投资了7076万多美元。自1999年初广东国投进入破产程序以来，江湾新城的股权就一直受到境内外债权人的关注。根据广东国投破产清算组的申请，广东省高院通知广信实业将其名下持有的江湾新城75%的股权交付广东国投破产清算组，广信实业提出异议，此外，广信房产以第三人身份请求将江湾新城75%的股权归其所有。广东省高院经公开审理认为，由于广信实业没有履行股东最基本的出资义务，违反了合同约定和我国《中外合作经营企业法》、《公司法》的规定，依法丧失了股东的资格，而原广东国投不仅是江湾新城建设的实际投资者，又是江湾新城的组织、策划、管理者，其在江湾新城的权利依法应予以保护。按"谁投资、谁受益"原则，遂作出江湾新城75%股权归原广东国投所有的裁定。转引自陈秀丽："瑕疵股权转让问题研究"（吉林大学硕士学位论文），载中国期刊网。

② 参见俞宏雷："瑕疵出资的股权转让及其民事责任的承担"，载刘贵祥主编：《中国民商事审判新问题》，人民法院出版社2006年版，第345页。

③ Jensen & Mechling, Theory of the Firm: Managerial Behavior, Agency Costs and Owner ship Structure, 3 J. IN. ECON. 305, 360 (1976), p.360.

④ 〔德〕拉德布鲁赫：《法学导论》（中译本），中国大百科全书出版社1997年版，第72页。

本身的复杂性也提升交易主体的注意程度。那么在这种情况下,股权瑕疵存在与否的判断是受让人最起码的考察内容。如果此时因受让人的缔约能力差而形成了以瑕疵股权为标的的股权转让合同,再赋予其撤销权,绝不是同情弱者实现社会实质正义,而是对商事活动中优胜劣汰自然规则的违背,不利于商业活动的繁荣。当然这也不意味着对瑕疵股权受让人抛弃不管,毕竟对于瑕疵股权产生的相关责任受让人不存在过错,那么法律可以设计相应的后续救济措施来维护其相应的权利。

C. 瑕疵股权转让合同的效力应依欺诈情况而定

这种观点认为,影响瑕疵股权转让效力的因素并不在于瑕疵出资本身,而在于该股权转让人是否对受让人构成欺诈。若出让股东未向受让人如实告知股权存在瑕疵的具体情况,因此使善意(不明知且不应知)受让人陷入错误认识并最终缔结股权转让合同的,该合同属于可撤销的合同,受让人可以依据我国《合同法》以出让股东构成欺诈为由行使合同撤销权①;但若受让人明知或应知出让股东转让的股权存在瑕疵,仍与对方缔结股权转让合同的,该合同不能因出资瑕疵而撤销,因为在此情形下仍选择缔约,意味着受让人愿意承接股权存在的瑕疵及可能产生的法律后果。②

从比较法的角度出发,不少国家的公司法也直接或间接承认未出资股东仍享有股权,并可转让股权。如《法国商事公司法》第282条第1、2款规定:"未支付股款的股东,相继的受让人和认股人对股票未支付的股款负连带责任。公司可在出售前或出售后、或同时对他们提起诉讼获得应支付的股款和对已承担费用的补偿。对公司进行赔偿者可对所支付的款项向股票的相继持有人索取。债款最后由股票的最后持有人承担"。《德国有限责任公司法》第16条第(3)项规定:"对于在申报时股份中尚未缴付的款项,购买人与转让人共同承担责任"。显然,上述规定是以承认未实际出资的股东对所持有的股份的转让权为前提的,只是这种股权可能是一种权能上受到

---

① 参见山东省高级人民法院:"关于审理公司纠纷案件若干问题的意见(试行)"2006年12月26日制定第50条),载山东企业法律顾问网(http://www.sdelaw.cn);江苏省高级人民法院:《关于审理适用公司法案件若干问题的意见(试行)(2003年6月3日制定第58条),转引自刘阅春:"出资瑕疵是否影响股权转让的效力",载《人民法院报》(2004年6月1日)。

② 参见江苏省高级人民法院民二庭:"股权转让合同效力的认定",载李国光主编:《民商审判指导与参考》(总第2卷),人民法院出版社2003年版,第175页;浙江省高级人民法院民二庭:"关于公司法适用若干疑难问题的理解",载奚晓明主编:《中国民商审判》(总7集),法律出版社2004年版,第13—14页。

限制的股权。所以以瑕疵股权为标的签订的转让合同只要不存在欺诈,就应该是有效的。

3. 案件中的疑难问题

通过对北京市法院实施新公司法受理的案件进行分析统计,涉及瑕疵出资转让合同的纠纷在审判中的难点主要集中在以下三点:其一是涉及的利害关系人数量多,转让的双方、其他股东以及公司债权人的合法利益都是需要考虑的方面,在多方之间寻求利益平衡点至关重要。其二是认定交易双方的主观态度难度大,出让股东是否存在欺诈的故意,受让人接受股份转让是明知瑕疵的存在还是基于欺诈产生的错误认识难以认定。其三则是涉案纠纷的事实难以认定清楚,在转让股份的过程之中,双方签订阴阳合同,涉案公司的治理结构和财务管理机制不尽完善,导致调查取证和相关事实的认定都面临巨大的困难。部分地方的工商行政管理机关也在这一过程之中起到了推波助澜的作用,其管理制度缺位、中介服务不足,引发了许多本可避免的纠纷。

4. 法官的判断与裁决

要正确确定瑕疵股权转让后的司法救济措施,首先应当遵循科学的商事审判理念,注意妥善平衡维护商事交易安全、快捷和公平之间的关系。商事活动要可持续地健康发展,必须尊重公司实践环节的公示公信原则,因为这是各类商事主体能够迅速作出正确的商业判断的前提,因此法院在审判过程中必须注重保护各类商事主体基于相关材料所为的合法的商事行为的效力,例如公司股东名册、章程等公示材料的效力。但与此同时,法院也应兼顾商事主体合法利益之间的妥善平衡,避免顾此失彼而出现缺乏公正内涵的判决。司法实践中可能出现的案例情况主要有以下几类[①]:

(1) 受让人因受出让股东欺诈而有偿受让瑕疵股权

在此种情况下,我们认为善意受让人原则上应当与出让股东一起在出资瑕疵的范围内为目标公司的债务承担补充连带清偿责任,善意受让人承担责任之后,可以向瑕疵股权的出让股东行使追偿权,同时可以在法定期限之内提起撤销瑕疵股权转让合同或者确认合同无效之诉。但若善意受让人在被目标公司债权人诉至法院后及时提起瑕疵股权转让合同撤销或确认无效之诉,且符合合并审理条件的,法院应及时合并审理,否则,法院也应当优

---

① 潘福仁主编:《股权转让纠纷》,法律出版社 2007 年版,第 76—77 页。

先对后者的诉讼作出处理。若处理结果是该瑕疵股权转让合同被判无效，则受让人应在前者诉讼中免责，而仅由瑕疵出让股东在其出资瑕疵范围内对目标公司债务承担补充清偿责任。若处理结果是该瑕疵股权转让合同被判定有效，则受让人应和出让股东一起在出资瑕疵范围内对目标公司的债务承担连带补充清偿责任。至于之后受让人和出让股东之间的责任分担，可以由双方协商解决，若协商不成诉至法院，法院应当根据当事人双方的举证情况，结合瑕疵股权转让合同的内容和瑕疵股权转让的细节作出公正处理。

（2）受让人明知受让的股权存在瑕疵仍然有偿受让该瑕疵股权

在此情况下，如果没有我国《合同法》第 52 条所规定的相关无效因素，该瑕疵股权转让合同应认定为有效，应推定该受让人明知其可能会因受让瑕疵股权而承受消极后果，但仍然愿意承受该不利后果。瑕疵股权的受让人应当和出让股东在出资瑕疵范围内对目标公司债务承担连带补充清偿责任。至于之后两者之间如何分担责任，同样可以由双方进行协商解决，因协商不成诉至法院的，法院应当根据当事人双方的举证情况，结合瑕疵股权合同的内容和相关细节作出公正处理。

（3）出让股东和受让人均不知该拟转让的股权存在瑕疵而缔结有偿转让该瑕疵股权

在此情况下，前提是受让人未能举证证明存在我国《合同法》第 54 条所规定的情形，且无《合同法》第 52 条规定的相关无效因素，该瑕疵股权合同被认定为有效，此时瑕疵股权受让人和出让股东仍应当在瑕疵出资范围之内承担连带清偿责任。至于之后受让人和出让股东之间如何分担责任，可由双方协商解决；若协商不成，善意受让人可以援引《合同法》第 148 条有关出卖人应承担标的物瑕疵担保责任的规定，将出让股东诉至法院，以寻求诸如请求损害赔偿和解除合同等在内的司法救济。

（4）受让人从出让股东处无偿受让瑕疵股权的情况

在此情况下，不将受让人是否明知或应知股权存在出资瑕疵的情况纳入到考虑范围之内。鉴于受让人获取股权的无偿性特点，并出于保护目标公司的善意债权人的合法利益的角度，该瑕疵股权的受让人和出让股东仍应在出资瑕疵的范围内为目标公司的债务承担连带补充清偿责任。至于之后双方的责任分担，可由两者协商解决，若协商不成，同时该瑕疵股权无偿转让合同是附义务的，或者出让股东故意不告知受让人该股权存在瑕疵，或者保证股权不存在瑕疵,而造成受让人承担上述损失的,受让人可以依法诉至法院寻求司法救济,法院应根据举证情况和瑕疵股权无偿转让的具体内容,判令出让股东在所附义务的范围内或者受让人遭受实际损失的范围内承担损害赔偿责任。

至于目标公司或者目标公司其他股东请求瑕疵股权的出让股东将转让该瑕疵股权所得的价款用于弥补出资瑕疵的,法院原则上应予主持。若在该价款仍不足以弥补出资瑕疵的,且该出让股东又未继续加以弥补的情形下,目标公司或者公司其他股东要求出让股东在其出资瑕疵范围内承担民事责任的,法院原则上亦应予支持。

5. 典型案件列举

鉴于司法实践中最为常见的两种出资客体瑕疵的形式即虚假出资和抽逃出资,因此下面就以北京市的法院处理的三个案例来详细说明。

第一起案例是关于虚假出资行为的案件。虚假出资行为对于公司生产经营的危害极大,常常会最终导致该商业实体经营混乱并最终退出市场。北京市丰台区人民法院于2006年审理了一起出资纠纷的案件,虽然该案最终原告因起诉超过了行使撤销权的诉讼时效而败诉,但是法院在判决之中,仍然明确了被告不实出资的情形确实存在。[①] 在原告程坦向、程坦正诉被告崔文玺、岳廷雨出资纠纷一案中,原被告所在的北京向玺雨科贸有限责任公司,该公司章程中载明被告是以实物方式出资,并有相关的物资销售中心发票为证,但实际上两被告并未按照在工商机关登记的情况进行实物出资,与之相反,其是以技术作价出资,而该专利技术不仅从未生产出任何合格产品,同时两被告也不是专利的合法持有人,其行为确属不实出资。作为公司股东的两名被告,并未履行出资义务,同时其虚假的技术出资,还令公司浪费了大量物力资源,对其他如实出资的股东造成了极大的损害,应当承担相应的损害赔偿责任。

第二起案例是关于抽逃出资方面的案件。近年来实践中更为常见的行为是抽逃出资或者变相抽逃出资。在上诉人谢卫东因股东不履行出资义务纠纷,不服北京市昌平区人民法院(2005)昌民初字第9253号民事判决,向北京市第一中级人民法院提起的上诉案中[②],上诉人的相关行为即被认定为抽逃出资。该案中奥普金公司与谢卫东作为共同出资人,筹办泰农源(北

---

① 参见北京市丰台区人民法院(2006)丰民初字第13627号判决书。
② 参见北京市第一中级人民法院(2006)一中民终字第02426号民事判决书。

京)科技有限公司(以下简称泰农源公司)并设立登记,依照公司章程约定,泰农源公司注册资本100万元,奥普金公司以货币出资30万元,谢卫东以货币出资70万元。为使泰农源公司迅速成立,经双方合意,奥普金公司筹款用于工商验资,之后即行还款,但双方应在泰农源公司成立后,各自及时足额补缴出资。为此,双方委托北京汇升昌登记注册代理事务所向昌平区工商局申请设立登记。代理人将借款100万元存入泰农源公司在银行开设的临时账户,银行出具资金报告单后,随即将100万元借款归还,当日泰农源公司取得工商部门核发的企业法人营业执照。其后奥普金公司将30万元补缴到泰农源公司账户,但谢卫东至今未履行出资义务。在本案中被告的行为可被定性为一种抽逃出资的行为,其不履行出资义务是对公司的侵权行为,最终损害其他股东、债权人等相关利益主体。二审法院在查明事实的基础上,维持了一审的判决,要求上诉人对公司履行出资义务。

第三起案例也是关于股东抽逃出资的案件。在原告青岛澳鸿自动商务有限公司与被告北京梯必梯技术服务中心、第三人北京京澳鸿商贸有限公司股东侵害公司利益纠纷一案中①,原告的第二项诉求即是针对股东抽逃出资问题提出的。法院经审理后认为根据《公司法》的规定,股东应当足额缴纳公司章程中规定的各自所认缴的出资额。股东在公司登记后,不得抽回出资。梯必梯公司应缴纳的出资是30万元,其在履行了足额缴纳义务后,出资的所有权已发生变化,权属归于京澳鸿公司。梯必梯中心抽回全部出资的行为违反上述法律规定,虽又向京澳鸿公司返还了9万元,但仍剩余21万元,对京澳鸿公司的利益已造成侵害。青岛澳鸿公司作为京澳鸿公司的股东之一,在京澳鸿公司的利益受到另一股东梯必梯中心侵害的情况下,有权代表公司维权,即有权代表京澳鸿公司要求梯必梯中心将抽出的资金返还给京澳鸿公司。

6. 立法展望

针对上述分析,我们认为最高人民法院应当颁行相关的司法解释对股东瑕疵股权转让作出规定,成为实践中解决此类问题的重要依据。获得社会广泛认可的以下原则当然应该被加以吸收:有限责任公司股东未足额出资即转让股权,公司或者其他股东请求转让人或者受让人将转让股权价款首先用于补足出资的,人民法院应予支持。转让股权价款不足以补足出资

---

① 参见北京市海淀区人民法院(2005)海民初字第13910号民事判决书。

的,转让人又未继续补足,公司或者其他股东或者债权人请求转让人补足出资或者在出资不足金额及利息的范围内对公司债务承担责任的,人民法院应予支持。有限责任公司股东未足额出资即转让股权,转让人、受让人得对未足额出资部分向公司承担连带补足责任。

(三) 转让程序瑕疵

有限责任公司股权转让程序瑕疵,是指有限责任公司股权转让未经其他股东过半数同意,转让过程中侵犯了其他股东的优先购买权,股权转让不符合公司章程规定,股权转让后未进行内部变更登记(股东名册变更登记),或者股权转让后未进行外部变更登记(工商变更登记)的情况。其中后三者是相对独立的问题,并且理论界倾向于认为这三种情况对股权转让合同的生效并不造成影响,而仅仅是股权转让合同生效后,判断股权转让效力的考虑因素。因此,我们将在本章后面部分讨论这三种情况,而在本部分着重讨论股权转让未经其他股东过半数同意或转让过程中侵犯了其他股东优先购买权的程序瑕疵情况,也即违反我国《公司法》第72条规定的情况。

我国新《公司法》第72条规定:"股东向股东以外的人转让股权,应当经其他股东过半数同意。股东应就其股权转让事项书面通知其他股东征求同意,其他股东自接到书面通知之日起满三十日未答复的,视为同意转让。其他股东半数以上不同意转让的,不同意的股东应当购买该转让的股权;不购买的,视为同意转让。经股东同意转让的股权,在同等条件下,其他股东有优先购买权。两个以上股东主张行使优先购买权的,协商确定各自的购买比例;协商不成的,按照转让时各自的出资比例行使优先购买权。"其与原《公司法》相比的进步之处在于,将股权外部转让须经"全体股东过半数同意"改为"其他股东过半数同意",更好地保护了中小股东的权利;新增推定同意的规定,明确了股东间的权利与义务;同时新增主张优先购买权的解决方式。违反《公司法》该条规定的股权转让即构成转让程序瑕疵。

关于涉及转让程序瑕疵的情况下股权转让合同的效力如何,理论界存在四种学说。

1. 四种学说

(1) 有效说。即认为股权转让合同原则上成立时就生效。其理由是,我国《合同法》第44条规定:"依法成立的合同,自成立时生效;法律、行政法规规定应当办理批准、登记等手续的,依照其规定。""在我国,除国有独资公司、外商投资的有限责任公司股权转让要办理批准手续外,其他有限责任公司的股权转让合同采纳的是成立生效主义。"①

(2) 无效说。该说认为,股东向股东以外的人转让股权时,如果没有经过其他股东过半数同意和放弃优先购买权的程序,应当无效。②"法律行为因行为人的意思表示一致已经成立,但是否生效取决于法律的特别规定。"③理由是我国《公司法》第72条的规定是强行性规定,而《合同法》第52条规定:"违反法律法规的强制性规定的合同无效。"

(3) 可撤销说。该说认为,股权转让协议签订,如未经其他股东过半数同意和放弃优先购买权,即转让条件不成就,转让存在程序上的缺陷,侵害其他股东权利,其他股东对合同享有撤销权,签订的转让协议属于可撤销的合同。④ 该观点与认为我国新《公司法》第72条属于程序性规范的观点相吻合。

(4) 效力待定说。我国《合同法》第47、48和51条规定了合同效力待定的三种情形:限制民事行为能力人、无权代理人和无权处分人订立的合同。持该观点的学者认为,出资转让未经其他股东过半数同意,表明股权的出让人在有效出让自己的股权时没有完全独立进行意思表示的能力,处于类似于限制民事行为能力人的地位,应类推适用《合同法》第47条之规定,该合同属于效力待定的合同。⑤ 也有学者认为,《公司法》赋予其他股东以同意权,类似于在共有情况下共有人处分共有物必须经过其他共有人之同意,如未同意则对其他共有人不生效力之规定,因此未经其他股东过半数同意和放弃优先购买权的股权转让合同类推适用《合同法》第51条规定,属于无权处分人订立的合同,效力待定,同时应当允许其他股东事后追认。⑥ 解决此问题的方案是,赋予受让方事后请求股东予以承认的权利,如果仍不获

---

① 参见龙等:"从个案谈有限责任公司股权转让的若干问题",载《法律适用》2003年第9期。
② 参见王艳丽:"对有限责任公司股权转让制度的再认识",载《法学》2006年第11期。
③ 邹海林:"股东向股东以外的人转让出资行为辨析",载《人民法院报》2003年6月20日第4版。
④ 王利明、崔建远:《合同法新论·总则》,中国政法大学出版社2000年版,第306页。转引自马三喜、于志娜:"法定限制条件对有限责任公司股权转让合同效力的影响",载《社科纵横》2007年4月。
⑤ 同上书,第280页。
⑥ 参见赵军伟:"有限责任公司股权转让效力研究",载中国知网优秀硕士学位论文全文数据库,2007年。

同意,可以请求公司指定新的受让人或者请求其他股东买入该股权。①

2. 股权转让未经其他股东过半数同意或侵犯其他股东优先购买权的情况下,股权转让合同应为效力待定的合同

我国新《公司法》本身并没有规定违反第72条之后果,结合《合同法》的有关规定,我们认为未满足新《公司法》第72条规定而具有程序瑕疵的股权转让合同属于效力待定的合同。理由如下:

(1) 不应认定为无效合同。从立法意图来看,《公司法》第72条规定的本意首先在于保障股权转让的顺利进行,以保证社会资源的优化配置,而不是限制股权的转让。因此,必须经其他股东过半数同意和放弃优先购买权的规定就不再是实质性障碍,而仅具有程序意义。而且,同意股权转让既可以在股权转让之前表态,也可以在此之后表示追认,即存在其他股东同意股权转让,或虽不同意股权转让但也不购买转让股权而被视为同意转让(即推定同意)的可能性。此时如将股权转让行为定性为无效行为,则可能损害其他股东默示同意或追认同意股权转让的权利,可能违背《公司法》的本意。②

(2) 认定为生效合同欠缺妥当。同样是从立法本意出发,《公司法》第72条的意图除了保障股权转让的顺利进行之外,还在于保障公司其他股东的权利,保障有限责任公司的人合性。有限责任公司存在的基础之一,在于股东之间的信任,相互信任才能共谋发展。因此股权的外部转让不能绝对自由,而要由《公司法》设定一定的限制性条件,股权转让合同必须符合该规定才能生效。可见,符合新《公司法》第72条规定应当是股权转让合同的生效要件之一,虽然满足该要件并不必然导致合同的生效,但未满足该要件的合同必定不能生效。

(3) 认定为可撤销合同也欠缺妥当。"撤销的情形多限于法律行为意思表示瑕疵的情形,并且享有撤销权的是被撤销法律行为的当事人。而在此种情况下,当事人之间并不存在意思表示瑕疵,只是违反了法律的限制性规定,另外只有享有撤销权的当事人可提出撤销主张,法院、仲裁机构无权在当事人未提交申请时主动撤销该行为,如果由当事人以外的其他股东行

---

① 参见杨钧、林晓镍:"论有限责任公司股权转让的法律效力",载奚晓明主编:《中国民商审判》(第1卷),法律出版社2003年版,第364页。

② 参见赵军伟:"有限责任公司股权转让效力研究",载中国知网优秀硕士学位论文全文数据库,2007年。

使撤销权也在法律上欠缺依据。"①此外从我国《合同法》第 54 条第 1 款的规定来看,"因重大误解订立"和"在订立合同时显失公平"是合同可撤销的法定情形,在《合同法》和其他法律没有明文规定的情况下,不宜轻易地将未经其他股东过半数同意和放弃优先购买权的情形归于上述两种情形。

(4)认定为效力待定合同既有利于股权的自由转让又有利于保护其他股东的利益。②"认定未经其他股东过半数同意且放弃优先购买权的股权转让合同的效力处于待定状态,一方面使股权转让合同的生效成为可能,而非绝对的无效;另一方面,兼顾了其他股东的利益,维持公司的人合性。如此解释法律,是完全妥当的。"③那么,应当把这种情况归入我国《合同法》中的哪种效力待定情形呢?我们认为,它既不属于限制民事行为能力人订立的合同,因为民事主体的行为能力只和其意思能力相关,而和其意思表示的方式无关④;也不是无权代理人订立的合同,因为出让人不是以公司或其他股东的名义订立股权转让合同,并不形成代理关系;同时,更不能将其归为无处分权人处分他人财产而订立的合同,因为股权转让合同是股东转让自己所享有的股权而订立的合同。这里的合同生效要件显然属于法律另行作出规定的情形,定立《合同法》时没有顾及到这种情形是一种缺憾,可以通过修订法律而加以完善。即使《合同法》未做修订,而这里的状况被解释为效力待定的合同完全符合法律的公正原则。

(四)转让效果瑕疵

1.归一性股权转让合同的效力

归一性股权转让是指导致公司股份集中于股东一人名下或全体股东以外的第三人一人名下的有限公司股权转让,在内部转让和外部转让中均可能发生,它是构成转让效果瑕疵的原因之一。我国《公司法》修改之前,归一性股权转让造成的转让效果瑕疵体现为,原《公司法》规定有限责任公司的股东人数为二人以上,归一性股权转让导致一人有限责任公司的产生,从而

---

① 参见王欣新、赵芬萍:"三论有限责任公司股权转让中的法律问题",载《人民法院报》2003年5月19日第4版。
② 参见赵军伟:"有限责任公司股权转让效力研究",载中国知网优秀硕士学位论文全文数据库,2007年。
③ 〔加〕布莱恩·R.柴芬斯:《公司法:理论、结构和运作》,林华伟、魏旻译,法律出版社2001年版。
④ 参见杨钧、林晓镍:"论有限责任公司股权转让的法律效力",载《中国民商审判》2003年第1期。

违反了原《公司法》中有关有限责任公司股东人数的强制性规定。因此在《公司法》修改前的司法实践中,存在着大量的因归一性股权转让协议(合同)而引起的纠纷。① 当时,在认定此类股权转让合同的效力上产生了两种对立的司法裁判取向:

(1) 无效说。即认为归一性股权转让合同违反了我国原《公司法》第20条规定的有关有限责任公司股东人数的强制性规定,应属无效,公司应当解散。

(2) 有效说。即认为该股权转让合同有效,由此形成的一人公司直接具有法人资格。其理由主要有三:(1)从我国相关立法来看,归一性股权转让合同并未被禁止,并且法律没有将"公司只有一名股东"作为公司解散的法定事由。(2)股权转让合同除标的为股权这一特殊性外,其余与一般合同并无二致,而且我国《公司法》及其他法律法规关于股东间转让股权并无禁止性规定,故其效力仍应遵循合同效力的一般规则判断。股权转让合同只要符合合同效力的一般规则,即应认定为有效。(3)实践中法院认定归一性股权转让合同有效而工商登记机关拒绝登记的困境,并不能构成认定合同无效的理由,因为合同效力的确定权在于法院,工商登记仅具有公示效力,并非当然承认一人公司合法,其更重要的意义在于保护公司债权人的利益。②

此外,理论界还有一种观点认为,该股权转让合同有效,但公司应当寻找新的股东,使公司股东人数满足公司法的要求,在公司寻找新的股东的期间,公司可存续。③

我国新《公司法》颁布后,一人公司(指一人有限责任公司,下同)被赋予了合法地位,很大程度上解决了归一性股权转让合同的效力问题,是符合现代公司法发展趋势的。然而,归一性股权转让合同的效力问题并没有得到根本解决。由于新《公司法》对于一人公司的设立,相比较于非一人的有限责任公司规定了更为严格的条件,两类新型的由归一性股权转让引起的转让效果瑕疵出现了。一是新《公司法》规定一人公司的最低注册资本金为人民币10万元(非一人公司为人民币3万元),因股权归一而形成的一人公司可能并不符合此要求。二是新《公司法》禁止设立复式一人公司,即一个

---

① 参见邹碧华:"论归一性股权转让协议之效力",载《法学》2005年第10期。
② 同上。
③ 赵旭东主编:《新公司法实务精答》,人民法院出版社2005年版,第317页。

自然人只能投资设立一个一人公司,该一人公司不能投资设立新的一人公司,股权归一导致不符合复式一人公司禁止性规定的情况在实践中表现为:(1)在多股东(多个法人或自然人)的有限责任公司已设立一人公司的情况下,该多股东公司的股权因归一性股权转让合同归于某一自然人(公司原股东或原股东外的其他人)之手;(2)某自然人一人公司与他人共同出资设立有限责任公司,但该有限责任公司因为归一性股权转让协议而成为前述自然人一人公司下属的一人公司;(3)某自然人设立一人公司后,又与他人共同出资设立多股东的有限责任公司,该多股东的有限责任公司因归一性股权转让协议而成为以前述自然人为股东一人公司,此时形成一个自然人出资设立多个一人公司的情况。①

　　以上这些情况下归一性股权转让合同的效力该如何认定呢?从各国立法例来看,在大多数允许设立一人公司但对一人公司的设立设置了更为严格条件的国家,当多人公司股权归一后,往往存在一些必须补充某些条件方能使该种情况下形成的一人公司合法化的规定。② 对于股权归一带来的复式一人公司问题,《法国商事公司法》第36-2条规定:"一个自然人只得成为一个有限责任公司的一人股东。一个有限责任公司不得成为另一个由一人组成的有限责任公司的一人股东。违反前款规定的,一切有关的人可要求解散非法组成的公司。如该非法因素是因拥有一人以上股东的公司的全部股份归集一人之手造成的,则不得在股份汇集于一人之手后不到1年的时间里提出解散公司的要求。在所有情况下,法庭可给予最长为6个月的期限以依法纠正非法状态。如于法庭进行实质审理之日已依法进行纠正,法庭不得判决解散公司。"③从该条款的规定可以看出,法国是肯定归一性股权转让合同之效力的,并给予一定宽限期来纠正违反复式一人公司禁止性规定的非法状态。此外,德国法在承认一人公司的基础上,也允许有限责任公司的一个股东保留自己的股份,并受让其他股东股份,使公司全部股份归属于一个股东。④ 在承认一人公司的日本,多数学者也认为,从转让股份自

---

① 参见祝传颂:"一人公司的现实困惑",载中华全国律师协会公司法专业委员会网 www.companylaw-chineselawyer.cn/servlet/Report? node=13053&language=1。
② 参见李桂娥:"新《公司法》视角下的归一性股权转让协议效力问题",载中共青海省委党校网 http://www.qhswdx.com/sol/News_Show.asp? Id=916。
③ 卞耀武主编:《法国公司法规范》,李萍译,法律出版社1999年版,第36页。
④ 刘乃忠、戴瑛:《新公司法学》,中国法制出版社2007年版,第309页。

由和维持企业的角度出发,应承认归一性股权转让合同的效力。①

综合对北京市的法院受理案件的分析,我们认为,一方面,归一性股权转让合同按照我国现行立法应当是有效的。因为:(1)股权转让合同首先应受到我国《合同法》的规范,而归一性股权转让合同不符合《合同法》规定的合同无效的四种具体情形;(2)我国新《公司法》和其他法律、行政法规没有明文禁止或限制归一性股权转让合同,即归一性股权转让合同也不符合《合同法》第 52 条第 2 项规定的"违反法律、行政法规的强制性规定"的合同无效情形。另一方面,现行《公司法》仍不完善,应作出类似于法国法的规定,在不否定归一性股权转让合同有效性的基础上,要求在一定期限内对股权归一后不符合法律规定的一人公司进行合法化。倘若不做此要求,则会导致对《公司法》立法意图的违背,因为新《公司法》对一人公司作出的特殊规定是出于保障债权人利益和交易安全的考虑。如果说《公司法》修改前,利用股权归一的手段形成一人公司而非直接成立一人公司的行为是对原《公司法》的规避,那么在《公司法》修改后,利用股权归一的手段形成不符合新《公司法》对一人公司之特殊规定的一人公司,则无疑构成对新《公司法》的规避。

认定归一性协议的有效性还有助于强制收购制度乃至于股东自力救济的确立。国外立法在公司出现僵局或者大股东欺压小股东的情形时,法院可以强制由大股东收购小股东的股权,或者在股东之间实行强制竞价收购。假设公司仅存在两名股东,此时出现表决僵局或者大股东欺压小股东的话,若将归一性协议认定为无效,则使这种情况下的强制收购成为不可能,显然大大减少了股东权保护的手段,对交易效率的保护极为不利。我国《公司法》并没有类似的收购制度,但是这恰恰说明了股东达成自力救济的价值,早期的美国法在遇到公司僵局的时候,往往通过直接解散公司来解决问题,但是随着公司实践和公司制度的不断发展,法院的这种简单化的做法受到法学界和经济学界的一致批评。因此,美国法逐渐转向鼓励公司股东通过自力解决争议,只有在极为特殊的情况下,才予以公力救济。在各种救济方式中,股东自力救济方式,应当说是解决僵局的最佳方案。② 各国公司法非常鼓励当事人达成自力救济方案,因为依靠公力救济有很多局限性,如强制收购主体、价格和条件的确定等。由于自力救济不能在所有案件中起作用,强制收购被认为是自力救济以外的能够比较有效地解决公司表决僵局的一

---

① 〔日〕末永敏和:《现代日本公司法》,金洪玉译,人民法院出版社 2000 年版,第 271 页。
② Robert W. Hamilton, *The Law of Corporation*. (West Nutshell Series), West Group 1998, p.234.

个途径。①

2. 越限型股权转让合同的效力

有限责任公司股东可以向股东以外的人转让股权,而且股权具有可以无限分割的特点,故有可能因为股权转让而导致股东人数超过我国《公司法》规定的有限责任公司人数上限。这种股权转让合同被称为越限型股权转让合同。② 在我国,有限责任公司的人数上限是50人。

对于这种合同的效力,我国新《公司法》尚未作出明确规定,实践中存在无效与有效二说:

（1）无效说。该说认为,有限责任公司股东人数上限为我国《公司法》的一项强制性要求,不得随意违反。认定导致股东人数超过上限要求的股权转让协议为无效,有利于避免出现投资者利用公司从事欺诈的情形发生。此为保护交易安全之必然。③ 从各国立法来看,《韩国商法》第556条第2款、《日本有限公司法》第19条第8项等都规定,除遗赠外,因出资转让（股权转让）致股东总数超过该法规定的人数时,其转让无效。④

（2）有效说。采该说的部分学者认为,50人股东上限规定在第2章"有限责任公司的设立和组织机构"之中。严格说来,该条款并不适用于公司设立之后的存续活动包括股东的股权转让活动。我国《公司法》第181条和第183条亦未将公司股东超过50人视为公司的法定解散事由。既然我国新《公司法》并未禁止股东将股份转让给他人,根据契约自由的精神,不得将该协议视为无效。因此,在股权转让导致公司股东人数超过50人的情况下,股权转让合同与公司均为有效,人民法院既不能确认股权转让合同无效,也不能判决解散公司。⑤ 另一部分采有效说的学者则认为,股东人数因股权转让而超过法定人数上限时,还可以采取其他救济方式来保护交易安全。一是可以要求股东们进行协商,或许可以通过部分股东退出公司的方式使公司股东人数重新恢复到法定人数限度内;二是可以要求公司及公司股东们办理公司性质由有限责任公司变更为股份有限公司的登记手续,尤

---

① See Robert W. Hamilton, *Business Organization* (Aspen Law & Business 1993), pp. 226—228.
② 潘福仁、史建三、邹碧华、石育斌等:《股权转让协议效力司法疑难问题》,法律出版社2007年版,第84页。
③ 同上。
④ 参见陈大川:"关于有限责任公司股东出资转让立法的比较与借鉴",载《当代法学》2003年第1期。
⑤ 参见刘俊海:"新《公司法》实施中的争点问题",载《今日中国论坛》2007年第1期。

其在我国《公司法》修改后对股份有限公司的法定程序的要求大幅度放松的情况下。①

我们认为,我国新《公司法》一方面有必要对这种情况下股权转让的有效性予以确认,另一方面应为股权转让后股东人数超过法定上限的公司设定补正期,促使其尽快满足有限责任公司的设立条件,这样才有利于《公司法》设定有限责任公司人数上限之立法意图的实现和交易安全的保障。

3. 部分权能转让

部分权能转让也可能构成转让效果瑕疵。对于股权的部分权能能否转让这一问题,不仅法学理论界存在相当大的分歧,司法实务界的操作也颇不统一。理论界的不同观点归纳起来有三种:

(1)肯定说。此说认为,为尽量拓展当事人的合同自由空间,在不违反法律、法规中的强制性规定,公序良俗原则与诚实信用原则的前提下,股权部分权能的转让在效力上应当受到尊重。② 美国学者克拉克认为:"如果没有相反协议或特许条款,所有这些权利(包括自益权和共益权)都可以作为一个单元转让(股东可以将这些权利出让),而无需公司的其他股东或董事和高级职员的同意。"③但该说下也有学者认为,并非所有的股东权利均可自由让渡给第三人,如股东依据我国新《公司法》第 35 条享有的优先认缴出资的权利及股东的代表诉讼提起权等不得作为单独转让的内容。④

(2)否定说。此说认为,股权权能不能脱离股权本身而单独转让。"股份一旦转让,则属于股东的权利与义务概由受让人继受,此即股东权的概括转让原则。股东权的概括转让原则决定了股东权利转让的效果与一般财产(包括物权或者债权)的转让效果稍有不同。物权与债权转让时,转让方可以约定仅转让物权或者债权中的一项或者部分权能或者权利。"⑤韩国也有学者持这一观点,认为虽然股份是由盈余分配请求权、表决权等多种权利组成,但不能分离其中一部分单独转让。⑥

---

① 潘福仁、史建三、邹碧华、石育斌等:《股权转让协议效力司法疑难问题》,法律出版社 2007 年版,第 84、85 页。
② 刘俊海:《股份有限公司股东权的保护》(修订版),法律出版社 2003 年版,第 309 页。
③ 〔美〕罗伯特·C.克拉克:《公司法则》,工商出版社 1999 年版,第 633—635 页。
④ 刘俊海:《股份有限公司股东权的保护》(修订版),法律出版社 2003 年版,第 308 页。
⑤ 参见丁茂中:"股权转让疑难问题研究",载漆丹主编:《中国疑难法律问题研究》,吉林人民出版社 2006 年版。
⑥ 吴日焕译:《韩国公司法》,中国政法大学出版社 2000 年版,第 250 页。

（3）区分说。此说认为，股权权能是否可以转让要视具体情况而定。此说认为，抽象的共益权可直接转化为具体的权利，而成为转让的对象，如关于股权性质的社员权说认为"股东是公司的社员，股份是股份公司社员的证明，应允许共益权转让或继承"。① 但共益权中的表决权不能单独成为转让的对象，该权利与股东的所有权永不分离。从国外立法来看，许多国家的公司法均禁止股东表决权的单独转让。② 而抽象的自益权必须基于股东会或董事会的决议才能具体化，在未具体化之前，属于期待性权利，不能独立于股东之外而存在，必须依附于股东，且不能转让。在具体化之后，就可成为转让的对象，并以此作为基础来判断股权转让合同的效力。③

这三种代表观点目前在我国有关股权权能部分转让理论研究中基本呈现出三足鼎立的局面。④ 综合来看，无论是法学界还是司法实务界，对股权权能的抽象形态不具有转让的可能性较为认同，但在股权权能具体化后的可转让性方面则存在严重分歧。⑤ 至于部分权能转让情况下的股权转让合同效力如何，基于以上三种观点可以得出不同结论。在肯定说和区分说下，对可以单独转让的股权权能进行转让的股权转让合同被认为是有效的；而在否定说和区分说下，对不可单独转让的股权权能进行转让的股权转让合同则被认为是无效的。还有学者指出第三人可以以行使自益权、以放弃共益权的方式来实现股权，即打破"股权作为一个不可分的整体"的理论。在此情形下的股权转让合同是有效的。⑥

我国新《公司法》未对股权的部分权能能否单独转让的问题作出规定，这是立法上的一处空白，也导致了司法实践中出现相关的问题，难以统一解决的方案。区分股权权能是否已经具体化，来加以不同的法律规制不失为解决这一问题的最佳手段，当然何种情况下的股权权能应被视为具体化，需要更为详尽的规定。

---

① 〔日〕末永敏和：《现代日本公司法》，金洪玉译，人民法院出版社 2000 年版，第 60 页。
② 潘福仁主编：《股权转让纠纷》，法律出版社 2007 年版，第 15 页。
③ 参见李后龙："股权转让合同效力认定中的几个疑难问题"，载《经济法学、劳动法学》2003 年第 3 期。
④ 参见丁茂中："股权转让疑难问题研究"，载漆丹主编：《中国疑难法律问题研究》，吉林人民出版社 2006 年版。
⑤ 潘福仁主编：《股权转让纠纷》，法律出版社 2007 年版，第 76—77 页。
⑥ 参见王亚明："有限责任公司股权转让研究"，载《大庆师范学院学报》2006 年第 1 期。

三、公司章程对有限责任公司股权转让的效力的影响

(一) 限制股权转让规范应为任意性条款

公司章程是指就公司组织及运行规范、对公司性质、宗旨、经营范围、组织机构、活动方式、权利义务分配等内容进行记载的基本文件。根据公司法对公司章程记载事项规定的不同情况,公司章程记载事项可以分为必要记载事项和任意记载事项。所谓必要记载事项是指依法必须在公司章程中加以记载的事项,例如我国《公司法》第 25 条规定的有限责任公司章程必要记载事项包括公司名称和住所、公司经营范围、公司注册资本、股东的姓名或者名称等,这些事项缺一不可,否则将影响章程的法律效力;所谓任意记载事项是指在必要记载事项之外由发起人或者股东认为需要在章程中载明的其他事项,其具体内容可由当事人约定。① 股权转让是公司章程的任意记载事项,故限制股权转让的规范应为公司章程的任意性条款。

(二) 章程约定的效力问题

针对公司章程的规定对有限责任公司股权转让效力的影响,有以下三种观点:其一,认为公司章程对股权转让的禁止性或限制性条件是无效的,股权转让合同仅违反公司章程规定的,不影响股权转让合同的效力。其二,认为公司章程虽然不能作出禁止股权转让的规定,但在我国《公司法》规定之外对股东转让股权设定特定条件,符合合同自由原则,违反公司章程的规定股权转让合同无效。其三,可称为折衷说,或者称为相对无效说,即违反公司章程限制的股权转让,或者说未按公司章程要求获得公司同意与承认的股权转让,相对于公司而言不具有对抗效力,但对于协议双方而言,不能仅以违反公司章程限制为由主张无效。同时还认为,在此前提下,还应当具体问题具体分析,以此来确定违反公司章程的限制性条件对股权转让合同效力的影响。②

---

① 参见丁茂中:"股权转让疑难问题研究",载漆丹主编:《中国疑难法律问题研究》,吉林人民出版社 2006 年版。
② 参见李后龙:"股权转让合同效力认定中的几个疑难问题",载《经济法学、劳动法学》2003年第 3 期。虞政平:"股权转让协议的效力审查",载《法律适用》2003 年第 9 期。王亚明:"有限责任公司股权转让中对公司章程的克服",载《人民法院报》2003 年 5 月 7 日。

（三）公司章程规制股权转让的范围

从各国立法例来看，《日本商法》第 204 条第 1 款规定："股份可向他人转让，但不妨碍章程中规定转让时须经董事会同意的条款。"①德国《股份公司法》第 68 条第 2 项规定："章程可以规定转让需得到公司的同意，同意决定由董事会作出，章程也可以规定由监事会或股东大会作出同意决定。章程可以对拒绝同意的理由作出规定。"②在英国，私公司章程对股权对外转让通常设有两种限制条件：赋予董事会拒绝转让登记的权力和其他股东的优先购买权(right of pre-emption)，这两种限制可以单独或一起适用。③ 一个公司的章程可以赋予董事会是否接受转让登记的决定权，私公司经常在他们的章程中通过赋予董事会以某种理由拒绝转让登记的权力来限制公司成员转让其出资的权利，这种由私公司章程所确立的特殊的转让限制理所当然地是一项公司成员必须遵守的原则。因为在英美公司法上，登记是公司承认本公司股份转让为有效的法律程序，拒绝登记即表示公司不承认此项转让为有效。④ 章程甚至可以规定董事会享有绝对的拒绝转让登记而无须进行任何解释的权力。在这种情况下，董事会的义务仅仅是按照他们认为——而非法院认为——是为了公司的利益而非其他目的的条件下行使这一权力。⑤

在美国，封闭公司的章程中常常对股权对外转让规定这样一些限制条件：(1) 优先拒绝权或第一拒绝权(first refusals)，除非股份按照欲购买股份的第三方开出的条件被首先提供给公司、其他股东或公司和其他股东，否则其不能卖给第三人。(2) 优先选择权或第一选择权(first options)，除非股份按照选择权条款中事先确定的价格提供给公司、其他股东或公司和其他股东，否则其不能卖给第三人。不难发现，上述两种权利与英国公司法上的优先购买权相类似。(3) 同意限制(consent restraints)，即转让股票必须有公司股东会的同意。在这三种限制中，优先拒绝权很显然是对欲转让其股

---

① 〔日〕松波仁一郎：《日本商法论》，秦瑞玠等译，中国政法大学出版社 2005 年版，第 85 页。
② 〔德〕托马斯·莱塞尔、吕迪格·法依尔：《德国资合公司法》，高旭军等译，法律出版社 2005 年版，第 135 页。
③ *Company Law* by Robert R. Pennington, fourth edition, London Butterworths, 1979, pp. 652—656.
④ 张明澍：《英国公司法经典案例》，法律出版社 1998 年版，第 227 页。
⑤ L. H. Leigh, John Frederick Northey, and V. H. Joffe, *Introduction to Company Law*, second edition, London Butterworths, 1981, pp. 263—265.

票的股东限制最轻的。优先选择权的约束力则主要取决于选择权价格和选择权行使时的公平价格之间的关系。同意限制无疑是这三种限制中约束性最强的一种,这种限制曾经被认为是无效的。然而,一些最近的立法确认了这种限制的有效性(例如,《特拉华州公司法》§202),并且法院也开始对此限制宽容起来。① 可见,这些国家肯定了公司章程规定对股权转让效力的影响,但将公司章程对股权转让的规制的范围严格限定在某些具体事项上,如转让须经董事会同意。

我国新《公司法》第 72 条第 4 款规定:"公司章程对股权转让另有规定的,从其规定。"这一新规定大大提升了公司章程的法律地位,强调股东意思自治,也肯定了公司章程规定对有限责任公司股权转让效力的影响。从北京市法院受理的案件可以归纳出该规定的不足之处在于:

(1) 对公司章程的授权没有限度。前面曾经谈到我国《公司法》的规定应当是有限责任公司股权转让所需符合条件之最低标准,章程可以在此基础上作出进一步限制或禁止。然而,考虑到我国公司立法规定的股权对外转让限制条件较大多数国家已经偏高②,如果对公司章程的授权不设定上限,则容易导致公司章程规定过严,从而造成对股权转让自由原则的违背,使投资者面临投资被永久锁定的风险。

(2) 未充分考虑我国公司中普遍存在的一股独大现象。根据我国新《公司法》第 43、44 条规定,大股东完全可以通过操纵股东会修改公司章程来达到限制小股东退股的目的,如果一味迁就公司章程的规范效力,公司法所规定的"推定同意"制度的立法目的就难免会落空。③ 但是,北京市法院系统提出有限责任公司章程修改如果未经全体股东同意,小股东提起诉讼的,法院应当予以支持。这个问题似乎可以解决了。

(四) 不符合章程规定的法律后果

对于不符合章程规定的股权转让的法律后果,法律并没有作出明确规定。结合北京市法院审判的案例,我们认为,应区分受让人的善意和恶意加

---

① *Case amd Material on Corporations*, seventh edition, by William L. Cary and Melvin Aron Eisen Berg, West, New York, The Foundation Press, Inc. 1995. p. 499.

② 参见张万彬:"论有限责任公司股权对外转让之同意制度——兼评我国新《公司法》第 72 条之规定",载《民商法刊网》2007 年第 8 期,http://www.civillaw.com.cn/wangkan/content.asp? id =34512&types = % C0% ED% C2% DB% B7% D6% CE% F6&title = 2007% C4% EA% B5% DA8% C6% DA% D7% DC% B5% DA20% C6% DA。

③ 同上。

以分析：

在受让人善意的情况下，即受让人不知道章程另有规定的情况下，股权转让合同效力不受影响，但不得对抗公司。股权转让合同不能对抗公司的原因是，依法成立的合同仅对当事人具有法律约束力，即股权转让合同仅在转让人和受让人之间产生效力。"违反章程限制的股权转让可以有效，受让人可以请求转让人协助办理股权变更登记，但是公司基于章程的限制性规定可以拒绝进行变更，有效股权转让协议的受让人则由此获得其他相应的救济权利。"①受让人此时可以向转让人主张违约责任，请求赔偿，或者基于欺诈而撤销合同，因为转让人应该明知章程的规定（章程的内部效力使然），其不告知而仍与受让人签订合同是存在过错的。②此外，还可以借鉴《韩国商法》的规定，在我国《公司法》中赋予受让人请求强制购买的权利。《韩国商法》第335条规定："公司章程可就股份转让须经董事会承认作出规定；违反此类章程规定，未经董事会承认而转让股份时，不得对抗公司；但股份受让人可向公司请求承认其取得，承认被拒绝时，可以请求指定受让方或者可以请求收买股份。"③

在受让人恶意的情况下，即在受让人明知章程有限制性规定时仍与转让人进行股权转让交易，此时的股权转让合同处于效力待定状态。受让人存在过错，就不应对他的利益再多加保护，但也不能完全否定股权转让合同的效力，因为还存在达到章程规定条件或公司追认的可能，给转让人和受让人又一次机会，当合同生效条件具备时合同仍可有效。因此，认定此时合同效力处于待定状态，是权衡各方利益的最佳方案。④

四、股东名册变更登记对股权转让效力的影响

登记制度作为不动产物权变动公示的方法，与交付占有作为动产物权变动公示的方法，已为各国民法确立为物权变动公示的基本原则，其作用在

---

① 参见虞政平："股权转让协议的效力审查"，载《法律适用》2003年第9期。
② 参见赵军伟："有限责任公司股权转让效力研究"，载中国知网优秀硕士学位论文全文数据库，2007年。
③ 张玲主编：《韩国商法》，吴日焕译，中国政法大学出版社1999年版，第69页。
④ 参见赵军伟："有限责任公司股权转让效力研究"，载中国知网优秀硕士学位论文全文数据库，2007年。

于使民事法律关系当事人与第三人直接从外部了解物权的存在及物的归属,进而维护占有秩序与交易安全。股权转让作为一种特殊动产的转让,设立登记制度的立法价值同样在于保障股权转让的安全与秩序。① 股权转让登记制度包括股东名册变更登记和工商变更登记。其中股东名册变更登记即通常所说的内部变更登记,法律依据是我国新《公司法》第74条"依照本法第七十二条、七十三条转让股权后,公司应当注销原股东的出资证明书,向新股东签发出资证明书,并相应修改公司章程和股东名册中有关股东及其出资额的记载"。工商变更登记即通常所说的外部变更登记,法律依据是我国《公司法》第33条第3款和《公司登记管理条例》的相关规定,后面将有论述。

（一）股东名册变更登记的法律效力

关于股东名册变更登记对股权转让的影响,学界和各国立法有两种意见:

第一种是生效主义。即认为股东名册变更登记是股权转让的生效要件,非经股东名册变更登记,不生股权转让的效力。"办理公司内部股东名册变更的直接后果是导致股权的变动,即原股东股东权的消灭以及新股东股东权的产生。这是公司内部登记生效主义的真正内涵,强调股东权关系是股东与公司之间的法律关系,至于公司在公司登记机关是否办理股东变更登记则在所不问。"②就公司内部关系而言,公司股东名册的变更登记之时视为股权交付、股东身份(股东权利、义务、风险和收益)开始转移之时。③对股权转让采股东名册变更登记生效主义的立法例有《澳门商法典》第366条规定"股之转移在未以书面方式通知公司及将之登记前,不产生效力"和《香港公司条例》第101条"……任何持有有效的购股协议,其姓名却未记入股东名册的人不是股东,他对股权的权益如有的话,也只是受益权,不能得到公司的承认"。

第二种是对抗主义。即认为股东名册变更登记是股权转让的对抗要件,其中又分为两派:一派认为股东名册变更登记使股权转让具有对抗公司的效力,而不具有对抗第三人的效力;另一派则认为股东名册变更登记赋予股权转让的对抗效力不仅及于公司,而且及于公司以外的第三人。采前者

---

① 参见宋良刚:"有限公司股权转让问题研究",载中国知网中国博士学位论文全文数据库,2004年。
② 参见肖龙等:"从个案谈有限责任公司股权转让的若干问题",载《法律适用》2003年第9期。
③ 参见俊海:"论有限责任公司股权转让合同的效力",载《法学家》2007年第6期。

观点的立法例有,我国台湾地区"公司法"第165条:"记名股票之转让,非将受让人之本名或名称记载于股票,并将受让人之本名或名称及住所或居所,记载于公司股东名簿,不得以其转让对抗公司。"法国《商事公司法》第20条前段:"公司股份转让应书面予以确认,股份转让按民法典第1690条规定的形式对抗公司。"①《意大利民法典》第2479条:"股份转移自在股东名册登记时起对公司有效。"②而采后者观点的立法例有,《日本有限公司法》第20条:"份额的转让,非在股东名簿上记载取得者之姓名、住所及转移的出资股数,不得以此对抗公司及其他第三人。"③《韩国商法典》第557条:"转移持股,若未将取得人的姓名、住所及其标的——出资份额记载于社员名册,则不得以此对抗公司及第三人。"

事实上,生效主义和对抗主义的界限并非十分明确,赞成生效主义的大部分学者也赞成股东名册变更登记确立了股权转让的对内效力,即对抗公司的效力。况且前面也已经谈到,股权转让的效力应当与股权转让合同的效力区分开来,股权转让合同依法生效后即在转让人与受让人之间产生效力,如果股东名册变更登记尚不能赋予受让人对抗公司和其他股东的效力,那么股东名册对内公示的作用将不复存在。从我国《公司法》第33条第2款"记载于股东名册的股东,可以依股东名册主张行使股东权利"来看,也应当承认股东名册变更登记可以使股权转让产生对抗公司的效力。而真正存在分歧的问题是,股东名册变更登记能否使股权转让产生对抗第三人的效力。

我们认为,答案应当是否定的。因为:(1)基于有限公司具有相当的封闭性,除公司及股东,第三人一般不易了解公司内部情况,因此股东名册记载也就不具有对外的对抗效力,不能对抗善意第三人。④(2)我国《公司法》第33条第3款规定:"公司应当将股东的姓名或者名称及其出资额向公司登记机关登记;登记事项发生变更的,应当办理变更登记。未经登记或者变更登记的,不得对抗第三人。"需要说明的是,这里所讲的第三人不应该包括公司的其他股东,因为公司的其他股东在股权转让中已经有机会参与其中表达其立场和意见,他们如果对转让持反对意见,可以依据公司法的其他

---

① 卞耀武主编:《当代外国公司法》,法律出版社1995年版,第381、388页。
② 费安玲、丁玫译:《意大利民法典》,中国政法大学出版社1997版,第642页。
③ 卞耀武主编:《当代外国公司法》,法律出版社1995年版,第553页。
④ 参见宋良刚:"有限公司股权转让问题研究",载中国知网中国博士学位论文全文数据库,2004年。

规定获得救济,而不是《公司法》第33条的规定。《公司法》第33条的规定从肯定工商变更登记之外部对抗效力的角度,间接否定了股东名册的外部对抗效力。

综上所述,股东名册变更登记是股权转让的生效要件,经过股东名册变更登记,受让人即成为公司的股东,行使股东权,但这种股权仅能对公司及其他股东主张,不能对抗第三人。我国现行《公司法》对此问题尚无明确规定,有必要在日后的修改中将股东名册变更登记对股权转让的影响做一确认。

(二)股东名册变更登记后的法律关系

股东名册变更后,在参与人之间产生如下法律效力:股权转让合同生效,当事人应当通知公司,公司据此应变更股东名册,以确定对公司享有权利的股东究竟为谁,以便公司处理股东关系事务。如果转让方和受让方已经通知公司变更股东名册,或者公司通过其他途径或者代表人(代理人)已经得知这一事实,却怠于或者拒绝变更股东名册,则受让方有权直接请求公司对自己履行义务,从而实现自己的股东权;如其仍拒绝履行,受让方可向公司主张侵权责任;如果由于股权转让合同当事人的过错,致使公司不知道且没有义务知道股权转让合同生效的事实,并由此导致公司没有办理股东名册的变更,那么公司有权推定记载于原有股东名册上的老股东(包括转让方)有资格对公司主张股东权,公司有权只向转让方发出股东会召集通知、分配股利和剩余财产。公司怠于变更股东名册,不影响股权转让合同的效力,受让方(新股东)有权依据生效的股权转让合同请求转让方协助受让方请求公司变更股东名册。转让方在股权转让合同生效后接受股利分配的,应当对受让方承担不当得利之债。如果此种过错归咎于转让方,则转让方应对受让方承担起违反合同义务(含附随义务)和后合同义务的民事责任;如果此种过错归咎于受让方,则受让方应独自承受由于其过错导致的不利后果。①

五、工商变更登记对股权转让效力的影响

(一)案件的主要内容和争议焦点

关于变更登记,在现实生活中存在以下四种情况:第一,已办理工商变

---

① 参见赵军伟:"有限责任公司股权转让效力研究",载中国知网优秀硕士学位论文全文数据库,2007年。

更登记,但未办理股东名册变更登记;第二,虽已办理股东名册变更登记,但未办理工商变更登记;第三,工商变更登记与股东名册变更登记均未办理;第四,两种变更登记均已经办理完毕。在第一种情形下,受让人可以对抗第三人,但尚未有效取得股东权(股东的资格或者地位),受让人有权依据股权转让合同要求公司补办公司内部登记手续,变更股东名册,从而有效取得股东权。在第二种情形下,受让人已经有效取得了股东权(股东的资格或者地位),甚至已在事实上行使股东的权利(如已经参加股东会,并就股东会决议进行了表决,或者已经接受了股利分配),但尚未取得对抗第三人的效力。从理论上说,转让人仍然有可能与第三人签订股权转让合同,将其股权再次转让给第三人,但因在先的受让人已经捷足先登办理了公司内部股东名册的变更手续,致使第三人无法有效取得股权。在这种情况下,第三人有权依据生效的股权转让合同追究转让方的违约责任。在第三种情形下,受让人不仅没有取得股权,而且更无力对抗任何善意第三人。转让人仍然有可能将其股权再次转让给第三人,并请求公司将第三人的姓名或者名称记载于公司股东名册和公司登记机关。此时,第三人作为法律上承认的股东有权行使原股东(转让方)享有的诸项权利,并把虽已在事实上行使股东权利,但尚未取得股东权的受让方扫地出门。当然,被"逐出"公司的受让方有权追究转让方的违约责任。① 第四种情形下,受让股东已经成为没有法律争议的股东,其在行权时如遇阻力,实际上就是股东权保护的问题,而转让方不可以通过反悔重新恢复其股东资格。

在司法实践中,许多纠纷产生于某些股东伪造其他股东签名,并以"形式合法"的股权转让协议到工商行政管理部门办理登记,该登记是否具有合法的效力,可否否认被伪造签名者的股东身份往往是法院需要面对的问题。我们所提的原则性建议是基于侵权行为发生的转让行为无效,应当恢复原股东的法律地位,受让方因为在侵权转让中存在一定过失,其受让行为不被法院认可,其损失应由侵权人承担。

至此,我们可以梳理出关于股权转让效力的三层关系:在股权转让合同符合法律关于股权转让的强制性规定而生效后,即在转让人与受让人之间产生效力,受让人可要求转让人转移股权,转让人可要求受让人交付股款;在完成股东名册变更登记后,即产生对抗公司的效力,受让人可向公司主张

---

① 参见赵军伟:"有限责任公司股权转让效力研究",载中国知网优秀硕士学位论文全文数据库,2007年。

股东资格并享有股东权利,但该种主张不得对抗第三人;在完成工商变更登记后,即产生对抗第三人的效力,受让人取得完整的股权。股权转让的效力就是通过这些行为的完成而不断完整的。因侵权行为而发生的转让行为自始无效,除非被侵权人自身存在严重过失。

（二）公司变更登记法律效力的理论学说

我国新《公司法》第 33 条第 3 款规定:"公司应当将股东的姓名或者名称及其出资额向公司登记机关登记;登记事项发生变更的,应当办理变更登记。未经登记或者变更登记的,不得对抗第三人。"此外,依据《公司登记管理条例》,有限责任公司股东的姓名或者名称是公司登记事项之一。股权转让必然导致有限责任公司股东的变更,根据上述条例也是必须办理工商变更登记的。该《条例》第 35 条第 1 款作出了更为具体的规定:"有限责任公司股东转让股权的,应当自转让股权之日起 30 日内申请变更登记,并应当提交新股东的主体资格证明或者自然人身份证明。"同时,该条例在 2005 年的修改中还加入如下规定:"有限责任公司的自然人股东死亡后,其合法继承人继承股东资格的,公司应当依照前款(第 35 条第 1 款)规定申请变更登记。"明确了基于继承发生的特殊股权转让亦须办理工商变更登记。该《条例》第 73 条规定:"公司登记事项发生变更时,未依照本条例规定办理有关变更登记的,由公司登记机关责令限期登记;逾期不登记的,处以 1 万元以上 10 万元以下的罚款。"但股权转让是否在办理公司变更登记后才发生法律效力,法律并没有明文规定。

与股东名册变更登记法律效力的讨论相比较,关于工商变更登记对股权转让之法律效力的讨论更为激烈,学界亦形成两派观点。

第一种是生效主义。该观点认为,非经工商变更登记,股权变动不生效力。"股东的股权产生于工商设立登记,在法律上,以登记获得的权利通常都以登记形式转移,因此,股权转让当然也应以变更登记为要件,这实际是物权转让登记的公示力、公信力的要求。"[①]因此,即使股权证书已经交付与受让人,公司也完成了公司股东名册的记载,受让人已经在公司享有并行使股东权利,但由于尚未完成工商登记,转让股东(原股东)仍为法律意义上的股东。

第二种是对抗主义。该观点认为,是否办理工商登记,解决的是股权转让是否能够对抗第三人的问题,未经登记不得对抗善意第三人,但是股权转

---

① 赵旭东主编:《公司法学》,高等教育出版社 2003 年版,第 304 页。

让本身的效力判断并不依赖于工商登记。"所谓对抗效力,仅指公司经由公司登记机关将股权变动的信息披露给社会公众,并推定社会公众知道或者应当知道这些披露信息。如果股权转让合同成立且股权交付后,公司怠于前往公司登记机关办理股权转让手续,合同自身的效力和股权变动的效力并不因此受到影响,只不过股权转让双方不能凭转让合同或者公司股东名册对抗善意第三人而已。"①

我们赞成对抗主义的观点,主要基于以下理由:第一,股东名册变更登记才是股权变动生效要件,相关内容已在上文加以论述。第二,符合新《公司法》的规定。我国新《公司法》第33条第3款明确规定,工商登记事项发生变更的,应当办理工商变更登记,未经变更登记的,不得对抗第三人。第三,符合工商登记对股权变动的公示性效果。公司登记是政府行政管理中一项重要的职能。公司登记,一是确认公司法人主体资格;二是便于向社会公众公示公司的有关情况;三是便于政府对公司的监督管理。公司登记的功能,既可以是设权性的,也可以是公示性或者说是证权性的。股权转让的变更登记应属于公示性或证权性的登记:(1)股权转让是转让人和受让人之间合意的结果。当事人之间通过协议确立了股权转让的权利和义务,即便需要经过公司股东会同意,也是股东和公司之间的关系,股东资格也是公司予以确认的。股权转让变更登记并非行政授予行为,股权亦非行政授予。(2)行政部门对于股权转让具有消极登记义务,仅对股权转让行为进行形式审查,如审查是否有股权转让协议等,对形式合法的行为必须予以登记,不得将自己的意志强加于当事人,登记机关既没有权利对申请登记的实质权利义务内容进行调查,也无权对当事人之间的法律关系进行变更;行政部门无权对股权转让所生争议作出裁决,而应作为民事争议交有权部门处理后再行登记。(4)工商行政管理机关作为登记主管机关,依法对股东变更申请进行审查批准并予以登记,实质上是在公司外部而产生的一种行政法律关系,体现出行为的客观性、公正性和权威性,公司变更登记的目的是为了将股权转让这一事实及新股东姓名或名称等告之于社会公众,以便于公众了解公司股权的基本状况,具有一定的公信力和公示力,可以起到保障交易安全的作用。②

---

① 参见刘俊海:"有限责任公司股东权转让若干问题研究",载奚晓明主编《中国民商审判》(第1卷),法律出版社2003年版,第316页。

② 参见李洪堂:"论股权变更登记对股权转让效力的影响",载奚晓明主编《中国民商审判》(第1卷),法律出版社2003年版,第52页。

(三) 案件中的疑难问题

通过对北京市的审判实践进行分析,可以看出因股权转让合同所引起的纠纷中,许多情况都与股权变动登记有关:有股权受让人为实现股权转让合同目的、完整掌握股权而要求进行股权变动登记的;有股权转让合同一方以股权未进行变更登记为由要求确认转让合同无效的;有因股权未进行变更登记、转让人恶意向多方转让,而导致多方对股权归属发生争议的……这些问题的结论对于股权转让合同双方、公司以及第三人的权益都会产生直接和重大的影响,而就我国公司法的规定来看,涉及股权登记的条款寥寥无几,并不足以解决实践中的诸多问题。在审判实践过程中,各地法院就股权转让过程中所涉及的上述问题的处理方式各不相同,影响了司法的统一和权威,造成相关利益主体在进行交易的时候难以达成合理预期,争议发生的时候也难以采取合理的维权措施。而主要的难点集中在股权登记是否对于股权变动有影响,其对于股东资格的认定在法律上的意义何在。

(四) 法官的判断与裁决

法院在审判过程中可做如下考量:股权转让的工商变更登记,是对股权转让效力的进一步确认和巩固,补充和增强了股权转让的效力;同时也是对股权转让效力的进一步扩展和延伸。工商变更登记后,股权转让产生了对抗公司外部第三人的效力,但对股权转让的实质效力并无影响。在进行公司变更登记前,股权转让的效力发生于股东之间、股东与公司之间,对善意第三人不发生效力。善意第三人在不知道或不应当知道的情形下,以未进行变更登记的注册事项为依据与公司产生交易或发生其他关系,公司或股东不得以股权已转让为理由拒绝履行其义务,否则善意第三人可对公司或股东主张权利。公司作为变更登记的法定义务者,应当及时办理变更登记手续,如未及时履行变更义务而给第三人或受让人造成损失,应当承担责任[①],此外还可依据我国《公司登记管理条例》第73条,由公司登记机关责令限期登记,逾期不登记的,处以1万元以上10万元以下的罚款。司法实践中,工商行政部门对公司股东的登记材料可以作为证明股东资格并对抗第三人的表面证据,相反,第三人也有权信赖登记材料的真实性,即使登记有瑕疵,按照商法外观主义原则,第三人仍可认为登记是真实的,并要求所登记的股东按登记的内容对外承担责任。

[①] 参见赵军伟:"有限责任公司股权转让效力研究",载中国知网优秀硕士学位论文全文数据库,2007年。

(五) 典型案件列举

在北京市丰台区人民法院(2005)丰民初字第11881号民事判决书中上述观点就得到了很好的诠释:原告马福仙诉被告北京京大昆仑房地产开发有限公司(京大公司)、被告北京旺泰房地产开发有限公司(旺泰公司)股东权纠纷一案,在该案中被告京大公司在未征得原告同意的情况下,假冒其签名并召开股东会将原告所持股份转让给旺泰公司,并在工商机关进行了相应的股权变更登记,致使原告丧失了股东主体资格,原告诉求的第三项即要求确认其京大公司合法股东的身份。丰台区人民法院在审理过程中就针对工商行政部门的变更登记的效力做了着重探讨,该院认为公司注册登记的功能主要是政府对进入市场交易的市场主体资格进行审查,以减小市场交易的整体风险,其内容因其公示性而对相对人具有确定的效力。由于公司注册登记是公司成立的法定程序,公司成立登记客观上具有使出资人成为股东的设权性效果,但工商行政部门对公司股东的登记本身并无创设股东资格的效力,其本质上属于证权性登记,只具有对善意第三人宣示股东资格的证权功能。工商行政部门对公司股东的登记材料可以作为证明股东资格并对抗第三人的表面证据,相反,第三人也有权信赖登记材料的真实性,即使登记有瑕疵,按照商法外观主义原则,第三人仍可认为登记是真实的,并要求所登记的股东按登记的内容对外承担责任。因此,工商行政部门对公司股东的登记在股东资格认定时具有相对优先的效力。[1]

在处理公司内部关系的时候,法院则倾向于另外一种解决思路:在北京市第二中级人民法院审理的元发公司、陈元法因股权纠纷一案不服顺义区人民法院民事判决上诉案中[2],被上诉人马仁增在一审中称上诉人陈元法在未通知其参加股东会的情况下,伪造其签名"炮制"股权转让协议和股东会决议,并依据上述股权转让协议及股东会决议到工商部门申请变更登记,变更后公司的股东为陈元法、徐业本、冯立民三人。法院在判决中肯定了被上诉人的股东合法地位,该院认为股东会决议、股权转让协议书均是在未经被上诉人同意的情况下,冒用其名义所签署的,不代表其真实意思表示,上诉人据此受让股权,公司据此办理股东变更登记手续,侵犯了被上诉人合法权益,故其有权请求确认其合法股东资格。

---

[1] 参见北京市丰台区人民法院(2005)丰民初字第11881号民事判决书。
[2] 参见北京市第二中级人民法院(2005)民终字第11268号民事判决书。

第十一章　股(权)份回购请求权案件研究

2006年1月1日施行的我国新《公司法》经修改新增了第75条和第143条两个法律条文分别对有限责任公司回购公司股权和股份有限公司回购公司股份作出了相应规定。其中,第75条规定的股权回购请求权在学界又被称为异议股东评估权(appraisal right for dissent shareholders)[①],主要是针对有限责任公司之封闭性特征,为避免大股东、控股股东或者实际控制人对中小股东的经营锁定(management lock-in),借鉴英美公司法的实践成果而设立的一项制度。而对于股份有限公司来说,股份回购请求权则是作为允许股份回购的一种特殊情形来进行规定的。受大陆法系公司法之资本三原则的传统思想影响,公司不得回购自己的股份,这是一般原则。同时受资本缓和趋势的影响,法律上又规定允许公司进行股份回购的几种特殊情形,股份回购请求权就是其中的一种,我国《公司法》第143条第1款第4项"股东因对股东大会作出的公司合并、分立决议持异议,要求公司收购其股份的"就属于这种立法处理。由此可见,对于有限责任公司来说,股权回购请求权是以一条完整的法条这种形式来进行立法规定的,而对于股份有限公司来说,股份回购请求权则是规定在股份回购制度当中。换句话说,根

---

① 也有的学者称之为异议股东股权收买请求权,参见王保树、崔勤之著:《中国公司法原理》,社会科学文献出版社2006年版,第76页。还有的学者称之为异议股东股份价值评估权,参见张民安著:《公司法的现代化》,中山大学出版社2006年版,第376页。

据我国公司法的规定,有限责任公司的股权回购只能来自于相应的请求权,而股份有限公司的股份回购并不必然来自于相应的请求权。针对以上立法修改的情况,北京市法院系统认真组织学习和贯彻实施,要求市属各级人民法院严格把握立法修改的精神,注意发现和分析实践中出现的新情况和新问题,结合公司法的修改提出调查研究意见,不断丰富和发展公司法审判实践的成果,确保公司法理论和审判实践的良性互动,进一步推动社会主义市场经济的健康发展。经过两年多的新公司法审判实践,北京市法院系统认真总结和研究了涉及股权(份)回购请求权的案件,结合我国新《公司法》第75条和第143条的相关规定以及国外股份回购请求权的相关立法和司法情况,探索进一步丰富和发展我国公司立法和审判实践的途径和方法。

一、股权(份)回购请求权案件的审判实践分析

我国新公司法施行以来,截至本章成稿之日,北京市法院系统审理的股权(份)回购请求权案件数量较少,总共只有3起,其中一起的被告还并非公司法上的有限责任公司和股份有限公司,而是一家股份合作型企业。因此,公司法意义上的股权(份)回购请求权案件只有2起,且这两起案件的被告在法律主体上都属有限责任公司,也就是说这2起案件都属股权回购请求权纠纷。之所以这类案件数量如此之少,笔者总结认为一方面原因在于股权(份)回购请求权属于公司法修改才从外部引入的一项新制度,自然有一个逐渐为社会各界所熟悉和掌握应用并不断发展完善的过程,另外一个更为重要的原因还在于,此类案件从根本上属于公司治理问题,公司治理对于国人来说普遍有一个"和则两立,不和俱伤"的心理遵从,一般人不会心甘情愿地从一个公司的"经营锁定"的局面当中全身而退,除非该公司经营前景不为退出股东所看好,否则面对一个市场看好尤其是股东看好的公司,一般来说股东都不太愿意援用回购请求权来全身而退,而更偏好启动司法解散诉讼来搅局。从法社会学的角度考量,对于一个投资者来说,投资的商业机会肯定比资本本身更为重要,退出投资则意味着商业机会的放弃,在投资者之间这场没有硝烟的战争中谁也不会轻言失败。正是因为这些因素的影响,回购请求权一般会被视为无奈之举,请求者也往往是以一种失败者的心理来进行主张的,他们坚信丧失经营话语权则意味着公司控制权的失守,既

然公司的人合基础发生动摇,资合也就显得无足轻重了,皮之不存,毛将焉附?无论公司制度朝着现代化的方向如何发展,总难逃脱人性的藩篱。

　　针对法院审理的这两起股权回购请求权案件,我们仔细分析,从原被告的基本特征来看,其中一起案件的原告为两个自然人股东,另一起案件的原告则为一公司法人股东,而两起案件的被告都是有限责任公司。对于两起案件的原告来说,无疑他们都是被公司经营管理决策权力边缘化的一方,也是公司信息处于绝对劣势的一方,他们的股东知情权都受到严重侵犯,但是他们都未就股东知情权受侵犯提起诉讼,究其原因可能还是受到"能忍则忍"思想的主导,不到万不得已不愿提起诉讼。根据案件的基本情况我们还不难看出,两起案件的被告都是封闭性较强的小型有限责任公司,没有形成有效的公司治理制度,公司的治理更远未规范化、制度化和科学化,由此带来公司经营管理的人为性和随意性较强。但是从资本的决策效率来说,这种小型有限责任公司的决策成本较低,也正是由于决策程序的简化和集中,它对资本背后的人合性要求较高,一旦人合的基础破裂,随之而来的便或是公司僵局、或是股东退出、或是走上请求司法解散的诉讼之路。因此,从原被告的基本特征分析,我们也可以从一定意义上认为,在公司股东人合基础并未破裂时,即使股东间对公司合并、分立、转让主要财产有异议,异议股东也并不一定会主张股权(份)回购请求权,主导该项请求权诉讼的根源并非商业判断的意见相左,而是公司控制与反控制这一组矛盾不可调和的产物,这一结论对进一步完善公司法的股权(份)回购请求权制度具有指导性意义。

　　从基本法律关系结构来看,毫无疑问,法律关系的主体一方总是异议股东,而且肯定是中小股东,而另一方总是公司,其中又以有限责任公司居多,盖因有限责任公司相对于股份有限公司尤其是公众持股公司对人合性的要求更为强烈。法律关系的客体集中体现为异议股东所持有的股权(份),而法律关系的内容核心则在于请求权。值得一提的是,股权(份)回购请求权从权利性质来说并非民法上的请求权[1],民法上的请求权是派生性权利,其产生方式要么作为基础性权利效力而产生要么则作为基础性权利的救济权

---

[1]　民事权利依其作用可划分为支配权、请求权、形成权和抗辩权。请求权是能够请求他人实施一定给付的权利。请求权有如下特征:(1)权利利益须通过义务人的给付方能实现;(2)权利作用体现为请求,而不是支配;(3)权利效力的非排他性;(4)权利效力的平等性。参见张俊浩主编:《民法学原理》,中国政法大学出版社1997年版,第76—77页。

而产生,股权(份)回购请求权并无相对应的民法上的基础性权利依据,而只能是来源于公司法对股东权的特别规定,因此股权(份)回购请求权的权利性质是公司法上的请求权,不能援引民法上关于请求权的一般规定,也就自然不能援引民法上关于抗辩权即能够阻止请求权效力的权利的一般性规定。

从诉讼的主要争论焦点来看,两起案件都集中在原告是否依法享有股权回购请求权这一问题上。其中一起案件被告公司因合并到另一公司在一审审理过程当中被工商部门注销,一审法院据此认定被告公司丧失诉讼主体资格,因此裁定驳回起诉。这就产生一个问题,原告若是坚持起诉被告公司,被告公司确实又丧失诉讼主体资格,原告若起诉合并后的新公司,但我国《公司法》第75条并未规定承继公司负有回购义务,况且承继公司已向被承继公司支付了股权对价,如果按照法律主体的承继关系简单认定承继公司应当负有回购义务,对于承继公司来说无疑意味着将要支付额外的对价而显失公平,且被承继公司还似有不当得利之嫌,即使承继公司再从法律程序向有关主体主张不当得利行得通,也不免极为麻烦,这种法律程序设计显然也是不计成本的,果真如此当为不妥。另外一起案件的原告则未参加股东会,自然也就谈不上对相关决议投反对票,而实际上被告公司转让公司主要财产都是控股股东单方而为,也并未召开过股东会进行讨论决议。因此,原告不主张撤销股东会决议而主张股权回购请求权显然会遇有程序障碍,法院认定适用我国《公司法》第75条的前提必须是参加股东会并对相关决议投反对票,因此裁定驳回原告的起诉。

二、股权(份)回购请求权的相关理论与实践

(一) 基本概念

本章的研究严格基于以下概念平台的建构。

股权与股份:股权是指公司法规定的有限责任公司股东对公司的出资及基于出资而享有的各项权利,此处主要指出资本身;股份是指公司法规定的股份有限公司股东所持公司的等额股份。之所以如此是因为在我国公司法上,股份或者股票这一对概念从属于股份有限公司,有限责任公司则并无这两个概念,而是采用出资、股权或股权证书这类大陆法系公司法的区别概

念做法。但是在美国,由于各州并无股份有限公司与有限责任公司之区分,所以也就没有以上概念的区分,而一概称之为股份和股票。

股份回购:是指公司依照法律规定从公司股东处购买回公司自己股份的行为,针对我国公司法的规定而言就是指股份有限公司依照《公司法》第143条之规定向公司股东买回公司自己股份的行为。

股份回购请求权:是指法律规定股份有限公司股东在公司的特定交易中因反对该交易而享有的请求公司买回自己所持公司之股份的权利。针对我国公司法的规定而言就是指依照《公司法》第143条第1款第4项之规定,股东因对股东大会作出的公司合并、分立决议持异议要求公司收购其股份的权利。

股权回购请求权是指法律规定有限责任公司股东在公司的特定交易中因反对该交易而享有的请求公司买回自己所持公司之股权的权利。针对我国公司法的规定而言就是指依照《公司法》第75条之规定,当公司连续5年不向股东分配利润,而公司该5年连续盈利,并且符合本法规定的分配利润条件,或者当公司合并、分立、转让主要财产,或者当公司章程规定的营业期限届满或者章程规定的其他解散事由出现,股东会会议通过决议修改章程使公司存续的,对股东会该项决议投反对票的股东可以请求公司按照合理的价格收购其股权。

异议股东评估权,是指在特定交易中,法律赋予对该项交易持有异议的股东请求公司以公平价格购回其股份的权利。该项制度起源于美国,我国公司法修订时加以引进,具体体现为《公司法》第75条之股权回购请求权和《公司法》第143条第1款第4项之股份回购请求权。

(二)股份回购理论与实践

1. 股份回购的价值取向

我们先来分析为什么会有禁止公司进行股份回购的立法?一个显而易见的原因是公司回购自己的股份则意味着公司资本事实上的减少,公司设立时的资本信用基础自然因此产生动摇,债权人往往作为信息劣势的一方容易受到损害。另外从社会层面予以考量,因为公司回购股份自由存在,交易相对方必然要随时警惕公司资本的事实状态,从而要为此付出相应的信息费用,社会商事交易可能会由此带来交易成本加大、交易风险增加,总体上威胁到社会商事交易安全。同时从逻辑上予以考虑,公司由于回购从而持有自己公司的股份,在这个交易当中公司兼具双重身份,容易产生许多弊病,比如,公司可能会借助股份回购行为来操纵自己公司的股份价格或者进行内部交易,如果允许其自由进行会造成交易不公平的机会,公司董事也可以趁机借用回购公司股份操纵公司从而巩固自己的地位。另外,公司自由选择回购自己公司的股份会因选择对象的差别对待从而排挤个别股东,比如不同股东实行不同的条件和价格等。① 但是尽管如此,公司的实践也证明,股份回购确实能够在企业经营中发挥重要的经济功能,当公司流动资金量较大时适当回购公司股份也能迅速提高公司股票价格,既可以调节资金平衡市场,也可以适当采用员工持股计划来激励员工的工作激情。也有的公司通过股份回购安排来实现公司融资功能,避免公司向银行融资所需的担保限制,等等。由此制度的选择总要面临利弊的权衡和价值的取向,甚至是一个历史时期、社会阶段的政策导向。

  世界各国对股份回购制度的不同规定归根结底在于对资本制度的不同认识。一般来说,大陆法系国家较为重视法律概念的形式逻辑,对公司法人制度有着较高的要求,强调保护债权人利益,通常建立起公司资本确定、维持和不变的资本三原则,信奉较为严格的法定资本制度。而英美法系国家尤其是当代的英美法系国家较为重视法律的实用主义,对公司法人制度的建构没有较强的概念偏好,相反却较为重视如何有效地、最大限度地扩张资本的功能,为此常采用授权资本制,与此同时建立库藏股(treasure shares)制度。值得注意的是,在早期公司法中,各国普遍对于股份回购的态度都是禁止的,后随着社会经济的发展变化各国的立法态度才不断出现调整。对于公司的私益性来说,资本的渗透性是与生俱来的,资本本身对其伸缩张弛有着较强的市场灵敏性,假使无外在力量的控制和监管,资本是自由自在的。但公司还有其公益性,因此反应在公司法上其中之一便是对资本的若干限制。随着经济全球化的不断发展,各国普遍加快了对公司立法的调整步伐以适应本国公司参与世界经济竞争的需求。有学者据此认为,"公司法之根本目的在于如何顺应时代之变化,调和公司之私益性与公益性之冲突,以缓

---

  ① 北京市法院审理的三起涉及股权(份)回购请求权案件当中,其中一起虽然被告是非公司法意义上的公司,而是股份合作制企业,而且也并非严格意义上的涉及股权(份)回购请求权案件,但是其中原告主张的权利依据就是该股份合作制企业针对不同持股人按照不同价格进行回购,以达到排挤少数股东的目的。因为在股份合作制企业设立时的资金情况随着公司经营迅速发展已发生根本性改变,少数持股人已经被企业经营权力逐步边缘化,这种过河拆桥、卸磨杀驴的做法当然在道德上处于绝对的劣势,但在公司控制权争夺中似乎司空见惯。对此,我们很自然会问,公司法规范是否应当介入一般道德评价? 如何介入?

和两者之间二律背反的紧张关系,并寻求公司自治与公司监控之竞争性平衡"。[1] 但是,限于各国的国情不一,各国立法调整的步伐也有快有慢。有的步伐快一些,原则上允许自由回购;而有的步伐则相对要保守一些,允许有条件的股份回购。

2. 股份回购的立法选择

正如上面所提到的,不同国家因为具体国情的不同,对股份回购的立法选择也呈现各异。一种以美国为代表,规定公司可以自由回购自己的股份。美国在《标准商事公司法》(Model Business Corporation Act,简称 MBCA)中规定,公司可以获得自己的股份,这种获得的股份成为授权但尚未发行的股份。[2] 英国在 1981 年之前,一般情况下,公司只能回赎或者回购其优先股份,1981 年之后法律允许公司回赎或者回购任何种类的股份。[3] 另一种采取原则禁止,例外许可。这种模式以大陆法系国家为主,如日本,在 1990 年以前其商法典仅将公司持有自己股份的例外限定为四种情况,即(1) 为了销除股份;(2) 为了合并或者受让其他公司的全部营业;(3) 公司行使权利,为达到其目的而有必要;(4) 股东请求收购股份。1994 年日本商法修正,增加了三种情况:(1) 为了向董事和其他使用人转让股份,其目的是为了推行员工持股计划;(2) 股东大会年会决议销除股份;(3) 在封闭公司中,股东死亡时,依照事先达成的协议,可由公司受让该股份而临时持有。1997 年又增加了两项:(1) 为了实行董事、使用人的期权;(2) 基于股份销除程序条例法。2001 年《日本商法典》再度修改,该法第 210 条规定,公司在收购自己股份时,除了本法另有规定外,须有股东大会年会的决议。[4] 我国台湾地区 2001 年修正后的"公司法"增设了库存股制度,同时规定,公司不得自将股份收回、收买或收为质物,但同时又规定,公司得适法取得自己股份之情形如次:(1) 于股东清算或受破产之宣告时,得按市价收回其股份,抵偿其于清算或破产宣告前结欠公司之债务。(2) 收回公司所发行之特别股。(3) 收买公司自己股份以供转让与员工(员工库藏股)。(4) 应反

---

[1] 赖源河等著:《新修正公司法解析》,台湾地区元照出版有限公司 2002 年版,第 1—2 页。

[2] See MBCA §6.31(a): A corporation may acquire its own shares, and shares so acquired constitute authorized but unissued shares.

[3] See *Business Law*, Stephen Judge, pp. 198—256, *Registered Company*. 法律出版社影印本 2003 年版。

[4] 参见王保树:"股份公司资本制度的走向:从'资本维持原则'规制缓和中寻求真谛",载《中国商法年刊》(第 3 卷),西南财经大学出版社 2004 年版,第 42—43 页。

对股东股份收买请求权之行使而收买其股份。同时依"证交法"的有关规定,转让股份与员工,配合附认股权公司债、附认股权特别股、可转换公司债、可转换特别股或认股权凭证之发行作为股权转换之用,为维护公司信用及股东权益所必要而买回并办理销除股份者,这三种情形亦得买回公司自己之股份。除此之外,无偿取得、以包括之权利继受而取得、依减少资本之规定为销除股份而取得也自应容许。① 我国《公司法》修订后也在第143条中规定,"公司不得收购本公司股份。但是,由下列情形之一的除外:(一)减少公司注册资本;(二)与持有本公司股份的其他公司合并;(三)将股份奖励给本公司职工;(四)股东因对股东大会作出的公司合并、分立决议持异议,要求公司收购其股份的。"

3. 股份回购的原因

从总体上来说,公司由于其类型不同,相应的股份回购的原因也会不同。相对于公众持股公司(我国公司法并无这一概念,大致相当于上市公司)来说,封闭公司(我国公司法也无这一概念,大致相当于有限责任公司和中小型不上市的股份有限公司)由于不存在一个公开的股权或股份交易市场,所以希望退出公司的股东想要出售其所持股权或股份就不像上市公司股东那样可以较为自由地"用脚投票"。一般来说,可能存在的有兴趣的股权(份)买主或是其他股东或是公司自身。美国《示范商业公司法》(MBCA:Model Business Corporation Act)规定,如果公司章程中存在着股份买卖协议(buy-sell agreement),那么,按照该协议条款,出售股东或者只能将其股份出售给原有股东或者只能出售给公司自身。在某些情况,第三人(the third party)可能成为封闭公司股份的买主,如果这种股份反映了对该公司经营的实际控制。由于投资者或者参与者希望避免被公司投资锁定,大部分封闭公司都有股份买卖协议。② 因此,对于封闭公司来说,股权(份)回购的制度设计主要是为了保障少数股东的"退出权",毕竟面对控制股东的经营控制,少数股东的利益存在较大的行动风险③,当然法律赋予的仅仅是少数股东的选择权,并不当然引起退出的法律后果,只有当少数股东积极主张并条件成

---

① 柯芳枝:《公司法论》,中国政法大学出版社2004年版,第185—189页。
② See *The Law of Corporations*, Robert W. Hamilton, p.236, 法律出版社影印本1999年版。
③ 同上,p.237, "The right of 'exit' is particularly important to minority shareholders in a closely held corporation since otherwise their interest is largely at risk of actions taken by the controlling shareholders."

就时方可。而且事实上也有可能存在经营股东滥用回购权以谋一己之私利,这就涉及经营股东对其他股东违反信义义务(breach of fiduciary duty)的问题。比如在美国马萨诸塞州1975年的一起案例 Donahue v. Rodd Electrotype Co. of New England, Inc.①,经营股东以一个高涨的价格回购了其一个家庭成员所持有的股份,然而却以一个明显的低价回购了一个非家庭成员所持有的股份,后来法院认为在封闭公司中股东相互间负有信义义务,即使相互间存在竞争关系也是如此,经营股东如果在一项交易中没有明显的商业理由而倾向其中部分股东从而使其他股东不被公平对待,那么这项交易会被视为对其他股东信义义务的违反。对于公众持股公司来说,由于存在公开市场,公司回购股份的原因主要为建立员工持股计划以及股票期权计划、为消灭大股东权益而不至于影响股票市场、为收购其他公司或者通过股份回购安排实现公司融资等等。当然,公众持股公司在证券市场回购股份可能造成股票价格的波动,因此,其在公开市场回购股份须受到证券法的管制和证券监督管理机构的监管,我国证监会也就此发布了《上市公司回购社会公众股份管理办法》。

在世界其他各国的公司实践当中,股份回购可能主要基于下述原因进行:(1)与持有本公司股票的其他公司合并;(2)收购持有本公司股票的其他企业;(3)受让其他公司的全部营业;(4)减少资本;(5)建立员工持股计划;(6)建立股票期权计划;(7)在封闭公司股东死亡时依照买卖协议由公司受让;(8)少数股东异议评估权的行使;(9)股利分配以及其他诸如变相融资等原因。我国《公司法》第143条规定了四种回购的情形即减少公司注册资本、与持有本公司股份的其他公司合并、将股份奖励给本公司职工以及异议股东行使评估权,我国《公司法》第75条对有限责任公司异议股东评估权也作了专门的规定。需要明确的是,我国《公司法》第143条第3款专门对股份回购作了相关限制:(1)限制回购规模,即所回购的股份不得超过本公司已发行股份总额的5%。(2)限定回购资金,即用于收购的资金应当从公司的税后利润中支出。(3)限期转让回购股份,即所收购的股份应当在一年内转让给职工。同时,该条第2款还规定,公司因减少公司注册资本、与持有本公司股份的其他公司合并以及将股份奖励给本公司职工这三项原因收购本公司股份的,应当经股东大会同意,其目的是为了规制控股股

---

① See *The Law of Corporations*, Robert W. Hamilton, p. 237, §18.11 Corporate Repurchase of Its Own Shares, pp. 518—519。

东利用回购权操纵不当回购牟取私利或者大股东排挤少数股东争夺更大的公司控制权。

4.回购股份的地位

通观世界各国公司法的规定,一般来说,公司回购自己的股份在法律地位上主要有三种做法,即纳入库存股、作为已授权但尚未发行股份对待、限期转让或者注销。美国大多数州的法律规定,回购股份被纳入库存股(treasure shares),即公司将已经合法发行的股份进行回购并作为库存而持有股份。也就是说,库存股仅指发行公司回购的自己之股份,其在法律地位上尚属中间状态,这样的股份在法定的资本余额意义上被视为已发行的股份,但却不具有表决权,不能决定法定出席数额(quorum),也一般不能参与分配。我国台湾地区 2001 年公司法修订也建立了库存股制度。根据台湾地区法律规定,"公司适法取得之自己股份,并非当然消灭,如未予销除,则继续存续,公司并得将与让与人具有同一内容之股份(股东权)更为转让,受让人亦得继受取得之,此为众所公认。"[1]美国律师协会 2002 年第 3 版的示范商事公司法(MBCA)则规定,当公司取得自己股份时,这些股份便成为已经授权但尚未发行的股份(authorized but unissued shares),也就是说所回购的股份仍然可以像未发行的授权股份一样再次发行,当然如果公司章程限制除外,即所回购股份应当在授权资本中作出相应的折减。[2] 我国《公司法》第 143 条第 2 款规定,公司依照前款规定收购本公司股份后,属于第(1)项情形的,应当自收购之日起 10 日内注销;属于第(2)项、第(4)项情形的,应当在 6 个月内转让或者注销;属于第(3)项的,应当在一年内转让。即为减少公司注册资本而收购本公司股份的应当自收购之日起 10 日内注销;与持有本公司股份的其他公司合并和基于股东行使异议评估权而由公司收购本公司股份的,应当在 6 个月内转让或者注销;将股份奖励给本公司职工而收购本公司股份的应当在一年内转让给职工。由此可见,我国公司法受到大陆法系公司法的资本制度影响,由于未引入授权资本制和库藏股制度,公司所回购的股份应当在法定的期限内予以转让或者注销。此外,依据我国

---

[1] 柯芳枝:《公司法论》,中国政法大学出版社 2004 年版,第 189 页。

[2] See Model Business Corporation Act, §6.31(a). and (b). "A corporation may acquire its own shares, and shares so acquired constitute authorized but unissued shares." "If the articles of incorporation prohibit the reissue of the acquired shares, the number of authorized shares is reduced by the number of shares acquired."ⓒ 2003 by the American Bar Foundation.

《公司法》第104条之规定，公司持有的本公司股份无表决权。而且公司这种持有并非真正的持有，只不过法律上给予公司一个办理转让或者注销的合理期限，因此公司持有本公司的股份当然也不得参与利润分配和剩余财产的分配。对于公司在持有自己股份的期间，该股份表彰的股东权，将处于何种地位？我国台湾地区多数学者认为这时候股东权还是属于全面存续①，只不过处于休止或停止的状态，即休止说。该说的理论根据是，由于公司系法人，因此，其前提必须有公司以外的构成成员的股东存在，公司成为自己的股东，同时并成为自己的构成成员，这在理论上乃不可思议之事。从而，公司纵取得自己的股份，亦不能成为自己的股东，只是公司仍取得股东权，股东权处于休止或停止的状态，其行使受限制而已。当公司将其股份转让给第三人时，其所受之限制即告解除。受让人得继受取得与让与于公司之股东具有同一内容的股东权。

（三）异议股东评估权理论与实践

1. 基本理论背景

异议股东评估权制度源于美国，在20世纪初期是作为缓和（liberalize）股东对基础交易（fundamental transaction）的通过规则所创立起来的②，后逐渐成为现代公司法的一项基本制度逐渐为各国公司法所仿效。在美国公司法的历史上，19世纪时期公司立法要求，对于基础交易通常要求一致同意（unanimous consent），后来随着商业文明的不断发展，商业信息量急剧增加，人们对商业信息及其相关价值的判断逐渐呈现出多元化和复杂化，往往很难就一项基础交易达成完全一致的看法，如果依然坚持"一致同意"这条底线不动摇，势必使得许多商业决策无法付诸实施，公司也可能因此坐失一些商业良机，怎么办？毫无疑问，如果一旦一项旧的规则已经束缚了资本的自由和效率，那么也就意味着会即将产生一项新的规则取而代之，这已经为实践检验和证明了是一条不变的规律。事实上，美国的公司实践便开始发展出一条新的规则，即允许一个小的少数反对由大多数同意提出的一项决议，而并不要求一致同意，这样，许多基础交易便能在股东那里顺利获得通过从而付诸实施。但是这样一来，对于那"小的少数"来说，他们的反对意见无疑不为交易所重视。客观地说，并非大多数同意就意味着那是真理即交易是

---

① 柯芳枝：《公司法论》，中国政法大学出版社2004年版，第189页。
② See *The Law of Corporations*, §20.11 The Right of Dissent and Appraisal, Robert W. Hamilton, p.550, 法律出版社影印本1999年版。

正确的,真理还往往掌握在少数人手中,况且还有可能出现控股股东挟持的现象,因此,为了平衡和救济在基础交易当中投反对票的股东的权利,允许这部分异议股东享有以一个评估价(appraised price)卖出相应股权的权利。而随着公司法的发展,这项救济制度在今天则主要是作为确保控股股东提供一个公平的价格(fair price)以使得小股东能够获得现金退出。美国各州立法逐渐给予特定交易的异议股东通过一个司法程序获得相应股份的评估价值。由于异议评估权完全属于立法的创设,因此,一般来说,它仅当法律有明文规定时方可援用,即评估权具有法定性。进一步地说,不是任何情况下股东都享有评估权,评估权的适用范围必须要有法律的明文规定,而且只有在特定的交易中(certain types of transactions),股东才能够享有该项权利。但是,对于英美法系来说,由于判例法的传统,也有一部分案例并无法律的明文规定,而是由富有创造性的法院自己创设类似评估的救济。[①] 虽如此,总体来说,评估权仍然很明显具有法定性,既包括其适用范围的法定性,即在什么情况下股东才享有评估权? 也包括其权利行使的法定性,即股东须依照法定的程序行使评估权,如果不依照法定的程序比如相应的告知和通知程序,就会导致评估权的丧失。之所以要确立评估权的法定性,其目的是在于规制股东撤资须严格控制在法律明文规定的范围之内,否则公司股东滥用评估权随意撤资,公司恐难以维系。我们都知道各国公司法的一个基础理论就是公司股东原则上不得抽回或者变相抽回注册资本,为此我国刑法还专门规定了"抽逃注册资金罪"予以严厉打击,如果不对评估权严格限定在法律明文规定的情形内,则股东任意撤出公司,必然动摇公司的资本信用基础,即使有第三人承继,对于公司这一主体来说,回购股份所需承担的现金压力往往也是较大的,这样显然也是不利于公司的稳定运行,不利于商事交易秩序的巩固和发展。

  评估权的法律设置最终是要通过公平价格来实现,即通过法定的程序来实现对股东股份价值的公平评估。如果异议股东的股份价值得不到公平评估,很显然这项制度的设置就背离了其创设初衷。公司发生基础交易时,为实现交易的顺利进行,对股东会持异议的股东法律授权其可以选择评估股份价值退出,从而换来基础交易在股东会的通过。因此对异议股东股份

[①] See *The Law of Corporations*, § 20.11 The Right of Dissent and Appraisal, Robert W. Hamilton, p.550,"In a handful of cases, however, innovative courts have created appraisal-type remedies in non-statutory situations."

价值的公平评估就显得非常重要。法律规定异议股东可先与公司协商,如果协商成功,双方最终自愿达成回购价格的一致协议,这种自愿协商下的自由处分应当被视为意志充分自由的结果,当然可以看做价格公平。如果双方协商最终达不成一致的收购价格,那么就只能通过相应的诉讼程序由司法确定。但是如果异议股东选择了法律赋予的评估权后,与公司协商发现达不成一致的收购价格,这时异议股东是否有权提起公司基础交易行为无效或者撤销的诉讼?这就涉及一个基本的法理问题,即法律的禁止反言原则,法律不允许民事主体推翻自己在自由意志下的意思选择,这是很容易理解的问题。同时,从反面来看,如果允许异议股东在选择评估权后又提起公司基础交易行为无效或者撤销的诉讼,那么意味着评估权制度的设立纯属徒劳,显然法律不会允许这样的"搅局",民事权利的保护和交易秩序的维护同等重要,至少法律不允许因为保护一方民事主体之权利而肆意破坏交易秩序,否则其带来的社会危害是不可估量的。也就是说,评估权制度规定,有权行使评估权而从公司获得相应股份现金对价的异议股东不得再次对引起其评估权行使的公司基础交易行为提出异议,通俗地理解,法律规定已经安排了公司对异议股东的异议进行买单,异议股东接受了公司的买单只不过法律规定买单的具体细节双方再详细协商,先通过公司对异议买单获得基础交易的顺利进行,否则有可能使商事交易机会稍纵即逝,不可能等到所有买单细节都谈妥了以后再来进行商事交易,这样做岂不愚蠢?

通观评估权的产生及其发展,对异议股东的评估救济毫无疑问具有明显的积极意义,但也不可否认,毕竟法律对评估权的设置属于一项妥协的产物,即支持基础交易的多数股东向反对基础交易的少数股东妥协,当然也可以看做是交易安全向交易效率进行妥协。早先对于基础交易所要求的"一致同意",其功能之一就是为了保障股东对基础交易的安全性之权利预期,后来面对社会的发展,法律调整为允许对基础交易的"少数异议",张扬的便是商业成就对资本效率的要求。透过此点的观察,我们可以清晰地看到法律调整方向的变化主线。但是,法律调整的所有预期是否都能完全如愿,使得参与法律博弈的各方都能从中获得满意的结局?事实上是很难的,如同其他许多妥协产物一样,这种评估救济也是有可能使双方都不满意的。对于那些支持基础交易的人来说,评估权的存在仍然意味着某种不确定性,而且为获得股东对基础交易的通过从而对异议股东进行买单所支付的大笔资金,对于存续公司来说,如果异议的股东人数太多的话,这笔资金的压力可能会拖垮公司的预期商业目标。对于异议股东来说,这种救济措施由于评估救济法律太过于严格,程序又非常复杂,同时如果通过诉讼方式来解决,为确定股份价格又需付出不菲的代价。Hamilton 在其公司法著作中指出,"法定评估权救济环绕着精致的法定程序,如果这些程序没有被精确地遵循,那么评估权就有可能会丧失。"① 他还进一步指出,在早先,评估权制度的设计是为了使异议股东有权异议评估,当时是有积极意义的,但在今天,对于那些不小心的、麻木的(frozen-out)股东来说,这也可能是一个陷阱,因为如果他们一旦没有遵守法定的通知和其他要求就会丧失异议评估权。②但不管如何,评估权的法律设置毕竟为基础交易打开了一条方便之道,最后又发展形成了遏制控股股东对小股东经营锁定的一个不错的法律安排。

2. 适用程序

正如上面所提到的,异议股东评估权的适用程序是非常复杂的,究竟如何复杂? 首先是对基础交易(fundamental transactions)的界定。何谓基础交易? 一般来说,这些基础交易之所以本来需要股东的一致同意,就是因为它会导致公司发生根本性改变或者结构性改变。比如,公司合并可能会导致一个或者一个以上公司消灭、变更或者新设,很明显,诸如这一类的重大变化股东不可能熟视无睹,因为他们的利益将可能受到重大影响。Clark 教授曾指出,"如果我购买了一家法律出版公司的股份,我可能不会希望在一天早晨醒来时竟然发现,我所选择股份的公司已经被并入一家电视转播公司,而该公司的收益不再是源于公司所出版的法律书籍,而是来自于所播放的电视节目。此时,我的公司股份所代表的利益已经不是法律书籍的出版业务,而是完全不同的商事事业。"③ 如果仅仅是一般性交易所带来的一般性变化,这属于正常的商业交易现象,法律既没必要也不可能介入这些纷繁复杂的一般性交易当中去,那纯属公司自己的商业判断和商业机会的选择,为公司正常之营业。当然,异议股东享有评估权的一个基本前提是该股东对所发生的基础交易享有表决权,如果股东对所发生的交易无表决权,自然也就不能享有评估权。对于基础交易的具体规定来说,不同国家的法律对此

---

① See *The Law of Corporations*,§ 20.11 The Right of Dissent and Appraisal, Robert W. Hamilton, p551,"The statutory appraisal remedy is surrounded by elaborate statutory procedures and right may be lost if these procedures are not precisely followed." 法律出版社影印本 1999 年版。

② Ibid,"...however, they tend to be a trap for the unwary frozen-out shareholders, who may well lose his right of dissent if mandatory notice and other requirements are not complied with."

③ Robert Charles Clark, *Corporate Law*, Little, Brown and Company, 1986, p. 444.

认识会有所不同。以 MBCA 为例①,主要有如下几种交易类型:第一,公司合并。具体又细分为普通合并、简单合并、吞并合并和三角合并以及事实合并几种,其中各自规定又有一些细微的不同。在普通合并当中,由于合并对合并各方的股东都会产生重大影响,对于消灭公司来说,如果其股东无评估权,那么他们则只能被迫接受存续公司的股份;对于存续公司来说,公司的股权结构、资金状况、经营范围也会因合并产生重大变化,因此,普通合并的异议股东评估权适用于各方公司的股东,既适用于消灭公司的股东也适用于存续公司的股东。在简单合并当中,由于是持有子公司 90% 以上股份的母公司合并掉子公司,公司董事会就可以通过决议将子公司并入母公司,而既不需要母公司股东会同意,也不需要子公司的股东会和董事会同意,由于这种合并不构成对母公司股东权利的实质性影响,但子公司的少数股东却最容易受到不公正的挟持,因此,母公司股东自然不享有评估权,而子公司股东法律赋予其享有评估权。在吞并合并中,由于合并后存续公司的章程不变,或者不发行新股,即使发行新股也不超过一定比例,这种交易对存续公司股东利益不会产生实质性影响,所以法律没有赋予存续公司股东评估权。但是,对于消灭公司来说,该种合并须经消灭公司股东会批准,对股东利益影响非常大,自然法律便赋予消灭股东享有评估权。在三角合并中,如果母公司组建一个全资子公司将目标公司并入子公司,目标公司股东获得母公司的股份,那么母公司股东不享有评估权,而目标公司股东享有评估权;如果同样的情况,但是是将子公司并入目标公司,那么,母公司股东依然无评估权,这时对于目标公司的股东来说,是否享有评估权则完全在于合并的形式,即是法定合并还是仅仅以股份换资产,前者享有而后者则不享有。在事实合并中,由于在交易目的和经济效果上和法定合并无甚区别,一般来说目标公司股东享有评估权。第二,公司分立。由于公司分立属重大交易事项,一般都需要股东会的同意,所以从评估权的设置宗旨出发,法律赋予异议股东享有评估权。第三,股份置换(share exchange)。第四,资产转让。第五,公司章程的修改。一般来说,此种评估权仅适用于种类股(class shares)或系列股(series shares)的股东。比如,在公司承担回购该类股份的权利义务的条件下,减少这些股份的数额,或者改变、取消股份的优先权等

---

① See Model Business Corporation Act, § 11.04 "Action on a Plan of Merger or Share Exchange" and § 11.05 "Merger Between Parent and Subsidiary or Between Subsidiaries" and § 13.02 "Right to Aappraisal",© 2003 by the American Bar Foundation.

等,这类股份的股东法律赋予其享有评估权。

除了上述对基础交易的判断和界定外,评估权的适用往往排除公众持股公司的股东,原因在于既然评估权最终是使得异议股东以一个公平的价格退出公司,那么公众持股公司的股东完全可以在公开市场出售其股份,从而实现与评估权行使异曲同工的效果,因此设置其评估权乃为多此一举。比如美国《示范商业公司法》(MBCA) §13.02(b)1 就规定了两种评估权的排除适用情况,一种是在 New York Stock Exchange 或者 the American Stock Exchange 或者被 National Association of Securities Dealers, Inc. 指定的其他证券市场系统上市交易的公司;另一种则是虽然没有第一种情况的上市交易,但是公司拥有至少 2000 个股东而且子公司持股和高管持股等在 10% 以下且公开卖出的股份市场价值在 2 千万美元以上的这一类公司,以上两种情况的公司异议股东均不享有评估权。但是,当公众持股公司董事或高级管理人员发生利益冲突交易,那么其股东依然享有评估权。此外,一些国家和地区为了平衡债权人和股东之间的利益关系,确立了股份回购请求权的豁免与转换机制,限制异议股东的股份回购请求权之行使。以加拿大为例,其商业公司法第 190 节第 24、25、26 款规定,如有合理理由相信将会存在以下两种情形之一,公司不得向异议股东支付任何款项,即公司目前或者在付款后无力清偿到期债务;在付款后公司资产可变现价值将少于其债务总额。但倘若如此,公司应通知所有异议股东,异议股东接到通知后,有权选择撤回异议,恢复股东权利;或者也可选择暂时保留公司股东资格,俟公司具有偿还能力再以受偿人身份求偿,如遇公司清算,则其受偿权优于股东而次于债权人。

明确哪些情况下适用评估权以及相应的排除原则后,接下来的问题就是如何具体适用评估权,即评估程序。正如上文中所提到的,异议股东评估权的程序较为复杂,一般来说其实现至少要经过包括告知、通知、寄存、协商和回购在内的五个阶段。对于一个公司治理科学规范的公司来说,公司股东会的召集、主持、举行以及股东会的议事规则、讨论事项、权限范围是明确的,公司的基础交易是必须经股东会同意。股东会的召开必须先行向所有股东进行通知,而且公司在召集股东会议讨论基础交易的通知中必须告知股东所享有的权利,说明将要讨论的基础交易可能产生股东异议。对于公司来说,向股东告知评估权是其法定的义务,目的就在于使股东了解该交易的性质以及对股东可能造成的影响,以便股东正确判断是否行使评估权。

如果公司在股东会召开前没有向股东告知评估权,股东可以按照法律规定主张股东会决议内容无效或者主张撤销股东会的决议。股东在接到包含有评估权告知内容的股东会议通知后,如果股东对将要讨论的基础交易持有异议,那么他必须在对该项交易进行表决前提出请求回购的书面意向通知。这种通知是异议股东的法定义务。MBCA 第 13.21 条规定,如果公司所决议通过的事项会产生持异议股东股份的评估权,则那些将要在公司股东会会议上反对此项决议的股东应当在公司召开股东会会议之前将他们反对此项决议的意图以书面形式通知所在公司。①《日本商法》第 349 条也规定,如果公司小股东反对公司为了限制股份的转让而对公司章程所做的变更行为,则他们应当在公司股东会会议召开前将自己反对该种变更行为的意见以书面形式通知公司。一般来说,公司对异议股东所持有的股份进行回购需准备足够的现金安排,法律之所以如此作出提前规定,一方面在于让公司有更多的时间去筹备现金,另一方面公司控股股东和高管人员深谙公司内部事务,对于他们来说,股东的投票表决不过是法律规定必须进行的程序而已,实际的投票结果在此前他们也就大多了然于胸,如此依然推进股东会会议表决,显然力图要追求资本的效率,同时也防止表决意图在小股东之间的相互影响,究竟法律这种提前安排与异议股东投反对票后再行通知请求公司回购所持股份两者之间孰优孰劣尚难以定论,可能与政策偏好和思维模式等密切相关,不过笔者认为,提前安排模式倒是非常适合中国国情,因为中国公司股东会决议的表决多半是程序使然,结果往往在表决前已然清晰,但是我国公司法恰恰规定与此相反。MBCA 第 13.21 条还规定,持异议的公司股东不仅应当提前将自己的反对公司所拟进行的特别交易行为的意图通知公司,而且还必须参加股东会会议并且在该种会议上投票反对该种交易。也就是说,即使异议股东在股东会召开前已经将异议通知书面交给了公司,但是他又在后来的股东会上投了赞成票或者引起、允许代理人投赞成

---

① 也有的学者认为法律规定异议股东请求回购的意向通知义务不合理,参见施天涛:《公司法》,法律出版社 2006 年版,第 564 页。他认为,"异议股东一旦向公司提出了请求回购的意向通知,则产生相应的法律后果,即异议股东不得参与该项交易的表决,但是异议股东请求回购的要求只是一种意向,评估权尚未成立,如果异议股东借助于股东会能够有效反对该种交易的话(如通过征集表决权代理形成少数股东联合对抗大股东或者管理层),又何必行使评估权呢? 因为评估权行使的前提是少数股东既不赞同该交易但又无法阻止该交易,或许异议股东的本意并不在于退出公司,而是不愿意参加交易成功后的公司,此时交易尚未付诸表决,交易是否通过,尚在两可之间,如先行剥夺其表决权,确有不合理之处"。事实上,《美国修正标准商事公司法》赋予了异议股东通知后再参加股东会的权利。

票的后果,那么他依然要丧失评估权。① 如果公司股东会议通过后,公司应当通知异议股东的异议成立并告诉该异议股东如何要求公司购买其所持股份。MBCA 第 13.22 条规定,公司应在通过了有异议存在的决议后 10 日内书面通知所有持异议的股东,说明如何递交书面支付请求书等事项。MBCA 第 13.23 条接着规定,持异议的股东收到此通知后即应在 30 至 60 天之内向公司提出正式的书面请求,要求公司以公平价格购买自己所持的股份,如果异议股东超过这个法定的期限未提出书面请求,其享有的评估权则告丧失。同时,该条还规定,一旦公司的异议股东提交书面支付申请后,他们必须依照早先公司的书面通知将所持股份寄存在公司,如果不照此办理,同样丧失评估权。该规定目的是为了防止公司异议股东在提出申请后作出不当行为,比如投机行为。异议股东在寄存所持股份后,就需要和公司就股份回购价格进行协商,在双方的博弈当中尽可能找到公司和异议股东都满意的回购价格。众所周知,这种双方的协商很容易形成僵局,因此美国公司法的制度设计者们为尽可能地避免协商不成拖入诉讼程序的后果,他们在立法中规定(MBCA13.25,13.28,13.30),除非异议股东拒绝接受公司所支付的股份购买价格之行为是武断的、令人烦恼的或者是非善意的,否则,因异议评估纠纷而产生的诉讼费用将由公司来承担。

3. 司法角色

司法在评估权制度中的角色毫无疑问仍然是充当守门人。商法的意思自治已经将公司法打扮得充分自由和个体张扬,作为一个理性的商人和公司投资者,他们自然会很好地权衡利弊,进攻或者退守便是评估权制度给予他们的自由选择,司法程序只不过是最后一个城堡。在那里,异议股东可以有所依靠地防止非理性和欺压的肆意以及协商的崩盘。现代公司的发展趋势表明,即使是步入异议股份的价值评估步骤,立法的调整依然是强迫公司努力去解决那些因为持异议股东认为价值不足的部分而产生的纠纷,比

---

① See Model Business Corporation Act © 2003 by the American Bar Foundation, § 13.21," Notice of Intent to Demand Payment", (a) If proposed corporate action requiring appraisal rights under section 13.02 is submitted to a vote at a shareholders' meeting, a shareholder who wishes to assert appraisal rights with respect to any class or series of shares: (1) must deliver to the corporation before the vote is taken written notice of the shareholder's intent to demand payment if the proposed action is effectuated; and (2) must not vote, or cause or permit to be voted, any shares of such class or series in favor of the proposed action. (b) A shareholder who does not satisfy the requirements of subsection (a) is not entitled to payment under this chapter.

如上面所说的诉讼费用承担的预期设置，出发点都是尽量让商事交易主体在意思自由的情况下处理自己的商事纠纷，司法只是最后的选择。之所以如此，除了上述原因外，还有就是公司股份价值的评估往往需要各类专业知识为支撑，比如会计、商业交易背景知识等等，而且商事主体对商业环境和商业前景会有一个自己较为可靠的判断，他们也通常熟悉相关的商事习惯，具有良好的商事信息资源优势，而法官不可能对各类专业公司都拥有比商事交易主体更好的知识背景。即使由相关专业的中介组织介入，也不见得会取得令双方都满意的评估结果，况且不低的诉讼成本以及评估成本肯定也不利于推进社会商事交易的发展。换句话说，可能会因为坚持保护那本来就不是可靠的交易安全而大大地牺牲了交易效率，显然是惯常情况下所不应采取的司法策略，除非特殊案件的特殊政策选择使然。此外，一般来说，在大多数情况下，当公司作出重大的组织结构变更决议时，司法应当将由公司购买持异议股东的股份视为对小股东法律保护的唯一手段，不应允许小股东向法院起诉，请求法院认定公司所作决议无效或者请求法院撤销该决议。之所以如此，除了上述原因外，美国法律严格贯彻无法定情形出现，司法一般不得干预公司的商业判断，而公司诸如重大组织结构变更等事项除非违反了法定内容，否则属于公司内部的商业判断，如果动则允许小股东提起无效或者撤销之诉，那么公司的正常商业经营可能就会受到侵扰，这会被视为司法对私权的极大破坏。异议股东评估权只是在私权主体相互主张各自的私权利发生碰撞，法律才进行的一种适度干预。美国法律还规定，当出现法定情形时，诸如欺诈（fraud）、重大虚假陈述（material misrepresentation），法律可以提供给小股东相应的诉权，司法依然可以堂而皇之地介入，美国法律规范设置之精细，正反面考虑乃至反面之反面的考虑之周全，由此也可见一斑。比如，美国《示范商业公司法》（MBCA）§13.02(d)[①]就规定，股东不能挑战一个已经完成的上述引起评估权产生的公司行为，除非该行为的贯彻执行没有与公司章程、细则、董事会授权公司行为的方案相一致，或者该行为存在欺诈、重大虚假陈述。该种类似法律规定通常也被视为异

[①] See Model Business Corporation Act © 2003 by the American Bar Foundation:"(d) A shareholder may not challenge a completed corporate action described in subsection (a), other than those subscribed in subsection (b)(3) and (4), unless such corporate action:(1) was not effectuated in accordance with the applicable provisions of chapters 9, 10, 11 or 12 or the corporation's articles of incorporation, bylaws or board of directors' resolution authorizing the corporate action; or (2) was procured as a result of fraud or material misrepresentation."

议股东异议评估权的排他性适用。美国特拉华州法院对该种例外不适用异议评估权救济的情况作了更为广泛的规定,即"如果公司作出的行为涉及欺诈、虚假陈述、自我交易、公司财产的故意浪费或者重大的不当得利"①,那么适用异议评估权是不妥的,这时小股东可以向法院起诉,请求法院颁发阻却令或者撤销公司所作出的该项决议。

  面对异议股东的异议评估权,尽管司法不采取积极介入的态度,而且法律也给异议股东和公司就异议股东所持股份的公平价格提供了相关考虑的参数②,比如公司发行股票的财务报告,包括此前不超过 16 个月之内的一个财务年度结束时的资产负债表(balance sheet)、利润表(income statement)和所有者权益(shareholders' equity)变化表,以及最近的中期财务报表(interim financial statements)等,但是如果最后异议股东和公司就异议股东所持股份的回购价格还是协商不成,在法律期限内向法院主张司法介入的话,司法也就依然别无选择,必须通过判决确认提起诉讼的异议股东所持股份的公平价格,虽然"公平价格"的确认不是一件容易的事。在司法受理过程中,法院可以指定一个或一个以上的人作为评估者,由他(们)来收集评估证据与提出关于公平价格的建议,当然评估者还可以拥有法院指定授权的其他权利。③ 一般来说,司法评估属于司法的自由裁量权,法律只是对公平价格应当考虑的因素作了较为宏观的规定,比如美国《示范商业公司法》(MBCA)§13.01(4)的定义(definitions)中列举了"公平价值(fair value)"应当由包括以下参数在内的因素决定:(1) 时间,要求是公司行为执行前立即计算(immediately before the effectuation);(2) 价值概念和技术,要求是惯例的(customary)和当下的(current),并根据与所要求评估的交易相近的商事进行评估;(3) 市场性(marketability)。股份的可销售性,即使属于少数情况也不能不予考虑。同时法院在认定评估价格时,不会考虑股东异议的公司决议之交易给公司股份价值所带来的潜在的影响。④ 具体来说,根据美国司

---

① Robert A. Prentice, *Law of Business Organizations and Securities Regulations*, 2nd edition, Prentice Hall, 1994, p.421.

② See Model Business Corporation Act © 2003 by the American Bar Foundation, §13.24 Payment, (b).

③ 同上, §13.30(d): "...The court may appoint one or more persons as appraisers to receive evidence and recommend a decision on the question of fair value. The appraisers shall have the powers described in the order appointing them, or in any amendment to it...."

④ See *The Law of Corporations*, Robert W. Hamilton, p.553, "...but no account is to be taken of the potential impact of the transaction on the value of the shares." 法律出版社影印本 1999 年版。

法判例,司法确定异议股东所持股份价值的方法多种多样,归纳起来大致可以分为市场价值的方法、财产价值的方法以及收益价值的方法或者这几类方法的综合应用。

市场价值的评估方法。即法院在确定此种股东股份价值时往往根据该种公司的股票在公开的股票市场上的价格来责令公司购买股东的股份。此种方法甚为简便明了,但它的前提是异议股份为在公开市场上挂牌交易的股份,如果不是公开市场上挂牌交易的股份,而且这种情况在评估权应用中往往还居大多数,则显然不能采用这种直观简捷而且有效的方法。这时法官如果仍然要采用市场价值估算法的话,就需要自己去模拟一个虚拟的股票市场来进行计算,如何模拟?则完全取决于法官自己对股票市场以及异议股东所在公司的理解,比如市场的流通性、市场的购买力,与异议股东所在公司相近公司或者相近股份的公开市场表现,竞争法上相关市场的若干参考因素甚至各种经济学手段等等。

财产价值的评估方法。即将公司整个财产扣除公司所承担的全部债务和责任之后,再除以公司的股份数。这有点类似于公司财务报告中的资产负债表的应用,会计学中的一个恒等式即资产减去负债等于所有者权益,理论上这种估算操作是完全行得通的,问题是如果完全参照公司的财务报告是否合适?怎样参照?毫无疑问,如果存在一个实时的公司财务报告,那么法院的估算就变得简单了,只需要用实时财务报告资产负债表中的所有者权益除以公司股份数就行了,但是一方面公司的财务报表是建立在会计分期即会计期间假设的基础之上的,几乎不可能存在会计期间与评估权行使期间完全吻合的情况。另一方面,受不同的会计准则影响,不同的会计计算方法会得出差异较大的财务报告。比如,根据权责发生制的要求,对会计主体在一定期间内发生的各项业务,凡符合收入确认标准的本期收入,不论其款项是否收到,均应作为本期收入处理;凡符合费用确认标准的本期费用,不论其款项是否付出,均应作为本期费用处理。反之,凡不符合收入确认标准的款项,即使在本期收到,也不作为本期收入处理;凡不符合费用确认标准的款项,即使在本期付出,也不能作为本期费用处理。权责发生制所反映的经营成果与现金的收付实不一致的。但是如果按照收付实现制来进行会计确认,它则是对本期收入和费用的确定以现金的实际收付为标准,也就是说,以现金收到与否决定该会计期间收入是否实现,以现金是否付出决定该会计期间费用是否发生。凡属本期收到的款项和支付的款项,不管其是否应归属本期,都作为本期的收入和费用处理;反之,凡本期未曾收到的款项和未曾支付的款项，即使应归属本期，也不作为本期的收入和费用处理。还有就是公司的无形财产是否应当计算入财务中的公司资产，以及如何计算和评估？是否应当考虑公司未来极有可能存在的收益，还是仅仅考虑公司过去的财产？如果不予考虑未来的收益，那么公司小股东退出后这部分潜在利益就无法分享，而实际上这部分潜在利益也有小股东持股期间的功劳，如此则小股东利益无疑会遭受损失。但考虑未来的收益似乎也是一件较困难的事情，毕竟无法计算而且也有可能落空。

收益价值的评估方法。法官在采用这个方法进行估算时，一般分为两步来操作。首先计算出在过去的 5 年内公司的每股收益，即过去 5 年的平均收益除以整个股份数额所得之数。然后将前面计算出来的收益乘以那些与该公司有竞争关系的公司之股份价格与股份收益的商数即可。比如，甲公司的平均收益为每股 5 元，他的竞争对手乙公司和丙公司的每股收益分别是 10 元和 20 元且它们的市场价分别为每股 50 元和 100 元，那么乙公司和丙公司的收益商数为 5，这样，甲公司的每股收益价值就为 25 元。[①] 这种计算方法就是法官仅仅考虑该公司的收益时段为 5 年，如果该 5 年正好处于该公司的一个发展过渡时期，那么如果未来该公司发展成功，显然法院估算的价值会偏低于未来的实际价值；而如果公司未来发展不成功从而陷入市场低迷，则结果又完全相反。由此可见，很难找到一个科学的评估方法让公司股份的估算价格真正体现它的实际价值，这就意味着总是有一方会在这样的估算中受益也总有一方会受损，这似乎是法院在寻找公平价格所无法不面对的一个两难处境。也正是上述三种方法在实践中都有各自的缺陷，美国特拉华州法院在公司法实践中逐渐总结发展出一套"Delaware Block Method"的方法，首先分别估算公司资产的净值、公司证券的市场价值以及公司收益的价值，然后就每一种估价结果进行加权平衡，最后估算出股份的公平价格。但是，此方法在最近 20 年来却受到批评，面对此种情况，该州最高法院开始接受了金融界所承认的任何估价方法，比如常见的折扣现金流估法。美国法院在公平价值评估上所做的不断尝试，充分表明其司法的精细度和责任心，由此可见其司法权威焉能不树立？

4. 我国公司法评估权制度的完善

我国公司法修订时借鉴美国公司法的实践成果初步引入了评估权制

---

① Robert A. Prentice, *Law of Business Organizations and Securities Regulations*, 2nd edition, Prentice Hall, 1994, p. 422.

度,具体体现在我国《公司法》第75条和《公司法》第143条第1款第4项的规定上。对于股份公司来说,法律赋予异议股东享有评估权的交易事项为"公司合并、分立",除此两种情况的基础交易,股份公司的股东一概不得享有评估权,而且异议股东主张评估权后,公司持有回购股份应当在6个月内转让或者注销。我国这次公司法修改虽然缓和了原来较为严格的法定资本制度,从一次性缴纳改为可分期缴纳,但其实质仍然是法定资本制度,既不是折中资本制,更不是授权资本制,也无库存股制度,因此股份公司应异议股东行使评估权所回购的股份也只能限期转让或注销,否则无法在法律上找到其相应的地位,这是很自然的事情。同样地,有限责任公司的股权回购后,法律虽然没有做出相应的规定,但是我们根据有限责任公司的性质也可以得出,有限责任公司因异议股东行使评估权收购其所持股权后,如果其他股东或者第三人不购买的话,在公司财务处理上也只能按照公司减少注册资本办。只不过对于有限责任公司来说,法律授权异议股东享有评估权的基础交易除了公司合并与分立外,增加了转让公司主要财产一项,同时还规定公司连续5年不向股东分配利润,而公司该5年连续盈利并且符合公司规定的分配利润条件的以及公司章程规定的营业期限届满或者章程规定的其他解散事由出现而股东会会议通过决议修改章程使公司存续的这两种情况,异议股东享有评估权。此外,我国《公司法》第75条第2款规定,自股东会会议决议通过之日起60日内,股东与公司不能达成股权收购协议的,股东可以自股东会会议决议通过之日起90日内向人民法院提起诉讼,这是评估权制度行使的一个程序性规定,这个规定加上第75条第1款的"对股东会该项决议投反对票可以请求公司按照合理的价格收购其股权"似乎可以勉强理解为异议股东行使评估权的一个前置性程序,即参加股东会、投反对票、向公司主张收购请求,但这种理解从法律条文来看是较为模糊的,也是容易引起歧义的,也就是说我国公司法对异议股东评估权的程序性规定十分粗线条,没有一个明确的框架,也就更谈不上精致(elaborate)了。

与英美公司法制度相比较,虽然我国公司法修订后已经朝着科学化和现代化的方向取得了长足的进步,但是仍显粗糙,这点在评估权制度的规定上显得非常突出。单从法律条文来看,我国《公司法》规定评估权制度也就第75条一个完整的条文再加上第143条第1款第4项的规定,仅此而已。我们再来看美国公司法这方面的规定,2000年第三次修正的 MBCA 整个第13章专门规定了评估权(Appraisal Rights)制度,该章又再分为三节(Subchapter A.B.C),一级条文就多达 12 条共 12 页的篇幅来进行详细规定,足见其立法之精细。究其原因,一方面英美法律制度从根本上就高度重视对资本的保护,公司法作为一项极为重要的关于资本组织形态的法律制度,自然是考虑各方面因素极为周到,所以马克思·韦伯认为:"资本主义能够推行,法治的维持为首要工作,若无法治,则商业资本无法预为筹谋,无从计算,亦不能发生一个现代经济的体系。"[1]另外一个原因在于英美公司法的发展有其深厚的商法历史积淀。早在 11、12 世纪时期,广泛的商业活动就与庄园的生产方式和封建的社会政治关系并存,商法的最初发展在很大程度上(虽不是全部)是由商人自身完成的,自然孕育了良好的自治理念,沉淀了丰富的交易习惯,后来终于在 11 世纪晚期在意大利、英格兰和欧洲的其他地方产生了一种新型的商业经营方式康美达,它逐渐演变成就了早期公司法的雏形[2],在长达近千年的商法自治发展的过程当中,商人的自治力量举足轻重,许多交易习惯直接吸收成为法律规范,因此也日益形成了尊重自治、立法精细的素养。

　　进一步比较分析,我们不难看出,我国公司法评估权制度主要在操作性上应进一步发展完善。首先,需要进一步细化评估权适用的范围。比如合并,需要进一步区分不同合并的情况下,适用评估权的不同;其次,要适当增加适用评估权的情形。比如,重大的实质性的公司资产交易不仅在有限责任公司中的异议股东有权适用评估权,股份有限公司的异议股东也有权适用。还有就是修改公司章程如果对公司股东持股产生重要影响,也应当允许异议股东选择请求公司回购所持股权或股份从而退出公司。再次,要进一步完善评估程序。比如,设立评估权的书面告知、异议股东行使评估权的书面通知、鼓励和迫使公司与异议股东尽量通过协商达成回购价格等一系列制度。最后,建立评估权豁免和转换机制,以平衡股东和债权人之间的利益关系。

---

[1] Max Weber, *The Protestant Ethic and the Spirit of Capitalism*(《新教伦理与资本主义精神》),转引自黄仁宇著:《资本主义与二十一世纪》,三联书店 2006 年版,第 9 页。

[2] 〔美〕哈罗德·J. 伯尔曼著:《法律与革命——西方法律传统的形成》,贺卫方、高鸿钧、张志铭、夏勇译,中国大百科全书出版社 1993 年版,第 407—433 页。

三、审判实践中的案件疑难问题

从目前北京市法院系统审理的两起涉及异议股东评估权案件来看,由于我国《公司法》第 75 条规定过于简单,操作性不强,集中体现在当前审判实践上主要是两个问题,即诉讼主体问题和适用前提问题。

1. 诉讼主体问题

所谓诉讼主体问题,也就是原被告以及其他诉讼参与人的确定问题,即在异议股东评估权案件中,谁是原告,谁是被告,有无其他诉讼参与人?根据我国《公司法》第 75 条来看,在提起评估权诉讼前,法律先是赋权异议股东在法定情形下可以请求公司按照合理的价格收购其股权,即异议股东是权利主张者,公司是义务承担者。如果自股东会会议决议通过之日起 60 日内异议股东与公司就评估收购价格无法达成一致协议的,股东可以自股东会会议决议通过之日起 90 日内向人民法院提起诉讼,这似乎很清晰地显示异议股东可以成为原告,但被告是谁?从上下文来看,提起诉讼是由于异议股东和公司协商不成,这时的协商主体只有异议股东和公司,那么紧接着的诉讼似乎也只能是异议股东和公司之间的事情了,这样的话,公司便是被告。如果是这样,事情也就简单了,但是实践中由于以公司身份和异议股东协商收购价格的一般是控股股东,同时控股股东也往往是公司法人代表,这很容易给异议股东造成一个错觉,即异议股东是先和控股股东协商不成再起诉的,那么顺理成章地异议股东选择控股股东作为被告,同时再将公司也列为共同被告一并诉至法院。究竟控股股东能否成为评估权诉讼案件中的被告,从审判实践来看,法院没有因为控股股东作为被告不适格而驳回起诉,似乎认可了这一做法。从评估权制度的理论来分析,控股股东是不能作为评估权诉讼的被告的,由于本书前面已经对评估权制度的产生发展以及相关理论和实践给予了较为详尽的论述,所以不在此重复,正是这些原因,国外公司法评估权诉讼也无将控股股东作为被告的先例。那么,控股股东不能作为被告,是否可以作为第三人,如果可以,那么他究竟是有独立请求权的第三人还是无独立请求权的第三人?这是需要进一步明确的问题,笔者的意见是控股股东既不能作为被告,也不能作为第三人,包括既不能作为有独立请求权的第三人也不能作为无独立请求权的第三人。原因在于控股股东对于异议股东所持股权既无独立的请求也无法律上的利害关系,不能充分满足民事诉讼第三人的成立要件。当然,我们也可以从反面得出不同的结论,即公司收购的异议股东所持的股权法律上没有规定必须注销,将来可以转让,那么对于第三人来说,包括控股股东在内的赞成股东会决议的股东就享有优先购买权,因此,法院判决的收购价格就会影响到控股股东将来行使优先购买权所应支付的对价,因此控股股东在诉讼中就异议股东所持的股权既可以主张独立的请求也存在法律上的利害关系,即优先购买权。

如果明确了异议股东作为原告,公司作为被告,那么在诉讼过程当中,被告在工商局注销究竟应如何处理? 在审判实践中认定,既然被告公司都被工商部门注销了,那么很自然它就丧失了参与民事诉讼的主体资格,不能作为被告参加诉讼,因此裁定驳回原告的起诉。这是法院所能选择的唯一方法。但是这就产生一个问题,即原告的评估权似乎就无法主张,因为已没有其他可以援用的法律救济手段。原告若起诉合并后的新公司,我国《公司法》第75条并未规定承继公司负有回购义务,况且承继公司已向被承继公司支付了股权对价,如果按照法律主体的承继关系简单认定承继公司应当负有回购义务,对于承继公司来说无疑意味着将要支付额外的对价而显失公平,且被承继公司还似有不当得利之嫌,即使承继公司再从法律程序向有关主体主张不当得利行得通,也不免实在极为麻烦,当为不妥。在这一点的处理上,美国《示范商业公司法》(2000)就显得较为合理,它在§13.30. Court Action 中规定,如果异议股东不同意公司提出的收购价格和利息,需要在收到公司通知的30日内书面提出自己估算的收购价格和利息要求,然后公司若就异议股东所提书面要求中的估算价格和利息与异议股东双方协商未能解决,那么公司应在收到异议股东的书面要求后60日内向法院提起诉讼,请求法院来决定公平价格。如果公司超过这个法定的期限未向法院提起诉讼,那么公司必须按照异议股东在书面要求中所提出的价格和利息用现金向所有异议股东进行支付。美国法律这种极为精细的制度设计实在不失为我国公司法借鉴的成功经验。

2. 适用前提问题

根据我国《公司法》第75条之规定,异议股东在提起评估权诉讼前,法律先是赋权异议股东在法定情形下可以请求公司按照合理的价格收购其股权,因此,双方协商毫无疑问应是诉讼的一个前提,即提起诉讼必须是异议股东已经和公司经过了必要的协商程序,否则法院不予受理。但是,《公司法》第 75 条规定的"对股东会该项决议投反对票的股东",是否可以理解为异议股东如果要提起评估权诉讼,那么首先他必须是参加了股东会,其次是在股东会上就该项决议投了反对票这两个必要条件? 实践中,法院在判决书上认定,适用我国《公司法》第 75 条的前提必须是参加股东会并对相关决议投反对票。那么,究竟这一前提属于法院立案受理的条件,还是属于立案后起诉的条件? 从法院实践来看,应是立案后起诉的条件,不符合的则裁定驳回起诉。实际上,由于《公司法》第 75 条规定的评估权诉讼在程序上非常简单粗糙,没有引入相应的告知和通知程序设计,所以在实践掌握上也只能根据评估权制度设置的原理进行司法理解。毫无疑问,从评估权制度的产生和发展以及其理论和实践来看,早期评估权制度的创立是为了向股东会"一致同意"进行妥协,允许少数反对意见存在时仍然通过相关的基础交易,推进公司商事交易的效率,那么异议股东没有参加股东会就不能称其为异议股东,充其量只能是潜在的异议股东,其意思表示没有在法律规定的程序中进行外在表示,按照商法的权利外观原则显然法律不能再去保障其评估权,因此法院认定适用《公司法》第 75 条的前提必须是参加股东会并对相关决议投反对票显然符合评估权制度创设的理论出发点。但是,后来的评估权制度逐渐发展成为对小股东防卫控股股东经营锁定的一种法律保护,那么按照这个理论出发点来看,如果控股股东为规避小股东行使评估权从而不召开股东会或者不通知小股东参加股东会,那么这种欺诈恶意的存在显然是不符合法律衡平的要义,因此要么有其他相关制度与之相配合使得异议股东依然可以从法律程序上寻求救济,要么则须允许评估权制度为此提供一个开门渠道。实际上,我国《公司法》第 22 条已经规定了股东会决议无效之诉和撤销之诉,异议股东应当可以从这一法律途径寻求到相应的权利救济。但是,从完善评估权制度的可操作性出发,立法还是有必要进一步作出详细规定,借鉴其他国家的成功经验,引入前面所论述的相应的告知和通知程序,这样也可以进一步提高判决书的公众说服力。

四、法官的判断和裁决

对于公司法规定的异议股东评估权诉讼,从目前现有的审判实践来看,法官的判断和裁决可以集中归纳为以下三点,即司法的干预度、对商事交易秩序的保护以及相应的法律解释方法。

1. 司法的干预度。此次公司法的修改在较大幅度上提升了公司自治的空间,更好地协调了私权利和公权力之间的关系,体现了世界范围内公司法现代化潮流贯彻商法自治的先进成果。具体体现在异议股东评估权制度上,就是尽可能使司法尊重商事主体意思自治,在寻求异议股东所持股权或股份的公平价格问题上,司法保持应有的消极,否则过于积极的司法必然会破坏控股股东和小股东之间的权利平衡。审判实践中出现的二起涉及评估权的诉讼案件,不约而同地诠释了法官对司法干预度的精确理解。既然在只有两个股东的公司股权结构情况下,控股股东未召开股东会就转让了公司存续和发展的核心财产,其目的就是要排挤小股东对于股东会会议的表决权,因为除了小股东就只有其一个股东自然不可能一个人独自开会,那么这时控股股东的意见显然对外就代表着股东会的意见,对于小股东来说,完全可以选择股东会会议决议无效之诉或者撤销之诉等其他诉讼途径来保护自身合法权利,那么其不如此而提起评估权诉讼,又必然会遭遇到诉讼障碍,司法不可能单独为保护小股东利益而绕开评估权制度的前提条件开启诉讼之门,即使存在我国《公司法》第75条适用前提的其他解读,比如控股股东存在欺诈等恶意回避评估权诉讼的情况下,即使其不召开股东会也可认定异议股东的异议主张成立,但这样一来司法对评估权诉讼的干预力度无疑显得过大,超越了司法对于评估权诉讼应保持的消极和谨慎原则。法院在审判实践中的这种掌握和理解无疑正好符合世界范围内评估权制度发展的普遍潮流和趋势,即评估权制度的程序设计是围绕如何鼓励协商价格(negotiated price)而不是诉讼价格(litigated price)。

2. 商事交易秩序。众所周知,商事交易普遍要求简捷快速,对交易安全有着较强的要求,否则商事交易安全的链条一旦断裂,必然会冲击社会的一般交易秩序,因此商事法律发展出自己独立的权利外观原则等一系列区别于民事法律的制度。对于一个已经成就的商事交易,除非有法定的情形出现,否则司法不应轻易否定既成的商事交易。市场对于商事交易有着天然的调节作用,那只看不见的手一般情况下能够引导着社会财产资源的合理流向,除非市场盲目性的一面严重破坏了社会公平和正义,客观需要司法的规制。在审判实践中发生的两起评估权诉讼案件,没有出现法定的情形可以否定公司决议的商事交易,虽然评估权的行使也并不是要动摇商事交易的基础,相反还是向商事交易进行妥协的产物,但是,国外评估权制度的建设经验表明,评估权的行使需要一系列精细程序的成就,否则对于异议股东来说,就会面临丧失法定的评估权,之所以如此,应当理解为世界范围内的司法都是尽量维持公司现有的资本结构,因为异议股东的退出无疑会带来公司资本结构的重大变化,这对于未来的交易市场来说必然是一个不稳定的因素,没有必要悍然进行司法干预,一系列复杂的评估权行使程序其实也是缓和甚至消化异议股东退出主张的途径。

3. 解释方法。从审判实践出现的二起涉及评估权诉讼的案件来看,法院只有对于我国《公司法》第75条的"对股东会该项决议投反对票的股东"认定为评估权适用的前提条件可以看成一种法律解释。这种法律解释综合了世界各国评估权制度建设的成功经验,从严把握司法对评估权的干预,符合评估权制度的发展趋势。假使不如此,法院深度介入了评估权诉讼,必然要面临一个异议股东所持股权或者股份的公平价格问题,而这个问题从世界各国公司法实践的经验来看都属一个两难的问题,最终司法认定的价格往往很难使得公司和异议股东都满意,既如此,又何必非要以诉讼处理? 不过,从进一步提高法院判决公信力的角度出发,确有必要完善评估权的程序规定,尤其是鼓励和迫使公司尽可能地通过协商和异议股东达成异议股权或者股份的收购价格,从而在一定程度上有力避免法院司法的两难处境,推动立法和司法朝着更加精细的方向发展。

五、典型案例评析

案例(一):陈某和华某诉北京某茶叶有限公司股权纠纷案

陈某和华某是北京某茶叶有限公司的股东,其中陈某持有公司1万元股权,华某持有公司3万元股权。2006年4月29日,该茶叶有限公司召开股东会,讨论并通过了与甲公司合并的方案,陈某和华某都参加了股东会,均投了反对票,并要求该茶叶公司收购二人的股权,但始终未达成一致的收购协议。双方就股权收购达不成一致协议的原因在于陈某和华某认为该茶叶公司在经营过程中,有大量的资产在账外隐匿运营,致使账目记载与实际不符,因此二人认为其所持有的股权价值得不到合理的确定,遂在法定期限内向西城区人民法院提起了诉讼,请求该茶叶公司和甲公司收购其持所有的股权。西城区人民法院经审理查明,该茶叶有限公司已被工商局注销,故认定其不具备诉讼主体资格,陈某和华某在该茶叶公司的股东权利义务关系已经为甲公司所承继,因此法院裁定驳回二人对该茶叶公司的起诉。二人不服一审裁定,遂向二审法院上诉认为,一审原告起诉时该茶叶公司为合法存续的有限责任公司,符合民事诉讼法第一百零八条关于起诉条件的规定,该茶叶公司是在案件审理期间注销的,因此以裁定驳回起诉的方式不合适,应用其他合适的方式解决主体问题。二审法院经审理认为,该茶叶公司在一审审理期间被工商部门注销,已经丧失诉讼主体资格,不能作为被告参加诉讼,故一审裁定并无不当,遂作出驳回上诉、维持原裁定的终审裁定。

评析:在诉讼过程当中,被告在工商局注销究竟应如何处理?一审和二审法院的认定在法律处理上并无不妥。但就异议股东的评估权来说,其似乎便无法主张,因为已没有其他可以援用的法律救济手段。原告若起诉合并后的新公司,我国《公司法》第75条并未规定承继公司负有回购义务,况且承继公司已向被承继公司支付了股权对价,如果按照法律主体的承继关系简单认定承继公司应当负有回购义务,对于承继公司来说无疑意味着将要支付额外的对价而显失公平,且被承继公司还似有不当得利之嫌,即使承继公司再从法律程序向有关主体主张不当得利行得通,也不免实在极为麻烦,似乎不妥。

事实上就本案而言,股东陈某和华某的诉权经公司申请注销而消灭,对该二股东是不公平的。当陈某和华某将合并的两家公司起诉后,甲公司完全有时间重新考量合并的事由是否值当,仍然采取既定方针坚持合并的,其应当承担应对陈某、华某提起的诉讼。一审、二审法院的判决机械地遵守我国《公司法》第75条的规定,驳回起诉是不对的。从合并公司得承继被合并公司债权债务的法律规定看,陈某、华某对被合并公司提起的诉讼实际是一种债务请求关系,而甲公司在履行这种债务中,所要做的只是必须减资并同时向受支付的被合并公司的股东请求返还多支付的价金而已。在这个案件中,一审、二审法院完全做错了,其结果是不公平的。

在这一点的处理上,美国《示范商业公司法》(2000)就显得较为合理,它在§13.30. 法院审理(Court Action)中规定,如果异议股东不同意公司提出的收购价格和利息,需要在收到公司通知的30日内书面提出自己估算的收购价格和利息要求,然后公司若就异议股东所提书面要求中的估算价格和利息与异议股东双方协商未能解决,那么公司应在收到异议股东的书面要求后60日内向法院提起诉讼,请求法院来决定公平价格。如果公司超过这个法定的期限未向法院提起诉讼,那么公司必须按照异议股东在书面要求中所提出的价格和利息用现金向所有异议股东进行支付。美国法律这种极微精细的制度设计实在不失为我国公司法借鉴的成功经验。

案例(二):北京某公司诉北京某大厦有限公司股权纠纷案

北京某公司与甲公司均系北京某大厦有限公司的股东,其中,北京某公司持有23.43%的股权,甲公司持有76.57%的股权。北京某大厦有限公司主要从事某大厦的房屋出租及物业管理的经营。2006年2月10日北京某大厦有限公司通知北京某公司,已经将北京某大厦有限公司的某大厦以2.8亿元人民币的价格出售给了乙公司,并称该转让行为已经控股股东甲公司的同意和批复。北京某公司认为,该大厦是北京某大厦有限公司的主要财产,也是其与甲公司合作的基础,遂致函北京某大厦有限公司以及甲公司,明确表示对转让行为的反对。北京某大厦有限公司后书面答复并认为转让行为合法。北京某公司于是依据我国《公司法》第75条之规定以北京某大厦有限公司和其控股股东甲公司为共同被告向法院提起诉讼,要求收购其所持股权。法院经审理认为,《公司法》第75条规定"有下列情形之一的,对股东会该项决议投反对票的股东可以请求公司按照合理的价格收购其股权:……自股东会会议决议通过之日起60日内,股东与公司不能达成收购协议的,股东可以自股东会会议决议通过之日起90日内向人民法院提起诉讼",由此可以看出,适用《公司法》第75条的前提必须是参加股东会并对相关决议投反对票,而原告未参加股东会并行使股东权利,因此,适用《公司法》第75条的前提不存在,其不能依据《公司法》第75条主张权利,故裁定驳回原告的起诉。

评析:本案例被告公司的股东是两个法人股东,而且仅有两名股东,其中一名为控股股东,另一名为小股东。从评估权制度的产生和发展以及其理论和实践来看,早期评估权制度的创立是为了向股东会"一致同意"进行妥协,允许少数反对意见存在时仍然通过相关的基础交易,推进公司商事交易的效率,那么异议股东没有参加股东会就不能称其为异议股东,充其量只能是潜在的异议股东,其意思表示没有在法律规定的程序中进行外在表示,按照商法的权利外观原则显然法律不能再去保障其评估权,因此法院认定适用我国《公司法》第75条的前提必须是参加股东会并对相关决议投反对票显然符合评估权制度创设的理论出发点。但是,后来的评估权制度逐渐发展成为对小股东防卫控股股东经营锁定的一种法律保护,那么按照这个理论出发点来看,如果控股股东为规避小股东行使评估权从而不召开股东会或者不通知小股东参加股东会,那么这种欺诈恶意的存在显然是不符合法律衡平的要义,因此要么有其他相关制度与之相配合使得异议股东依然可以从法律程序上寻求救济,要么则须允许评估权制度为此提供一个救济渠道。实际上,我国《公司法》第22条已经规定了股东会决议无效之诉和撤销之诉,异议股东应当可以从这一法律途径寻求到相应的权利救济。但是,从完善评估权制度的可操作性出发,立法还是有必要进一步作出详细规定,借鉴其他国家的成功经验,引入前面所论述的相应的告知和通知程序,这样也可以进一步提高判决书的公众说服力。然而,起诉股东会决议无效显然也有问题,因为公司可能不举行股东会就变卖重要核心资产,因此,不举行股东会或者举行股东会不通知小股东的,小股东起诉公司回购股份应当得到法院支持。在这一案件中,法官们仍然在教条化地执行法律。

第十二章 公司法中董事、监事、高管人员信义义务的法律适用研究
——以北京市法院系统 2005—2007 年间的相关案例为样本的实证研究

引言

信义义务作为现代公司法的核心制度之一,已超越了法系的界限,为越来越多国家的立法所接受。我国 2005 年修订的公司法中明文规定董事、高管对公司负有忠实义务和勤勉义务,并对忠实义务的内容作了列举式的规定。

董事、高管是职业的公司事务决策人,负载于公司之上的股东的利益取决于董事、高管的奉献和敬业。[①] 公司法在赋予董事、高管权力的同时,更应当通过完善的义务和责任体系来督促董事、高管积极履行职责,增进公司和股东利益。董事、高管对公司所负有的信义义务正是这一机制的重要体现,具有深远的社会意义。而从实践的角度来看,公司、股东针对董事、监事、高管人员违反忠实义务、勤勉义务提起赔偿诉讼则成为督促董事、监事和高管人员积极履行信义义务的重要手段,在公司治理中发挥了重要的作用。

在具体案件中适用信义义务规则来对董事、监事和

[①] 甘培忠:《公司控制权的正当行使》,法律出版社 2006 年版,第 189 页。

高管人员在公司经营过程中的管理行为进行司法审查,有两个核心问题。第一是如何界定信义义务尤其是勤勉义务的司法标准。第二是在已经认定董事、监事和高管人员违反信义义务而给公司、股东造成损失的前提下,如何界定其所应承担的损害赔偿责任的范围。

从我国公司法的规定来看,尽管我国公司法明确规定了董事的忠实义务和勤勉义务,但是法律的规定仅限于提出了这两个概念,尤其对于勤勉义务而言,法律并没有对义务的标准做进一步的界定,这给公司运作和司法审判带来了很大的难题。目前国内对董事忠实和勤勉义务的理论研究比较多,但多限于引入英美法下的成熟理论,真正从实证角度来对这一问题进行的深入研究还不多见。从法院审判实践来看,2005 年修订后公司法只施行了两年多的时间,相关的诉讼等还比较少,对案件的梳理和总结还做得很不够。因此,公司法中董事、高管信义义务的标准问题还有很大的研究空间。

对违反信义义务损害赔偿责任范围的界定问题亦是如此。我国现行《公司法》仅在第 150 条规定董事、监事、高级管理人员执行公司职务时违反法律、行政法规或者公司章程的规定,给公司造成损失的,应当承担赔偿责任。但是对于如何界定这一赔偿责任的范围则没有做进一步的规定。从国外长期的实践来看,损害赔偿责任的范围是一个非常重要和复杂的问题,往往成为诉讼过程中的焦点问题。因此我们有必要对违反信义义务损害赔偿责任的范围问题进行深入研究。

作为"北京市实施新公司法中新类型案件疑难问题研究"课题的组成部分,本书以 2005—2007 年间北京市各级法院审结的公司案件的判决文书和相关资料为基础,选取其中涉及董事、高管违反信义义务给公司造成损害的赔偿诉讼案例进行研究。在研究的过程中,我们试图运用实证分析的方法对北京市法院在审理此类案件中所适用的义务审查标准和赔偿责任的认定进行归纳。在实证分析的基础上,作者还采用了比较研究的方法,对归纳出的标准进行剖析。

本章在引言以下将分为四个部分:在第一部分中,我们在对重要概念进行界定的基础上,总结了我国公司法关于信义义务的规定并指出本章的研究重点,即信义义务的司法标准问题和违反信义义务的损害赔偿责任认定问题。我们同时以列表的形式对所筛选出的北京市案例做了介绍。在第二部分中,我们分别从学理和案例出发,总结出了董事、高管违反信义义务损害赔偿责任的构成要件,并通过实际案例归纳出北京市法院在审判中发展出了信义义务司法审查标准,我们称之为"正常经营行为"标准。在第三部分中,我们将"正常经营行为"标准与国外的立法和司法实践,尤其是英美通行的商业判断规则进行比较,同时从中国法的视角分析了"正常经营行为"作为一种司法审查标准的意义和不足之处。在此基础上,我们对完善这一标准提出了相应的建议。在第四部分中,鉴于北京市法院的案例中缺少判令承担损害赔偿责任的判决,本书结合国内实践,对美国司法实践中确定违反信义义务赔偿责任的规则进行了介绍。笔者在最后对全部研究内容进行了总结,指出本章研究的局限和不足,并提出了需要进一步关注的一些问题。

一、问题的提出

(一) 概念说明

信义义务理论滥觞于衡平法中的信托法律关系,即一方承诺将为了另一方的最佳利益或双方共同的利益而行为。后来,其适用范围逐步延伸至代理法、合伙法以及公司法等领域[①],成为现代公司法的核心制度之一。

在英美法系国家,董事、高管的信义义务是通过判例法逐渐形成的[②],因此英美公司法学者对信义义务的分类,尤其是勤勉(注意)义务是否属于信义义务,有不同的看法。很多学者认为注意义务是独立于信义义务的义务类别,如英国著名公司法学者高维尔教授就认为董事对公司负有与受托人相似的忠实义务和诚信义务,但是董事的注意和技能义务就与受托人判然有别。因此,董事的义务可以方便地分为信义义务和注意义务。[③] 美国学者汉密尔顿也指出,董事作为"受信人"对公司负有与"受托人"一样的信义义务,而注意义务则是独立的义务类别。[④] 但从判例法的情况来看,一般认为董事的信义义务包括注意义务和忠实义务,两者是紧密联系在一起的,如美

---

① 张开平:《英美公司董事法律制度研究》,法律出版社1998年版,第149—150页。
② 在英国普通法,董事对公司且只对公司负有信义义务这一原则来自1902年的著名判例:"帕西弗尔诉莱特"一案中。参见张开平:《英美公司董事法律制度研究》,法律出版社1998年版,第160页。
③ 张开平:《英美公司董事法律制度研究》,法律出版社1998年版,第171页。
④ See R. W. Hamliton, *The Law of Corporations*, West Publishing Co., 1986, pp. 302—305.

国特拉华州的判例法就采取这种观点。① 美国法律研究院颁布的《公司治理原则:分析与建议》中也指出,董事和高级主管的法律义务在传统上可以分为注意义务和忠诚义务,实际上也是将这两种义务作为董事义务的下位概念。② 我国学者在这一问题上也有上述两种不同的观点。有学者认为,信义义务就是忠诚(忠实)义务,而注意义务则是一种独立的义务类别。③ 但也有学者认为信义义务包括勤勉(注意)义务和忠实义务。④ 本报告的重点不在于对此问题进行理论分析,为了叙述上的方便,我们采纳第二种观点,即认为信义义务具体包括两种义务,即董事、高管对公司所承担的注意义务和忠实义务。

注意义务与忠实义务具有不同的内涵。注意义务,又被称为谨慎义务或善管义务等,是指董事、高管在处理公司事务时,应尽如同一个谨慎的人处于同等地位与情形下对其所经营的事项所给予的注意一样的谨慎义务。即董事、高管在作为业务执行和经营者处理公司事务时,应怀有善意,并从公司的最大利益出发来考虑问题。⑤ 注意义务是在英美判例法中逐步确立的规则,是对董事、高管在公司日常运作过程中管理义务的具体化。它实质上要求董事、高管应当以适当的注意来管理公司以避免损害公司利益。忠实义务,也称为忠诚义务,是指董事必须以公司的利益为其最高目标和全部期望,不得在履行董事职责时掺杂自己的个人私利或为第三人谋取利益,不得使个人的利益和公司的利益发生冲突的操守标准或要求。⑥ 从国外公司法的实践来看,忠实义务经过长期发展逐渐形成了包括避免利益冲突、避免董事及高管篡夺公司机会、竞业禁止、自我交易、对董事及高管的财务协助以及禁止利用职权谋利等在内的一个广泛的体系,几乎涵盖了公司法上的绝大多数问题。⑦ 综上,注意义务和忠实义务的核心指向是不同的。注意义

---

① 张开平:《英美公司董事法律制度研究》,法律出版社1998年版,第171页。
② 楼建波等译:《公司治理原则:分析与建议》,法律出版社2006年版,第158页。
③ 甘培忠:《公司控制权的正当行使》,法律出版社2006年版,第189—197页。
④ 如施天涛教授就指出,在公司情形下,受信义务又分为两种具体义务:一是注意义务;二是忠实义务。需要指出的是,施教授所称的受信义务系信义义务的同义语。参见施天涛:《公司法论》,法律出版社2006年版,第379页。
⑤ 王保树:"论股份公司控制股东的义务与责任",载《法学》2002年第2期。
⑥ 甘培忠:《公司控制权的正当行使》,法律出版社2006年版,第189页。
⑦ 事实上,忠实义务涉及了公司法的各个领域,与公司的内部组织结构、公司交易关系、公司资本制度以及公司诉讼等都有紧密的联系。参见楼建波等译:《公司治理原则:分析与建议》第五、六、七部分,法律出版社2006年版。

务是对董事、高管能力上的要求,这一义务要求一个社会中的人,对他人的利益、权利等负有谨慎、小心义务,避免对他人构成伤害,要求董事、高管为公司的最大利益而尽心尽力。忠实义务则是对董事、高管品德上的要求,他们必须尽力避免利益冲突,不得夺取公司机会。① 当然,注意义务和忠实义务也是一个问题的两个方面。如果把注意义务视作积极地为公司利益的作为义务,则忠实义务可以看做是消极地不得损害公司利益的不作为义务。

早在1993年《公司法》立法之初,我国就在法律中引入了有关注意义务和忠实义务的相关规定。2005年修订后的《公司法》第148条则明文规定董事对公司负有勤勉义务和忠实义务。需要指出的是,"勤勉义务"的概念是由我国公司法第一次提出来的,之前的公司法文献中未曾出现。我国学者认为这里的勤勉义务即是指公司法理论中的注意义务。② 本书中的勤勉义务和注意义务也是通用的,其内涵是一致的。在行文过程中,我们采用了勤勉义务的概念,与法律规定相一致。在引用相关文献和资料时,如果原文采用了注意义务的表述,作者也保留原文的表述方式。

(二) 我国公司法中关于信义义务的规定及问题

我国1993年制定公司法之初,关于信义义务的内容就在《公司法》条文中有所体现。对于勤勉义务,当时的公司法规定董事应当按照法律、章程规定出席股东大会③;董事还负有亲自参加董事会的义务④;公司法同时规定了董事要对董事会的违法决议承担法律责任⑤。在忠实义务方面,我国1993年公司法中较早地引入了关于忠实义务的规定。在1993年的公司法中,尽管没有明确提出忠实义务的概念,但是法律原则性地规定了董事、高管应当遵守公司章程,忠实履行职务,维护公司利益,不得利用公司的地位和职权为自己谋取私利。⑥ 这可以说是忠实义务的应有之义。同时,当时的公司法还将国外较为成熟的忠实义务规则作为董事的禁止性事项加以规定,包括不得收受贿赂或者其他非法收入、不得侵占公司财物和挪用公司资

---

① 邓峰:"领导责任的法律分析——基于董事注意义务的视角",载《中国社会科学》2003年第3期。
② 如甘培忠教授就指出,勤勉义务,也称为善良管理人的注意义务、谨慎义务等。参见甘培忠:《公司控制权的正当行使》,法律出版社2006年版,第193页。
③ 参见1993年《公司法》第43条。
④ 参见1993年《公司法》第48、49条。
⑤ 参见1993年《公司法》第111条。
⑥ 参见1993年《公司法》第59条。

金或借贷给他人[①]、禁止自我交易[②]、竞业禁止[③]和保密义务[④]等。上述规定涵盖了忠实义务的绝大多数内容,而且内容较为明确,可操作性比较强,在实践中具有重要的意义。从当时的规定来看,法律对勤勉义务和忠实义务的认识还比较浅,尚未形成完整的董事义务和责任体系。法律并没有明文提出勤勉义务和忠实义务的概念。同时,公司法对董事的要求比较具体,但是范围有限,这说明当时法律对董事、高管行为的约束还主要是有限的程序性约束,尚未将勤勉义务和忠实义务作为董事义务的重要范畴来加以规定。

1993年之后,我国的公司实践随着经济的发展而日益丰富,理论研究也有较大的进步,这都为2005年修订公司法打下了坚实的基础。从我国2005年《公司法》的规定来看,法律将勤勉义务和忠实义务作为董事义务体系的重要组成部分进行了专门规定。在2005年修订《公司法》的过程中,除了整合原有的关于勤勉义务和忠实义务的规定,法律还专门增加第148条第1款,规定董事、监事、高级管理人员应当遵守法律、行政法规和公司章程,对公司负有忠实义务和勤勉义务,弥补了这一立法上的缺陷,因而具有重要的意义。此外,在勤勉义务方面,法律保留和进一步完善了关于董事召集股东会、董事会等职责的一些程序性规定。在忠实义务方面,法律进一步完善了关于董事、高管忠实义务的列举性规定[⑤],法律还相应地加强了必要的监督和责任追究程序,以督促董事、高管对公司尽到忠实义务。[⑥] 可以说,2005年公司法极大地发展和完善了我国公司法关于董事、高管信义义务的规定。

我国公司法关于信义义务的规定更侧重于忠实义务的规定,内容比较详细,而且由于将禁止性规定用列举的方式加以表述,更为清晰。相对而言,勤勉义务的规定显得更为原则和初步,法律在概括性地规定董事对公司负有勤勉义务的同时,并没有对"勤勉义务"这一重要法律概念的内涵和外延作出界定。最高人民法院也未通过司法解释或公布案例等形式对这一规定做进一步的规范,这给法院审判实践和学术研究带来了诸多不便。我们认为这与忠实义务的指向更为明确、标准也更为客观和可量化有重要的关系。相对于勤勉义务而言,忠实义务的标准在实践中引起争议的情况要少

[①] 参见1993年《公司法》第59、60条。
[②] 参见1993年《公司法》第61条。
[③] 参见1993年《公司法》第61条。
[④] 参见1993年《公司法》第62条。
[⑤] 参见2005年《公司法》第148、149条。
[⑥] 参见2005年《公司法》第151、152、153条。

得多。

勤勉义务相对于忠实义务而言更具复杂性，因而需要更为明确的标准①，这被普遍认为是我国现行公司法关于勤勉义务规定的不尽完善之处。② 公司法在这一问题上的原则性规定可能使得信义义务，尤其是勤勉义务这一重要的董事行为准则由于在实践中无法操作而变成一种宣示性规范，使其效用大打折扣。从我国立法对董事注意义务的规制现状来看，证监会等机构针对上市公司等的董事、高管颁布了许多旨在增强《公司法》的操作性乃至合理性等方面的规范性文件。③ 这客观上造成了《公司法》在董事注意义务的规制问题上落后于实践，更容易造成混淆。

从我国公司法第六章的规定看，第148条规定了董事、高管对公司负有忠实义务和勤勉义务，第149条用列举的方式对忠实义务作了进一步的规定。《公司法》第150条实际上规定了董事、高管违反信义义务的损害赔偿责任问题，第152条规定了派生诉讼的方式。从这几条来看，实际上从董事义务、赔偿责任要件和诉讼程序三个方面对公司直接诉讼和股东派生诉讼作了明确的规定。而《公司法》第153条对股东直接诉讼的规定则明确界定董事、高管侵犯股东权益的"直接性"，这与派生诉讼的间接性是相对的，但在实践中不容易认定，在诉讼上存在问题。④ 同时，上述规定并没有对如何认定董事、监事和高管人员违反信义义务的赔偿责任范围进行明确界定，这给司法实践带来了不小的难题。

我们认为，在公司法中对勤勉义务的标准进行细致入微的规定是困难的，而且可能也是不必要的。这是因为勤勉义务的客体是董事、高管的日常管理行为，而商业实践是无限丰富的。同时，勤勉义务的核心是董事、高管在处理公司业务时的心态和注意程度，这与当事人行为时的一系列主客观状况是紧密联系在一起的。正如有学者所指出的，尽管中外法学家们一直

---

① 勤勉义务是局限于组织、管理、决策上的，而不涉及品德、利益冲突，否则就属于忠诚义务的范畴，后者更容易界定并且诉讼中的责任要件更少，不需要证明"过错"。参见邓峰："领导责任的法律分析——基于董事注意义务的视角"，载《中国社会科学》2003年第3期。

② 施天涛：《公司法论》，法律出版社2006年版，第379页。

③ 例如证监会1994年颁布的《到境外上市公司章程必备条款》以及1997年发布的《上市公司章程指引》等文件中都有类似的规定。

④ 我们在研究过程中发现，尽管有原告以董事、高管的管理行为直接侵害股东利益为由向法院提起诉讼，但是这种主张往往难以得到法院的支持。法院通常会以董事、高管的行为并非直接侵害股东利益而驳回起诉。法院的这种立场使得通过股东直接诉讼来追究董事、监事、高管违反信义义务的责任变得不可行。实践中更为可行的是公司直接诉讼或股东派生诉讼两种模式。

在努力寻求在成文法上探求完成一项普适性的标准,但这样的功夫至今仍然局限于用抽象思维描述董事处理公司事务时的心态。① 从中外成文法来看,对于勤勉义务的界定仍然主要是一种描述性的界定,而且这样一种界定必须放在具体案件中才能获得最终的认定。之所以如此,主要是因为详细地列举董事管理公司业务和事务行为的个人要求标准是非常困难的,尤其是考虑到在现代复杂的商业环境中,一个公司事务的复合体会发生相当大的变化。董事存在过失实际上是一个事实问题,而不同的个人和公司总会对事实存在不同的理解。而要对一个案件中的事实与另外案件中的事实作出类比几乎不可能,忽视差别的判断有可能导致彻底的不公正。在这一问题上,从各国的实践来看,法院的审判实践对勤勉义务的标准问题而言具有特殊的意义②,法院对待信义义务尤其是勤勉义务的态度往往主导了这个问题的发展方向。从我国的情况看,2005 年修订公司法后,各地审判实践中已经涌现出公司、股东通过诉讼请求法院追究董事、高管违反信义义务尤其是勤勉义务的损害赔偿责任的诉讼。我国法院在这一问题上的实践不仅可能弥补理论上的空白,而且更有利于推动公司法在这一问题上的进一步深入和发展,这也正是本书写作的意义所在。

(三) 对案例样本的说明

作为"北京市实施新公司法中新类型案件疑难问题研究"课题的一部分,我们获得了 2005—2007 年度北京市各级法院审结的大量公司案件的判决文书及相关资料,从而为本书的研究奠定了良好的实证基础。

2005—2007 年间,北京市各级法院审结的公司法案件近 3000 件。从我们掌握的案例来看,以董事、监事、高管侵害公司利益作为案由的仅有四十余件。在这类案件中,较为典型的董事、高管违反信义义务造成侵害的案件则更为少见。尽管如此,经过对公司案件的总结,我们筛选出 16 个较为典型的案件作为本书实证分析的基础。根据违反义务类型的不同,我们将这些案件按照违反忠实义务、勤勉义务和同时违反两种义务进行分类,分别在下表 1、表 2、表 3 中对案件情况做了总结。

通过对表 1、表 2 和表 3 中案件主要情况的分析可以看出,针对因董事、高管违反信义造成损害提起的赔偿诉讼主要有以下几个显著特点:

---

① 甘培忠:《公司控制权的正当行使》,法律出版社 2006 年版,第 194 页。
② 需要指出的是,法院的司法判断标准和董事的行为标准可能是不同的。这在下文中有具体的分析。

表 1 2005、2006 年度北京市终审董事、监事、经理违反忠实义务损害赔偿案件一览表

序号	案件号	原告	被告	诉讼类别	公司类别	案件事实	违反义务类型	判决理由	判决结果	备注
1	（2006）顺民初字第6084号	纪零零，公司股东兼监事	刘永珙，公司股东兼执行董事经理	派生诉讼	有限公司	原告与被告等三人共同设立货运公司 A。被告担任执行董事期间，又与他人设立新公司 B。被告将 A 公司承担、且使用 A 公司车辆进行运输。被告同时擅自将 A 公司车辆过户给 B 公司。	忠实义务	原告主张的多项诉讼请求不属于同一法律关系。	裁定驳回原告起诉	
2	（2006）顺民初字第4953号	蒋永凤，公司股东	黎兵，公司股东兼执行董事	派生诉讼	有限公司	原告诉称被告将其他公司拖欠本公司的货款让人其私人账户，侵占公司财产并拒绝归还。原告请求法院判令被告将上述款项归还公司。	忠实义务	法院查明被告开立的个人存折一直由公司保管，且原告未能提供证据证明被告将存折中的货款用于个人支出，也就不能证明被告侵占了公司财产。	判决驳回原告的诉讼请求	
3	（2006）丰民初字第01905号	段震，公司股东兼经理	刘国祥，公司执行董事	派生诉讼	有限公司	原告诉称被告违反公司章程和内部文件的规定，非法侵入原告办公室，且以暴力手段强行抢走原告保管的公司财务专用章，使由原告保管行使的公司经理职责，使公司管理陷于混乱状况，公司管理和股东利益，原告请求法院判令被告交还公司财务专用章。	忠实义务	公司财务专用章由该公司财务人员保管，并未在被告处，并且公司财务专用章的使用和保管属于公司内部管理事项，不属于法院受理范围。	裁定驳回原告起诉	
4	（2006）二中民终字第09119号	段震，公司股东兼经理	刘国祥，公司执行董事	派生诉讼	有限公司	原告诉称原审法院在没有证据情况下认定财务专用章由公司财务人员保管，与事实不符，且有关内部事项的认定不符合法律规定。	忠实义务	公司财务专用章的使用和保管属于子公司内部管理事项，不属于法院受理范围。	驳回上诉，维持原裁定	案件3上诉

第十二章　公司法中董事、监事、高管人员信义义务的法律适用研究　315

（续表）

序号	案件号	原告	被告	诉讼类别	公司类别	案件事实	违反义务类型	判决理由	判决结果	备注
5	（2006）丰民初字第08567号	宋立，企业股东	李军海，企业股东兼法人代表	派生诉讼	股份制企业	原告诉称被告在担任企业法人代表期间，假冒股东签名注销原本企业，且将企业与其妻子成立的新公司B。上述行为已被法院先前的判决认定为违反竞业禁止义务。被告速又将竞业禁止业务所得收入归本企业所有。其请求法院判令被告将后一行为应归本企业所有。	忠实义务	《公司法》第149条第1款第5项规定的竞业禁止义务，并不指向担任公司董事，经理等高级管理人员之前已经从事行业的人。被告在C任职早于A企业设立，所以不违反竞业禁止义务。	判决驳回原告诉讼请求	
6	（2006）东民初字第3236号	长城宽带网络服务有限公司	王伟，原告下属分公司总经理	公司直接诉讼	有限公司	原告诉称被告在任公司下属分公司总经理期间，委托对公司办公室进行装修，工程实际造价为3800元。但被告要求在装修合同中签出12437元的发票造价工程12437元，出具发票。事实上，个体装修人员收到装修款4000元，其余款项被被告占有，原告请求法院判令被告返还财产8000元。	忠实义务	原告提供的证据不足以证明被告侵占公司财产的事实，故不予支持。	判决驳回原告诉讼请求	

（续表）

序号	案件号	原告	被告	诉讼类别	公司类别	案件事实	违反义务类型	判决理由	判决结果	备注
7	（2006）一中民初字第05584号	北京紫乔房地产开发有限公司	向此全，原告的执行董事兼法定代表人	公司直接诉讼	有限公司	原告诉称被告在任职期间，因其与公司其他管理人员之间存在矛盾，出于报复心理，被告违反原告公司重大事宜决策审批流程，擅自与公司债务人签订补充协议，放弃了原告享有的合同权利，导致原告4800余万元的经济损失，严重违反了董事的忠实义务，请求法院判令原告赔偿损失1000万元。	忠实义务	依据我国公司法有关规定，原告公司章程的相关规定，被告在担任公司法定代表人期间，有权代表原告对外签署相关文件，但应以公司利益最大化为原则。在原告向法院提交的证明，该诉笔录及公安机关为被告做的询问笔录中，被告均认可其私下与公司债务人签订补充协议，目的是报复原告其他工作人员并非使原告遭受损失的权利。诉讼中丧失追究债务人的责任主观上存在损害公司利益的故意，违反了公司高级管理人员对公司的忠实义务。但对原告在履约过程中也存在违约的情形，因而不能确定损失的必然发生。	判决驳回原告诉讼请求	
8	（2006）高民终字第1438号	北京紫乔房地产开发有限公司	向此全，原告的执行董事兼法定代表人	公司直接诉讼	有限公司	原告诉称被告在任职期间，因其与公司其他管理人员之间存在矛盾，出于报复心理，被告违反原告公司重大事宜决策审批流程，擅自与公司债务人签订补充协议，放弃了原告享有的合同权利，导致原告4800余万元的经济损失，严重违反了董事的忠实义务，请求法院判令原告赔偿损失1000万元。	忠实义务	被告担任公司法定代表人的规定期间内，根据公司章程对外签署文件，代表公司权代表的规定，被告设有充分证据证明被告系出于恶意违反公司章程和忠实义务签订补充协议，给公司造成损失。	驳回上诉，维持原判	案件7上诉

第十二章　公司法中董事、监事、高管人员信义义务的法律适用研究

（续表）

序号	案件号	原告	被告	诉讼类别	公司类别	案件事实	违反义务类型	判决理由	判决结果	备注
9	（2006）二中民初字第03768号	汉唐集成股份有限公司、北京台群科技有限公司股东	陈石虎，北京台群科技有限公司董事长；林仓敏，北京台群副董事长；甘雯绮，北京台群董事	股东派生诉讼	有限公司	2001年，北京台群科技有限公司（以下简称北京台群）成立，与台湾地区台群为夫联企业，可以低价购得后者的产品。后被告陈石虎、林仓敏指使甘雯绮在英属维京群岛注册设立影子公司Ocean Jet Limited。2003年，陈石虎指令北京台群避开台湾地区台群转而向Ocean Jet Limited以单价每套5万美金的价格购买16套台群生产的设备，每套价格高出1.3万美金。	忠实义务	原告未履行股东派生诉讼前置程序，故起诉不当。法院未对案件进行实体审查。	裁定驳回起诉	
10	（2007）海民初字第22257号	付晓明，光大福润公司股东	焦欣，光大福润公司股东兼执行董事	股东派生诉讼	有限公司	被告作为光大福润公司股东兼执行董事，另行成立其独资的北京光大金源国际传媒广告有限公司，经营范围涵盖了光大福润公司的经营范围。被告擅自将光大福润公司的广告业务转移到光大金源公司，且已经入账。	忠实义务	被告属于违反竞业禁止义务的行为，其个人收入应当归光大福润公司所有。法院认为大福润公司的利润在扣除税收后即是被告个人收入。	判令被告将违法收入8万元交付给光大福润公司。	

表 2 2006年度北京市审结董事、监事、经理违反勤勉义务损害赔偿案件一览表

序号	案件号	原告	被告	诉讼类别	公司类别	案件事实	违反义务类型	判决理由	判决结果	备注
1	(2006)一中民初字第03036号	周建平，A公司股东、监事兼副经理	周凤成，A公司股东、执行董事兼经理	派生诉讼	有限公司	原告与被告共同出资成立A公司。后原被告因公司管理发生矛盾，原告退出对公司的管理。被告在原告不知情的情况下，以极不合理的价格将公司财产全部卖掉，并将所得款项据为己有，严重侵犯了公司及原告作为股东的合法权益。	勤勉义务	被告行为是代表A公司的职务行为，原告不能举证证明被告侵占了出售公司款项的事实。	判决驳回原告的诉讼请求	
2	(2006)二中民初字第16641号	北京市华表工贸有限公司，北京市鸟取爱服装有限公司股东	吉冈徹，北京市鸟取爱服装有限公司董事、总经理；褚连营，鸟取公司董事、副总经理	股东直接诉讼	有限公司	原告诉称两被告因违法经营，直接向鸟取表公司股东造成经济损失，包括因原料差价问题导致公司利润减少；以违法带身携带的方式进口机器设备零件，在原料中夹带进口原材料费，导致鸟取公司减少收入；有意损害鸟取公司股东利益，虚报工资增长等。	勤勉义务	华表公司的诉讼请求是要求吉冈徹、褚连营向华表公司赔偿经济损失，但华表公司作为鸟取公司的董事总经理褚连营因违法经营给鸟取公司造成了损失。现华表所诉的事实及理由不足以证明其有直接利害关系，其具有起诉权理由不当。	裁定驳回起诉	

第十二章 公司法中董事、监事、高管人员信义义务的法律适用研究

表3 2006年度北京市审结董事、监事、经理违反勤勉、忠实义务损害赔偿案件一览表

序号	案件号	原告	被告	诉讼类别	公司类别	案件事实	违反义务类型	判决理由	判决结果	备注
1	(2006)丰民初字第05144号	张桂芝,企业股东	白维平,企业股东兼法人代表	股东直接诉讼	股份制企业	原告诉称被告企业经营过程中擅自以低价销售一批货物,请求法院判令被告赔偿原告差价。	勤勉义务	被告代表企业出售货物的行为,属于其职权范围,系企业正常的经营活动,并无不妥。原告证据不足。	判决驳回原告诉讼请求	
						原告同时诉称被告妻子与企业经营同种业务,被告将本企业的客户让与其妻,侵害了其股东权益,要求被告赔偿原告因此受到的损失。	忠实义务	证据不足。		
2	(2005)东民初字第7170号	北京鑫科运通信息技术有限公司,涉案公司股东	房庆,涉案公司董事总经理;矫云长,张成海,涉案公司董事	派生诉讼①	有限公司	原告诉称被告房庆多次违法召开董事会,不积极维护公司利益。	勤勉义务	法院查明在公司董事总经理已经提出辞职的状况下,被告未积极采取有效措施进行处理。但是在于原告的诉讼请求中未涉及这一问题,故法院也未做任何评价。	判决驳回原告诉讼请求	
						原告诉称被告张成海、矫云起在与本公司有竞争业务的机构单位,违反竞业禁止义务。	忠实义务	被告公司成立之前就已经在该机构任职,且该机构属于事业单位,并非经营性企业,故不违反竞业禁止义务。		

① 原告以侵害股东权益为由提起诉讼,法院也将"股权纠纷"作为立案的案由。但是在法院最后的判决中,法院指出:"原告作为公司的股东以公司受到公司管理人员不当行为的侵害为由,代表公司利益提起诉讼,是符合有关法律规定的。"这表明,法院仍然将这一案件作为企业股东代表诉讼来处理。

（续表）

序号	案件号	原告	被告	诉讼类别	公司类别	案件事实	违反义务类型	判决理由	判决结果	备注
						原告诉称由于三被告与本公司业务相关部门申通阻挠本公司业务开展，致使第三人遭受重大损失。	勤勉义务	原告所诉损失属于公司的正常经营性开支，并非由于三被告对公司构成侵权所致，原告提出赔偿损失的诉讼请求缺乏事实与法律依据。		
						原告诉称2005年5月起，被告房庆等人又私自占有本公司印章和重要文件，遣散员工，封闭办公场所，致使公司业务完全停止。	勤勉义务	因公司表示其印章及营业执照正、副本均由其办公室负责保管，公司现已进入正常经营状态，被告房庆所属的经济性裁员等行为均对公司不构成侵权。		
3	（2006）二中民终字第07618号	北京鑫科运通信息技术有限公司，涉案公司股东	房庆，涉案公司董事长；矫云起、张成海，涉案公司董事	派生诉讼	有限公司	原告诉称被告所任职的机构负责推广美国的编码的中国编码标准与本公司经营的编码标准是直接的竞争关系，严重损害公司利益，故违反竞业禁止义务。	忠实义务	国家有关部门已经撤销了对公司从事编码业务推广的授权，而将此业务交由被告任职机构承担，同时被告在该机构的任职时间早于中标公司成立时间。	驳回上诉，维持原判	案件2上诉
						原告诉称房庆作为本公司的董事长，长期不召集股东会，其行为严重失职，房庆在没有股东会和董事会授权的情况下，擅自决定清退本公司的全部工作人员，查封公司财产，致使公司业务完全停止，侵犯了公司的利益。	勤勉义务	因涉案公司在庭审中明确表示公司的印章、营业执照等均在其办公室保管，公司现进入正常的经营状态，房庆作为公司的董事长等行为对公司进行裁员等行为，所以原告诉讼请求无事实依据。		

第十二章　公司法中董事、监事、高管人员信义义务的法律适用研究

（续表）

序号	案件号	原告	被告	诉讼类别	公司类别	案件事实	违反义务类型	判决理由	判决结果	备注
						原告诉称由于上述失职行为造成本公司的业务量下降，相应收益、此费用支出和收入下降构成公司的损失。	勤勉义务	由于原告所主张的公司损失同题系由公司在经营过程中实际发生的费用支出，该费用的发生并非是三被告的侵权行为所致，因此，原告要求三被告共同赔偿公司经济损失的上诉请求，于法无据。		
4	（2005）二中民初字第16126号	北京帆飞服装服饰有限公司（以下简称帆飞公司）	尔洛·马蒂尼，帆飞公司经理；雷纳多·奥蒂尼帆飞公司副经理	公司直接诉讼	有限公司	原告诉称因两被告经营管理不善而形成未收回款项及坏账，给公司造成重大损失。	勤勉义务	在公司经营过程中发生的有关损失，不应视为经理未尽注意义务所致。公司应举充分证据证明经理未有效履行义务，具有明显过错。对于北京帆飞公司主张因卡尔洛·马蒂尼失职造成损失人民币3611158.95元，因公司存在应收未收款项及坏账损失属经营中的正常情况，且北京帆飞公司提交的情况说明及相关的欠款请审不足以证明其主张的上述损失必然发生，北京帆飞公司亦未举证证明上述款项已无法收回，损失亦然发生，系由卡尔洛·马蒂尼与雷纳多·奥蒂尼疏于职守，未尽注意义务所致。	判决驳回原告的诉讼请求	

(续表)

序号	案件号	原告	被告	诉讼类别	公司类别	案件事实	违反义务类型	判决理由	判决结果	备注
						原告诉称两位被告的失误致使北京帆飞公司在为企业员工代缴个人所得税时未按规定计算含税收入,导致公司被税务部门罚款。	勤勉义务			
						原告诉称由于两位被告主观的、错误的个人决策致使北京帆飞公司与雇员之间失去了最基本的彼此信任关系,因此而引发了多起劳动争议案件。公司在上述仲裁案件中败诉赔偿职工损失。	勤勉义务	上述损失不能当然推断系卡尔洛·马蒂尼失职,马蒂尼失职与雷奥纳多·马蒂尼失职所致;北京帆飞公司利益因卡尔洛·马蒂尼失职造成南京工商部门罚款人民币500000元,亦没有向本院提交证据证明上述损失已实际发生,且卡尔洛·马蒂尼对此存在明显过错。		
						原告诉称由于两位被告的经营决策失误,在履行一份与天津针织一厂签订的加工承揽合同过程中,由于北京帆飞公司未能及时按合约定提供辅料,使天津针织一厂无法按期交货。	勤勉义务			
						原告诉称两被告将公司公款用于个人消费,包括修理私人汽车,在高档实馆、餐馆吃饭等。同时被告拒绝偿还公司代缴的个人所得税。	忠实义务	原告无法证明上述支出系经二被告批准及领取的事实。		

第十二章　公司法中董事、监事、高管人员信义义务的法律适用研究

（续表）

序号	案件号	原告	被告	诉讼类别	公司类别	案件事实	违反义务类型	判决理由	判决结果	备注
						原告诉称第一被告卡尔洛·马蒂尼1998年8月私自以北京帆飞公司的名义与其本人在香港的公司Addfund有限公司签订管理咨询和培训服务合同,之后并未依合同为北京帆飞公司提供任何服务,因此从公司非法获取124200美元。	忠实义务	卡尔洛·马蒂尼在与Addfund有限公司签订和履行《服务合同》过程中,仅持有Addfund有限公司10%的股份,不能由此认定卡尔洛·马蒂尼对于Addfund有限公司享有实际控制权,同时北京帆飞公司没有提交其他证据证明卡尔洛·马蒂尼通过《服务合同》获取相关利益。		

第一,从违反义务类型看,只违反忠实义务的案件有 10 件,单纯违反勤勉义务的案件有 2 件,同时违反勤勉义务和忠实义务的案件有 4 件。由此可以看出,针对忠实义务的诉讼比较占据了此类诉讼的主流,而针对勤勉义务的诉讼则相对少得多。这可能与法律对勤勉义务规定不完善有较大关系,使得这项制度的功能没有很好地发挥出来。

第二,从诉讼类型上看,派生诉讼案件共有 9 件,公司直接诉讼案件有 4 件,股东直接诉讼案件 3 件。这表明我国新公司法引入的派生诉讼制度已经为当事人所认同,在诉讼实践中起到了重要的作用。

第三,从公司类型上看,所有涉案公司均为有限公司。根据我国公司法的规定,股份公司和有限公司在公司规模、股权结构、公司治理模式以及公共性等问题上都有较大区别,相应地对董事、高管的信义义务要求和诉讼模式也可能存在较大的区别。

第四,从裁决结果上看,除表 1 中的案件 10 外,所有案件都以败诉而告终。从判决的理由来看,原告败诉的原因多种多样,但是诉讼结果的高度一致性仍然让我们对通过诉讼方式追究董事、高管违反信义义务赔偿责任的效果产生怀疑。法院是如何作出上述判决的?这种判决会对我国的公司法实践产生什么样的影响?这都是本书要探索的问题。

二、北京市法院对董事、高管信义义务的司法审查标准

从表 1、表 2 和表 3 中总结的案例来看,北京市法院系统在审理董事、高管违反信义义务赔偿诉讼中已经有了一些初步的探索和尝试,为进一步明确信义义务的司法标准提供了有益的借鉴和指导。事实上,法院审判实践中的审查标准不仅决定具体案件的胜负,法院在案件审理中所持的标准和态度,还可能反过来弥补公司法规定的不足,促进公司法的进一步完善,从而推动公司治理机制的改进和发展。这种成文法与司法案例相互促进的发展模式对我国公司法的实践可能具有更为特别的意义。

需要注意的是,法院审判实践中的标准仅仅是信义义务诸多可能的衡量标准中的一个,尽管它具有极为重要的意义。司法标准是从法院审判案件的需要出发来制定的。在审理案件的过程中,法院要考虑到司法权干预与公司自治的平衡,考虑到商业实践的需要等众多因素,同时审判还要受制

于具体案件的特殊情况。因此,这种标准具有一定的局限性。从国外的情况来看,法院在审判实践中通常会采取更为宽松的检验标准。一个典型的例子是美国司法实践中的商业判断规则和董事所负注意义务的关系。正如有美国学者所指出的,经营判断原则与注意义务之间有着不同的标准,是独立于注意义务的一项原则。① 艾森伯格教授也指出,注意义务是一个行动的基准,它并不因为作为审查标准的经营判断原则的存在而得以减轻。行动的基准是指董事履行义务时应该采取什么行动的一个标准,而审查标准则是指法院在评价董事的行为时所适用的一个标准。在现实社会中,这两者是存在区别的。②

(一) 我国公司法上违反信义义务赔偿责任的构成要件

从法理上讲,追究损害赔偿责任有侵权之诉和违约之诉两种途径,二者在责任的构成要件、赔偿范围等方面都有较大的区别。尽管从学理上讲,违反信义义务的赔偿之诉可能存在着侵权责任与违约责任的竞合,但是从我国公司法的规定和学者们的观点来看,违反信义义务的赔偿责任诉讼是侵权之诉的观点占据上风。

从我国现行公司法的规定来看,具体涉及董事、高管违反信义义务赔偿责任的法律规定共有两条:第一是《公司法》第 148 条,即董事、监事、高级管理人员应当遵守法律、行政法规和公司章程,对公司负有忠实义务和勤勉义务;第二是《公司法》第 150 条,即董事、监事、高级管理人员执行公司职务时违反法律、行政法规或者公司章程的规定,给公司造成损失的,应当承担赔偿责任。从这两条规定来看,董事承担违反信义义务的赔偿责任具有三个要件:

第一,董事经理必须在执行公司职务的过程中。这是董事、高管承担违反信义义务赔偿责任的前提条件,即董事、高管所从事的是履行公司职务的行为,因为只有在履行公司职务时,董事、高管才对公司承担信义义务。当然,董事、高管如果因职务外行为侵害公司权益,可以依照侵权法的相关规则来相应地追究其责任。

---

① See S. Samuel Arsht, The Business Judgment Rule Revisited, *8 Hofsta L. Rev.*, 1979, p. 119. 转引自蔡元庆:《董事的经营责任研究》,法律出版社 2006 年版,第 50 页。

② See Melvin A. Eisenberg, The Divergence of Standards of Conduct and Standards of Review in Corporate Law, *62 Fordham L. Rev.*, 1993, p. 437. 转引自蔡元庆:《董事的经营责任研究》,法律出版社 2006 年版,第 50 页。

第二,董事、高管的行为必须违反法律、行政法规或公司章程的规定。这实际上是违法行为的要件。具体到信义义务来讲,董事、高管的行为必须违反了法律、法规对信义义务的规定。公司章程可能对董事、高管的信义义务提出了更高或更为具体的要求,这也是董事信义义务的来源之一。[①] 同时,法律、行政法规和公司章程对董事、高管行为的要求是多方面的,并不仅限于信义义务的要求。

第三,必须给公司造成损失。这实际上是损害结果的要求。单纯从这一规定来看,法律并没有对损失的范围作出明确的界定。即所造成的损失只包括直接损失还是也包括了间接损失?董事、高管所造成的损失是否必须已经实际发生还是可能发生?损失范围的确定与侵权责任损害赔偿责任的范围紧密联系在一起。

需要指出的是,公司法的这一规定并没有对是否要求董事、高管在履行职务的过程中存在过错作出规定。针对违反信义义务的问题,我们认为,法律这一规定实际上将过错的要求融入到违法行为的要件当中。因为一般而言,违反信义义务的行为本身就是存在过错的。当然,这与对信义义务尤其是勤勉义务采何种认定标准是联系在一起的。在具体认定的过程中,究竟采取一般过失、重大过失还是故意等是需要结合具体案件的情况做进一步的探讨的。从国外的立法来看,各国公司法普遍认同采用主客观相结合的标准来认定董事、高管的过错。我国目前在这一问题上还没有明确的规定,需要在法院审判实践中来进一步发展。

从学理上看,正如我国学者所指出的,董事、高管的信义义务是一种法定义务,因而违反信义义务责任实际上是侵权责任在公司法上的特殊体现和具体运用,在此意义上,董事、高管违反信义义务所发生的责任与侵权责任并没有什么不同。[②] 我国学者由此出发对董事、高管违反信义义务的损害赔偿责任提出了如下的构成要件[③]:

第一,违法行为。就违法行为而言,主要体现为董事、高管对注意义务和忠实义务的违反。第二,主观过错。董事、高管承担违反信义义务的责任同样需要以过失为基础。公司法的特殊之处在于,在认定董事、高管的过失

---

① 我们认为,针对违反公司章程规定的信义义务究竟构成侵权还是构成违约,还需要做进一步的探讨。这关系到如何认定公司章程等的性质。
② 施天涛:《公司法论》,法律出版社 2006 年版,第 394 页。
③ 同上书,第 394—396 页。

责任时更加倾向于采用客观标准,例如采用了"理性人"的标准等。同时,公司法在确定董事、高管的过失责任时,更加倾向于运用程序标准。第三,损害存在。董事、高管因违反信义义务所造成的损害通常表现为一种财产损害,一般不会涉及人身损害。第四,因果关系。违反信义义务必须是造成损害的近因,责任才能够成立。一般情况下由主张董事、高管违反信义义务的原告对此承担举证责任;但是在涉及公司行为的复杂交易中,由于原告股东在公司商业活动信息方面的欠缺和专业判断能力的局限,举证责任的倒置是不可避免的,法官应当恰当地行使自由裁量权以使诉讼得以正常继续,同时以经营判断规则去检验董事、高管人员的行为成为可能。

(二)北京市法院审判实践中赔偿责任的构成要件

从表1中案例的情况来看,法院在个别案件的判决中指出了承担违反信义义务损害赔偿责任的构成要件。比较典型的案件有两个,具体案例如下:

【案例1】① 在北京紫乔房地产开发有限公司诉向此全一案中,作为原告的公司以被告出于报复的目的签订合同,擅自放弃公司的求偿权给公司造成损失为由请求法院判令被告承担损害赔偿责任。法院在判决中指出,依据我国公司法及原告公司章程的相关规定,被告向此全在担任原告紫乔公司法定代表人期间,有权代表原告对外签署相关文件,但应以公司利益最大化为原则。在原告向本院提交的证明、谈话笔录及公安机关对被告做的询问笔录中,被告均认可其私下与城建公司签订补充协议三和四,目的是报复原告公司其他工作人员,并使原告在与城建公司的诉讼中丧失追究城建公司违约责任的权利,因此应认定被告在主观上存在损害公司利益的故意,违反了公司高级管理人员对公司负有的忠实义务。诉讼中,被告认可补充协议三和四的签订,从客观上免除了城建公司的违约责任,导致原告丧失了追究城建公司违约责任的可能性,该权利的丧失与被告的私下签订补充协议三和四的行为之间虽然存在因果关系,但是原告追究被告侵害公司利益的侵权责任的首要条件是损害后果的发生。本案中,该损害后果是指原告的财产损害,包括原告现有财产的丧失和未来必然获得财产的丧失。

在这一判决中,法院明确指出董事、高管侵害违反信义义务的损害赔偿属于侵权之诉,董事、高管应当承担侵权责任。在责任的认定上,法院首先

---

① 参见表1中的案件7,北京市第一中级人民法院审理,(2006)一中民初字第05884号。

确认被告故意违反了董事对公司所应当承担的忠实义务。在此基础上,法院进一步认定了被告的违法行为与损害(即公司违约损害赔偿请求权的丧失)之间具有因果关系。本案的核心在于对损害结果的认定。法院认为,在此类侵权诉讼中,损害结果必须是实际发生财产损害,且限于现有财产的损失和未来必然获得财产的必然丧失。这表明,法院认为损害赔偿的范围包括直接损失和必然可得利益的损失。在本案中,法院最终因为原告公司在履行合同过程中也存在违约行为,因此不能确定原告一定可以获得违约损害赔偿为由判令驳回原告诉讼请求,被告无需对原告承担损害赔偿责任。

【案例2】① 在北京帆飞公司诉卡尔洛·马蒂尼与雷奥纳多·马蒂尼一案中,作为公司的原告对作为高管的二被告因失职行为给公司造成损失提起损害赔偿诉讼。法院在该判决中指出,经理受公司委托管理公司事务,在履行职务过程中负有注意义务,应对其管理事项表现出合理的谨慎、勤勉。但在公司经营过程中发生的有关损失,不应均视为经理未尽注意义务所致,公司应提举充分的证据证明经理未有效履行义务,具有明显过错。对于北京帆飞公司主张因卡尔洛·马蒂尼与雷奥纳多·马蒂尼失职造成应收未收款项及坏账损失人民币3611158.95元,因公司存在应收未收款及坏账损失属经营中的正常情况,且北京帆飞公司提交的情况说明及相关的欠款清单不足以证明其主张的上述款项已无法收回,损失必然发生,北京帆飞公司亦未举证证明上述款项系由卡尔洛·马蒂尼与雷奥纳多·马蒂尼疏于职守,未尽注意义务所致;对于北京帆飞公司主张因卡尔洛·马蒂尼与雷奥纳多·马蒂尼失职造成税收罚款人民币4790.16元、劳动仲裁、诉讼赔偿款人民币32265.10元、合同纠纷诉讼赔偿款人民币33265.10元的损失,亦不能当然推断系卡尔洛·马蒂尼与雷奥纳多·马蒂尼失职,因过错损害公司利益所致;北京帆飞公司主张因卡尔洛·马蒂尼失职造成南京工商部门罚款人民币500000元,亦没有向本院提交证据证明上述损失已实际发生,且卡尔洛·马蒂尼对此存在明显过错。故本院认为,上述事实均不足以认定卡尔洛·马蒂尼与雷奥纳多·马蒂尼在履行职务过程中未尽注意义务,损害公司利益,对损失应负赔偿义务。

在这一案件中,法院同样采取了侵权责任的认定标准,要求董事、高管承担违反信义义务的损害赔偿责任必须满足违法行为、过错、实际损害和因

---

① 参见表3中的案件4,北京市第二中级人民法院审理,(2005)二中民初字第16126号。

果关系四个要件。值得注意的是，法院对过错的问题作出了解释。法院在判决中多次提到作为董事、高管的被告应当具有"明显过错"。显然，这并非普通过错，这一标准实际上要高于一般过错的标准。但是所谓的"明显过错"是否是指"重大过失"或"故意"则还需要进一步探讨。法院明确的另一问题是损害赔偿的问题，法院提出的标准是"损害必须已经实际发生"，这是直接损失的标准。由于本案不涉及可得利益的损失或其他间接损失，因此尚不能简单地依据本案认定损害赔偿的范围。

综合上述两个案件可以看出，与学理上的总结相似，法院在实践中将违反信义义务的损害赔偿责任认定为是侵权责任。具体来说，第一，董事、高管必须违反信义义务；第二，必须存在过错，并且要高于一般的过错，构成"明显过错"；第三，损害结果，损害结果必须实际发生，或者必然发生。但从案例的情况来看，法院更倾向于实际发生的损失；第四，违法行为和损害结果之间存在因果关系。

从上述四个构成要件来看，违法行为的认定是一个比较困难的问题。法院在上述判决中并没有提供详细的参照。在法律对信义义务的标准规定不够明确的前提下，法院是如何认定董事、高管违反信义义务的？尤其是考虑到过错的认定实际上是在违法行为认定过程中一并解决的。这个问题在实践中具有极其重要的意义。从公司法立法和法院审判实践来看，勤勉义务和忠实义务的标准是不同的。下文将分别就法院对勤勉义务和忠实义务所采取的标准问题进行分析。

（三）北京市各级法院审判实践中的勤勉义务标准："正常经营行为"标准

本节主要讨论法院审判实践中的勤勉义务标准问题。从表1中的案例来看，专门针对董事、高管违反勤勉义务提起的诉讼并不多见，只有5个案件涉及了勤勉义务。从法院的判决来看，尽管每个案件的具体情况不一而足，但是我们发现在认定董事、高管是否违反了勤勉义务的问题上，法院都没有对董事、高管的职务行为的合理性等做实质性审查，而是采取了一种程序性审查的标准来代替。这可以从以下几个案例中体现出来。

【案例3】① 在张桂芝诉白维平一案中，作为企业（三维兴中心）股东的原告以被告在企业经营过程中擅自以低价销售了一批货物为由提起诉讼，请求法院判令被告向原告补偿差价。针对原告的这一诉讼请求，法院在

---

① 参见表3案件1，北京市丰台区人民法院审理，(2006)丰民初字第05144号。

判决中指出,根据企业章程的相关规定,白维平作为企业的经理、法定代表人,有权组织企业日常经营活动。三维兴中心向王宝刚出售摩托车配件,属于企业正常的经营活动。白维平代表三维兴中心做出的上述行为,属于其职权范围,未违反我国法律、行政法规、公司章程的规定,并无不当。法院因此驳回了原告的诉讼请求。

从这一判决来看,法院认定被告没有违反勤勉义务的核心根据就在于被告作为企业的经理、法定代表人,根据法律和企业章程的规定有权代表企业对外签订合同,因此其行为并未违反董事、高管的勤勉义务。考虑到原告的诉讼请求指向了被告签订合同中定价的合理性问题,尽管从判决书中我们不能看出原告是否对价格不合理做了充分的举证,但是法院在上述判决中并没有对这一问题做实质性审查。例如法院并未审查被告签订合同时的产品的合理市场价格与合同定价的差别,也未考察被告是否在定价和签订合同过程中存在过失。法院在这一案例中的审查是以董事、高管的合法授权为依据的,是一种形式化的检验。以至于我们甚至可能怀疑法院在这一问题上是否混淆了签订合同效力的标准和董事、高管勤勉义务的标准。

【案例4】① 在北京鑫科运通信息技术有限公司诉房庆等三被告一案中,作为股东的原告的诉讼请求之一就是针对被告房庆等人私自占有本公司印章和重要文件,遣散员工,封闭办公场所,致使公司业务完全停止。作为第三人中标公司的股东,原告因此认为被告违反了董事的勤勉义务,向法院提起诉讼。对此,法院在判决中指出,由于因作为第三人表示其印章及营业执照正、副本均由其办公室负责保管,第三人现已进入正常经营状态,被告房庆的经济性裁员等行为属第三人的公司行为,并未对第三人构成侵权。法院据此驳回了原告的诉讼请求。

法院的这一判决与案例3有所不同,即法院提出了"公司行为"的标准。法院认为董事的公司行为不属于对公司的侵权。尽管"公司行为"具有一定的模糊性,但是需要注意的是在本案中作为第三人的中标公司实际上是由作为法定代表人的被告房庆作为代表出庭答辩的,实际上体现了被告的意志。我们认为尽管从表面上看,法院采纳了第三人的意见,认为这是一种公司行为,但实际上是采纳了被告关于自身行为是公司行为的辩护,其背后的理念是被告作为公司的董事长和法定代表人,有权组织公司的日常经营活

---

① 参见表3案件2,北京市东城区人民法院审理,(2005)东民初字第7170号。

动。裁员、封闭办公场所等都属于其职权范围之内,因此,上述行为是被告代表公司做出的"公司行为",因而是合法的。法院并没有对裁员和封闭办公场所的行为是否具有合理和正当的理由,是否体现了公司利益作出实质性的审查和认定。我们认为这实际上也是一种程序化的检验,这里的公司行为类似于上一个案例中的日常经营活动的概念。这里的"公司行为"实际上是指公司董事长在管理公司中的正常经营行为。

需要指出的是,法院在上述判决中混淆了公司和公司的法定代表人,即认为法定代表人的行为即是公司行为。同时,裁员、封闭办公场所等行为对公司而言具有重大的影响,董事是否有权单独作出上述决定?还是需要股东会的特别授权?法院并没有对上述问题作出实质性判断。我们看到,一审法院关于公司行为的判决得到了二审法院的支持。二审法院在终审判决中指出,房庆作为中标公司的董事长对公司进行裁员等行为属于公司行为,信息技术公司上诉称房庆严重失职、违法封闭公司等行为侵犯了中标公司权益,无事实依据,本院不予采信。①

【案例 5】② 在周建平诉周品成一案中,身为股东的原告诉称被告在不知情的状况下,委托其他人将原被告共同投资设立的璐佳公司(本案第三人)的财产以极其不合理的价格卖掉。针对这一主张,法院在判决中指出,受托人朱建新、杨东海接受第三人璐佳公司的委托将公司的财产出售给他人,并收取财产价款 80000 元的行为,是代表第三人璐佳公司的职务行为。

在本案中,法院并没有直接对被告出售公司的行为作出认定,即被告出售公司的行为是否获得了正当的授权,价格是否合理,是否履行了相应的利益冲突的报告义务等,都没有做具体的审查。法院转而对两个委托代理人的行为进行认定。法院认为受托人接受公司委托出售公司财产的行为是职务行为,从而认定是合法的。从法理上讲,这表明法院认定委托人对代理人的授权是合法有效的。法院实际上认定了作为被告的法定代表人委托他人出售公司财产的行为是有效的,这一授权有效的前提就在于被告作为公司法定代表人有权作出这项决定。在这一前提下,从案件审理的情况来看,委托人的选择是否合理、出售财产的价格等实质性因素法院都不再加以考量。我们认为这一案件表明法院在审理过程中也采取了一种形式化的审查标准。

---

① 参见表 3 中的案件 3,北京市第二中级人民法院二审,(2006)二中民终字第 07618 号。
② 参加表 2 中的案件 1,北京市大兴区人民法院审理,(2006)年大民初字第 03036 号。

【案例6】① 在北京紫乔房地产开发有限公司诉向此全一案中,作为原告的公司以被告出于报复的目的签订合同,擅自放弃公司的求偿权给公司造成损失为由请求法院判令被告承担损害赔偿责任。法院在判决中指出,依据我国公司法及原告公司章程的相关规定,被告向此全在担任原告紫乔公司法定代表人期间,有权代表原告对外签署相关文件,但应以公司利益最大化为原则。

尽管原告在本案中起诉的是被告违反了董事、高管的忠实义务,但是从判决来看,法院在考察董事行为时,仍然是以董事的行为是否是职务行为,是否获得了正当的授权作为出发点。这一案件的特别之处在于,法院提出了董事代表公司对外签订合同的过程中,应以公司利益最大化为原则的标准。事实上,法院也是以认定被告行为不符合公司利益为由认定被告违反了董事的信义义务。

【案例7】② 在北京帆飞公司诉卡尔洛·马蒂尼与雷奥纳多·马蒂尼一案中,作为公司的原告对作为高管的二被告因失职行为给公司造成损失提起损害赔偿诉讼。法院在该判决中指出,经理受公司委托管理公司事务,在履行职务过程中负有注意义务,应对其管理事项表现出合理的谨慎、勤勉。但在公司经营过程中发生的有关损失,不应均视为经理未尽注意义务所致,公司应提举充分的证据证明经理未有效履行义务,具有明显过错。对于北京帆飞公司主张因卡尔洛·马蒂尼与雷奥纳多·马蒂尼失职造成应收未收款项及坏账损失人民币3611158.95元,因公司存在应收未收款及坏账损失属经营中的正常情况,且北京帆飞公司提交的情况说明及相关的欠款清单不足以证明其主张的上述款项已无法收回,损失必然发生,北京帆飞公司亦未举证证明上述款项系由卡尔洛·马蒂尼与雷奥纳多·马蒂尼疏于职守,未尽注意义务所致故本院认为,上述事实均不足以认定卡尔洛·马蒂尼与雷奥纳多·马蒂尼在履行职务过程中未尽注意义务,损害公司利益,对损失应负赔偿义务。

在这一案例中,法院仍然是在认定两被告是否有效履行义务时,同样采取了一种程序化的检验标准,即法院所指出的应收未收款或坏账损失属于经营中的正常状况。从判决书中的内容来看,法院并没有对被告履行义务的具体状况进行审查,例如应收未收款或坏账损失的时间、金额大小,被告

---

① 参见表1中的案件7,北京市第一中级人民法院审理,(2006)一中民初字第05884号。
② 参见表3中的案件4,北京市第二中级人民法院审理,(2005)二中民初字第16126号。

是否进行了积极的追偿,是否采用了其他可能的手段来避免损失等。法院在这一判决中认定被告的行为属于经营中的正常状况,实际上是认定了两被告作为经理有权代表公司开展经营活动,上述情况的出现是两被告在其职权范围内的正常经营行为。在原告不能举证证明的情况下,法院即认定被告的行为没有违反勤勉义务。

通过上述几个案例可以看出,尽管案件的具体情况千差万别,但是法院在审理过程中却有一个共性的内容,即法院在审查董事、高管的具体行为是否符合勤勉义务的要求时,一般不对董事、高管行为的具体情况做实质性审查,而是往往通过一般性地认定董事、高管的行为是正常经营行为或公司行为而认定其不违反信义义务的要求。我们将法院在勤勉义务标准问题上的这种审查原则称之为"正常经营行为"标准。我们从上述案例中的原则出发对"正常经营行为"加以总结,认为所谓"正常经营行为",是指在审理具体案件的过程中,法院在认定董事、高管的经营行为是否符合公司法关于勤勉义务的规定时,首先对董事、高管行为的程序合法性进行审查。如果董事、高管的经营行为属于正常经营行为的范畴,则法院一般认为董事、高管已经达到了勤勉义务的要求,法院将不再对董事、高管经营行为的合理性等进行实质性审查。如果原告能够举证证明作为被告的董事、高管的行为不符合日常经营行为的标准,则法院开始进行实质性审查。"正常经营行为"标准实际上为董事、高管提供了一种形式化保护。

从以上几个案例出发,我们总结了"正常经营行为"标准的几个构成要件,分述如下:

第一,董事、高管实施了管理公司的行为。

董事、高管应当在公司日常经营活动中实施管理公司的行为,这种管理行为的具体内容是非常丰富的,可能是制定公司的重大决策,也可能是代表公司对外签订合同等。公司的日常经营活动是维系公司正常运作的活动,董事、高管的职责是维持公司的正常管理,保证公司的正常运作。在这种情况下,董事经理的行为具有重要的意义。

第二,根据法律、法规和公司章程的规定,董事、高管有权进行处理。

这是正常经营行为的核心要素,即董事、高管的行为必须符合法律、行政法规或公司章程等的授权,具有正当权源。董事、高管的行为只有获得了正当的授权,才能够受到"正常经营行为"的保护。从案例中的情况来看,这里对董事、高管授权的审查属于一般性审查,只要董事、高管符合普通的概括性授权即可。诉讼中,作为原告的股东、公司应当对董事、高管是否违背了具体的授权,或事项是否突破了授权的范围承担举证责任。

第三,董事、高管的行为应以公司的最大利益为前提。

从上述案例的情况来看,法院只在案件 11 中提到了公司利益最大化的问题,在其他案件中都没有涉及。法院并没有对这个问题做具体的审查和阐述,但是其意义是非常重要的。我们认为,这是"正常经营行为"标准的应有之义,即法院假定获得正当授权的公司董事、高管会为了公司的最大利益而行为。

从上述三个要件来看,法院对董事、高管经营管理行为的审查实际上是非常宽松的。相应地,作为原告的公司或者董事举证责任是非常重的,因为如果完全按照上述标准,除非董事、高管出现严重越权,否则很难举证证明被告违反了勤勉义务。当然,目前的案例中还没有原告能够举证证明被告不满足上述三个条件的情况,因此我们无法判断这背后是否还有其他的规则。

(四)北京市各级法院审判实践中的忠实义务标准

从表 1 和表 3 中的案例来看,涉及忠实义务的案例比较多。相对于勤勉义务界定的不明来看,忠实义务的案例则比较容易界定,其核心在于董事、高管在公司经营过程中牟取私人利益。因为法律对忠实义务采取了一种列举式的规定,再加上兜底条款的运作,使得违反忠实义务的行为更容易认定,在标准问题上的争议不大。从实践中的案例来看,对董事、高管违反忠实义务的起诉都没有超越我国公司法关于忠实义务的列举性规定,且在这些问题上存在的争议不大。

三、"正常经营行为"标准的评析与建议

(一)从比较法的视角看"正常经营行为"标准

国外关于董事、高管勤勉义务的立法和司法实践已经有很长的历史,并且随着公司制度的发展而不断完善。我们选取了英国、美国、德国作为代表,对其勤勉义务标准的立法和司法实践进行剖析,并与"正常经营行为"标准进行比较。

1. 英国关于勤勉义务标准的立法和司法实践

信义义务在英国有着悠久的历史。其中,勤勉义务在英国法上被称为

谨慎和熟练义务,即董事在履行其职务过程中,必须具备合理的谨慎以及掌握一定程度的熟练技能。① 但是,英国公司法并没有明文规定董事应当承担谨慎和熟练义务②,这一规则是通过判例法得以确立的。英国传统判例法中对董事谨慎和熟练义务的最重要的表述是 Romer 大法官在审理"城市公正火灾保险公司上诉案"中提出的,他在这一案件中为董事确立了三个原则:首先,董事不是专家,只需要根据他实际掌握的知识和经验履行义务,不能要求董事以他不拥有的技能履行义务;其次,董事不必对公司事务给予持续的关注;第三,如果没有合理的怀疑,董事有权依赖其他董事和公司官员的经验和知识。③ 这三条标准比较全面地反映了英国传统判例法的基本精神,即董事在经营管理公司事务中,须尽到人们依其所掌握的知识和经验能够合理期待的注意;董事不必对公司的事务给予持续的注意;董事对公司高级职员在没有可疑根据时,有权充分信任他们,而不必对高级职员的过失承担责任。按照大多数英国学者的看法,这种注意义务显然过分地低。④ 尽管如此,Romer 法官确立的这一标准对英国的司法界、学术界产生了深远的影响。这一规则在后来的判例中有了较大的修正,董事的信义义务标准从主观标准逐渐向客观标准转移。

随着英国的判例法和成文法逐步加强董事的谨慎和熟练义务,董事的谨慎和熟练义务也在某些成文法中得以体现。这突出表现在英国 1986 年颁布的《统一破产法》第 214 条对董事的谨慎和熟练义务的规定中。该条第 4 款规定,该董事或原董事应当知道或查明的事实、以及他应当得出的结论和他应当采取的措施是那些合理的勤勉的人应当知道或查明的、采取或得出的,并且他们应同时具备(a)与该董事从事相同业务的第三人那里能够合理预期的一般知识、技能和经验,以及(b)该董事具有的一般知识、技能和经验。⑤ 从立法的角度来看,这一规定不仅适用的范围有限,而且它采用了一种描述性的界定方法,需要在具体的案件中来加以明确。

2. 美国关于勤勉义务标准的立法和司法实践

勤勉义务在美国主要被称为是注意义务。从美国的实践来看,长久以

---

① 葛伟军:《英国公司法:原理与判例》,中国法制出版社 2007 年版,第 200 页。
② 陈云霞:"公司董事义务和责任的比较研究",载中国政法大学 2001 年博士学位论文。
③ 张开平:《英美公司董事法律制度研究》,法律出版社 1998 年版,第 182 页。
④ 同上书,第 186 页。
⑤ 葛伟军:《英国公司法:原理与判例》,中国法制出版社 2007 年版,第 202 页。

来,是无数的案例支撑起了美国的注意义务规则,但是它目前也在走向成文化。正如美国学者所指出的,综观历史,在形成有关公司董事和高级主管注意义务的相关法律过程中,是法院而非立法机构发挥了中坚作用。但是,在过去的 25 年中,美国有 2/3 的州颁布了公司董事和高级主管有关注意义务的成文法律。①

注意义务在美国法上最典型的表述是《示范商业公司法》第 8 章第 30 节的规定,即履行义务必须:(1) 怀有善意;(2) 要像一个正常的谨慎之人在类似的处境下应有的谨慎那样去履行义务;(3) 采用良好的方式,这是他有理由相信符合公司利益的最佳方式。美国一半以上的司法管辖地区采用了《示范商业公司法》,因此这种表述可以作为美国立法中注意义务标准的代表。② 美国学者指出,这些都是一般的法律标准,而且在大多数的情况下,这些标准的运用涉及对具体事实和情况细致入微的评判。许多现代化公司的规模和复杂性以及公司的董事和高级主管角色的无法避免的不确定性和复杂性,都告诫我们在运用上述一般标准时切忌不现实地生搬硬套。③

需要指出的是,由美国的法官们在判例中提出的"商业判断规则"在认定注意义务的标准时起到了更为重要的作用,成为我们理解美国法下的董事、高管注意义务的重要衡量标准。下文对此将有进一步的分析。

3. 德国关于勤勉义务标准的立法和司法实践

德国公司法专门对董事的勤勉义务及其责任作了规定。德国《股份法》第 93 条第 1 款规定,董事会的成员应在其执行业务时,尽通常及认真的业务执行人之注意,对于其因其在董事会内的活动所知悉的机密事项和秘密,特别是营业或业务秘密,其应保持缄默。④ 本条实际上从客观标准对董事义务做了规定。同时特别提出了董事的保密义务。可以看出,这也是采取了一种描述性的定义方式,对董事、高管的勤勉义务作了概括性的规定。在这一问题上,德国公司法学者指出,谨慎管理义务是一个一般性条款,在实践中,它可以包括无数的且并没有完全包括的行为准则。在履行职责过程中的所有马虎行为或者肤浅行为都违反这一义务。董事会成员必须对其将要

---

① 楼建波等译:《公司治理原则:分析与建议》,法律出版社 2006 年版,第 154 页。
② 同上书,第 166 页。
③ 同上书,第 155 页。
④ 杜景林、卢谌译:《德国股份法・德国有限责任公司法・德国公司改组法・德国参与决定法》,中国政法大学出版社 2000 年版,第 42 页。

进行的决定进行必要的准备,并且利用一切可以利用的手段了解决定的相关前提条件。董事必须遵守通常的谨慎标准,减少经营风险。①

德国学者对董事的这一义务提出了许多学理上的标准。但是他们仍然认为,对董事会及其成员工作的要求必须根据具体案件中的具体情况来判断,应考虑的因素包括企业的规模及其经营范围、企业的组织管理机构、业务状况、财务和市场状况等,尤其在接受或者提供贷款时必须特别地小心谨慎。德国学者同时指出,无论如何,必须考虑到董事会应该拥有比较大的自由决策空间,在这一空间内董事会可以根据其知识和良知独立地负责企业的经营和管理。由于法院并不管辖企业的经营决策,所以董事会也不必担心受到法院的监督。董事会的谨慎义务还包括它能够承担一定的、合理的经济风险。当然,谨慎义务的标准应当是客观的,而且应该根据其最典型的特征来确定。②

从上述几个国家的情况来看,尽管在勤勉义务标准的规定上可能存在差别,但是一个共同的规律是各国立法在规定信义义务尤其是勤勉义务的标准时都采取了描述性的规定,给法官的具体案件审判留下了较大的自由裁量的空间。各国法院的审判实践在确定勤勉义务标准时起到了重要的作用。从各国的审判实践来看,尽管各国法院审理案件时的标准有差异,但是在对董事、高管行为的过程的具体情况进行实质性考察上则是共同的。这种考察不仅涉及董事、高管所拥有的权限,更指向董事、高管的善意、注意的程度、公司的情况等。这与"正常经营行为"标准更关注对董事、高管的授权是有不同的。我们认为,国外的这种强化对实质性要素进行判断的做法更为合理和可取。

(二)"正常经营行为"与商业判断规则

商业判断规则是英美法中衡量董事、高管勤勉义务的重要司法尺度,在世界范围内获得了越来越多的认同。通过对"正常经营行为"标准的分析,我们发现,这一标准与英美法体系下通行的商业判断规则有许多相似之处。我们试图在本节对此做一分析。

商业判断规则是由美国法院在处理针对董事的诉讼中发展起来用以免除董事因经营判断失误承担责任的一项法律制度,是法院审查董事行为是

---

① [德]托马斯·莱塞尔等著:《德国资合公司法》,高旭军等译,法律出版社2005年版,第160—162页。

② 同上。

否违反其勤勉义务的司法审查标准。依据这一规则，当董事们基于合理的信息对公司的商业事务做出决策，该决策的执行最终失败并给公司造成损失，在事后的司法检讨中发现的确存在决策的瑕疵，但只要董事们决策时能够满足了几项条件，就不必承担个人责任。① 商业判断规则体现了法院对是否由法官在事后评价董事行为之是非曲直的审慎态度。②

商业判断规则是在处理董事勤勉义务的案例中逐渐发展起来的。美国公司法中有关商业判断规则的案例至少可以从 1829 年路易斯安那州的 Percy v. Millaudon 案件算起，在此之后，不同法院处理此类案件时的意见已经越来越和今天的商业判断规则的内容接近。③ 商业判断规则一直通过案例不断获得丰富和继续发展，目前已经为美国多数州的法院所认可和采纳。可以说，在美国各州的公司法中，商业判断规则的影响无处不在。在美国，有的学者甚至将商业判断规则尊为公司法的核心原则。近些年来，商业判断规则也日益为其他发达国家的司法实践所接受，例如澳大利亚通过专门立法引入了商业判断规则。

尽管商业判断规则如此声名显赫，但是从美国的实践来看，商业判断规则并没有成文化，至今没有哪个州的成文公司法中吸纳了商业判断规则。商业判断规则更多地存在于法官在不同案件中的表述和学理上的归纳总结。比较有代表性的是美国法律研究院在《公司治理原则：分析与建议》中的总结。在其§4.01(c)中指出，高级主管或董事在作出一项商业判断时符合下述条件的，即履行了本节中规定的诚信义务④：(1) 与该商业判断的有关事项没有利益关系；(2) 所知悉的有关商业判断的事项的范围是高级主管或董事在当时情况下合理相信是恰当的；(3) 理性地相信该商业判断是为公司最佳利益作出的。

我国的学者对商业判断规则做了进一步的归纳和总结，提出了商业判断规则的六个构成要素，即商业判断、善意、无利益关联、独立性、知悉和为公司最佳利益。⑤

我们认为，我国法院在审判中所采取的"正常经营行为"的审查标准与

---

① 甘培忠：《公司控制权的正当行使》，法律出版社 2006 年版，第 220 页。
② 丁丁：《商业判断规则研究》，吉林人民出版社 2005 年版，第 10 页。
③ 同上书，第 11 页。
④ 楼建波等译：《公司治理原则：分析与建议》，法律出版社 2006 年版，第 160 页。
⑤ 丁丁：《商业判断规则研究》，吉林人民出版社 2005 年版，第 26—50 页。

英美法体系下的商业判断规则有诸多相似之处。这突出表现在以下几个方面：

（1）二者都是一种程序性检验。正如美国相关判例中一再强调的，商业判断规则反映了法院对投资和经营风险的理解。在没有其他证据推翻商业判断规则的合理假定时，法院审查的是董事行为的适当性，即法院不对董事决策的实质内容进行审查，而只是在程序上对董事的行为方式和过程进行审查。① 这在根本上是因为勤勉义务指向的不是董事、高管管理行为的结果，而是董事、高管行为的过程。商业判断规则的适用将程序性检验的标准更加具体化。从上文的分析可以看出，我国所采取的这种"正常经营行为"的标准对董事、高管的行为同样采取了程序化的检验，并没有对董事、高管行为时的具体内容进行审查。

（2）两者都采用了推定的手段。商业判断规则的一个核心法律特征是它是针对董事行为适当性的一个合理假定，正如美国特拉华州最高法院法官所指出的，商业判断规则是这样的一个假定，即公司董事在作出经营决策时是以透彻了解情况为基础，怀有善意，并且真诚地确信所采取的行动符合公司的最佳利益。如果董事们证明自己履行职责是满足了上述条件，法院就会支持董事的立场。推翻这种假定的前提是原告承担相反的举证责任。② 法院的这种态度体现了法官对商业实践的尊重和司法权的自我克制，这种假定的一个直接后果就是在诉讼中举证责任的归属。在适用商业判断规则审查董事的行为过程和方式时，举证责任首先在原告一方。如果原告以涉及利益冲突、无独立性等有利证据推翻商业判断规则的合理假定，举证责任才转至被告董事一方③，这种举证责任的分配是商业判断规则的一个重要标志，德国在这一问题上的立法可以作为一个反例，德国法中并没有引入商业判断规则。德国《股份法》第93条第1款和第2款规定了董事的勤勉义务，但是在这期间法律规定，董事必须证明他已经尽到了法律规定的谨慎义务，即董事在同类诉讼中要承担第一位的举证责任。④ 从我国法院的判决来看，法院也一致坚持原告承担举证责任的观点，这与商业判断规则的关于董事

---

① 丁丁：《商业判断规则研究》，吉林人民出版社2005年版，第135页。
② 甘培忠：《公司控制权的正当行使》，法律出版社2006年版，第220页。
③ 丁丁：《商业判断规则研究》，吉林人民出版社2005年版，第135页。
④ 〔德〕托马斯·莱塞尔等著：《德国资合公司法》，高旭军等译，法律出版社2005年版，第158页。

行为的假定以及相应的举证责任分配是一致的。

(3)两者在保护董事立场上的相似性。商业判断规则是旨在为作出商业判断的董事、高管提供的一种司法保护。正如美国学者所指出的,商业判断规则为知情的商业决策提供特殊的保护,使其与诸如对董事职责的持续疏忽而作出的决策相区别,商业判断规则的基本政策是公司法应当鼓励知情的商业判断,并为之提供特殊的保护(不论以后的事情证明这些判断是正确的或是错误的)。① 正是商业判断规则的作用,使得董事可以避免因以结果为导向的事后判断所引起的公司责任,从而鼓励董事在合理的范围内作出创造性的、革新的或有风险的行为,这已经成为公司法学界的共识。商业判断规则的这种立场,是通过其要素的设置、举证责任的分配等体现出来的。从司法实践来看,商业判断原则也确实起到了这样的作用,有众多的案例表明董事凭借商业判断推则的庇护而避免了违反信义义务损害赔偿的结果。我国的"正常经营行为"标准也是这样,这一标准在内容设置和操作上是以保护董事为导向的,其在客观上也起到了保护董事的作用。

(4)两者都是法院在审判实践中发展起来的。商业判断规则是在美国的判例法制度下由众多法官共同创造发展起来的,是公司法实践的产物。时至今日,商业判断规则仍然主要体现在各种判例中,而鲜有成文法的规定,这种发展的历程对于商业判断规则具有重要的意义。正如美国学者所指出的,商业判断规则的要素和适用该规则的情形是持续在案例中发展的,考虑到持续性的司法发展过程,(我们)不试图将该规则成文化。② 这种非成文化的表现形式为商业判断规则的未来发展保留了空间和灵活度,同时尊重了法官的自由裁量权,使其能够适应未来商业实践的不断发展。可以说,这也是商业判断规则的魅力之一。反观我国的"正常经营行为"标准,这也是法院在审判实践中发展出来的。尽管我国不是判例法国家,而且这种标准仅是我们的一种学理上的总结,但是这种成文法与判例(司法案例)相结合的模式也许可能成为我国公司法发展的特色所在。

同时需要指出的是,尽管二者具有很多的相似性,但是商业判断规则与"正常经营行为"标准仍然具有许多重要的差异,这种差异值得我们认真思考和研究。我们认为,两者的差异主要体现在以下几个方面:

(1)具体构成要件的不同。我国的"日常经营行为"标准尽管着眼于董

---

① 楼建波等译:《公司治理原则:分析与建议》,法律出版社2006年版,第156页。
② 丁丁:《商业判断规则研究》,吉林人民出版社2005年版,第53页。

事、高管所做出的行为,但是它假定董事、高管行为正当性的基础是董事、高管所获得的正当授权。也就是说,这是一种形式主义导向的检验标准。只要所从事的行为在董事、高管的权限范围内,那么即可以一般地认定这种行为是符合勤勉义务的标准的,除非作为原告的公司或股东能够举出相反的证据。在这种情况下,法院并不考察董事、高管是否具有相应的决策能力,也不考察董事、高管在行为时的态度或勤勉程度。而这实际上应当是判断标准的核心所在。商业判断规则在这一点上则更为合理,尽管它也采取了一种形式化的标准,但在其形式化的背后有着实质性的要求,即要求董事、高管具有独立性、掌握了充分的信息并且秉承善意。这指明了作出一个公正、合理的商业决策的几个基础性要素。应当说,授权在董事、高管履行勤勉义务的过程中是重要的,但仅仅有权限是远远不够的。

我们认为,这种不同与公司治理结构的定位不同有关。英美公司法强调董事会中心主义,股东的权力较为有限。除了法律、公司章程规定属于股东的权力外,董事享有对公司的控制和管理权限。凡属于董事职权范围内的事项,股东无权干涉。因此,董事的权限比较广泛,一般而言董事的行为都是在权限范围之内的。反观我国,尽管正在强化董事会的职责和权力,但是股东会仍然占据着公司的核心位置,董事的权力比较有限,很多情况下都要股东会的授权。因此,董事在管理公司过程中是否有正当的权限就成为一个比较重要的问题。

(2)"正常经营行为"的判断标准更为形式化,对董事提供了更为严格的保护。这是商业判断规则与"正常经营行为"在具体要件上差异的必然结果。正如上一点所指出的,"正常经营行为"着眼于董事、高管行为是否获得了相应的授权,是否在董事、高管的职权范围内,这是用起点的合理性来论证决策和行为过程的合理性,它忽略了决策过程中的具体情况和董事、高管的主观心态及相应的客观表现等实质性要素,因而更为形式化。我们选取了美国法上关于董事、高管在保证公司的合规性和避免违法造成罚款问题上的判例与北京市第二中级人民法院审理的北京帆飞公司诉卡尔洛·马蒂尼与雷奥纳多·马蒂尼一案做比较,可以初见端倪。

【案例8】[①] X 公司的年销售额为 9 亿美元并就其消费者产品有广泛的分销系统。去年,其因横向价格联合——一种违反谢尔曼法的刑事犯罪,

---

[①] 美国公司法判例,引自楼建波等译:《公司治理原则:分析与建议》,法律出版社 2006 年版,第 194 页。

被罚款 100 万美元。它也不得不通过支付总额达 1680 万美元的赔偿和解了一批民事反托拉斯诉讼。X 公司的董事从未关心过公司是否有反托拉斯的合规项目，X 公司至今也没有关于反托拉斯政策的公司政策报告和合规性方案。X 公司又刚刚发生了一项新的违反横向价格联合法律的事实。然而，很清楚，X 公司的董事很可能已经违反了注意义务。最近的违反反托拉斯的事例、X 公司的规模以及其大规模的分销系统应当使得反托拉斯法律的合规成为需要其特别考虑的事项。除非存在其他事实，如将反托拉斯法合规性的职责授予公司法律总顾问且符合适当的信赖该法律顾问，X 公司的董事未能合理地关心反托拉斯合规性方案的事实将构成违反董事注意义务。

【案例 9】① 在北京帆飞公司诉卡尔洛·马蒂尼与雷奥纳多·马蒂尼一案中，作为公司的原告对作为高管的二被告因失职行为给公司造成行政罚款等损失提起损害赔偿诉讼。法院在该判决中指出，对于北京帆飞公司主张因卡尔洛·马蒂尼与雷奥纳多·马蒂尼失职造成税收罚款人民币 4790.16 元、劳动仲裁、诉讼赔偿款人民币 32265.10 元、合同纠纷诉讼赔偿款人民币 33265.10 元的损失，亦不能当然推断系卡尔洛·马蒂尼与雷奥纳多·马蒂尼失职，因过错损害公司利益所致；北京帆飞公司主张因卡尔洛·马蒂尼失职造成南京工商部门罚款人民币 500000 元，亦没有向本院提交证据证明上述损失已实际发生，且卡尔洛·马蒂尼对此不存在明显过错。故本院认为，上述事实均不足以认定卡尔洛·马蒂尼与雷奥纳多·马蒂尼在履行职务过程中未尽注意义务，损害公司利益，对损失应负赔偿义务。

这两个案例都是针对董事、高管勤勉义务的一个重要方面，即通过事前的法律风险防范措施，保证公司运行符合法律规定的要求，避免因违法而造成的行政处罚等。从案例来看，美国法院与北京市法院的关注点是不同的。美国法院考察了在公司运营过程中的具体情况，即公司的状况及先前的罚款等因素是否足以引起董事、高管对这一问题的警觉，同时董事、高管是否在这一过程中尽职尽责地采取了可能的防范措施，包括是否对这一问题有足够的重视，是否做了相应的合规性方案等。反观北京市法院的判决，法院并没有审查公司运营中的具体情况，包括高管是否尽到了完善公司规章制度的职责；公司相关规定是否符合法律、法规的要求；如果有不合规之处，高

---

① 参见表 3 中的案件 4，北京市第二中级人民法院审理，(2005) 二中民初字第 16126 号。

管是否能够发现并采取积极措施;在发生了罚款之后,是否积极改进公司内控制度,避免类似处罚的再次发生,等等。由此可以看出,拥有正当权限和是否在实际过程中适当地履行了职责还是不完全相同的。而北京市的法院在审理过程中忽略了这一区别,将考察的重点放在了董事、高管的权限问题上,而对公司运营过程中的实质性要素并没有进行审查。

由此可见,相对于商业判断规则而言,这种更加形式化的标准为董事高管提供了更严格的保护,这实际上是以越权原则取代商业判断。这种做法与勤勉义务的要求是有一定距离的。勤勉义务的要义是"在其位,谋其职"。董事、高管在权限范围内只是一个前提条件。勤勉义务的关注重点是董事、高管在其履行职务的过程中的行为方式和主观态度。正如商业判断规则中的独立性要求、信息充分的要求以及为公司最大利益的要求。这都是对董事、高管行为的一个更高的要求。尽管商业判断规则是一种程序化的检验,但是程序化的背后仍然具有较强的实质性意义,这是需要引起我们注意的。

(3)"正常经营行为"标准的举证难度更大。根据法律规定,原告在董事、高管违反信义义务的赔偿诉讼中承担举证责任。从案例的情况来看,原告举证的核心在于证明作为被告的董事、高管未获得授权或超越权限,这是很困难的,因为关于董事行为态度的辅助证据都不能成为法庭判断的标准。从实践的情况来看,董事、高管违反法律、章程规定,超越权限履行职务的情况是非常少见的,更多的情况是在权限范围内未积极履行职务或出现疏忽等。如果按照"正常经营行为"的标准来看,这些情况都不能被纳入司法审查的视野。而从商业判断规则来看,原告可以通过各种辅助证据证明作为被告的董事、高管缺乏善意,或未充分掌握信息等,从而达到推翻商业判断的推定,追究董事责任的目的,这也是英美判例法中发展出许多对董事行为的具体规则要求的原因所在。

(三)中国法视角下的"正常经营行为"

我们认为,法院在审判实践中采取"正常经营行为"的标准是有其内在原因的。与商业判断规则相比较,我们发现,正常经营行为的标准更为形式化,它实际上给董事提供了一个更低的标准要求,客观上起到了董事的"安全港"的作用。[①] 对于作为原告的公司和股东而言,这种形式化的推定更难

---

① 丁丁:《商业判断规则研究》,吉林人民出版社 2005 年版,第 52 页。

推翻,追究董事、高管的责任则将更为不易。我们认为,法院之所以会在审判中采取这样的态度,可能存在以下几方面的原因:

第一,这与我国公司法的规定不完善有紧密联系。如前所述,我国公司法对董事、高管的勤勉义务仅引入了勤勉义务的概念,至于义务的具体内容、实施标准等都没有做界定。与国外不同的是,我国公司法在引入勤勉义务概念的同时,并没有引入一个参照性的标准,这是立法上的一个重要的不足。在这一问题上,英美法国家是从判例到成文法的过程,在勤勉义务规则成文化之前已经有了很长的历史基础。与此相反的是,我国修订之前的公司法以及审判中都没有"勤勉义务"的概念,因此勤勉义务对我们而言完全是一个新制度,在立法的过程中应当有基本和导向性的解释,这正是现行公司法的立法缺失。而最高人民法院在这一问题上也没有通过司法解释或公布案例来对各级法院进行指导。在这种情况下,法院在审判涉及董事、高管勤勉义务的案件时,可能会面临很大的法律风险。因此,法院往往愿意采取一种稳妥而可靠的审判标准。"正常经营行为"的形式化是其弊端,也恰恰是其优势所在。采取认定权限的标准,是在现有法律状况下最容易获得广泛认同的法律标准,而其他各种学理上或国外的标准,都因存在较大的不确定性而容易引起争议。

第二,这体现了司法权的自我控制。司法权的自我控制不仅体现了规避自身的法律风险的考虑,也表现了法院对于公司商业实践的尊重,这是法院在面临冲突时的一种必然选择。一方面,法官并不完全具有对商业判断作出司法裁量的能力,这是由商业实践的专门性、技术性决定的。同时,法官事后的司法审查与董事、高管在作出决策中的考量因素可能是不同的。正如伯利和米恩斯所指出的,"从本质而言,在经营管理公司方面,法院并不擅长,所以法院不愿,也不敢介入公司商业运作的事务中。"另一方面,在面临诉讼时,法院又必须对案件作出司法意见。因此,在介入商业决策的诉讼时,法官并不是关注市场、交易的成本与收益、交易的后果。法院采取"正常经营行为"的标准,"是豁免管理者在公司业务方面的责任。其前提是该业务属于公司权力和管理者的权限范围之内,并且有合理的根据表明该业务是以善意的方式为之。"①

第三,与诉讼企业的类型有紧密的关系。从表1中的案例来看,涉及违

---

① 甘培忠:《公司控制权的正当行使》,法律出版社2006年版,第221页。

反信义义务诉讼的都是有限责任公司。有限公司由于内部结构上的闭合性,往往是股东、董事和高管的身份发生重合和叠加。在这种情况下,尽管法律设置了派生诉讼的前置程序,但是身兼股东和董事地位于一身的原告还是很容易地可以绕过前置程序,或采取派生诉讼,或作为董事、监事对本公司的董事、高管相应提起诉讼,这就使得董事、高管极容易受到诉讼的威胁。本身派生诉讼的要务之一就是如何防止股东滥诉的可能。在有限公司的情况下,股东之间一旦就某些问题不能形成妥协,又没有外部的治理方式或其他妥协方式,那么只能提起诉讼,这对董事、高管是一个较大威胁。法院在这种情况下应该倾向于对董事提供一种更强的保护,以使得董事能够在诉讼中获得平衡。

第四,与董事的保护机制有关。从英美法的发展来看,随着注意义务的提高、股东的派生诉讼等制度引起了董事责任的标准提高,从而对经营带来了风险。相应地,从20世纪80年代以来,董事的保护规则开始出现,这包括概括性免责条款,董事的补偿制度、董事责任保险,商业判断规则本身也是对董事保护的一个方面。同时,英美法下对董事赔偿责任的构成要件更为完善,违反信义义务仅仅是董事承担赔偿责任的要件之一,即使董事违反了信义义务,但是并不一定要承担赔偿责任。退一步讲,即使董事符合赔偿责任的构成要件,但其仍然要受到董事责任的限制的保护,包括章程或公司管理规定中对董事的保护等。我国公司法中的董事保护制度并不完善,仅仅包括任期届满前,股东大会不得无辜解除董事职务以及董事在董事会表决时对错误决议曾表明异议并记载于会议记录的,该董事可以免除责任。法律规定的粗疏和缺失可见一斑。因此,法院通过降低审查标准来对董事提供一些特殊的保护也是可以理解的。

上述分析表明,"正常经营行为"的规则背后承载了太多的内涵。我们认为,信义义务的标准并不仅仅关系到董事、高管在公司日常管理中的行为模式,而且与公司的股权结构、公司的内外部治理机制以及公司诉讼等都存在紧密的联系。正是从这样的视角,我们认为,"正常经营行为"可能存在如下的问题。

第一,"正常经营行为"标准形式化的反动。过于形式化是"正常经营行为"标准的最大问题。诚然,对董事、高管勤勉义务的审查应当是一种程序性审查,其关注的重点是董事、高管在作出决策过程中是否做到了尽心尽力,而非决策内容的正确性。但是程序性审查不应简化到只对董事、高管行为的起点进行审查，即权属的正当性，这无异于刻舟求剑。事实上，随着当代公司法的发展，公司法的触角越来越深入到企业组织体的内部，通过对企业组织活动的实质性审查来谋求其背后的实质正义和社会效率。"正常经营行为"标准是对这种潮流的反对，也是与信义义务的要求相违背的。法院可以不审查董事、高管所签订合同的定价几何，但是法院不应当同时忽略了董事、高管在签订合同中是否做出了应有的商业上的努力。这是对公司、对公司股东的一种不负责任，这种标准可能导致董事、高管因享有签订合同的权限而肆无忌惮。同时，这有可能将派生诉讼等机制架空，使其不能发挥应有的作用。试想，如果所有的案例都以败诉而告终，那么人们会对起诉的效果产生合理的怀疑，这项制度的价值也就会大打折扣。

第二，"正常经营行为"与公司结构的关系。从表1中的案例来看，涉诉的企业都是有限公司。有限公司由于股权结构上的特殊性，往往存在股东、董事身份的重合，同时股东之间较为熟悉，力量也比较均衡。从案例的情况来看，有限公司涉诉往往是股东之间发生纠纷。法院采取"正常经营行为"标准可能是符合现实的，这是司法权的一种自我制约，是司法权对董事会职业判断的尊重，毕竟由法院来解决所有纠纷并不是一个明智的选择。正如伊斯特布鲁克所言，"我们已经能够充分地意识到，对于企业的日常运作和投资者的福利来说，让公司自由选择，将远比由法律开出药方有效得多，……公司是一项意思自治的事业。"① 公司自治是私法自治的一个重要实践。无数经典著作向我们证明，在私法领域的过度国家干预，不仅是缺乏效率的，而且也是不必要的。② 在私法领域中应当更多地依靠私的手段和私的救济制度，派生诉讼制度通过引入司法监督机制来促进公司治理机制的完善。尽管有司法权的介入，但派生诉讼制度仍然停留在私的救济的范畴内，与派生诉讼相对应的直接的政府和公共管制。从这个意义上讲，派生诉讼是一种私的强制措施。这种私的强制不仅丰富了社会调控的手段，而且可能降低社会调控成本。③

---

① 〔美〕弗兰克·伊斯特布鲁克、丹尼尔·费希尔著：《公司法的经济结构》，张建伟、罗培新译，北京大学出版社2005年版，第4页。

② 从某种意义上讲，这实际上是对市场自身运行机制的强调和以往被过度夸大的法律干预机制的一种反思。必须注意的是，强调公司自治并不意味着对其他机制作用的漠视。同时，公司自治的良好运行要靠许多配套制度来实现，如良好的经理人市场、资本市场、包括律师会计师在内的市场中介等。

③ 楼建波等译：《公司治理原则：分析与建议》（下册），法律出版社2006年版，第513页。

但是针对股份有限公司,尤其是上市公司等大型公众公司,情形则可能不同。我国股份公司的独特股权结构是一股独大,控股股东在公司中具有重大的影响力。董事、高管也往往是由控股股东或大股东任命的。从公司内部而言,广大小股东往往很难通过内部的治理机制来对董事、高管的行为加以约束,而从公司外部而言,我国资本市场尚不完善,我们很难通过同行的压力、竞争的市场和股份收购等外部手段使董事形成自律能力。在这种情况下,司法审判作为外部治理机制的意义就凸显出来。它能够给董事、高管以一定的压力,而其前提是法院对董事、高管的行为进行合理限度内的审查。如果按照"正常经营行为"的标准,则很难对这类公司的董事、高管形成压力。这是我国与英美等国家的不同之所在。

第三,"正常经营行为"与追究董事责任的体系。从我国公司法的规定来看,可以用以追究董事责任的条文并不多见。主要有以下几个:(1)《公司法》第 21 条规定的董事、高管利用关联关系侵害公司利益,给公司造成损失的,应当承担损害赔偿责任。① 这一规定首先存在侵害方法上的限制,即必须利用了关联关系,其次这条规定本身还要依赖于公司直接诉讼或派生诉讼来实现。(2)《公司法》第 22 条关于请求撤销董事会违法决议的规定。② 这一规定首先存在适用范围上的限制,只针对董事会召集程序、表决方式违法或决议内容违法,适用范围比较狭窄。其次,该规定还存在实践上的限制。因此作用也比较有限。(3)公司法关于派生诉讼的规定。③(4)公司法关于股东直接诉讼的规定。④ 这条规定的核心是董事、高管的行为违反法律、法规和章程的规定,侵害股东利益,并不要求造成实际损失。但是问题在于,相对于派生诉讼而言,直接诉讼要求董事、高管的行为直接侵害股东利益。何为"直接侵害"?从北京市法院系统审结的情况来看,股东直接起诉占了整个公司案件的很大比例。但在案由上来看,大部分是公司出

---

① 参见我国《公司法》第 21 条,公司的控股股东、实际控制人、董事、监事、高级管理人员不得利用其关联关系损害公司利益。违反前款规定,给公司造成损失的,应当承担赔偿责任。
② 参见我国《公司法》第 22 条,公司股东会或者股东大会、董事会的决议内容违反法律、行政法规的无效。股东会或者股东大会、董事会的会议召集程序、表决方式违反法律、行政法规或者公司章程,或者决议内容违反公司章程的,股东可以自决议作出之日起 60 日内,请求人民法院撤销。股东依照前款规定提起诉讼的,人民法院可以应公司的请求,要求股东提供相应担保。公司根据股东会或者股东大会、董事会决议已办理变更登记的,人民法院宣告该决议无效或者撤销该决议后,公司应当向公司登记机关申请撤销变更登记。
③ 参见我国《公司法》第 152 条的规定。
④ 参见我国《公司法》第 153 条的规定。

资纠纷或股权转让纠纷。涉及股东权的,大多是股东查阅权纠纷和要求分红等。真正涉及董事、高管忠实义务的案件非常少见。而从表1中的案件来看,尽管有股东直接起诉的情况,但是法院往往是按照派生诉讼来处理①,或者直接驳回起诉②,其根本原因就在于并非直接侵害股东权益。这就使得通过股东直接诉讼来追究董事、高管的责任变得比较困难。通过上述分析可以看出,派生诉讼和公司直接诉讼是追究董事、高管违反信义义务的责任的主要手段,而"正常经营行为"标准则是两种诉讼审查的核心。"正常经营行为"的确立,实际上使整个追究董事、高管违反信义义务责任的法律制度面临被架空的危险。

综上所述,尽管"正常经营行为"有其存在的必要,但是这一规则本身仍然需要变革,引入实质性的要素,适当提高对董事、高管行为的要求,使得这种程序性审查具有实质性含义。

(四) 对"正常经营行为"标准的改进建议

鉴于"正常经营行为"标准存在一定的不足,我们相应对此提出一些建议。

(1) 要在立法中完善关于信义义务尤其是勤勉义务的规定。法律应当对勤勉义务的内涵作出界定。同时建议在立法中借鉴欧美国家的立法模式,从主客观两个方面对勤勉义务的标准做一个描述性的界定。当然,这种界定应当在给司法审判提供指导的同时,给法院审判实践留下足够的空间,使其能够适应未来商业实践不断发展的要求。

(2) 建议法院在审理因董事、高管违反信义义务提起的赔偿诉讼时,在审查董事、高管的行为时应适当引入实质性的审查标准,从行为人、主观方面、客观方面以及合理注意等方面对董事、高管的行为进行综合考量。其基本的立足点是在董事、高管必要保护的同时适应公司、股东追究董事责任的要求。这可以通过法院的审判实践来逐渐引入,尤其是最高法院公布的案例等。

---

① 参见表3中案件2,北京鑫科运通信息技术有限公司诉房庆等三被告一案,北京市东城区人民法院,(2005)东民初字第7170号。

② 参见表2中案件2,北京市华表工贸有限公司诉吉冈徹等一案,北京市第二中级人民法院,(2006)二中民初字第16641号。

四、违反信义义务的赔偿责任范围研究

从上文对样本案例的分析可以看出,法院在审理具体案件的过程中已经注意到了违反信义义务的损害结果问题。有法官在案件中指出,董事、监事、高管人员违反信义义务所造成的损害结果必须是实际发生的财产损害,且限于现有财产的损失和未来获得财产的必然丧失。尽管我们不能将损害结果和损害赔偿范围简单等同起来,但是这为我们进一步研究赔偿责任范围问题提供了依据。

从国外的实践来看,违反信义义务的赔偿责任范围问题是对董事、高管人员提起违反信义义务诉讼中的核心问题之一,也是诉讼的最终目的之一。要求违反信义义务的董事、高管人员对自己的行为给公司、股东造成的损失承担赔偿责任,不仅是对董事、高管人员的一种惩戒,也是督促董事、高管人员积极履行信义义务,更好地维护公司和股东利益的重要手段。对责任范围的认定,不仅要考虑董事、监事、高管人员违信行为给公司造成的具体损失的大小,还要考虑到对责任的适当限制以对董事、监事和高管人员给予一定保护。因此,赔偿责任的范围是一个非常复杂的问题。遗憾的是,由于目前掌握的北京市各级法院的案例中除个别案例外都判令原告败诉,法院判决中并没有涉及损失的问题,这使得损失和赔偿额的认定成了一个无法讨论的问题。[①] 鉴于上述原因,下文将主要对美国违反信义义务的赔偿责任规则进行介绍,以期对我国的司法实践起到一定的借鉴作用。

(一)董事损害赔偿范围的一般原则

1. 全面恢复原状的原则

美国传统侵权法认为,一个违反义务的侵权人应当对所有由其行为造成的损害负责。[②] 美国公司法继承了这一原则。一般而言,被告必须对赔偿公司因其不当行为所受到的损失(或赔偿股东因此所受到的损失,如果股东

[①] 在付晓明诉焦欣一案中(参见表1中的案件10),法院判令被告对公司作出赔偿。法院判决的依据是《公司法》第149条规定董事、高级管理人员违反前款规定所得的收入应当归公司所有。法院在这一案件中认为,被告的收入是其所成立公司的经营利润在扣除税收后的部分。这一规定是相对明确的,但是仅仅从一个案件中也难以对法院判决的整体态度进行分析。在违反勤勉义务的情况下,法律规定不明确,法院也没有类似判决,因此我们无法对法院的司法裁量标准进行分析。

[②] 楼建波等译:《公司治理原则:分析与建议》,法律出版社2006年版,第798页。

直接提起诉讼)。违反公平交易义务的被告,还应当根据衡平法上的恢复原则交出个人或关联方从交易中所得到的利益。① 这一原则要求被告必须进行全额赔偿,以达到"全面恢复原状"的目的。需要指出的是,这一原则不允许双重受偿,即该条仅要求被告将不同于公司损失或超出公司损失部分的收益交给公司,并未要求被告将已反映在公司直接损失中的收益也交给公司。②

2. "净损失"原则

美国公司法要求作为原告的公司或股东首先承担证明因果关系和损失数额的负担。但是法律同时允许被告在能够证明公司从同一交易中的收益时,用收益来抵消公司的损失。具体而言,原告必须证明公司受到的实际损失,包括无形损失。主张抵销权的被告必须证明任何可以抵销公司损失的利益。③

要注意的是,在计算损害时,应该讲公司为此付出的成本和费用包括在内,在股东提起派生诉讼的情况下,如果原告胜诉,则原告的律师费和其他费用也应计算在内,除非法院认为特定项的成本或费用不应计算在内。④

(二)董事损害赔偿责任的限制和免除

在美国的公司法中,随着董事损害赔偿责任制度的逐步完善,董事损害赔偿责任的限制和免除也随之发展起来。董事损害赔偿责任的限制,既是对董事损害赔偿责任制度的一种修正,也是一种必要的补充。从实践来看,如果董事损害赔偿制度本身相当不健全,董事几乎不会为其执行职务行为给公司造成的损害承担责任,则根本无须有对其责任的限制,也更谈不上对其赔偿责任的免除了。⑤ 众所周知,我国股份公司董事的赔偿制度很不发达,董事很少为其执行职务行为给公司造成的损害承担赔偿责任。但是随着我国董事赔偿制度也将日趋发达,故仍有必要加强对董事损害赔偿责任之限制与免除的研究。

1. 责任限制和免除的原因

美国公司法法之所以在提高董事注意义务的同时,又对董事违反注意

---

① 楼建波等译:《公司治理原则:分析与建议》,法律出版社 2006 年版,第 795 页。
② 同上书,第 799 页。
③ 同上书,第 804 页。
④ 同上书,第 796 页。
⑤ 正如上文分析指出的,董事损害赔偿责任限制制度的匮乏,反过来也容易影响董事、监事和高管人员违反信义义务责任的认定标准。从这个意义上讲,两者是一个互动的关系。参见本章第四部分的分析。

义务赔偿责任进行一定的限制(或允许公司进行一定的限制),是有其深层次的理论原因和现实基础的。美国公司法学者普遍认为,这种限制的合理性主要来自于以下五个方面①:

第一,也是最基本的因素是公平。因为如果没有这种限制,被告所承担的责任就可能与其行为的违法性及其从担任公司职务中所获得的经济利益不相称。

第二,这种责任限制避免使公司董事因为对责任的恐惧而过分谨小慎微。董事违反谨慎注意义务的责任是单方面的;董事只会因为高风险的行为或决定而承担责任,而不会因为过分谨慎而承担责任。考虑到大多数董事都只是象征性地持有公司的股份,过重的责任可能使得大多数董事趋利避害,选择保守的经营策略,而不是像股东所希望的那样积极进取。

第三,在可能的惩罚不是过分严厉时,法院可能能够以公平合理的方式强制公司董事和官员履行谨慎注意义务。

第四,这种限制可以降低责任保险费(通常是由公司承担的),因为保险人承担的风险因此而降低了。

第五,这种责任限制还可以降低律师代理原告起诉的经济动因(至少在被告的责任有最高限的情况下)。

2. 责任限制和免除的形式

从美国法的规定来看,董事责任的限制和免除有多种形式。美国法不仅在法律上允许公司通过章程或内部规则限制董事赔偿责任,而且允许公司向董事提供广泛的补偿、为董事购买责任保险,而且干脆走向前台,在公司法中直接规定限制董事赔偿责任的条款。事实上,从 1985 年开始到 1987 年末,美国至少有 31 个州通过了各种立法来限制或取消董事的责任。其中最流行的是特拉华州的做法,这种做法允许股东批准公司章程中限制或者取消违反谨慎注意义务责任的规定。弗吉尼亚、印第安纳州、缅因州等则采用了另外一种立法技术,即直接在法律中取消了有关的责任,或者对责任做了很大的限制,而不需要在公司章程中规定。例如弗吉尼亚公司法规定,除非董事行为属于故意或有意违反刑法、联邦或州证券法,董事个人责任的赔偿金额限制在:(1)最低限额由公司章程或章程细则自行确定;(2)最高限额为 100000 美元,或相当于该董事在此之前 12 个月的报酬总额,但允许公

---

① 楼建波等译:《公司治理原则:分析与建议》,法律出版社 2006 年版,第 821 页。

司章程排除这一最高限制的适用。①

可见,限制或免除董事赔偿责任的形式主要有:(1) 公司法的直接规定;(2) 公司章程或内部规则的规定;(3) 由公司向董事提供补偿;(4) 董事责任保险;(5) 公司决议免除董事赔偿责任。需要指出的是,在美国只有少数州将赔偿责任限制的保护扩充到董事以外的公司官员。② 同时,大多数州都没有在其立法中区分公司直接诉讼和派生诉讼,有关责任限制的规定对两者都是适用的。③

3. 不适用责任限制和免除的情况

美国公司法规定,有几种情况是不适用于董事责任的限制和免除的。首先,美国公司法不承认(无论是直接的还是间接的)公司章程中限制或减轻违反忠实义务责任的规定的合法性。④ 这表明法律对忠实义务和勤勉义务进行了区别对待。这一区分的理由是如果对董事违反忠实义务的责任加以限制则可能导致严重的信息不对称,从而不利于股东利益的保护。⑤

同时,美国公司法还禁止对某些董事行为的责任限制或免除。这包括(1) 实施违法行为或公司官员应受谴责的故意违法行为;(2) 公司董事或官员在明知其作为或者不作为可能使公司承担不必要的风险或者遭受严重损失时,无视其对公司应负的责任和义务;(3) 公司董事或官员长期地没有理由地不履行其职责,构成对其职责的放弃。⑥

结论

我们通过从实证的角度对北京市法院审判实践中存在的信义义务标准进行分析,主要得出了如下结论:

(1) 在信义义务尤其是勤勉义务的标准问题上,不能完全依靠成文法的规定来穷尽所有的具体规定,这是不现实的,也是不合理的。在立法过程中,应当引入包括适当标准的导向性规定,既便于法官把握,也给法官的具

---

① 楼建波等译:《公司治理原则:分析与建议》,法律出版社 2006 年版,第 841 页。
② 同上书,第 841 页。
③ 同上书,第 842 页。
④ 同上书,第 824 页。
⑤ 同上。
⑥ 同上书,第 817 页。

体案件审判留下较大的自由裁量的空间,以满足具体案件的要求。

(2)我国现行公司法对于勤勉义务的规定过于简略。针对法律规定的缺失,法院审判实践中发展出了我们称之为"正常经营行为"的审查标准,这一标准以审查董事、高管在经营管理行为中是否有正当权限为核心,为董事提供了强有力的保护。

(3)"正常经营行为"的审查标准与英美法通行的商业判断规则在程序性检验、所采取的推定手段以及所持的保护董事的立场等方面具有相似性。但是,"正常经营行为"的审查标准更为形式化,它实际上给董事提供了一个更低的标准要求,客观上起到了董事的"安全港"的作用。对于作为原告的公司和股东而言,这种形式化的推定更难推翻,追究董事、高管的责任则将更为不易。这与我国公司结构的状况、追究董事责任体系是不相符的。

(4)我们建议通过立法完善勤勉义务的相关规定,同时建议法院在审查董事、高管的行为时应适当引入实质性的审查标准,从行为人、主观方面、客观方面以及合理注意等方面对董事、高管的行为进行综合考量。

(5)我们建议认真研究董事损害赔偿责任范围的认定问题,完善我国法律的相关规定。

与以往的文献相比,本书的创新之处在于采用了实证研究的方法,通过对北京市法院系统审结的大量案例的分析,归纳和总结了法院审判实践中所采用的信义义务尤其是勤勉义务标准,即"正常经营行为"的标准。

由于我国 2005 年公司法施行的时间还比较短,实践中的案例也较为有限,同时,北京市高级人民法院也只提供了 2005—2007 年度的案例,这都对文章的研究构成了一定的局限。我们在搜集资料的过程中也注意到了一些全国性的案例,但是由于这些案例较为零散,故在分析中没有采用。因此,本章的观点只是对北京市法院系统所采取的标准的一种总结,文中的观点还需要在实践中进一步检验和发展。此外,我们注意到在审理违反信义义务的损害赔偿案件中,损失和赔偿责任的认定是一个很复杂的问题。但是,由于案例样本的缺乏,法院绝大多数判决中并没有涉及损失的问题,这使得损失和赔偿额的认定成了一个无法讨论的问题。这需要在今后做进一步的研究。

第十三章 我国股东派生诉讼制度的实证问题研究
——以北京市法院系统的审判实践为依据

一、股东派生诉讼制度的内涵与理论基础

（一）股东派生诉讼制度的内涵

自 1843 年英国判例 Foss v. Harbottle[①]一案将"司法不干预公司事务"确立为公司法的一般原则，除非有法律规定的情形，法院不轻易干预公司事务，尤其不愿意根据事后对公司某种具体的商事活动的认识而对公司董事会的管理行为作出第二次评价，从诉讼方面来说，即只能由公司对公司管理者提起诉讼的"大多数股东原则"。这一规则曾被法院长期遵守，但如果认为公司的权利无论在什么情况下都必须由公司亲自行使，就不得不面对这样的难题：当公司被公司的股东和董事等高级管理人员的不当行为所侵害，由于公司被加害人控制而不愿或无法起诉，不承认小股东提起诉讼的权利，将会使公司的利益无法得到保护。因此，为保护中小股东利益，保持公司内部权利的平衡，在 Foss v. Harbottle 规则的基础上逐渐衍化出了一系列"例外规则"，承认小股东一定条件下直接作为原告对公司管理者提起诉讼，被称为股东派生诉讼（Shareholder's Derivative Action）或股东代表诉讼

---

① (1843) 2 Hare 461.

(Shareholder's Representative Suit)。

所谓股东派生诉讼①,是指当公司的合法权益受到不法侵害而公司却拒绝或者怠于通过诉讼手段追究有关侵权人的责任时,具有法定资格的股东为了公司利益而依据法定程序,以自己的名义代表公司对侵权人提起诉讼,追究其法律责任,所获赔偿归于公司的一种法律制度。

股东派生诉讼,作为保护股东权益的机制,基于公司的原始诉权而产生,诉因并非是股东自身利益直接受损,而是源于公司的整体利益。作为法律规则的异态,它兼具代位诉讼和代表诉讼双重性,并且在多个方面突破了法律的一般规则,表现出明显有别于一般法律规则的特点。一方面,原告股东是在公司机关拒绝或怠于行使诉讼权利时,以自己的名义越过公司机关代位公司提起诉讼,其在诉讼中行使的是公司的诉权,具有代位性。② 另一方面,原告股东虽然以自己的名义起诉,但他们实际上代表的是公司以及公司中其他处于相同状况的股东,裁判结果对公司及其他股东均具有既判力,他们均不得就同一事实和理由提起诉讼,可见股东派生诉讼具有代表性。然而,派生诉讼又不同于代表诉讼和普通代位诉讼,是一种特殊的独立的诉讼制度。

公司诉讼中,根据股东的诉权性质不同,可以分为直接诉讼和派生诉讼。与股东直接诉讼不同,派生诉讼的原告对诉讼标的并没有实体请求权而只享有代位诉权,代位诉权是一种实体权利和诉权分离的诉讼实施权,属于法定诉讼担当的一种情形。③ 原告股东以实现公司的权利和救济公司的利益为诉讼目的,诉讼所获的利益均归于公司,判决效力不仅对诉讼当事人发生既判力,对没有参加诉讼的公司和其他股东等也产生等同于约束当事人的效力。股东派生诉讼依据的是共益权,其提起权既源于股东作为股份所有人——出资人的地位,又源于其作为公司代表人的地位;而股东直接诉

---

① 股东派生诉讼的概念在不同的法域、不同的国家及地区有着不同的表述。一般而言,在英美法系,都称其为股东派生诉讼,而在大陆法系国家和地区中,如日本、韩国和我国台湾地区称之为代表诉讼。我国理论界从开始对股东派生诉讼制度进行研究到现在一直没有得到称谓的统一。本文认为使用代表诉讼与代位诉讼与我国现行法律体系中一些法律制度较为相似,如代表人诉讼、债权代位权诉讼等,易混淆且不能够准确反映该制度的本质特征,因此,使用派生诉讼更加准确,股东派生诉讼这一称呼更符合该制度的内涵,也与我国现行法律制度更一致。

② 参见周健龙:"日本的股东代表诉讼制度",载《商事法论集》(第2卷),法律出版社1997年版,第265页。

③ 参见肖建华:"诉权与实体权利主体相分离的类型化分析",载《法学评论》2002年第1期(总第111期)。

讼的依据是自益权，其提起权仅源于股东作为股份所有人的地位。股东代表诉讼是为了公司的利益，因为股东代表诉讼中权利受侵害的直接对象是公司。股东直接诉讼，权利受侵害的对象是股东本身，维护的是股东自己的利益，是为了股东的利益。区别派生诉讼与直接诉讼的意义在于避免诉讼成为股东打破公司内部权利配置模式的捷径，避免侵犯公司的直接诉权和公司的自治权利，股东对公司损害索赔的请求只能以派生诉讼的方式，并以复杂的司法程序设计加强对派生诉讼权行使的严格司法审查。[①]

（二）股东派生诉讼制度的理论基础——利益平衡下的股东派生诉讼制度

1．企业契约理论与公司法的利益平衡

公司法的意义在于成功地从法律层面描述了人类社会最出色的制度创造之一——公司的组织和运行，而利益平衡则成为贯穿公司法整个制度体系的核心理念。公司法的利益平衡的观点认为，公司是由不同的利益主体组成的，他们有着不同的利益诉求，而且这种诉求有着天然的正当性，并不存在绝对意义上的对与错，对任何利益主体的忽视都有可能导致公司的崩溃。为保持公司的平稳发展，有必要对公司各主体利益加以协调，寻求其中的平衡点。这也正是公司治理结构问题的核心和关键。利益均衡观正是建立在企业契约理论的基础上。现代企业理论认为"企业……可以作为一个复杂过程的聚焦点，在这个过程中个人互相抵触的诸多目标会被一个契约关系的框架带入均衡。"[②]静态地看，公司是利益相关者追求各自权益形成的权利平衡结构；动态地看，公司表现为权利平衡结构的变迁，而权利平衡结构及其变迁的表现形式就是关系契约。所谓的公司治理模式不过是关系契约的均衡状态，达到这种均衡状态的过程实际上就是公司的利益相关者冲突与合作的过程，公司制度就是为了解决各方冲突的一种契约安排。具体而言，公司法利益平衡的中心在于股东和公司管理者之间的利益均衡，股东作为公司的物质资本所有者，享有对剩余价值分配请求权，而董事会在公

---

① 值得注意的是，随着公司治理主题从对公司独立人格、经营权所有权分离以及董事会中心的强调，转变为对投资者权益，尤其是小股东、社会股东权益的周全保护。对直接诉讼和派生诉讼的区分由严格区分逐渐走向模糊划分，在一定条件下，法院有权将派生诉讼请求转化成直接诉讼方式进行，如美国法学会公司治理准则对有限公司的特别规定，以及英国的不公平损害救济（unfair prejudice remedy）。

② 参见迈克尔·詹森、威廉姆·麦克林著："企业理论：管理者行为、代理费用与产权结构"，刘瑞中、时平生、盛洪译，载盛洪：《现代制度经济学》（上卷），北京大学出版社2003年版。

司的运营中居于核心地位,代表股东行使公司权利,公司法利益均衡旨在通过对股东和管理者之间的权利配置和职责划分,形成两者的平衡关系,从而确保股东对公司的最终控制。正如公司是一系列的契约之和,现代公司理论的利益均衡不仅是股东和公司管理者之间的平衡,还包括股东与公司之间、公司与其管理之间以及公司众多利益相关者之间的利益冲突的均衡。这里,我们着重探讨一下股东与公司管理者之间的利益平衡以及股东之间的利益平衡两个层面的问题。

首先,就股东与公司管理者的关系来说,现代公司法确立了公司董事会的核心地位,董事会能够通过各种手段使公司股东选择和解除董事职务的权力落空,公司的经营和管理几乎完全由董事会控制。在这种时代背景下,强化董事的责任,拓展其义务范围,加强公司股东对其的监督和约束,不仅是保证公司管理人员正确行使职权的必要,也是确保公司股东不受违法、不当行为侵害的必要。

其次,公司是由两大类型的股东所组成,其中拥有51%的有表决权的股东称为大股东,拥有49%以下有表决权的股东为小股东。公司法的基本规则是大股东规则即资本多数决的规则,这一规则当然有其合理性,但同时也削弱了少数股东对公司事务的管理权力,成为被大股东利用侵害小股东权利的工具。

2. 公司利益平衡与股东派生诉讼

(1) 股东派生诉讼在利益平衡中的地位

公司与公司管理者的利益冲突根源于"所有权与控制权的分离","所有权力都易腐化,绝对的权力则绝对地会腐化"(阿克顿勋爵)[1],防止权力滥用的最好方法是分权制衡,即用权力制约权力(孟德斯鸠)。[2] 现代公司制度的两权分离模式虽然提高了经营效率,但也带来了内部人控制、滥权现象加剧等一系列问题。股东派生诉权的确立尽管对公司治理来说具有滞后性,但在影响、塑造、指引董事、经理等行为选择,限制、平衡内部利益冲突方面具有不可估量的作用。派生诉讼制度是平衡公司内部控制权与外部股东权、所有权与经营权的关键,是公司治理中权利制衡的诉讼手段,是公司治理第一性义务、第二性义务发挥作用的司法诉讼制度保障。公司为一系列

---

[1] 转引自〔英〕弗里德里希·奥古特斯·哈耶克:《通往奴役之路》,王明毅等译,中国社会科学出版社1997年版,第129页。

[2] 〔法〕孟德斯鸠:《论法的精神》,张雁深译,商务印书馆1994年版,第47页。

契约的联结,虽然董事义务仅向公司负责,一般情况下,董事滥用权力损害公司利益时,仅公司得行使损害赔偿之诉权,但若公司怠于或因被控股股东控制无法行使诉权时,少数股东的权益将无法得到保护。为解决控股股东与少数股东事实上的不对等状态,法律必须制约控股股东滥用优势,一个有效的办法是赋予少数股东对抗大股东的特权以平衡股东之间的权力分配,通过权力制衡维系一个井然有序的公司治理秩序,股东派生诉讼制度即为有效的利益平衡工具。

(2)作为股东派生诉讼制度价值的利益平衡

利益平衡作为股东派生诉讼制度的重要价值取向根源于派生诉讼涉及的多元利益主体以及主体之间利益冲突的复杂性。股东派生诉讼中,公司成员与公司之间、公司与其管理者之间以及公司众多利益相关者之间的利益冲突均有体现。[1]

一方面,控制股东由于在公司内部居支配地位,加之趋利之本能,自然有可能牟取一己私利,小股东居弱势地位无法与控制股东抗衡。另外,小股东参与经营与控制股东对抗、监督的成本过高,使其缺乏积极性和动力。股东之间的地位不平衡,需要法律在股东派生诉讼的制度设计中注重如何平衡各股东地位,保护小股东利益,控制大股东权力的滥用。

另一方面,现代公司两权分离模式下,由于公司管理者与股东有不同的利益,按照经济学中关于经济人的假设,每个人都追求自己利益最大化,因此公司管理层完全有可能为了自己的私利会作出一些不利于股东的决策。公司管理层实际上掌握着公司的控制权,使其既有能力又有动机去损害股东的利益,因此公司管理者与股东的利益冲突是无法避免、难以调和的。

此外,股东派生诉讼涉及三方利益主体:股东、公司及公司利益侵害人,诉讼具有代位性和代表性双重属性。既是代位行使原属公司的诉权,又要代表公司全体股东维护公司整体利益。股东派生诉讼的上述复杂性使得利益的协调和均衡必然成为派生诉讼的主题。

---

[1] 参见何丹:"派生诉讼制度在中国公司法上的构建",载中国优秀硕士学位论文网,CNKI:CDMD:2.2003.121613。

(三)诉讼构造理论对派生诉讼的意义

民事诉讼构造①,是指以一定的诉讼目的为根据,以诉讼权限配置为基本要素,所形成的法院、当事人三方之间的诉讼地位和相互关系②。上述的权限配置存在两个方面的关系:一是法院与当事人的诉讼权限配置关系,这是最能够反映诉讼构造本质内涵的一对关系,也是研究诉讼构造的核心内容。二是当事人之间的诉讼权限配置关系。虽然民事诉讼构造以当事人与法院的权限配置关系为其构成的基本内容,但是,民事诉讼并不局限于此,当事人之间的诉讼关系也对诉讼构造有相当的影响。

对民事诉讼构造的理解可以从形式和内容两方面来分析。在形式上表现为法院进行审判和当事人实施诉讼行为的方式,多从程序事项中表现出来;就内容而言,实质上表现的是以当事人及法院为中心的所有诉讼参与人中间,对程序权利和义务的合理分配和适用,具体说就是通过民事诉讼法律关系来调整和分配权利义务,以达到平和的互动,推进诉讼程序的进行。

民事诉讼构造构建了当事人和法院在诉讼中各自的权利(力)体系及诉讼地位。职权主义诉讼构造强调了法院对诉讼的控制作用,由于当事人缺乏对诉讼事项必要的决定权,当事人对诉讼的参加仅仅具有形式上的意义。而当事人主义模式的诉讼构造,是以当事人之间的"平等对抗"为基础,以相互间对话、交涉的方式作为推动诉讼的基本力量,并对法院的判断形成约束。这种模式更加关注当事人对诉讼所能起到的决定性作用,法院一般为中立的裁判者,当事人对是否提起诉讼、是否撤诉、提起上诉,以及诉讼标的提示、事实主张和证据的收集与提供等方面有决定权,在这些方面法院应当给予充分的尊重而不能以职权干预,形成当事人与法院相互之间既有分权又有制约的三方构造关系。

"如果一种程序与其他相比更易获得实体上的公正结果,那么这种程序也可视为公正"。现代民事诉讼要求的诉讼构造,是以"当事人为中心"并

---

① 关于诉讼构造的概念,亦有称诉讼形式、诉讼模式或诉讼构造,不过无论采用何种说法,其作为法学范畴上的含义大体上都是一致的,都是着眼于法院与当事人之间的法律地位和相互关系。就诉讼构造概念的界定,毕玉谦博士认为,"民事诉讼结构,又称诉讼形式、诉讼模式或诉讼构造。这些称谓的不同,尽管根据有些学者的阐述似有不同的理解,但总的来说,都是由一定的诉讼目的所决定的,作为一种操作程序,体现了诉讼主体的法律地位及相互关系。"蔡虹教授主张,"民事诉讼结构,是指法院与当事人在诉讼中的地位及相互作用关系。从民事诉讼法律关系的理论看,法院和当事人的法律关系构成了整个民事诉讼的基本主线,对特定民事诉讼体制的基本特征的揭示不能离开对法院和当事人这一基本法律关系的剖析。"

② 唐力:《民事诉讼构造研究——以当事人与法院作用分担为中心》,法律出版社 2006 年版。

应当受到法院(审判权)尊重的程序地位;法院审判权具有"司法服务"的性质,这种服务应当具有能动属性。因而,这种诉讼构造应当表现为——以当事人为主导,法院辅以积极的职权辅助为内容的诉讼权限配置结构;以当事人之间平等的辩论式"对话"的信息交流为基础、以当事人与法院之间纵向的沟通式"对话"的交流为保障,构筑当事人与法院三方分权制衡的构造体制。

当事人诉权与法院审判权,以及当事人诉权之间的制约关系,妥当、合理地限制了各诉讼主体的行为方式和范围。在这一构造的内在要求之下,法官判决的"正当性"来自于对于当事人充分的程序保障为条件。当事人为主导的诉讼构造以当事人之间的"对抗"为基本原理来展示和探求"案件的真实",当事人在发现案件真实的过程中起着决定性的作用,而法官对案件的裁量权被压缩到较小的程度,通常表现为"协助"当事人发现案件真实。

二、我国股东派生诉讼制度发展与适用——以北京市法院系统审判实践的实证分析为基础

(一)股东派生诉讼制度在我国的发展

随着现代企业制度的发展,公司的权力中心由股东日渐转移到董事会和公司管理层,中小股东权益受到侵害而得不到有效救济的问题日益凸现,为解决少数股东与董事或控股股东事实上的不对等状态,法律必须制约公司管理者滥用优势地位,赋予少数股东若干特权以平衡股东之间及股东与公司管理者之间权力的分配。在以股东和公司管理者为博弈双方的公司治理模式中,当公司管理者侵犯公司利益、受控于管理者的公司实际无法追诉董事时,就要考虑将公司的诉权赋予博弈的另一方——股东,因此以董事会中心主义的公司治理模式必然要建立以股东派生诉讼为核心的损害赔偿诉讼机制。

我国旧《公司法》并未规定股东派生诉讼。随着现代公司治理由股东会中心主义向董事会中心主义的过渡,小股东利益保护的迫切需求促使立法和司法界对该制度不断探索。

1994年最高人民法院《关于中外合资经营企业对外发生经济合同纠纷,控制合营企业的外方与卖方有利害关系,国营企业的中方应以谁的名义

向人民法院起诉的问题的复函》可以说开股东派生诉讼之先河。该复函指出:"控制公司的股东与合同对方存在利害关系,合同对方违约,而公司不行使诉权,股东得行使本属于公司的诉权。"中国证监会1997年年底颁发的《上市公司章程指引》中也已经为股东派生诉讼埋下伏笔。根据该指引第10条规定,"股东可以依据公司章程起诉公司;公司可以依据公司章程起诉股东;股东可以依据公司章程起诉公司的董事、监事、经理和其他高级管理人员。"2002年,中国证监会、国家经贸委《上市公司治理规则》第4条规定:"股东有权按照法律、行政法规的规定,通过民事诉讼或其他法律手段保护其合法权利。……董事、监事、经理执行职务时违反法律、行政法规或者公司章程的规定,给公司造成损害的,应承担赔偿责任。股东有权要求公司依法提起要求赔偿的诉讼。"2003年最高人民法院公布的《关于审理公司纠纷案件若干问题的规定(一)》(征求意见稿)明确规定,当公司高管人员或控股股东不当行为直接侵害公司利益时,公司股东可代表公司利益就此提起诉讼,从而为我国正式确立股东派生诉讼制度吹响了号角。立法上的欠缺必然导致司法适用中的摇摆,导致审判实践既有承认股东派生诉讼的案例,也有不支持股东派生诉权的案例。直到2005年,修订后的新《公司法》第152条第一次以法律的形式正式在我国确立了股东派生诉讼制度,增强了《公司法》的可诉性,成为新《公司法》的亮点之一。

(二)制度在实践中遭遇的尴尬——从北京市高级人民法院的审判实践说起

各国的立法和司法经验表明,股东派生诉讼是股东特别是中小股东维护公司利益进而间接维护自身利益的重要手段。新《公司法》中正式引入该制度,无疑是我国公司法现代化的重要标志之一。制度引进的积极意义已毋庸赘述,更值得关注的应是其引进后的实施效果。我国股东派生诉讼制度的最终确立经历了十余年的探索,其间经过了大量学者的反复探讨和论证,然而遗憾的是,我国新《公司法》颁布实施已两年多,而股东派生诉讼并未取得预期的理想效果。

根据对北京市法院系统2006、2007年度公司法领域的案件实证研究,我们对约460件北京市各级法院受理的公司诉讼案件统计分析发现,属股东派生诉讼的案件仅11件,而其中是当事人依据我国《公司法》第152条提起股东派生诉讼的仅5件。在这5件当中,有1件因未履行前置程序被法院裁定驳回起诉,而进入实体审理程序的3件案件未得到法院判决支持,仅

1件最终获得了法院的判决支持。

在实证研究前,我们理解,派生诉讼制度作为普通诉讼的异态,势必不会是公司诉讼的主力军,但是目前的派生诉讼实践状况是如此的不乐观,仍大大出乎我们意料之外。在我们多年的探讨和论证过程中,我们深信股东派生诉讼制度无论是从平衡公司治理结构中各方主体的利益冲突还是保护广大中小股东的利益来说,其积极意义均是毋庸置疑的。但是,当我们在多年的呼吁之后终于从法律上对其加以明确肯定,正式构建了这一先进的制度之后,在实践当中却遭遇如此尴尬。我国新《公司法》实施已两年多,审判实践不但并未出现派生诉讼的浪潮,反而法院受理的股东派生诉讼案件仍然为数不多,成功的案例更是凤毛麟角。经过多年探讨与论证才得以构建的股东派生诉讼制度,为何一经颁布就在实践中遭遇尴尬,这正是本章欲探究和解决的。

(三) 问题的成因分析

1. 现实问题——当事人对制度的理解不足

通过对仅有的几例股东派生诉讼案研究,我们发现股东对派生诉讼这一制度的了解还不够。如北京市东城区法院受理的山东同人实业有限公司(下称"山东同人")诉同人华塑股份有限公司(下称"同人华塑")股东权益纠纷系列诉讼案。山东同人作为同人华塑的股东因不满同人华塑怠于行使其应享有的债权,向法院提起了6起诉讼,诉请同人华塑公司向债务人主张债权,以维护股东利益。山东同人提起的这6起诉讼本来可以以股东派生诉讼的方式提起,但股东起诉公司以求法院判令公司对债务人提起诉讼有违诉讼制度的常理,法院判决原告胜诉必然会导致公权力对私人利益的不当介入,伤害公司自身的商业判断权利。这6起诉讼正属"公司的合法权益受到不法侵害而公司却拒绝或者怠于通过诉讼手段追究有关侵权人的责任时,具有法定资格的股东为了公司利益而依据法定程序,以自己的名义代表公司对侵权人提起诉讼,追究其法律责任,所获赔偿归于公司"的情形,原告首先应当向公司董事会提出请求,请求起诉债务人履行法律义务,给付公司合法利益,如果董事会没有执行再行以自己的名义提起诉讼。如此,就符合了股东派生诉讼的法定程序。结果,一审法院东城区法院即以同人华塑非适格之被告,驳回原告股东山东同人的起诉。北京市第二中级人民法院同样裁定驳回了山东同人的上诉。

与上述六起诉讼类似,北京市宣武区法院受理的谭琳等作为中设集团物业管理有限责任公司(下称"中设物业")十名股东起诉中设物业总经理宗文彬一案,原告股东虽然以股东身份起诉公司高级管理人员,但主要的诉讼请求都是为了公司利益而提起,尽管也间接涉及股东利益,但诉讼的利益直接归属公司,其实质仍是股东派生诉讼。因原告未依派生诉讼制度要求履行书面请求监事会提起诉讼的前置程序,北京市宣武区法院遂驳回了原告的诉讼请求。

综上可见,虽然我国新《公司法》第152条已规定了这一制度,但现实情况是,股东仍对该制度不了解,许多股东知道自己的利益受到了侵犯,却不清楚如何利用该制度维护自身利益,以致其诉讼请求得不到法院支持。

2. 理论问题——制度设计缺乏"可诉性"

与英美法系国家不同,我国的派生诉讼理论研究并不是孕育于相关判例的基础上,没有深厚的诉讼实践为土壤,因此制度的安排和构建也是从理论到理论,从实体到实体,没有考虑实践的可行性,导致我国的股东派生诉讼制度虽称为"诉讼",却毫无可诉性。英国著名公司法学者丹尼斯·吉南曾说过:"小股东的权利问题实际上是民事诉讼程序问题,而非公司法原则问题。"[①]而我国的公司法无论理论界还是司法界一直以来都忽视诉讼程序,对制度的设计和探讨只限于实体层面的讨论,然而实体法的某一项具体规定是否符合实体公正往往有争论的余地,即使法律本身是公正的,在不公正的诉讼程序下亦会产生不公正的结果。

股东派生诉讼制度既然是一种"诉讼"制度,探讨其设计是否合理和完善,势必要建立在诉讼实践的基础上,而决定诉讼程序公正性的关键即诉讼构造问题。可以说在不同的诉讼构造下,当事人权利的可实现程度、事实的查明程度均不相同,对当事人最终利益的保护亦不同。

3. 诉讼构造的缺陷

我国现行法构建的股东派生诉讼的诉讼构造,是一个缺乏诉讼生机和活力的诉讼机制,原、被告之间"对抗性"不足,难以通过双方的"对话"与"交流"阐明事实,明断是非。公司利益诉求被忽视,没有规定公司利益的维护者,亦对诉讼是否符合公司利益不加考虑。法院的司法审查权有限,无论是通过诉前审查和要求担保阻止恶意诉讼,还是以商业判断规则保护公司自主经营及董事利益,法院在诉讼过程中的平衡协调作用均无法发挥。另

---

① 丹尼斯·吉南著:《公司法》,朱羿锟等译,法律出版社2005年版,第237页。

外,诉讼构造不仅是"横向"的概念,还需要"纵向"考量,在不同阶段的诉讼构造应分别考虑。我国的股东派生诉讼,立案阶段法院的干预并不多,司法裁量主要体现在审判阶段,这种模式并没有考虑到派生诉讼的特殊性,即股东派生诉讼一经提起,无论谁是谁非对公司的商誉和股价等势必会有影响,起诉后即使通过诉讼结果来维护公司利益,损害也已经形成,无法挽回。可见,我国目前的诉讼构造还十分不成熟,各方的利益保护均有缺陷,更谈不上利益的平衡问题,为达到各方的利益平衡,需要诸多元素和因子的共同作用,因此,相关制度的搭建十分必要。可以说,正是诉讼构造中出现的这些问题,使得我国股东派生诉讼缺乏可操作性和可诉性,原告股东缺乏诉讼动力,导致实践中的尴尬境地。

三、我国股东派生诉讼制度规则与存在的问题

（一）案件的受理条件

1. 原告资格

我国公司法经过十多年的实践,立法机关总结各国法律经验,建立了股东派生诉讼制度,将派生诉讼提起权赋予股东,并且对可以提起派生诉讼的股东资格区别有限公司和股份公司的股东作了不同规定。有限责任公司的股东没有持股比例和持股时间的限制,只要具有股东身份即可提起诉讼。而对于股份有限公司,则须至少连续180日单独或者合计持有公司1%以上股份的股东才可以提起诉讼。可见,我国的派生诉讼提起权性质依公司形式不同而不同,对于有限责任公司的股东来说是单独股东权,而对于股份公司的股东来说则是少数股东权。

2. 原告股东的资格限制

为保护被告不被恶意股东提起诉讼的侵害、防止股东滥用诉权,各国公司法均对股东的资格有所限制,虽然具体规定各有不同,但大多是通过持股时间和持股数量来加以限制。我国《公司法》对股份有限公司的股东要求持股时间需连续持股180日以上,持股数量为单独或合计持有1%以上[①],对

[①] 另根据《最高人民法院关于适用〈中华人民共和国公司法〉若干问题的规定（一）》第4条的规定,我国《公司法》第152条规定的180日以上连续持股期间,应为股东向人民法院提起诉讼时,已期满的持股时间;规定的合计持有公司1%以上股份,是指两个以上股东持股份额的合计。

有限责任公司的股东无资格限制。

与英美法系国家不同,我国的派生诉讼对原告股东资格仅有持股时间和数量的限制,180 日的连续持股要求,不考虑是否于违法行为发生时"同时持有",实际上难以真正避免滥诉行为的发生,被告即使以此抗辩成功,6 个月后原告仍可光明正大地提起诉讼,使该限制失去实际意义。

3. 被告范围

根据我国《公司法》第 152 条的规定,我国派生诉讼的被告不仅包括董事、监事、高级管理人员,还包括侵犯公司权益的"他人"。此外,《公司法》第 20 条规定,"公司股东滥用股东权利给公司或者其他股东造成损失的,应当承担赔偿责任";第 21 条规定,"公司控股股东、实际控制人、董事、监事、高级管理人员及其他人通过关联关系损害公司利益,致使公司遭受损害的,应当承担赔偿责任";第 113 条规定,"董事会的决议违反法律、行政法规或者公司章程、股东大会决议,致使公司遭受损失的,参与决议的董事对公司负赔偿责任"。因此,股东对于公司的股东(尤其是控股股东)、实际控制人等损害公司利益的行为,均可以适用第 152 条第 3 款来提起派生诉讼追究其赔偿责任。此外,根据 2008 年 5 月 19 日起施行的《最高人民法院关于适用〈中华人民共和国公司法〉若干问题的规定(二)》第 23 条①的规定,若清算组成员有违反法律、行政法规或公司章程给公司造成损失的,股东无论是清算程序进行中还是清算完毕均可以向清算组成员提起派生诉讼。

可见,股东、实际控制人、董事、监事、高级管理人员、清算组成员及其他第三人均可能成为此类诉讼的适格被告。

4. 适用范围

根据我国《公司法》第 152 条的规定,我国股东派生诉讼的客体范围借鉴了美国法模式的规定,适用范围较广,不仅包括董事、监事、高级管理人员执行公司职务时违反法律、行政法规或者公司章程的规定给公司造成损失的情形,而且包括他人侵犯公司合法权益的行为。一方面,对公司管理者在

---

① 我国《公司法》第 23 条:清算组成员从事清算事务时,违反法律、行政法规或者公司章程给公司或者债权人造成损失,公司或者债权人主张其承担赔偿责任的,人民法院应依法予以支持。

有限责任公司的股东、股份有限公司连续 180 日以上单独或者合计持有公司 1% 以上股份的股东,依据《公司法》第 152 条第 3 款的规定,以清算组成员有前款所述行为为由向人民法院提起诉讼的,人民法院应予受理。

公司已经清算完毕注销,上述股东参照《公司法》第 152 条第 3 款的规定,直接以清算组成员为被告、其他股东为第三人向人民法院提起诉讼的,人民法院应予受理。

经营管理过程违反应尽的注意义务、忠实义务等而给公司造成损害的情形进行规制,体现了对股东、公司及公司管理人之间利益冲突的平衡理念。另一方面,对于"他人侵犯公司权益的"应如何理解,目前并没有相应的司法解释。我们认为借鉴美国法的模式,为保证股东真正享有派生诉讼的提起权,使股东派生诉权成为中小股东一个强有力的"武器",对可诉范围和理由应持宽松态度。我们认为,股东代位公司的诉权应当包括公司所有的诉权。

公司的诉权产生主要基于侵权之债和合同之债两种情形。就侵权之债来说,主要包括:公司的大股东或实际控制人违反对公司应尽的诚实义务而对公司承担的责任;行政机关对公司所负的行政侵权责任等情形;公司以外第三人侵犯公司商业秘密、商业信誉、知识产权及公司资产等。我们认为,他人对公司的侵权行为,自当属股东可以提起派生诉讼的范围之内。

就合同之债而言,有观点指出,公司的合同之债因涉及公司的商业判断问题,应采审慎的态度,不应纳入股东派生诉讼的范围之内。

但我们认为对公司自治权及董事经营判断的保护,应通过引入"商业判断规则"等予以规制,而非限制股东的追诉范围,将其直接排除于派生诉权之外。总的说来,股东可以代表公司向第三人提起派生诉讼,主张基于合同而产生的权利。通常而言,基于合同相对性原则,因合同之债而生的义务,只有合同双方有权主张。但当公司因股东、董事等控制而息于或拒绝行使权利以致损害公司利益,股东在履行前置程序,不侵害公司自身商业判断的前提下,应当可以提起派生诉讼,向合同相对方主张合同责任。具体而言,首先,股东可以代表公司向第三人主张违约责任。对于第三人的违约行为,如公司息于或拒绝提起诉讼,股东应当可以要求对方承担违约责任以维护公司利益。其次,股东可以代表公司行使撤销权和代位权。如果公司对第三人享有债权人的代位权或撤销权,而公司息于或拒绝行使其权利,股东可以在竭尽内部救济后代表公司行使代位权或撤销权。再次,公司对第三人享有的债权,如已近诉讼时效期间,公司息于或拒绝对债务人主张债权,股东在履行了前置程序之后,也可以提起派生诉讼向债务人主张债权维护公司利益。最后,股东可否提起派生诉讼对公司与第三人签订的合同行使撤销权。如前所述,股东应有权代表公司主张合同违约责任,以维护公司利益。而如公司与第三人签订的合同有可撤销的事由,股东亦应有权代表公司行使合同撤销权。

关于股东提起代表诉讼行使合同撤销权,北京市海淀区法院受理的一起股东代表诉讼,作为此次研究资料中唯一一起胜诉判决,即判决认定股东有权为公司利益提起派生诉讼行使合同的撤销权。此判决虽形成于我国新《公司法》实施前,但其对我们理解该制度有着十分重要的实践意义。

2004年5月27日,原告北京协铭监控技术有限公司(下称"协铭公司")以英正明通信技术有限公司(下称"英正明公司")、蔡虹为被告,北京华天网安全技术有限公司(下称"华天网公司")为第三人提起股东派生诉讼[①],北京市海淀区法院依法受理。

在该案中,法院经审理认为,蔡虹作为关联人代表华天网公司与英正明公司签订了产品研发协议,未如实披露其关联人身份,该协议的订立违反了公平、诚实信用原则,明显损害了华天网公司及公司其他股东的合法权益,故该协议应当依法予以撤销。协铭公司在知晓蔡虹的关联人身份后,其作为华天网公司股东已通知蔡虹就上述协议的履行召开临时股东会并对此作出决议,但蔡虹未同意协铭公司的提议,公司亦未对此形成股东会决议,故作为公司股东协铭公司已用尽内部救济措施。由于关联人蔡虹为华天网公司董事长且控制公司的经营手续,其亦不同意协铭公司就华天网公司与英正明公司之间的协议履行行使诉权,而协铭公司作为公司股东无法就此以华天网公司名义提出诉讼,故其就此提起股东代表诉讼,有事实及法律依据,其作为本案原告主体适格。蔡虹及英正明公司作为关联人及关联交易的相对人,作为本案被告诉讼主体适格。因此,法院判决撤销华天网与英正明公司的产品研发协议。

根据我国《公司法》第152条和第21条的规定,股东可以对公司的控股股东、实际控制人、董事、监事、高级管理人员利用其关联关系损害公司利益的行为提起派生诉讼,要求其承担损害赔偿责任。但海淀法院的这一判例,创造性的判决撤销利用关联关系而签订的合同,为我们理解和适用股东派

[①] **案情概要**:协铭公司与蔡虹于2002年5月28日共同出资设立了华天网公司,协铭公司出资49万元,蔡虹出资51万元,蔡虹担任公司的法定代表人及董事长。2002年6月27日,蔡虹与徐政伟共同出资成立英正明公司,徐政伟和蔡虹分别出资2.5万元,徐政伟为该公司法定代表人。2002年7月3日,华天网公司与英正明公司签订标的额为80万元的HH-001固定点GSM报警终端产品研发协议,后因英正明公司的原因未完全履行。协议签订时,蔡虹未向华天网公司披露其与英正明公司的关系。2004年1月15日,协铭公司给蔡虹发出关于召开股东会临时会议的提议,称英正明公司未履行合同义务,已给华天网公司的生产经营造成很大损失,而公司未就此事采取任何措施,要求召开临时股东会。2004年2月19日,协铭公司与蔡虹在上述地点召开了股东会临时会议,但双方未能达成一致意见并形成股东会决议。协铭公司于2004年5月27日向法院提起诉讼,诉请法院撤销华天网公司与英天明公司的合同。

生诉讼制度提供了一个崭新的视角,但该判决涉及的一些问题也值得我们探讨和研究。

第一,股东可否通过派生诉讼撤销公司对外签订的合同。我们认为,如前所述,派生诉讼的可诉范围,应当包括公司的所有诉权。公司基于合同所享有的损害赔偿请求权、解除权、抗辩权、撤销权等均应属于股东可以提起派生诉讼的范围。

当控股股东、实际控制人、董事、监事、高级管理人员利用其关联关系实施了关联交易行为,公司因受上述侵权人的控制而无法提起诉讼维护自身权益,此时自然应当赋予股东提起派生诉讼代表公司行使公司本应享有的合同权利,如撤销权。在这种情况下,股东即享有了一种选择权,或代表公司主张追究控股股东、实际控制人、董事、监事、高级管理人员等侵权人的损害赔偿责任;或代表公司行使撤销权撤销与第三方的合同。但是为避免干预和影响公司正常的商业经营和判断,加重董事等人的职业风险,加重交易第三方不可控的交易风险,在合同行为领域,应采审慎的态度,建议引入商业判断规则和特别委员会制度等相关配套制度,加强对公司利益的考良。

第二,股东通过派生诉讼行使撤销权时,应当如何认定其撤销权是否成立。根据派生诉讼法理,股东提起派生诉讼行使的是公司本应享有的权利,从实体上来说,派生诉讼权利首先应当基于公司的权利。如公司依据合同享有撤销权,股东方可行使。本案当中,公司是否享有合同的撤销权。根据我国《合同法》第54条的规定,可以撤销的合同主要是:(1)因重大误解订立的;(2)在订立合同时显失公平的。(3)一方以欺诈、胁迫的手段或者乘人之危,使对方在违背真实意思的情况下订立的合同。而本案判决是基于公司的董事与被告进行关联交易行为,而予以撤销。实质上是对合同法关于合同可撤销理由的扩充,是否合适,殊值探讨。若公司的控股股东、实际控制人、董事、监事、高级管理人员利用其关联关系从事了关联交易行为,公司应当可以依据合同法中恶意串通损害第三人利益为由主张合同无效,而非撤销合同。

第三,关于撤销权的行使期限,应从何时起算。通常而言,据相关法律规定权利人自知道或应当知道撤销事由之日起一年内行使撤销权,因此,合同的撤销权应当自公司知道或应当知道撤销事由之日起计算。但是,公司又因受从事关联交易的控股股东、董事控制而无法行使撤销权,则仍按公司知道或应当知道权利撤销事由之日计算,极为不公平。因此,法院认为"因本案系股东代表诉讼,实际利益受损的权利人为华天网公司,但如上所述,作为关联交易人的蔡虹系华天网公司的控股股东、董事长,在其不同意行使诉权追究英正明公司责任时,华天网公司无法行使撤销权,而作为华天网公司股东的协铭公司也只有在用尽内部救济措施的情况下,才能以自己名义代表华天网公司行使诉权,故协铭公司行使撤销权的除斥期间应自其用尽内部救济措施之日即 2004 年 2 月 19 日起计算,现协铭公司行使诉权的期限并未超过 1 年的除斥期间,对英正明公司该抗辩理由本院不予支持。"对此,我们认为,法院的这一处理值得我们思考和借鉴。

海淀法院的这一判决,不但为我们研究该制度的实践问题提供了典型素材,更为我们对派生诉讼的适用范围研究提供了良好的启迪。虽然为了避免恶意滥诉,侵害公司自治权,对派生诉讼的范围应谨慎,但我们认为制度的发展方向不应着眼于限制其适用范围,而是引入商业判断规则,赋予法院一定的司法裁量权,通过个案衡平,对于符合公司利益的派生诉讼均应纳入司法审查的范围之内。

总之,我国对股东派生诉讼可诉范围应当采取较为宽松的态度,无论是侵权行为还是合同行为均可适用。

(二)前置程序

1. 前置程序的理解

各国立法几乎均将"竭尽公司内部救济"原则作为一个普遍原则,同时规定了例外情况。我国股东派生诉讼也规定了前置程序,股东在提起股东派生诉讼之前,应该请求公司的监事会或不设监事会的有限责任公司的监事,或者董事会或不设董事会的执行董事向人民法院起诉。如果其请求得不到满足,公司没有合理的理由却最终拒绝或怠于起诉,股东则可以提起派生诉讼。我国借鉴了日本和我国台湾地区的做法,确立 30 日的等待期。[①]当然,我国在规定固定等待期限的同时,也作出弹性安排,即"情况紧急、不立即提起诉讼将会使公司利益遭受难以弥补的损害的",可以直接提起派生诉讼。前置程序的要求是由股东派生诉讼的"派生"性所决定的,是股东派生诉权的他益权性质的体现,为避免股东因不了解情况而随意诉讼损害公司利益,前置程序的要求可以为公司内部自行解决纠纷提供最后的机会。此外,通过前置程序的设置要求股东首先书面请求公司诉讼,也可避免股东

---

① 《日本商法》第 267 条第 1 款规定,"自 6 个月以前持续持有股份的股东,可以书面请求公司提起追究董事责任的诉讼"。

滥用权利随意提起诉讼的发生。

但前置程序虽为一项程序性要求,实质乃为维护公司自治权而设,具有实体性意义的抗辩,因此在实践中对其理解和掌握应当符合其设置目的。一方面不能流于形式,只要有书面申请程序一概视为竭尽救济;另一方面,不能过于机械,未履行书面申请程序即予以驳回。北京市第二中级人民法院受理的一起派生诉讼案,即因股东未履行前置程序而驳回其起诉,但是,其中的问题很值得我们探讨。

原告汉唐集成股份有限公司(下称"汉唐公司")与被告陈石虎、林仓敏、甘雯绮,第三人北京台群科技有限公司清算委员会(下称"北京台群")董事、监事、经理损害公司利益纠纷案,于2006年2月10日由北京市第二中级人民法院受理。原告汉唐公司为北京台群的股东,陈石虎、林仓敏、甘雯绮为北京台群的董事,原告以三被告损害公司利益为由提起诉讼要求被告赔偿北京台群经济损失20.8万美元。该诉讼为股东派生诉讼。但是原告并未按《公司法》第152条规定履行前置程序,因此,北京市第二中级人民法院以此为由驳回了汉唐公司的起诉。

我们认为,司法不干预公司事务为公司法的一般原则,前置程序作为股东提起派生诉讼的法定程序,对于防止恶意股东滥诉,尽量通过公司自治解决纠纷,有着十分重要的作用。股东未履行前置程序,法院依法裁定驳回汉唐公司的起诉,正当、合法。但是在该案中,我们又发现,根据第三人北京台群的述称,北京台群认为原告股东所诉之行为,并不存在损害公司利益的事实。可见,北京台群并不认同原告股东的诉讼请求,因此,不难想象,原告股东若履行书面提请公司北京台群对被告提起诉讼,北京台群无疑会拒绝。此时,法院机械的依法驳回起诉,非待原告重新履行前置程序,公司拒绝或待30天后,股东才可再次提起诉讼,是否合适,是值得我们思考和探讨的。

在特殊情况下,比如说,前置程序的履行注定徒劳无益或者情况紧急时,是否可以越过前置程序呢? 各国实践中,例外是存在的。前置程序中原告股东向董事会提请其为公司提出诉讼的请求程序的免除也称为"徒劳之例外"。并非所有派生诉讼都必须先向董事会提出请求,如美国某些州的《公司法》规定,若董事会存在的敌视态度将使原告股东的请求变成徒劳无益,则可以免除原告股东的请求义务。

我们认为,前置程序一方面不能流于形式,仅成为程序性规则,前置程序的规定,在于竭尽内部救济,避免司法过分干预公司事务,而非追求程序上的完满。若明知股东要求公司提诉而公司必然拒绝,却非要求股东必须履行书面提请公司起诉并经等待期后再行起诉,无疑是徒劳且僵化的。因此,我国的派生诉讼前置程序一方面要引入"商业判断规则"使其具有实际意义,另一方面要允许特殊情况下的"例外规则"。正如本案,在诉讼中公司已答辩不支持原告股东的诉讼请求,仍要求股东非履行前置程序之要求后再行起诉,无疑是一种诉讼成本的浪费,徒增讼累,不利于当事人利益的保护。

2. 未履行前置程序的处理

《公司法》规定了股东提起派生诉讼应当履行前置程序,但若未履行前置程序法院应当如何处理,法律却未作规定。根据公司法和民事诉讼法的基本原理,我们认为,前置程序为法定的程序性要件,股东未履行前置程序而提起诉讼,因未竭尽公司内部救济,应不属司法干预的范围。故其起诉不符合法院受理条件,法院应当依法裁定驳回其起诉,而其实体权利并未丧失。然而,在我们的研究中发现,北京市法院系统的判例中,却有多起诉讼法院因原告未履行前置程序而作出民事判决驳回原告的诉讼请求。我们认为,因未履行前置程序即判决驳回诉讼请求,直接否定当事人的实体权利,这一处理存在很大问题。就此,需要进一步的司法解释予以明确。

(三)公司的诉讼地位

我国《公司法》第152条规定了股东可以提起派生诉讼的权利,但对公司在诉讼中的地位却未加明确,为实践操作带来很多问题,引起理论界、实务界的广泛探讨和论证。股东的诉权毕竟派生于公司的权利,诉讼的结果与公司利益息息相关,公司应当成为当事人参与到诉讼中来,这也是被普遍认同的,但是公司究竟以什么身份参加诉讼,却颇有争议,这主要是由公司在派生诉讼中多重身份的特殊性决定的。

首先,公司在派生诉讼中具有形式被告的身份。[①] 股东是在公司怠于或拒绝提起诉讼的情况下起诉的,诉讼被告虽然是侵害公司权益人,但直接针对的却是公司。其次,公司是实质的原告。[②] 股东提出派生诉讼旨在维护公司利益,法院的裁判对公司具有拘束力,胜诉利益归于公司,公司是实体利

---

① 参见刘俊海:"论股东的代表诉讼提起权",载《商事法论集》(第1辑),法律出版社1997年版,第95页。
② 参见武晋伟:"股东代表诉讼制度浅析",载《湖南大学学报(社会科学版)》2005年第19卷第3期。

益的享有者和归属者。再次,公司可以成为第三人。① 当公司认为已经进行的诉讼中,原告股东与被告有恶意串通损害公司利益的情形,可以申请加入诉讼。最后,公司还可能成为证人。在法院认为公司不参加诉讼使得案件事实无法查明,可通知公司参加诉讼。此时,公司的权利义务主要是向法院提供证据材料,其诉讼地位类似于证人。② 可见,公司在股东派生诉讼中确实处于复杂地位,很难明确的判定公司究竟应在何种地位,但是至少从形式上来看公司应当处于一种固定的诉讼地位。我们认为,公司应为有独立请求人的第三人,这是股东派生诉讼制度"以公司利益为中心"理念所决定的。

以公司利益为中心,应是股东派生诉讼的核心和关键,而这一点却常常被我们所忽视,综观学界对公司地位问题的争论和探讨,多从诉讼实践和理论角度探讨具体操作问题,却均未意识到公司在派生诉讼中究竟是何角色。实际上,无论公司是否同意诉讼,我们均无法否认派生诉讼最终的受益者应是公司。而现实的情况是,我国的股东派生诉讼制度对公司利益的维护考虑不足。

首先,如前所述,对公司在诉讼中的地位未作规定,导致实践当中对公司是否可以参加诉讼及参加诉讼后有何权利义务存在疑惑。

其次,公司法规定的前置程序只是程序性的要求,并没有引入"商业判断规则"。根据我国《公司法》的规定,股东在提起派生诉讼之前要书面请求监事会或董事会提起诉讼,若公司拒绝起诉或30日内未起诉,股东即可提起派生诉讼,而此后公司就该诉讼有何权益,法律未予明确。根据这一规则,公司的经营判断对于派生诉讼的提起并无影响,股东只要履行书面请求的程序,诉讼即可发起,要么公司自行起诉,要么股东代为诉讼。无论诉讼是否符合公司利益,公司均无法阻止该诉讼的发生,法院亦无权以损害公司利益为由审查判断诉讼可否被接受。

再次,在诉讼当中公司的利益未被考虑。我国《公司法》对公司可否参与诉讼未规定,虽然通说认为公司可以参与诉讼,且北京市法院系统的派生诉讼案件亦均将公司列为第三人。但公司是否享有独立的请求权,公司在诉讼中究竟有何权利,是否可以请求终止诉讼等均无定论。公司参与诉讼

---

① 参见孙玉凤:"论股东代表诉讼中公司的法律地位",载《湖北大学学报(哲学社会科学版)》2005年第32卷第2期。
② 参见汤维建、戈琦:"股东代表诉讼制度的确立和完善",载 http://www.civillaw.com.cn/article/default.asp? id = 16124。

时,谁来代表公司行使权利,履行义务,如何表明公司的意愿以确保诉讼真正符合公司利益,更未考虑。

(四) 处理结果归属

胜诉利益归于公司是股东派生诉讼的核心和实质,我国《公司法》第152条的规定并未明确规定胜诉利益的归属,但理论上及各国司法实践均认为胜诉利益归属公司为派生诉讼制度的核心。从北京市法院系统受理的派生诉讼案件来看,虽然股东最终取得派生诉讼胜诉的判例极少,还无法反映法院在胜诉结果处理的通常做法,但法院仍将当事人诉讼请求利益归属于公司作为认定股东派生诉讼的一个因素。

但是,胜诉利益完全归于公司,而原告为诉讼支出的成本没有补偿,若被告为控股股东等,胜诉利益归于公司,最终受益的反而可能是被告,这些因素均可能会使原告缺乏诉讼动力。派生诉讼的利益归属完全归于公司,而不考虑原告股东的利益诉求及保护,对于行使他益权的股东来说极为不公平。因此,应考虑建立原告的费用补偿制度和特殊情况下的"直接受偿制度"。

(五) 和解、调解的处理

股东派生诉讼是一种民事诉讼,按照权利处分的原则,原告股东可以与被告和解、进行调解或者撤回诉讼请求。诉讼和解是双方当事人合意解决民事纠纷、结束诉讼的一种制度。由于诉讼和解具有体现当事人合意、尊重当事人的处分权、彻底解决纠纷和节约司法资源的优点,因而它在股东派生诉讼制度中的作用亦不可小视。

股东派生诉讼中由于其特殊诉讼的特性,其诉讼和解与调解制度亦有不同于一般民事诉讼的特点。由于股东派生诉讼判决的既判力,原告代表公司起诉,公司受到任何判决和和解的约束。公司和紧随本案原告股东之后的派生诉讼原告都不能基于已在派生诉讼中提出的请求而提出诉讼。因此,对股东派生诉讼中和解和调解进行严格限定和规范十分必要。但我国《公司法》构建的派生诉讼制度没有对和解和调解问题予以明确。

我们认为,派生诉讼中若原被告双方欲和解或同意调解,法院应通知公司的其他股东,和解协议或调解书须经全体股东一致同意,由法院司法审查不违反法律、法规等强制性规定,不侵犯其他第三方利益方可调解结案。

(六) 股东派生诉讼与一事不再理原则

对于同一事实公司已通过诉讼解决,股东另行提起派生诉讼,是否违反一事不再理原则。我国《公司法》对此问题未作规定,学界的讨论和关注也不多。然而,研究中的一例判决让我们认识到,一事不再理原则在股东派生诉讼制度中的适用是一个十分值得关注和研究的问题。

原告中国长城工业总公司(下称"长城公司")、才红、张艺、董庆红与被告北京航天长峰客货运代理有限责任公司(下称"长峰公司")、第三人航天国际旅游有限责任公司(下称"航天公司")股东损害公司权益纠纷案,由北京市海淀区法院受理。

原告长城公司、才红、张艺、董庆红为航天公司的股东,长峰公司为航天公司原股东。2007年航天公司以长峰公司在没有任何合同约定或法律依据的情况下,擅自从其处领走分红款人民币110500元为由,将长峰公司诉至北京市宣武区法院,要求返还上述款项。2007年5月25日,宣武区法院作出(2007)宣民初字第2934号民事判决,判决长峰公司返还航天公司110500元。2007年9月20日,北京市第一中级人民法院作出(2007)一中民终字第8389号民事判决,撤销(2007)宣民初字第2934号民事判决,驳回航天公司的诉讼请求。

此后,原告长城公司、才红、董庆红、张艺又以股东身份向北京市海淀区法院提起了股东派生诉讼,诉请被告长峰公司向航天公司返还分红款110500元,被告长峰公司认为该案已经(2007)一中民终字第8389号民事判决驳回了航天公司的诉讼请求,股东再以同一事实向法院起诉,属重复诉讼。

对此,海淀区法院认为,本案属股东代表诉讼,"虽我国《公司法》第一百五十二条就公司董事、高级管理人员及公司以外第三人侵犯公司合法权益的股东代表诉讼,设定了股东代表公司提起诉讼的前置程序,但并未限制股东代表公司直接对损害公司权益的股东提起诉讼。而此前法院审理的纠纷,系公司即航天公司直接起诉侵权股东即长峰公司,要求其返还财产。据此,虽两案诉讼请求均为要求长峰公司将红利返还给航天公司。但两案法律关系、诉讼主体、当事人行使诉权的住所均不相同,故长峰公司主张长城公司等四原告重复诉讼,缺乏事实和法律依据,本院不予支持。"

本案反映了股东派生诉讼中涉及的一个重要问题——一事不再理原则。我们认为,股东派生诉讼制度是指当公司利益受到侵犯,而公司怠于或拒绝提起诉讼,股东可以为公司利益提起诉讼,其实质仅有一个诉存在,若公司已就该诉请求法院司法审查后,股东自不得再次以同一事实理由提起诉讼。一事不再理原则作为民事诉讼的重要原则,应在股东派生诉讼制度中予以明确,避免该制度被恶意滥用成为规避一事不再理原则的突破口。

四、国外股东派生诉讼制度的启迪

(一)美国的股东派生诉讼制度——以公司为中心的对抗性诉讼构造

1. 原、被告双方平等的"武装"——对抗性的基础

在董事会中心主义的公司治理结构下,公司股东和董事之间与生俱来的利益冲突需要切实有效的制度去规制、调和,如何从各种相互冲突的因素中寻求均衡的利益保护是股东派生诉讼的核心问题。一方面,在公司管理层对股东之义务超出信托法的范围时,股东的这种法律追索权就显得十分重要,因此必须建立独立于公司管理层的强制履行信托义务的司法机制。另一方面,人们对公司内部的交易正当与否鲜有意见一致的;法院也不能保证自己对有关交易正当与否的判决一贯正确。因此,如果公司的每一笔业务或所谓的"失职行为"都可能因为个别股东的请求而导致相关董事承担责任,公司董事们可能会发现他们处于极易受攻击的地位。[①]

美国法的民事诉讼构造以当事人主义模式为特点。在股东派生诉讼中,这种模式体现了强烈的对抗性色彩,赋予双方当事人同等有力的武器,体现积极的"对抗性"交流。

(1)原告股东起诉条件

美国的股东派生诉讼制度之所以比其他国家的相关制度发达,一经创立即获得了长足发展,主要是因为美国法对股东的起诉标准采取了较为宽容的态度。首先,美国的股东派生诉讼提起权是一种单独股东权,股东即使只拥有最低单位的股份,只要符合其他条件,也可以提起股东派生诉讼。另外,美国的股东派生诉讼制度是以信托理论作为其实体法上依据的集体诉讼出发,逐步发展成一种包括可以追究公司外第三人责任的派生诉讼。与日本等其他国家的派生诉讼制度不同,股东通过这种诉讼,不仅可以追究董事的责任,还可以追究公司以外第三人对公司的责任。而且,通过这一诉讼所追究的董事的责任范畴,不仅包括董事违反义务而产生的损害赔偿责任,

---

① 楼建波等译:《公司治理原则:分析与建议》(下卷),法律出版 2006 年版,第 512 页。

还涉及请求停止侵权行为等更广泛的领域。① 美国公司法中,股东可诉权限之大关键不仅在于被告范围的广泛,而是因为关于信托义务的传统法律与大多数以成文法为依据的诉讼理由相比,赋予了原告更多的理由去质疑公司的做法。此外,美国派生诉讼规定了对股东费用的补偿制度,只要公司从代表诉讼中获得实质性利益,即使从中未获得特定数量的金钱财产,仍应许可原告股东获得合理补偿。②

正是这种对可诉理由的宽松态度和对股东权益的切实保护,使得美国的股东派生诉权成为中小股东一个强有力的"武器",也正是因为股东诉权的有力性,使得法院十分关注对被告董事的保护,设置了一系列制度限制股东的诉权,以求赋予被告以平等"武装",对抗原告股东的"进攻"。③

(2)被告积极的"防御"措施

美国股东派生诉讼制度在对原告起诉范围采取较为宽松态度的同时,势必要对其"进攻"加以限制,赋予被告对抗的"武器",从原告提诉资格的限制、诉讼请求规则的要求到费用担保制度的建立,乃至商业判断规则的运用等一系列完备制度为被告提供了制度上的保障。

A. 原告资格的限制

通常认为,美国股东提起派生诉讼需要遵循"同时所有权规则"、"持续持有规则"、"净手规则"等规则限制并能"公平地和充分地代表股东的利益"。

a. 同时所有权规则(Contemporaneous Ownership Rule)

美国大多数州的公司法都采用了同时所有权规则,即只有在董事的违法行为发生时,或者被广泛知晓前已经持有该公司股份的股东,才有资格提

---

① 美国法院认为股东可以提起派生诉讼的情形主要有:(1)越权行为:主要是指董事违反公司章程和其他文件的授权而从事的行为,也包括董事违反公司成立的初衷(Outside the Purpose)或是超越了公司经营范围的情况;(2)准备完成或从事的交易是对少数股东的欺诈(Fraud),并且将对公司的权益造成损害或者将对股东的权益造成损害;(3)董事会或多数董事为自己的利益行事;(4)董事的行为是为了逃避公司的合同责任;(5)当多数股东以公司的名义从事违法的行为并在实质上损害了少数股东权益。

② 陈洁:《证券欺诈侵权损害赔偿研究》,北京大学出版社2002年版,第153页。

③ 对原告股东的限制理由,中外法学界均以"防止股东诉权滥用"为目的,而同样是股东诉讼,直接诉讼、代表诉讼等却没有对"诉权滥用"表现出如此热度的关心。对此,笔者认为,一项制度的设计、一种权利的赋予,应是建立在该制度和权利存在具有合理性的基础上,只要股东根据股东派生诉讼的规定,追究侵害公司权益人的责任,就应假定其为善意的、正当的行使权利,除非有相反证据证明。因此,对原告股东行使诉权的限制的根本原因是为了平衡双方当事人利益,赋予双方平等"武装"以实现原被告平等地位的诉讼构造,而不是所谓的防止滥用诉权。

起追究该董事责任的股东派生诉讼。① 除了《联邦民事诉讼规则》第23.1条对此作出明确规定外,特拉华州、纽约州及加利福尼亚州等主要的州公司法也都认可这一规则。此外,《标准公司法》②在制度之初就明确规定了这一规则,而美国法律研究院(ALI)的《公司治理原则:分析与建议》之报告(以下简称《ALI报告》)第7.02条第(a)款③在阐明这一原则的同时,又作出进一步修改,改变了传统规则所要求股东在被其起诉的交易发生时持有股票,而是参照宾夕法尼亚州和加利福尼亚州的做法,允许法院使用披露的日期,而不是不法行为实际完成的日期来决定一名股东和原告是否满足该原则的要求,修正了传统规则排除面过广的弊端。④ 此外,否认所有非同时持有的股东的派生诉讼当事人资格会导致不必要的过于宽泛的资格否定,作为一种修正,有些州采用了"继续的不法行为"的例外,即损害在完成前都被视为继续存在。可见,美国虽然遵循"同时所有权规则"来限制股东恶意制造诉讼,但也在不断地调整标准的把握,寻求各方利益的平衡。

b. 持续持有规则(Continuous Ownership Requirement)

美国的股东派生诉讼要求原告不仅在诉讼提起时必须具有公司股东的资格,而且在诉讼的过程中以及诉讼终了时都必须具有股东的资格,即所谓的股东持续持有规则。法律研究院的《ALI报告》对此作出明确规范⑤,并指明"这一规则的传统原理是:不能从公司所得救济中获得利益的公司原股东可能愿意接受一种不恰当或者不充分的和解。另外,给予原股东个人按比例的补偿会影响公司及其债权人的利益。"⑥但是有关"持续利益"要求的政

---

① 蔡元庆:《董事的经营责任研究》,法律出版社2006年版,第62页。(该书作者将该规则称为"行为时持有规则"而"同时所有权规则"为张民安等学者的译法。——作者注)

② 美国《标准公司法》(Revised Model Business Corporation Act)第7.41条规定:"一个股东不可以开始或继续一项派生的程序除非该股东:(1)在程序中被控诉的行为或不作为发生时是该公司的一个股东在上述时间中虽不是一个股东,却从上述时间中该公司一个股东依法转让得到该公司的股票而成为该公司的一个股东;……"

③ 《ALI报告》7.02(a):股权证券的持有人可以提起和参加派生诉讼,如果该持有人:(1)(A)在被指控的不法行为的实质性事实被公开披露前,或者在知道或被特别告知有关不法行为的实质性事实之前就取得了公司的股权证券;(B)直接或间接地从依前述(A)之规定获得股权证券的持有人手中直接依法律规定取得公司的股权证券。

④ 参见楼建波译:《公司治理原则:分析与建议》(下卷),法律出版2006年版,第553—556页。

⑤ 《ALI报告》7.02(a)(2):在判决之前继续持有该股权证券,除非公司不顾该持有人的反对采取行动致使其不能继续持有该股权证券,并且(A)派生诉讼的提起先于公司终止其持有人地位的行为,或者(B)法院裁定该持有人比其他提起诉讼的持有人更能代表股东的利益。

⑥ 楼建波等译:《公司治理原则:分析与建议》(下卷),法律出版2006年版,第558页。

策理由不应过分扩展,因此,《ALI报告》第7.02条第(a)款(2)规定了两个例外。

c. 净手规则(Clean Hands Rule)

所谓"净手规则",是指能够代位公司提起派生诉讼的股东,必须是那些没有支持、批准或追认公司董事会所实施的对公司造成损害的行为的成员,如已为批准或赞成不适行为人的投票者,则不得提起诉讼。① 在美国,即使具备同时所有权规则要求的股东,如果他同意了不适行为或对公司有损害的行为,或明确地批准了此种行为,则他不享有就此类行为代位公司提起诉讼的权利。

d. 公平和充分的代表(Fair and Adequate Representation)

要求原告能"公平地和充分地代表股东的利益"的规定源自《联邦民事诉讼程序规则》第23.1条和许多州的类似规定。《ALI报告》第7.02条第(a)款(4)②又进一步明确规定,其要求的原告的"充分性"须考虑如下几个因素:"(1)是否有影响原告代表其他股东能力的任何利益冲突的存在;(2)代表原告的律师的能力;(3)是否有其他证据表明诉讼将不会被强有力地进行。"③

B. "竭尽公司内部救济"——商业判断规则的引入

竭尽公司内部救济是指原告股东在提起派生诉讼之前,原则上必须首先向公司提出诉讼请求,请求董事会采取必要措施,只有当公司明确拒绝股东请求或者对股东请求置之不理时,股东才能向法院提起诉讼,也称为诉讼请求规则(the demand rule)。美国《标准公司法》第7.42节即规定:"股东在满足下列两个条件之前,不得启动派生诉讼程序:(1)已向公司提出要求其采取适当措施的书面申请;(2)自发出书面申请后经过90日。除非公司提前通知该股东申请已被拒绝,或者等待90日届满将会给公司带来难以弥补的损害"。

"竭尽公司内部救济"规则作为派生诉讼的前置程序,其功能究竟如何,有学者认为其是一种程序上的安排,表面上看,该规则是股东在欲提起派生诉讼时必须满足的诸多程序性要求,然而其背后则是"司法不干预公司内部事务"的公司法原则的体现。因此,该规则在美国法上被赋予了很高的地

---

① 张民安:《现代英美董事法律地位研究》,法律出版社2000年版,第223页。
② 《ALI报告》7.02(a)(4):能公平地、充分地代表股东的利益。
③ 楼建波等译:《公司治理原则:分析与建议》(下卷),法律出版2006年版,第560页。

位,成为被告对抗原告股东的一项强有力的抗辩"武器"。但是,笔者认为,竭尽内部救济规则的设置与其说是为了被告提供抗辩武器,不如说是出于对公司利益保护的考量,对此将在后面详细分析,而对于被告董事来说该制度更重要的价值是引入"商业判断规则",成为保护董事合法利益之"盾"。

根据 1984 年 Aronson v. Lewis 案件中法官的经典解释,"商业判断规则建立在这样一种假定之上,即董事在行使决策之职时,会在知悉的基础上,本着善意,为公司的最佳利益行事。如果缺乏董事滥用裁量权的证据,董事的判断受法院的保护。指证董事违反职责的一方应负举证责任,即找寻事实推翻前述假设。"[①]根据该规则,法院合理假定董事们总是秉承善意、为实现公司最佳利益的预期而谨慎勤勉地工作,如果不出现"恶意、利益冲突或者个人偏见",法院不会在事后评价董事决策的对错优劣。建立这一假定的目的之一,是明确在此类案件中的举证责任的归属原则。在派生诉讼中,一方面,公司作为实质利益的享有者可以运用商业判断来拒绝股东的诉讼提起权;另一方面,作为被告的董事对原告股东抗辩时,自可援引其对公司的抗辩理由——商业判断规则,而推翻这一假定的责任在原告。如果原告不能证明董事决策中没有重大过失,商业判断的合理假设就变成了现实。法官不再介入董事决策的实质内容,不对其决策结论的是非优劣作出评价。

C. 诉讼费用担保制度

美国的诉讼费用担保制度在 1944 年《纽约一般公司法》[②]以及后来的《标准公司法》[③]中均有规定,即被告有权要求原告提供费用担保。美国法设置该制度旨在遏制恶意股东滥用诉讼权利,防止公司受到不当侵害,但是它却违反了派生诉讼的性质,即股东是为了公司利益而提起此种诉讼的。因此,该规定受到大量批评,认为其打击面过宽,构成对小股东的不公平歧视,此外,该规定经常可以被绕过而不能实现宣称的遏制滥诉的目的。实际上也只有少数州(约 1/3 的州)颁布了某些形式的"费用担保"的成文法。后来又有的州区分善意诉讼和恶意诉讼,仅对恶意的股东要求提供担保,但

---

① Aronson v. Lewis, 473 A. 2d 805, 812, 1983.

② 《纽约一般公司法》第 267 条规定,如果提起派生诉讼的股东,其所持有的股份、表决权之信托证书或受益人利益所代表的股份在公司已发行的任何种类股份总额中不足 5%,且其市场价不到 5 万美元,则根据被告的请求和法庭的命令,有向法庭提供诉讼费用担保的义务。

③ 1969 年美国《标准公司法》规定,如果起诉股东所拥有的股份不超过公司未付清的股份中的 1‰的,或其股份价值不超过 25000 美元的,则应被告的请求和法庭的命令,起诉股东有提供担保的义务。

此种规定,实质上是将费用担保是否提供的权力交由法庭行使。① 因此,美国法律研究院的《ALI报告》第7.04条第(c)款从根本上拒绝使用费用担保的方法阻止"恶意股东诉讼",但这并不排除适用于所有诉讼的费用担保的规定,这一趋势值得我们注意。②

2. 以公司利益为中心的诉讼构造——特别诉讼委员会制度

关于公司在诉讼中的地位,美国法将公司作为名义被告来对待,如果董事会或股东大会不同意开始派生诉讼程序,公司是无法以原告身份出现的,这时将公司列为被告,目的是公司可因此受到法院判决的约束,并从中获得利益,但英美法的学者们也认为,在派生诉讼中将公司列为被告令人费解。毕竟,股东为公司利益而提起的派生诉讼中,股东所针对的对象是不法行为人而不是公司本身。不过,公司究竟以何种身份进入诉讼,并不是笔者要探讨的重点,值得我们关注的是美国法派生诉讼构造中以公司利益为中心的理念。美国法在承认股东有代位公司提起诉讼的权利的前提下,又通过一系列制度措施来保护公司的自主经营权,在恪守司法不干预公司内部事务的原则基础上保护中小股东等弱势群体的利益,在股东与公司、公司管理者三方利益冲突中寻求平衡。

为了维护公司利益,美国法创设了特别诉讼委员会制度。最初,特别诉讼委员会的权限主要体现在"正式请求规则"所要求的前置程序中,股东在提起派生诉讼之前首先应向公司提出诉讼请求"竭尽公司内部救济"。但如果给公司造成损失的行为与董事会半数以上的成员有利害关系,或者该行为本身与实际控制董事会的某些董事有利害关系,在这种情况下,董事会是否还能够代表公司公正地行使权力? 为解决这一问题,许多公司董事会采取临时设立一个由与给公司造成损失之行为没有任何利害关系的董事所组成的特别诉讼委员会(Special Litigation Committee, SLC),具体处理诉讼中的相关事宜。包括:调查事实真相;决定是否依照股东的诉讼请求提起诉讼;当股东的诉讼请求被免除时决定是否请求法院终止股东派生诉讼等。③

特别诉讼委员会的主要权限即以公司利益为出发点来决定是否终止股

---

① 张民安:《现代英美董事法律地位研究》,法律出版社2000年版,第517页。
② 《ALI报告》7.04(c):除非普遍适用于民事诉讼的成文法或司法规则另有规定,否则,不得收取保证金(bond)、承诺金(undertaking)或其他费用担保。
③ See, Dennis J. Block & H. Adam Prussin, Termination of Derivative Suits Against Directors on Business Judgment Grounds: From Zapata to Aronson, 1984, 39 Bus. Law, pp.1507—1510. 参见蔡元庆:《董事的经营责任研究》,法律出版社2006年版,第80页。

东派生诉讼,虽然该委员会的独立性值得怀疑或可能存在的"结构上的偏移"(Structural Bias)①,但却可以在一定程度上代表公司的声音,而不会使派生诉讼仅为原告股东和被告侵权人两方的"舞台",背离派生诉讼的初衷。因此,该制度在实践中得到不断发展及纠正。《ALI报告》第7.05条对特别诉讼委员会的权限作出了详细和系统的规定,特别诉讼委员会除了决定是否终止派生诉讼的权限外,还享有以下权利:请求法院中止诉讼;请求驳回不符合公司最佳利益的诉讼;反对严重影响公司利益的禁止令或其他救济;依公司的权利接收或提起诉讼;对原、被告的和解、撤诉、律师费及其他费用确定等行为发表意见或进行反对;特定情况下,无需原告同意寻求诉讼和解。② 根据该报告的建议,特别诉讼委员会的权限不仅是在前置程序中决定是否拒绝股东提起派生诉讼,而且是在整个诉讼程序中公司利益的代表者和维护者,拥有为了公司利益而向原、被告进行提出独立抗辩和请求的权利,可以说美国特别诉讼委员会制度为公司真正参与到诉讼提供了制度上的可能与保障。

3. 法院在股东派生诉讼中的权限

在当事人主义模式下,美国法院在民事诉讼构造中主要是被动的听审者,然而在股东派生诉讼制度中,法院却有着相当程度的自由裁量权,法院无论对于适格原告、诉因的认定,对于和解的审查和批准都表现得比较主动和严格。股东派生诉讼制度是国家司法权力调节干涉公司自治权的活动,一方面要强调司法监督的职能,另一方面也要防止公权力干预过度而影响公司的正常经营活动。所以,摆正法院在派生诉讼中的地位,确定其审查的范围——司法审查运作的界域是必要的。

美国法院的司法干预权限主要体现在对公司终止派生诉讼决定的审查程度上,对于公司尤其是特别诉讼委员会的决定,法院在多大程度上予以尊重,各州采取的态度并不相同。纽约州最高法院在 Auerbach v. Bennett 案③的判决认为,特别诉讼委员会的决定受到商业判断原则的保护,完全排除了法院的审查。而特拉华州最高法院对 Maldonado v. Zapata Corp. 案件④的

---

① 结构上的偏移,指董事会或特别诉讼委员会的成员,作为被告董事的同僚,在对是否提起派生诉讼一事做决定时,内心会无意识地存在一些偏袒被告董事的倾向。
② 参见楼建波等译:《公司治理原则:分析与建议》(下卷),法律出版2006年版,第639—645页。
③ 47 N. Y. 2d 619; 429 N. Y. S. 2d 920; 393 N. E. 2d 994 (N.Y. 1979)。
④ 430 A. 2d 779 (Del. 1981)。

判决则确立了两步骤审查方式,即不仅应从委员会的独立性、诚实性等方面进行审查,而且对该决定的合理性也有必要采取一定的方式加以审查。而《标准公司法》对法院是否应该审查这一问题上采取了否认的态度,但要求诉讼委员会对其决定不存在"结构上的偏移"承担举证责任。《ALI 报告》对法院的权限做了较为详细的建议,并采纳 Zapata 判决的两步骤模式,第一步对程序性要件的审查,防止董事会或特别诉讼委员会的决定产生"结构上的偏移"。第二步审查董事会或诉讼委员会作出决定时适用的实质要件,并区别注意义务和公平交易义务。对于前者,法院一般予以尊重;而对于后者,法院必须进行实质性审查。

此外,法院的司法审查范围还包括这样几个方面:对于原告代表公正性的审查,要防止恶意诉讼,法院有必要对原告代表的公正性予以审查;对于担保条件的审查,法院对此进行审查,作出是否要求原告提供诉讼担保的决定;对于诉讼和解的审查,未经法院审查认可的和解是无效的。

(二)德国股东派生诉讼制度——法院主导下的诉讼构造

与美国股东派生诉讼的悠久历史相比,德国的股东派生诉讼的确立较晚,虽然早在 19 世纪,就引起学者的讨论和关注,但仍被大多人认为"这类诉权在法政策上并不值得斟酌,盖如此一来,机关成员就会处于随时被起诉的危险或威胁之中,最终是销蚀其果断与冒险精神。"①受这种保守的态度影响,德国法虽有"特别审查"及"强制起诉"制度来保障少数股东对公司主张损害赔偿请求权的监督,但却一直未承认少数股东代位公司提起派生诉讼的权利,因此,无论后来的规则如何调整,降低门槛却始终无法取得预期的效果。直到 2005 年的"企业完整与撤销权现代化法(UMAG)"进行了全新的改革,该法及之后的《股份法》所做的进一步制度设计使股东直接掌握了追诉工具,正式引进股东派生诉讼制度。

与美国法股东派生诉讼制度较强的对抗性的当事人主义诉讼构造不同,德国的股东派生诉讼制度表现出强烈的职权主义色彩,是一种法院主导下的当事人双方互相制衡的构造模式,这也与德国民事诉讼构造相适应。

1. 法院在派生诉讼中的主导地位——诉讼许可程序

在引进股东派生诉讼之前,德国法中公司的损害赔偿请求权只能由董事会或监事会来担当,但这种方式"常会带来使损害赔偿制裁规定在实践中

---

① 〔德〕托马斯·莱塞尔著:"股份有限公司中的股东诉讼(Aktionärsklagen)"(2007 年),张学哲译,未刊稿。对于张学哲老师资料提供之帮助,特此致谢!

流于一纸空文的副作用,因为这两个机关成员间常因人际关系或者都卷入了违反义务行为中,从而不愿履行起诉对方的法定义务"①。考虑到这一因素,传统公司法在坚守公司的诉权只能由公司机关行使的原则基础上,作出了一系列变通规定,如符合一定条件的股东有权强制请求公司提起诉讼,并申请法院指定独立于董事会和监事会的代理人代理进行诉讼。② 此外,针对此类诉讼,法院可强制进行特别审查,审查"企业经营过程"。可见,针对公司机关不行使损害赔偿请求权而可能损害中小股东利益的问题,德国法一直以来的传统是通过法院的司法强制和干预来解决。

《德国股份法》所引进的股东派生诉讼制度仍然继承了这一传统,其设计的"诉讼许可程序",不同于大多数国家适用的股东请求公司自己提起诉讼的前置程序,而是具有实质审查内容的特许程序,"由法院来执掌司法上的预审查,以达到控制性的过滤作用"③。

所谓的诉讼许可程序是指符合法定条件的股东,不能直接向法院以个人名义主张公司的损害赔偿请求权,而是首先向法院提出"允许以自己名义主张公司损害赔偿请求权"的申请,然后再由法院根据法律规定对其申请进行审查,决定是否允许其起诉。④ 与美国法院的权限相比,德国法院的司法审查权限范围要广得多,法院不仅对原告股东的资格、是否"竭尽公司救济"、公司是否受到损害等事项审查,更重要的是法院要对诉讼是否符合公司利益进行审查,在公司利益和股东诉权之间进行价值衡量,可见,德国法院的司法审查权是一种实质的审查。

但诉讼许可程序并不必然导致股东派生诉讼程序的启动,如果法院通过审查准许了股东的诉讼许可申请,则该股东必须再次要求公司在合理期

---

① 〔德〕托马斯·莱塞尔著:"股份有限公司中的股东诉讼(Aktionärsklagen)"(2007年),张学哲译,未刊稿。
② 如1861年《德意志普通商法典》第223条规定,"公司针对公司设立人、董事会与监事会成员在公司设立阶段或在企业管理中的违反义务行为所享有的请求权,只要就此请求权之主张,股东大会已以简单多数决作出决定,或者股权比例已达公司注册资本(Grundkapitals)20%之少数股东要求主张时,则(公司)必须主张该请求权。出现此种情形时,少数股东可向商事法院(Handelsgericht)提出申请,要求为其指定独立于董事会与监事会的自己的代理人,并委任其来代理诉讼。"参见〔德〕托马斯·莱塞尔:"股份有限公司中的股东诉讼(Aktionärsklagen)"(2007年),张学哲译,未刊稿。
③ 参见〔德〕托马斯·莱塞尔:"股份有限公司中的股东诉讼(Aktionärsklagen)",(2007年),张学哲译,未刊稿。
④ 胡晓静:《德国股东派生诉讼制度评析》,载《当代法学》第21卷第2期(总第122期)。

限内自己通过诉讼主张损害赔偿请求权。如果公司仍然拒绝起诉,或者在股东设置的期限经过后仍没有起诉,则股东可以在法院决定生效后的3个月内向公司所在区的州地方法院以自己名义提起诉讼,诉讼结果由公司承担。①

2. 平等"对话"模式下,原、被告的利益平衡

(1)"股东论坛"——股东权利保护的桥梁

德国模式的派生诉讼,虽然不像美国的单独股东权,但对股东资格限制也较为宽松,即使如此,只要有了持股比例或者数额的最低限制,就需要股东联合起来共同行使权利,这在股权日益分散,股权结构也越来越具有国际化的资本市场态势下,也是一个不小的障碍和困难。为保护股东能够有效行使权利,修改后的《德国股份法》在第127a条作出了关于股东论坛的规定,即股东或者股东联合会可以在电子版联邦法律公报(elektronischer Bundesanzeiger)的股东论坛向其他股东发出请求,按照《德国股份法》的规定共同或者代理提出申请、请求或者在某一个股东大会上行使表决权。在股东会召集请求权(第122条)、特别审查(第142条第2款)和股东派生诉讼(第148条第2款)等情形下,都可以适用股东论坛的规定。② 通过利用现代信息科技建立股东之间联系的便捷渠道,便利股东之间的交流与沟通,使之能有效共同行使权利,不失为鼓励股东积极行使诉权的一项有效措施。

(2)被告防御之"甲胄"

由于德国法所特有的诉讼许可程序,有权进入到诉讼程序提起派生诉讼的股东已经一定程度上获得了法院的支持,因此,相对英美法的被告来说,德国法中被告败诉的风险更大一些,易导致一种天然的不平衡性。因此,德国法在诉讼许可程序即对原告股东资格、是否履行"竭尽内部救济"程序等由法院加以审查,被告在诉讼正式启动前即享有同原告平等对抗的"武器",原、被告的对话与信息交流早在诉讼许可程序就已经展开。

A. 股东资格的限制

首先,关于持股数量的限制。与美国股东派生诉讼提起权为单独股东权不同,德国法认为派生诉讼的提起权为少数股东权,只有那些持有1%股份或者持股数额达到10万欧元的股东才能请求法院允许其代公司主张损害赔偿请求权。规定持股比例和所持股份的数额,两者具备一个,即满足该

---

① 胡晓静:《德国股东派生诉讼制度评析》,载《当代法学》第21卷第2期(总第122期)。
② 参见杜景林,卢湛译:《德国股份法》,中国政法大学出版社2000年版,第121页。

股东资格的限定条件,这样的灵活规定,是考虑到了大型的上市公司和小型的非上市的股份有限公司之间的区别。股东可以根据公司规模的大小,选择对自己有利的条件。

其次,持股时间要件,即股东派生诉讼的原告必须在其起诉的不正当行为被公开之前已经持有股份。修改后的《德国股份法》第 148 条第 1 款第 2 句第 1 项规定,(提出诉讼许可申请的)股东要证明,其获得股票,是在其或者在全部继受的情况下其权利前手基于(信息)公开而获悉所宣称的义务违反或者损害(事实)之前①,这一规定与美国《ALI 报告》所规定的模式一致。

B. "竭尽内部救济"的程序要件

按照德国《股份法》第 148 条第 1 款第 2 句第 2 项的规定,提出诉讼许可申请的股东要证明,其已经徒劳地、并设定合适期限地向公司要求,(由公司)自己提起诉讼。② 与其他国家的一般通行做法不同的是,德国《股份法》将股东请求公司起诉的程序作为在诉讼许可程序中必须审查的一项条件,而不是作为前置程序中的唯一内容。

C. 商业判断规则

设置股东派生诉讼制度,目的并不是为了强化董事的责任,而是为了便利少数股东追究董事对公司的损害赔偿责任。因此,德国法引入了商业判断规则,打消董事对责任诉讼的顾虑,避免影响正常商业决策行为,平衡股东与董事之间的利益。修改后的《德国股份法》在第 93 条第 1 款第 1 句增加了这样的规定,"如果董事在作出一项企业决定时理智地认为,其是基于合理信息为了公司利益行为的,则不存在义务违反(Pflichtverletzung)。"在赋予少数股东派生诉讼提起权的同时,适用商业判断规则会在一定条件下免除董事责任,从而平衡双方利益。

(3) 公司利益的维护

美国法将平衡股东、公司、管理者之间利益的希望建立在赋予当事人各自武器的基础上,在当事人平等"对抗"的过程中使法院了解事实,作出公平的判断,以维护公司利益。与美国法不同,德国法对公司利益的保护,主要是依靠法院职权的主导和控制来平衡与裁量。虽然德国法在诉讼过程中并未赋予公司过多的权利,但是法院在维护公司利益上起了十分重要的作用,一方面,法院通过严格的诉讼许可程序,将不符合公司利益的诉讼彻底排除

---

① 参见杜景林,卢谌译:《德国股份法》,中国政法大学出版社 2000 年版,第 129 页。
② 同上。

在诉讼之外;另一方面,诉讼过程中,职权主义模式的诉讼构造使法院有极大的主导权来维护公司利益。

五、我国股东派生诉讼制度的完善——诉讼构造视角的重构

(一)当事人主义的诉讼构造

完善我国股东派生诉讼应在现有规则的框架下探讨。我国虽然引进了派生诉讼制度但却规定的过于原则和笼统,目前的问题是在现行诉讼构造的框架下,究竟需要哪些配套制度来充实和完善这一架构,以建立一个利益平衡的诉讼构造。根据前文分析,我们认为我国派生诉讼在审理阶段应构建以公司利益为中心、当事人主义为基础、司法适度干预的诉讼构造。

1. 原、被告的"平等武装"

建立当事人主义为基础的诉讼构造,旨在通过当事人平等的"对话"机制[①]来明辨是非、阐明争议焦点,解决纠纷。我国股东派生诉讼的一个主要问题就是原被告缺乏互动与交流,影响诉讼程序的实际意义和价值,难以实现保护中小股东、维护公司利益并尊重公司管理人合法权益的利益平衡的功能。因此,在制度设计上必须赋予原、被告双方同等对抗的"武器",增强诉讼的"对抗性"色彩。通过相关制度的完善,一方面锋利原告的进攻之剑,另一方面坚固被告之盾,通过原被告的积极对抗,维护各自利益,实现对利益冲突的平衡。

(1)赋予原告真正的进攻"武器"

"工欲善其事,必先利其器"。我国目前的立法过于害怕股东滥用诉权,而实际上,新《公司法》引进该制度以来,股东派生诉讼的实践却很少,成功的例子更是凤毛麟角。通过前面的分析我们可以看出,我国法律过于注重对原告的限制,而对于原告利益却未加考虑,其中的关键问题在于原告对诉讼无利益诉求,因派生诉讼而支付的费用和损失得不到补偿和赔偿。因此,我们认为应借鉴各国立法经验,规定原告的补偿制度。

A. 诉讼费用补偿制度

原告胜诉时,无论被告是否向公司支付实际利益,原告应有权请求公司

---

① 关于"对话"机制在诉讼构造中的价值,详见唐力:"对话与沟通:民事诉讼构造之法理分析",载《正义网》,http://www.jcrb.com/zywfiles/ca518358.htm。

就其为诉讼而支付的合理费用补偿,包括支付的必要费用和律师费等。而当原告败诉时,应区别原告是否恶意的情况,如果原告并非恶意且提起诉讼并非不符合公司利益的情况下,原告所支付的费用公司亦当补偿。这是因为,善意的原告毕竟为"公司利益"而为诉讼行为,正常的诉讼风险不应由股东个人承担,原告股东支付的合理费用公司应当补偿。

B. 特殊情况下的"直接受偿制度"

胜诉利益归于公司为派生诉讼的核心原则,但在特殊情况下,应赋予原告股东的直接受偿请求权。如当被告为多数股东且控制整个公司等情形,赔偿支付给公司导致利益实际上在被告之间分享,此时法院可根据实际情况裁决原告按比例直接受偿。①

C. 举证责任倒置

在股东派生诉讼中,由于公司的经营情况往往在管理者掌控之下,能证明被告违法行为的证据只掌握在被告手中,提起诉讼的中小股东很难取得。根据"控辩双方不得为对方提供进攻自己的武器"为内容的"公平游戏原则"(principle of fair play),要求被告自证其罪自然是不可能,因此我们认为,无论将股东的取证权利规定得如何完善,被告为维护自己利益还是会设置重重障碍,要彻底解决中小股东取证难的问题,应对某些事项的证明实行举证责任倒置,要求被告举证。

相信通过以上几项权利保障制度,原告股东在维护公司利益的同时,自身利益也可以得到维护,"利他"但并不"损己",确保中小股东拥有真正的权利保障"武器"来对抗被告的侵犯,维护公司利益。

(2) 坚固被告的防御之盾

"平等武装"的理念要求,应赋予原、被告同等力量的对抗武器,因此在增强了原告股东的进攻之势情况下,被告的防御自然应加强,尤其是针对我国目前被告的隔靴搔痒的抗辩模式,完善被告的防御之盾十分必要。参照

---

① 在美国,某些情况下,法院可以直接根据原告股东持股比例判令被告将赔偿付给原告,而不是将赔偿付给公司,这些情况包括:(1) 如果被告还是多数股东且控制整个公司时,此时赔偿付给公司,无异使被告获益;(2) 大部分股东是作为诉因的违法行为的教唆者或帮助者时,此时赔偿付给公司也等于是使违法行为者获益;(3) 大部分股东是无资格起诉的股东,例如诉后才取得股票的股东,这些股东实际上并未因被告的违法行为遭受损害,赔偿付给公司等于使这批股东额外获利;(4) 如果原公司因合并而消灭,则赔偿应该直接付给原公司的股东,否则合并后存续公司的股东将获得不当得利。

参见复旦大学、大鹏证券联合课题组:"上市公司民事赔偿与股东代表诉讼制度研究",载《人民报》2001 年 8 月 31 日, http://www.people.com.cn/GB/jinji/35/159/20010831/548633.html。

各国的立法经验,被告可拥有的防御武器主要有"原告资格的限制","前置程序","诉讼费用担保制度"等,根据前面阐述的动态平衡理论,这些制度"因子"必须有机结合、相互协调、相互配合,形成一个动态平衡、和谐统一的整体。

A. 原告资格限制的完善

现行规定对原告资格虽有限制,却仍不能起到遏制恶意诉讼的目的,要求股东持股比例达到1%的规定较易实现,与毫无限制相比,抑制作用不大。同样,限制持股时间,一定程度上可以防止恶意股东通过暂时购买股票来干扰诉讼,然而待法定期间经过股东即可取得诉权,仍然无法解决通过事后取得股票提起诉讼的诉权滥用问题。此外,对有限责任公司的股东资格毫无限制,亦不合理。因此,我们认为应借鉴美国法的经验,确立"同时所有规则",要求提起诉讼的股东资格在违法行为发生时即取得,因为违法行为后取得资格的股东一方面对公司当时情况并不了解,另一方面自身未受损害无利益诉求。除了"同时所有规则"外,因派生诉讼的代位性和代表性特征,原告还应满足"持续持有股份"规则的要求,从而保证能够"公平、公正、充分地代表公司利益"。

B. 商业判断规则的引入

我国派生诉讼制度虽然规定了前置程序,然而却未引入商业判断规则,导致我国的前置程序仅是程序性的规定,实际上无法构成对股东恶意诉讼的阻却作用。可以说,没有商业判断规则的前置程序毫无实际价值,因此,在派生诉讼中商业判断规则的引入十分必要。[①]

至于如何借鉴和移植这一规则,产生于判例法体系下的派生诉讼制度,在成文法体系内可否适用,德国的做法不能不说为我们带来了信心和启发。商业判断规则作为法官自由裁量权的体现,是寻求公司管理者广泛的经营管理权和股东监控权之间平衡的规则,是司法审查权与公司自治冲突,股东、公司和管理者利益冲突等多个问题的平衡点。

商业判断规则在派生诉讼中发挥着十分重要的作用。一方面,公司可

[①] 对此,亦有不同意见认为"如果适用商业判断规则,要求我国法院在董事会拒绝起诉,双方发生争议时,能够准确地判断商业判断规则的适用是否恰当并作出裁决,显然十分困难。"但我们认为,相比该制度取得积极意义而言,以法院不能胜任为理由而否认引进该制度显然不具有说服力。面对困难的态度应当是探讨如何通过制度的构建来解决问题,而不是消极的逃避。参见朱静秋:"股东派生诉讼前置程序探析",载中国优秀硕士学位论文全文数据库,CNKI:CDMD:2. 2007. 126436。

根据该规则请求法院拒绝对股东派生诉讼的司法审查，维护公司自治权，防止司法权任意侵害公司经营自由；另一方面，法院可根据该规则免除无过错董事等管理者的赔偿责任，尊重管理者的正当经营判断，保障管理人员积极履行职责，以免影响公司的经营活力。

对于前者，关键问题是谁来代表公司做出判断，提出排除司法审查的主张。根据我国的实际情况，我们认为应在股东提出正式请求时，成立由无利害关系的、独立的董事、监事、独立董事及公司公司员工代表以及第三人等人组成的委员会①，委员会的成员应与涉讼事项无利益关联，能够公正无偏私地作出判断。其中公司以外的第三人可以是有相关能力的律师和会计师等，针对国有企业的派生诉讼还应包括主管的国有资产监管机关负责人。如果该委员会经过审慎判断认为诉讼不应提起，法院应通过调查、质证决定是否可适用商业判断规则驳回原告的诉讼请求。对于法院审查应是实质审查还是程序审查，根据我国民事诉讼模式及我国司法权的特征，笔者认为应采适当的实质审查，即不仅要审查委员会的独立性，还要对其理由进行判断，由法院平衡各方的利益冲突。

C. 诉讼费用担保制度

修订后的我国《公司法》第 22 条第 3 款规定了费用担保制度，即股东在因股东会或者股东大会、董事会的会议召集程序、表决方式违反法律、法规或者公司章程，或者决议内容违反公司章程而提起撤销之诉时，人民法院可以应公司的请求，要求股东提供相应的担保。这只规定了直接诉讼中原告的诉讼费用担保制度，而没有规定派生诉讼中的股东费用担保。

为维护被告利益，避免受恶意股东滥用诉权的侵害，应建立诉讼费用担保制度。但该制度的运用应严格限制，毕竟我国目前的现实情况是需要鼓励股东诉讼，过高的费用担保无疑不利于小股东诉权的保护。因此，费用担保应只对恶意股东才可适用，且由被告举证证明原告的恶意。而对善意的股东，则不应以此限制诉权的行使。

总之，加强被告保护的防御措施，强化诉讼构造的对抗性色彩，需要上述各个制度的协调。根据动态平衡论的观点，在防御派生诉讼这一系统下，"股东资格限制"、"前置程序"、"商业判断规则"、"费用担保制度"作为构成该系统的主要因素，在制度构建和安排时应力求各因素的满足度达至一

---

① 究竟委员会应由哪些成员组成，成员人数为多少才合适，是一个十分复杂的问题，需要更多的实证考察来衡量、判定。

个动态的平衡。我国虽然采少数股东权主义,但对股东的资格限制较松,那么就需要"前置程序"这一因素的满足度高一些,即引入"商业判断规则"保护被告利益,但即使前三个因素均加以考虑,在面对恶意股东的情势下,被告利益仍有被侵害的危险,此时的"费用担保制度"则起到重要的权益保障作用。可见,运用动态平衡理论的观点,对现行制度进行完善和补充,将会构建一套动态平衡的被告防御体系。

(二)以公司为核心的诉讼构造——特殊诉讼委员会制度

完善我国股东派生诉讼制度应构建以公司为核心的诉讼构造,首先要明确派生诉讼以公司利益为中心的理念,并搭建具体制度以实现该理念,构建以公司为核心的诉讼构造,其中的关键即引入"特别诉讼委员会"制度。

公司利益为中心应贯穿在派生诉讼的整个过程中,在起诉之前、立案阶段,通过设立"诉讼委员会"对股东提起的派生诉讼请求进行调查分析,作出是否符合公司利益的判断,决定提起或拒绝派生诉讼的请求。在诉讼阶段,诉讼委员会除了可以依商业判断规则主张终止派生诉讼,还可以代表公司利益行使公司在诉讼中的一切权利,如请求中止诉讼,对原告的撤诉、双方和解、法院的调解等发表意见等。此外,建立公司利益为中心的构造,除了前面所提到的引入商业判断规则,规定公司在诉讼中的一系列权利义务等之外,更重要的是确定代表公司声音,作出真正有利于公司利益的意思表示的主体,因此,建立诉讼委员会制度势在必行,也是股东派生诉讼以公司利益为核心的最终体现。

(三)法院在派生诉讼中的权限

在当事人主义模式下,法院在民事诉讼构造中主要是被动的听审者,然而在股东派生诉讼制度中,法院应有相当程度的自由裁量权。法院的自由裁量权一方面体现在对于适格原告、诉因的认定,另一个重要方面即对于和解的审查和批准。

一般认为,和解协议存在对公司和股东造成损害的高度危险性。所以,在美国,股东派生诉讼未经法院批准并按其指定的方式将拟定的和解或者撤诉方案通知其他股东,原告股东不得撤诉或与被告达成和解协议。美国《联邦民事诉讼规则》规定,代表诉讼双方当事人就诉讼达成和解协议时必须取得法庭的批准。美国《模范公司法》第7.45条规定,未经法院批准,不可终止与和解一项股东派生诉讼,如果法院认为,有关终止与和解一项股东派生诉讼的提议,将在很大程度上影响美国国内公司全体股东和特定类别股东的利益,则法院应向会受此影响的股东直接发出通知。

我们认为,股东派生诉讼中,法院不能仅为中立的裁判者,而应有适当的自由裁量权,对于和解、撤诉要进行严格的审查。进行和解、调解,应当经全体股东同意,并不违反法律、法规及公司章程,不损害第三人利益,法院方可准许。

六、结语

我国股东派生诉讼制度的构建虽然历经多年的艰难探讨历程,但却缺乏诉讼实践土壤,在公司法理论中,股东派生诉讼制度虽然已经成为一个"老生常谈"的话题。然而,纵观我国股东派生诉讼制度的研究历程,从起初对外国制度及理论介绍、我国实践土壤的分析,到正式确立该制度后,对某些制度和规则的讨论,大多局限于具体制度的利弊得失判断。即使较为深刻的探讨,从公司治理结构、公司与管理者利益冲突等角度以求各方利益的平衡与协调,但又往往忽视对程序架构的把握,导致制度设计缺乏可操作性。

此次,对北京市法院系统的股东派生诉讼案件的实证研究,并没有大量的可供分析的样本,仅有的几个案例反映的问题并不能说明我国派生诉讼司法实践的状况。样本缺乏本身,就反映了最关键也最重要的问题,即派生诉讼为何在我国《公司法》实施两年多来未产生预期的效果,更值得我们探讨和关注。对此,本章尝试跳出拘束于具体制度的规定和完善之框架,试从诉讼构造的整体角度来俯视我国现行规则下的股东派生诉讼,以期找寻其在诉讼实践中未取得预期效果的原因。

诉讼构造果然为我们的研究提供了一个崭新的视角,申言之,由于规定过于笼统及相关制度的缺失,我国目前的股东派生诉讼构造是一种缺乏"对抗性"、当事人诉讼地位不够明确、各方利益难能平衡的"无可诉性"的诉讼构造,诉讼程序流于形式。这一研究充分解释了为何我国的派生诉讼实践发展缓慢,股东权利无法得到救济。

相比而言,无论是以对抗性为特点、当事人主义为核心的美国模式,还是具有强烈职权主义色彩的德国模式,均自成体系,通过各个制度相互协调与搭建形成了各自独立的诉讼构造。在体系内,各制度"因子"相互配合、相互制约、此消彼长,形成了动态平衡的完美系统,保证派生诉讼的长足发展。

因此,完善我国的股东派生诉讼制度的首要任务就是明确应建立怎样的诉讼构造。笔者认为,根据诉讼构造理论和公司法的利益平衡理念,借鉴各国的先进经验,我国的股东派生诉讼应构建一个"以当事人主义为基础,以公司利益为核心,司法适度干预"的纵向的、动态平衡的诉讼构造,以真正实现股东、董事、公司各方利益的平衡。

第十四章　公司司法解散诉讼问题研究

我国《公司法》在2005年新修订以来,北京市法院系统受理了多起股东起诉要求解散公司的案件,此类案件由于法律规定较为概括、可操作性差,已经成为《公司法》修订后审理难度较大的一类新案件。赋予股东解散公司的请求权,由司法强制解散公司,是一种以公权力为主导的司法干预制度,其目的是通过司法权的介入,强制公司解散,以保护在公司中受压制的小股东和公司债权人的利益。[①] 我国修订后的《公司法》以条文化的形式确定了公司司法解散制度,这使得中小股东在公司继续存续会遭受巨大损失时取得了依靠司法途径退出公司的最后机会,不能不谓是我国公司法顺应经济形势发展的一大进步。然而此条规定的内容过于原则化,在司法实践当中显得缺乏可操作性,而纵观整部《公司法》,与之相呼应的法条也寥寥无几。如何从程序和实体上恰当地规范诉讼进程,成为理论和实践都亟待解决的问题。本章结合北京市法院系统审理的此类案件以及新出台的《公司法》司法解释,针对实践中此类案件争议较多的几个重点问题加以分析,以期对公司司法解散案件的审判实务提供一些参考意见。

---

① 江平、李国光主编:《最新公司法案例评析》,人民法院出版社2006年版,第591页。

一、诉讼主体

公司司法解散诉讼首先要解决诉讼主体问题,即原告的资格及被告、第三人的确定。以下分述之。

(一) 原告

修订后的我国《公司法》第183条规定:"公司经营管理发生严重困难,继续存续会使股东利益受到重大损失,通过其他途径不能解决的,持有公司全部股东表决权百分之十以上的股东,可以请求人民法院解散公司"。依据此条规定,只要是持有公司10%以上表决权股份的股东,都有权利向法院诉请解散所在的公司。对于单独持有表决权不足10%的,只要两个或者两个以上股东的股份表决权累计超过10%,起诉时就应当视为"公司全部股东表决权百分之十以上"。当然,在整个诉讼过程当中,股东都应当保持其所持有公司股份份额而不应转让或出售,否则法院就应以主体不适格驳回其起诉。

另外,如果公司章程中明确约定了"持有公司全部股东表决权低于百分之十的股东,有权在特定事由发生时请求人民法院解散公司",原告基于此种规定起诉的,人民法院是否应当受理?从法理学的角度分析,法律规范按照强制性程度的不同,可以分为强制性规范和任意性规范。强制性规范的义务性要求十分明确,而且必须履行,不允许人们以任何方式加以变更或违反;而任意性规范,就是允许法律关系参加者自行确定其权利和义务的法律规范。公司章程是公司内部契约,是当事人就公司重大事项的预想,根据实际情况通过多轮反复协商达成的实现其利益最大化的妥协,包含着决定公司今后发展方向和权利分配等重大事项,有理由得到尊重。[①]

本书认为,我国《公司法》第183条的规定并非强制性规范而是任意性规范,赋予"持有公司全部股东表决权百分之十以上的股东"以请求人民法院解散公司的权利是在公司章程并无规定的情况下应当遵照的,如果公司章程中对于提起公司司法解散之诉的股东持股比例作出了低于"表决权百分之十"的特别规定,应当视为约定有效,法院应当受理。这样更加符合股

[①] 李国光、王闯:"审理公司诉讼案件的若干问题(1)——贯彻实施修订后的公司法的司法思考",转载自 http://www.tz-law.com/decipher/explain/exp06022001.htm。

东在制订公司章程时对于各股东所持股份比例所形成的利害关系作出预先制约的本意,这样的约定着眼点在于保护持股比例较低的中小股东的利益,赋予他们在公司继续存续没有任何意义的情况下退出公司的最后保障。

于 2005 年 7 月新修订的《日本公司法典》第 833 条亦规定提起公司司法解散之诉的原告为"持有全体股东(就全部可在股东大会作出决议的事项不得行使表决权的股东除外)表决权的十分之一(公司章程的规定低于此比例时,为其比例)"[①],这样尊重公司股东之间自由约定的规定实值借鉴。

(二) 被告

由于我国《公司法》第 183 条没有明确列出公司司法解散之诉的被告,因此相对于原告而言,被告具体由谁来充当似乎具有较大的争议,确定被告方是此类案件首先必须解决的问题。

有学者认为,在公司司法解散之诉中,被告应该是公司的其他股东。该观点的理论基础在于公司契约理论,即公司是一组合同的联结,股东提起解散公司的诉讼,相当于请求解除股东之间设立公司的合同及共同订立的章程,属于变更股东间合同关系的诉讼。因此,诉请解散公司的被告应当是其他股东。

另一种观点认为被告应当是公司,理由是公司解散之诉通常是股东之间存在矛盾的结果,但其他股东的压制行为多是以公司名义做出,而且如果原告胜诉,要直接承担法律后果的是公司。因此公司解散之诉的被告应为公司,其他股东因判决结果同他们有法律上的利害关系,因此应当为无独立请求权的第三人。

而第三种观点则介乎于前两种观点之间,上海高级人民法院在《关于审理涉及公司诉讼案件若干问题的处理意见》中认为,公司解散之诉"被告应为公司,同时应列控制股东为共同被告或者第三人;当事人未列入的,应告知其追加"。[②]

笔者认为,公司司法解散之诉的被告应当是可能被法院判决解散的公司,而非该公司的其他股东,理由如下:

第一,按照诉讼法原理,原告之所以对被告提起"诉",是因为诉和诉讼标的中有关实体(法)上的地位或效果存在于原告和被告之间,所以诉也是

---

① 崔延花译:《日本公司法典》,中国政法大学出版社 2006 年版,第 417 页。
② 详见上海高级人民法院《关于审理涉及公司诉讼案件若干问题的处理意见(三)》第(七)条;相似的观点还有朱杰:"公司僵局司法救济初探",载《人民法院报》2006 年 5 月 24 日。

原告针对被告所为的。① 原告想要达到的诉讼目的以及公司司法解散的法律效果均直接作用于公司本身——公司法律人格面临消灭而进入清算状态，其他股东不需为此承受直接的法律效果，而仅仅需要配合清算程序和按出资比例或股权比例收回出资。因此，公司应当作为诉讼效果的直接承受者而成为被告。

第二，公司在理论上的确可以视为股东之间设立公司时所达成数个协议的结合体，但是公司契约理论并不能否定公司人格的独立性。公司契约理论的确为分析公司的自治性和研究公司的形态提供了新的视角，但是如果将这种理论推演到确定公司司法解散之诉的被告当中，就会出现因过分强调股东个人而混淆了此类诉讼的真正目的和效果。公司一旦取得股东的出资并在工商机关注册登记，其便获得了独立于股东而存在的法律人格，能够以自己的名义享有权利并承担义务，因此当然也应该作为公司司法解散之诉的被告参与诉讼程序。而股东之间共同出资设立公司的协议在公司成立之时已经履行完毕，不存在解除的问题。②

第三，从公司司法解散之诉的性质来看，解散公司的诉讼是形成之诉范畴当中的变更之诉，其诉讼标的是变更某个民事法律关系的诉讼请求。③ 公司是各种法律关系交织而成的综合体，解散公司意味着既有公司法律关系的全部终止，公司丧失从事生产经营活动的权利能力和行为能力，而转化为清算法人。这与解除合同性质的诉讼请求类似，只不过公司解散所解除的不是某一个法律关系，而是与公司组织体相关的全部法律关系④，公司在这当中作为各种法律关系的联结点出现，所以，此类诉讼的被告应当是公司。

第四，还有些支持公司司法解散之诉被告为股东的理论认为原告是因为受大股东的"压迫"或者强制而利益遭受损害，因此主张解散公司之时会将矛头指向这部分股东。然而这种观点忽略了股东之间的私人强制只能是通过公司权力或是公司机关表现出来的强制⑤，并以公司名义做出的，大股东仅凭其自身的股东身份无法对中小股东施加这种影响。而且，随着股权

---

① 邵明："论民事之诉及提起诉的条件"，载中国民商法网：http://www.civillaw.com.cn/weizhang/default.asp?id=9450。
② 刘敏："关于股东请求解散公司之诉若干问题的思考"，载《法律适用》2006年10月。
③ 邵明："诉讼标的论"，载北大信息网：http://article.chinalawinfo.com/article/user/article_display.asp?ArticleID=24167。
④ 参见赵旭东："公司僵局的司法救济"，载《人民法院报》2002年2月8日理论专版。
⑤ 范君："如何确定公司解散诉讼的被告"，载北京市高级人民法院商事审判网。

分散化程度的逐渐提高,公司控制权利之争将逐渐远离控股权[①],而转变到通过"投资关系、协议或者其他安排"等而对公司享有的"实际支配力"上[②],如果仅仅将公司其他股东列为被告,则丧失了阻止"实际控制人"或"事实股东"利用自己对公司的实际支配力而造成公司僵局的局面或侵害其他股东利益的机会。因此,即使是控制股东或"实际控制人"对其他股东实行私人强制而导致股东提起解散公司之诉,也应以公司为被告,通过解散公司来彻底结束公司僵局或无法正常经营而损害股东利益之局面。

此外,假设公司司法解散之诉的被告为公司的其他股东,那么就不得不考虑诉讼技术因素和诉讼成本问题。如果涉诉的是由两三名股东成立的有限责任公司尚且容易操作,假如该有限责任公司有三四十名股东或者原告是股份有限公司[③]的股东,那么在起诉时列举被告将会非常不方便甚至难以操作。

虽然我国《民事诉讼法》对于共同诉讼作出了规定,但从公司司法解散的法律成因上推断作为被告的众多股东推选诉讼代表人的可行性甚小。公司解散诉讼大多是公司僵局引致的,所谓"公司僵局"是指因股东之间、公司董事等高级管理人员之间出现难以调和的利益冲突与矛盾,导致公司运行机制失灵,公司事务处于瘫痪,无法形成有效的经营决策的状态。[④] 在这种情况下如果需要处于僵持或对抗状态的众股东按照《民事诉讼法》第 54 条的规定"推选代表人进行诉讼"恐怕是几乎不可能的事。如果众多作为被告的股东不推选代表人进行诉讼,则被告方当事人人数之众、进行送达之困难、审理程序之繁琐以及制作判决文书之耗时都显示了需要耗费高昂的诉讼成本,这种成本已经不仅仅是对于诉讼双方而言,将会是消耗整个社会的诉讼成本。这种情况显然已经超出了法律设立该制度的初衷——使得陷入

---

① 叶林:"公司控制股东、实际控制人和高管人员的法定义务和法律责任",载《新公司法修订研究报告》(上册),中国法制出版社,第 351 页。

② 我国《公司法》第 217 条的规定正是这种趋势的印证:"实际控制人,是指虽不是公司的股东,但通过投资关系、协议或者其他安排,能够实际支配公司行为的人"。

③ 虽然从理论上讲,公司解散之诉发生在股份有限公司的可能性比较小,因为股份有限公司最大的特点就是股份的流通性较强,一旦股东认为公司的经营存在问题或者公司僵局出现可能对其自身的利益造成影响,就可以选择转让股份的方式退出公司,"用脚投票"来解救自己;但是由于我国《公司法》第 183 条的规定能够并未区分有限责任公司和股份有限公司,因此不能排除股份有限公司股东提起公司司法解散之诉的可能性。

④ 梁上上:"公司僵局案的法律困境与路径选择——以新旧公司法对公司僵局的规范为中心展开",载《浙江社会科学》2006 年第 2 期。

僵局的公司在司法权的介入下归于解散,便于"期待利益"落空的小股东收回自己的出资,顺利退出公司。

最后,确定公司司法解散之诉的被告为公司还有能够使得可能被解散的公司以举证申辩其还可以继续经营,并没有达到非要解散不可的程度。被判决解散对于公司来说,无疑宣告着其法律人格将消灭,公司创立和发展过程中逐步积累起来的生产资本、成功拓展的营销渠道、业已确立的产品信誉以及精心聚集的人力资源,都将因公司的这种非自愿解散而付诸东流,因此就像对待即将判处死刑的犯罪嫌疑人一样,必须要给其为自己辩护的机会。如果由公司的其他股东来充当被告,则其未必能够提供公司充分翔实的销售凭证、年检报告、财务报表等反映公司运营情况以及召开了股东(大)会或董事会以及达成了决议的证据来对抗原告解散公司的诉讼请求,将会造成对于公司实际经营状况不能充分举证,很可能导致判决结果所认定的事实不够全面。

总之,通观各大陆法系及英美法系代表性国家的公司法立法例,《日本公司法典》第834条第20款①,《德国有限责任公司法》第61条均规定解散之诉应以公司为被告,美国《标准商事公司法》第14.31节亦明确"股东不必作为解散公司程序的当事人,除非针对股东个人寻求救济",我国均可加以借鉴,实无突破各国成熟立法例而独树一帜的必要。《最高人民法院关于适用〈中华人民共和国公司法〉若干问题的规定(二)》(以下简称《公司法司法解释二》)第4条的规定"股东提起解散公司诉讼应当以公司为被告"事实上也采纳了上述成熟的立法例。

(三)公司其他股东的诉讼地位

公司的其他股东不应作为被告参加诉讼,但是可以将其列为无独立请求权的第三人,这是因为案件的判决结果与其有法律上的利害关系,而且其他股东参加诉讼可以助于法官更全面清楚地了解案情。如果其他股东也提起解散公司之诉,则他应与原告列为共同原告,类似于必要共同诉讼的共同原告,因为他们之间对诉讼的标的存在着共同的利害关系。② 法院对他们的起诉应当合并处理,统一判决,防止冲突判决的发生。

另外,由于解散公司将会使公司遭受毁灭性打击,为了尽量避免公司解散的后果,法院应当在受理股东提起的解散公司之诉之后,尽可能采取在法

---

① 吴建斌、刘惠明、李涛合译:《日本公司法典》,中国法制出版社2006年版,第438页。
② 钱卫清著:《公司诉讼司法救济方式》,人民法院出版社2006年版,第113页。

官调解下,以公司其他股东受让股份的方式解决争端①,因此将其他股东列为无独立请求权的第三人也具有了更为实际的意义。《公司法司法解释二》第 4 条规定:"股东提起解散公司诉讼应当以公司为被告。原告以其他股东为被告一并提起诉讼的,人民法院应当告知原告将其他股东变更为第三人;原告坚持不予变更的,人民法院应当驳回原告对其他股东的起诉。原告提起解散公司诉讼应当告知其他股东,或者由人民法院通知其参加诉讼。其他股东或者有关利害关系人申请以共同原告或者第三人身份参加诉讼的,人民法院应予准许"。这一规定明确了其他股东参与诉讼的地位问题,但基于股东人数的众多性和诉讼的有限性,在其他股东参与诉讼问题上仍然存在理论和实践上的难点,即是否每案都需要其他股东全部参与诉讼。我们认为,在这一问题上要把握以下原则:(1) 不是所有的其他股东均必须参与诉讼。按照我国公司法的规定,有限责任公司的股东人数以 50 人为上限,并且这其中很多股东只是挂名股东,并不享有实际的权利义务,而且现代社会经济和通讯的发展往往造成股东比较分散的局面,因此从诉讼成本角度分析,每个股东都参与诉讼不仅不必要,并且可能导致讼诉过程被延长,反而影响纠纷的解决;(2) 控制股东必须参加诉讼。因为公司僵局大多由于控制股东压制中小股东引起,起诉的股东可能与控制股东有利益冲突或矛盾关系,要求控制股东参加诉讼会利于查明事实,保障诉讼的进行。

二、受理程序

(一) 案件受理费的收费标准

1. 案件受理费的性质及收取标准

由于我国《民事诉讼法》和《公司法》、《公司法司法解释二》均没有专门规定,实践中公司司法解散案件的受理费并没有明确的收取标准,目前对于此类案件的收费标准有两种意见:(1) 以公司注册资本为诉讼标的,参照一般财产类案件的收费比例收取;(2) 参照股东代表诉讼等类型案件收取诉讼费,即每件收取一定的固定数额。

要制定公司司法解散之诉案件受理费的收取标准,就应当分析民事诉

---

① 刘敏:"关于股东请求解散公司之诉若干问题的思考",载《法律适用》2006 年第 10 期,第 60 页。

讼费用的性质以及确定其标准。民事诉讼费用是指当事人进行民事诉讼依法应当交纳和支付的费用,其在学理上可分为"裁判费用"和"当事人费用"两种,前者是法院所谓的行为所需要的费用,包括案件受理费(也称申请手续费)及受理费以外的费用。① 民事诉讼费用具有"国家规费"的属性,这是因为法院在民事诉讼程序中实施的审判行为,是国家对于纷争当事人的特别服务,就此费用的支出,各国立法对民事诉讼裁判费用皆采取有偿主义。确定裁判费用的征收标准则必须考虑到裁判费用的性质、案件为诉讼案件还是非讼事件、为财产案件还是非财产案件等因素。财产性案件是指当事人争议的权利义务关系具有一定物质内容或者直接体现某种经济利益,其案件受理费以诉讼标的金额或价额作为征收的依据;非财产性案件是指争议的民事权利义务与争议主体的人格、身份不分离的案件,通常是指各种人身关系的案件。非财产案件受理费在最高人民法院颁布的《人民法院诉讼收费办法》规定的收费幅度内按件计征,涉及财产的部分或有争议金额的按财产案件的收费标准交纳或者另行规定收费标准。②

2. 公司解散纠纷应该采取怎样的收取标准

日本法院曾就公司类诉讼案件的收费标准产生过分歧,但是最后仍确定了固定金额的收费标准,这一过程是以一判例确定下来的:日本经济泡沫破灭以后股价下跌,日兴证券股份有限公司向大户填补损失 470 亿日元,其他股东对此提起代表诉讼,请求法院判决公司董事向公司归还 470 亿日元的填补金额,股东在诉状上贴了 8200 日元的印花作为诉讼费,但负责一审的东京地方法院以少缴 2 亿多日元诉讼费为由,驳回原告的诉讼请求,但东京高等法院裁定诉讼费就是 8200 日元,将案件发回一审法院。到 1993 年,日本商法典果然将股东代表诉讼的标的作为非财产处理,诉讼费统一规定为 8200 日元。③

本书认为,我国公司法的配套司法解释亦应当规定包括股东代表诉讼、公司司法解散诉讼等在内的公司类案件的诉讼费用有一个固定的额度并且按件收取,而并非按照诉讼标的或者公司注册资金作为标准收费,原因在

---

① 见我国《民事诉讼法》第 107 条。

② 肖建国:"论民事诉讼费用的性质及其征收标准",载《依法治国与司法公正》,上海社科院出版社 2000 年版,转载于中国民商法网 http://www.civillaw.com.cn/weizhang/default.asp?id=9228。

③ 吴建斌、刘惠明、李涛合译:《日本公司法典》,中国法制出版社 2006 年版,第 23 页。

于：公司解散之诉为变更之诉，应该有区别于一般财产类案件（给付之诉）和离婚、侵权等非财产案件（确认之诉）的特殊收费标准。普通财产类案件即给付之诉根据诉讼标的额收取受理费的"合理性及正当性在于利用者负担的原理或逻辑"，即当民事诉讼程序利于程序利用者——当事人的立场，并能够真正满足当事人的利益和需要时，当事人就会主动地负担审判行为的费用，一般来说，案件标的额越大，审理的周期就越长，司法资源投入也越多[①]，由此可以推定当事人享受的司法服务越多，当事人在诉讼程序中获得的个人利益越大，所以相应增加利用者的负担是有合理性的。

而公司司法解散诉讼属于变更之诉，此类案件系股东请求变更（消灭）其与公司之间投资与被投资关系的诉讼，原告一般并不主张公司向其支付特定的金额，亦并不能直接从诉讼结果中直接获取经济利益。因此对于公司司法解散案件的受理费，应当有区别于一般财产案件的收费标准，实践中可以考虑参照日本的相关做法，对此类案件的受理费做出统一数额的规定。然而，即便是在具体司法解释没有对此问题作出具体规定以前按照《诉讼费用交纳办法》第13条中"其他非财产案件每件交纳50元至100元"的规定收费，也不宜简单认为公司司法解散的案件是一般的非财产类案件，而应该认识到其既具有与一般财产类案件相似之处即与争议公司的法人格存续密切相关，却又因为法人的人格是法律所拟制的，因此与自然人有很大的不同而具有特别之处。另外，审理公司司法解散的案件，还可能需要法官付出区别于审理侵害姓名权、名称权、肖像权、名誉权、荣誉权案件等其他非财产案件的精力，对双方提供的证据进行认定以判断公司纠纷是否已经到了必须依靠解散才能解决之地步，并且应该尽可能地在原告与其他股东之间进行调解以避免解散公司；另外，法院一旦判决公司解散，则一个拥有自己独立经济和法律地位的组织实体就面临清算并且归于消灭，这不仅仅和股东利益密切关联，还与公司债权人、公司职工等"利益相关人"息息相关。

我国最高人民法院民二庭宋晓明庭长2007年5月在全国法院民商事审判工作会议上的总结讲话中提到，解散公司诉讼案件受理费按照非财产案件标准收取。《公司法司法解释二》（送审稿及说明）中提到两种收费标准的意见：一种是依照财产案件收费标准、按公司注册资本收取；另一种是按照非财产案件每件收取50元至100元。但在《公司法司法解释二》中，该

[①] 〔日〕棚濑孝雄：《纠纷和解决与审判制度》，王亚新译，中国政法大学出版社1994年版，第286—287页。

问题尚未确定。目前司法实践中,大部分法院采取了按照非财产案件每件交纳 50 元至 100 元的做法。

(二) 限制滥用诉权的措施

如前所述,公司司法解散之诉不能够按照公司的财产总额为基数收取一定比例的案件受理费,而应该建立统一的收费金额标准,但这会造成股东向法院诉请解散公司成本过于"低廉"的客观效果,在一定程度上也可能会引起部分股东滥用该诉讼权利,随意向法院起诉要求解散公司的情况。为了防止诉权的滥用,世界各国的立法例一般通过以下诉讼担保制度来"迫使"股东审慎提起公司司法解散之诉,并且在恶意诉讼的情况下能够使得其承担相应的赔偿责任,这些措施可以为我国法院在立案审查时所采用。

诉讼担保是指法院在受理案件之前或诉讼过程中应被告的请求要求原告提供一笔资金或财产,以在原告败诉的情况下对因诉讼产生的费用及可能给被告造成的损害进行担保的制度。

为了防止恶意公司解散诉讼的发生,我国可建立类似日本公司法上的恶意诉讼预防机制[1],即当股东提起解散公司之诉后,该公司可以请求法院命令原告提供相当的担保[2],不过在提出担保请求时,公司要说明股东提起解散之诉是出于恶意;当法院判决原告败诉,如果在诉讼过程中有证据证明原告存在恶意或重大过失,法院可以判决原告对其恶意诉讼给公司造成的各种损失承担(连带)赔偿责任。这里所谓的恶意指的是被告要证明原告明知道所提起的诉讼没有依据并且会侵害被告的利益仍提起诉讼,重大过失是指股东对于公司目前经营状况以及公司继续存续的必要性没有尽到必要的注意义务,贸然提起解散公司的诉讼。

以加大败诉成本的方式来制约股东,可以使其在向法院起诉之前做好充分的调查和准备工作,并且充分寻找其他的救济方式,以审慎的态度来对待关系到公司存亡的司法解散诉讼。

---

[1] 《日本公司法典》第 836 条规定:"就可以由股东或设立时股东提起的有关公司组织之诉,法院可以依被告申请,对提起该有关公司组织之诉的股东或设立时股东,命令其提供相应担保","被告要提出依第一款(包括在前款准用的场合)的申请,须证明原告为出于恶意起诉"。第 846 条规定:"提起有关公司组织之诉的原告败诉的场合,原告有恶意或重大过失的,原告对被告,承担连带损害赔偿责任"。崔延花译:《日本公司法典》,中国政法大学出版社 2006 年版,第 419、423 页。

[2] 担保的具体形式,可以考虑参照目前司法实践中的诉讼财产保全所要求当事人提供的保证金或担保单位的方式进行。

(三) 用尽内部救济(通过其他途径不能解决)

我国《公司法》第 183 条规定了股东提起解散公司之诉的前提条件即"通过其他途径不能解决",该规定是基于对公司存续的考虑,希望公司能够通过内部自治等方式解决股东、董事之间的僵局。对该条件的具体把握,《公司法司法解释二》中没有再做细化,但应明确这一条件"可能更多的是形式审查","对于起诉股东而言,其声明应归纳为其已经采取了能够采取的其他方法而不能得到解决","该前置性程序的意义更多在于其导向性"。①

从实务的角度考虑,股东起诉解散的随意性是存在的,从平衡司法介入和公司自治的角度,应当用尽公司法规定的多种股东冲突中的救济途径,以便在限制此类诉讼的同时更明确地鼓励股东以自治的形式解决僵局问题。

据此,原告股东需要向法院提交相应的证据证明已经穷尽公司内部救济②,即在公司司法解散事由发生之后原告不应当马上诉诸法律,而是应该先向股东(大)会或董事会发出要求停止不公平行为或者要求形成某项决议、主张某项权利的书面通知,如果经过一段时间这种请求仍被置之不理或是被明确拒绝,那么股东可以向董事会或股东大会提出以公平合理的价格收购自己出资或股份的请求,在这些努力都归于失败时,股东才可以向法院提起解散公司之诉。设置解散公司之诉的前置程序,能够有效防止股东提起解散公司之诉的随意性,避免公司疲于应付大量诉讼,影响公司正常的运营。

具体而言,法官在进行判断时应当注意以下两点:一是纠纷和解决途径的适应性。股东以知情权、利润分配请求权等权益受到损害,或者公司亏损、财产不足以偿还全部债务,以及公司被吊销企业法人营业执照未进行清算等为由,提起解散公司诉讼的,人民法院不予受理。③ 因为根据我国新

---

① 刘岚:"规范审理公司解散和清算案件",载《人民法院报》2008 年 5 月 19 日。
② "穷尽公司内部救济"是最早在美国派生诉讼中设置的前置程序,是指原告股东在提起代表诉讼之前,必须首先请求董事会采取必要措施行使公司的诉讼请求,只有当公司明确拒绝股东请求或者对股东请求置之不理时,股东才能向法院提起派生诉讼。依据《美国示范公司法(修订本)》7.42 的规定,要具备下列条件时股东能开始派生的程序:(1) 已向公司提出权利要求,并要求采取恰当的行动实现此要求;以及(2) 从权利要求提出时起已经超过 90 天,除非已早被公司通知其权利要求已被排斥,或者除非是等待 90 天的期限结束的结果是公司会遭受不可补救的损害。
③ 见《公司法司法解释二》第 1 条第 2 款规定。

《公司法》第75条①的规定,资产收益权受到损害且符合三种情况的股东应当通过行使异议股东的强制股权回购权来行使自己的权利;有限责任公司股东的知情权无法实现的,可以按照我国《公司法》第34条②的规定,向法院要求公司提供查阅;公司股东滥用股东权利给公司或者其他股东造成损失的,股东应当依照《公司法》第20条主张大股东承担赔偿责任等等。这需要法官根据具体情况向原告释明诉讼请求存在问题,驳回原告诉讼请求。至于公司是否真的因为股东之间的矛盾导致经营管理出现严重困难应当判令解散,则属于实体审理的范畴。

二是应当要求公司履行内部救济途径,即召开股东会等对公司解散问题进行表决。如有证据证明召集不能或者无法形成决议的,则可以进入司法程序。因为在现阶段,公民起诉难的问题比较突出,适应社会诉求、扩大当事人权利保护的范围是民事诉讼法必须顺应的潮流③,因此对于公司司法解散之诉,法院在立案审查时亦应当以程序审查为主,尽量不进行实体审查。

海淀法院曾受理了十余起公司司法解散案件,但经审理后仅有一起法院判决公司解散,其余案件均判决驳回原告的诉讼请求或裁定驳回原告的起诉,其中很重要的原因就是部分案件中公司股东之间并没有穷尽通过召开股东会、董事会进行磋商来解决公司经营管理中遇到的问题,也就是说在公司内部解决机制尚未穷尽自我救济方式之前,司法机关不必提早介入。

三、公司司法解散之诉实体审理问题

在审理公司司法解散案件时,最重要的问题是如何判断公司状况是否达到了我国《公司法》第183条规定的解散公司的前提条件,但是该法条仅

---

① 我国《公司法》第75条规定:"有下列情形之一的,对股东会该项决议投反对票的股东可以请求公司按照合理的价格收购其股权:(一)公司连续五年不向股东分配利润,而公司该五年连续盈利,并且符合本法规定的分配利润条件的;(二)公司合并、分立、转让主要财产的;(三)公司章程规定的营业期限届满或者章程规定的其他解散事由出现,股东会会议通过决议修改章程使公司存续的。自股东会会议决议通过之日起六十日内,股东与公司不能达成股权收购协议的,股东可以自股东会会议决议通过之日起九十日内向人民法院提起诉讼。"

② 我国《公司法》第34条规定:"股东有权查阅、复制公司章程、股东会会议记录、董事会会议决议、监事会会议决议和财务会计报告。股东可以要求查阅公司会计账簿。"

③ 江伟、杨剑:"民事诉讼法修改的若干问题",载《法学论坛》2005年第3期。

仅以高度概括的语言描述了公司解散的法定情形,法律规定的不确定性使得该条文在司法实践中非常难以把握,究竟什么情况是"经营管理发生严重困难",什么程度才算"继续存续会使股东利益受到重大损失",公司法均没有给出明确的答复。

这里,本章首先以一案例分析公司司法解散需要满足的条件:

某有限公司成立于2003年,注册资本50万元,由4位股东出资构成,李某、王某、张某、徐某各占25%股份。2007年李某诉至法院,请求判令解散某有限公司,理由如下:某有限公司自2003年8月成立后不久,公司股东王某于2004年5月向李某(当时为公司法人代表)提出从公司借款20万元买房之事,李某没有同意,因此王某觉得自己对公司无财务支配权而怀恨李某。2005年5月7日王某到李某家中议事,乘李某不在时从书包里窃走公司的公章。后与股东(现公司法人代表)张某合谋于2006年利用他们掌控的公司公章背着李某到工商局办理了法人变更登记。以上情况说明公司内部十分混乱,公司股东无法再行合作。公司成立至今四年没有任何收入,说明公司无存续价值,只会损害股东利益。张某和总经理王某二人共同负责经营北京公司和唐山分公司,却从不向李某公布公司经营状况和财务状况,严重侵害了李某对公司的知情权和应得利益。

法院经审理认为李某请求解散某有限公司的诉讼请求不能成立,主要从以下几方面得出该结论:

首先,股东之间的矛盾可能导致公司僵局,但足以导致公司僵局的矛盾不仅要在程度上具有不可调和性,且矛盾的双方或多方必须在表决权上出现均势,以至于无法通过资本多数决的方式形成股东会决议,也就是公司法理上的表决不能。某有限公司四位股东出资额相等,各占1/4,但李某个人与其他三位股东出现矛盾,其只占25%的表决权,不足以对抗其他三位股东所持的75%的表决权,当然也不可能出现股东会运行失效的局面。因此,李某主张其与其他股东之间存在矛盾因此要求解散公司的理由不能成立。

其次,从举证责任分配的角度讲,作为主张公司经营不善事实存在的一方,李某对此负有举证责任,但其并未提交有效证据对此予以证明,故不能认为公司确实出现了经营不善的事由。另外,经营不善在程度上也不等同于经营发生严重困难,并会损害股东利益的情形。

最后,关于李某主张其无法正常行使知情权问题,法院认为,知情权是股东基于其所持股份对公司享有的一项自益性权利,其义务主体是公司。

知情权行使障碍仅对股东个人利益产生影响,不影响公司正常存续,因此李某的该项理由属于一般股东权纠纷的内容,其可通过知情权诉讼的方式获得救济,该事项亦不构成公司解散的法定事项。

上述案例主要从三个方面体现了公司司法解散的相关条件,首先是公司僵局的一种类型——表决僵局,即公司股东之间由于所持股份比例的问题,长期无法在任何问题上形成有效表决;其次,公司经营管理发生"严重困难",并且公司单纯的"经营不善"并不等同于"经营管理的严重困难";此外,股东提出的知情权无法获得满足并非司法解散公司的理由,应当通过知情权诉讼解决。

在对于公司司法解散的条件有了初步了解后,下文是结合域外相关规定和实际案例分析在公司司法解散案件实体审判中需要加以综合考虑的几个因素。

（一）对各国公司司法解散事由的比较研究

《法国民法典》第1844-7条规定,法庭根据一个股东基于正当理由、尤其在一个股东不履行其义务或股东之间因不和致使公司管理情况陷于瘫痪的情况下提出的请求而判决提前解散公司。[①]

德国《有限责任公司法》第61条规定:如果公司所追求之目的不可能达到,或者存在由公司其他情况决定的应予解散的重大理由时,公司可以通过法院判决而解散[②];而在这其中,股东相互之间存在的根深蒂固的、难以消除的而且直接威胁企业存续的冲突就是其中一个因素。[③]

《日本公司法典》第833条规定股份有限公司的股东以诉讼请求解散公司事由是:（1）股份有限公司在业务执行上处于严重困难的状况,对于该股份有限公司产生不能恢复的损害,或有产生不能恢复的损害危险的;（2）股份有限公司财产的管理或处分严重失当,并危及股份有限公司的存立的。[④]

《美国示范公司法（修正案）》规定,申请解散公司的股东必须证明以下事实:（1）董事在公司事务管理的问题上陷入僵局,股东对打破这种僵局无能为力,而且由于这一僵局,公司正在遭受或者将要遭受不可弥补的损害,

---

① 转引自孟源、李俭:《试论公司的司法解散》,载中国法院网。
② 龚鹏程:"论公司司法解散——对修订后公司法相关内容的思考",载《南京社会科学》2006年第5期,第135页。
③ 〔德〕托马斯·莱塞尔、吕迪格·法伊尔著:《德国资合公司法》（第3版）,高旭军等译,法律出版社2005年版,第666页。
④ 吴建斌、刘惠明、李涛合译:《日本公司法典》,中国法制出版社2006年版,第436页。

或者公司的业务和事务已经无法根据股东的利益要求进行下去;(2)董事或那些控制公司的人曾经实施过、正在实施或者将要实施非法、压制或者欺诈行为;(3)股东在表决权上限入僵局,而且在一段至少包括两个连续年度会议日期期间内,不能选出任期届满董事的继任者;(4)公司的资产正在被滥用或者践踏。①

总结大陆法系以及英美法系的立法例,对于股东可以提起公司解散之诉的事由主要是公司内部股东之间存在纠纷造成公司僵局导致公司及股东遭受或将要遭受巨大损害,以及对公司财产处置危及公司继续存续。

前已述及,公司僵局(Corporation Deadlock)指的是因股东间或公司管理人员之间的利益冲突和矛盾导致公司的有效运行机制失灵,股东会或董事会因对方的拒绝参会而无法有效召集,任何一方的提议都不被对方接受和认可,即使能够举行会议也无法通过任何议案,公司的一切事务处于一种瘫痪状态。② 对于公司而言,股东之间相互信任相互配合是使公司存在并得以长足发展的根本基础,尤其是有限责任公司,"人合性"更是其存续的根本性因素,一旦股东之间由于种种原因矛盾激化,而导致股东会或董事会无法召开或召开后不能作出决议,公司往往陷入了搁浅的泥潭。此时就具备了司法介入公司自治领域、对公司继续存在的必要性加以考量的前提条件。

需要注意的是,"公司僵局"属于描述性概念,是对公司股东或董事之间僵持状态的阐述、表达与描绘,所以它并不像"公司"等法律概念那样明确无误。正是因为这样,它需要法官发挥其主观能动性,在法律适用时体现一定的灵活性,妥当地裁决案件。

(二)我国公司法的规定

我国新修订的《公司法》第183条的规定从文字表述上非常接近《日本公司法典》第833条第1款的规定,只是较其多了"通过其他途径仍无法解决"的条件。我国《公司法》的规定比较模糊,虽然从条文上解读可以将"公司僵局"概括化地作为法院判决公司解散的前提,但并没有具体的限定列举。《公司法司法解释二》中明确了公司发生下列情形的,人民法院可以作为考虑判决解散公司的因素:(1)公司持续两年以上无法召开股东会或者股东大会,公司经营管理发生严重困难的;(2)股东表决时无法达到法定或

---

① 罗伯特·W.汉密尔顿:《公司法概要》,李存捧译,中国社会科学出版社1998年版,第215页。
② 赵旭东:"公司僵局的司法救济",载 http://www.civillaw.com.cn/jinrong/search/default.asp。

者公司章程规定的比例,持续两年以上不能作出有效的股东会或者股东大会决议,公司经营管理发生严重困难的;(3)公司董事长期冲突,且无法通过股东会或者股东大会解决,公司经营管理发生严重困难的;(4)经营管理发生其他严重困难,公司继续存续会使股东利益受到重大损失的情形。① 这既是受理的形式审查依据,也是实体审查的标准。然而现实社会纷繁复杂,需要法官结合审判实践经验进行分辨,下文结合一实际案例进行分析。

2001年12月,A机构、B公司和王某共同出资设立C公司。C公司的年检报告、财务报表显示,该公司自2002年至2005年始终处于亏损状态。A机构和B公司认为,C公司继续存续,只会使其继续蒙受经营成本上的损失,他们无意维持公司,故向法院提起公司解散之诉。而C公司的另一股东、本案被告王某认为,C公司经营亏损主要是A机构新任领导对其不断排斥、干扰经营所致,不同意原告的诉讼请求。法院经审理认为,C公司的股东之间对于公司是否应当存续有着严重的利益冲突。这种情况下公司存续越久,越会使公司资产自我消耗,这对公司股东权益以及社会资源的有效配置来说,无疑是重大损失。此外,本案诉讼期间双方均指责对方的过错,这表明股东之间已经缺乏继续合作的信任基础。最后,并没有证据表明公司法人终止会产生严重损害相关利益主体的后果,因而可以认为C公司的解散与公共利益不相矛盾。综上,北京海淀法院依据我国《公司法》第183条关于公司司法解散程序的规定,依法判令C公司于判决生效之日起解散。考虑到股东诉讼期间争议的延续可能引发公司清算过程中新的争议,法院在判决中对清算程序事项一并作出安排。

(三)司法实践中的考量因素

结合这起案例分析,一般来说,以下几种情况是公司的业务运作和事务执行难以为继、对股东利益造成严重损害的具体表现:

第一,公司股东之间存在不可调和的矛盾,继续合作经营公司的基础已经荡然无存。

对于股东人数较少的股份有限公司和有限责任公司来说,"人合性"可谓公司成立和存续的必要前提条件,因为公司是由于资本和出资者相互间的信任因素,将自然人联系于同一经营实体中,才形成了具有独立意志的法人格。而股东之间的摩擦往往造成公司运作失灵,当公司运作机制的失灵

---

① 见我国《公司法司法解释二》第1条第1款。

无法完全在公司内部解决时,便会出现整个公司运作的瘫痪,造成"公司僵局"。① 公司经营状况以外的个人因素,很可能导致公司人合性的丧失。本案例股东王某认为 C 公司经营亏损主要是股东 A 机构新任领导对其不断排斥、干扰经营所致;而股东 A 机构和 B 公司则认为,C 公司继续存续只会使以现金出资的原告继续蒙受经营成本上的损失,他们无意维持公司;在庭审过程中股东之间互相指摘对方的过错,这表明股东之间已经缺乏继续合作的信任基础,公司继续存续所赖以生存的"人合性"丧失殆尽,公司成立时的目的已经不能达到,而公司通过内部机制已经无法达成包括解散公司在内的任何决议,这时应当给予股东请求司法权介入来结束这种僵持局面的权利。另一些更具典型性的情况是:夫妻两人或者兄弟、好朋友几人共同成立的有限责任公司,后夫妻婚姻解体,兄弟朋友反目成仇,公司也无法继续经营。

第二,公司持续两年以上不能召开股东会议或董事会,或者召开后无法依照公司章程或公司法规定作出有效决议。

作为公司经营管理事务的决定机关,股东(大)会承担着决定公司的经营方针和投资计划、公司增资减资、合并分立等影响公司未来命运重大事项的权利;董事会作为股东会决议的执行机构,其会议的召开对于公司的正常运行也起着至关重要的作用。因此我国《公司法》规定,有限责任公司股东会会议分为定期会议和临时会议,定期会议应当依照公司章程的规定按时召开,股份有限公司股东大会应当每年召开一次年会,董事会每年度至少召开两次会议;第 41 条②和第 102 条还分别规定了有限责任公司和股份有限公司股东会或股东大会不能召集情况下股东的自行召集权。一旦股东之间由于利益、感情上的纠纷或者董事之间对于公司经营理念不一致而导致两年以上股东(大)会会议或者董事会会议无法召集,或者召集之后由于双方所持表决权股数额或者人数相当而不能作出决议,将会导致公司的经营决策无法进行,公司的运营陷入瘫痪状态。这是"公司经营管理发生严重困难"的典型状态。

这一点在本案中也体现得淋漓尽致:2004 年间,股东 A 机构与 B 公司

---

① 黎红:《论司法对公司僵局纠纷的分类介入》,载《政治与法律》2005 年第 1 期。
② 如我国《公司法》第 41 条规定:有限责任公司"董事会或者执行董事不能履行或者不履行召集股东会会议职责的,由监事会或者不设监事会的公司的监事召集和主持;监事会或者监事不召集和主持的,代表十分之一以上表决权的股东可以自行召集和主持。"

先后通过第三、第四次股东会向王某表达了解散清算 C 公司的要求,但王某不同意解散公司,并拒绝在股东会决议文本上签字,导致股东会的决议无法生效,公司通过内部机制无法就自愿解散达成协议。在实践中,出现公司僵局之后公司常常就一般的经营决策事项都无法作出决议,导致公司组织体的全部运行机制处于瘫痪状态。

这种情况下,法院应当要求原告提出无法召开股东(大)会、董事会会议或无法作出决议已经持续两年的证据,因为公司僵局持续的时间长短直接关系到公司内部救济途径化解纠纷的可能性,如果仅仅一次或一段较短时间内无法召开会议或未达成决议,则可视为股东之间的矛盾还在初始阶段并有通过协商化解的可能;在持续两年不能召开股东(大)会、董事会或无法作出决议的情况下,法院仍不宜立即判决解散公司,可指令该公司在规定期限内召开股东(大)会或董事会会议;如果在法院规定的期限内仍然不能召开股东(大)会,则表明公司僵局状况已非常严重,公司具备了被判决解散的可能性。

第三,公司经营管理发生严重困难,公司继续存续会损害股东利益。

首先需要明确,在我国《公司法司法解释二》第 1 条第 1 款规定中,"公司经营管理发生严重困难"均作为所列四种情形中的表现形式,即公司僵局均造成了"公司经营管理发生严重困难"的局面。也就是说,公司的经营管理困难虽然是判断公司解散需要考虑因素,但是并不是据以作出判断的主要标准,因为从公司司法解散制度的立法意图来看,主要是为中小股东在公司陷入僵局状态时为其提供收回出资并退出公司的途径,因此公司并非一定要陷入经营困境才能被判决解散,公司赖以存在的"人合性"丧失以及陷入表决困境才是决定公司解散的主要因素。

其次,公司的实际经营管理状况决定着公司能否最大化获取利润、能否继续良性运转、股东能否按时分得红利,它是反映公司未来前景的重要指标。如果原告以公司的资产负债率极高、年度审计报告显示公司经营状况严重恶化等反映公司经营严重亏损的事由请求解散公司,则法院应当采取谨慎的态度,因为司法裁判和商业决策毕竟是两个领域,法官往往不具备经营公司的经验和专业的财务会计知识,因此很难判断不同商业决策的孰优孰劣,况且司法对商业决策的尊重早有先例,例如美国法院在司法实践中发展起来的商业判断准则,即是强调公司董事在商业决策上的自主裁断权。①因此,法官可以考虑请注册会计师、资深业界人士作为专家证人出庭,根据当事人提供的公司财务状况凭证出具专家证言,并且要求原被告对专家证言所涉及的事项进行说明或质证,以充分了解公司的实际经营状况。

若经上述程序表明公司仅处于一般的亏损状况,则法院应该驳回原告的诉讼请求;若能够证明因为管理层经营决策的问题导致公司出现了严重的经营恶化和负债状况,且原告利益受损并对公司管理层丧失信心,并因此与其他股东出现了不可调和的矛盾,法院应当要求被告或者反对解散公司的其他股东提出相应证据证明公司继续经营不会对股东利益造成重大损失,例如已经得到银行的贷款承诺,或者已经与其他公司签署了具有可行性的经营合同等等。除此以外,法院还可限令公司在一定期限内实施切实可行的经营方针来扭转经营严重恶化的局面,并且在此期限内原告不得以同样的事由再次提起解散公司之诉。若该期限过后,该公司的经营状况出现改观,则公司得以避免解散;若公司经营仍继续恶化,法官则需要结合公司经营目的能否实现,是否还有整改和挽救的可能,以及公司股东之间是否还存在继续合作的基础等状况进行综合判断,慎重地作出判决。

除以上因素以外,笔者认为,原告股东还必须对于公司僵局的形成没有故意或者过失,否则,原告的诉讼请求是否成立法官也应当慎重考虑,因为原告无法证明他对于公司经营管理发生严重困难没有任何负面作用,因此也就无法证明其对于公司解散完全出于正当目的。下文以一案例加以分析:

2007年3月,王某、梁某、陈某、李某四人商定注册成立中博公司,公司注册资本50万元,梁某占出资总额的51%;王某占出资总额的47%;陈某、李某各占出资总额的1%,梁某担任法定代表人。2007年5月,梁某前往北京市公安局宣武分局牛街派出所报案,称其任董事长的中博公司的办公室地址房间柜子内的若干公司证照、印章等相关物品丢失。庭审中,王某承认其现持有中博公司的财务章、梁某的人名章、营业执照正副本、企业代码证、税务登记证。2007年年底,王某以公司经营管理不善,无法达到公司成立的目的为由诉至法院,请求法院判令解散中博公司。

法院经审理后,驳回了王某的诉讼请求,其中很重要的一个原因就是王

---

① 范黎红:《论司法对公司僵局纠纷的分类介入》,载《政治与法律》2005年第1期,第58页。

某的行为阻碍了中博公司正常的经营和业务的发展：中博公司成立于2007年4月3日，王某取得上述中博公司证照、印章是在2007年5月，距中博公司成立仅1月左右，公司尚处于成立初期，在基本账号尚未设立的情况下，王某就单方掌握了公司财务章、法定代表人梁某的人名章、公司营业执照正副本、企业代码证、税务登记证等与公司经营息息相关的证照、印章，必然对中博公司的正常经营运行产生影响。《公司法》规定，股东不得滥用其股东权利损害公司或其他股东利益，王某作为中博公司的股东，应当严格遵守法律、中博公司的章程以及公司各项规章制度，对公司的经营起积极促进作用。在单方掌握了中博公司的相关证照、印章之后，王某又提起诉讼要求解散中博公司，法院认为王某无法证明其对公司的经营状况未造成不良影响以及其解散公司具有正当目的。

此外，法院还认为，王某与梁某、陈某、李某之间的纠纷并非通过其他途径不能解决。在庭审中梁某表示愿意收购王某所持的公司股份，但双方无法就收购的价格达成一致，在此情况下，若王某坚持退出中博公司，双方应当通过协商等方式予以解决，如股东之间达成股权转让协议，或王某向股东之外的人转让股份，或公司回购王某的股份等，以尽量减少解散公司造成的各项成本损失。

总之，在股东以公司经营管理状况严重恶化并影响股东权益为由提起解散公司之诉时，法院应尽量赋予公司通过自身经营决策调整来改变经营管理状况的权利，尽可能地不介入本应由公司管理层做出商业判断的领域，因为纯粹商业意见分歧造成的公司僵局纠纷，乃公司内部争端，当事人权利义务关系上并未失衡，这就决定了司法这一国家公权力介入的谨慎性。①

四、公司司法解散中的替代性措施

公司解散的破坏力极大，会导致其法人人格终止，而且在清算过程中，公司资财可能以破产财产的价值予以出售而很少甚至根本不考虑到公司的商誉和专有技术的价值②，这对于公司的资产来说是严重的缩水过程；而且公司解散不但会对股东的权利状况产生影响，也会对职工、公司债权人等其

---

① 范黎红：《论司法对公司僵局纠纷的分类介入》，载《政治与法律》2005年第1期，第58页。
② 钱卫清：《公司诉讼司法救济方式》，人民法院出版社2006年版，第114页。

他利益相关人产生影响。所以,当公司僵局可以通过其他救济途径加以救济时,应当坚持公司维持原则,公司解散只是股东的最后救济手段。人民法院在审理案件时除关注法律规定外,更要关注裁判对社会经济发展的影响,因此有必要在裁判解散公司纠纷案件时,尽量通过替代性措施来维持公司持续状态,避免判决公司解散。

替代性公司解散的救济措施主要是由公司或发生争议的一方股东以公平合理的价格买断对方股东的股份。收买股份不仅使受害股东取得公平合理的价值并得以退出公司,而且不影响公司的继续存续,实为"双赢"的救济方式,因此而备受发达国家青睐,美国有一半的州法律规定或法院采取了强制收买股份这一救济措施。[①] 德国则通过法院判例法的形式创立了两种与此相类似的替代性救济方式:退出权和除名权,即让僵局中某方股东出让股份,退出公司并从公司的股东名册中除名。我国新《公司法》在第75条[②]亦规定了三种情形下,对股东会决议投反对票的股东可以请求公司按照合理的价格收购其股权,虽然这三种情形并不包括"公司僵局",但也可以作为法官审理过程中的依据和参照。另外需要注意的是,股东要求公司回购自己的股份实际上会造成公司减资,即便法院作出支持原告的判决,在实际操作中,也必须符合公司法关于公司减资的程序规定[③],若公司不能满足债权人提出的公司清偿债务或提供担保的要求,则回购股份很难得到实质性执行。

在实践中,法官应当把调解作为解决公司司法解散之诉的必经程序,即通过调解的方式,促使股东间购买股权或公司回购股份解决纠纷。北京市海淀区法院曾有一起公司解散纠纷在二审期间成功调解,大致案情是:2005年1月6日股东D公司与刘某以及另外五名自然人股东共同设立了E公

[①] 黄美园、周彦:"我国公司僵局司法救济制度之构建",载《法律适用》2004年第5期。

[②] 我国《公司法》第75条规定:"有下列情形之一的,对股东会该项决议投反对票的股东可以请求公司按照合理的价格收购其股权:(一)公司连续五年不向股东分配利润,而公司该五年连续盈利,并且符合本法规定的分配利润条件的;(二)公司合并、分立、转让主要财产的;(三)公司章程规定的营业期限届满或者章程规定的其他解散事由出现,股东会会议通过决议修改章程使公司存续的。自股东会会议决议通过之日起六十日内,股东与公司不能达成股权收购协议的,股东可以自股东会会议决议通过之日起九十日内向人民法院提起诉讼。"

[③] 我国《公司法》第78条规定:公司应当自作出减少注册资本决议之日起10日内通知债权人,并于30日内在报纸上公告。债权人自接到通知书之日起30日内,未接到通知书的自公告之日起45日内,有权要求公司清偿债务或者提供相应的担保。公司减资后的注册资本不得低于法定的最低限额。

司,公司注册资本为 100 万元,其中股东 D 公司出资 51 万元、刘某出资 21.07 万元。公司章程规定股东会有权选举和更换执行董事,股东会会议由股东按照出资比例行使表决权。E 公司正式注册成立后,刘玉刚被选举为公司法定代表人、执行董事并被聘任为总经理。2006 年 5 月 8 日,经股东 D 公司提议并召集,E 公司召开临时股东会,刘某、E 公司法定代表人以及另外 3 名自然人股东到会。会议形成以下决议:根据 E 公司提议,免除刘某 E 公司法定代表人、执行董事、总经理的职务;并选举韦某接替刘某在 E 公司的一切职务,E 公司有关人员有义务和责任配合工作的交接。E 公司法定代表人在股东会决议上签字,刘某以及到会的另外 3 名自然人股东拒绝签字。后刘某诉至法院,要求确认 5 月 8 日的临时股东会决议无效,该诉讼请求被法院以股东会召开、决议程序正当驳回之后,刘某等六名自然人股东又提起解散 E 公司的诉讼,法院审理之后认为目前 E 公司的僵局是由刘某等自然人股东与法人股东 D 公司争夺控制权造成的,但双方并未穷尽内部救济途径,亦并未就 E 公司是否解散召开过股东会,故驳回了原告诉讼请求。后刘某等不服上诉至北京市第一中级人民法院,二审中当事人达成以下调解协议:(1) 股东 D 公司放弃要求刘某执行 E 公司 2006 年 5 月 8 日临时股东会决议的请求,刘某继续担任 E 公司法定代表人的职务;(2) 股东 D 公司向 6 名自然人股东转让其持有的 E 公司股份,双方各指定 1 名律师对 E 公司股份价格进行评估,达成调解协议之日起至股东 D 公司转让其持有的 E 公司股份之前,E 公司公章由股东 D 公司和刘某共同监管,财务专用章由股东 D 公司保管,E 公司法定代表人刘某的名章由刘某保管。该成功调解的案例为审理公司司法解散案件提供了可资借鉴的宝贵素材。

　　一般情况下,当事人达成调解协议的几率不高,因为股东之间往往存在着难以调和的矛盾,大多对立情绪比较严重,而且最为重要的是股权转让的价格很难确定。人民法院经调解,公司或者有关股东愿意收购原告股东的股份,仅对受让价格不能协商一致的,可通过原告股东变更其诉讼请求,请求人民法院判决公司或者有关股东以评估方式确定的价格收购其股份的方式,由人民法院判决解决。[①] 此外,经人民法院调解公司收购原告股份的,公司应当自调解书生效之日起 6 个月内将股份转让或者注销。

　　此外,在公司股东能够达成一致意见解散公司的情况下,法院也可以一

---

　　① 见最高人民法院民二庭宋晓明庭长 2007 年 5 月《在全国法院民商事审判工作会议上的总结讲话》,内部资料。

并对于清算事宜作出调解,促进股东之间达成调解协议,确保公司通过合法的程序退出市场。北京市海淀区法院今年也有类似的调解案例:2005年4月,原告周某与被告田某共同投资设立了被告A公司,公司注册资金10万元。周某占出资比例的40%,田某占出资比例的60%,田某为公司的执行董事、经理,周某为公司监事。公司存续期间,因股东间缺乏信任,周某认为A公司的事务陷入僵局,股东会无法召开亦无法形成决议,其与田某的股东合作基础丧失,故起诉请求依法判令解散A公司。诉讼中,被告田某、A公司均表示同意解散公司并进行清算,并愿意和解解决本案纠纷。后当事人达成如下调解协议:A公司自调解书生效之日起解散,A公司自解散之日起15日内,组成清算组进行清算(如无法定原因应当于清算组成立之日起6个月内清算完毕)。

综上所述,人民法院在审理股东请求解散公司之诉中,应当考虑公众利益,对于公司规模较大、公司解散后可能产生较大社会影响的案件,应就有关问题征求利害关系人的意见,以查明判决解散公司是否对股东和公司成员有利,是否损害公众利益,避免因公司解散而造成社会不稳定[①],防止股东不负责地随意要求解散公司,或通过解散达到明显不当的目的和利益。[②]

---

① 李国光、王闯:"审理公司诉讼案件的若干问题",载《人民法院报》,2006年2月1日第3版。

② 周友苏:《新公司法论》,法律出版社2006年版,第364页。

第十五章 公司被吊销营业执照后的债务清偿司法裁判问题研究

一、案件类型化描述

根据2006、2007年度北京市法院系统对公司被吊销营业执照案例之判决的实证分析，公司营业执照被登记机关依法吊销后的债务清偿，在司法实践中的表现，不妨以诉讼当事人之不同，归纳为以下几种情形：

（一）债权人起诉公司请求公司清算以清偿债务

在此类型中，债权人是原告，公司作为债务人是被告，债权人与公司之间是债权债务法律关系，诉讼主要争点是公司被吊销执照后的清算偿债义务。

例如（2006）海民初字第1833号判决，法院认为原告白俊、石德福系广润源公司债权人，但广润源公司一直未履行到期债务，2002年7月，广润源公司被吊销营业执照并责令清算。但该公司控股股东广润研究所始终未组织清算，不履行法定义务，原告作为债权人，要求被吊销营业执照的债务人的股东进行清算，于法有据。

另外，在（2006）海民初字第17506号判决中，原告北京城建银地物业管理有限责任公司（以下简称银地公司）与被告北京市五路木材公司（以下简称五路公司）、北京天坛联合实业发展公司（以下简称天坛公司）、北京新元矿业有限责任公司（以下简称新元公司）、北京金隅集团有限责任公司（以下简称金隅集团）清算纠纷一案，法院认定银地公司与管委会的承揽合同纠纷案中,银地公司对管委会享有347239.71元的债权。银地公司对管委会的债权尚未得到清偿,银地公司仍是管委会的合法债权人,与管委会的清算主体之间有法律上的利害关系,依法享有清算请求权。参照企业法人被吊销营业执照的情形,该管委会应当依法进行清算。金隅集团作为管委会的设立者,五路公司、天坛公司、新元公司作为管委会的具体组建管理者均是管委会的清算主体,应共同承担清算责任。

(二)债权人起诉公司及其股东清偿债务义务

在此类型中,债权人是原告,公司及其股东是被告(并列被告或者公司是第三人)。债权人主张股东虚假或者抽逃出资,或非法侵占公司财产逃避债务而形成侵权法律关系。诉讼主要争点是公司法律人格的否认,股东承担连带责任。

如在(2006)怀民初字第02950号判决中,原告东兴公司对中大集团享有债权,2003年9月26日,中大集团被北京市工商行政管理局怀柔分局工商怀处字(2003)587号行政处罚决定书吊销营业执照,其后未进行清算。被告爱诺经贸公司作为股东在对中大集团进行开业登记时未实际出资在先,亦无证据显示其已补足出资在后,故中大集团虽领取了企业法人营业执照,亦应认定其不具备法人资格,其民事责任由开办单位爱诺经贸公司承担,中大集团虽已吊销,不影响其民事主体资格之存续及民事赔偿责任之承担,法院支持原告要求被告爱诺经贸公司给付尚欠款1281803.38元的诉讼请求。

再如(2006)一中民初字第12205号判决,法院认为北京华钢科贸有限责任公司已于2002年9月10日被吊销营业执照。张毅军、张金城作为北京华钢科贸有限责任公司的股东应履行清算主体的法定义务。徕卡公司是仲裁裁决书确定的北京华钢科贸有限责任公司的债权人。请求判令张毅军、张金城对清算主体进行清算,法院予以支持。徕卡公司主张依据原《中华人民共和国公司法》第198条第3款的规定,清算组成员因故意或者重大过失给公司或者债权人造成损失的,应当承担赔偿责任。现徕卡公司未提供充足证据证明华钢公司的财产在被吊销后有毁损、灭失、贬值等情形,亦未证明华钢公司的财产毁损、灭失、贬值是由张毅军、张金城不尽清算义务故意或过失造成的,也未能证明其行为致使徕卡公司的债权遭受实际损失,故徕卡公司的主张本院不予支持。徕卡公司依据《中华人民共和国公司法》

第20条第3款的规定,诉请张毅军、张金城滥用公司法人独立地位和股东有限责任,逃避债务,严重损害公司债权人利益,应当对公司债务承担连带责任。因该主张与本案审理的"股东不履行清算公司债务纠纷"不是同一诉因,故应另案解决。

(三) 其他股东提起公司清算之诉

在此类型中,公司被吊销执照后,公司没有外债或债权人不知情,有关股东在法定期限内未组成清算组或怠于、拖延清算,其他股东要求不履行清算义务的股东履行清算义务。被告是故意不履行清算义务的股东及公司。如在(2006)通民初字第7311号判决中,法院认为有限责任公司依法被吊销营业执照后,应当由股东组成清算组进入清算程序。公司股东在其他股东不履行清算义务时可以作为原告提起要求公司清算的诉讼。而股东是法定的清算义务人,不履行清算义务的股东也构成该类诉讼的被告。而在(2006)顺民初字第10096号判决中,中宏盈创厂在被吊销营业执照后,依法应当进入清算程序,原告西士河、任福生作为股东向法院提出清算申请,法院判决原告二人与被告韩伟楠于判决生效之日起对北京中宏盈创钢结构厂进行清算,于6个月内清算完毕。再如(2006)海民初字第21078号判决,法院认为有限责任公司被工商行政管理机关吊销营业执照后,依法应当进入清算程序,其股东作为清算主体负有法定的清算义务,故王铮、单和平二人作为佳易伟业公司的股东,在公司被吊销营业执照后,均有义务对公司进行清算。对于王铮的清算诉讼请求,法院予以支持。此外(2006)海民初字第3242号判决,法院同样认定靳孝琪、程学军二人作为金建联公司的股东,在公司被吊销营业执照后,均有义务对公司进行清算。

二、从理论层面解读公司执照被吊销后进入清算的制度建设

在研究公司被吊销营业执照后的债务清偿司法裁判问题,首先应当明确公司被吊销营业执照的法律后果是什么。而公司在被吊销营业执照后,公司债权人请求公司债务清偿主要通过清算制度得以实现,那么清算制度中的几个焦点问题,如清算人的选任、清算人的义务与法律责任、清算财产范围确定、特别清算制度等,也需要在理论上予以澄清。以下就围绕上述问

题——进行阐述。

（一）公司被吊销营业执照的法律后果

在我国,营业执照是公司进入市场进行经营活动首先应取得的法律凭证,同时营业执照也是公司登记机关监管公司最基本的依据之一。工商登记机关以吊销公司营业执照的方式来处罚严重违反法律的公司以维护市场的规范化和有序化。

1. 公司营业执照的法律性质

根据我国《公司法》(2005 年修订)第 7 条"依法设立的公司,由公司登记机关发给公司营业执照。公司营业执照签发日期为公司成立日期。"可见公司营业执照是公司法人成立的凭证。根据《企业法人登记管理条例》第 16 条规定:"企业法人凭据《企业法人营业执照》可以刻制公章、开立银行账户、签订合同、进行经营活动。"这项规定表明,公司法人取得营业执照后才可以开展业务,从事经营活动,没有营业执照就不能从事经营。与此规定相一致的还有《公司登记管理条例》(2005 修订)第 3 条规定,未经公司登记领取营业执照的,不得以公司名义从事经营活动;《国家工商行政管理局关于企业登记申请核准后不领取营业执照如何处理问题的答复》规定企业登记申请人未领取《企业法人营业执照》就开展经营活动的,应当按无照经营予以处罚。由以上规定可见,营业执照是公司经营资格的凭证。

就目前我国的立法状况来看,公司营业执照承载着两个功能,既是公司法人资格的凭证,又是公司经营资格的凭证。

2. 公司被吊销登记的法律后果

所谓吊销公司营业执照指工商登记机关对公司违法经营、不参加年检或者有其他违法行为依法收回公司的营业执照从而令其停止营业活动的一种行政处罚行为。

引起公司被吊销营业执照的违法原因主要有以下几点:(1) 违法经营,如无许可证而从事特许经营范围的营业而被吊销营业执照;(2) 未按照规定参加年检;(3) 虚假登记,如虚报注册资本,取得公司登记的或者提交虚假材料或者采取其他欺诈手段隐瞒重要事实,取得公司登记的;(4) 无故不开业或停业。如公司成立后无正当理由超过 6 个月未开业的,或者开业后自行停业连续 6 个月以上的可以被吊销营业执照;(5) 滥用执照行为,如伪造、涂改、出租、出借、转让营业执照的行为。

我国《公司法》(2005 年修订)第 181 条规定,吊销营业执照是公司解散的事由。当公司因违反法律、行政法规规定,被公司登记机关吊销营业执照,其结果只能是导致公司失去其经营资格,其目的在于停止公司营业,不允许其继续进行新的营业活动,它只是公司解散的原因,并不导致公司的立即终止,因此,吊销营业执照并没有剥夺公司的法人主体资格。[①] 并根据该法第184条规定,公司开始解散的,应当在解散事由出现之日起15日内成立清算组,开始清算。在清算过程中,通过清理债权债务,完成公司的善后处理行为,经注销后公司才能最终终止。[②] 根据最新颁布的《最高人民法院关于适用〈中华人民共和国公司法〉若干问题的规定(二)》第10条规定:"公司依法清算结束并办理注销登记前,有关公司的民事诉讼,应当以公司的名义进行。"也从民事诉讼角度说明了公司被吊销营业执照后,未经清算法人资格不终止。如前所述,公司营业执照被吊销属于公司解散的事由,引起公司强制解散,最终导致公司终止,最高人民法院民二庭负责人更明确说明了:"公司解散是指引起公司人格消灭的法律事实。除公司因合并、分立需要解散的外,是公司终止的原因和前奏,或者说是公司终止程序的一个环节。公司解散并不立即导致公司人格的消灭,而是应当停止积极活动,进入清算程序了结公司既有的法律关系,进入最终目标为公司消灭的事实状态和法律状态。公司在清算目的的范围内视为依然存续,清算中的公司与解散事由出现前的公司在法律人格上是同一民事主体。"

公司法人资格需要经过清算才能终止是国际法律的通例,如法国《商事公司法》第391条第2款规定:"公司法人资格,因清算的需要,继续保留至清算结束时。"[③]《韩国商法》第245条规定:"公司解散以后,在清算目的的范围内,仍视为继续存在。"[④] 而根据日本相应法律及法律判例的规定,公司法人格在清算报告经股东大会通过之时消灭或者即使已办理清算终结的登记手续,但尚未了解公司业务及分配剩余财产的,公司法人格也并不消灭。[⑤]

(二) 清算制度中的几个焦点问题

1. 有关清算人的规定

各国法对于清算人的称谓都各不相同,德国法称为"清算人"[⑥],我国台

[①] 孙彬、王燕军:《公司法》,中国检察出版社2006年版,第227页。
[②] 参见我国《公司法》(2005年修订)第189条的相应规定。
[③] 金邦贵译:《法国商法典》,中国法制出版社2000年版,第254页。
[④] 吴日焕译:《韩国商法》,中国政法大学出版社1999年版,第50页。
[⑤] 吴建斌:《最新日本公司法》,中国人民大学出版社2004年版,第295—296页。
[⑥] 参见《德国股份公司法》第265条之2。

湾法也称为"清算人"①,美国法称为"财产管理人及保管人"②,我国香港法称为"清盘官"③,我国《公司法》上称为"清算组"④等等。

(1) 清算人的确定

A. 英美法系国家一般规定,公司自愿解散或依行政命令解散的情况下,由公司机关自行担任清算人,处理有关清算事务;而在公司被裁判解散的情况下,由法院指定的财产管理人担当清算人,亦可由债权人会议选任清算人。如《美国特拉华州普通公司法》第10章第279条规定,衡平法院按照任何一位债权人、股东或公司董事或其他利害关系人的申请,可以在任何时候指定一位或多位公司董事成为公司清算人,或指派一位或多位其他人成为公司的清算人。⑤

B. 大陆法系国家在法理上主张立法和行政权力不应过分干预股东的意思自治,而给予股东以选择权,按照股东的合意选择清算人处理清算事务。在清算人的选任上具有一定的顺序,一般以选定清算人、法定清算人、指定清算人的顺序来确定人选。如《法国民法典》"第9编公司"中第1844-8条规定:"清算人按章程的规定任命。章程未做规定的,由全体股东任命;股东未能任命的,由司法判决任命。"而《法国商事公司法》第406条规定了在有限责任公司自愿解散的情况下清算人由占资本多数的股东任命,股份有限责任公司的清算人由股东大会任命;第407条规定:"如果股东未能任命一名清算人,应所有有关的人请求,由法庭按照法令确定的条件裁决任命一名清算人";第408条规定:"如果司法裁判宣布解散公司,该裁决应任命一名或数名清算人"。⑥《德国有限责任公司法》第66条规定:"除宣告破产外,在其余的解散情形,若公司合同或股东会决议没有把清算委托给其他人员,则由股东进行清算。在股份相加至少占基本资本10%的股东申请,可以因重大理由而由法院任命清算人。"《日本商法典》第121条规定"清算由业务执行股东实行,但超过半数股东决定另行选任清算人时,不在此限。"⑦同

---

① 参见我国台湾地区《公司法》第8条。
② 《美国标准示范公司法》(Model Business Coporation Act, MBCA) § 14.31(C)中使用了"receiver or custodian"来称呼清算人。
③ 参见《香港公司条例》相关条文。
④ 参见我国《公司法》(2005年修订)"第十章 公司解散和清算"等相关条款。
⑤ 虞政平编译:《美国公司法规精选》,商务印书馆2004年版,第419页。
⑥ 李萍译:《法国公司法规范》,法律出版社1998年版,第230—231页。
⑦ 吴建斌、黄增华、陈林森译:《日本公司法规范》,法律出版社2003年版,第131页。

时第 122 条规定了在公司强制解散的情形下,法院可依利害关系人或法务大臣的请求,或依职权选任清算人。与此类似,《日本有限公司法》第 72 条第 1 款规定:"有限公司解散时,除合并及破产的情形以外,董事为其清算人。但章程中另有规定或者在股东会上选任他人时,不在此限"。该条第 2 款 规定:"依前款的规定,没有作为清算人的人时,法院可以利害关系人的请求选任清算人。"①《韩国商法典》第 531 条规定:"(1)公司解散时,除了合并、分立或者破产情形之外,均应由董事担任清算人。但是,章程中另有规定或者在股东大会上另选他人时,除外。(2)若无前款规定的清算人,法院应依利害关系人的请求选任清算人。"②

C. 我国《公司法》(2005 年修订)第 184 条规定"有限责任公司的清算组由股东组成,股份有限公司的清算组由董事或者股东大会确定的人员组成。逾期不成立清算组进行清算的,债权人可以申请人民法院指定有关人员组成清算组进行清算。人民法院应当受理该申请,并可及时组织清算组进行清算。"

此外,我国清算法制上独创了"清算主体"的概念,最初在 2000 年 1 月 26 日最高人民法院经济庭对于已经歇业、撤销或被吊销营业执照的企业在诉讼中如何确定当事人的问题进行了讨论,使用了"清算主体"一词。2001 年 10 月 9 日,北京市高级人民法院审判委员会第二十二次会议通过了《北京市高级人民法院关于企业下落不明、歇业、撤销、被吊销营业执照、注销后诉讼主体及民事责任承担若干问题的处理意见(试行)》,其中大量使用了"清算主体"这一术语。最新颁布的《最高人民法院关于适用〈中华人民共和国公司法〉若干问题的规定(二)》第 18 条规定了类似清算主体的规定,认为有限责任公司的股东、股份有限公司的董事和控股股东是公司解散的清算主体。③ 可见,清算主体是指在公司解散时依法负有成立清算组,以便对公司的债权债务进行清理的责任主体。清算组只是负责被清算公司具体清算事宜的临时性组织,自身并不具有法律上的独立人格。④ 所以清算人在我国主要表现为清算主体和清算组两部分。

---

① 吴建斌、黄增华、陈林森译:《日本公司法规范》,法律出版社 2003 年版,第 309 页。
② 吴日焕译:《韩国商法》,中国政法大学出版社 1999 年版,第 142 页。
③ 《最高人民法院关于适用〈中华人民共和国公司法〉若干问题的规定(二)》第 18 条。
④ 《最高人民法院关于适用〈中华人民共和国公司法〉若干问题的规定(二)》第 10 条第 2 款。

(2) 清算人的法律地位

对清算人法律地位的合理界定可以有效解决清算人与公司的法律关系,特别是清算人与公司内部各机构如董事会的关系,避免出现清算人和董事会两个机构并存、权力相争、职责模糊的尴尬局面。因为在公司清算过程中,清算人是公司与债权人连接的纽带,清算人既要维护公司利益,又要维护全体债权人的合法权益;同时法律赋予了清算人各种权利和义务,特别是处理公司财产的相应职权,但清算人又不具有对公司财产的所有权,所以对其法律地位的合理界定成为了各国立法的关注问题。

由于清算人是公司清算过程中的执行人,所以其法律地位与公司经营过程中董事的地位基本相同,各国立法也参照董事制度对清算人的法律地位进行规制。

A. 英美法系国家的代理说和信托说

英美法系国家类比董事与公司的关系,将清算人视为公司的代理人和受托人。基于代理关系理论,代理人在被代理人授权范围内,以被代理人名义为民事法律行为,其行为后果由被代理人承受。因此,清算人有权处分公司全部和部分资产,但资产的所有权仍属公司所有;资产出售以公司名义作出,行为结果由公司承担;清算人作为代理人对外签订的合同,其权利义务也由公司承担。而基于信托关系理论,清算人作为公司财产的受托人,行使公司资产的管理权,清理债权债务,分配公司财产。如美国《商业公司法》(修正版示范文本)第14.32条(3):[2]规定:"监管人可在为公司股东及债权人的最大利益而管理公司事务之范围内,替代董事会或经理行使公司所有的权利"[1];《特拉华州有限责任公司法》第18-803条(2)规定了清算受托人以清算公司的名义诉讼、处理财产、清偿债务及分配剩余财产等等,并规定了清算受托人处理上述事项不能使其承担债务[2];《英国1986年破产法》附表4规定清算人以公司的名义处分公司的财产及为其他法律行为,其法律行为的后果归属于公司,除非在以公司的名义不能进行的情况下归属于清算人本人。[3]

---

[1] 虞政平编译:《美国公司法规精选》,商务印书馆2004年版,第135页。
[2] 同上书,第498页。
[3] 需要澄清的是,《英国1986年破产法》颁布后,英国的有关公司清算的规定主要体现在此破产法了,参见丁昌业译:《英国破产法》,法律出版社2003年版,第374—375页。

B. 大陆法系国家的委任关系说

大陆法系国家基于董事与公司的关系认为清算人与公司是委任关系，其中委任人是公司，受任人是清算人，委任的标的是公司的清算事务、债权债务的了结和剩余财产的分配。如《日本商法典》第430条第2款规定："清算人准用第254条第3款"的规定，而该法典第254条第3款规定的是"董事和公司之间的关系，遵从有关委任的规定。"①《韩国商法典》第542条（准用规定）第2款，第613条（准用规定）第2款都规定了清算人与公司之间的关系如同董事与公司之间的关系，是委任关系。② 与此类似，我国台湾地区"公司法"第97条、192条亦规定了清算人与公司之间是委任关系。

根据我国相应法律法规规定，公司解散后依法成立的清算组取代原公司执行机关董事会，行使清算中公司的代表及执行机关的职能，对内执行清算事务，对外代表公司了结债权债务，在清算目的范围内，与解散事由出现前公司的机关具有同等的法律地位。可见我国也是坚持委任关系说，即规定清算组与公司是委任关系。

（3）清算人的义务

清算人的义务主要体现在清算人对公司的义务以及清算人对债权人的义务两方面：

A. 清算人对公司的义务

清算人在清算过程中，必须严格履行清算人的注意义务和忠实义务，所谓注意义务是指清算人在执行清算事务时，应达到一个理性之人在相同情况下应有的勤勉、谨慎的程度。所谓忠实义务则是指清算人应忠实履行其职务，不得使自身利益与公司利益相冲突，不得自己受益而使公司受损。

如《日本商法典》对清算人的注意义务的规定通过援引董事的注意义务来实现，如上所述，按《日本商法典》第430条第2款和第254条第3款的规定，清算人与公司之间的关系从有关委任的规定，而《日本民法典》第644条的规定："受托人负以善良管理人的注意，按委任本意处理委任事务的义务。"同样对于忠实义务的规定则也体现在《日本商法典》第430条第2款和第254条第3款的规定中，即董事负有遵守法令或章程规定及股东全会决议，为公司忠实执行其职务的义务。同样韩国商法中关于清算人的注意义务和忠实义务也有类似日本商法典上的规定。《德国有限责任公司法》第

---

① 吴建斌、黄增华、陈林森译：《日本公司法规范》，法律出版社2003年版，第96、207页。
② 吴日焕译：《韩国商法》，中国政法大学出版社1999年版，第145、163页。

71条规定清算人适用关于公司董事权利义务的有关规定,其中包括以正当商人的注意处理公司事务。《德国股份公司法》也规定了清算人的注意义务与董事相同:在执行业务时,尽通常及认真的业务执行人之注意,对于因其在清算组(清算人会)内的活动而知悉的机密事项,特别是营业或商业秘密,应保持缄默。①

B. 清算人对债权人的义务

清算人对债权人的义务主要体现在清算人在执行清算事务过程中对债权人的告知和通知义务。如美国国家统一州法委员会制定的统一有限责任公司法(简称 ULLCA)中将公司债权人分为已知债权人和未知债权人两类,并规定对于已知债权人可以书面通知的方式告知公司解散的情况要求其申报债权,而对于未知债权人,则采取公告的形式予以通知。②《日本商法典》第421条规定清算人对公司债权人的公告,第422条清算人对已知债权人的催告的规定。③《韩国商法》第535条规定清算人催告公司债债权人的规定。④《德国有限责任公司法》第65条规定:"解散必须由清算人分3次在第30条第2款所规定的公开报纸上公告。公告中必须同时催告公司的债权人向公司申报债权。"《德国股份公司法》第267条规定:"在指出公司解散时,清算人应当要求公司的债权人申报其权利。此要求要在公司报上公告3次。"

C. 我国法上清算人的义务

我国《公司法》(2005年修订)对于清算人的注意义务和忠实义务的规定主要体现在第190条,该法条提出了清算人忠实义务的概括性规定和具体要求,虽然没有明确提出注意义务的概括性规定但却提出了注意义务的具体要求;第186条也具体规定了清算人对债权人的通知和公告的义务。根据最新颁布的《最高人民法院关于适用〈中华人民共和国公司法〉若干问题的规定(二)》的规定⑤,对我国清算人的义务有了更明确的规定:

第一,忠实义务和注意义务主要表现在:(1)有限责任公司的股东、股份有限公司的董事和控股股东应该在法定期限内成立清算组开始清算,避

---

① 《德国股份公司法》第93条第1款、第2款。
② 张向东著:"公司清算制度的比较研究与制度设计",载《理论与探索》2005年第2期。
③ 吴建斌、黄增华、陈林森译:《日本公司法规范》,法律出版社2003年版,第205—206页。
④ 吴日焕译:《韩国商法》,中国政法大学出版社1999年版,第143—144页。
⑤ 参见《最高人民法院关于适用〈中华人民共和国公司法〉若干问题的规定(二)》的第11条、第18条、第19条、第20条、第23条规定。

免公司财产贬值、流失、毁损或者灭失;(2)有限责任公司的股东、股份有限公司的董事和控股股东有保障公司主要财产、账册、重要文件等避免灭失的义务;(3)有限责任公司的股东、股份有限公司的董事和控股股东,以及公司的实际控制人在公司解散后,不许恶意处置公司财产,或者未经依法清算不得以虚假的清算报告骗取公司登记机关办理法人注销登记;(4)公司未经清算即办理注销登记,有限责任公司的股东、股份有限公司的董事和控股股东,以及公司的实际控制人应对公司债务承担清偿责任;(5)清算组成员从事清算事务时,严格按照法律、行政法规或者公司章程履行清算义务。

第二,对债权人的义务主要表现在清算组将公司解散清算事宜书面通知全体已知债权人,并根据公司规模和营业地域范围在全国或者公司注册登记地省级有影响的报纸上进行公告。

2. 清算财产范围的确定

清算人在清算过程中几乎所有需要执行的事务都围绕着清算财产展开,但纵观各国立法,对于清算财产范围的确定却并没有明确的规定,因此,确定清算财产的范围就成为清算法律制度中十分重要的一个问题。

(1)清算财产范围

一般认为,清算财产是公司解散时公司所有的全部财产。不仅包括固定资产,还要包括流动资产;不仅包括有形资产,还包括知识产权、商业秘密等无形资产;不仅包括债权,还包括债务;不仅包括普通债权,还包括应当由公司行使的物权,如所有权、矿业权、占有权、抵押权、留置权等他物权;不仅包括已有的财产,还包括清算程序终结前公司新取得的财产等等。

(2)关于确定清算财产范围的几个特殊问题

A. 股东出资不实的补足责任

出资是公司股东承担有限责任的最基本的义务,也是形成公司财产的基础。为保证公司资本的充实,为了维护债权人利益和社会公共利益,各国公司法对股东出资都做了严格的规定。如《日本商法典》第192条第2款规定:"公司成立后,有未全部给付股款或者现物出资的股份时,发起人及公司成立之时的董事负连带缴纳股款或者支付全部给付财产价额的义务"。[①]《日本有限公司法》第12条、第15条分别规定了股东出资的缴纳及有关未

---

① 吴建斌、黄增华、陈林森译:《日本公司法规范》,法律出版社2003年版,第50页。

缴足出资额的公司成立时的董事及股东的责任。①《韩国商法》第303条、第321条、第550条、第551条也分别规定了股份公司和有限公司股东出资及未出资完毕的连带补足责任。我国《公司法》(2005年修订)第28条、第94条分别规定了有限责任公司的股东和股份有限公司的发起人出资不实的法律责任,规定了对于出资不实的行为,由出资不实的股东(或发起人)补足,并由其他股东(或发起人)承担连带责任。

此外《最高人民法院关于适用〈中华人民共和国公司法〉若干问题的规定(二)》第22条有更明确的规定:"公司解散时,股东尚未缴纳的出资均应作为清算财产。股东尚未缴纳的出资,包括到期应缴未缴的出资,以及依照《公司法》第26条和第81条的规定分期缴纳尚未届满缴纳期限的出资。公司财产不足以清偿债务时,债权人主张未缴出资股东,以及公司设立时的其他股东或者发起人在未缴出资范围内对公司债务承担连带清偿责任的,人民法院应依法予以支持。"

B. 抽逃出资的法律责任

公司成立后,股东又以各种方式抽逃资本的,在公司不能清偿债务的情况下,股东一般应在抽逃资本范围内承担连带清偿责任。

3. 特别清算制度

所谓特别清算是指当公司普通清算出现显著障碍,或认为公司负债有超过资产之嫌时,由法院指定人员组成清算组,在法院严格监督下对公司进行强制清算的程序。②

(1) 特别清算制度区别于普通程序的几个特点

关于特别清算制度的特点,不妨考察一下日本商法的规定来予以把握。

A. 特别清算程序的启动

根据《日本商法典》第431条第1款规定,特别清算开始的原因是法院认为清算中有显著障碍的事由,可依债权人、清算人、监事或者股东的申请或依职权,对公司发出特别清算的命令;认为公司有资不抵债之嫌疑时,亦同。③ 可见特别清算程序启动的原因有两点:第一,普通清算发生显著障碍,当然日本立法未对"普通清算障碍"的情况作出明确的规定,但一般认为是清算人障碍、清算事务障碍等等;第二,发现公司负债有超过资产之

---

① 吴建斌、黄增华、陈林森译:《日本公司法规范》,法律出版社2003年版,第285、286页。
② 毛亚敏著:《公司法比较研究》,中国法制出版社2001年版,第342页。
③ 吴建斌、黄增华、陈林森译:《日本公司法规范》,法律出版社2003年版,第208页。

嫌，这仅仅是清算人发现有负债超过资产的可能性，如果有证据证明负债超过资产则直接适用破产程序。特别程序启动的条件也有两条：第一，债权人、清算人、监事或者股东提出特别清算的申请；第二，法院发出特别清算令。①

B. 法院的职权

在特别清算中凸现出法院对清算过程的监督和处分职能：第一，法院对清算人的任免的职权。有重要事由时，法院可解任清算人；清算人缺员或者有增员的必要时，由法院选任。② 第二，法院的监督和处分的职权。法院为了更好地监督清算中的事务和财产，可以进行必要的调查。③ 法院为了监督可以作出相应的处分。④ 法院有批准债权人会议是否可以解任监察委员的职权。⑤ 法院有批准对公司业务和财产的检查的职权以及对其检查发出命令的职权。⑥ 法院有监督检查员的报告事项的职权。⑦ 法院有处分的职权。⑧

C. 特别清算的终结

与普通清算的结束相同，特别清算的结束也分为非正常终结和正常终结。

第一，非正常终结，具体指结束特别清算程序，而宣告公司破产，具体在特别清算中没有订立协议的希望或者协议执行无望时⑨，或者在清算过程中发现资不抵债，则终止特别清算程序进入破产程序。

第二，正常终结，具体指清算方案为债权人会议所接受，法院认可之后，由清算人执行完毕，则特别清算终结。当然还要走程序上的注销登记和公告等等。

(2) 我国法上的强制清算制度

虽然我国立法没有建立所谓的"特别清算"制度，但根据《公司法》

---

① 参见《日本商法典》第431条第2款。
② 参见《日本商法典》第435条。
③ 参见《日本商法典》第436条。
④ 参见《日本商法典》第437条。
⑤ 参见《日本商法典》第444条第3款。
⑥ 参见《日本商法典》第452条第2款。
⑦ 参见《日本商法典》第453条。
⑧ 参见《日本商法典》第454条。
⑨ 参见《日本商法典》第455条。

(2005年修订)第184条却规定了类似的强制清算制度①,特别是最新颁布的《最高人民法院关于适用〈中华人民共和国公司法〉若干问题的规定(二)》对强制清算制度作出了明确的规定②:

A. 强制清算程序启动的事由:公司解散逾期不成立清算组进行清算的;虽然成立清算组但故意拖延清算的;违法清算可能严重损害债权人或者股东利益。

B. 提出申请启动的主体:债权人未提起清算申请,公司股东申请人民法院指定清算组对公司进行清算的,人民法院应予受理。

C. 清算组成员组成:公司股东、董事、监事、高级管理人员;依法设立的律师事务所、会计师事务所、破产清算事务所等社会中介机构;依法设立的律师事务所、会计师事务所、破产清算事务所等社会中介机构中具备相关专业知识并取得执业资格的人员。

D. 清算组成员的解任:有违反法律或者行政法规的行为;丧失执业能力或者民事行为能力;有严重损害公司或者债权人利益的行为。

E. 强制清算的期限:人民法院组织清算的,清算组应当自成立之日起6个月内清算完毕。因特殊情况无法在6个月内完成清算的,清算组应当向人民法院申请延长。

F. 强制清算程序的终结:第一,强制程序向破产程序的转化,亦即债权人对债务清偿方案不予确认或者人民法院不予认可的,清算组应当依法向人民法院申请宣告破产。第二,强制程序正常的终结,亦即债务清偿方案经全体债权人确认且不损害其他利害关系人利益的,人民法院可依清算组的申请裁定予以认可,清算组依据清偿方案清偿债务,经申请后,人民法院裁定终结清算程序。

三、疑难问题及司法对策

如上所述,公司被吊销营业执照的法律后果是强制解散公司,而强制解

---

① 我国《公司法》(2005年修订)第184条规定:"逾期不成立清算组进行清算的,债权人可以申请人民法院指定有关人员组成清算组进行清算。人民法院应当受理该申请,并及时组织清算组进行清算。"

② 《最高人民法院关于适用〈中华人民共和国公司法〉若干问题的规定(二)》第7条、第8条、第9条、第16条、第17条。

散公司必须对公司进行清算,那么公司被吊销营业执照的清算程序问题就尤其重要,清算制度也因此成为了公司组织原则和现代公司制度中极为重要的环节。

(一) 疑难问题

通常,某项法律制度由于立法层面的不足,在司法裁判实践中就容易出现以下疑难问题:新法与旧法、普通法与特别法、不同阶位法之间的存在冲突与遗漏,程序不清,可操作性不强。由于我国的公司清算制度散见于单行法律法规中,没有形成统一的、具有普遍适用效力的基本原则,并且这些单行、零散的法律法规受自身调整范围的限制,相互之间不能互利,有时也会产生冲突。诉的类型、诉讼主体的确认和民事责任承担上的不统一,不仅有损司法的形象与权威,也不利于保护债权人。如有的以股东与债权人间缺乏直接的法律关系而驳回债权人对股东的诉讼;有的以公司与股东为共同被告,判决在公司不能清偿债务时,仅由股东承担补充赔偿责任,将全部的责任由股东承担;在将股东列为被告时,有的判决股东限期履行清算责任,有的判决股东承担赔偿责任等等不同的裁判结果。

依法被吊销执照后,公司不组织清算,主要原因:清算义务人缺失;法律责任不明确,立法重视行政、刑事责任,疏于民事责任的规定;行政注销程序不统一,行政机关只管吊照,不考虑清算;清算程序繁琐、债权人诉讼成本高与执行难,吊销营业执照的行政处罚的法律效果对公司当事人影响较小;没有适当简化注销程序和降低注销费用,特别是对于小规模公司的清算,没有在制度上设置简易清算程序,并且行政主管机关在公司营业执照被吊销过程中的服务意识,工作效率还有待提高等等。

(二) 司法对策

在公司被吊销营业执照的案件中,通过对2006、2007年度北京市三级法院相关判决的研读与分析,可以看出法官行使裁判权过程中考量了公共利益、社会经济秩序、效率、安全等法律价值或社会利益因素,采取包括文义解释、目的解释及其他法律解释方法,进行法律漏洞补充,甚至在整体法秩序的基本原则范围内进行法律发现和超越,为公司法的发展做出创造性贡献。具体来说:

1. 司法实践的统一化努力

市场经济是法治经济,企业法人作为市场经济的主体,在参与市场竞争时不仅要遵循准入规则,退出市场也要有完备的规制。公司营业执照被吊销导致公司被强制解散,公司解散后必须进行清算。公司清算制度目的在于保护公司债权人合法权益、统一司法尺度。

在(2006)海民初字第5628号判决中,原告同时提出清算申请、竞业禁止的利益归入、股东代位诉讼的请求,法院认为属于不同诉由,应该分别处理,不能合并为一案处理,但因原告坚持不变更诉由,法院最终驳回起诉。在(2006)高民终字第208号判决中,法院查明,艾维公司于2002年11月21日被工商行政管理部门吊销企业法人营业执照,作为该公司股东的维思公司、中技公司及案外人北京商建房地产开发公司应当首先成立艾维公司清算组,对艾维公司进行清算,以减少公司的财产损失,保护公司债权人的利益。法院认为在艾维公司被吊销企业法人营业执照近四年的情况下,维思公司以中技公司不履行股东法定清算义务而要求其承担赔偿责任的诉讼请求不当。这是因为中技公司违反了股东之间的诚信义务,使得双方共同成立的北京艾维房地产开发有限公司被吊销营业执照,这种行为损害了维思公司的合法权益,而不是因为中技不履行股东法定清算义务损害了维思公司的合法权益。

综上,在公司营业执照被吊销后的债务清偿司法裁判中,司法机关坚持了清算制度的相应原则以保护债权人的合法利益,维护社会公共利益。

2. 明确公司被吊销营业执照后的法律地位

如前所述,公司被吊销营业执照后,公司的营业资格终止,其法人人格仍然存在。其权利能力和行为能力只存在于清算范围内,享有清算范围内的民事权利,可以从事以清算为目的的民事行为,并以其财产对外承担民事责任。这在(2005)东民初字第4049号和(2006)二中民终字第12208号判决中,体现得尤为明显。在该案中,原告以被告大地帝公司未实际出资、现已被吊销营业执照为由,要求确认被告大地帝公司不具有股东资格。法院认为,因股东资格是经公司发起人签署公司章程后经国家行政管理机关登记确认的,且根据法律规定,股东未缴纳出资的,除应当向公司足额缴纳外,还应当向已足额缴纳出资的股东承担违约责任,而非因此丧失股东资格,另企业法人在被吊销营业执照后未注销登记前,虽然丧失经营资格,但其法人资格仍然存续,故原告的此项诉讼请求,缺乏法律依据,法院不予支持。

3. 通过法律适用解释适当扩大清算主体范围

根据我国《公司法》第184条的规定,公司解散后,有限责任公司的股东、股份有限公司的董事和控股股东有义务及时启动清算程序对公司进行清算,即有限责任公司的股东和股份有限公司的董事、控股股东应为公司解散后的清算义务人。在(2006)海民初字第1833号案件中,法院认为,原告白俊、石德福系广润源公司债权人,但广润源公司一直未履行到期债务。2002年7月,广润源公司被吊销营业执照并被责令清算,但该公司控股股东、本案被告广润研究所始终未组织清算,不履行法定义务。原告作为债权人,要求被吊销营业执照的债务人的股东进行清算,于法有据。

除股东、控制股东、董事外,法院通过法律适用解释,确认公司开办单位或设立者为清算义务人。如在(2006)海民初字第00976号判决中,法院认为,拿泰来公司与飞云公司之间有债权债务关系,拿泰来公司系飞云公司的债权人。西山农场是飞云公司的主办单位,亦是其清算主体。因飞云公司未经法定清算程序丧失法律人格,故西山农场应承担对飞云公司进行清算的责任。拿泰来公司的诉讼请求,法院予以支持。(2006)海民初字第17506号,原告北京城建银地物业管理有限责任公司(以下简称银地公司)与被告北京市五路木材公司(以下简称五路公司)、北京天坛联合实业发展公司(以下简称天坛公司)、北京新元矿业有限责任公司(以下简称新元公司)、北京金隅集团有限责任公司(以下简称金隅集团)清算纠纷一案,法院认定银地公司与管委会的承揽合同纠纷案中,银地公司对管委会享有347239.71元的债权。银地公司对管委会的债权尚未得到清偿,银地公司仍是管委会的合法债权人,与管委会的清算主体之间有法律上的利害关系,依法享有清算请求权。参照企业法人被吊销营业执照的情形,该管委会应当依法进行清算。金隅集团作为管委会的设立者,五路公司、天坛公司、新元公司作为管委会的具体组建管理者均是管委会的清算主体,应共同承担清算责任。

4. 创造性地确立股东作为指定清算申请人的地位

我国《公司法》仅规定了债权人有申请法院进行清算的权利,而排除了其他利害关系人的清算请求权,有违法律公平、公正的价值追求。在公司出现法定解散事由的情形下,尤其是如因股东的直接矛盾而发生司法解散的情形下,股东可能无法组成清算组共事清算事宜。而这不仅会损害债权人的合法权益,也无疑将会损害公司股东的合法权益。试想,如若此时公司没有对外负债或公司债权人尚不知情,依现有法律之规定,试图通过清算而分配剩余财产以便从公司脱身的部分股东既无法说服其他股东在法定期限内组成清算组,又无法为了维护自身权益而向法院提起诉讼要求指定清算组,此会陷入另一个"公司困境",主观上希望履行清算义务但客观上却使无法履行的股东的合法权益将受到那些主观故意不履行清算义务的股东的侵犯而无从救济。因此,应当赋予这类股东在超过法定期限未能成立清算组的情形下向法院提起清算公司之申请的权利,被申请人应当是故意不履行清算义务的股东及作为清算对象的公司。特别是最新颁布的《最高人民法院关于适用〈中华人民共和国公司法〉若干问题的规定(二)》第7条有明确规定:"债权人未提起清算申请,公司股东申请人民法院指定清算组对公司进行清算的,人民法院应予受理。"

(2006)通民初字第7311号判决书,有限责任公司依法被吊销营业执照后,应当由股东组成清算组进入清算程序。公司股东在其他股东不履行清算义务时可以作为原告提起要求公司清算的诉讼,股东是法定的清算义务人,不履行清算义务的股东是该类诉讼的被告。此外,(2007)海民初字第15758号股东会清算诉讼丰润达公司已被工商局吊销营业执照,燕山研究院、农科院、陆海丰公司、陈锡德、叶志强作为丰润达公司的股东,依照法律及公司章程的规定负有对该公司进行清算的义务。现丰润达公司股东未成立清算组,亦未对丰润达公司依法进行清算,故燕山研究院要求农科院、陆海丰公司、陈锡德、叶志强与其共同组成清算组,对公司进行清算的诉讼请求有事实及法律依据,法院予以支持。(2007)海民初字第15360号、15362号判决亦类似。

5. 对清算申请或清算之诉的时效法律适用解释

该种期间法律适用,是法院从保护债权人的角度来解释的,实践中债权人往往缺乏及时得知公司解散的渠道。因为我国不存在解散登记制度,而"通知或者公告债权人"是清算组成立后的职责,所以,债权人没有正常的获取公司解散的渠道。除企业登记机关专门行使吊销营业执照外,对可以吊销营业执照的违法行为的查处还有其他机关,而现行营业执照保管方式和企业信息查询体制,不能使债权人等相关利益者及时获取公司解散的时间信息,这样为债权人行使申请法院指定清算组成员权利增加了难度。

(2007)海民初字第03131号判决,就原告凯达宏业公司的起诉是否已超过诉讼时效期间的问题,法院认为:股东的清算义务是一项法定义务,股东必须予以履行。在因股东不履行清算义务而引发的诉讼中,原告提出的要求股东对公司进行清算的请求,并非要求股东向特定的原告为特定行为,故既非行使债权请求权、亦非物权请求权,因此并不适用《民法通则》中关于诉讼时效的规定,因为《民法通则》所规定的诉讼时效是仅适用于以相对人之间的给付为本质内容的请求权。

6. 公司被吊销营业执照的清算财产范围与保护

在(2006)海民初字第 08927 号判决中,城市通公司已被工商行政管理机关吊销营业执照,并经人民法院判决由几位股东对其进行清算,因城市通公司清算组也未成立,公司的股东林宇以自己的名义直接提起诉讼,为城市通公司请求利益保护。法院认为,此案是城市通公司的股东林宇起诉城市通公司的另一股东新概念公司,要求新概念公司向城市通公司赔偿损失,案件类型属于"股东代表诉讼"纠纷,即当违法行为人因其违法行为给公司造成损失,公司拒绝或怠于向该违法行为人请求损害赔偿时,公司股东有权为了公司的利益以自己的名义提起诉讼,请求违法行为人赔偿公司损失。我国《公司法》第 152 条对"股东代表诉讼"作了具体的规定。城市通公司的董事会或监事会已不能再对外行使相关职权,包括代表公司行使起诉权,通过书面请求监事会或董事会提起诉讼寻求救济已无实际意义和可能,公司的股东林宇以自己的名义直接提起诉讼,为城市通公司请求利益保护,符合法律规定,作为本案原告适格。新概念公司在未征得城市通公司全体股东意见的情况下,非法占用城市通公司财产的行为,给该公司造成了财产方面的损失,应承担相应的赔偿责任,故其作为本案被告适格。新概念公司提出,林宇在 2002 年 11 月 6 日即发现了其收回 170 万元的事实,至本案起诉时已过法定两年诉讼时效期间,丧失了胜诉权。对此法院认为,我国《公司法》在 2005 年 10 月 27 日修订之前,尚无"股东代表诉讼"制度的明确规定,林宇尚无法定之诉权,因而不受诉讼时效制度的适用约束。修订后的《公司法》明确规定了"股东代表诉讼"制度,赋予股东起诉权。林宇起诉之日,在修订后的《公司法》实施日之后,并未超过法定诉讼时效期间,因此法院判令其将非法款项及相应利息偿付给城市通公司,列入城市通公司清算财产范围。

7. 股东有限责任与公司人格否认的司法适用

在企业投资人对企业债务的责任承担上,主要就是无限(连带)责任和有限责任两类。在企业正常经营过程中,这两类责任制度的分野并不明显,然如果企业从正常经营转入清算,两类责任制度的差别就截然分明了。如果投资人承担无限责任,则在清算完毕、企业债务未能得到全部清偿的情况下,投资人还要以自己的个人财产承担责任。如果投资人承担的是有限责任,在不适用否认法人人格的情况下,即使有存在企业债务未得到全部清偿的情况,投资人也仅在出资范围内承担责任(包括将先期未到位的出资补交)。因此,通常情况下,我们可以肯定地说,所谓企业投资人的有限责任或无限责任,实际多指在企业清算的情况下才会发生实质作用。

公司非破产清算是公司法律制度的一个非常重要的内容。公司从依法成立之日即具有法人人格,一直存续到公司解散并清算,公司依法终止之后法人人格才最终消灭。公司清算分破产清算和非破产清算两种。对于中国公司而言,非破产清算又占据较大的比例。非破产清算在维护公司各利害关系人的利益平衡,避免因利益不均而引起纠纷,保证社会经济秩序长远且稳定的发展方面具有重要意义。但是,在我国大量存在未经非破产清算,对公司债权、债务进行清算而注销公司,或公司被吊销之后弃之不管的情形,这实际上是公司股东滥用了公司法人人格制度,逃避应当履行的义务,同时也违背了民法的诚实信用原则。新修改的公司法在总则中建立了公司法人人格否认制度,但这只是一个原则,适用范围和条件均无具体规定。

(2005)海民初字第11602号判决运用公司人格否认,判定控股股东对公司债权承担连带责任;(2007)海民初字第536号判决、(2006)一中民初字第12205号判决,体现了公司股东在法定期限内不履行清算,法院认定其有过错,应该承担清算责任;然债权人不能举证自己债权因股东不履行清算义务而受到损害,所以法院只能判定股东履行清算义务。

四、典型案例评析

(2007)海民初字第536号,硕旺公司在2005年2月1日被吊销营业执照。用友公司、刘建南、王兴茂、何检、余琼作为硕旺公司的股东,在硕旺公司被吊销企业营业执照后,应当组织成立清算组,对硕旺公司进行清算。但用友公司、刘建南、王兴茂、何检、余琼并未主动履行清算义务。而且,在深圳市工商局于2005年8月9日向硕旺公司的5名股东发出参加硕旺公司清算工作的书面通知后,除寄往刘建南、余琼的邮件因原址查无此人被退回外,收到邮件的用友公司、王兴茂、何检仍未参加硕旺公司的清算工作。用友公司、刘建南、王兴茂、何检、余琼存在怠于履行清算义务的过错。

诉讼中,虽然用友公司、刘建南、王兴茂、何检、余琼并未向法院提交证据证明硕旺公司的财产在该公司被吊销营业执照后没有毁损、灭失或贬值，但依据法院查明的事实认定，张远康与硕旺公司在深圳市南山区人民法院进行一审诉讼时曾提出财产保全申请，但法院仅保全了硕旺公司500余元存款，未能保全到该公司的其他财产。深圳市中级人民法院就张远康与硕旺公司一案进行二审审理时，硕旺公司无正当理由未出庭应诉。2004年12月25日，张远康就该案生效判决申请强制执行后，法院依旧未能执行到硕旺公司的财产。由此可见，硕旺公司在营业执照被吊销之前即已存在逃避债务的行为。而在2005年2月1日，即硕旺公司被吊销营业执照时，已无法确定硕旺公司有可供执行的财产。故法院认为，在硕旺公司的股东应承担清算义务之前，硕旺公司的人员和财产均已下落不明，无法确定该公司是否有可供执行的财产，只有在对硕旺公司清算之后才能确定其财产状况。因此，不能认定系因用友公司、刘建南、王兴茂、何检、余琼怠于履行清算义务的行为造成硕旺公司财产毁损、灭失、贬值而侵害了张远康对硕旺公司的债权，故张远康主张其债权遭受损失的因果关系不能成立。

本章以此案为基础，从构设条件角度分析清算主体的清算义务、清算法律责任，以及法人资格否认等相关法律问题。

（一）清算主体的清算义务与法律责任

1. 清算主体的清算义务

股东承担有限责任是公司法的基本原则之一，同时，债权人的合法权益依法得以保护对交易效率和安全的实现来说必不可缺。公司被吊销营业执照后，组成清算组进行清算，对公司资产、债权债务关系进行清理处分，了结公司债务，并向股东分配剩余财产，终结公司所有法律关系和公司法人资格。公司清算肩负着维护公司债权人、股东等各利害关系人的利益平衡和保证社会秩序稳定的重任。清算的最终目标和价值则在于通过清算程序对公司债权人利益、公司股东权益和社会经济秩序的维护。

从各国立法上看，并不存在明确规定清算义务的立法例。在理论上，韩国著名商法学者李哲松在论述股份有限公司股东的义务时，也明确指出："出资义务是股东的全部义务，除此之外股东不承担任何责任"。我国《公司法》上的公司全部是股东承担有限责任的公司，可以说股东承担的出资义务是其全部义务。

我国《公司法》第184条规定公司解散后的清算，由股东、董事或控制股东组成清算组清算，这就涉及选任清算组是否也是义务的问题。在我国企业立法"重设立,轻终止"的立法状况和实务中存在大量无人负责清算的情况下,强调选任清算组义务是从源头解决问题的重要措施。在有限责任公司的法定清算人是股东,也可以说是股东有清算义务。股份有限公司虽然往往人数众多,但是实际只有控股股东在控制公司,我国《公司法》上所谓的"股份有限公司的清算组由股东大会确定其人选",实际上就是按控股股东的意志组织清算组。因而,控股股东或派员担任董事的股东负有清算义务,和股份有限公司运行的实际情况是符合的。

2. 清算义务主体因违反清算义务而承担的责任

如若股东积极履行了清算义务,即使公司清算后的财产不能清偿全部债务,股东也不再承担清偿责任,其原因在于股东的有限责任。如若股东拒不履行清算义务或不适当履行清算义务,股东就要承担赔偿或清偿责任。

关于不履行清算义务的赔偿责任。最新颁布的《最高人民法院关于适用〈中华人民共和国公司法〉若干问题的规定(二)》第18条规定有限责任公司的股东、股份有限公司的董事和控股股东未在法定期限内成立清算组开始清算,导致公司财产贬值、流失、毁损或者灭失,债权人可以主张其在造成损失范围内对公司债务承担赔偿责任。实际控制人亦然。

关于不履行清算义务的清偿责任。最新颁布的《最高人民法院关于适用〈中华人民共和国公司法〉若干问题的规定(二)》第18条规定有限责任公司的股东、股份有限公司的董事和控股股东因怠于履行义务,导致公司主要财产、账册、重要文件等灭失,无法进行清算,债权人可以主张其对公司债务承担连带清偿责任的。实际控制人亦然。第20规定公司未经清算即办理注销登记,导致公司无法进行清算,债权人可以主张有限责任公司的股东、股份有限公司的董事和控股股东,以及公司的实际控制人对公司债务承担清偿责任。第22条规定公司财产不足以清偿债务时,债权人可以主张未缴出资的股东,以及公司设立时的其他股东或者发起人在未缴出资范围内对公司债务承担连带清偿责任。

所以根据相关法律规定,清算主体在企业被吊销营业执照后一年内不尽清算责任,造成企业财产毁损、灭失、贬值等,致使债权人的债权遭受实际损失的,清算主体应当在造成损失的范围内向债权人承担赔偿责任。如果因硕旺公司的股东用友公司、刘建南、王兴茂、何检、余琼怠于履行清算义务的行为造成硕旺公司的财产毁损、灭失、贬值等,而使张远康的债权遭受实际损失,则用友公司、刘建南、王兴茂、何检、余琼应赔偿由此给张远康造成的损失。

（二）股东有限责任

公司制度中的有限责任原则最大的优点在于将投资者的风险、责任限制在投资范围内，隔断了债权人对股东债务的直接追索，极大地激发了人们对财富的追求热情，有力地促进和鼓励了出资，换来了资本的聚积，社会资本被充分利用，促使人类社会经济加速向前发展。法律确立股东有限责任原则，是因为社会的繁荣和发展、财富的创造依赖于大量公司的出现和发展，而在这样一个充斥大量风险的市场经济中，公司面临随时陷入资不抵债的境遇，对此损失显然不能由殚精竭虑苦心经营的股东承担无限责任。最为重要的前提是股东承担有限责任是依据法律的规定所公示成立的，任何债权人与公司有交易时应当有所预见。不可预见、避免的经营失败或损失，由个人承担有违公平，阻碍人们创造社会财富的追求。维护有限责任对股东的保护，是现在社会发展所必需的。经正常清算程序，不论公司资产与公司债务的数量关系如何，股东均不会为公司债务而有出资之外的另行支出，且在资产大于债务的场合，股东还可获得剩余财产的分配。这正是在公司制度下，股东有限责任利益的具体体现，而股东履行清算义务应是其享有有限责任利益的程序条件。

清算责任，公司解散清算诉讼中，如果债权人以公司和清算主体为共同被告，要求清算主体承担清算责任的，应当判决公司承担给付义务，清算主体承担清算责任，并以清理的公司财产承担公司的清偿责任；如果债权人仅起诉清算主体要求其承担清算责任的，可以判决清算主体对公司进行清算，承担清算责任。为了保证公司解散后清算的及时进行，必须让负有清算义务的人对其不履行清算义务而造成的损失承担赔偿责任。公司被吊销营业执照后组织清算时的控制权在法定清算人手中，公司会计账簿等文件归其保存，债权人很难举证证明公司解散时存在多少财产，无法证明自己受到多大损失，法院无法判定股东应当承担赔偿责任的具体数额。

在未来的司法实践中，应当规定将公司财产状况的举证责任分配给清算主体承担，即举证责任倒置，如果法定清算人不能证明公司解散时的资产状况和其行为造成公司财产价值减损的数额，或者公司现有财产已经下落不明的，则推定解散时公司财产足以清偿债权人的债权，法定清算人应对公司财产不足清偿债权人的部分承担全部责任。

本案中，法院认定硕旺公司在被吊销营业执照前有逃避债务的行为，在硕旺公司的股东应承担清算义务之前,硕旺公司的人员和财产均已下落不明,无法确定该公司是否有可供执行的财产,只有在对硕旺公司清算之后才能确定其财产状况。因此,不能认定系因用友公司、刘建南、王兴茂、何检、余琼怠于履行清算义务的行为造成硕旺公司财产毁损、灭失、贬值而侵害了张远康对硕旺公司的债权,故张远康主张其债权遭受损失的因果关系不能成立。此案显示出法律对债权人救济的不足,解决此困境,有待将来司法实践的创造性贡献,也有赖于配套法律制度的完善。

原则上公司应以其财产对外独立承担民事责任,股东不对公司债务直接承担责任。但是,如果股东没有缴足出资或者抽逃出资、转移公司财产,在公司解散后,公司财产不足以清偿公司债务的,股东应对公司的债务在出资不实、抽逃或者转移财产的范围内对债权人承担责任。

(三) 公司人格否认及相关责任

1. 公司人格否认概述

A. 公司人格的概念和来源

所谓公司法人人格否认,简而言之,就是在坚持公司法人人格独立,使股东在承担有限责任的前提条件下,在特殊情况下,对公司独立人格予以否认,让公司股东对债务承担连带责任。

公司法人人格否认制度源于美国法院的判例,这一法理历经百年,至今在适用要件和场合方面仍无统一定论。虽然各国都是在承认公司人格独立和股东有限责任具有普遍适用性的前提下对公司人格独立的例外状况谨慎地适用该法理,然而种种例外状况因无法律明确规定,基本上还是以司法审判的方式通过事后的救济来矫正滥用公司人格而产生的分配不公。国外公司法实践中,在非破产清算中存在的问题并不普遍,故适用法人人格否认法理的案例不多。

B. 公司人格否认的经济学分析

市场主体作为自身利益的最佳判断者,追求自身利益最大化,时刻都会对遵守法律和不遵守法律的成本效益进行比较分析。如果不遵守法律的成本低于遵守法律的成本,而收益高于遵守法律的效益,市场主体会选择不遵守法律而降低成本,获得效益。公司股东和相关自然人利用公司法规定的疏漏,受追求自身利益最大化的驱使,希望或放任公司被吊销营业执照而不进行清算。有的公司由于经营不善自行倒闭在办理正常的注销手续时费时费力费钱;有的是为了逃废债务、银行借款或税款;有的则是参与了违法犯罪活动,采取不去年检的"自行冷却"的办法。公司法规定的疏漏和不可操作性给了市场主体可乘之机,营业执照被行政机关吊销后一了百了,对股东和相关自然人的既得利益丝毫无损,也不会带来任何不利的法律后果,希望或放任自己的营业执照被吊销便成了最为经济的选择。因此,被吊销营业执照是预料中的,从根本上讲是市场主体自己作出选择的结果,这种被吊销营业执照的"行政处罚"比选择注销公司对其更为有利。

C. 公司人格否认的运用

有限责任具有的这种天生缺陷(即投资人对企业债务仅承担有限责任,对于债权人的保障不充分),在现代社会,公司负债经营事实上已成为公司充分利用社会资金获得经济利益的有效途径之一,换个角度说公司债权人也可视为公司的投资人,只是二者获取利益的方式不同,往往债权人收益小、风险大。既然债权人的地位如此重要,则对其利益也要加以着重的保护。

针对清算义务人逃债意图明显的严重违法行为,应该突破有限责任的限制,要求法定清算人赔偿债权人的全部债权损失,也就是让法定清算人对公司债务承担无限连带责任。

笔者认为鉴于我国公司运行实践中非破产清算中存在的问题较多,应当适用公司法人格否认法理,追究股东个人的责任,以切实保护债权人的利益,维护各方面的利益平衡。通过加大清算义务人的责任对规范市场、保护债权人的合法权益发挥积极作用。在明确法律规定的清算义务人该清算不清算要承担相应的民事责任后,清算义务人会在借解散逃废债务(承担上述清算义务人民事责任)和依法清算了结公司债务(享有有限责任庇护)中进行利益权衡,如果其仍然选择该清算不清算的,则说明其愿意承担这样的后果,因此,根本不用担心这样规定会损害清算义务人的权益。

2. 连带清偿责任

如果股东不履行清算义务,意味着其放弃了有限责任的保护,应当推定其由此获得的利益大于其依法清算所获得的利益,即股东占有了足以支付公司债务的公司财产,先于债权人而对公司财产进行分配,由于其接收的公司财产足以清偿债务,故其负有对公司全部债权的连带清偿责任。

具体而言,连带清偿责任的构成要件:

第一是主体要件:公司法人格否认的义务主体,即公司法人格之滥用者。公司法人格之滥用者通常是该公司之握有实质控制权力的股东,以实际对公司的控制作为表征。权利主体,指股东滥用公司法人格而受到损害者,可能包括公司、公司其他股东、债权人以及社会公众,通常只有债权人和代表国家利益或社会公共利益的政府部门才有权作为权利主体提起公司法人格否认之诉。

第二是行为要件:实施了滥用公司独立人格的行为。需借助公平、正义理念在司法个案中评判,最新颁布的《最高人民法院关于适用〈中华人民共和国公司法〉若干问题的规定(二)》第18、20、22条对司法实践作出总结规定。在司法审判中,原告的举证责任较重,客观上证据较难搜集,原告的诉讼主张就很难获得法院的支持。

第三是结果要件:滥用公司独立人格给债权人或社会造成损害,行为和结果之间有因果关系。

在司法审判实践中,如果严格限定公司法人人格否认制度,可以防止法官滥用自由裁量权,避免引起股东人人自危,影响公司制度的健康发展,但是这种做法可能会在对债权人的救济方面保护不力。如果适度,虽可以更好地保护债权人,免受滥权股东的欺诈,但也存在着法官可能滥权的危险。清算中发现股东有《公司法》第20条规定情形的;清算程序中清算人拒不清算或者违法清算的,实际上是利用公司控制地位不尽清算义务,发生人格混同;公司法人资产不明、账目不清、无法清算时,可以推定股东滥用公司人格或者董事故意侵权;由他们对公司债务承担无限连带责任。清算中发现股东虚假出资、出资不实或者抽逃出资导致资金没有达到法律规定的最低标准,违背了资本法定原则,则其不具备法人资格,由股东对公司债务承担连带责任。

法律虽然直接规定了人的行为规范,但它对人的行为的影响并不是直接的,它只是通过改变人的行为的成本—收益结构来影响人的行为,并促使其做出某种预期的行为。法律规范与人的实际行为之间并不能划等号,因为虽然存在法律的具体规定,但最终作出选择的还是人自身。事实上,行为人与立法者、执法者之间一直在进行博弈,立法者和执法者力图使行为人的行为达到其设定的目标,而行为人则有其自己的选择,这种选择既有可能是遵循法律,也有可能是违反法律,还有可能是规避法律。博弈的结果是否尽如己意则要视立法者、执法者和行为人各自的行为、信息、能力等而定。作为司法审判方的法院,为公司清算制度的完善应当发挥应有的作用。

第十六章 专业机构在公司纠纷案件中的民事责任承担问题研究
——以注册会计师责任为重点

引言

专业机构,也称中介机构,主要包括会计师事务所、注册资产评估师、证券公司、律师事务所、注册税务师以及咨询机构、评级机构等。随着经济的发展,新型中介机构会不断地出现,传统中介机构也会推出新类型的业务。总之,在现代经济中,中介机构的地位必然日益重要。

人们之所以需要中介机构,是因为中介机构往往是某一领域的行家,对于某些中介机构,如会计师事务所,还需要保持独立性以提高服务的质量。因此,人们对中介机构的结论往往是信任的,中介机构的报告往往是人们作出投资、交易决策的重要依据。但是中介机构虽然是其专业领域的专家,但专家有时候也难免会犯错误,更何况,中介机构从其客户那里收取费用,有的中介机构难免沦为其客户的工具。一旦客户的经营出现问题,中介机构也往往会被推上被告席。

2006年起实施的我国新《公司法》第208条对中介机构的法律责任作出了较为全面的规定。这是人民法院在审理公司纠纷中中介机构民事责任的法律依据。

中介机构的责任问题近几年来引发了实务界和学界较多的关注。北京市高级人民法院对这一问题也非常重视,把这一问题作为专题进行研究。本章的内容就是这一研究成果的体现。

本章试图以我国《公司法》第 208 条作为根本法律依据,结合北京市高级人民法院的审判实践以及最高人民法院相关的司法解释,以及著名学者的观点和论证,以注册会计师的审计义务、验资业务,注册资产评估师的资产评估义务为内容,以法律关系分析和法官在裁量时应考虑的因素为分析重点,力图给读者一个较为完整的视角。注册会计师被称为经济警察,注册会计师的法律责任也是中介机构责任最典型的体现,因此,本章将以注册会计师的审计责任和验资责任为中心展开。

中介机构民事责任案件是发展中的新类型案件。但目前该类案件数量还不是很多,笔者只找到了一个案件。在本书最后,对这一案件进行分析。

一、注册会计师的法律地位

(一)审计的起源与发展①

如果要了解注册会计师的法律地位和责任,我们应当首先从历史的角度思考一下注册会计师法律审计的起源以及发展,以此为主线,了解现代社会注册会计师的法律责任。

注册会计师审计起源于 16 世纪意大利合伙企业制度,形成于英国股份制企业,发展和完善于美国发达的资本主义市场。

注册会计师审计起源于 16 世纪的意大利。当时地中海沿岸的商业城市已经比较繁荣,而威尼斯是地中海沿岸国家航海贸易最为发达的地区,是东西方贸易的枢纽,商业经营规模不断扩大。由于单个的业主难以向企业投入巨额资金,为适应筹集所需大量资金的需要,合伙制企业便应运而生。合伙经营方式不仅提出了会计主体的概念,促进了复式簿记在意大利的产生和发展,也产生了对注册会计师审计的最初需求。

18 世纪下半叶,英国的资本主义经济得到了迅速发展,生产的社会化程度大大提高,企业的所有权与经营权进一步分离。于是英国出现了第一批以查账为职业的独立会计师。他们受企业主委托,对企业会计账目进行逐笔检查,目的是查错防弊,检查结果也只向企业主报告,所以此时的独立

---

① 中国注册会计师协会:《审计》,经济科学出版社 2008 年版。第 1—6 页部分历史材料和表格是徐永涛老师课件内容。

审计尚为任意审计。

注册会计师审计产生的"催产剂"是1721年英国的"南海公司事件":

英国政府在银行家的建议下,将发行中奖债券所募集到的资金于1710年创立了南海股份有限公司,从事盈利前景诱人的殖民地贸易。公司趁股票投机热在英国方兴未艾之机,于1719年发行了大量股票。该年底,一方面政府扫除了殖民地贸易的障碍,另一方面,公司的董事们开始对外散布利好消息,并预测在1720年的圣诞节,公司可能要按面值的60%支付股利。1720年3月,南海公司股价由发行时的114英镑劲升至300英镑。

1720年7月,公司老板布伦特实施:以数倍于面额的价格发行可分期付款的新股,同时又将获取的现金转贷给购买股票的公众,此时南海的股价扶摇直上,股价高达1050英镑,一场投机浪潮席卷全国。各种职业的人都被卷入这场漩涡。

1720年6月,英国国会已通过了《泡沫经济取缔法》,许多公司被解散,公众的怀疑逐渐扩展到南海公司,继股价高达1050英镑后,外国投资者首先开始抛售南海的股票。1720年12月公司股票下跌到124英镑,政府对公司财产清查,其资本已所剩无几。

为了避免南海公司案的重演,英国政府于1844年颁布了《公司法》,规定股份公司必须设监察人,负责审计公司账目;1845年又对《公司法》进行了修订,股份公司必须经董事以外的人员实施审计;1862年《公司法》又确定CPA为法定的破产清算人,从而,确立了CPA的法律地位。(1853年创办爱丁堡会计师协会)

这一时期英国注册会计师审计的主要特点:注册会计师审计的法律地位得到了确认;审计的目的是查错防弊,保护企业资产的安全和完整;审计的方法是对会计账目进行详细审计;审计报告使用人主要为企业股东等。

从20世纪初开始,全球经济发展重心逐步由欧洲转向美国,因此,美国的注册会计师审计得到了迅速发展,对注册会计师职业在全球的迅速发展发挥了重要作用。

(1)资产负债表审计阶段(美国式审计、信用审计):审计对象由会计账目扩大到资产负债表;审计目的是通过对资产负债表数据的检查,判断企业的信用状况;审计方法开始采用抽样审计。报告使用人除企业股东外,扩大到债权人。

(2)利润表审计:经济危机促使企业利益相关者关心企业的盈利能力,

注册会计师主要对利润表审计。

（3）财务报表审计阶段：审计对象转为以资产负债表和损益表为中心的全部财务报表及相关财务资料；审计目的主要是对财务报表发表审计意见，鉴证财务报表的可信性。审计范围已扩大到测试相关的内部控制，并广泛采用抽样审计。这时的报告使用人扩大到了股东、债权人、证券交易机构、税务、金融机构及潜在投资者、社会公众。

注册会计师审计的发展

阶段	时期	特点	
英国式审计（详细审计）	1844年至20世纪初	审计目的：查错防弊；审计对象：会计账目；审计方法：详细审计；审计报告使用人：股东。	18世纪产业革命后的英国，大量股份公司的出现，财产的所有权和经营权的分离越来越明显，为民间审计奠定了基础。"南海公司事件"促成了民间审计行为的产生。1844年英国颁布《公司法》奠定了注册会计师审计的法律地位。
美国式审计（资产负债表审计）	20世纪初到20世纪30年代初	审计对象：资产负债表；审计目的：偿债能力（信用状况）；审计方法：初步转向抽样审计；审计报告使用人：除股东外，更突出债权人。	全球经济发展重心由欧洲转向美国，注册会计师审计发展的中心也由英国转向了美国。由于金融资本对产业资本的渗透，银行需要了解企业的财务状况和偿债能力方面的信息。
财务报表审计	20世纪30—40年代	审计对象：以资产负债表和利润表为中心的全部财务报表及相关财务资料；审计目的：确定财务报表的可信性，查错防弊转为次要目的；审计方法：广泛采用抽样审计；审计报告使用人：使用人广泛；	20世纪30年代初，世界发生了历史上最严重的经济危机，从客观上促使企业利益相关者从只关心企业财务状况转变到更加关心企业盈利能力。审计范围也扩大到测试相关的内部控制。
管理审计与国际审计	20世纪40年代以后	审计体系已建立；审计竞争加剧；事务所规模扩大；抽样审计方法普遍采用；制度基础审计方法得到推广；计算机辅助审计技术得到广泛采用；注册会计师业务扩大到代理纳税、会计服务、管理咨询等领域。	国际性会计师事务所先后多次合并，由"八大"合并为"六大"，之后又合并为"五大"。安然事件后尚有"四大"，它们是普华永道、安永、毕马威、德勤。

(二)现代注册会计师的法律地位

前文从历史的角度梳理了注册会计师审计的历史渊源,以及现代财务报表审计的最基本框架。结合我国目前的法律和实践,把握现代注册会计师的法律地位,应当注意以下几点:

1. 现有法律和司法解释的梳理

涉及注册会计师法律责任的法律主要有《注册会计师法》、《公司法》、《证券法》等几部法律。涉及的司法解释一共有六个,分别是:

最高人民法院法函【1996】56号《关于会计师事务所为企业出具虚假验资证明如何处理的复函》。这是最高人民法院关于注册会计师民事责任方面的第一个司法解释性文件,提出了"虚假验资证明"概念,并根据《注册会计师法》第42条之规定认定会计师事务所应当承担赔偿责任,为人民法院审理这类案件提供了具体依据。

最高人民法院法函【1997】10号《关于验资单位对多个案件债权人损失应如何承担责任的批复》。该解释确定了事务所民事赔偿责任范围,即要求验资单位对公司债务在验资报告不实部分或者虚假资金证明金额以内,承担民事赔偿责任。虽然使用"不实验资报告"和"虚假资金证明"两个概念似乎意在区分"故意"与"过失",但在承担责任方面并没有区别。此外,该解释确定了会计师事务所民事赔偿责任范围,即要求验资单位对公司债务在验资报告不实部分或者虚假资金证明金额以内,承担民事赔偿责任。

最高人民法院法函【1998】13号《关于会计师事务所为企业出具虚假验资证明应如何承担责任问题的批复》。该司法解释确定了验资责任的基础和责任性质即违约责任,"会计师事务所为企业出具验资证明,属于依据委托合同实施的民事行为"。同时,第一次提出了"利害关系人"的概念,并规定事务所对"利害关系人"承担责任,该责任属于侵权责任。

最高人民法院法释【2002】21号《关于金融机构为企业出具不实或者虚假验资报告资金证明如何承担民事责任问题的通知》。该文件在总结以往审判实践经验和教训的基础上,在一定程度上纠正了以往司法解释中将验资责任认定为担保责任的错误做法,并明确要求严格按照过错程度大小来承担相应的过错赔偿责任。此外,该文件第一次规定了免责事由,即企业登记时出资人未足额出资但后来补足的,或者债权人索赔所依据的合同是无效的。

最高人民法院法释【2003】2号《关于审理证券市场因虚假陈述引发的民事赔偿案件的若干规定》，该解释第24条和第27条规定了会计师事务所在证券业务中的民事责任的性质为侵权责任，并采取过错推定的归责原则和举证责任倒置的分配模式。

最高人民法院法释【2007】12号《关于审理涉及会计师事务所在审计业务活动中民事侵权赔偿案件的若干规定》。在承继、整合和矫正既往司法解释基础上，该司法解释在以下几个方面作出较新的规定：(1)明确侵权责任产生的根本原因；(2)明确利害关系人的范围；(3)承认执业准则的法律地位；(4)统一适用过错推定原则和举证责任倒置分配模式；(5)明确此类诉讼的条件和诉讼主体列置等程序规定；(6)明确区分会计师事务所承担补充责任和连带责任的具体情形；(7)强调过失比例责任和责任顺位；(8)认定会计师事务所过错责任的具体指引；(9)完善不承担责任和减轻责任的事由；(10)强调审判程序的重要性。①

2.《执业准则》的法律地位

要明确注册会计师的法律地位，把握会计师是否承担责任，还应当把握《中国注册会计师执业准则》的法律地位。也就是说，如果注册会计师认真遵守了执业准则的话，是否还应当承担法律责任。1996年4月4日，针对四川德阳会计师事务所的验资案件，最高人民法院发布法函【1996】56号《关于会计师事务所为企业出局虚假验资证明应如何处理的复函》。该复函虽然强调了《注册会计师法》第42条的内容，却未对该条文作出更加具体的解释，从而对整个注册会计师行业产生了较大的影响，被认为掀起一场"验资诉讼风暴"。很多会计师事务所被列共同被告，很多人民法院也直接依据该复函的规定及其精神作出会计师事务所承担民事责任的判决。当时的司法实践显示，在各种有关会计师事务所作为被告的民事案件中，当会计师事务所以严格遵守了执业准则作出不承担责任的抗辩时，很多法官认为执业准则只不过是一个民间社会团体制定的执业手册而已，既不能作为会计师事务所抗辩的依据，也不能作为审判案件的依据。

那么，我国的执业准则的法律地位究竟如何呢？②

第一，就现行法律规定而言，《注册会计师法》第35条规定："中国注册

---

① 奚晓明主编、最高人民法院民二庭编著：《关于会计师事务所审计侵权赔偿责任司法解释理解与适用》，人民法院出版社2007年版，第6页。
② 同上书，第76—80页。

会计师协会依法拟订注册会计师执业准则、规则,报国务院财政部门批准后施行。"由此可见,我国执业准则的法律渊源应属行政规章。从《注册会计师法》第21条、第42条等条文中可以看出,该法已对注册会计师及事务所在什么情况下承担法律责任作出了明确界定,其判定会计师事务所过错的依据就是执业准则。

第二,就执业准则的产生原因而言,之所以会产生"合理的保证责任"以及"执业准则",是因为审计成本与效益的存在。根据审计成本效益理论,在委托代理关系中,由委托人支付,最终由社会公众承担的合理的审计费,是降低委托代理风险度最经济的控制机制。公司股东或者财务报告的使用者必须权衡委托会计师事务所进行审计的收益和成本。如果会计师事务所能够在既定的审计成本下发现重大错弊,对于股东而言无疑是利益最大化的选择,这就是会计师事务所只承担"合理的保证责任"的制度基础。考虑到审计成本效益的原则,委托人基于利益最大化的考虑,不要求会计师查处所有的错弊,所以,允许会计师存在一定的审计失败,审计风险有其存在的合理性。将保证会计师事务所能够以最合理的成本将所有的重要错弊都审查出来而形成的一些特定程序和规则,就成为"执业准则"。"执业准则"既是会计界和审计界的职业准则或行业准则,也是股东委托人或其他社会公众委托人的利益要求。因此,"执业准则"既是会计职业的生命线,也是会计界和审计界防范职业法律风险的重要手段。

第三,会计师事务所的侵权责任是一种"合理的保证责任",而非一种"绝对保证责任"。会计师事务所只要保持必要的职业注意义务,即使出具了不实审计报告,也不应承担责任。"合理的保证责任"是审计工作经过长期对比、淘汰、沉淀的产物,是会计师行业存在与发展的基础。执业准则就是衡量这种"合理的保证责任"的标尺。

因此,不宜将"执业准则"仅仅狭隘地理解为行业标准,而应尊重执业准则的权威性。最高人民法院司法解释将执业准则等行政规章纳入司法解释,作为人民法院审理会计师事务所民事侵权纠纷案件的法律适用依据。因此,是否遵守了《执业准则》的相关规定,成为法官判断注册会计师是否存在过错的一个重要依据。

二、年报审计诉讼

(一) 年报审计诉讼法律关系分析

1. 注册会计师与委托人

在注册会计师和委托人的年报审计诉讼中,委托人(一般是已经成立的公司或筹建中的公司)是原告,注册会计师是被告。由于双方之间一般存在着业务约定书,业务约定书具有合同性质,明确规定了委托人和注册会计师之间的权利义务、违约责任和纠纷解决办法。因此,法官只需要按照业务约定书的约定审理案件并宣判即可。如果业务约定书没有规定,则构成侵权诉讼案件,法官应当按照审理侵权案件的方式审理。

2. 注册会计师与利害关系人及其他相关主体

在此类诉讼中,利害关系人是原告,被审计单位和注册会计师是共同被告。

应当注意的是以下几类特殊主体的诉讼地位:利害关系人对会计师事务所的分支机构提起诉讼的,人民法院可以将该会计师事务所列为共同被告参加诉讼。利害关系人提出被审计单位的出资人虚假出资或者出资不实、抽逃出资,且事后未补足的,人民法院可以将该出资人列为第三人参加诉讼。

(二) 法官在年报审计诉讼中应考量的因素

1. 把握年报审计侵权行为的构成要件

根据相关法律和最高人民法院的相关司法解释,法官在审理注册会计师审计侵权责任时应把握以下要点:

(1) 利害关系人的界定

我国《注册会计师法》第 42 条规定,会计师事务所违反本法规定,给委托人、其他利害关系人造成损失的,应当依法承担赔偿责任。由于对利害关系人的界定不清晰,在实践中引发了很多争议。2007 年最高人民法院《关于审理涉及会计师事务所在审计业务活动中民事侵权赔偿案件的若干规定》把利害关系人界定为"因合理信赖或者使用会计师事务所出具的不实报告,与被审计单位进行交易或者从事与被审计单位的股票、债券等有关的交易活动而遭受损失的自然人、法人或者其他组织。"

在理解利害关系人的界定中,由于法官可能会在判定利害关系人是否属于"合理信赖"时产生困惑,因此有必要对"合理信赖"进行适当的阐释,所谓"合理信赖",通常是指出具审计报告的会计师事务所应当始终与被审计单位之间保持独立性,其不仅与被审计单位之间存在委托关系,而且对社会公众担负着一定的社会责任,承担着社会公众对其赋予的应有的信赖,在此预期下,与被审计单位进行交易的利害关系人无过失地对于该审计报告所持的信赖。应当说,"合理信赖"是一个授权概念,它赋予法官一定自由裁量权。把握此概念时,应当与司法解释第8条关于"利害关系人明知会计师事务所出具的报告为不实报告而仍然使用的,人民法院应当酌情减轻会计师事务所的赔偿责任"的规定结合予以考量。一般而言,如果有会计师事务所能够举证证明利害关系人明知会计师事务所出具的报告为不实报告而仍然使用的,即能够证明利害关系人在使用报告时存在故意和重大过失的,则该利害关系人即不属于"合理信赖"审计报告,由此决定会计师事务所是否可以不承担责任或者影响到利害关系人能否获得应有的赔偿。①

(2)归责原则和举证责任

前述的六个司法解释中,前四个都采纳了一般过错责任原则,而《证券法》、法释【2003】2号《关于审理证券市场因虚假陈述引发的民事赔偿案件的若干规定》和法释【2007】12号《关于审理涉及会计师事务所在审计业务活动中民事侵权赔偿案件的若干规定》则采取了过错推定原则。

我国《证券法》第173条规定:"证券服务机构为证券的发行、上市、交易等证券业务活动制作、出具审计报告、资产评估报告、财务顾问报告、资信评级报告或者法律意见书等文件,应当勤勉尽责,对所依据的文件资料内容的真实性、准确性、完整性进行核查和验证。其制作、出具的文件有虚假记载、误导性陈述或者重大遗漏,给他人造成损失的,应当与发行人、上市公司承担连带赔偿责任,但是能够证明自己没有过错的除外。"《关于审理涉及会计师事务所在审计业务活动中民事侵权赔偿案件的若干规定》第4条进一步细化了《证券法》关于注册会计师法律责任的规定,明确由注册会计师对自己没有过错承担举证责任,规定:"会计师事务所因在审计业务活动中对外出具不实报告给利害关系人造成损失的,应当承担侵权赔偿责任,但其能够证明自己没有过错的除外。会计师事务所在证明自己没有过错时,可

---

① 奚晓明主编、最高人民法院民二庭编著:《关于会计师事务所审计侵权赔偿责任司法解释理解与适用》,人民法院出版社2007年版,第71—72页。

以向人民法院提交与该案件相关的执业准则、规则以及审计工作底稿等。"

(3) 抗辩事由、减责事由与无效的免责条款

《关于审理涉及会计师事务所在审计业务活动中民事侵权赔偿案件的若干规定》第 7 条、第 8 条和第 9 条分别规定了注册会计师的抗辩事由、减责事由和无效的免责条款。

关于注册会计师不承担责任的五种抗辩事由。《关于审理涉及会计师事务所在审计业务活动中民事侵权赔偿案件的若干规定》第 7 条规定,会计师事务所能够证明存在以下情形之一的,不承担民事赔偿责任:(1) 已经遵守执业准则、规则确定的工作程序并保持必要的职业谨慎,但仍未能发现被审计的会计资料错误;(2) 审计业务所必须依赖的金融机构等单位提供虚假或者不实的证明文件,会计师事务所在保持必要的职业谨慎下仍未能发现其虚假或者不实;(3) 已对被审计单位的舞弊迹象提出警告并在审计业务报告中予以指明;(4) 已经遵照验资程序进行审核并出具报告,但被验资单位在注册登记后抽逃资金;(5) 为登记时未出资或者未足额出资的出资人出具不实报告,但出资人在登记后已补足出资。值得注意的是,法发【2002】21 号《关于金融机构为企业出具不实或者虚假验资报告资金证明如何承担民事责任问题的通知》规定免责事由包括"企业登记时出资人未足额出资但后来补足的",或者"债权人索赔所依据的合同无效的",而《关于审理涉及会计师事务所在审计业务活动中民事侵权赔偿案件的若干规定》继续承认企业登记时出资人未足额出资但后来补足的作为一种抗辩事由,又补充了其他四种抗辩事由,但是否定了"债权人索赔所依据的合同无效"作为一种免责抗辩事由。

关于减责事由。《关于审理涉及会计师事务所在审计业务活动中民事侵权赔偿案件的若干规定》第 8 条规定了注册会计师减轻责任的事由。该条规定,利害关系人明知会计师事务所出具的报告为不实报告而仍然使用的,人民法院应当酌情减轻会计师事务所的赔偿责任。

关于无效的免责条款。《关于审理涉及会计师事务所在审计业务活动中民事侵权赔偿案件的若干规定》规定"约定适用范围"等情形不能作为会计师事务所免责的事由。该条规定,会计师事务所在报告中注明"本报告仅供年检使用"、"本报告仅供工商登记使用"等类似内容的,不能作为其免责的事由。

(4) 赔偿范围、最高限额和赔偿顺位

关于赔偿顺位。《关于审理涉及会计师事务所在审计业务活动中民事侵权赔偿案件的若干规定》第10条规定:人民法院根据本规定第6条确定会计师事务所承担与其过失程度相应的赔偿责任时,应按照下列情形处理:(1)应先由被审计单位赔偿利害关系人的损失。被审计单位的出资人虚假出资、不实出资或者抽逃出资,事后未补足,且依法强制执行被审计单位财产后仍不足以赔偿损失的,出资人应在虚假出资、不实出资或者抽逃出资数额范围内向利害关系人承担补充赔偿责任。(2)对被审计单位、出资人的财产依法强制执行后仍不足以赔偿损失的,由会计师事务所在其不实审计金额范围内承担相应的赔偿责任。(3)会计师事务所对一个或者多个利害关系人承担的赔偿责任应以不实审计金额为限。

可见,本条规定了三个顺位的赔偿责任,分别是:

被审计单位承担第一顺位的赔偿责任。只有在被审计单位被依法强制执行财产后仍不足以赔偿损失的,才由后顺位的瑕疵出资人和注册会计师承担责任。

被审计单位瑕疵出资的股东承担第二顺位的责任。如果被审计单位的出资人虚假出资、不实出资或者抽逃出资,事后未补足,且依法强制执行被审计单位财产后仍不足以赔偿损失的,出资人应在虚假出资、不实出资或者抽逃出资数额范围内向利害关系人承担补充赔偿责任。

注册会计师承担第三顺位的赔偿责任。只有对被审计单位、出资人的财产依法强制执行后仍不足以赔偿损失的,由会计师事务所在其不实审计金额范围内承担相应的赔偿责任。

关于赔偿范围、最高限额。《关于审理涉及会计师事务所在审计业务活动中民事侵权赔偿案件的若干规定》第10条第2款和第3款规定注册会计师的赔偿责任以不实审计金额为限。依照该规定,不实审计金额既是对会计师事务所的责任范围限制,也是会计师事务所承担责任的最高限额。

对于不实审计金额的理解,应当理解为会计师事务所审计报告中的不实部分,而不是其审计报告中审验的全部金额。

应当注意的是,赔偿顺位、赔偿最高限额和赔偿范围的规定只适用于会计师事务所因过失承担责任的情形,在注册会计师与被审计单位恶意串通等非过失场合,注册会计师应当与被审计单位就给利害关系人造成损失承担连带赔偿责任,而没有最高责任限额的保护。

2. 判断注册会计师是否存在过错的两个关键因素

法官在审理注册会计师审计侵权诉讼中,应当对审计的固有局限性有所了解。

《中国注册会计师执业准则第1141号——财务报表审计中对舞弊的考虑》第18条至第21条对审计的固有限制做了比较详细的解释。导致审计固有限制的因素主要是:选择性测试方法的运用、内部控制的固有局限性、大多数审计证据是说服性而非结论性的、为形成审计意见而实施的审计工作涉及大量判断、某些特殊性知道交易和事项可能影响审计证据的说服力等等。因此,在承认审计的固有限制的基础上,法官应当清楚注册会计师的审计报告只能提供一种合理保证,而绝非担保。

《中国注册会计师执业准则第1101号准则——鉴证业务基本准则》第13条指出规定,注册会计师按照审计准则的规定执行审计工作,能够对财务报表整体不存在重大错报(不论该错报是由错误引起的,还是由舞弊引起的)获取合理保证。合理保证与整个审计过程相关。

合理保证要求注册会计师通过不断修正的、系统的执业过程,获取充分、适当的审计证据,对财务报表整体发表审计意见,它提供的是一种高水平但非百分之百的保证。

合理保证与绝对保证是一个相对应的概念。绝对保证是指注册会计师对财务报表整体不存在重大错报提供百分之百的保证。《中国注册会计师执业准则第1101号准则——鉴证业务基本准则》第14条指出,由于审计中存在的固有限制影响注册会计师发现重大错报的能力,注册会计师不能对财务报表整体不存在重大错报获取绝对保证。因此,审计工作不能对财务报表整体不存在重大错报提供担保。

判断注册会计师是否对审计报告提供合理保证与判断注册会计师是否存在过错是一体两面。根据法律和相关司法解释,法官应当从主客观两个方面判断注册会计师是否存在过错,即注册会计师主观上没有保持必要的执业谨慎,客观上违反了执业准则的规定。具体来说:

(1)注册会计师是否保持职业怀疑态度

注册会计师存在过错,主要表现为在审计过程中没有保持必要的职业怀疑态度。

根据《中国注册会计师执业准则指南(2006)》的解释,职业怀疑态度是指注册会计师以质疑的思维方式评价所获取审计证据的有效性,并对相互矛盾的审计证据,以及引起对文件记录或管理层和治理层提供的信息的可靠性产生怀疑的审计证据保持警觉。

职业怀疑态度并不要求注册会计师假设管理层是不诚信的,但是也不能假设管理层的诚信毫无疑问。职业怀疑态度要求注册会计师凭证据说话。

职业怀疑态度意味着,在进行询问和实施其他审计程序时,注册会计师不能因轻信管理层和治理层的诚信而满足于说服力不够的审计证据。相应地,为得出审计结论,注册会计师不应使用管理层声明替代应当获得的充分、适当的审计证据。例如,注册会计师不能仅凭管理层声明,而对重要的应收账款不进行函证就得出应收账款余额存在的结论。

职业怀疑态度要求,注册会计师不应将审计中发现的舞弊视为孤立发生的事项。注册会计师还应当考虑,发现的错报是否表明在某一特定领域存在舞弊导致的更高的重大错报风险。

职业怀疑态度要求,如果从不同来源获取的审计证据或获取的不同性质的审计证据不一致,可能表明其中某项或某几项审计证据不可靠,因此注册会计师应当追加必要的审计程序。

职业怀疑态度要求,如果管理层的某项声明与其他审计证据相矛盾,注册会计师应当调查这种情况。必要时,注册会计师应重新考虑管理层作出的其他声明的可靠性。

职业怀疑态度要求,如果在审计过程中识别出异常情况,注册会计师应当作出进一步调查。例如,如果注册会计师在审计过程中识别出的情况使其认为文件记录可能是伪造的或文件记录中的某些条款已经发生变动,则应当作出进一步调查,包括直接向第三方询证,或考虑利用专家的工作以评价文件记录的真伪。

法官在审理案件时,可以从以下四个方面判断注册会计师是否保持了必要的职业谨慎和职业怀疑:其一,是否制定了切实可行的审计计划,合理、妥善安排审计工作。如果万一出现差错,会计师可以找出差错出现的原因,为明确审计责任提供原始依据。其二,是否有合理的怀疑精神和敏锐的观察能力。会计师事务所对于被审计单位的营业性质与风险及交易的经济实质,必须彻底了解;若发现疑点,必须进一步查明。其三,是否实施了比较完善的审计程序。注册会计师应当以充分的审计证据作出审计结论,而不能以主观推测、估计或侥幸为基础发表审计意见。其四,是否遵守了中国注册会计师职业道德规范。①

（2）注册会计师是否遵守了审计准则

注册会计师存在审计过错的客观方面，主要体现在审计过程中没有保持遵守相关执业准则。根据最高人民法院《关于审理涉及会计师事务所在审计业务活动中民事侵权赔偿案件的若干规定》，执业准则是人民法院考量和认定审计报告真实性的重要标准和根据，即遵循执业准则的要求所出具的审计报告，应当认定为真实的审计报告。因此，审计界所主张的真实性与法律界所主张的真实性实现了程序界面上的统一。如果注册会计师保持必要的职业谨慎，严格遵守执业准则和规则，但仍未能够揭示被审计单位的个别错弊，即属于审计活动的固有风险，会计师不应承担法律责任。因此，是否遵守相关执业准则，是衡量注册会计师是否存在过错的重要客观依据。②

在审计实务中，注册会计师违反执业准则的过失，通常能够在审计工作底稿中体现出来。所谓审计工作底稿，是指注册会计师对制定的审计计划、实施的审计程序、获取的相关审计证据，以及得出的审计结论做出的记录。审计工作底稿是审计证据的载体，是注册会计师在审计过程中形成的审计工作记录和获取的资料。它形成于审计过程，也反映整个审计过程。如果注册会计师没有严格遵守审计准则的规定，一般都能够在审计工作底稿中留下蛛丝马迹。

3. 故意的判断标准及认定③

最高人民法院法释【2007】12号《关于审理涉及会计师事务所在审计业务活动中民事侵权赔偿案件的若干规定》第5条规定，注册会计师在审计业务活动中存在下列情形之一，出具不实报告并给利害关系人造成损失的，应当认定会计师事务所与被审计单位承担连带赔偿责任：

（1）与被审计单位恶意串通

在我国，恶意串通一直是作为民事行为或合同无效的原因，其法律后果是引起缔约过失责任，并未将其视为一种独立的侵权行为。最高法院的司法解释将缔约过失作为侵权行为看待，所以将恶意串通行为作为侵权行为

---

① 奚晓明主编、最高人民法院民二庭编著：《关于会计师事务所审计侵权赔偿责任司法解释理解与适用》，人民法院出版社2007年版，第199—204、136页。
② 同上书，第199—204、136—137页。
③ 故意和过失的判断标准主要参考了奚晓明主编、最高人民法院民二庭编著：《关于会计师事务所审计侵权赔偿责任司法解释理解与适用》，人民法院出版社2007年版，第199—204、242—261页。

的一种,并责令会计师事务所和被审计单位承担连带责任。在我国,认定被审计单位和会计师事务所之间恶意串通,应当注意把握恶意串通的构成要件:① 恶意传统首先需要双方有损害第三人利益的故意,即被审计单位和会计师事务所双方都明知该行为将会损害报表使用人的利益,但仍然为之。② 恶意串通需要双方事先存在通谋。这种通谋可以用"意思联合,行为分担"来概括。

(2)明知被审计单位对重要事项的财务会计处理与国家有关规定相抵触,而不予指明

如果被审计单位在其财务报表中,对重要事项违反国家有关规定进行财务会计处理,系会计违法行为。如果注册会计师在审计过程中对上述情况已经知悉,但在审计报告中不予指明,即构成故意。

(3)明知被审计单位的财务会计处理会直接损害利害关系人的利益,而予以隐瞒或者作不实报告

如果被审计单位的财务报表存在金额非常重大而又广泛影响会计报表总体上的公允性的因素,都将会使得依赖该报表进行经济决策的报表使用人作出错误的决策,进而构成对报表使用人的侵权行为。这种情况主要发生在相关当事人为开展并购、资产重组、银行借款等商业交易的需要,聘请会计师事务所进行专项审计的场合。在这种情况下,当事人之间的并购、投资、借款等交易关系是否发生,将依赖经会计师事务所审计的财务报告决定。由此也决定,如果被审计单位财务报表存在着错误或舞弊,而注册会计师予以隐瞒或做虚伪陈述,对报表使用人权利的侵害是最为直接的。如果因此导致报表使用人损失,则会计师事务所的欺诈行为与报表使用人损失之间,具有直接的因果关系。

(4)明知被审计单位的财务会计处理会导致利害关系人产生重大误解,而不予指明

财务信息的准确性对报表使用人的决策成败具有至关重要的影响,误导性的财务信息会给报表使用人的投资判断产生不可避免的偏差。因此,对于审计报告披露的信息,存在着准确性的要求,要求其在语言表达上必须使用精确的语言,不能含糊其辞,引人误解。实践中,被审计单位惯常采用的误导报表使用人的主要会计处理方式包括:选择不恰当的收入确认政策、选择不恰当的费用和损失确认政策、变换存货期初和期末的计价方式、使用不当的股权核算方法等。如果被审计单位关于会计政策的选择会导致报表

使用人发生错误判断或误会的可能,会计师有义务在其审计报告中予以指明;如果明知被审计单位在财务处理方面存在前述误导性的手段而不指明,由此引发投资者的重大误解,应认定构成故意。

(5)明知被审计单位的会计报表的重要事项有不实的内容,而不予指明

财务报表所反映的财务信息,必须满足真实性的要求。如果被审计单位的财务报告存在着不实记载,将直接导致审计信息失真,构成虚假陈述。如果注册会计师明知有虚假记载而不予指明,甚至与被审计单位共同合谋造假,构成欺诈。实践中,某些上市公司为了追求不当利益,滥用会计政策进行不恰当的盈利预测或进行利润操纵。虚构收入的典型做法是通过与关联企业或通过关联企业与非关联企业对开增值税销售发票,虚增收入和利润。

(6)被审计单位示意其作不实报告,而不予拒绝

独立性是审计的灵魂,注册会计师能否在执业中保持独立性,对于会计信息的质量的影响非常重大。如果被审计单位示意注册会计师作不实报告,注册会计师应当予以拒绝,解除业务约定书。如果注册会计师没有拒绝,则表明注册会计师存在侵权的故意,应当承担责任。

4. 过失的判断标准及认定

最高人民法院法释【2007】12号《关于审理涉及会计师事务所在审计业务活动中民事侵权赔偿案件的若干规定》第6条规定,会计师事务所在审计业务活动中因过失出具不实报告,并给利害关系人造成损失的,人民法院应当根据其过失大小确定其赔偿责任。注册会计师在审计过程中未保持必要的职业谨慎,存在下列情形之一,并导致报告不实的,人民法院应当认定会计师事务所存在过失:

(1)违反《注册会计师法》第20条第(二)、(三)项的规定

我国《注册会计师法》第20条规定:"注册会计师执行审计业务,遇有下列情形之一的,应当拒绝出具有关报告:(一)委托人示意其作不实或者不当证明的;(二)委托人故意不提供有关会计资料和文件的;(三)因委托人有其他不合理要求,致使注册会计师出具的报告不能对财务会计的重要事项作出正确表述的。"其中第(一)项已包含在司法解释第5条之中。

根据《注册会计师法》和《审计准则》的规定,注册会计师在具体审计业务活动中,如果遇有委托人故意不提供有关会计资料和文件的,或者因委托

人有其他不合理要求,致使报告不能对财务报表的重要事项作出正确表述的,注册会计师应当运用职业判断,根据审计范围受限制的程度及其对于财务报表的影响是否重大,分别出具保留意见的审计报告、否定意见的审计报告和无法表示意见的审计报告。

(2) 负责审计的注册会计师以低于行业一般成员应具备的专业水准执业

注册会计师行业作为一种专门的职业,首先要求从业者应当具有一定的专业技术水准,能够胜任行业工作,这也是职业谨慎的最基本的要求。具备相应的专业胜任能力,以不低于行业一般成员应具备的专业水准执业,不仅是职业谨慎的要求,也是会计师职业道德建设的重要内容。如果注册会计师专业胜任能力不足,应当认定为一种过失。

(3) 制定的审计计划存在明显疏漏

计划审计工作对于注册会计师顺利完成审计工作和控制审计风险具有十分重要的意义。在审计实践中,往往产生预期计划与实际不符的情况。比如,在审计过程中通过检查发现被审计单位某些内部控制的执行效果不佳,导致原来制定的审计程序和时间预算需要改变。此时就要及时修订和补充审计计划。

尽管保持与被审计单位之间的充分的信任和沟通对顺利完成审计工作至关重要,但事务所必须在审计工作中保持客观公正的立场,不可以主观地以客户管理层的良好的历史诚信记录为标准而人为地简化或忽略相应的审计计划程序。否则,足以证明注册会计师在执业中存在过失。

(4) 未依据执业准则、规则执行必要的审计程序

为了实现验证被审计单位的"财务报表是否按照适用的会计准则和相关会计制度的规定编写"以及"财务报表是否在所有重大方面公允地反映被审计单位的财务状况、经营成果和现金流量"这一财务报表审计目标,会计师需要通过一系列必要的审计程序来获取相关的审计证据,并在此基础上作出审计评价。按照审计准则的界定,这些审计程序分为总体程序和具体程序:总体程序包括风险评价程序、控制测试程序和实质性程序三种;具体程序包括检查记录或文件、检查有形资产、观察、询问、函证、重新计算、重新执行、分析程序等八种。在具体的财务报表审计业务中,注册会计师如果没有依据职业准则和规则执行必要的审计程序,应当认定其存在过失行为。

适应现代风险导向审计发现的要求,在 2006 年修订的我国审计准则中,审计准则体系中增加了风险评估程序,作为会计师评估被审计单位财务报表层次和认定层次重大错报风险的基础。风险评估程序是会计师在每一次具体审计业务中都必须进行的程序。按照风险导向审计准则体系的要求,注册会计师在具体审计业务中应当首先开展风险评估程序,通过了解被审计单位及其环境识别重大错报风险,并针对评估的重大错报风险设计和实施进一步的审计程序。进一步审计程序包括实施控制测试(必要时或决定测试时)和实质性程序。

与风险评估程序在每一具体审计业务中都必须展开不同,控制测试程序是选择性程序。尽管大多数的会计报表审计业务都执行了控制测试程序,但并不是每一次会计报表审计都必须执行这一程序。控制测试是为了获取证据,以证实被审计单位内部控制政策和程序设计的适当性及其运行的有效性。在控制测试中,会计师通过询问、审阅证据、实地观察、重复执行等具体审计程序,评估因内部控制产生的相关风险。当存在下列情形之一时,控制测试是必要的:① 在评估认定层次重大错报风险时,预期控制是有效的,注册会计师应当实施控制测试以支持评估结果;② 仅实施实质性程序不足以提供认定层次充分、适当的审计证据,注册会计师应当实施控制测试,以获取内部控制运行有效性的审计证据。

实质性程序也是每一次财务报表审计业务中必须执行的程序。审计准则规定,注册会计师应当计划和实施实质性程序,以应对评估的重大错报风险。注册会计师对重大错报风险的评估是一种判断,并且由于内部控制存在固有的局限性,无论评估的重大错报风险结果如何,注册会计师都应当针对所有重大的各类交易、账户余额、列报实施实质性程序,以获取充分、适当的审计证据。实质性测试包括两个部分:① 详细测试,包括对交易和余额两个方面;② 对会计信息和非会计信息应用的分析程序。

(5) 在发现可能存在错误和舞弊的迹象时,未能追加必要的审计程序予以证实或者排除

注册会计师在审计中发现了可能存在错误或者舞弊的迹象时,应当从应有的职业谨慎的角度加以充分关注并采取适当的审计措施。如果在具体审计业务中,注册会计师对已经发现的错误或者舞弊现象未保持应有的职业谨慎,不追加必要的审计程序予以排除或证实,应当认定其存在过失,应当承担相应的责任。

（6）未能合理地运用执业准则和规则所要求的重要性原则

重要性是指被审计单位财务报表中错报和漏报的严重程度，这一程度在特定环境下可能影响财务报表使用人的判断或决策。也就是说，重要性取决于在具体环境下对错报金额和性质的判断。如果一项错报单独或连同其他错报可能影响财务报表使用者依据财务报表作出的经济决策，则该项错报是重大的。

作为注册会计师的职业判断，对重要性的评估贯穿于审计工作的始终。在确定审计程序的性质、时间、范围以及评价审计证据、形成审计意见等环节，注册会计师都应当合理运用重要性原则，而且必须将其对重要性水平的确定过程及结果记录于审计工作底稿。

如果因具体审计工作中注册会计师确定重要性水平不当的原因，使得审计报告存在重大错报，应当认定注册会计师存在过失。

（7）未根据审计的要求采用必要的调查方法获取充分的审计证据

注册会计师发表的审计意见，必须建立在充分的审计证据的基础之上。审计证据的充分性是对审计证据数量的衡量。因此，这一过失认定标准主要是判断注册会计师在具体审计业务中，获取审计证据的数量是否达到了足以支持审计结论的充分程度。

对于审计证据是否充分的衡量，可以着重从如下两个方面进行判断：①注册会计师选取的样本规模。在审计业务活动中，取得多少审计证据首先以注册会计师选取的样本规模为基础。而样本规模的确定，又以注册会计师对错报的估计和被审计单位内部控制的有效性的评估相关。错报风险越大，需要的审计证据就可能越多。例如，如果注册会计师认为，客户记录固定资产的内部控制是有效的，那么，在审计固定资产的购置方面，较小的样本规模就可以有较高水平的保证。②注册会计师测试的样本项目。除了样本规模之外，会计师所测试的样本项目对于审计证据的充分性也存在着关联性。对于样本项目充分性的要求，一般认为，注册会计师测试的样本项目中，应当包含总体中金额较大的项目、出现错误可能性较高的项目和有代表性的项目三种类型。如果在具体审计业务活动中，会计师所选取的样本项目中只包含了总体中金额最大的项目，那么，除非这些项目能够构成总体金额的绝大部分，否则，可以认为这样的样本证据是不充分的。

(8) 明知对总体结论有重大影响的特定审计对象缺少判断能力，未能寻求专家意见而直接形成审计结论

在了解被审计单位及其环境以及针对评估的风险实施进一步审计程序时，注册会计师可能需要会同被审计单位或独立获取专家的报告、意见、评估和说明等形式的审计证据。按照审计准则的规定，注册会计师利用专家的领域主要包括：① 对特定资产的估价；② 对资产数量和实物状况的测定；③ 需用特殊技术或方法的金额测算；④ 未完成合同中已完成工作的计量；⑤ 涉及法律法规和合同的法律意见。

所谓专家，是指除会计、审计之外的某一特定领域中具有专门技能、知识和经验的个人或组织。专家可以是被审计单位或会计师事务所的员工，也可以是被审计单位或会计师事务所从外部聘请的个人或组织。在确定是否需要利用专家的工作时，注册会计师应当考虑以下因素：① 项目组成员对所涉及事项具有的知识和经验；② 根据所涉及事项的性质、复杂程度和重要性确定的重大错报风险；③ 预期获取的其他审计证据的数量和质量。

注册会计师在发表审计意见时，对于自己不熟悉的领域，寻求专家意见支持以确保所发表的审计意见能够客观、全面地反映被审计单位的情况，是职业谨慎的要求。因此，如果注册会计师明知自己对总体结论有重大影响的特定审计对象缺少判断能力，却未能寻求专家意见而直接形成审计结论，如果意见失实，应当认定其构成过于自信的过失。但是，如果特定事项对总体结论的影响并不显著，会计师未能意识到其专业特性而没有寻求专家意见时，不宜认定会计师主观上存在过失。

(9) 错误判断和评价审计证据

审计证据是指注册会计师为了得出审计结论，形成审计意见而使用的所有信息，包括财务报表依据的会计记录中含有的信息和其他信息。注册会计师在具体业务活动中，对所获得的审计证据，除了充分性的要求之外，同时还有适当性的要求。审计证据的适当性是对审计证据质量的衡量，即审计证据在支持各类交易、账户余额、列报的相关认定，或发现其中存在错报方面所具有的相关性和可靠性。判断和评价审计证据，主要是对审计证据的证明力的判断。审计证据要有相应的证明力，除了前述第(7)项在数量方面充分性的要求之外，还有质量方面的适当性的要求。对于适当性的判断，审计界是以证据的相关性和可靠性作为判断标准，在审计准则中对此也作出了进一步的规定。如果注册会计师在具体审计业务活动中，对于审计

证据的判断和评价存在错误,将不可避免地影响其发表的审计意见。

(10)其他违反执业准则、规则确定的工作程序的行为

在注册会计师对执业活动中,鉴证业务准则、相关服务准则、质量控制规则、职业道德规则、职业后续教育规定等一起构成了会计师职业规范体系。这些规则和准则中所确定的工作程序,都是审计实务中行之有效的经验的总结和提炼,注册会计师在执业活动中应当遵守。由于第(1)项至第(9)项只是对我国注册会计师执业实践中较为常见的过失行为进行了列举,作为审判实践中认定会计师是否有过失的指引标准,为避免列举主义的缺陷,特设本款作为兜底性的规定。

三、验资诉讼

(一)验资诉讼法律关系分析

验资诉讼按其涉及的法律主体和法律关系,可以分为两大类型:一是在注册会计师和委托人之间发生的诉讼;二是注册会计师和利害关系人及其他相关主体的诉讼。

1. 注册会计师事务所与委托人

在这种类型的诉讼中,委托人,即委托注册会计师验资的公司、筹建中的公司是原告,注册会计师事务所是被告。在注册会计师事务所催收服务费用的诉讼中,原被告关系相反。

委托方和注册会计师存在合同关系(实践中一般表现为双方签订的业务约定书),因此,一旦发生法律纠纷,双方应当按照合同约定的方式处理。法官需要按照双方的业务约定书和我国《合同法》有关委托合同的规定裁判案件。这种法律纠纷比较容易解决,实践中争议也不大。

2. 注册会计师事务所与利害关系人及其他相关主体

在这种类型的诉讼中,利害关系人是原告,注册会计师事务所和会计师是被告。由于利害关系人与注册会计师事务所之间往往没有合同关系的存在,因此,不能适用我国《合同法》的规定,而应当适用侵权责任法的有关规定。

2007年6月11日,最高人民法院出台了《关于审理涉及注册会计师事务所在审计业务活动中民事侵权赔偿案件的若干规定》。由于验资是注册

会计师的法定审计业务之一,因此这一《司法解释》自然适用于注册会计师验资侵权诉讼。该《司法解释》在梳理最高人民法院以往发布的五个相关《司法解释》的基础上,对注册会计师验资业务侵权诉讼的若干要点做了明确规定,为法院审理验资诉讼提供了具体明确的法律依据。

根据上述《司法解释》,在验资侵权诉讼中,除了注册会计师和利害关系人,其他相关主体的诉讼地位是:

关于被审计单位。《司法解释》第3条第1款规定:"利害关系人未对被审计单位提起诉讼而直接对会计师事务所提起诉讼的,人民法院应当告知其对会计师事务所和被审计单位一并提起诉讼;利害关系人拒不起诉被审计单位的,人民法院应当通知被审计单位作为共同被告参加诉讼。"从而明确了被审计单位与会计师事务所之间应当属于共同被告。

关于会计师事务所的分支机构。利害关系人对会计师事务所的分支机构提起诉讼的,人民法院可以将该会计师事务所列为共同被告参加诉讼。

关于被审计单位未补足出资的出资人。利害关系人提出被审计单位的出资人虚假出资或者出资不实、抽逃出资,且事后未补足的,人民法院可以将该出资人列为第三人参加诉讼。

课题组将主要讨论法院在注册会计师验资侵权诉讼中应当考虑的一些重要问题。

(二)法官在验资诉讼中应考量的因素

1. 验资侵权诉讼应遵循相关法律、司法解释及侵权法理论

验资侵权诉讼作为侵权之诉的一种,法院在审理有关案件时,必须以《民法通则》、《注册会计师法》以及最高人民法院的《关于审理涉及注册会计师事务所在审计业务活动中民事侵权赔偿案件的若干规定》为准绳。根据上述法律和司法解释,验资侵权行为的归责原则和构成要件分别是:

关于验资侵权的归责原则。《关于审理涉及注册会计师事务所在审计业务活动中民事侵权赔偿案件的若干规定》第四条规定,会计师事务所因在审计业务活动中对外出具不实报告给利害关系人造成损失的,应当承担侵权赔偿责任,但其能够证明自己没有过错的除外。可见,对于验资侵权诉讼,对注册会计师适用过错推定原则。

关于验资侵权行为的构成要件。根据民法原理,一般侵权行为由行为、损害事实、因果关系和过错四个要件构成。验资侵权行为也可以由行为、损害事实、因果关系和过错四个要价构成。

对于过错这一要件,如前所述,由于适用过错推定原则,利害关系人无需证明注册会计师的过错,而需要由注册会计师证明自己没有过错,否则由注册会计师承担赔偿责任。但是行为和损害事实这两个要件在诉讼中仍需要由原告举证证明。

2. 验资的制度功能和局限性

除了应当考虑上述的法律司法解释和侵权法理论之外,法官还应当注意到验资制度的制度功能和局限性。

除了存在审计所固有的局限性外,验资的局限性是与验资的制度功能紧密联系在一起的。验资制度是在法定资本制下,为满足公司登记机关确定公司是否满足注册资本的要求而出现的。因此,随着法定资本制度的弱化以及注册资本神话的破灭,利害关系人对验资报告的迷信必然会减轻以至消散,因此,法院在审理有关诉讼中,不应当轻易采信利害关系人宣称的对验资报告的信任,而是应当结合案件的具体情况,判断验资报告是否值得利害关系人合理信赖。

而且,验资报告的时效性非常强。《公司法》第165条规定,公司应当在每一会计年度终了时编制财务会计报告,并依法经会计师事务所审计,《公司登记管理条例》第31条也规定,公司变更注册资本的,应当提交依法设立的验资机构出具的验资证明。因此,验资报告一般来说,主要是针对一个特定时点进行的。验资报告证明的是验资当日出资人的出资是否已经投入,并没有对被审验单位日后的偿债能力和资信状况作出保证。在大量涉及验资的诉讼中,当事人所蒙受的损失是在验资日后与被审验单位发生经济往来中发生的。这些经济往来的发生与注册会计师多年以前出具的验资报告并无必然的因果关系。验资日以后,被验资单位一般要经过工商年检以及年度审计。因此无论社会公众、银行、政府,还是一般企业,要了解被审验单位现时的资信情况和偿债能力,应当取得该单位最近一期经过审计的会计报告和审计报告,而不是信赖公司创办时的验资报告。

有会计界人士形象的指出,这就像人要进行体检一样。人的一生中一般会经过多次体检。我们当然不会因为一个人在出生时的体检合格而认定这个人终生健康。如果一个人出生时的体检结果表明其身体是健康的,而多年以后这个人生病去世了,那么是否也能像当前不少在经济往来中遭受损失而归咎于承办验资业务的注册会计师一样,去追究那个做出生体检工作的医生?①

3. 会计师是否遵守验资准则

会计师事务所在验资过错的客观方面,主要体现在验资过程中没有遵守相关执业准则。《关于审理涉及注册会计师事务所在审计业务活动中民事侵权赔偿案件的若干规定》将执业准则纳入法律程序范畴。因此,是否遵守相关执业准则,是衡量会计师事务所是否存在过错的重要客观依据。

法院在验资侵权诉讼中,应当衡量注册会计师是否遵守了验资准则的规定。其中,尤其要注意以下两点。

第一,有关验资的准则主要是指中国注册会计师协会拟订,财政部发布的《中国注册会计师执业准则》(2006年2月15日修订)第1602号中。但该具体准则并非是孤立的。根据该准则第二条的规定,注册会计师在执行验资业务时,应当将本准则与相关准则结合使用。因此,法院在审理相关诉讼中,也不应孤立地看注册会计师是否仅遵守了该具体准则,还应当判断注册会计师是否遵守诸如审计业务约定书、历史财务信息审计的质量控制、审计工作底稿、计划审计工作、审计证据、存货监盘、函证、期后事项、管理层声明、利用专家的工作等审计准则的相关规定。但是,其他相关审计准则的一般原则与验资准则规定不一致的,以验资准则的规定为准。这点必须予以明确。

第二,注册会计师是否遵守验资程序,其重要证据就是注册会计师的验资工作底稿。注册会计师按照《执业准则第1131号——审计工作底稿》的要求编制验资工作底稿。通过阅读注册会计师的验资工作底稿,任何一个未曾接触该验资工作的有经验的专业人士,都能够清楚地了解到注册会计师按照验资准则及相关准则的规定实施验资程序的时间和范围,实施验资程序的结果和获取的审计证据。通过对验资工作底稿的审查和质证,法院通常可以审查出注册会计师在审计过程中是否严格遵循了执业准则。

4. 职业关注与主观过错

如果注册会计师在执业活动中保持了应有的职业关注,严格按照准则的要求从事验资工作,即使事后证明报告不实,也应当认定其无过失而免于承担责任。但是如果注册会计师在执业活动中没有保持应有的职业关注,未按照准则的要求从事验资活动,即为有过失。在验资活动中,注册会计师的过失,

---

① 于延琪:《验资:理论与实务》,东北财经大学出版社2003年版,第69页。

按照过错程度不同,可以分为轻微过失、普通过失和重大过失三种类型。

重大过失是指注册会计师在验资活动中缺乏最起码的关注,没有遵守准则的最低要求。

普通过失是指注册会计师在验资活动中未能保持所应有的职业关注,未能严格按照准则的要求从事审计工作。

轻微过失是指注册会计师在验资活动中基本保持了应有的职业谨慎,基本遵守了准则规定的程序,但是由于审计抽样、审计成本等审计技术局限,导致报告不实并导致利害关系人损失。

对于重大过失、普通过失、轻微过失的划分标准,更多的是一种理论抽象,很难给出三者之间明确的区分界限。在法院审判中,对注册会计师过失程度的判断,有赖于法官基于个案进行考量。①

在审判实践中,法官应当对以下几点进行把握:

第一,关于货币出资审验。《中国注册会计师审计准则第1602号——验资》第十四条规定,以货币出资的,应当在检查被审验单位开户银行出具的收款凭证、对账单及银行询证函回函等的基础上,审验出资者的实际出资金额和货币出资比例是否符合规定。可见,注册会计师在对货币出资进行验资时,必须至少获得银行收款凭证、对账单和银行询证函的回函这三种验资证据,缺一不可,否则将表明注册会计师在验资中存在过错。

第二,关于实物出资审验。2006年颁布的《执业准则》在验资准则中,一个重大的变化就是取消了实物出资的承诺函制度。如果注册会计师在验资过程中,没有按照准则的要求进行观察、检查实物,审验其权属转移情况,审验资产价值,而仅仅依据出资人的承诺函就认定出资人已经履行了其出资的义务,这表明注册会计师在验资中存在过失。

5. 因果关系

至于因果关系这一要件,有学者认为,注册会计师的验资行为与第三人的损失之间事实上的因果关系链可以表述为:注册会计师进行了验资行为,被验资单位凭借其所出具的验资报告在工商行政管理部门进行了设立登记(或者进行了注册资本的变更登记,或者通过了年检),第三人基于对该验资报告的合理信赖而对被验资单位的经济实力做出判断并决定与之进行经济往来,在随后进行的交易中被验资单位对第三人欠下债务,但无力偿还。在

---

① 奚晓明主编、最高人民法院民二庭编著:《关于会计师事务所审计侵权赔偿责任司法解释理解与适用》,人民法院出版社2007年版,第225页。

这一连串的环节当中,比较关键的是:第一,被验资单位不具备验资报告所确认的偿债能力是否由虚假出资(包括虚假变更注册资本)行为造成;第二,第三人在与被验资单位发生经济往来时是否使用了该验资报告;第三,第三人对于该验资报告的信赖是否合理。第四,被验资单位与第三人是否存在过错。① 这些环节也可以归纳为:信赖是否存在,信赖是否合理,不实报告对原告的交易决策是否存在实质性影响三项因素。② 以上都是法官在验资侵权诉讼中应当考虑的重要因素。

四、资产评估诉讼

(一)资产评估的概念与《公司法》对资产评估的规定

资产评估是专业机构和人员按照国家法律、法规和资产评估准则,根据特定目的,遵循评估原则,依照相关程序,选择适当的价值类型,运用科学方法,对资产价值进行分析、估算并发表专业意见的行为和过程。

《公司法》中直接涉及资产评估的规定主要集中在公司设立和法律责任两部分。具体是《公司法》的第27条、第83条和第208条。

(二)资产评估法律关系分析

1. 资产评估机构与委托人

资产评估机构与委托人之间存在着合同关系。如果发生争议,法院应该按照两者之间合同的约定进行审理。

2. 资产评估机构与公司债权人

与验资和审计类似,资产评估机构也可能因不当资产评估报告侵害公司债权人的利益。此时,法官应当根据《公司法》第208条的规定和侵权责任法法理处理案件。

(三)法官在资产评估诉讼中应考量的因素

1. 适用的法律依据

应当注意的是,资产评估诉讼并不适用《关于审理涉及会计师事务所在

---

① 蒋净:《验资机构第三人责任法律实证分析》,北京大学2006年硕士学位论文,第30页。具体的分析可见该论文30页—第32页。

② 奚晓明主编、最高人民法院民二庭编著:《关于会计师事务所审计侵权赔偿责任司法解释理解与适用》,人民法院出版社2007年版,第234—237页。

审计业务活动中民事侵权赔偿案件的若干规定》。

验资和年度报告审计是注册会计师的法定业务,在性质上都属于审计业务。但是资产评估在性质上并不是审计业务,而是由一个独立的职业——注册资产评估师进行的,以财政部《资产评估准则》为执业依据而开展。因此,对于涉及资产评估的法律诉讼,不应当适用前述的最高人民法院司法解释。

目前,作为资产评估诉讼的法律依据,主要是《公司法》第208条。法官在裁判案件过程中,也可以依据侵权责任法的基本法理。

2. 资产评估与验资的关系

在公司设立的过程中,股东必须先对作为出资的非货币财产应当评估作价。在此基础上,股东办理财产转移交付手续,并经验资机构验资。而且,验资机构在对实物出资进行验资的过程中,需要检查实物资产是否按国家规定进行资产评估,并查阅评估报告,了解评估目的、评估范围与对象、评估基准日、评估假设等有关限定条件是否满足验资的要求,关注评估报告的特别事项说明和评估基准日至验资报告日期间发生的重大事项是否对验资结论产生影响;检查实物资产作价是否存在显著高估或低估;检查投入实物资产的价值是否经各出资者认可。那么资产评估和验资是什么关系呢?

课题组认为,资产评估和验资应该是两个独立的程序。资产评估是资产评估师按照《资产评估准则》等的规定进行的,验资是注册会计师按照《中国注册会计师执业准则》中关于验资业务的规定进行的。两者在性质上不同,程序上独立。但是在验资过程中,注册会计师会阅读资产评估报告,但注册会计师并非资产评估方面的专家,他们在某种程度上应当信赖资产评估报告是客观真实的。因此,在法院诉讼中,应当首先明确资产评估师的责任才能明确注册会计师的法律责任。注册会计师对资产评估报告的信赖应当成为减轻其法律责任的理由。

附　中介机构民事责任案例分析

案情概述

北京万通新鸿基建材有限公司股东仇某伪造其他股东签名,对公司进行了虚假增资,并吸收了蓝新特公司投入500万元增资款。后来,虚假增资及违法登记被工商部门撤销,蓝新特公司请求:1. 万通新鸿基公司赔偿投入的 500 万元及相关利息损失。2. 资产评估机构鸿元公司承担连带赔偿责任。因为在资产评估过程中，鸿元公司错误认定了设备的产权和价值（本为万通新鸿基所有，认定为是股东仇某吕某所有；购买价格为 300 万元，根据虚假发票认定为 3380 万元）。3. 验资机构华益公司承担连带赔偿责任。因为华益公司在验资过程中，未对资产评估报告进行审查，也没有征询其他出资人的意见，将不属于仇某所有的设备当做是仇某的出资。

一审法院认为：蓝新特公司与万通新鸿基公司签订的《参股合作协议书》系当事人的真实意思表示，其内容不违反法律规定，应属有效。蓝新特公司已依约向万通新鸿基公司支付了 500 万元入资款，履行了合同约定的义务，但没有实际享受到合同约定的"获得回报，占有公司 23% 股权"的权利。虽然蓝新特公司曾一度注册登记为万通新鸿基公司的股东，但这是建立在该公司虚假增资、违法登记的基础上。现在，包括蓝新特公司股东身份在内的万通新鸿基公司的数次违法变更登记已经被工商部门撤销，该具体行政行为已生效并已执行。蓝新特公司于 2007 年 5 月 10 日书面通知万通新鸿基公司解除《参股合作协议书》，系依法行使法定解除权。蓝新特公司解除合同的通知已到达万通新鸿基公司，已发生解除合同的效力，该院予以确认。

根据法律规定，合同解除后，尚未履行的，终止履行；因该合同取得的财产，应当予以返还，有过错的一方应当赔偿对方因此所受到的损失，因解除合同的责任在万通新鸿基公司，故万通新鸿基公司除了应将收取的 500 万元返还蓝新特公司外，还应赔偿因占用该资金而给蓝新特公司造成的损失。

本案，蓝新特公司主张的是合同之诉，其基于合同解除而享有的返还请求权应向合同相对方万通新鸿基公司主张。《最高人民法院关于审理涉及会计师事务所在审计业务活动中民事侵权赔偿案件若干问题规定》解决的是因会计师事务所在审计业务活动中出具不实报告给利害关系人所造成损失的侵权赔偿问题，合同之诉与侵权赔偿之诉是分属于两个法律关系的两种不同之诉，不宜同时主张。故蓝新特公司要求鸿元公司和华益公司对万通新鸿基公司返还入资款的合同义务承担连带赔偿责任，该院认为不宜一并处理。蓝新特公司与鸿元公司和华益公司之间的纠纷，可另行解决。

一审法院判决：一、万通新鸿基公司于本判决生效后十日内返还蓝新特公司入资款人民 500 万元，并赔偿因占用该款项而给蓝新特公司造成的利息损失（自 2002 年 9 月 4 日起至 2007 年 9 月 3 日止，按中国人民银行同期5年期贷款利率计算);二、驳回蓝新特公司其他诉讼请求。如果未按本判决指定的期间履行给付金钱义务,应当依照《中华人民共和国民事诉讼法》第二百三十二条之规定,加倍支付迟延履行期间的债务利息。

一审法院判决后,原告不服提起上诉,二审法院支持原审法院的观点,作出维持原判的判决。

分析

1. 仇某吕某行为的认定

在本案中,仇某吕某的行为的性质的认定是分析解决本案的前提。从法院查明的材料中我们可以得知,万通公司与北京大理石厂签订了设备购买协议并支付了300万元的设备价款,在设备交付完毕时(从材料中判断应当是2001年12月25日之前,因为万通公司支付了全部价款)拥有了对设备的所有权。

而在此之前,仇某吕某即委托鸿元公司对这一设备进行资产评估,鸿元公司于2001年12月8日出具《资产评估报告书》,认定该设备是由仇某吕某所有(其中仇某2700万,吕某680万)。仇某吕某事实上并没有对公司增资注入任何实际资产,而仅仅依靠伪造另一股东宋某签名就通过了公司增资决议,依靠伪造的假发票就获得了鸿元公司的资产评估报告以及华益公司的验资报告。二人行为的性质应当认定是虚假出资。

《公司登记管理条例》第六十九条规定,提交虚假材料或者采取其他欺诈手段隐瞒重要事实,取得公司登记的,由公司登记机关责令改正,处以5万元以上50万元以下的罚款;情节严重的,撤销公司登记或者吊销营业执照。正是仇某吕某的虚假出资行为,导致万通公司的增资行为无效并被工商部门撤销。

2. 关于万通新鸿基公司的责任

万通公司的虚假增资被工商部门撤销后,公司的注册资本恢复为50万元,股东也只有宋某和仇某。因此,对蓝新特公司已经交付的出资,万通公司负有返还出资款及利息的法律义务。

我国《合同法》第97条规定:"合同解除后,尚未履行的,终止履行;已经履行的,根据履行情况和合同性质,当事人可以要求恢复原状、采取其他补救措施,并有权要求赔偿损失。"因此,在万通公司虚假增资被工商行政部门认定为无效并撤销后,已经履行了出资义务的蓝新特公司有权要求万通公司返还其出资款,并赔偿损失(主要表现为出资款项的利息)。

3. 关于鸿元公司的责任

在本案中,鸿元公司作为资产评估机构,在资产评估过程中,工作存在重大失误,表现为:一是将属于万通公司所有的大理石生产设备认定为仇某和吕某所有,二是将万通公司以 300 万元即买到的设备,依据仇某吕某提供的虚假发票即出具了资产评估报告。而不论是设备的所有权还是真实价值,鸿元公司都可以通过询问北京大理石厂这一上家获得真实准确的信息。而鸿元公司连这一基本程序也没有履行。因此,鸿元公司对资产评估工作存在重大过失。

另外,对于鸿元公司,不能适用《最高人民法院关于审理涉及会计师事务所在审计业务活动中民事侵权赔偿案件若干问题规定》。因为该司法解释的适用范围在主体上是注册会计师(事务所),在业务上是注册会计师的审计业务。而鸿元公司作为专业资产评估机构,而非会计师事务所,资产评估业务也不属于审计业务范畴。因此,该司法解释不能适用于鸿元公司。追究鸿元公司的责任只能适用《公司法》第 208 条的规定,在其评估或者证明不实的金额范围内承担赔偿责任。

4. 关于华益公司的责任

验资是指注册会计师依法接受委托,对被审验单位注册资本的实收情况或注册资本及实收资本的变更情况进行审验,并出具验资报告。在本案中,华益公司在验资过程中是有过错的,主要表现为没有能够查清出资设备的权属,把属于万通公司的设备错误地认为是属于仇某吕某所有。如果华益公司能够向出售设备的上家北京大理石厂或者万通公司查询,就可以避免这一错误。课题组认为华益公司此处没有能够保持足够的职业怀疑态度,存在过错。

华益公司提供的是验资服务,因此,适用《最高人民法院关于审理涉及会计师事务所在审计业务活动中民事侵权赔偿案件若干问题规定》。

5. 关于资产评估责任与验资责任

资产评估责任与验资责任是两种责任。在本案中,验资机构和资产评估机构都存在过错,因此应当承担责任。

但是注册会计师并不是资产评估方面的专家,在验资过程中,注册会计师必然会使用资产评估师的资产评估报告。由于注册会计师无法有效判断资产评估报告的公正性,注册会计师在一定程度上应当信赖资产评估报告是真实的,不能强求注册会计师发现资产评估报告中的问题。因此,课题组认为,华益公司的责任可以适当减轻。

6. 关于另行起诉

本案原告起诉了万通公司、华益公司和鸿元公司。一方面,原告与万通公司之间存在合同关系,原告起诉的依据是两者之间的参资入股合同。而原告与被告华益公司和鸿元公司,则不存在合同关系,原告与被告之间只存在侵权法律关系。由于合同之诉与侵权之诉在诸多方面存在不同,因此,法院要求原告另行起诉以审理侵权诉讼。

如果原告在此之后提起以仇某吕某、鸿元公司、华益公司为被告的侵权诉讼,则法院应当受理。对于华益公司的侵权行为,适用《最高人民法院关于审理涉及会计师事务所在审计业务活动中民事侵权赔偿案件若干问题规定》,而对于仇某吕某以及鸿元公司,则适用《民法通则》、《公司法》的有关规定。

在本案中,仇某吕某应当对原告蓝新特公司的损失负主要责任,因为两人虚假出资,造成公司增资无效,登记被撤销,使用虚假发票骗得鸿元公司的资产评估报告以及华益公司的验资报告。

由于目前我国并没有针对资产评估侵权责任的规定,因此对于鸿元公司的责任应当如何承担有一定的争议。《公司法》第208条虽然规定了有过错的资产评估机构应当以不实评估金额内承担责任,但没有规定赔偿的顺位。课题组认为,资产评估机构也应当承担补充赔偿责任,即只有当仇某吕某等被依法强制执行后仍不足以赔偿的,鸿元公司才以不实评估机构为限承担责任。

对于华益公司的责任,课题组认为,华益公司在没有查清出资资产权属的情况下就出具了验资报告,事后也未提出证据表明其已经遵守验资准则程序并保持了必要的职业谨慎,其执业活动存在过错。应当根据最高人民法院的司法解释追究其民事责任。

在本案中,课题组认为,鸿元公司出具资产评估报告在先且华益公司作为验资机构对资产评估并无专业知识,因此其信任资产评估报告是合理的选择。法院在审理时应当考虑这一点,并适当减轻华益公司的法律责任。

第十七章　公司法与外商投资企业法律在司法程序中的交叉适用问题研究

——《公司法》第218条的理解和适用

外商投资的公司与内资公司的双轨制以及外商投资企业法与公司法[①]的并行是中国现行公司制度的特点之一。这一特点有其深刻的历史背景的和客观原因[②]。公司法和外商投资企业法的内容有许多重叠和冲突之处，例如在组织形式、公司治理结构、表决制度、股权转让程序、解散等许多具体制度上，它们的规定都是不相同的。因此，如何选择适用公司法抑或外商投资的法律，成为司法实践中的一个难点问题。

新修订的《公司法》第218条明确规定，"外商投资的有限责任公司和股份有限公司适用本法；有关外商投资的法律另有规定的，适用其规定。"这一条款，确定了公司法在外商投资企业的一般适用原则。但是，该款规定并没有彻底解决围绕公司法和外商投资企业法交叉的争议。我们认为，要想清晰界定公司法和外商投资的法律交叉适用的原则，至少需要解决以下两个问题：

第一，明确《公司法》第218条中几个关键词的内

[①] 此处公司法是取其狭义，即《中华人民共和国公司法》。广义的公司法，除了《公司法》单行法外，还包括破产法、税法、证券法、外汇管理法、外商投资法等有关公司的规范。

[②] 赵旭东："融合还是并行—外商投资企业法与公司法的立法选择"，《法律适用》2005年第3期，第15—18页。

涵？例如，"外商投资的有限责任公司和股份有限公司"的具体所指；"外商投资的法律"的内涵和外延；另有规定的，是指哪些规定？指规范外商投资法律关系的组织法之外的立法体系，还是指正在逐步并入公司法体系的三部外商投资企业法及其配套法规？

第二，在公司法和三部外商投资企业法及其配套法规存在冲突时，即两法对同一社会关系存在不同的规定时，该条款是否可以指引司法者突破《立法法》中法律冲突解决的相关原则规定，直接选择适用外商投资企业法及其配套规定？

本报告试从北京法院系统的一例判决着手分析，提出问题；然后分别从立法背景、文义解释、法律规范等三方面对"公司法与外商投资的法律的适用"进行考察，以求得深化认识、厘清概念、具化理念、诠释原则；最后另选一例案件总结归纳本报告提出的"公司法与外商投资的法律在司法中交叉适用"的几点建议，以期对司法实践有所帮助。

一、问题的提出

北京法院系统 2006 年—2007 年度的公司纠纷案件中，涉及外商投资企业的案件类型主要是"股权转让纠纷"和"董事会决议效力纠纷"。本报告从这两种案件类型中选取一则案例着手分析，提出问题。

案例一　B 公司诉 A 公司（中外合资）董东会决议效力纠纷

（一）案情介绍

A 公司是一家中外合资经营企业，注册资本 498 万元，B 公司持有 A 公司 35% 的股权。该公司章程第 24 条规定："董事会为公司的最高权力机关。董事会应有权决定所有与公司有关的重大事项。董事会决定一般事项需经 60% 以上董事同意表决通过。在决定下述事项时，需全体董事协商一致通过：……（7）公司正/副总经理和财务总监的任免；……"该公司董事会有 5 名董事。

2006 年 12 月，A 公司董事长临时召开董事会，作出《关于暂停董事甲担任本公司财务总监职务的决议》和《关于暂停董事乙担任本公司总经理职务的决议》，但该决议只有三位董事或其代表签名，董事乙没有签名，董事甲签写"不符合事实，不同意"。B 诉至法院分别要求撤销两份决议。

某区法院的初审判决认为,任何公司董事会决议的通过,均须达到法律或公司章程规定的赞成票数。A 公司的章程第 24 条规定了公司财务总监和总经理的任免须由全体董事一致通过的原则,各方应当遵守。因此 A 公司董事会 2006 年 12 月 7 日作出"关于暂停董事甲担任本公司财务总监职务"和"关于暂停董事乙担任本公司总经理职务"的决议,其效果无异于免职的决定,应依公司章程第 24 条的规定在董事会"一致决"通过,但有董事甲乙反对该决议,所以该决议并未通过。没有表决通过的决议,虽具有决议的形式,但明显违背章程规定的效力要件,不属合法民事行为,不具有法律上的约束力,公司不得执行该决议。决议无效,不属可撤销之范围。鉴于公司董事会决议无效之确认与撤销权利的行使在法律效果上并无不同,本院不再另项驳回 B 公司的诉讼请求。依照《中华人民共和国民事诉讼法》第一百三十条、《中华人民共和国民法通则》第四条、第五十五条、第五十八条之①规定,判决两决议无效。

(二)案件评析

1. 纠纷本质

本案是中外合资经营企业(外商投资的有限责任公司)股东提起的要求撤销违反章程规定的董事会决议的纠纷。该纠纷表面反映的是中外合资经营企业任免高级管理人员制度中出现的两难境地,实质揭示了合营方的企业内部权力斗争。

《中外合资经营企业法》与公司法中规定的组织结构不同,它没有给股东会和监事会预留空间,仅仅规定了董事会作为其最高权力机构,决定合营企业的一切重大问题。本案中的 A 公司(中外合资)在章程中规定了董事会一致通过才能任免经理、副经理和财务总监。这样看来,A 公司似乎只有具备了以下三种条件之一,才能免去现任经理、副经理和财务总监职务。(1)被免职者自己同意;(2)修改章程(依据中外合资经营企业法,需要董事会一致同意);(3)首先免去被免职者的董事职务,由合营对方另委任董

---

① 民法通则第四条规定,民事活动应当遵循自愿、公平、等价有偿、诚实信用的原则。第 55 条规定,民事法律行为应当具备下列条件:"(一)行为人具有相应的民事行为能力;(二)意思表示真实;(三)不违反法律或者社会公共利益。第五十八条规定,下列民事行为无效:(一)无民事行为能力人实施的;(二)限制民事行为能力人依法不能独立实施的;(三)一方以欺诈、胁迫的手段或者乘人之危,使对方在违背真实意思的情况下所为的;(四)恶意串通,损害国家、集体或者第三人利益的;(五)违反法律或者社会公共利益的;(六)经济合同违反国家指令性计划的;(七)以合法形式掩盖非法目的的。无效的民事行为,从行为开始起就没有法律约束力。"

事,再召开董事会会议。显然,只要更换经理和财务总监实际违背被免职者意愿,前两个条件无法实现;而更换经理和财务总监实际违背合营另一方意愿,第三个条件无法实现。也就是说,通过上述安排,只占35%出资比例的B公司实际上牢牢掌握了A公司总经理、副总经理和财务总监的任免权。

2. 法律为纠纷双方提供的司法救济途径

(1)《公司法》第22条的决议效力之诉

2006年元旦施行的我国《公司法》,第22条明确了股东大会、股东会或董事会决议内容违反法律、行政法规的无效;会议召集程序、表决方式违反法律行政法规或公司章程,或者决议内容违反公司章程的,股东可以自决议作出之日起60日内,请求人民法院撤销。这一条明确了两方面内容:其一,仅仅是违反章程的决议并非一定无效。除非被依法撤销,否则它就是有效的;其二,对于仅仅违反章程的决议,股东有权依法定程序行使撤销权,即股东可以在决议作出之日起60日内,请求人民法院撤销。这样的规定照顾了效率和公平,体现了立法的灵活性和原则性。

(2)中外合资经营企业立法的救济空白

经理财务总监等高级管理人员作为公司方针决策的实际执行者和公司日常事务的经营管理者,其选任事关重大,应体现多数投资者的意愿并遵循公司利益原则。公司法中组织设置和会议制度有利于实现这一目标。但是,《中外合资经营企业法》并没有设置股东会、监事会等对董事、经理权力进行有效制约和监督,主要的监督来自于合营方对董事的任免制度;也没有公司法中股东会会议制度来解决股东之间的斗争,董事会就成了出资者权力制衡的场所。

就本案的情况来讲,章程中规定的所有董事(合营各方)一起选任总经理、副总经理和财务总监的原则,似乎已经形同虚设。那么,当现任总经理和财务总监的工作不符合合营公司利益或者说委任方外的其他合营方要求时,合营公司或掌握多数投资利益的其他合营方能否从法律中获得救济,解除其职务呢?《中外合资经营企业法实施细则》第41条规定,总经理、副总经理及其他高级管理人员有营私舞弊或严重失职行为的,经董事会决议可以随时解聘。这一条规定限制了这种救济,因为一是它要求实际损害行为的发生,二是它依旧要求有效的董事会决议。由此看来,最后的结论只能是提醒投资者必须认真对待中外合资经营企业中的董事会制度,谨慎设计决议方式和决议制度以便实现权力制衡和公司的有效运作,它是外商投资企业立法给予的唯一有效的投资者权力的制衡空间,也是投资者经营决策权旁落时司法给予有效救济的保障。

3. 本案判决对公司法和外商投资企业法的选择适用

正如上文分析,中外合资经营企业立法并未给纠纷双方预设有效的制衡机制和救济渠道。也许正因为已经考虑到,外商投资企业立法的空白,法官也没有适用外商投资企业法,而是直接以企业章程和民法通则有关民事法律行为效力条款为依据,化繁为简,直接判决决议无效。

本案是由股东提起的撤销公司董事会决议之诉,对此,我国《公司法》第22条作了明确规定。根据该规定,本案显然需要在审查决议是否违反章程、股东提起撤销要件的基础上,最终给予撤销与否的判决。本案判决中未提及《公司法》第22条的规定,可以理解为没有选择适用《公司法》。

《公司法》第218条的规定是仅仅给外商投资的公司内部纠纷提供了一个可选择适用的法律依据,还是作为一个原则性规定,提出了外商投资的公司必须适用公司法的一般性要求?从本案看,法官对于《公司法》第218条规定的"外商投资的公司适用公司法的原则"并未形成普遍的认识。

二、外商投资企业法的立法考察

我国现有外商投资立法是以"外商投资企业"为调整对象的法律体系,而非单纯调整外商投资关系的法律。① 例如,《中国外资法》一书中界定"在中国,外资法又称为外商投资企业法,特指关于外商投资企业组织和活动的各种法律关系的总和"。这种内外有别的立法技术,以"不同组织形式的外商投资企业单行法"为核心的外商投资法律体系,是造成外商投资企业法与公司法交叉适用问题的根源。要正确解读《公司法》第218条的含义,确立外商投资企业法与公司法在司法适用中的原则,有必要对我国外商投资法的立法背景和现状进行考察。

(一)"先行的"和"先天不足"的外商投资企业法

1993年《公司法》颁布之前,我国就已经初步形成了以《中外合资经营企业法》、《中外合作经营企业法》、《外资企业法》三部企业组织法为核心的

---

① 徐崇利、林忠著:《中国外资法》,法律出版社1998年版,第1页。

外商投资法律体系。这是由我国对外开放和经济体制改革的客观历史过程决定的。

我国1978年做出改革开放的决策,1979年3月成立了人大法制委员会,恢复中断了20多年的立法工作。人大法制委员会最初工作的三个月起草的七部法律中就包括《中外合资经营企业法》。《中外合资经营企业法》是一部保护外国投资者利益的法律,它的制定是为了实施对外开放政策、吸引国外投资、引进技术的需要。而此时我国经济体制改革还没开始,无论从实践还是立法上都不可能有规范的现代企业组织形式——公司。

据国务院前副总理李岚清回忆,1978年底开始与美国通用公司谈判,主要目的是重型汽车的技术引进。但谈的过程中,美国通用公司董事长提出了一个问题:你们为什么只谈技术引进,为什么不能谈合资?这次谈判被写进工作简报并形成《关于美国通用汽车公司访华代表团愿意同我国合资经营办汽车厂》的文件递交给邓小平审阅,邓小平审阅后于1979年2月11日作出批示:合资经营企业可以办。① 1979年我国提出设立经济特区作为引进外资,学习国外经验的窗口,而就当时的经历者回顾,"新中国的各级官员一直在向境外投资者许诺——税收优惠、用地优惠,但投资者们似乎并不领情。在天津开发区——中国最大、最早的国家级开发区之一,一位西方投资者直截了当地问当地官员:你能否告诉我中国的哪部法律能够保护我的利益?"② 这些史料很生动地描述了《中外合资经营企业法》的制定背景和主要目的。

在当时没有任何经验的情况下,这部法律的立法内容主要来源于对外国法律文献的研究,特别是苏联、东欧等社会主义阵营的外国立法成果,同时也听取了国内教授和香港企业家的意见。③ 1979年6月28日,会见日本公明党委员长竹入义胜时,邓小平谈到了这部即将由全国人大通过的《中外合资经营企业法》时说,"这个法不是完备的,因为我们还没有经验,与其说

---

① 李鸿谷:"邓小平的1979——和平崛起元年",载《三联生活周刊》总300期,2004年8月16日出版。

② "分析:中外合资经营企业法修改了什么?"经济观察报,http://www.gdgs.gov.cn/news/show_content.asp?id=473,2008年5月3日访问。

③ 李莉:"外国法律文献在立法工作中的利用和作用",载《法律文献信息与研究》2003年第3期。

是法,不如说是我们政治意向的声明"。①

此后,我国陆续制定了大量的外资立法。据初步统计,截至 2004 年 1 月,我国已经制定有关涉外投资的法律、法规和规章达 1727 件,其中还不包括已经废止和地方制定的有关外资的法律。② 关于外商投资企业的专项法律法规多是根据投资方式及其企业形式制定的,如《中外合资经营企业法》(1979 年颁布,2001 年 3 月 15 日最后修订)及其《实施细则》(1983 年颁布,2001 年 7 月最后修订)、《外资企业法》(1986 年颁布,2000 年 11 月 2 日最后修订)及其实施细则(1990 年颁布,2001 年 4 月最后修订),《中外合作经营企业法》(1988 颁布,2000 年 10 月 21 日最后修订)及其实施细则(1995 年 9 月颁布)等单行法律及其实施条例。

综上,我国外资企业立法不仅走在了经济立法的前面,也走在了我国改革开放实践和经济体制改革的前面。一方面这具有积极的意义,尤其是《中外合资经营企业法》及其实施条例开创了企业立法的先河,其确立的一些制度原则在公司法制定时还起到示范作用,另一方面,它必然带有实验性和局部性,存在着诸多的"先天不足"。一些学者将我国外商投资法的问题归纳为"数量庞大、名目繁多;内容矛盾、缺乏统一;结构松散,协调性差"③。

(二)"双轨制"外资立法的历史作用和现实困境

内外资分离的外资立法体系被称为"双轨制"立法模式。从世界范围内考察,关于外资立法的模式主要有两种,在一些发达国家内,始终采取开放政策,完全适用国民待遇,对外商投资不做特别规定,外商投资企业直接适用本国的有关法律,这是典型的"单轨制"模式。美国是这一立法模式的主要代表。外国投资者在美国享有国民待遇,在投资领域、投资比例、期限、股份转让、税收、经营管理等方面都没有限制,与美国国民享有同等待遇。其他一些发达国家如英国、荷兰、德国等也大都采用这种方式来调整外商投资法律关系。④

我国"双轨制"外资立法带有鲜明的历史特色,确切地说,它是一部"外商投资企业保护法"。从 1979 年改革开放初期,到 1993 年 11 月作出建立

---

① 李鸿谷:"邓小平的 1979——和平崛起元年",《三联生活周刊》总 300 期,2004 年 8 月 16 日出版。
② 丁伟主编:《经济全球化与中国外资立法完善》,法律出版社 2004 年版,第 297 页。
③ 同上。
④ 参见姚梅镇主编:《比较外资法》,武汉大学出版社 1993 年版,第 155 页。

市场经济体制改革的决定,再到本世纪初我国市场经济地位初步确立①,长达二十余年的时间里,"双轨制"的立法模式使我国外资立法能够较少受到国内其他因素的影响和制约而得以较快的发展和完善,它在税收、经营管理等方面赋予了外商投资企业以超国民的优惠待遇和特别的保护,很有效地起到吸引外资、促进对外经济交流的作用。

然而随着经济体制改革的不断深化,"双轨制"外商投资法的立法模式的诸多弊端和负面影响已经日益凸现。第一,"双轨制"立法模式不符合完善市场体制改革的目标要求。深化经济体制改革要求建立透明公正公平合理的市场竞争环境,赋予各类企业以平等的法律地位。"双轨制"造成了具有外资成分的市场主体与其他市场主体不平等的法律地位,影响了公平的市场竞争秩序。第二,以"包含有外资成分的商事组织"而不是"纯外资"作为调整对象,立法技术较落后,不能准确而高效的落实外资政策、调控对外经济关系。将外资政策上升为法律,并制定专门的规范是必要的,但这一任务并不属于商业组织法的功能,而属于直接体现外资政策的产业政策和宏观调控法。事实上,外资进入中国的方式有多种,不仅仅是合资或独资办企业,还可以从购买股票等形式进入,而以企业中包含一定比例外资来区分是否需受调整,更是导致了大量假外资的滋生。第三,不符合履行国际条约、赋予外资国民待遇的需要。第四,"双轨制"造成了立法和执法工作的繁琐,以及立法和执法资源的浪费。第五,中国的外汇储备突破两万亿美元大关,外汇与资本已经不再是中国经济发展的瓶颈,解决资金匮乏问题不再是吸引外资的主要目的。②

(三) 外商投资企业法与公司法融和归一的现实条件

我国《公司法》修改时就对外商投资企业法的存废进行过讨论,有学者提出了两法融和归一的建议③,认为中国已经成为发展中国家市场环境和法律环境最好、最具吸引力的投资地域,已经成为整个世界最大的投资输入

---

① 参见"2001 年:中国市场经济测度结论及其国内外比较",节选自北京师范大学经济与资源管理研究所著:《中国市场经济发展报告 2003》,http://www.china.com.cn/chinese/zhuanti/301660.htm,2008 年 5 月 3 日访问。

② "十一五"期间,利用外资工作要全面贯彻落实科学发展观,进一步推动利用外资从"量"到"质"的根本转变,使利用外资的重点从弥补资金、外汇不足切实转到引进先进技术、管理经验和高素质人才上,更加注重生态建设、环境保护、资源能源节约与综合利用,切实把利用外资同提升国内产业结构、技术水平结合起来。

③ 赵旭东:"融合还是并行—外商投资企业法与公司法的立法选择",载《法律适用》2005 年第 3 期。

国。无论是市场条件还是法律环境,中国与其他国家已无根本的隔阂和差异,中国与外部世界的对接已经或正在完成,基于不发达的市场和不完善的法制而形成的外商投资企业法已经失去了其独立存在的社会基础。

商事组织法的性质也要求两者融和归一。商事组织法的功能在于促进交易的安全和便利、保障市场的秩序和效率,它主要通过规范组织的一般性法律关系,包括人格、设立、终止、组织结构、运行范围、重要制度、利益分配和风险承担等来实现这种功能。商事组织法的功能和规范内容决定了它的效力应当及于所有的市场主体。

然而,外商投资企业法与公司法融和归一的确存在现实的障碍。其一,直到今天,三资企业法作为外商投资政策的实施法律,它所承担的功能还没有完全被其他立法替代。制定能够取代三资企业法及其配套法规的较为成熟的外商投资法律,还需要实践经验的积累和理论探索。其次,改革三十年我国已经建立起法制经济体制的基本框架,中国的法制和政策制定的基础也发生了改变,现在的立法环境要求立法的严谨和慎重。中国经济已经融入世界经济,欧美尤其是美国经济政策的变化都将对中国经济乃至整个社会产生越来越大的影响,不可控的因素在加大。更重要的是,我国经济出现的一些新问题,例如国际和国内的经济总量和结构性失衡,民生压力,金融市场的问题,确立外资立法的价值定位和立法模式,需要对这些新问题的观察和研究,才能把握外资法的价值取向,科学制定各项具体立法。再次,虽然以《公司法》、《合伙企业法》《证券法》的修改、《反垄断法》的颁布为标志,我国市场经济的法制体系正在逐步地建立起来,但是相关环节还有待完善,特别是这些法律的制度和精神,在实践操作中还远远没有得到全面而细致的落实。

改变"双轨制"外资立法模式的是个渐进的过程,废除外商投资企业法可能是其中最后的一环,在此之前需要建立比较完善的国内市场法制和专门调整外商投资行为的配套法律法规。

(四)稳进中的改革:2006年以来内外资企业立法的融合并轨

1. 有关内外资公司统一注册管理的相关规定

2006年至2007年6月30日,我国现存的具有法人资质的外商投资的企业都换发了标明"公司类型"的营业执照。这是一个重要的变革,标志着内外资公司在组织形式管理中的统一。

2006年1月1日,修改后的《公司登记管理条例》开始实施,该《条例》

明确由国家工商行政管理总局负责"外商投资的公司"的登记注册。2006年04月24日,国家工商行政管理总局、商务部、海关总署和国家外汇管理局共同发布《关于外商投资的公司审批登记管理若干问题的执行意见》(工商外企字[2006]81号),明确:公司登记机关应当根据申请,依法将外商投资的公司类型分别登记为"有限责任公司"或"股份有限公司",并根据其设立形式在"有限责任公司"后相应加注"(中外合资)"、"(中外合作)"、"(外商合资)"、"(外国法人独资)"、"(外国非法人经济组织独资)"、"(外国自然人独资)"、"(台港澳与外国投资者合资)"、"(台港澳与境内合资)"、"(台港澳与境内合作)"、"(台港澳合资)"、"(台港澳法人独资)"、"(台港澳非法人经济组织独资)"、"(台港澳自然人独资)"等字样,在"股份有限公司"后相应加注"(中外合资,未上市)"、"(中外合资,上市)"、"(外商合资,未上市)"、"(外商合资,上市)"、"(台港澳与外国投资者合资,未上市)"、"(台港澳与外国投资者合资,上市)"、"(台港澳与境内合资,未上市)"、"(台港澳与境内合资,上市)"、"(台港澳合资,未上市)"、"(台港澳合资,上市)"等字样。公司登记机关可以根据国家利用外资产业政策及其相关规定,在公司类型后加注有关分类标识(如"〔外资比例低于25%〕"、"〔A 股并购〕"、"〔A 股并购25%或以上〕"等)。对于2006年1月1日以前已经设立的外商投资的公司,公司登记机关应当在其变更登记时依上述规定做相应调整。

2006年8月30日,国家工商行政管理总局外资局发布了关于启用新版外商投资企业营业执照的通知(工商外企注函[2006]第28号)。新版《企业法人营业执照》将"经营期限"改为"营业期限"、"企业类型"改为"公司类型";去掉"分支机构"项目,增加了"实收资本"、"股东(发起人)"两项;旧版执照在2007年3月1日以前停止使用。在换发执照过程中,各被授权局被要求按规定,对现存外商投资公司的公司类型进行调整,并在2007年6月30日年检结束之前调整完毕。

2.《关于外国投资者并购境内企业的规定》

2006年9月8日,商务部、国务院国有资产监督管理委员会、国家税务总局、国家工商行政管理总局、中国证券监督管理委员会、国家外汇管理局令颁布的《关于外国投资者并购境内企业的规定》开始实施。受该规定调整的外国投资者并购境内企业的范围如下:(1)股权并购:① 外国投资者购买境内公司股东的股权;② 外国投资者认购境内公司增资使该境内公司变更设立为外商投资企业。(2) 资产并购:① 外国投资者先在中国境内设立外商投资企业,并通过该企业协议购买境内企业资产且运营该资产;② 外国投资者协议购买境内企业资产并以该资产投资设立外商投资企业运营该资产。根据该规定,外资并购的审批机关为商务部或省级商务主管部门。外国投资者进行股权或者资产并购的,投资者应向具有相应审批权限的审批机关报送相关文件,取得批准证书,以确保符合我国外资产业政策的要求。此外,为防止跨国并购导致过度集中,排除或限制竞争,该规定对外国投资者并购境内企业反垄断审查问题也作出了相应的规定。主要内容包括:有关主管机关对外国投资者境内重大并购要求的申报及审查、对外国投资者境外重大并购要求的申报及审查以及反垄断审查的豁免。① 根据该规定,外资并购所成立的外商投资企业的登记制度适用我国现行的外资管理体制。外商并购成立外商投资企业的登记机关为国家工商行政管理总局和其授权的省级工商管理局。并购后所设外商投资企业,根据法律、行政法规和规章的规定,属于应由商务部审批的特定类型或行业的外商投资企业,省级审批机关应将申请文件转报商务部审批,商务部依法决定批准或不批准。

该规定对外资比例低于25%的并购予以了确认,并规定除非法律法规另有规定,该情形同样执行现行外商投资企业法律、法规和规章的规定,应当办理外商投资企业的审批和登记程序。在涉及中国自然人股东地位时,为了公平合理地保障中国自然人股东的合法权益,《规定》有条件地确认了中国自然人在并购后成立的外商投资企业中的股东地位。②

综上,该规定体现了国家的产业、土地、环保政策和宏观经济管理政策,通过"外资审批、反垄断审查"等制度,直接对外国投资者的投资行为进行立法监管,而非像以外商投资后设立的企业为调整对象,给予其特殊的待遇或者限制。这是一个重大的进步,该法是对双轨制外资立法的突破,它体现了我国外资立法技术和制度改革的初步安排。

但是,在现有外资法双轨制改革的背景下,该规定接纳了现存法律法规和规定中对于外商投资特殊地位和特殊待遇的安排,在界定享有这种特殊

---

① 参见《关于外商投资者并购境内企业的规定》的第五章"反垄断审查",第51条至54条规定。

② 参见《关于外商投资者并购境内企业的规定》第57条规定,被股权并购境内公司的中国自然人股东,经批准,可继续作为变更后所设外商投资企业的中方投资者。

地位和特殊待遇的企业资格上，它沿用了传统的调整方式，即以25%投资比例为限，规定外资比例不低于25%的企业，才可以享受外商投资企业待遇。①

3.《外商投资企业清算办法》等行政法规的废止

2008年1月15日国务院总理温家宝签署国务院令，公布《国务院关于废止部分行政法规的决定》，自公布之日起生效，共有92件行政法规被废止或宣布失效。在被废止或失效的92个行政法规中，与外资有关的有《外商投资企业清算办法》、《外商投资开发经营成片土地暂行管理办法》等行政法规。2008年5月5日，商务部公布了《商务部办公厅关于依法做好外商投资企业解散和清算工作的指导意见》，该指导意见指出，今后外商投资企业的解散和清算工作应按照公司法和外商投资法律、行政法规的相关规定办理。外商投资法律和行政法规有特别规定而公司法未做详细规定的，适用特别规定。

4. 内外资企业实行两税合一

中华人民共和国第十届全国人民代表大会第五次会议于2007年3月16日通过的《企业所得税法》和国务院第197次常务会议2007年11月28日通过的《中华人民共和国企业所得税法实施条例》都已经在2008年1月1日开始实施。同日，1991年6月30日国务院发布的《中华人民共和国外商投资企业和外国企业所得税法实施细则》和1994年2月4日财政部发布的《中华人民共和国企业所得税暂行条例实施细则》同时废止。

根据新税法及其实施条例的规定，外资企业将不再享有比国内企业低十几个百分点的优惠税率，与内资企业一样要缴纳统一的25%所得税。此外，外资企业单独享受的税前扣除优惠、生产性企业再投资退税优惠、纳税义务发生时间上的优惠等今后也与内资企业统一。内外资企业税制的合一，标志着外商投资企业自20世纪70年代末中国改革开放以来所享有的超国民待遇的税收政策的终结，中国利用外资政策进入了一个新

---

① 《关于外国投资者并购境内企业的规定》第9条规定，外国投资者在并购后所设外商投资企业注册资本中的出资比例高于25%的，该企业享受外商投资企业待遇。外国投资者在并购后所设外商投资企业注册资本中的出资比例低于25%的，除法律和行政法规另有规定外，该企业不享受外商投资企业待遇，其举借外债按照境内非外商投资企业举借外债的有关规定办理。审批机关向其颁发加注"外资比例低于25%"字样的外商投资企业批准证书（以下称"批准证书"）。登记管理机关、外汇管理机关分别向其颁发加注"外资比例低于25%"字样的外商投资企业营业执照和外汇登记证。

的历史阶段。

在此之前,国务院第163次常务会议于2006年12月30日通过了《国务院关于修改〈中华人民共和国城镇土地使用税暂行条例〉的决定》自2007年1月1日起施行,外资企业与内资企业一样缴纳城镇土地使用税。在国家层面上,外商投资企业在华享受的超国民待遇已逐渐消失。

三、《公司法》第218条的规范解析

我国2005年新修订的《公司法》第218条规定了外商投资的公司的法律适用问题。该条规定"外商投资的有限责任公司和股份有限公司适用本法;有关外商投资的法律另有规定的,适用其规定。"此条在沿袭原《公司法》第18条[①]的基础上作了两处修改,一是将"外商投资的有限责任公司"增加为"外商投资的有限责任公司和股份有限公司",二是把"中外合资经营企业、中外合作经营企业、外资企业的法律"增加概括为"有关外商投资的法律。"要正确把握公司法和外商投资法的交叉适用,需要对这一条款进行解释。

(一)纳入《公司法》调整的外商投资公司的法律关系

适用我国《公司法》的外商投资的公司,从企业投资形态上理解,是指"外商以股权投资的有限责任公司和股份有限公司",即外商作为股东(股权投资方)的有限责任公司和股份有限公司。伴随着2007年初外商投资企业的2006年年检,外商投资企业的营业执照完成换发之后,外商投资的公司具体包括以下类型:(1)外国法人独资的有限责任公司;(2)外国非法人独资的有限责任公司;(3)外国自然人独资的有限责任公司;(4)外商合资的有限责任公司;(5)中外合资的有限责任公司;(6)中外合作的有限责任公司;(7)中外合资的股份有限公司;(8)中外合资的上市股份有限公司;(9)外商合资的股份有限公司;(10)外商合资的上市股份有限公司。其中,就公司类型来看,(1)—(3)对应的是公司法中的一人有限责任公司类型,(4)—(7)对应的是有限责任公司类型,(8)—(10)对应的是股份公司类型。

[①] 1993年《公司法》第18条规定,"外商投资的有限责任公司适用本法;有关中外合资经营企业、中外合作经营企业、外资企业的法律有特别规定的,适用其规定。"

1. "外商投资的公司"的界定

公司是商事组织所采取的一种普遍的组织形态,公司法是关于公司组织形态的特别法。我国市场经济中的哪些企业主体属于公司法所约束的范围? 回答这个问题,需要明确公司区别于其他组织形态的特质。

我国《公司法》第2条、第3条、第4条、第5条说明了公司的特征。[①] 为了判断公司法的适用范围,我们根据公司法的规定对公司的一般性特征进行分析和描述:

(1) 公司是依照《中华人民共和国公司法》在中国境内设立的。公司必须依照公司法(指狭义公司法,参见注释1)设立,向公司登记机关登记,获得营业执照后始得成立。设立人依法向公司登记机关申请设立登记,某些领域的经营资质还需要取得国家审批,取得公司登记机关颁发的营业执照,营业执照中的公司名称一项应标明"有限责任公司或有限公司、股份有限公司或股份公司"字样。

(2) 公司是法人。所谓法人,指公司一经依法登记成立,法律就赋予了它法律拟制的人格,一经设立,就拥有区别于组成成员的独立财产和独立的权利义务、责任,在法律上独立存续。

(3) 公司是营利性的法人。公司的营利性,是指公司从事经营活动,对于资产的盈利,股东享有收益权。公司内部控制权的设置为股东主导型,即股东依法享有参与重大决策和选择管理者等权利。

符合上述特征的公司,即是属于公司的范畴,是公司法效力所涵盖的领域。至于其他具体化的组织章程、资本制度、出资安排、经营范围、股权变更设置、内部治理结构和重要制度、存续和解散等制度,属于公司组织形式下的具体安排,不能因为企业这些安排的不同而否认它属于公司的组织形式。外商投资的公司,也就是外商参与投资并且依照《公司法》在中国境内设立的营利性法人。

从形式上看,国家登记机关所颁发的营业执照上企业名称一项中标明"公司"字样的经济组织就是公司法所约束的公司的范畴。2007年企业年

---

① 我国《公司法》第2条,"本法所称公司法是指依照本法在中国境内设立的有限责任公司和股份有限公司";第3条,"公司是企业法人,有独立的法人财产,享有法人财产权。公司以其全部财产对公司的债务承担责任。有限责任公司的股东以其认缴的出资额为限对公司承担责任;股份有限公司的股东以其认购的股份为限对公司承担责任。"第4条,"公司股东依法享有资产受益、参与重大决策和选择管理者等权利。"第5条,"公司从事经营活动,必须遵守法律、行政法规,遵守社会公德、商业道德,诚实守信,接受政府和社会公众的监督,承担社会责任。"

检后,新版外商投资企业的营业执照全部换发完毕以后,在形式意义上,我国不存在外商投资的法人型企业,而是统一为各种"外商投资的公司"①。

2. 从投资形态上考察

首先,从经济领域考察外商投资的各种形态。外商,即外国投资者,一般指依照东道国法律以及东道国所签订的国际条约在东道国从事投资经营活动的外国自然人、公司、企业和其他经济组织。② 在国际投资实践中,主要的外国投资者是公司和企业,特别是具有雄厚资本实力和先进技术的跨国公司。考察经济实践中的外商投资形式和内容,通常把外商投资划分为直接投资和间接投资。外商直接投资是指外国投资者在其他国家的境内创立新企业,或增加资本扩展原有企业,或收购现有企业,并且拥有有效控制权的投资行为。外商间接投资是指以资本增值为目的,以取得利息或股息等为形式,以被投资国的证券为对象的跨国投资,即在国际债券市场购买中长期债券,或在外国股票市场上购买企业股票的一种投资活动。间接投资者并不直接参与国外企业的经营管理活动,其投资活动主要通过国际资本市场(或国际金融证券市场)进行。经济学界也有人把中、长期的国际信贷视为国际投资,国际贷款有两类:一类是不限制借款用途的"非限制性贷款",这种贷款除债权不能转让外,与购买债券并无实质上的区别;另一类贷款规定了贷款的用途,甚至还附有一些其他限制条款,这种贷款实际上对借款的外国企业的经营活动取得一定程度上的控制权,因此被视为是一种直接投资③。此外,还可以把外商投资的资产内容进行分类。在资本市场上,资产表现为以下四种基本形式:(1)现金资产:各种货币资产;(2)实体资产:表现为各种固定资产、流动资产、无形资产等生产资料;(3)信贷资产:各种债权债务;(4)证券资产:表现为股票、债券、商业票据和各种投资收益凭证等证券。外商直接投资于企业的通常是指货币资产和实体资产的投资,而间接投资于企业多是指信贷资产和证券资产的投资。

法律从权利义务关系的角度去分析问题,而非拘泥于实践形态。因此,我们去理解《公司法》第218条的含义,既要立足于经济实践,也要抽象和区别于经济实践。从法律关系看,国外投资者在向公司提供其经营发展所需要的资源时,与公司之间形成的权利义务关系不外乎有两种:股权法律关系

---

① 参见本文一、(四)之"有关内外资公司统一注册的相关规定"中的相关内容。
② 参见姚梅镇主编:《比较外资法》,武汉大学出版社1993年版,第261页。
③ 文显武:《国际投资》修订版,武汉大学出版社2000年版。

和债权法律关系。与之相应的投资形式我们称之为股权投资和债权投资。股权投资,是指外国投资者以符合法律要求的出资形式向公司出资或增资,获得一定比例的股权,或者购买公司发行的股权凭证①,获得一定数量的股份,从而成为公司的股东。成为公司股东的外国投资者享有股东的权益,可以通过股权表决获得控制公司的权利、通过股息和红利获得收益,并且在公司解散时分得与其所有股份数量相应的净资产。债权投资,是指外国投资者将货币、实物等资产借贷给公司,或者通过购买公司发行的债券,成为公司的债权人。债权人在公司正常经营期间,一般不参与公司经营,不享有公司控制权。

如前文所述,如果脱离公司法的背景,"外商投资的公司"似乎既可以指外商通过以"设立新公司、增加出资、并购企业或者其他方式"取得股东地位的公司,也可以指外商通过购买债券和提供中长期贷款方式而取得债权人地位的公司。

但是,该语句系规定在公司法中,必须结合公司法组织法的性质和功能来考虑。涉及外国投资者对外债权投资或者国内企业对外债券融资的相关内容,属于商事主体之间的融投资法律关系和金融监管法律关系,应当由我国《证券法》、《合同法》、《外汇管理条例》等相关法律法规来调整,而不应纳入《公司法》调整。所以,我国《公司法》第218条中的"外商投资的公司"适用公司法,一般情况下,《公司法》调整的外商投资公司领域仅限指外资以股权形式进入、成立商事组织、享有股东权利义务、参加公司治理、进行公司决策运营、公司存续终止等涉及的法律关系。

3. 从组织类型考察

根据《中外合资经营企业法》、《外资企业法》、《中外合作经营企业法》和《关于设立外商投资股份有限公司若干问题的暂行规定》,我国外商投资企业法的组织形式多样,包括有限责任公司、股份公司、合伙型、独资企业等多种组织形态。具体分析如下:

(1)外商投资的有限责任公司

《中华人民共和国中外合资经营企业法》第4条规定,中外合资企业的

---

① 企业向投资者发行的权利凭证通常有两种,股权凭证和债权凭证。股权凭证例如股票或股权证书,取得股权凭证的人成为股东,股东通过表决获得控制公司的权利、通过股息和红利获得收益,并且在公司解散时分得与其所有股份数量相应的净资产。债权凭证例如短期债券、有担保债券,持有债权凭证的人成为企业的债权人,企业对其负有债务。

组织形式为有限责任公司。我国《中外合作经营企业法实施细则》第 4 条也规定:"合作企业包括依法取得中国法人资格的合作企业和不具有法人资格的合作企业"。《外资企业法实施细则》第 19 条规定:"外资企业的组织形式为有限责任公司。经批准也可以为其他责任形式。外资企业为其他责任形式的,外国投资者对企业的责任适用中国法律、法规的规定。"因此,有限责任公司是外商投资企业的主要组织形式,中外合资和中外合作企业可以采取有限责任公司形式,外资企业中的公司企业只能采取有限公司形式。实际上外商独资公司是我国《公司法》规定的一人公司。对此,2006 年《关于外商投资的公司审批登记管理法律适用若干问题的执行意见》第 2 条第 2 款规定"以外商独资的形式依法设立一人有限公司的,其注册资本最低限额应当符合《公司法》关于一人有限公司的规定;外国自然人设立一人有限公司的,还应当符合《公司法》关于一人有限公司对外投资限制的规定。"

(2) 中外合资的股份有限公司

外商投资股份制企业是指依据我国《公司法》和 1995 年原对外贸易经济合作部发布的《关于设立外商投资股份有限公司若干问题的暂行规定》有关规定,公司全部资本由等额资本构成的,股东以其所认购的股份对公司承担责任,公司以全部财产对公司债务承担责任,中外股东共同持有公司股份,外国股东购买并持有的股份占公司注册资本 25% 以上的企业法人。虽然《关于设立外商投资股份有限公司若干问题的暂行规定》中没有规定外资比例的上限,但是根据外商投资股份有限公司需要中外股东共同持有股份看,该规章所指的外商投资股份有限公司不认可纯粹性外商投资设立的股份有限公司。2006 年《关于外商投资的公司审批登记管理法律适用若干问题的执行意见》规定,外国公司、企业和其他经济组织或者自然人可以同中国的企业、其他经济组织以中外合资、中外合作的形式依法设立公司,也可以外商合资、外商独资的形式依法设立公司。这里自然包括有限公司、一人公司和股份有限公司。

(3) 合伙型企业

根据我国《中外合作经营企业法》第 4 条的规定,合作企业也有不具有法人资格的合作企业。其《实施细则》第 9 章单独作了关于不具有法人资格的合作企业的特别规定。其中,第 50 条规定:"不具有法人资格的合作企业及其合作各方,依照中国民事法律的有关规定,承担民事责任"。按此规定,中外合作企业的组织形式除公司外还应有不具有法人资格的合作企业,其性质属合伙,即合伙企业。至于中外合作经营企业是否可以依据《合伙企业法》设立并采取有限责任合伙或者特殊有限合伙的形式？因为"有限责任"需要法律特别明确和授予,通览我国《合伙企业法》,虽然该法认可了外商投资合伙企业,但同时该法第108条说明,外国企业或者个人在中国境内设立合伙企业的管理办法由国务院另行规定。因此在外商投资合伙企业的管理办法没有规定之前,外商投资的合伙企业同样存在着如何适用《合伙企业法》的疑惑。

（4）个体企业

虽然《中华人民共和国外资企业法实施细则》第19条规定："外资企业的组织形为有限责任公司。经批准也可以为其他责任形式。外资企业为其他责任形式的,外国投资者对企业的责任适用中国法律、法规的规定。"但是,我国《个人独资企业法》规定："外商独资企业不适用本法"。因此,从理论上讲,外商独资企业可以采取非法人型的对外承担无限责任的个体企业,但是反映在具体法规和操作层次,外商投资个体企业是无法可依的。

综上,我国《公司法》规定,"外商投资的有限责任公司和股份有限公司适用本法"。也就是说,上述外商股权投资的公司类型,都要全面适用《公司法》规定。但是,"外商投资的法律另有规定的,适用其规定"。至于如何理解"外商投资的法律"以及"另有规定"的含义,参见下文分析。

（二）"外商投资的法律另有规定"的含义

我国《公司法》第218条规定,"有关外商投资的法律另有规定的,适用其规定"。从文义理解,它应当涉及四层含义。具体如下：

其一,"一般规则选择适用"的含义。指就公司组织的一般性规定方面,外商投资的法律存在与《公司法》不同的规定,这时排除《公司法》的适用。这表现在,涉及公司最基本的设立制度、资本制度和组织机构、股权转让以及清算、解散制度规定（在这些事项上的对外资因素的特殊考虑,已经失去了必要性支持）,外商投资企业法规范的内容区别于《公司法》。例如同样是董事会,外商投资企业法规定的董事会是权力机关,而公司法规定的董事会是决策机构;再如在股权转让事项上,《中外合资经营企业法》规定,一方向第三者转让股权时必须经合营他方同意,否则转让无效。但《公司法》规定对外转让股权时经其他股东过半数同意就可以,而且股东不购买推定为同意。

其二,"特殊规则优先适用"的含义。指外商投资的法律涉及了我国

《公司法》没有提及的详细内容或者外商投资的法律涉及了《公司法》没有调整到的领域,例如投资外汇制度和证券发行的规定。我国《公司法》就所有公司的一般性制度和原则作了规定,而外商投资的法律就"外商投资的公司的特殊制度或原则"或者"一般性公司的对外融投资领域",作了相应的规定。例如,外商投资企业法中关于合营合同、合作合同的规定、有关设立合资企业的产业限制的规定、关于外汇管理、劳动管理、税务管理的规定等,这些在公司法中都没有、也没有必要予以规定的特殊制度或原则。

第三,"旧的特殊规则优先适用"的含义。根据立法法,"特殊规则优先适用"存在一种例外,即"新的一般规则与旧的特殊规则"出现不同的规定时,不能径直按照"特殊规则优先适用"的原则处理,而是应当提请相关机关裁决。① 那么,我国《公司法》第 218 条的规定是否意味着,人大常委会在 2006 年修订《公司法》时已经考虑了这个问题,实际上用这一条款在"新修订的《公司法》和在此以前修订的外商投资企业法"的适用上作了裁决,明确了适用旧的特殊法规定,而非新的一般法规定。

其四,"补充规则补充适用"的含义。指有关外商投资的法律对《公司法》中的原则性规定和一般性规定进行了补充或者细化,应当适用该规定。

上述四种含义,是否都属于我国《公司法》第 218 条中提及的含义呢?结合上文分析和立法法的规定,我们认为《公司法》第 218 条至少包括"特殊规则适用的含义"和"补充规则补充适用"的含义,这一理解没有疑义。至于另外两种含义即"一般规则选择适用"的含义和"旧的特殊规则优先适用"的含义,是否也是《公司法》第 218 条的应有之义,这还需要进一步分析。

1. 我国《公司法》第 218 条是否包含"一般规则选择适用"的含义?

我们都承认:由于特殊历史背景和客观因素所致,在现有外商投资企业法律中的确还存在相当多的与公司法一般性规则相抵触的规则,这些规则的背后已经失去了必要的特殊性支持。② 这是由特殊时期的立法实践所导致的现实问题,而非理论问题。因为,从理论假设层面讲,在理想的立法状态下,一般法规定的自然是一般性规则,特殊法规定的就是特殊规则。"一般性规则选择适用"似乎是个伪问题。还是从理论上讲,如果外商投资企业

---

① 参见我国《立法法》第 83 条、第 85 条、第 86 条的规定。
② 参见本文第一部分的论述。

法和公司法都规定的一般性事项存在冲突时,应当按照立法法中关于"新法优于旧法"和"法的溯及力"的原则处理。但是,问题的关键在于:实践中,怎样才能判断"外商投资企业法"中的某个规定是一般性规则而非特殊性规则呢?立法基于特殊情形、特殊领域的考虑,可以针对性地制定特殊规则,特殊立法本身就存在政策和灵活性。因此,事实上,判断是特殊规则还是一般规则,也很难找到一个可供参考的标准。然而,即便是出于维护法律可操作性和稳定性的考虑,也不能自然而然地推定:规定在特殊法中的规则就是特殊规则。

因此,我们认为:"另有规定"不能当然涵盖"一般规则选择适用"的含义。至于如何解决一般规则适用的冲突,我国《公司法》没有给出也不能给出解决问题的答案。最后的结论只能是:由立法混乱造成的特殊法规定中存在一般性规则的问题,应该交给并且也只能交给立法的修改和完善来解决。

2. 我国《公司法》第218条是否包含"旧的特殊规则优先适用"的含义?

从理论上说,同一机关制定的规范性文件具有同等效力,它们会协调一致,不会出现冲突。但是,由于不同的规范性文件调整社会关系的范围和角度不一样,制定规范性文件的时间有先有后,以及立法技术的缺陷等原因,同一机关制定的规范性文件在实践中的确会存在不一致的现象。一切法律都是根据当时的社会关系的情况制定的,随着社会关系的发展变化,法律规范也存在过时的问题,需要不断的修改和更新。法的修改和更新有多种形式,有的是制定了新的同一个法律,有的是在相关的法律中重新作了规定,有的明确宣布哪些法律规范被废止,有的没有明确。新的规定与旧的规定之间,就会产生冲突,需要判断如何选择适用规则。因此立法法规定,同一机关制定的新的一般规定与旧的特别规定不一致时,由制定机关根据立法的目的、原意作出裁决,这是推动立法更新、解决现实立法缺陷的一条途径。从这个意义上讲,《公司法》第218条"外商投资的法律另有规定的,适用其规定"不能被理解为,《公司法》与旧的外商投资的法律规定有冲突时,当然适用旧的外商投资的法律规定。

随着市场经济法律环境的完善,外商投资企业法中涉及一般性规定的内容出现了逐渐淡化和突破的趋势,而趋向于统一融入公司法。考察我国新《公司法》颁布后各部委在执行立法文件过程中的态度,我们可以发现,即使同一机构在执行同一立法文件时,对待不同的事项,也采取了非常灵活的态度。有的突破了外商投资企业法的规定,直接向公司法并拢,有的则依旧选择适用外商投资企业法的不同规定,而排除公司法的适用。例如,在2006年9月8日,商务部、国务院国有资产监督管理委员会、国家税务总局、国家工商行政管理总局、中国证券监督管理委员会、国家外汇管理局令颁布的《关于外国投资者并购境内企业的规定》中,在涉及"股东身份"和"出资比例"上突破了外商投资企业法的规定,直接认可了外商持有25%以下股权比例的情形,也认可了自然人作为中方股东的身份。但是涉及"股权转让"时,它在第55条中规定,外国投资者购买境内外商投资企业股东的股权或认购境内外商投资企业增资的,适用现行外商投资企业法律、行政法规和外商投资企业投资者股权变更的相关规定,其中没有规定的,参照本规定办理。涉及"外商投资公司的组织机构",2006年4月24日国家工商行政管理总局、商务部、海关总署和国家外汇管理局共同发布的《关于外商投资的公司审批登记管理若干问题的执行意见》还规定"中外合资、中外合作的有限责任公司的董事会是公司的权力机构,其组织机构由公司根据《中外合资经营企业法》、《中外合作经营企业法》和《公司法》通过公司章程规定。"而在《关于外国投资者并购境内企业的规定》中则再也没有提及对董事会作为权力机构的特殊性要求。

综上,在外商投资企业法和公司法都涉及公司组织的相同事项的规定时,在保留必要的特殊性规则的前提下,逐渐排除外商投资企业法中不一致的内容,同时,逐渐认可和接受公司法内公司组织的一般性规定对于外商投资公司的适用。这正是外商投资企业法与公司法融合归一过程的体现。

三、外商投资的法律规范梳理和冲突规范适用原则

(一) 外商投资法律法规概貌

涉及外商投资的法律法规数目庞大,种类繁杂。本章尝试对现存的关于外商投资公司的法律法规进行梳理,以期一览外商投资公司的法律规范的概貌。

表格 1 现有外商投资的法律法规梳理①

类别	法规名称	颁布机关	实施日期	内容
法律	《公司法》	全国人大常委会	1993年颁布,最新修订后于2006年1月1日实施	商事公司组织形式的一般性规定
	《合伙企业法》	全国人大常委会	1997年颁布,最新修订后于2007年6月1日实施	合伙企业组织形式的一般性规定
	《合同法》	全国人大常委会	1999年10月1日实施	合同的订立、生效、履行、违约责任等。例如《合同法》规定:违反法律、行政法规强制性规定的为无效合同
	《证券法》	全国人大常委会	1998年颁布,最新修订后于2006年1月1日实施	有关证券发行和交易的规定
	《破产法》	全国人大常委会	2007年6月1日实施	企业破产制度和原则
	《所得税法》	全国人大常委会	2008年1月1日实施	有关企业税收制和税收监管的规定
	《反垄断法》	全国人大常委会	2008年8月1日实施	关于调整宏观经济秩序和经济安全的法律
	《中外合资经营企业法》	全国人大常委会	1979年颁布,最新修订后于2001年3月15日实施。	采取中外合资形式的企业组织的规定
	《中外合作经营企业法》	全国人大常委会	1988年颁布,最新修订后于2000年10月31日实施	采取中外合作形式的企业组织的规定
	《外资企业法》	全国人大常委会	1986年颁布,最新修订后于2000年10月31日实施。	采取外商独资形式的企业组织的规定
	《劳动法》	全国人大常委会	1994年颁布,最新修订后于2008年1月1日实施	企业的劳动制度
	《劳动合同法》	全国人大常委会	2008年1月1日实施	企业与劳动者的劳动合同的订立和内容

① 本文作者根据现有法律、法规、规章、规定分类整理。

（续表）

类别	法规名称	颁布机关	实施日期	内容
行政法规	《中外合资经营企业法实施条例》	国务院	1983年颁布,最新修订后于2001年7月22日实施	采取中外合资形式的企业组织的具体组织制度实施
	《关于股份有限公司境外募集股份及上市的特别规定》	国务院	1994年8月4日实施	股份有限公司经国务院证券委员会批准,可以向境外特定的、非特定的投资人募集股份,其股票可以在境外上市。
	《中华人民共和国外汇管理条例》	国务院	1996年颁布实施,1997年1月修订	规定了经国常项目、资本项目及个人用汇的管理。（正在修订）
	《中华人民共和国外资银行管理条例》	国务院	2006年12月11日实施	外商独资银行、中外合资银行、外国银行分行、代表处等外资银行性机构,在中国的设立条件与等级程序、业务范围、监督管理、终止与清算,法律责任。
规章、规定	《外资企业法实施细则》	对外经贸合作部	1990年颁布,最新修订后于2001年4月12日实施	有关外商独资的企业组织形式的规定的具体实施
	《中外合作经营企业法实施细则》	对外经贸合作部	1995年9月4日实施	有关中外合作的企业组织形式的规定的具体实施
	《中外合资经营企业各方出资的若干规定》	对外经贸合作部、国家工商行政管理局	1988年1月1日	关于合营各方出资形式和缴付期限及比例的规定
	《中外合资经营企业各方出资的若干规定》的补充规定	对外经贸合作部、国家工商行政管理局	1997年9月29日	对通过收购国内企业资产或股权设立外商投资企业的外国投资者,应自外商投资企业执照颁发之日起3个月内支付全部购买金。对特殊情况需延长支付者,经审批机关批准后,应自营业执照颁发之日起6个月内支付购买总金额的60%以上,在1年内付清全部购买金,并按实际缴付的出资额的比例分配收益。

（续表）

类别	法规名称	颁布机关	实施日期	内容
	《中外合资经营企业合营期限暂行规定》	1995年1月10日		
	《外商投资企业投资者股权变更的若干规定》	对外经贸合作部、国家工商行政管理局	1997年5月28日	企业投资者股权变更应遵守中国有关法律、法规，并按照本规定经审批机关批准和登记。除非外方投资者向中国投资者转让其全部股权，企业投资者的投资注册不得导致外方投资者的投资比例低于企业注册资本的25%。
	《关于外商投资企业合并与分立的规定》	对外经贸合作部、国家工商行政管理局	1999年9月23日	公司合并或分立，应符合外资的产业政策，不得导致外国投资者在不允许外商独资、控股或占主导地位的公司中独资、控股或占主导地位。行业或经营范围发生变更的，应办理必要的审批手续。
	关于设立外商投资股份有限公司若干问题的暂行规定	对外经贸合作部	1995年1月10日实施	国外投资者投资股份有限公司的规定
	《外商投资企业劳动管理规定》	劳动部、对外经贸合作部	1994年8月11日实施	有关外商投资企业的劳动管理的规定
	关于贯彻《外商投资企业劳动管理规定》有关问题的复函	劳动部办公厅	1995年7月14日	适用范围、集体合同等的释疑
	《外商投资企业会计制度》	财政部	1992年6月24日实施	有关外商投资企业会计制度的规定

(续表)

类别	法规名称	颁布机关	实施日期	内容
	外商投资产业指导目录（2007年修订）	国家发改委、商务部	2007年12月1日实施	指导外商投资方向的规定，把外商投资项目分为鼓励、允许、限制和禁止四类予以管理。
	《关于外国投资者并购境内企业的规定》	外贸局、国税总局、工商总局、外汇管理局	2006年8月8日实施	对外资并购内企业做出规定，审批做出规定。
	《外国投资者对上市公司战略投资管理办法》	商务部、证监会、国家税务总局、工商总局、外汇局	2005年12月31日实施	规定国外投资者采用协议转让、上市公司定向发行新股等方式取得上市公司A股股份
	《上市公司国有股向外国投资者及外商投资企业转让有关问题的通知》	国务院、国资委	2004年1月21日实施	明确了非金融类企业所有上市公司国有股向外国投资者及外商投资企业转让的申报程序。
	《利用外资改组国有企业的暂行规定》	国家经贸委/财政部/工商总局/外管局	2003年1月1日实施	规定了国有企业（金融企业和上市公司除外）向外资转让国有产权、股权、债权和资产，改组为外商投资企业的有关政策。
	《合格境外机构投资者境内证券投资管理办法》	证监会、人民银行	2002年12月1日实施	允许合格境外机构投资者透过托管银行投资于境内A股市场。
	《关于向外商转让上市公司国有股和法人股有关问题的通知》	证监会、财政部、国家经贸委	2002年11月1日实施	允许向外商转让上市公司的国有股和法人股，明确规定相应原则、条件和程序。

（续表）

类别	法规名称	颁布机关	实施日期	内容
	《金融资产管理公司吸收外资参与资产重组与处置的暂行规定》	外贸部、财政部、人民银行	2001年10月26日实施	资产管理公司可以通过吸收外资对其所拥有的资产进行重组与处置。
	《关于国有企业利用外商投资进行资产重组的暂行规定》	国家经贸委	1993年9月14日实施	规定了国有企业利用外商直接投资兼并国内其他企业，补充自有流动资金和偿还企业债务的操作程序。
	《外商投资合伙企业管理办法》送审稿	呈送机构—商务部办公厅	还未通过实施	依据《合伙企业法》和利用外商投资的相关法律、行政法规，规范了外国投资者在中国境内设立合伙企业的行为。
	《关于外商投资公司的审批登记管理等问题法律适用若干问题的执行意见》	国家工商总局、商务部、海关总署、外管局	2006年4月24日	对外商投资公司的组织机构、设立、登记、审批、海关和外汇管理等问题提出了明确而具体的意见。
	《关于2007年全国吸收外商投资工作指导性意见》	商务部办公厅	2007年3月6日	2007年吸收外商投资的工作重点。
	《商务部关于外商投资举办投资性公司的补充规定》	商务部	2006年7月1日	外商举办外商投资性公司的补充规定

第十七章 公司法与外商投资企业法律在司法程序中的交叉适用问题研究 499

（续表）

类别	法规名称	颁布机关	实施日期	内容
	《关于外商投资举办投资性公司的规定》（商务部2004年第22号文）	商务部	2004年3月	规定了外商投资性公司的设立、审批、业务范围。
	《境外金融机构投资入股中资金融机构管理办法》	银监会	2003年12月21日	允许境外金融机构向已依法设立的中资金融机构投资入股，并规定了入股比例限制。
	《关于外商投资企业合并与分立的规定》及其修改决定	外贸部、工商总局	2001年11月22日	规定了中外合资经营企业、具有法人资格的中外合作经营企业、外商投资股份有限公司之间合并或上述企业与中国内资企业合并的条件和程序。首次规定了企业合并的"反垄断听证程序"。
	《关于上市公司涉及外商投资有关问题的若干意见》	外贸部、证监会	2001年10月8日	对允许外商投资股份有限公司发行A股或B股和允许外商投资企业受让上市公司非流通股作了原则性规定。
	《关于外商投资企业境内投资的暂行规定》	外贸部、工商总局	2000年7月25日	规定了中外合作经营企业、中外合资经营企业和外资企业以及外商投资股份有限公司，在中国境内购买其他企业投资者股权的条件和程序。
	《关于外国投资者出资比例低于25%的外商投资企业税务处理问题的通知》	国税总局	2003年4月18日	外资低于25%企业适用内资企业税收待遇，但国务院另有特别规定的除外。

（续表）

类别	法规名称	颁布机关	实施日期	内容
	《关于外商投资者并购境内企业股权有关税收问题的通知》	国税总局	2003年1月1日	外国投资者并购境内企业，凡变更设立的企业的外国投资者的股权比例超过25%的，可以依照外商投资企业所适用的税收法律、法规缴纳各项税收。
	《关于外商投资企业合并、分立、股权重组、资产转让等重组业务所得税处理的暂行规定》	国税总局	1997年4月28日	对外商投资企业合并、分立、股权重组业务中有关营业活动延续性认定、资产计价、税收优惠和亏损结转等税务处理问题作出了规定。
	《关于调整部分境外投资外汇管理政策的通知》	国家外汇管理局	2006年7月1日	对"境内投资者通过新设（独资、合资、合作等）、收购、兼并、参股、注资、股权置换等方式在境外设立企业或取得既有企业所有权、管理权益等的行为"所涉及外汇管理事宜进行规范。
	《关于完善外商直接投资外汇管理工作有关问题的通知》	国家外汇管理局	2003年3月3日	外国投资者未在境内设立外商投资企业，但在境内从事直接投资或者从事与直接投资相关的活动，可以申请开立外国投资者专用外汇账户，并明确了外资并购境内企业的外汇管理程序。
	《关于加强外商投资企业审批、登记、外汇及税收管理有关问题的通知》	外贸部、国税总局、工商总局、国家外汇管理局	2003年1月1日	规定了外资低于25%的外商投资企业的管理税收待遇问题，规定了外资收购境内企业股权的出资期限、批准及登记管理、外汇管理等问题。暂不允许境内中国自然人以新设或购买方式成立外商投资企业。

外商投资的法律规范主要包括人大常委会制定的法律中的规范、国务院的行政法规中的规范以及各部委为执行法律制定的规章中的规范。从上述表格可以看出,现有外商投资企业的法律规范以行政规章存在的形式占了绝大多数。这些行政规章和规定不仅存在"多头立法、缺乏体系、数量繁杂、内部不统一"等特点,并且不同的行政规章规定之间存在诸多冲突和矛盾之处。在适用外商投资的法律的特殊规则时,必然面对不同效力等级的规范,特别是大量的以规章形式存在的规范。因此,公司法与外商投资企业法的冲突不仅表现在法律层面,还表现在不同效力层级的外商投资的法律规定之间,以及同级的外商投资的法规层面。

(二)冲突法律规范的一般适用原则

我国《立法法》规定了不同法律规范之间出现冲突时的一般适用原则。

第一,上位法优先于下位法——不同机关制定的法律规范冲突的适用原则。在我国的法律规范体系由宪法、法律、行政法规、部门规章、地方性法规、地方性规章等处于不同效力位阶的立法构成。根据立法法的规定,宪法具有最高的法律效力,一切法律、行政法规、地方性法规、自治条例和单行条例、规章都不得同宪法相抵触。法律的效力高于行政法规、地方性法规、规章。行政法规的效力高于地方性法规、规章。地方性法规的效力高于本级和下级地方政府规章。省、自治区的人民政府制定的规章的效力高于本行政区域内较大的市的人民政府制定的规章。自治条例和单行条例依法对法律、行政法规、地方性法规作变通规定的,在本自治地方适用自治条例和单行条例的规定。

经济特区法规根据授权对法律、行政法规、地方性法规作变通规定的,在本经济特区适用经济特区法规的规定。部门规章之间、部门规章与地方政府规章之间具有同等效力,在各自的权限范围内施行。

不同位阶的法律规范冲突的适用原则是:法律优先,上位法优先于下位法。根据宪法的规定,全国人大及其常委会是国家最高权力机关,行使国家立法权。全国人大及其常委会制定的法律是制定行政法规、地方性法规、规章的依据。因此,法律的效力高于行政法规、地方性法规和规章,与法律相抵触的行政法规、地方性法规和规章是无效的。

第二,"特别规则优先于一般规则"、"新法优于旧法"——同级效力法律规范冲突的适用原则。在同级效力的法律规范中,遵循的效力原则是"特别规则优先于一般规则"、"新法优于旧法"①。,特别规则优先于一般规则,也成为"特别法优先于一般法"。确立特别规定优于一般规定的规则,是因为特别规定是在考虑具体社会关系的特殊需要的前提下制定的,更符合它所调整的社会关系的特点,所以具有优先适用的效力。

在商事组织立法中,我国《公司法》及规定公司的一般问题的法规、规章属于一般法。规定外商投资的公司的法律、法规、规章属于特别法。在公司法所调整的公司法人的设立登记、章程、资本制度、股权转让、内部组织及其议事规则、财务制度、清算解散等法律关系中,公司法的规定就是一般规定。除公司法对上述公司的成立、运行、基本制度有规定外,外商投资企业法、证券法、会计法、外汇法等法律分别对外商投资的企业、公司证券发行交易、公司会计财务制度、公司的外汇账户管理等作了规定。相对于公司法的规定来说,这些规定中体现"具备某种特性的公司"或者"公司的某种特定制度"的规范都是特别规定。新法优于旧法的规定,是指在两个规范性文件的规定有效的情况下,应该适用新的法律规范。与《公司法》相比较,《中外合资经营企业法》、《中外合作经营企业法》、《外资企业法》是新法,涉及体现公司一般规则的内容,公司法优先适用。

第三,新的一般规定与旧的特别规定不一致,提请相应机关裁定。根据立法法规定,法律之间对同一事项的新的一般规定与旧的特别规定不一致,不能确定如何适用时,由全国人民代表大会常务委员会裁决。行政法规之间对同一事项的新的一般规定与旧的特别规定不一致,不能确定如何适用时,由国务院裁决。地方性法规、规章之间不一致时,由有关机关依照下列规定的权限作出裁决:(1) 同一机关制定的新的一般规定与旧的特别规定不一致时,由制定机关裁决;(2) 地方性法规与部门规章之间对同一事项的规定不一致,不能确定如何适用时,由国务院提出意见,国务院认为应当适用地方性法规的,应当决定在该地方适用地方性法规的规定;认为应当适用部门规章的,应当提请全国人民代表大会常务委员会裁决;(3) 部门规章之间、部门规章与地方政府规章之间对同一事项的规定不一致时,由国务院裁决。根据授权制定的法规与法律规定不一致,不能确定如何适用时,由全国人民代表大会常务委员会裁决。

---

① 参见我国《立法法》第83条。

第四，法不溯及既往原则及其例外——冲突规范选择适用时首先考虑的因素。"法不溯及既往"是一般原则，即只要是新法生效以前所发生的事情和行为都不应适用新法而是适用旧法。因此，在我国《公司法》颁布之前，仅仅依据《中外合资经营企业法》、《中外合作经营企业法》、《外资企业法》成立的外商投资企业，其沿用的章程、组织机构和重要制度以及其他之前发生的行为和确定的制度，都不是适用公司法调整和约束的范围。但是，在《公司法》颁布之后，依据《公司法》和《中外合资经营企业法》、《中外合作经营企业法》、《外资企业法》设立或者依据《公司法》以及《关于外国投资者并购境内企业的规定》等相关法律设立的外商投资的有限责任公司和股份有限公司，除非法律另有规定，其行为、组织、制度，应适用《公司法》。

但是，法不溯及既往这项原则也有例外，即"为了更好地保护公民、法人和其他组织的权利和利益，法律规范可以有溯及力"[1]。如果法律的规定是减轻行为人的责任或增加公民、法人和其他组织的权利，也可以具有溯及力。与《中外合资经营企业法》、《中外合作经营企业法》、《外资企业法》及其相关规定相比，新《公司法》中增加了许多体现公司自治权的规定，这些规定是具有溯及力的。例如新《公司法》中关于体现股东民主和公司自治政策的多项规定[2]，以及《公司法》对有限责任公司和股份公司的章程和公司行为的授权性规定。

四、公司法和外商投资企业法在司法程序中的交叉适用原则

基于上文所述及原因，在涉及外商投资公司的司法程序中，公司法与外商投资企业法等外商投资的法律必然交叉适用。这根源于两者特殊法与一般法的关系，以及现有外商投资的法律规范中所存在的对公司法规范的重复性规定、特殊性规定、补充性规定和冲突性规定。

---

[1] 参见我国《立法法》第 84 条。
[2] 甘培忠："我国新公司法对股东民主和公司自治推进政策的评价"，载北大法律信息网，http://article.chinalawinfo.com/article/user/article_display.asp? ArticleID = 33041，2008 年 5 月 1 日访问。

如何在涉及外商投资公司的案件中,正确适用我国《公司法》、外商投资企业法以及其他外商投资的法律法规？首先,应当根据诉讼标的明确案件类型,涉及司法管辖权内的外商投资公司的公司内部纠纷,应首先考虑适用公司法的法规范作为法律依据。其次,当公司法与现存外商投资企业法的法规范出现冲突时,应按照立法法关于冲突规范的原则来处理(参见本报告三(二));当外商投资企业法以及外商投资的法律涉及了公司法没有规定的法律关系和权利义务内容时,应当适用外商投资企业法和外商投资的法律规定。

下文试以北京法院系统的另一判决为例,对本报告研究的问题进行归纳,提出几点建议。

案例二　中外合资有限责任公司的股权转让纠纷

(一) 基本案情

1999年9月2日,A公司(以下简称原告)与B公司、C公司三方合资成立了中外合资的D公司。D公司的董事会成员为:孙某、李某、西某。2004年3月31日,A公司法定代表人孙某与B公司的法定代表人张某签订了股权转让协议,协议约定:经双方协商,A公司愿意将持有的D公司的40%股权转让给B公司,2004年4月30日前B公司支付A公司全部股权转让款。股权转让后,A公司再将D公司的债权债务一并移交B公司。2004年3月31日D公司召开董事会,决议:"经三方董事协商,一致同意将各方股权转让给B公司;2004年3月31日下午,B公司进驻D公司交接公司管理权;2004年4月30日前,必须完成各方股权交接,支付全部股权转让对价,同时B公司承接D公司债权债务;……2004年4月30日,D公司董事会自动解散。"但是,代表B公司和C公司在董事会决议上签字的并非D公司工商登记的董事会成员。

2004年9月24日,B公司法定代表人张某致函不再收购D公司,A公司回函不同意B公司停止收购。2004年10月底,B公司撤出管理人员。A公司于2004年12月2日对D公司的财务资料和财产进行了接管,并同时对接管行为进行了公证,并将财务资料交于某会计师事务进行审计。

A公司将B公司诉至北京市某区法院,请求赔偿因违约造成的经济损失及其利息;赔偿原告所支付的公证费、审计费、评估费及律师费等。B公司辩称,A公司的诉讼请求有错误,因股权转让合同是无效合同,不能行使违约请求权。股权转让须经另二个股东书面同意,再报原审批机构批准,未经审批的股权变更无效，A 公司对股权转让的无效承担过错责任。

2005 年 12 月 31 日，一审法院依照我国《公司法》及《外商投资企业股权变更的若干规定》第九条第一款第六项认定股权转让协议无效，依据《中华人民共和国公司法》第三十五条①、最高人民法院《关于民事诉讼证据的若干规定》第二条之规定，判决驳回了 A 公司的诉讼请求。A 公司不服判决上诉，2006 年 6 月 20 日，二审法院作出了终审判决，依法维持原判。

（二）本案案由的确定

根据我国最高人民法院的《民事案件案由规定》，本案案由系"股权转让纠纷"，规定在"与公司、证券、票据等有关的民事纠纷"案由之下。

最高人民法院在 2008 年 4 月 1 日实施新的《民事案件案由规定》。新实施的《民事案件案由规定》在第九部分规定了"与公司、证券、票据等有关的民事纠纷"。其中涉及外商投资企业的特殊案由规定在"关于企业纠纷的案由"中，包括：中外合资经营企业合同纠纷、中外合资经营企业承包经营合同纠纷、中外合作经营企业合同纠纷、中外合作经营企业承包经营合同纠纷、外商独资企业承包经营合同纠纷。与公司有关的纠纷的案由包括：股权确认纠纷、股东名册变更纠纷、股东出资纠纷、公司章程或章程条款撤销纠纷、公司盈余分配纠纷、股东知情权纠纷、股份收购请求权纠纷、股权转让纠纷、股东会或者股东大会、董事会决议效力纠纷（1）股东会或者股东大会、董事会决议效力确认纠纷（2）股东会或者股东大会、董事会决议撤销纠纷、发起人责任纠纷、股东滥用股东权利赔偿纠纷、股东滥用公司法人独立地位和股东有限责任赔偿纠纷、董事、高级管理人员损害股东利益赔偿纠纷、公司的控股股东、实际控制人、董事、监事、高级管理人员损害公司利益赔偿纠纷、清算组成员责任纠纷、公司合并纠纷、公司分立纠纷、公司减资纠纷、公司增资纠纷、公司解散纠纷、公司清算纠纷、上市公司收购纠纷。

---

① 指我国原《公司法》第 35 条，股东之间可以相互转让其全部出资或者部分出资。股东向股东以外的人转让其出资时，必须经全体股东过半数同意；不同意转让的股东应当购买该转让的出资，如果不购买该转让的出资，视为同意转让。经股东同意转让的出资，在同等条件下，其他股东对该出资有优先购买权。

上述规定与原《民事案由规定(试行)》相比有了很大的变化。① 首先将外商投资公司的一般纠纷都纳入与公司有关的纠纷中统一规定。其次,考虑到其特殊性,在与公司有关的民事纠纷里单列,将外商投资企业经营合同纠纷与未采取公司制改革的企业的纠纷放在一起规定为"有关企业的纠纷"项,这种安排体现了公司法作为组织法对外商投资的公司的一般适用原则,也暗示了外商投资企业作为一般组织法规范的弱化和过渡性特征。

(三) 本案争议焦点和法律认定

"A公司与D公司之间签署的股权转让协议是有效,无效还是效力待定?"这是本案的首要焦点问题。本案原告没有就"股权转让协议申报"提出请求,案件双方也没有围绕这点展开深入的讨论。但是该案审理必须以股权转让协议效力的判断为基础,因此一审法院在判决中首先对股权转让协议的效力进行了分析和认定。一审法院认为,

> "D公司为中外合资企业,原告A公司作为股东之一转让其股权给被告B公司,依据我国《公司法》及《外商投资企业投资者股权变更的若干规定》第九条第一款第六项规定,应由其他股东经董事会一致通过并书面认可,A公司提交的2004年3月31日的董事会决议上签字的董事与工商登记的不一致,而且A公司亦未提交经过审批机关批准的股权变更的相应证据,故A公司与B公司之间的股权转让行为整体属于无效,……"。
>
> ——引自一审判决书

一审法院认定股权转让协议无效,其认定依据主要是《公司法》以及《外商投资企业投资者股权变更的若干规定》的相关规定。

当然,本案还有一个值得深入思考的问题,即:在没有收到明确的诉讼请求时,法院是否可以依法认定未经报批的股权转让协议无效? 如果不否定协议效力,仅以合同未生效为由就可以作出结论,那么选择后者就更慎重

---

① 在2000年10月30日最高人民法院发布的《民事案由规定(试行)》中,涉及外商投资企业与公司的纠纷出现在两个部分:第一,规定在第一部分合同纠纷案由的"经营合同纠纷"里,分别有"出资纠纷,公司分立纠纷,公司合并纠纷,债权转股权纠纷,中外合资经营合同纠纷,中外合作经营合同纠纷"等;第二,规定在第二部分权属、侵权等纠纷案由的"股东权纠纷及损害公司权益纠纷"里,分别有"股票交付请求权纠纷、股权转让侵权纠纷、股东会议表决权纠纷、公司知情权纠纷、公司盈余分配权纠纷、公司剩余财产分配纠纷、公司决议侵害股东权纠纷、股东会议召集权纠纷、损害公司权益纠纷、股东不履行对公司义务纠纷、董事、监事、经理损害公司利益纠纷"等。

稳妥一些。

(四) 相关立法规定

1. 我国《公司法》和外商投资企业立法对"股权转让协议效力"的不同规定

中外合资企业采取的是有限责任公司形式。我国原《公司法》在第35条规定了有限责任公司的股权转让的条件："股东之间可以相互转让其全部出资或者部分出资。股东向股东以外的人转让其出资时，必须经全体股东过半数同意；不同意转让的股东应当购买该转让的出资，如果不购买该转让的出资，视为同意转让。经股东同意转让的出资，在同等条件下，其他股东对该出资有优先购买权。"2005年10月《公司法》修订后，设单章专门规定了有限责任公司的股权转让事宜，其第72条和第73条明确了有限责任公司股权转让的三个原则：其一，公司章程可以约定股权转让的规则，章程约定具有优先效力；其二，章程没有其他规定的，股东内部之间的股权转让绝对自由；其三，章程没有其他规定的，股东对外转让经过其他股东半数以上通过，并且其他股东在同等条件下，享有优先购买权。

公司法规定的有限公司股权转让的原则和条件与中外合资经营企业法的规定显然不一致。

1997年5月28日，我国对外经济贸易合作部和国家工商行政管理局发布了《外商投资企业投资者股权变更的若干规定》，该《规定》第1条首先指出自己的制定依据是公司法和三资企业法，第2条界定了外商投资企业投资者股东变更，其外延涵盖了股权转让的各种情形；第3条和第4条，规定企业投资者股权变更应遵守中国有关法律、法规，并按照本规定经审批机关批准和登记机关变更登记。未经审批机关批准的股权变更无效。接下来在第9条第1款列举了需要向审核机关提交的材料，明确了"董事会关于投资者股权变更的决议"和"转让方与受让方签订的并经其他投资者签字或以其他书面方式认可的股权转让协议"都是必须要提交的文件。这一条款就是一审法院认定该股权转让协议无效的主要参考依据。

《外商投资企业投资者股权变更的若干规定》第9条第1款第6项的根据，是《中外合资经营企业法》第4条的规定，即

"合营企业的形式为有限责任公司。在合营企业的注册资本中，外国合营者的投资比例一般不低于百分之二十五。合营各方按注册资本比例分享利润和分担风险及亏损。合营者的注册资本如果转让必须经

合营各方同意。"

对于此条,国务院颁发的《中外合资经营企业法实施条例》在第20条,更加明确的表述为,

"合营一方向第三者转让其全部或者部分股权的须经合营他方同意,并报审批机构批准,向登记管理机构办理变更登记手续。合营一方转让其全部或者部分股权时,合营他方有优先购买权。合营一方向第三者转让股权的条件,不得比向合营他方转让的条件优惠。违反上述规定的,其转让无效。"

2. 本案中对我国《公司法》和外商投资的法律的适用原则的归纳

本案是公司(中外合资的有限责任公司)的股权转让纠纷,应当首先考虑适用公司法的法律规范。因本案事实发生于修订的公司法生效之前,应当适用原《公司法》。原《公司法》第18条规定,"外商投资的有限责任公司适用本法,有关中外合资经营企业、中外合作经营企业、外资企业的法律另有规定的,适用其规定"①。这一条款应当成为指导法院正确选择适用外商投资企业法规范的依据。

依前文所述,《公司法》和外商投资企业立法对"股权转让协议效"规定了不同的生效要件。《中外合资经营企业法》规定,合营者的注册资本如果转让必须经合营各方同意。《中外合资经营企业法实施条例》规定,合营者向外转让股权时必须经过主管机关审批,并向登记机关备案,否则无效。《外商投资企业投资者股权变更的若干规定》规定,从文件形式上讲,为获得股权转让的审批,需要向审核机关提交"董事会关于投资者股权变更的决议"和"转让方与受让方签订的并经其他投资者签字或以其他书面方式认可的股权转让协议"。

正确选择适用上述法律法规和规章,我们要考虑以下原则:

第一,法的溯及力。本案的股权转让协议签署、履行和争议的发生时间是2004年3月至12月,合资公司的成立时间是1999年,都是在我国《公司法》颁布之后,因此,应适用公司法对于有限责任公司的一般性规定。

第二,冲突法规范的选择适用。(1)根据上位法优先于下位法,如果存在内容冲突,适用依据的考虑顺序如下,法律:《合同法》、《公司法》和《中外

---

① 就本案而言,适用该条款与适用修订后《公司法》第218条,其结果并无区别,因此无碍于下文的分析。

合资经营企业法》;行政法规:《中外合资经营企业法实施条例》;规章:《外商投资企业投资者股权变更的若干规定》。根据《公司法》第18条,作为行政法规的《中外合资经营企业法实施条例》和作为规章的《外商投资企业投资者股权变更的若干规定》,其内容与公司法的规定不冲突时,可以作为参考依据;但是如果上述两个文件与公司法的规定存在冲突时,不能作为认定案件事实和法律关系的参考依据。(2)特别法优于一般法。虽然1993年《公司法》规定了相对宽松的股权转让限制和条件,但是2001年修订的《中外合资经营企业法》及其实施条例依然存在着对股东行使股权转让权利的严格限制。根据特别法优先于一般法的规定,同时在不违背新法优于旧法原则的前提下,可以确定应当优先适用《中外合资经营企业法》。(3)新的一般法与旧的特殊法。假设该股权转让行为发生于今天,适用的是2006年《公司法》而非1993年《公司法》,这时涉及新的一般法和旧的特别法的冲突。如果碰到该类冲突,并且认为旧的特殊法中的规定,确实违背了一般法的原则和内容,那么我们认为当事人有权提请法院或者法院依职权向全国人大常委会请求解释。

第三,本案认定依据评析。综上,本案应当选择直接适用我国《合同法》第44条和《中外合资经营企业法》第4条。根据上述法律的规定,本案中股权转让协议虽然成立,但是还没有经过审核批准,也还没有取得其他方的同意,其效力应当是没有生效的状态,也就是说虽然成立,但欠缺法定的生效条件。在考虑股权转让协议是否取得其他方股东同意一致的问题上,《中外合资经营企业法》仅规定了"须经合营各方同意",没有对具体同意方式作出要求。至于合同他方是通过自己委派的董事来表态,还是由自己或者自己的合法授权代表来表态,应当属于合营方的权利自治范围。因此,笔者认为,在本案中,一审法院将中外合营有限责任公司的股权转让生效要件之一表述为"应由其他股东经董事会一致通过并书面认可",这种表述是不尽妥当的。虽然1997年的规章《外商投资企业投资者股权变更的若干规定》第九条第一款在列举需要向审核机关提交的材料时,明确"董事会关于投资者股权变更的决议"和"转让方与受让方签订的并经其他投资者签字或以其他书面方式认可的股权转让协议"都是必须要提交的文件,这比中外合资经营企业法及其实施条例提出了更严格的要件,但是由于规章的效力级别小于法律、法规,而且,《外商投资企业投资者股权变更的若干规定》规章的规定与《公司法》冲突时,此规章的规定不能作为案件认定的参考依据。

小结

现阶段,我国法院在审理涉及外商投资公司的案件时,应认真对待《公司法》和外商投资法律的交叉适用问题。为了在个案审判中尽可能避免不当的法律适用,需要明确公司法和外商投资法律的交叉适用原则。本章建议的处理原则可以归纳为三个方面:第一,应当正确理解我国《公司法》第218条的规定,明确《公司法》对于外商投资公司的一般性和普遍性适用;第二,外商投资的法律中存在不同规定的,应根据个案慎重对待:确属立法冲突的,依我国《立法法》确立的规范冲突的解决原则处理;而外商投资的法律属于特殊性和补充性的规定时,应当优先适用。第三,对林林总总的外商投资法规、规章、规定的具体内容作出甄别,以确定其是否具有司法审判参考的价值:与我国《公司法》的规定不相冲突时,可以作为法律适用的参考依据;与《公司法》的规定不一致时,不宜作为认定案件法律关系的参考依据。

后 记

《新类型公司诉讼疑难问题研究》就要付梓出版了。一种大功告成的欣慰和如释重负的快意在2009年的春天激荡在我们三位主编的心底,并通过我们把研究团队的另外38位法官、教师、学生一网捞进欢乐的海洋中。

虽然,我们各自都有过第一部作品问世的激情感受,而且个别学者或法官已经著作累累,但是这本书带给我们团队每一位成员的喜悦仍然如同家庭中降临了新的生命一样,严冬的村落里一声划破黎明净空的啼哭,回报了父母含辛茹苦的深深指望和期待,预兆了新一年瑞祥丰华的光景。我们喜悦,是因为我们在这个项目上倾注了太多太多的心血,洒下了太多太多的汗水;我们感恩,是因为我们很幸运,北京市哲学社会科学规划办公室在众多的候选者中选择并批准了这个项目,美国众达律师事务所和北京中伦金通律师事务所资助了这个项目。在整整两年的岁月里,开会、分组讨论、整理收集到的所有案件判决,以及查阅国外资料、点评北京市各级法院处理的各类相关案件,到最后阶段各子课题成员负责撰写研究报告,由主编进行审稿、统稿。这个课题的级别、规格、待遇虽然不高,但是它的重要性却也不亚于我们曾经负责或者参与的其他社科项目,41位成员组成了可谓豪华的研究团队,"人多嘴杂"体现了讨论的热烈气氛,各子课题的研究任务基本在要求的时间里完成。我们三位主编,作为组织者,首先向各位团队成员表示感谢和祝贺,向承接本书出版的北京大学出版社及本书的责任编辑李燕芬表示感谢。

为了充分展示本书的集体合作品格,对每一位子课题作者和读者负责,我们在此对各位作者的身份关系作出披露,研究报告中的法律意见首先表达了子课题课题组成员的集体意见,本书的主编持倾向性支持态度。作者身份关系的披露按照章节顺序列出:

刘兰芳　北京市高级人民法院民二庭庭长
雷　驰　北京大学法学院博士生
甘培忠　北京大学法学院教授
容　红　北京市高级人民法院民二庭法官
王冠宇　北京大学法学院博士生
李艳红　北京市第二中级人民法院审判管理办公室主任
王　曦　北京大学法学院硕士生
金剑锋　最高人民法院民二庭法官
张翠萍　北京大学法学院硕士生
赵红英　北京市高级人民法院法官
丰　琴　北京大学法学院硕士生
赵　军　北京市第二中级人民法院民四庭庭长
宋　毅　北京市第二中级人民法院民四庭法官
刘梅玲　北京市第一中级人民法院民四庭庭长
王莉萍　中国法学杂志社编审
魏云飞　中国神华能源股份有限公司法律事务部主管
杨小勇　北京市第二中级人民法院民三庭庭长
李　晖　北京大学法学院博士生,河北农业大学法律系讲师
李　硕　北京大学法学院法律硕士生
彭　冰　北京大学法学院副教授
张惠芳　中信证券股份有限公司购并业务线高级经理
肖　毅　北京市竞天公诚律师事务所律师
赵　彬　北京市高级人民法院民二庭副庭长
郑艳丽　美国众达律师事务所北京代表处律师
王亚东　北京市第一中级人民法院民三庭庭长
贺轶民　清华大学法学院博士生
楼建波　北京大学法学院副教授
闫　辉　北京市高级人民法院民二庭法官

赵　杨　　英国伦敦政治经济学院硕士生
刘春梅　　北京市高级人民法院民二庭法官
周　伟　　北京市金杜律师事务所律师
靳学军　　北京市海淀区人民法院副院长
曹明明　　北京市海淀区人民法院法官
张双根　　北京大学法学院副教授
范士卿　　北京市高级人民法院民二庭法官
吉　平　　北京大学法学院硕士生
赵万宝　　北京大学法学院硕士生
刘　燕　　北京大学法学院教授
肖皞明　　北京市高级人民法院民二庭法官
彭　鹏　　北京大学法学院博士生
郭秀华　　北京大学法学院博士生
谨以上内容为本书的后记。

主编　甘培忠　刘兰芳
执行主编　雷　驰
2009年5月于北京大学